泰州文獻

第四輯

睿川易義合編

尚書句解考正

鳳凰出版社

ISBN 978-7-5506-2198-5

9 787550 621985 >

圖書在版編目（CIP）數據

睿川易義合編、尚書句解考正 / （清）徐天璋撰. -- 南京 : 鳳凰出版社, 2015.9
（泰州文獻）
ISBN 978-7-5506-2198-5

Ⅰ. ①睿… Ⅱ. ①徐… Ⅲ. ①《周易》一研究②《尚書》一研究 Ⅳ. ①B221.5②K221.04

中國版本圖書館CIP數據核字(2015)第181939號

責任編輯 王愛榮
裝幀設計 姜 嵩
出版發行 鳳凰出版傳媒股份有限公司
鳳凰出版社(原江蘇古籍出版社)
發行部電話 025－83223462
出版社地址 南京市中央路165號 郵編:210009
出版社網址 http://www.fhcbs.com
印　　刷 揚州文津閣古籍印務有限公司
揚州市開發區鴻揚路22-2號(6幢) 郵編:225009
開　　本 889毫米×1194毫米 1/16
印　　張 36
版　　次 2015年9月第1版 2015年9月第1次印刷
標準書號 ISBN 978-7-5506-2198-5
定　　價 550.00圓

《泰州文獻》工作委員會

《泰州文獻》編纂委員會

主　編

盧佩民

副主編

黄林華　姜小青

執行主編

成愛君　費振鐘

編　委（按姓氏筆畫为序）

王　飛　王　劍　王正奎　卞惠興　朱長順　全　勤
李文華　李明官　吴　迪　吴小晴　吴雙林　汪　政
沈　俊　林世田　莫其康　倪培翔　徐一清　徐同華
高　峰　陳　立　黄　靖　曹學林　常　康　張　定
張永龍　劉仁前　劉春龍　潘浩泉　薛　飛　謝冬榮
竇立成　顧寄南

《泰州文獻》學術指導委員會

（按姓氏筆畫为序）

江慶柏　金良年　茅家琦　華學誠　徐　雁　畢飛宇

程章燦　楊九俊　魯國堯　劉玉才　顧　農

總序

泰州古稱海陵，漢初（公元前一一七年）置縣，晋末（公元四一一年）設郡，南唐（公元九三七年）建州，始稱泰州。

泰州濱江近海，物阜民豐。漢唐以來，糧鹽並舉，商貿繁榮，爲溝通南北的重要港口城市。

泰州素爲文教昌明之邦。唐初立州學，北宋建貢院，明清開學政試院，産出大批科舉優秀人才。

泰州自古人文薈萃。走進泰州的，從范仲淹、富弼、陸佃，到孔尚任、吴讓之、蔣春霖，都留下深遠影響。走出泰州的，從張懷瓘、胡瑗、施耐庵、王艮，到李清、吴嘉紀、柳敬亭、黄龍士、李鱓、鄭燮、劉熙載、李詳、梅蘭芳、高二適，都在各自領域爲中國文化作出巨大貢獻。

泰州遺存的文獻也很豐富。僅據《江蘇藝文志》所載，便有二千七百餘種，涵蓋經、史、子、集的方方面面。其中，尤以明清時期爲夥，占到百分之九十九以上。這當中不排除由於種種原因，致使元以前的一些著述湮没無聞，但明清兩代，確是泰州文化的繁盛期。在這些文獻中，如《書斷》（張懷瓘）、《水滸傳》（施耐庵）、《王心齋先生遺集》（王艮）、《宗子相集》（宗臣）、《陋軒詩集》（吴嘉紀）、《板橋全集》（鄭燮）、《藝概》（劉熙載）、《李審言文集》（李詳）、《黄龍士先生棋譜》等，在中國文化史上都有重要地位和深遠影響。

與此同時，對鄉邦文獻進行整理的也代不乏人。自宋至清，周氏（周麟之等）、宫氏（宫偉鏐等）、陳氏（陳應芳等）、徐氏（徐鳴柯等）等都曾致力其事，爲泰州留下了許多寶貴的文化財富。清嘉道間，鄉人夏荃編輯《海陵文徵》二十卷、附録十二卷，《海陵詩徵》十卷。民國初年，曾任江蘇省省長的鄉人韓國鈞歷經十餘年編成《海陵叢刻》計二十三種六十六册。

二〇一一年九月召開的中共泰州市第四次代表大會，提出了建設文化名城的任務。爲此，中共泰州市委、泰州市人民政府決定編纂《泰州文獻》。這是泰州有史以來對本土文獻最大規模的整理和彙編。它對於保存、利用、研究和開發泰州的歷史文化，尋繹泰州獨特的地方文化價值，爲泰州文化建設提供歷史人文資源，意義重大。

爲了保證編纂工作的順利進行，市委、市政府專門成立了工作委員會、編纂委員會和學術指導委員會。工作委員會由市委、市政府領導和相關部門負責同志組成，負責對編纂工作的領導和協調。編纂委員會由相關專家、學者組成，具體負責《泰州文獻》的編纂出版工作。學術指導委員會由江慶柏、魯國堯、程章燦、茅家琦、華學誠、徐雁、金良年等國内知名文史專家組成，負責對編纂工作的指導和把關。

編纂工作按如下幾個步驟進行：（一）進行文獻調查，建立文獻檔案；（二）精選有代表性、有學術價值的作品影印出版，選目由編纂委員會和學術指導委員會共同審議確定；（三）編輯出版《泰州文獻總目》。

《泰州文獻》分爲四輯：

第一輯『官修舊志』，收録泰州地區現存所有官修地方志。

第二輯『地方史料文獻』，收録泰州地區歷代重要的筆記和史料。按内容又可分爲史地類：收録有關泰州歷史地理方面的著作，包括小志、專志、雜志等；政情類：收録有關泰州政治、經濟等方面的著作；文教類：收録有關文化、教育、圖書館等方面的著作。

第三輯『家族文獻』，收録泰州地區重要的家譜、家傳、家集與名人年譜。按内容又可分爲家乘傳記類：擇要收録泰州家族譜牒中的譜序、家規、家訓、箴言、族約、族記、祠田記、塋田記、雜記、著述等資料；家族總集類：以家族姓氏筆畫爲序。

第四輯『泰州文存』，收録泰州地區作者的詩文著作及其他代表性著作。按内容又可分爲學術論著類：收録泰州作者的經史雜著；文集類：收録泰州作者的詩文集；地方總集類：收録泰州作者的詩文合集。

考慮到《水滸傳》、《封神演義》（《辭海》云『一説陸西星作』）、《檮杌閑評》（學界多謂李清所作）等小説流傳甚廣，版本豐富，故不再收録。其他如堪輿、術數類著作，泰州人撰泰州地區以外的地方志、地理志類著作，一般性的彙編、摘鈔類著作，亦不予收録。

《泰州文獻》原則上收録現轄區内的作家作品。但從尊重歷史出發，泰州學派創派人物、明代思想家、哲學家王艮，平民詩人吴嘉紀等人，歷史上均屬於泰州地區，對泰州地區具有深遠的文化影響，他們的作品亦予收録。

前人給我們留下了豐厚的文化遺産，我們既要加以珍視和傳承，更要在前人的基礎上，創造出無愧於今天這個偉大時代的新篇章。這是我們更重要的使命，讓我們爲之努力。

《泰州文獻》編纂委員會

二〇一三年十月十八日

凡例

一、《泰州文獻》（以下簡稱《文獻》）分爲《官修舊志》、《地方史料文獻》、《家族文獻》和《泰州文存》四輯。

二、《文獻》收録範圍原則上爲現行政轄區内作者的著述和與泰州有關的重要著述，但考慮到歷史上曾屬於泰州地區的人物，如泰州學派的代表人物王艮、平民詩人吴嘉紀等對泰州文化深具影響，對他們的作品亦予收録。

三、所收著作成書年代限於一九四九年以前。

四、《文獻》所收著作，以學術價值、使用價值較高爲原則，適當兼顧版本價值。

五、《文獻》以影印方式出版。如有蠹損、殘缺、漫漶不清處，原則上以相同版本予以補配，以保證完整、清晰。

六、《文獻》對所收每種著作均撰寫提要，置於該著作前面，以方便讀者瞭解作者生平、主要内容、學術價值等。

七、《文獻》除保留所收著作原有頁碼外，均新編頁碼，每册頁碼自爲起訖。

八、《文獻》最後一册編有書名索引和作者索引，以方便讀者使用。

目録

睿川易義合編

（清）徐天璋 撰

《睿川易義合編》八卷，清徐天璋撰，據南京圖書館藏民國十二年（一九二三）鉛印本影印。

徐天璋（約一八五二——一九三六），字睿川，號曦伯。清泰州人。諸生。年八十餘卒。葬於揚州平山堂。湛深經學，於十三經均有著作。主要著作有《禹貢傳注圖考》《尚書句解考正》《毛詩傳箋考正》等。

徐氏『幼嗜學易，長益研求』，自甲申（一八八四）至辛亥（一九一一）近三十年，『著成易義十有八種』。正編十種，『曰卦旨，探爻畫也；曰提要，溯時事也；曰訓詁，釋文義也；曰象數，觀取譬也；曰變通，盡發揮也；曰義理，解意藴也；曰音句，正字讀也；曰考證，辨淆訛也；曰品物，明格致也；曰占應，寓推測也』。副編六種，『有若筮説，存古法也；有若集解，録衆著也；有若默參，悟消息也；有若德位，别貴賤也；有若比例，全進退也；有若對待，論互總也』。續編二種，『緒言則闡發易辭，圖説則演名象畫』。凡十八種合而編之，匯爲一書八卷，分上經（一至三卷）、下經（四至六卷）、繫辭上傳、繫辭下傳、説卦傳、序卦傳、雜卦傳（第七卷）、緒言、圖説（第八卷）。對於易學，『人皆以虚象求之』『後儒泥以卜筮目之』，徐氏却以爲『易名卜筮之書，實則殷周之史』『易無虚象，其事皆信而有徵』『其道至大，其理至精，其實則殷周之史也』，實乃學術之新發。

（李猛元）

睿川易義合編

韓國鈞著

敘

易名卜筮之書實則殷周之史孔子曰易其當殷之末世周之盛德邪求厥時世上起高宗下迄武王也何以徵之高宗伐鬼方帝乙歸妹箕子以之文王以之湯武革命順乎天而應乎人此皆經文之顯著也至若公用享于天子其卽史云帝乙享季歷乎王用享于岐山其卽詩云天作高山太王荒之彼作矣文王康之乎震驚百里不喪匕鬯其卽雷震郊畿不出周境乎東鄰殺牛不如西鄰之禴祭其卽帝辛六年西伯初禴畢乎密雲不雨自我西郊又曰富以其鄰其卽左傳云周饑克殷而年豐乎觀國之光利用賓王其卽箕子來朝作賓於王家乎白馬翰如其卽微子來朝詩云有客有客亦白其馬乎不仕王侯高尚

其志其卽伯夷隱於首陽乎幹父之蠱其卽武周成文之德乎此皆時事之隱徵也又若盤桓利居貞利建侯蓋太王之遷岐也屯如邅如乘馬班如匪寇婚媾蓋太王來朝走馬爰及姜女也利用刑人用說桎梏以往吝蓋傅說本版築胥靡囚役高宗用以爲相也見龍在田利見大人蓋西伯將田渭陽卜之曰非龍非彲所獲霸王之輔果遇呂尚載歸爲師也豚魚之吉蓋武王渡河魚躍王舟也飛鳥遺音蓋王屋流烏其聲魄也此悉象爻之寓義也秦灰燃熄漢絕師承古史既湮凡在卦爻示著者人皆以虛象求之無怪易學流爲卜筮也予幼嗜學易長益研求自甲申冬至今三十餘年著成易義十有八種曰卦旨探爻畫也曰提要溯時事也曰訓詁釋文義也曰象數觀取譬曰變

通盡發揮也曰義理解意蘊也曰音句正字讀也曰攷證辨淆譌也曰品物明格致也曰占應寓推測也以爲正編有若筮說存古法也有若集解錄衆著也有若默參悟消息也有若德位別貴賤也有若比例權進退也有若對待論互綜也以爲副編緒言則闡發易辭圖說則演明象畫以爲緒編稿十二創稾爲一書然後知易無虛象其事皆信而有徵其占則上合天宿下盡物情其道至大其理至精其實即殷周之史也而後儒泥以卜筮目之蓋不知周官卜筮掌之於史焉知義文之旨趣哉

辛亥五月夏至日徐天璋自敘於揚州猗園十畝園林南軒

睿川易義正編十種

卦旨

君子尙消息盈虛易畫六爻分之成六十四卦總之實乾坤兩卦往來變化首作卦旨者毋識象數之原悉本乾坤爲大父母剝復爲小父母也

提要

易多殷周之事三百八十四爻太卜所占凡繇辭隱與殷周合者莫不躍然行間次作提要毋識顯仁藏用實與史册相輔存焉

訓詁

爻彖非辭不明辭非訓詁不顯古人傳注無非爲經釋其義理予作訓詁猶五經之箋注云爾

象數

形上謂道形下謂器遠取近取象數尙焉象有約互錯綜數有消息盈虛迺作象數毋識爻辭所取者無一不得之仰觀俯察也

變通

文言曰六爻發揮旁通情也焦氏循易通釋徵引太繁黃氏道周易象正說義太奧虞氏翻消息來氏知德錯綜亦非盡合變通之旨故作變通兩兩比論讀者可以一目了然

義理

訓詁言簡而該義理則盡情暢發無蘊不宣凡古今列史中義有與易相通者觸類引伸故必據以爲烱鑒焉

音句

昔顧氏炎武審定音韻武氏億考訂句讀今即顧氏武氏考審者語加解說是者

睿川易義副編六種

筮說

易爲卜筮之書非集古今筮說以爲考鏡則彰往察來人終不能明其變化茲即經史所載次第擇錄實爲占卜者之指南焉

集解

易義宏深卦象龐雜仁者見仁智者見智故學易諸家爻象辭占分門別派非若詩書春秋三禮能衷一定之義而不移焉乃集衆解所長參觀互考畀稽古者資見識云

默參

參同悟眞道家修養之功儒者不屑稱道然易明云近取諸身黄帝內經靈素諸書恆多借卦以明其義易於修養之法似有密切關係也况今學校尤重衛

生迺作默參畀識瞬存息養本與大化呼吸相通焉

德位

元亨利貞爲卦德上下六爻爲卦位卦位易知卦德難辨因作德位畀識陰陽貴賤確有一定之理存焉

比例

爻有辭同而義異者如小畜歸妹月幾望亦有義同而文異者如乾乾坎坎夬夬也並有彖爻之辭同者如震來虩虩笑言啞啞之類若非比例參觀則義旨側注之處人必不能豁然通焉

對待

對待即兩卦錯綜也上下顛倒辭意互見此中消息宛如馬跡蛛絲惟息心者方能尋見迺作對待畀知德位既殊吉凶因而互異也

從之非者易之無人見無我見理取其長義衷其當而已

攷證

魯魚帝虎經籍沿譌文減文增簡篇互異但古今之字雖殊而章句之理自在折衷審慎必有不易之義存焉

品物

盈天地之間皆物也易象取譬若非深識物情焉知肖像之神妙乎遂作品物藉明格致之理云爾

古應

鄭氏玄爻辰爲占驗之祖但鄭說存者寥寥耳迨諸家雖遞增補執此例彼往往鑿迺予因遍求天象即星辰之懸著者次第發明畀見古聖仰觀之遺義焉

睿川易義續編二種

緒言

注易既成復即易義紬繹其蘊觸類引伸作爲象詮類稽或問典禮序綽卦變時訓廣象諸篇爲易外傳名曰緒言

圖說

易畫非圖不明圖象非說不醒予因即消息盈虛發明時行物生之義庶見象數之精蘊云爾

睿川易義合編上經

泰州　徐天璋睿川　演

周易

（義理）周易者義取陰陽變易上下无常即繫辭曰變動不居周流六虛也

乾☰☰ 乾下乾上

（卦旨）此伏羲之畫卦也自下而上一畫爲陽三畫成乾因而重之謂之大卦古者揲蓍奇餘爲陽其爻畫⚊三餘皆奇謂之老陽□六爻純陽則謂之乾☰☰乾旁錯坤☷☷六子之父母萬化之綱領也在天成象蒼蒼怙冒在地成形廣漠無垠在世運唐虞之際在人聖敬日躋

乾元亨利貞

（義理）天地者氣化凝聚也清勁之氣上騰爲天重濁之氣下凝爲地六畫純乾象陽氣奮軋於乙而不息也

（訓詁）乾健也資始曰元推行曰亨遷善曰利得正曰貞四者卦之德也四德詳後圖說

（義理）此文王演卦之彖經也四德之用屈伸舒卷於時爲春夏秋冬於德爲仁義禮智於五行爲木火金水於變化爲消息盈虛

初九潛龍勿用

（提要）此文王幽於羑里之象雖有聖明之德未能乘時得位故占勿用

（訓詁）初始也老陽曰九蟄藏曰潛龍神物變化不測者勿用韜德以待時也

（象數）乾爲龍初變巽入伏陰巽爲潛龍在下爲勿用

（變通）初變爲姤☰☴旁通爲豫☳☷姤應曰勿用娶女

（義理）此周公演易之爻辭也初下賤位亦具龍德者芝草無根醴泉無源蛇魚皆可化而爲龍自古聖賢奮興不必定爲皇王之裔故君子隱居求志養晦俟時正如龍潛草澤未能霖雨蒼生也

(品物)龍神物也能幽能顯能縮能伸春分登天秋分入淵噓雲致雨變化无方自首至尾八十一鱗具九九之數焉

(占應)初辰在子上値紫微垣勾陳荆州占曰勾陳者黃龍之位也子當坎方龍潛於水冬蟄淵也

九二見龍在田利見大人

(提要)田謂田野亦謂田獵見龍在田蓋即竹書紀年云季歷十年飛龍盈於殷之牧野聖人在下將起之符利見大人即西伯將田渭陽卜之曰非龍非彲非熊非羆所獲霸王之輔果遇太公望載與俱歸立之爲師也

(訓詁)田郊野之地大人神明德備者也

(象數)乾爲郊野爲田二變離明化成天下爲大人離爲目二五中正相應爲利見

(變通)二變爲同人䷌旁通爲比䷇同人應曰同人于野比應曰王用三驅野即田野驅即田獵王即大人也

(義理)遯世曰潛用世曰見龍君象二有其德而無其位在田利見正如伊尹耕莘獨樂堯舜之道成湯三聘於畎畝中也後惟漢昭烈帝訪諸葛武侯於隆中庶幾當此

(占應)天田星在蒼龍之宿左角二辰在寅變化離火爻應大火伏於龍宿左角天田之次

九三君子終日乾乾夕惕若厲无咎

(訓詁)乾健也以健承健曰乾乾惕敬懼也日入曰夕因危而勉曰厲无咎善補過也

(象數)三動變兌互離爲日當兌爲夕日落兌方爲終日內外卦接爲乾乾日光夷夕陰晦爲厲乾主敬懼爲惕體乾變兌說應乎乾爲无咎

(變通)三變爲履䷉旁通爲剝䷎履虎咥凶故爻應爲惕厲

(義理)六爻皆取象龍三獨言君子者君子人中之龍也介於剛而不中小心寅畏日懔冰淵當夕惕厲无咎正即國語云諸侯晝考國政夕省典刑士晝而講貫夜而計過無憾而後即安也

(音句)淮南子漢書風俗通藝文類聚說文書冏命正義引皆讀夕惕若厲句朱子本義更讀夕惕若句今證有孚顒若出涕沱若戚嗟若用史巫紛若當讀夕惕若句頻復厲傳云頻復之厲遯尾厲傳云遯尾之厲當單讀厲字句无咎句

(攷證)說文厲作夤按李鼎祚集解鄭荀諸家皆不爲夤字註解說文稱孟氏古文者蓋假借也

(占應)三辰在辰上値執法君子懷刑占主惕厲无咎

九四或躍在淵无咎

(提要)干寶曰武王擧兵孟津觀釁而退之爻也史記武王觀兵至於孟津渡河中流白魚躍入王舟王取以祭時諸侯會者皆曰紂可伐矣王曰天命未可乃引師還

(訓詁)意疑曰或騰跳曰躍淵水深而回處也

(象數)河鯉化龍四體乾龍轉變巽魚欲化不化進退不果之象爲或躍中互兌澤爲在淵

(變通)四變爲小畜䷈旁通爲復䷗小畜曰密雲不雨蓋應龍躍在淵尙未登天故雨澤不能施下也

(義理)兩山夾水流深而洄渟者爲淵龍躍在淵假水以神變化正猶君子養

成道德際會風雲得奮天衢而展經濟也四位近君或躍之象盍徘徊而審愼焉

（攷證）古本或作惑文言曰或之者疑之也或惑義同

（占應）四辰在午石氏星書云午宮黃帝其精爲軒轅軒轅黃龍體也凡雷雨風霜霧露虹霓皆軒轅所化姬姓出自軒轅主周應運而興

九五飛龍在天利見大人

（提要）此應武王克商大告武成也

（訓詁）布翅直翔曰飛天霄漢飛龍應龍也

（象數）離爲飛鳥體乾變離爲飛龍離德文明爲大人中正相應爲利見

（變通）五變爲大有䷍旁通爲師䷆大有曰柔得尊位文明應天蓋應在天利見也

（義理）五位天位動化離明聖人作而萬物覩上有堯舜湯武之君下有禹臯稷契伊周之臣利見大人明良喜起正君臣交需者也

（品物）飛龍應龍也山海經大荒東經應龍處南極注應龍有翼者也後漢書張衡傳注應龍能興雲雨者也

（占應）五辰在申上値天皇大帝五帝內座應主大人位居皇極咸池即蒼龍舍也

上九亢龍有悔

（訓詁）窮極曰亢有悔悟其失也

（象數）上當卦極爲亢體乾變兌兌司正秋龍於秋分入淵爲亢龍有悔

（變通）上變爲夬䷪旁通爲謙䷎夬應曰剛終尙窮窮即亢盈之義也

（義理）日中則昃月盈則食治極必亂盛極必衰盈而蕩天之道也上當陽極夏至陰生亢龍有悔一陰上乘正如堯年耄老四凶在朝洪水滔天急思求賢自代也

（攷證）亢說文引孟氏易作忼亢爲正字忼假借也

（占應）上辰在戌陽窮於戌應爲亢悔星値蛇首蛇腹龍應爲蛇失時極焉有悔之義正知難而退以蟄藏爲合時也

用九見羣龍无首吉

（訓詁）九老陽揲蓍之數用九用其變也羣龍六爻之位首先也用九見羣龍无首吉謂皆讓德於君必待五變而後從之用始吉也

（象數）用九揲蓍之數九過揲則得老陽也六陽連接爲羣龍乾爲首陽悔成陰爲无首陽吉陰凶爻體陽變占故爲吉

（變通）乾六爻皆具龍德惟九五一爻龍德正中變之大有䷍獨吉餘皆剛

而不中故初之姤䷫見凶二之同人䷌宗吝宗吝者二雖得中非陽位也三之履䷉咥凶四之小畜䷈惕出上之夬䷪終凶此皆首見之爲害也若遇九五並變柔得尊位而後上下應之如初從五變鼎䷱元吉二從五變離䷝畜牝牛吉三從五變睽䷥小事吉四從五變大畜䷙不家食吉上從五變大壯䷡利貞此皆不自爲首讓君爲首而後從之獲吉之明徵也

（義理）書洪範曰惟辟作福惟辟作威惟辟玉食臣無有作福作威玉食臣之有作福作威玉食其害於而家凶於而國人用側頗辟民用僭忒乾雖六爻同具龍德然初位爲民潛龍勿用庶人不議也若自爲首勢必如明末吳民之擊緹騎也二位爲士見田利見待上旁求也若自爲首勢必如陳東率衆進諫也三位疏遠之臣故日惕厲若自爲首勢必如賈誼欲去絳灌見謫長沙也四位親近貴臣或躍无咎者信而後諫否則見幾而作明哲保身若自爲首勢必如

霍光禍中驂乘也上居化外亢悔之象正似趙佗竇融臣漢若自爲首勢必如隗囂公孫述等驕蹇不臣自取滅亡也用九見羣龍无首吉正以聖主當陽萬物退而聽命不敢才智自矜以天德爲標表也乾彖爲龍潛見飛躍各能超出同類聖人戒其无首者斂剛於柔渾然天德不見端倪不爲物先故六爻以變爲用也

(音句)說苑引易見羣龍句程傳從之朱子本義見羣龍无首句予玩九首兩相爲韻比上云比之无首當從本義讀句吉爲占辭

彖曰大哉乾元萬物資始乃統天雲行雨施品物流行大明終始六位時成時乘六龍以御天乾道變化各正性命保合太和乃利貞首出庶物萬國咸寧

(訓詁)彖者材也因卦質性而裁斷也稟承曰資總繫曰統品類分也因升曰

乘控制曰御變化者遞變而合化也性心中所見之天命造化之氣貫注於物也首標表寧安謐也

(義理)此孔子贊易之彖傳也陽息旋左陰消旋右中參一畫大字所以贊乾元也天地絪縕資始於氣雲者天地之氣也雲騰而後雨施天一生水草木得其培滋四時行百物生乾元之亨也利貞者乾坤升降化爲坎離陰陽摩盪以成變化二五之精妙合而凝也自大哉至御天釋明元亨即卦畫從復成乾一氣之流行也乾道四句釋明利貞即陰升陽降六爻發揮以盡情也惟聖人寧世御宇明道開天曰大明終始六位時成者易法日月爲象剛發卦畫以通消息也曰時乘六龍以御天者太昊氏以龍紀官法四時上下之氣以爲治也首出指羲皇迎日推策仰觀俯察治天下而言也

(音句)彖今俗讀團字去聲阮元揅經室集彖當讀若弛音近於才亦與蠡音近故繫傳曰彖者材也類篇彖賞氏切音豕

(品物)彖者茅犀之名豨神是也犀形獨角知幾知祥剛首而銳仰觀俯察氣感陰陽故文王取立卦體孔子取斷卦義焉

象曰天行健君子以自強不息

(訓詁)行德行也精勁而進曰健君子有德之通稱也強毅立不息無已時也

(象數)乾爲天天氣剛勁爲健晝夜運行爲不息

(義理)此周公贊易之大象也昭公二年左傳云韓宣子來聘觀書於太史氏見易象與魯春秋繫辭云彖者材也象者像也爻者效也據經傳所載則易大象爲周公作非孔子作也孔子所作象辭實六爻之小象也且歷觀大象論理指事實爲六爻之綱後儒以大象爲孔子所作誤清氣爲天濁氣爲地清則其行剛勁運行絕無滯機君子觀德於乾純亦不已所以卓然毅立也說卦乾爲天爲寒冰想見地之兩極南北冰洋正天覆冒處也寒冰凝結絕非動體顧不動者體動者氣也時行物生無言而化至誠不

息故君子以自强焉後人誤讀行爲平聲解天行爲天體旋轉毋怪今談天者極力駁古說也以象人偶中含太極兼兩生一故六十四卦取象曰以君子有德者之通稱也

(音句)行下孟切胻去聲

(考證)武億經讀考異乾古字作𠃑見古今韻會傳易者因轉寫作健俞樾羣經平議健即乾也以健爲乾亦猶以順爲坤阮元周易校勘記石經初刻彊後改强閩本監本毛本並作彊按說卦乾健也坤順也非謂健即乾字六十四卦皆舉卦名乾獨稱健者乾爲天爲君不敢直名至尊故特稱其德也彊强古字通用

(品物)象獸名形色潔白年壽靈長長鼻豐軀行端立正膝有成位臍應四時其牙感雷生文猶天感氣成象象産南方義嚮明也故易卦取名象焉

潛龍勿用陽在下也見龍在田德施普也終日乾乾反復道也或躍在淵進无咎也飛龍在天大人造也亢龍有悔盈不可久也用九天德不可爲首也

（訓詁）普遍也興起曰造不可爲首剛德必斂於柔不可以剛爲標表也

（義理）此孔子贊易之小象也神龍之德變化无方見躍飛潛皆能乘時進退用九不可爲首譬彼陽處父聘衛甯嬴從之及溫而還其妻問之嬴曰以剛夫子壹之其不沒乎

（音句）顧炎武易音下音戶咎韻四十四有按唐韻正四十四有韻中之半古與篠小巧皓通爲一韻書大禹謨民棄不保天降之咎小畜初九復自道何其咎是也咎當叶讀音考

（考證）古本足利本反復之道也釋文復本亦作複造劉歆父子作聚按以韻叶讀當從造字復複字通上下文每句四字此句不合有之字

文言曰元者善之長也亨者嘉之會也利者義之和也貞者事之幹也君子體仁足以長人嘉會足以合禮利物足以和義貞固足以幹事君子行此四德者故曰乾元亨利貞

（訓詁）文言文王繫卦彖時釋明四德之言也和美曰嘉堅凝曰固幹梃承而特立也

（義理）左傳（襄公九年）穆姜論隨元亨利貞即引文言元體之長八句足徵此非孔子贊易之言也故加文以別之明此爲文王言也他卦無文言乾坤獨有者乾坤爲易之門特發其旨餘卦可類推也四德皆從天道以徵人事培養元氣保我黎民體仁長人也以正君臣以合夫婦嘉會合禮也春生秋殺萬物曲成利物和義也明夷蒙難其道大光貞固幹事也易曰乾道變化各正性命能行此德非君子不能知其故也

（考證）體仁京房荀爽董遇本作體信利物孟喜京房荀爽陸績本作利之按仁育萬物當從體仁乾始能以美利利天下當爲利物

（品物）木之正出曰幹側生曰枝幹事喻能卓立直承也

初九曰潛龍勿用何謂也子曰龍德而隱者也不易乎世不成乎名遯世无悶不見是而无悶樂則行之憂則違之確乎其不可拔潛龍也

（訓詁）殊異曰易表著曰成悶隱鬱意確堅立貌拔搖奪也

（義理）此以下孔子贊易之文言也世疑子曰二字爲後人所加非也子孳也因爻言孳生其義也不易不成无悶君子既不貶道徇人亦不標奇炫異落落寡合之中絕無咄咄書空之怪知通知塞不出戶庭此正潛龍不拔之象也漢

末黨禍之興諸君子炫世爭名昧潛龍之旨焉

（考證）不成乎名釋文鄭氏作不成名虞氏作不易世不成名删兩乎字李鼎祚集解周易述從之確惠氏九經古義暨周易本義辨證云當作隺錢大昕說文問答疏證云塙即易確乎之確按當從今本有兩乎字隺塙古文確今文也

九二曰見龍在田利見大人何謂也子曰龍德而正中者也庸言之信庸行之謹閑邪存其誠善世而不伐德博而化易曰見龍在田利見大人君德也

（訓詁）庸常也閑防也禦之於外存養也葆之於中化潛孚而默感也

（義理）見龍在田一則曰龍再則曰君德何也蓋士居草野所樂者堯舜之道所誦者三代之書言坊行表修齊平治悉於誠意貫之閑存既久天下感孚雖無君人之位而有君人之德有王者起必來取法是爲王者師也

（考證）鄭作閑邪以存其誠會通晁氏云 按當從今本無以字

九三曰君子終日乾乾夕惕若厲无咎何謂也子曰君子進德修業忠信所以進德也修辭立其誠所以居業也知至至之可與言幾也知終終之可與存義也是故居上位而不驕在下位而不憂故乾乾因其時而惕雖危无咎矣

（訓詁）業事功辭文辭至之造其極終之竟其成驕矜侈也

（義理）內卦爲貞外卦爲悔內爲德行外爲事功苟有忠信之人不能澤以詩書與暴棄者何異忠信進德修辭立誠內外交相輔養也知至則深造知終則底成想見君子乾乾惕厲正處意氣之乘非若庸俗之徒恐懼也

（考證）虞氏本可與言幾惠棟周易述作可與幾也臧墉云此乃惠氏私改也 古本足利本並有言字按下句可與存義也此句宜有言字

睿川易義合編　上經　十

九四曰或躍在淵无咎何謂也子曰上下无常非爲邪也進退无恆非離羣也君子進德修業欲及時也故无咎

（訓詁）枉道曰邪上下无常不可爲典要進退无恆善自爲因應也

（義理）君子出謀家國變動不居周流六虛如其膠柱鼓瑟泥法而昧變通嫉惡而釀禍亂又何貴於及時與惟能進德修業毅然自强人情鍊達不激不隨時事的宜能張能弛見可而進知難而退非有大經綸者其孰能與於斯

（考證）鄭本作君子進德修業及時故无咎按以上文例之此句當曰欲及時也

九五曰飛龍在天利見大人何謂也子曰同聲相應同氣相求水流溼火就燥雲從龍風從虎聖人作而萬物覩本乎天者親上本乎地者親下則各從其類也

（訓詁）迎從曰就作興起也

（象數）乾爲天爲龍坤爲地爲虎乾坤升降變爲坎離坎爲水爲溼爲雲離爲火爲燥爲風雲龍相感爲氣求風虎相感爲聲應九五變離離爲君象言龍而並言虎者大人虎變其文炳也因類取象見乾坤之合德也

（變通）同聲相應乾坤一索☴乾變巽風☳坤變震雷雷風相薄也同氣相求乾坤三索☱乾變兌澤☶坤變艮山山澤通氣也流溼就燥乾坤再索☲乾變離火☵坤變坎水水火不相射也乾坤升降變爲坎離坎離中互雷風山澤即重卦六爻言之聖人解九五一爻則全爻之變該焉

（義理）鳴鶴在陰其子和之螟蛉有子蜾蠃負之聲氣之感也水注溼土爭引火燃燥木先焚流就之性也雲龍風虎從類者管輅云龍者陽精以潛爲陰幽靈上通和氣感神二物相扶故能興雲虎者陰精而居於陽依木長嘯動於巽林二氣相感故能運風本天親上天一生水雲爲水妃故山川出雲而升上也本地親下地二生火風爲火子故虛空生風而被下也

睿川易義合編　上經　十一

（考證）釋文馬融本聖人起而萬物覩按繫辭云伏羲氏沒神農氏作神農氏沒黃帝堯舜氏作當從作字爲是

（品物）虎應秋金之氣春秋運斗樞云樞星散而爲虎春秋緯云三九二十七者陽氣成故虎七月而生陽立於七故虎首尾七尺般般文者陰陽雜也酉陽雜俎云虎交而月暈

（占應）火星者龍參星者虎龍陽精火出則龍飛天雲亦應之虎陰精參出則虎嘯山風亦隨之

上九曰亢龍有悔何謂也子曰貴而无位高而无民賢人在下位而无輔是以動而有悔也

(訓詁)貴而旡位亢窮極也高而旡民獨遠下也賢而無輔不能輔人之仁人亦不能輔其仁也

(義理)天爵爲貴亮節爲高多才而善爲賢然過自高貴太自矜賢望者卻步陽春白雪曲和無人崧岐極天孤標自賞勢必獨行悵悵至終不勝其悔也上極高貴而云賢旡輔者蓋巢父許由視天下爲塵涴己不肯輔世長民故天下之人亦不肯輔巢許爲帝遂致以耕農老也亢龍之德不臣不仕非聖非狂之象

(音句)李鼎祚集解賢人在下位句而旡輔句按鄭園札記賢字單讀人在下位而無輔句引周左氏哀夫記曰昔有共工自賢自以無臣久空大官下官亥亂民無所附唐氏伐之共工以亡爲證

潛龍勿用下也見龍在田時舍也終日乾乾行事也或躍在淵

自試也飛龍在天上治也亢龍有悔窮之災也乾元用九天下治也

(訓詁)下者不以賢智先人也暫止以待曰時舍試姑嘗而探驗也災謂天降之咎用施行也

(義理)以上各節分釋爻德重爻辭上二字此釋爻用重爻辭下二字申明取象之意也古今以一身備六爻之德用者以君道徵之舜在側微下也耕山怨慕時舍也夔夔齊慄行事也納于大麓自試也重華協帝上治也苗民逆命窮之災也誕敷文德天下治也以臣道徵之伊尹耕莘下也先知先覺自任時舍也日樂堯舜之道行事也五就桀五就湯自試也佐湯伐夏左右宅師上治也惟嗣王不惠阿衡窮之災也復辟告歸天下治也

(音句)下音戶舍音戍叶春遇切屈原離騷余固知謇謇之爲患兮忍而不能舍也指九天以爲正兮夫惟靈修之故也舍與故相韻今叶讀戍正與下音戶相韻(下音戶見韻補)災叶子之切史記龜策傳十有二月日至爲期聖人徹焉身乃無災雜卦大畜時也旡妄災也是災與治讀平聲音持本相爲韻

(考證)釋文鄭玄作窮志災也

潛龍勿用陽氣潛藏見龍在田天下文明終日乾乾與時偕行或躍在淵乾道乃革飛龍在天乃位乎天德亢龍有悔與時偕極乾元用九乃見天則

(訓詁)革更也極至也則法度也

(義理)此節即天運以明人事申釋六位時成之義天有四時消息盈虛人有出處仕止久速天地閉則賢人隱天地泰則聖王興初辰在子陽氣萌於黃宮故聖人法其潛藏二辰在寅大明見於地上故聖人法其文明四辰在午一陰

已萌故曰乃革至上則日窮於戌陽德大衰故曰偕極用九則天者六爻辰象悉取周天三百六十五度之數範圍而不過也

(音句)明古音芒彌郎切行音杭與藏相韻

乾元者始而亨者也利貞者性情也乾始能以美利利天下不言所利大矣哉

(訓詁)情即性所孚感美嘉好也

(義理)此申釋彖傳之義四德運行春生冬藏由元而貞生機不息爲性性氣孚感爲情有情則性不滅故復貞中起元性者萬物各足之天情者萬物暢生之趣美利謂雨潤日暄不言所利大造化萬物而無心四時成功而遞嬗也

(考證)性情鄭玄作情性能虞翻作而按能而古通今當從能

大哉乾乎剛健中正純粹精也六爻發揮旁通情也時乘六龍

以御天也雲行雨施天下平也

（訓詁）不雜曰純無疵曰粹純粹至極曰精發揮者闡明變化之理旁通者六爻變易之徵澤自上流曰施平齊不齊以爲治也

（變通）旁通如乾坤對列䷀䷁乾五降坤二中䷀䷁乾成大有坤成師乾二升坤五中䷀䷁乾成同人坤成比乾初變應坤四䷀䷁乾成姤坤成豫乾四變應坤初䷀䷁乾成小畜坤成復乾三變應坤上䷀䷁乾成履坤成剝乾上變應坤三䷀䷁乾成夬坤成謙六十四卦消息盈虛皆本乾坤互變而遞化也

（義理）此申釋乾義兼明六爻之體用也剛以體言健以德言中以性言正以道言純以氣言粹以質言精則聲臭俱泯渾然無間六龍時乘即六爻之德位也蓋有陰無陽不能生生陰陽無情不能孕感發揮則旁通曲暢從一本散爲萬殊雲行雨施無非山澤通氣陰陽感而絪縕也

（音句）平音嫓虞翻讀六爻發揮旁通句按先韻古與眞文通故天字從鐵因反後有據易彖文叶通庚靑韻者正字通謂至尊莫如天天以下莫如君父字音必不可僭易改叶今當讀平音嫓書堯典平秩古作嫓秩以嫓叶天韻適相偕大哉以下皆四字爲句虞本讀不可從

（考證）釋文揮亦作輝按當作揮

君子以成德爲行日可見之行也潛之爲言也隱而未見行而未成是以君子弗用也

（訓詁）行德行成德爲行猶周禮師氏云敏德以爲行也

（義理）此下申釋爻辭占義也羽毛未豐不能高飛君子潛藏勵志家修廷獻逈異石隱者流枯槁山林亦非處士盧聲假終南爲捷徑也未見未成正猶孔子使漆雕開仕對曰吾斯之未能信也

（音句）爲行行讀去聲

君子學以聚之問以辨之寬以居之仁以行之易曰見龍在田利見大人君德也

（訓詁）學聚問辨博學而審問也居安處行措施也

（義理）君德即內聖外王之道精一宗旨博約全功悉由學以造乎極其心休休易知簡能漸充漸盛要非純任天縱也

（考證）釋文作出以辨按當作問以辨之

九三重剛而不中上不在天下不在田故乾乾因其時而惕雖危无咎矣

（訓詁）危殆也乾因時惕慮善而動動惟厥時也重乾曰重剛

（義理）上五盛德之君下二明道之士陽德而正中也三介其間蓬生麻中不扶自直身爲弧臣孽子敢不惕厲爲君子哉

九四重剛而不中上不在天下不在田中不在人故或之或之者疑之也故无咎

（訓詁）任事而官曰人中不在人身居師保之位高出羣寮集思廣益虛衷下士非若百官有司躬膺社稷人民者也

（義理）四以陽剛逼近五君位居卿相令人不能無疑者正周公恐懼流言之象也上不在天言非君也下不在田言非士也中不在人言非百官有司也蓋四握政權天下聽於冢宰惟能疑而自懼則居寵思危謙撝自牧天必彰其盛德己不得其考終何咎之有

（考證）古本或作惑

夫大人者與天地合其德與日月合其明與四時合其序與鬼

神合其吉凶先天而天弗違後天而奉天時天且弗違而況於人乎況於鬼神乎

（訓詁）合者渾一無間也先天而天弗違至誠格天後天而奉天時順天布治也

（象數）乾爲天坤爲地五變坤陰上升乾中☲☰爲天地合德離爲日坎爲月離陰中錯坎陽☲☵本乾升降爲日月合明離爲晝坎爲夜自乾消息晝夜遞嬗爲四時合序離明爲神坎幽爲鬼陽明陰幽爲鬼神合其吉凶五居皇極之位爲大人

（義理）大人神化與天地同流自其行事觀之海隅蒼生莫不怙冒天地合其德也監觀四方求民之瘼日月合其明也賞以春夏刑以秋冬四時合其序也旌別淑慝黜陟幽明鬼神合其吉凶也自其德化觀之心正則天地位育光被則日月昭明化行則時無愆伏誠格則鬼神効靈先天弗違範圍不過靜與天契無臭無聲也後天奉時曲成不遺動與天符大化成化也況人爲血氣之倫鬼神馨香明德者乎

（音句）先先見切音霰後胡茂切厚去聲

亢之爲言也知進而不知退知存而不知亡知得而不知喪其惟聖人乎知進退存亡而不失其正者其惟聖人乎

（訓詁）知識喻也

（義理）正字爲易之主知字權時之宜不失其正於道德仁義知進而不知退也於富貴利祿知退而不知進也一失其正存不償亡得不償喪惟聖人知之而不失其正伊尹復政厥辟周公避謗居東大禹征苗班師文王伐崇修德所以先亢龍之災也進退以身言存亡以位言得失以事言兩贊聖人明非聖人

不能守其正也（或曰讀分兩節上言聖人指湯武下言聖人指堯舜也）

（考證）釋文王肅本作愚人後結始作聖人或曰其惟聖人乎知進退存亡而不失其正者無末五字是最古本此是倒裝文法如檀弓云誰與哭者哭者誰與按例以困而不失其所亨其惟君子乎末句宜有五字

副編

周易

（集解）虞翻易注離爲日坎爲月日月之道陰陽之精所以終始萬物故上經終以坎離下經終以既濟未濟○海瓊語云日與月合則長明性與命合則長生日月在天爲明明者日月之横合在世爲易易者日月之從合在人爲丹丹者日月之中合○容齋隨筆易者盧蝘之名守宮是也亦名蜥蜴又名蝶螈一物四名與龍通氣故可禱雨與蝌斗同形故能嘔電身色無恆日十二變以易名經取其變也○易說易有五義變易交易轉易推易移易也○頤齋經說管子云周者不出於口不見於色一龍一蛇一日五化之謂周義取深密不測乾鑿度日月爲易古篆文日中有一奇也月中有二耦也至精且密變化无方

乾

（集解）子夏傳曰元始也亨通也利和也貞正也言乾稟純陽之性故能首出庶物各得元始開通和諧貞固不失其宜是以君子法乾而行四德故曰元亨利貞矣○李鼎祚曰夫在天成象者乾元亨利貞也言天運四時以生成萬物在地成形者仁義禮智信也言君法五常以教化於人元爲善長故能體仁仁主春生東方木也亨爲嘉會足以合禮禮主夏養南方火也利爲物宜足以和義義主秋成西方金也貞爲事幹以配於智智主冬藏北方水也故孔子曰仁者樂山智者樂水則智之明證也不言信者信主土而統屬於君故中孚云信

及豚魚是其義也若首出庶物而四時不忒者乾之象也厚德載物而五行相生者土之功也土居中宮分王四季亦由人君先爲皇極而奄有天下水火金木非土不載仁義禮智非君不宏信既統屬於君故先言乾而後不言信明矣

○按元沏草木萌動鳥獸孳孚平旦天光化被一片亨如綠滿郊原鳶飛魚躍春臺紛社民物熙熙利如百穀告成果實皆熟家給人足飲蜡吹豳貞如雪窟冰天松柏挺秀奔流激湍砥柱孤擎四德氣象各有不侔者焉

(德位)元貞德在五中亨利德在二中詳見圖說

初

(默參)建子之月陽氣萌於黃泉地氣沮泄是謂發天地之房近取諸身一陽在子天一之精也動而姤陰子精洩氣戒以勿用無非靜養貞元保精氣於平旦也

二

(筮說)唐回紇朝京師筮得乾之同人䷌卜者曰此行必得大人果見郭子儀而退

(默參)乾坤升降二變離爲大腹龍得見中近取諸身應在臍下三寸丹田之位

(比例)二五皆曰利見大人明良之世上下相需有聖君必有聖臣也

三

(默參)靈素云兌金在志爲恐三變爲兌應人心主惕厲

(比例)乾三終日乾乾與坎三來之坎坎夬三君子夬夬義同但乾坎以本體言夬以變爻言也

四

(德位)一三五陽位二四六陰位以陽居四逼近於五君臣疑忌或躍之義西伯戡黎祖伊恐告也

五

(筮說)北齊高祖所居有赤光岳母山氏筮得乾之大有䷍曰龍飛大人之卦貴不可言及高祖起兵信都山氏謂之曰可間行共圖大計

(集解)朱子語類宋太祖一日問王昭素曰九五飛龍在天利見大人常人何可占此爻昭素曰何害若臣等占得陛下是飛龍在天臣等爲利見大人說得最好易用所以不窮也

(默參)體乾天德變離爲心吾之心正天地之心亦正大人所以奉若天道也心當人身之中二五之精妙合而凝性命貫注其間開竅爲目故曰利見大人

(德位)五應皇極之位二應士位二之大人內聖五之大人外王其德同其位

不同一在田一在天也

上

(集解)鄭玄曰堯之四凶在朝是以有悔未大凶也○頤齋經說亢龍有悔正如漢武帝輪臺下詔唐太宗高麗班師也

用九

(筮說)唐長慶中成得兵變殺節度史田宏正而擁立部將王庭湊先有筮者得乾之坤䷁謂坤土地也大位將臨節旄不遠兼有河山土地之分也

(集解)左傳昭十二年龍見於絳郊蔡墨曰龍水物也水官棄矣故龍不生得不然周易有之乾之姤曰潛龍勿用其同人曰見龍在田其大有曰飛龍在天其夬曰亢龍有悔其坤曰見羣龍无首吉坤之剝曰龍戰于野其血玄黃莫不朝夕見誰能物之史墨說龍雖非說占然亦可見古占法焉

(德位)龍爲君德惟九五位建皇極六爻言羣龍者變化屈伸上下无常以德不以位也曰无首者大智若愚盛德若虛謙以下人有功而不伐也

(比例)乾无首吉天德不可爲首即老子之道柔居天下先也比无首凶陰凌陽上爻之曰凶君子不欲多上人也

象

(集解)荀爽曰乾起坎而終離坤起離而終坎坎離者乾坤之家陰陽之府故曰大明終始也○陸績曰十二時分六位升降以時消息吉凶

(默參)乾道大生坤道廣生地承天而時行故地生物而母生子焉人稟天地之氣資陽爲精資陰爲血血凝爲心精貫血中統會於心爲性心性邪正呼吸通天得造化之賦畀者爲命故曰乾道變化各正性命惟聖人固守其正致中和以爲位育故曰保合太和乃利貞人爲萬物之靈聖人之心胞與天下故曰首出庶物萬國咸寧

(德位)三畫之卦小成六畫之卦大成六位時成爻位陰陽各六耳合之則十有二位不言十有二位而言六位六龍者陰統於陽伏羲迎日推策定朔置閏故三統曆法祇用甲子甲寅甲辰甲午甲申甲戌六陽以爲部首範圍天地也至六位因德分者初位賤下爲庶民二位端士爲臣爲婦（臣道妻道）三不中正爲寇爲小人其得位者爲遠臣爲藩國爲公侯四位近君爲卿相爲懿戚五位當尊爲君王爲大人上爲祖位天位荒服夷狄隱佚等位

潛龍節

(對待)乾卦自相爲綜二綜即五二言在田五言在天皆曰利見大人三綜即四三言反復故四言進退初綜即上在下爲潛故在上爲亢

文言節

九三節

(集解)梁武帝謂文言是文王所制○劉瓛曰依文而言其理故曰文言

九五節

(德位)上位謂三在士民之上下位謂三在君卿之下也

(集解)崔憬曰方諸與月同有陰氣相感則水生陽燧與日同有陽氣相感則火出也

(默參)坎水主腎離火主心流溼就燥水火不交顛雲爲水妃風爲火子雲從龍而上騰風從虎而下應水火既濟所以贊化調元也內經云雲爲天氣乾爲龍故雲從之風爲地氣坤爲虎故風從之然乾爲龍震亦爲龍震左屬肝肝怒則風生坤爲虎兌亦爲虎兌右屬肺肺益則雲起龍虎制伏道致中和所以超凡入聖也

上九節

(集解)何妥曰既不處九五帝王之位故无民也夫率土之濱莫非王臣既非王位則民不隸屬也○陋齋經說韓詩外傳六郭君出亡御者曰君之所以亡者太賢君曰夫賢者所以不爲存而亡者何也御者曰天下無賢而獨賢是以亡也

坤☷☷坤下坤上　泰州　徐天璋睿川　演

(卦旨)蓍揲偶餘爲陰其爻畫⚋三餘皆偶謂之老陰六畫純陰則謂之坤☷☷坤旁錯乾☰☰在天成象日健風霆在地成形平原黃壤在世運渾穆無爲在人寬厚長者

(義理)陰偶虛中含宏化光曰坤坤從土從申土位寄王西南也

坤元亨利牝馬之貞君子有攸往先迷句**後得主**讀**利**句**西南得朋東北喪朋安貞**句**吉**

(提要)坤爲地道臣道坤德日盛象文王日新其德也先迷冡難羑里後得主利者錫爲方伯也西南得朋庸蜀羌髳微盧彭濮助周者接踵而至東北喪朋徐奄淮夷飛廉惡來助紂者奔北倒戈也

(訓詁)坤順也牝母馬昏惑曰迷先迷謂以才智先人暗於事也依止曰主後

得主利卑以下人地道无成而代有終始獲君也朋類也安貞吉貞元之交坤主於靜善藏在貞也

(象數)乾象取龍坤象取馬者易始龍馬負圖也坤德配乾爲牝馬天山北有淵類海羣龍窟宅其中時出爽馬姤其姤也繞馬身數匝納尾於牝挾之騰起黑雲圍之雷雨蓋屬須臾雲覆馬墜而孕成矣即產龍駒坤位西南羣陰之卦聚於西南爲得朋羣陽之卦聚於東北陰消不見爲喪朋坤陰闇昧爲迷坤土敦厚爲安貞

(義理)坤道廣生具元亨之德若非得乾大生坤必不能成生物之功利牝馬之貞者牝馬守禮不亂入他羣也君子法坤爲治先迷者戒其冒昧行事後得主利者人臣無將猶老氏之道以退爲進不爲天下先也西南得朋羣策羣力功必藉於羣陰東北喪朋開國承家小人終於勿用古人因亂而治安貞吉者世運既治法當如蕭規曹守不可妄有更動也

(音句)王注讀後得主利句利字單讀句武億經讀考異先迷後得主絕句利字屬下西南讀按彖傳西南得朋句不連上利字讀文言後得主而有常句不連下利字讀當讀先迷句後得主句利單讀句蓋坤爲地道臣道主即君也先迷者陽倡陰隨不待陽倡而陰先之故迷後得主者凡事不以賢智爲先故能得君親信利爲占辭西南得朋東北喪朋詳見卦象安貞吉爲斷辭

(考證)釋文坤本作巛按巛古文象坤畫中斷今文從坤

(品物)坤取象馬者馬齒長齊三十有六符地數六六之義凡馬產育則必上應周天之氣孕月之精成孕後遇牡轉自踶齧牝馬之貞坤道從一而終也故北地馬羣每十牝從一牡焉

(占應)南極在申北極在亥以坤配乾故後天之卦乾位西北坤位西南

彖曰至哉坤元萬物資生乃順承天坤厚載物德合无疆含弘光大品物咸亨牝馬地類行地无疆柔順利貞君子攸行先迷失道後順得常西南得朋乃與類行東北喪朋乃終有慶安貞之吉應地无疆

(訓詁)至極也疆竟也品物衆等之物恆守曰常慶休美也

(義理)至字之義一陽屈曲土上以象萬物初生勾萌畢達用贊坤元正見地德含弘也牝馬應地蓋天道左旋地道右旋牛行順風馬行逆風承天時行以逆爲順也先迷失道後順得常先則人從後則從人正如王陵乘秦之亂聚衆南陽後歸漢高以功名老也西南得朋乃亂乃萃東北喪朋翦刈羣雄安貞吉者蓋坤安臣道遇事不爲天下先也

(音句)亨古音許郎反音鎊與疆光相韻慶古音羌

（考證）釋文疆或作彊又作壃應地陸續作行地旡閩監毛本誤作無

象曰地勢坤君子以厚德載物

（訓詁）勢形其力也厚博厚載承也

（象數）坤爲地地有高下平陂爲勢廣博而深爲厚仰承萬物爲載

（義理）濁氣凝而爲地地載華嶽而不重振河海而不洩其質最厚君子觀德於坤含宏光大安土敦仁故以之並蓄兼容包承萬物也

初六履霜句**堅冰至**

（訓詁）履踐也露結曰霜水沍曰冰堅厚也

（象數）坤陰凝結在天爲霜在地爲冰初變震足爲履霜一陽反下胕陰寒沍爲堅冰

（變通）初變爲復䷗旁通爲小畜䷈小畜應曰密雲不雨復應曰復其見

天地之心乎復爲十一月卦正堅冰凝結時也

（義理）陽決陰姤夏至陰生井水因而寒冽所履之地其兆霜冰不待天寒地凍見也豳風隕蘀叙始鳴蜩鑿冰冲冲發原流火詩義易爻一以貫之

（考證）履霜鄭玄曰履讀爲禮

（占應）初辰在未上値東井水府主應霜冰白虎通災變云霜之爲言亡也陽以散亡徐邈說冰者兵之象也初變震雷發聲重泉不寧不令有弒父弒君之兆

六二直方句**大不習**句**旡不利**

（訓詁）表正曰直絜矩曰方習重也

（象數）坤爲方乾降坤中其動也直爲直方陽大陰小二中變陽五中未變不成習坎爲大不習卦象成師上承天寵爲旡不利

（變通）二變爲師䷆旁通爲大有䷍師應曰在師中吉

（義理）德靜主幽爲方中得乾陽表正柔者立焉顧內卦爲貞外卦爲悔內旣得助設外亦得乾陽表正二五敵應反成習坎轉陷重險之中何利之有今二變而五未變師中制命譬之將帥出軍雖君命有不受焉故曰旡不利

（音句）熊朋來經說鄭庠古易云坤爻辭履霜直方含章括囊黃裳元黃協韻故象傳文言皆不釋大疑大字衍按象曰六二之動直以方也當讀直方句文言雖未釋大字明云直方大不習旡不利大字絕非衍文宜讀大不習句旡不利句

六三含章句**可貞或從王事旡成有終**

（占應）三辰在酉酉爲秋門釋名酉者秀也秀者物皆成也占主物旡不利

（訓詁）含章闇然而日章也意疑曰或或從王事旡成者有終疑謀勿成愼不

敗也或曰成盛也

（象數）坤變艮山中興寶藏爲含章坤道致役爲從王事艮成終始爲有終卦象謙而不伐爲旡成

（變通）三變爲謙䷎旁通爲夬䷪謙曰勞謙有終吉夬曰旡號終有凶蓋謙應陽德吉夬應陰德凶也

（義理）坤德不假人成坤利待人發見含章可貞者瘴氣鬱勃山有金銀水光輝媚川多珠貝然豐城劍氣璧社珠光皆因暴顯而喪其守君子所以蓄道德而泯驕矜也或從王事旡成有終蓋疑難之交託孤寄命正在王陵少戇周勃厚重呂端糊塗不在智術權謀彰彰暴著者焉旡成猶言旡以盛氣從事書曰有其善喪厥善矜其能喪厥功禮曰疑事毋質質而勿有傳曰人臣無將將則必誅均同此旨

(考證)釋名成盛也頤齋經說成讀作盛

(占應)三辰在亥上値螣蛇雷電夏令雷電合章時旣値亥雷電收藏龍蛇蟄處故萬物含美而不露焉

六四括囊句无咎无譽

(訓詁)括結也囊橐類有底曰囊譽聲聞著美也

(象數)坤爲布變震仰盂有底承下爲囊中五艮手爲括囊

(變通)四變爲豫䷏旁通爲姤䷫豫曰盍簪姤曰繫柅盍繫皆括象也

(義理)幾事不密則害成張安世入議大政出則引疾括囊之義也陳蕃竇武不能愼密卒致害成可不畏與象取之者蓋以四握大權羣陰環伺五爲柔主易動流言稍有不愼立即噬臍括囊則事無漏言自无咎譽觀周廟金人緘口即知周公繫爻之深義焉

(品物)囊即俗用綫布袋下有底者也

(占應)四辰在丑上値織女帛度占云主綫帛布物

六五黃裳元吉

(訓詁)黃中色裳下服元吉善長而祥集也

(象數)坤爲裳土位中央色黃爲黃裳

(變通)五變爲比䷇旁通爲同人䷌比吉原筮元永貞爻應故曰元吉

(義理)昔者黃帝垂衣裳而天下治衣玄法天裳黃法地五位居尊坤德應協皇極也元吉之占必曰黃裳者貴而不伐德仍安於下體古今來惟漢明德宋宣仁兩母后以之

(品物)裳帷裳前幅數三後幅數四並爲七幅古時朝祭用之今官服朝裙也

(占應)五辰在卯上値后宮后星明則后德昌吉

上六龍戰于野其血玄黃

(提要)坤爲臣道上當祖位繫龍戰於上爻者隱寓文王陟降在天武王奉主東征牧野之戰血流漂杵也

(訓詁)交爭曰戰野郊野血陰類龍戰于野其血玄黃陰陽交爭故傷者衆也

(象數)乾爲龍坤終接乾爲龍戰坤爲國邑上當國邑之外爲野坤陰爲血乾爲大赤坤爲黑乾坤升降變爲坎離坎水爲玄離日爲黃上變之剝坎離未分剝陰潰爛爲其血玄黃

(變通)上變爲剝䷖旁通爲履䷉履應曰履虎尾咥人凶蓋陽戰爲龍陰咥爲虎也

(義理)天下一治一亂晦盲否塞賢才遯荒亂極將治必有英雄起於草澤掃蕩羣陰以爲興王之助也鹿逐中原生民塗炭殺人盈野流血有聲此正龍戰玄黃之象坤終即承屯利建侯者藩封廣建從龍者莫不爲侯王焉

(占應)上辰在巳上値上將次將虎賁應主戰伐巳神螣蛇占經曰螣蛇生角將以成龍靑龍折角變爲蜥蜴靑龍在巳爲飛天螣蛇在巳亦爲飛天蛇龍競飛焉得不戰戰則陰傷應爲血潰

用六利永貞

(提要)文王率畔國以服事殷周公征東而歸復子明辟皆能盡其臣道合於坤卦用六利永貞也

(訓詁)六老陰揲蓍之數用六用其變也衍長曰永利永貞利長得中正也

(象數)用六揲蓍之數六過揲則得老陰也陽動陰靜坤德主靜爲利貞

(變通)坤初變復䷗二變師䷆三變謙䷎四變豫䷏五變比䷇上變剝䷖師得二中曰丈人貞吉比得五中曰原筮元永貞復謙豫剝不[illegible]利

者變非得中正也故老陰之變以得中正爲利焉

（義理）坤道從人者也從善則善從惡則惡誠以陰柔不能毅立必藉乾陽表率始有作爲用六利貞變主乾陽擇善而從不爲外撼所搖奪也貞爲事幹利爲義和利永貞者一成不變矢志靡他婦人之義從一而終也

象曰履霜堅冰陰始凝也馴致其道至堅冰也六二之動直以方也不習无不利地道光也含章可貞以時發也或從王事智光大也括囊无咎愼不害也黃裳元吉文在中也龍戰于野其道窮也用六永貞以大終也

（訓詁）叐結曰凝順從曰馴發舒見害患也文理緻之美大終陰老而變陽也

（象數）坤道廣生爲時發坤德含宏爲智光坤利安貞爲不害坤中色黃爲文陽大陰小坤陰變陽自初至上爲大終

（義理）畫雖六爻意實一貫坤陰兆亂辨隱於微初位賤下履霜至冰小忠小信閹宦禍人家國也二爲正士進退以禮雖處亂世游行有餘三爲疎遠之臣含章有終藏器待時正如漢唐藩鎭遭世之亂惟謹愼者能保對爵也四爲大臣躬握政權若非愼密從事鮮有不敗五則撥亂之主湯武革命順天而應人上則羣雄角逐塗炭生靈終爲化外不臣者也用六永貞變亂已極旋坤轉乾安民之主道在守一而已大終者統大居正正贊乾德非贊坤德惟其用六故陰亂變爲陽治也

（音句）發去聲音旆與大害相韻按荀子議兵武王載發注發讀爲旆詩蓼莪篇南山烈烈飄風發發民莫不穀我獨何害發古通廢廢旆聲近發讀旆有必然矣大正韻度奈切音汰

（考證）郭京易舉正履霜下無堅冰二字魏志作初六履霜古本足利本冰下有至字影宋本方誤爲萬惠棟九經古義冰當作凝當作仌冰淮南子齊俗訓故易曰履霜堅冰至聖人之訓終始微言是漢人所傳與今本同也

文言曰坤至柔而動也剛至靜而德方後得主而有常含萬物而化光坤道其順乎承天而時行

（訓詁）爻變曰動比義曰方承仰受也

（義理）坤陰爲柔變陽爲剛地形爲圓其德爲方柔而剛節不可犯靜而方守不可撓然又不以賢智先陽沉幾應變寓剛方於順承之中坤化所以亙古彌光也中國疇人輒曰天動地不動以地勢主靜也天圓地方以地形爲方也焉知文言一則曰至柔動剛再則曰承天時行所謂靜者方者德也道也非形象也七政儀象天道左旋地道右旋旋前地動可知昔王蕃云天地形如鳥卵天象卵白地象卵黃卵爲地圓顯見彼泰西天文家測得地球動而非靜圓而非方以爲識超東亞上者蓋不知大易文言聖人釋坤彖義早洞悟天地之儀象也

（音句）行音杭

積善之家必有餘慶積不善之家必有餘殃臣弑其君子弑其父非一朝一夕之故其所由來者漸矣由辨之不早辨也易曰履霜堅冰至蓋言順也

（訓詁）天禍曰殃逆殺曰弑辨別也

（象數）陽善陰惡爻初變陽爲善體陰爲不善變震恐懼致福爲餘慶陽長陰消陰消終不能盡爲餘殃

（變通）初變爲復䷗繫辭下云復小而辨於物故曰由辨之不早辨也

（義理）殃慶在人不在鬼神幾生於微而成於忽焰焰不滅炎炎若何涓涓不塞終爲江河如火燎原如水盈科變生附腋禍起蕭牆跬步不愼不至弑父與

君而不止也可不早辨之哉

（音句）慶叶盧羊切音羌

（考證）毛本由作繇釋文辨荀爽作變或作辯按繇古由字辨辯義同

（占應）易緯賊陰逆釁者霜應有弑逆

直其正也方其義也君子敬以直內義以方外敬義立而德不孤直方大不習无不利則不疑其所行也

（訓詁）正定也義猶準也志愼曰敬事宜曰義疑礙也

（象數）坤爲方變坎水平爲準因爲正爲義乾陽主中爲敬以直內坎水有孚爲義以方外坤衆從之爲德不孤

（義理）表直則景正理直則氣壯中有定見者外無游移直爲中之主宰方爲外之權衡正即中定義即應施敬又直字主宰義即方字南鍼故君子以敬爲

體以義爲用立身處世無往而不咸宜也

（考證）惠棟周易述注正當爲敬字之誤李惇羣經識小謂政正二字古通用政敬二字音既相近形亦相肖故戴記敬字譌寫作政後人因戴記之誤更於文言去文作正耳孔廣森經學卮言古人偏旁多省不疑其所行者言所行不礙也下文陰疑於陽亦是陰礙於陽他如小畜象傳有所疑也叶載字遯傳疑叶志字升傳疑叶事字既濟傳疑叶憊字不但文義當訓爲礙且其韻可證也惟賁傳當位疑也與乾文言或之者疑之也義同按直正方義正當從正不從敬政鬼谷子摩篇正者直也轉訓直即爲正義當訓宜中庸云義者宜也方其義也即義之與比之意下云敬以直內義以方外敬爲恭敬義謂義理從道德說悉君子所行之實際也疑當從孔說作礙

陰雖有美含之以從王事弗敢成也地道也妻道也臣道也地道无成而代有終也

（訓詁）代替任也

（象數）致役乎坤變艮能成終始爲代有終

（義理）時行物生地代天化也男女搆精妻代夫妊也上令下共臣代君治也地承天而時行妻隨夫而倡和臣從君而無將藉非厚德含宏未有不自矜滿也无成代終一言以蔽之曰順而已矣

天地變化草木蕃天地閉賢人隱易曰括囊无咎无譽蓋言謹也

（訓詁）茂盛曰蕃爲閉塞也

（象數）四變震木爲蕃鮮坤闔戶爲閉

（義理）在天爲變在地爲化貞元之運會也天開之日草木蕃生世滅之先人

文預盡十四守中包括古今興亡氣數

（考證）古本蕃下有茂字按文言多偶句當從古本有茂字

君子黃中通正位居體美在其中而暢於四支發於事業美之至也

（訓詁）理條理體體質美富有也四支體之分事業理之著也

（象數）坤土位於中央爲黃中當五爲正位變坎水流爲通五中充實爲美

（義理）天玄地黃聖人仰觀俯察因黃悟五行之理（五行之中惟土色黃亦惟土能生萬物）因中定四方之體因山川奠定而知寶藏充實美在中焉充實而有光輝睟之德潤諸身盎背見面四體不言而喻故曰暢於四支富有之謂大業因地之利府海官山著爲政治故曰發於事業乾之美利既贊其大坤之美中能不贊其至與

陰疑於陽必戰爲其嫌於无陽也故稱龍焉猶未離其類也故

稱血焉夫玄黃者天地之雜也天玄而地黃

(訓詁)疑礙也无陽陰有无陽之心故陽嫌陰曰逼而爭也龍乘陽氣而升者稱龍抑陰而扶陽也血陰氣充塞之義玄黃天地未剖之色雜和亂也

(象數)坤陰爲血乾坤未分陰陽氣亂爲雜

(義理)上變成剝剝爲五陰之卦逼陽太甚是有无陽之心也然坤終接乾貞中起元陽氣萌於黃宮木脫於外苞含於中革故鼎新大亂之秋必有英雄起於草野徒步而爲帝王者是陽終不可滅也稱龍者見陽德屈伸變化本无方體稱血者明陰氣飛揚橫厲終見潰傷但陰陽未定之交龍血混雜正猶天地昏黃日月光蝕之象也

(考證)釋文疑荀爽虞翻姚信蜀才本作凝嫌鄭玄作溓荀虞陸績等作嗛漢上易鄭作爲其兼于陽也古本雜下有色字按疑當從孔廣森作凝嫌當從今本

副編

坤

(集解)馬融曰孟秋之月陰氣始著而坤之位同類相得故西南得朋孟春之月陽氣始著陰始從陽失其黨類故東北喪朋○荀爽曰陰起於午至申三陰得坤一體故曰西南得朋陽起於子至寅三陽喪坤一體故曰東北喪朋○崔憬曰妻道也西方坤兌南方巽離二方皆陰與坤同類故曰西南得朋東方艮震北方乾坎二方皆陽與坤非類故曰東北喪朋以喻在室得朋猶迷於失道出嫁喪朋乃順而得常安於承天之正故言安貞吉也○陋齋經說黃老之學主柔儒者非之今玩大易於乾則戒亢悔於坤則利安貞聖人寓義宏深剛柔相濟豈淺見者能窺測哉

(德位)元亨德在五中利貞德在二中例以大有一陰在五曰元亨同人一陰在二曰利君子貞是爲明證

彖

(集解)虞翻曰陽喪滅坤坤終復生謂月三日震象出庚故乃終有慶此指說易道陰陽消息之大要也謂陽月三日變而成震出庚至月八日成兌見丁庚西丁南故西南得朋謂二陽爲朋故兌君子以朋友講習文言曰敬義立而德不孤彖曰乃與類行二十九日消乙入坤滅藏於癸乙東癸北故東北喪明謂之以坤滅乾坤爲喪故也

初

(默參)平日之初一陽來復復小而辨於物履霜之兆蓋善必先知之不善必先知之書曰人心惟危道心惟微瞬存息養自宜默觀天地之心

三

(默參)含章之象君子德潤於身積厚流光靄然一團和氣盎於背見於面也

五

(筮說)左傳南蒯將叛筮坤之比䷁以爲大吉景伯曰忠信之事則可不然必敗外强內温忠也和以率貞信也故曰黃裳元吉黃中之色也裳下之飾也元善之長也中不忠不得其色下不共不得其飾事不善不得其極且夫易不可以占險三者有闕筮雖當未也後蒯果敗○東漢梁商女爲貴人筮亦得坤之比當時以爲大吉位正中而已後進爲后順帝崩以无子立冲帝又崩立質帝及兒冀弑質帝方迎立桓帝遂有宦官之禍毛大可演之曰坤五后也之比變剛爲君顯比也立三帝爲三驅失禽爲无子猶无前星也信宦官殺忠良爲舍逆取順震兒艮闔禍亂伏焉此一爻變又爲占之卦爻辭之法

(德位)坤元德在五中變陽爲吉

上

（默參）素問六節臟象論九野爲九臟注九野者應九臟而爲義也人如剝喪元氣其血未有不潰傷焉

用六

（德位）二五德位不同柔貞德在二中剛貞德在五中曰用六利永貞兼剛柔之變而言也

（比例）坤變得貞者師比兩卦師貞丈人吉比吉原筮元永貞五君二臣合觀師二比五兩爻則變用之義明君臣之分定矣

君子節

（默參）黃中在人爲心心廣體胖積中暢外之明徵也

陰凝節

（默參）天地絪緼萬物化醇男女媾精萬物化生龍戰之象昏旦時天氣下降地氣上騰陰陽相薄也龍血中所凝之陽雜和也猶未離類龍血氣雜陰陽未分乾坤中索三上不由其道故未能成坎離也

屯䷂（震下坎上）　　泰州　徐天璋睿川　演

（卦旨）屯自復䷗二息成二陽綜爲蒙䷃旁通爲家人䷤錯爲鼎䷱在天成象新月見庚在地成形河山險阻在世運洪荒甫闢在人君子固窮

（義理）雲騰於上雷殷於下磅礴鬱結塞而未通曰屯

屯元亨利貞勿用有攸往利建侯

（提要）詩曰天作高山太王荒之彼作矣文王康之彼岨矣岐有夷之行易多殷周之事乾坤之後首繫屯利建侯者其太王避狄人之難邑於岐下文王見拘羑里復錫爲方伯乎

（訓詁）屯難也適外曰往建立也

（象數）五陽動當險中爲勿用震動在下爲往震主百里爲建侯

（義理）天開草昧羣雄並興五以元善長人之德居尊陷險人君蒙難之象也

然長子主器於內河山鞏固於外時雖蒙難氣運實新動得亨貞不難安宗社奠磐石焉

彖曰屯剛柔始交而難生動乎險中大亨貞雷雨之動滿盈天造草昧宜建侯而不寧

（提要）屯難之世宜建侯者即左傳（僖公二十四年）云昔周公弔二叔之不咸故封建懿戚以藩屏周之義

（訓詁）艱阻曰險充滿曰盈造興起昧冥也安息曰寧宜建侯而不寧蒙難之世立國者不遑安息也

（象數）乾剛坤柔剛柔變易乾之坤中爲交外坎爲難爲險爲雨內震爲雷爲蕃敷爲草昧震驚坎勞爲不寧

（義理）六子之卦首列屯者五行之運元生於水四時之運元見於春震雷上

升坎雨下降出險之際世運正新春分時萬物暢遂也坎水中互艮山震主百里地勢得其險阻金城湯池豈容舍而他適故曰勿用有攸往但立國於草昧之時披荆斬棘刻不容安故曰宜建侯而不寧雷雨經綸想見望王締造也

（考證）盈鄭荀虞並作形而鄭讀作能不寧頤齋經説作不寧丕大也按賈誼疏欲天下之治安莫若衆建諸侯而少其力樂記武王克殷反商未及下車而封黄帝之後於薊封帝堯之後於祝封帝舜之後於陳下車而封夏后氏之後於杞封殷之後於宋左傳昭公二十八年昔武王克商光有天下其兄弟之國者十有五人姬姓之國四十人皆舉親也援是以證不字宜讀作丕

象曰雲雷屯君子以經綸

（提要）乾君坤后屯蒙以下即周禮六官分職也

（訓詁）經綸猶曰經緯經者理其緒而分之綸者比其類而合之也

（象數）坎爲雲震爲雷雷奮上下爲經雲合縱横爲綸

（義理）周禮冢宰體國經野論道經邦屯即六官之冢宰也治國首在恩威雲行雨施恩澤旁流雷奮陰消威聲遠著君子以之挈要提綱正見有條不紊也蓋當屯難之世天下棼如亂絲故象特以經綸喻焉

（考證）綸鄭陸荀姚並作論按中庸唯君子爲能經綸天下之大經當作經綸

初九磐桓利居貞利建侯

（提要）竹書紀年武乙元年邠遷岐周命周公亶父賜以岐邑居貞建侯正指此也

（訓詁）磐大石桓柱表也

（象數）艮爲小石艮綜成震爲大石爲磐震木爲桓震主百里爲侯變坤安貞爲利貞

（變通）初變爲比䷇爻旁通爲同人䷌比曰元永貞象曰比先王以建萬國親諸侯故應曰利居貞利建侯

（義理）磐桓取象喻君子奠邦家於磐石並能表正萬邦也建侯之利不在五而在初者草昧之世公侯起於畎畝有德者興也初下爲民動而比五恰類邠人從太王遷岐之象與孟子云得乎邱民而爲天子同指

（音句）魏明帝徵管寧詔磐桓利居漢張表碑畔桓利貞後漢馬融傳將有意於居貞乎詔讀利居句碑讀居貞句按象傳雖磐桓志行正也當讀磐桓句利居貞句利建侯句以象求之志行正三字正釋利居貞三字貞在五中與五爲難者震之初陽震初變坤大象成比坤利安貞比得上下皆應故利建侯

（考證）磐桓子夏傳作盤桓馬融作槃桓蔡邕石經作般桓張表碑作畔桓釋文磐本作盤又作槃凡般畔皆假借説文無磐字按荀子富國篇安于磐石楊

倞注磐薄大石磐卽大盤石也

（品物）尚書大傳大夫有石材庶人有石承注石柱下礩也磐卽柱礎桓卽木表按磐桓卽大石柱也以石代木故曰石材

（占應）初辰在子秦晉齊鄭楚越燕代諸星聚於子宫應建列侯

六二屯如邅如乘馬班如匪寇婚媾女子貞不字十年乃字

（提要）詩云古公亶父來朝走馬率西水滸至于岐下爰及姜女聿乃胥宇屯如邅如乘馬班如卽太王避狄人之難來朝走馬也匪寇婚媾卽太王聘姜戎之女姜戎轉利太王土地與之搆難也女貞不字十年乃字蓋姜戎以女之故要挾太王太王去邠姜戎始以女歸得從太王避之岐也詩曰爰及姜女明猶未成婦也

（訓詁）邅轉也班別也乘馬班如夜遁馬不相見而離別也兵相攻伎曰寇女

妻之父曰婚重婚曰媾匪寇婚媾締姻於亂離也以女許人曰字十年乃字時窮也

（象數）坎輪善轉爲邅坎輿震馬爲乘馬二動變兌震馬離失爲班馬坎爲盜因爲匪寇二變兌女上匹坎男爲匪寇婚媾二柔中正爲貞陰動變陽有女懷春爲字內卦互坤數十爲十年乃字

（變通）二變爲節䷻旁通爲賁䷕節曰苦節不可貞賁應女貞不字十年乃字也

（義理）屯難之際鼎革之交也古之君臣多喻夫婦屯難將轉君上求賢亡國之士出仕新朝譬之匪寇而爲婚媾也乘馬即弓旌之逮車乘之招十年數極而反也遲至十年乃字者不得已而順從如漢馮衍幅巾而降光武時已過矣所以不失貞者得位居中非爲邪也抑有匪寇而實爲婚媾者雜亂之餘俘獲

男女畀相匹配也周禮荒政十日多婚亦因屯難而經綸正欲生齒繁衍耳

（考證）邅如說文引易作驙如葉林宗影宋鈔作亶如班如鄭元作般如婚媾說文作昏冓按雷浚說文外編說文無邅字予攷楚辭九歎邅彼南道離騷邅吾昆崙是說文前已有邅字

（占應）二辰在酉上值天陰天苑天陰主豫陰謀應爲匪寇女子天苑主牧養應爲乘馬

六三即鹿无虞惟入于林中君子幾不如舍往吝

（訓詁）即就也鹿麋類虞山虞掌致鳥獸之官林叢木幾近也舍置也

（象數）震於動物爲鹿植物爲木坎爲棘𣗥木叢生爻當其間爲林中體震變離離爲網羅坎互陷阱三近多凶爲幾不如舍鹿性驚而體煖卦體震驚變成離火故取象鹿

（變通）三變爲既濟䷾旁通亦爲既濟既濟曰思患豫防故君子戒其往吝

（義理）周禮山虞掌山林之政令物爲之厲而爲之禁若大田獵則萊山田之野及弊田植虞旗於中致禽而珥焉即鹿无虞時非纘武虞官不致入林幾舍蓋山林藩界各有守禁非時而入必犯禁令故鹿奔入林君子雖近不射也若其往射必獲厥咎誠自取吝而已

（考證）鹿王肅作麓幾鄭玄作機按象傳云以從禽也禽即爲鹿繫辭釋豫象云君子見幾而作此當作幾

（品物）運斗樞云瑤光散而爲鹿鹿性清烈其體火熳其形較麇而小麋爲澤獸鹿爲山獸啖擇糧草羣居善防分背而食環角向外以備人物之害陸佃埤雅鹿性喜林故林屬於山爲麓麓者鹿之所在也

（占應）三辰在亥上值八魁主張禽獸

六四乘馬班如求婚媾往吉无不利

（訓詁）求來求往往就也

（象數）震馬坎輿爲乘馬坎變兌女下匹震男爲婚媾互巽利市三倍爲无不利震動應四爲往吉

（變通）四變爲隨䷐旁通爲漸䷴隨曰剛來下柔漸曰女歸吉故應求婚媾往吉

（義理）女恥自媒士恥自薦四當師保之任出處尤不可輕待求後往則乘馬來招三代後正如孔明處於隆中昭烈三顧然後出展經綸艱難宏濟君臣魚水无往而不利焉若因亂離道失當如關公爲曹操所留終訪昭烈就之自然叶吉言婚媾者古之君臣多以夫婦喻也

（占應）四辰在丑上值輦道女宿輦道應賢良遇主女宿主嫁娶

九五屯其膏小貞吉大貞凶

(訓詁)膏膏澤小貞吉大貞凶謂卜小事大事猶書曰作内吉作外凶用靜吉用作凶也

(象數)坎動變坤雨澤潤土爲屯膏陽大陰小自復變屯柔得中正爲吉自屯變復坎陽失位爲凶

(變通)五變爲復☷☳旁通爲小畜☴☰小畜應曰密雲不雨膏屯而未施也

(義理)屯爲險難亦爲畜聚險難之世帝王獨能宏濟者首在布德行仁大賚四海培養貞元耳小貞吉耕九餘三倉廩實府庫充也大貞凶鹿臺之財鉅橋之粟紂以厚藏貴禍至於焚身吉凶兩端隨時以占用焉周禮太卜凡國大貞卜立君卜大封大貞謂卜大事也屯利建侯蓋卜立君大封則五陽變而失位君喪國亡焉得不凶

(占應)五辰在申上值八穀主倉廩屯積

上六乘馬班如泣血漣如

(提要)周之屯難已終殷之衰亡愈見上當隱逸之位乘馬泣血蓋即箕子朝周過故殷墟感傷宮室毀圯而生禾黍欲哭不可欲泣則近婦人遂作麥秀之歌殷之遺民聞之莫不流涕也

(訓詁)哭細曰泣漣垂涕貌泣血漣如淚盡而血見也

(象數)震馬坎輿爲乘馬坎爲血卦爲加憂變巽白眼血從眼出爲泣血

(變通)上變爲益☴☳旁通亦爲益益三應曰凶事主爲泣血上曰立心勿恆凶勿恆卽象傳曰何可長也

(義理)屯難至上其亂極矣有祖廟邱墟之象譬之費子陽謂子思曰吾念周室泣血不可禁也晉元帝渡江周顗中坐歎曰風景不殊舉目有山河之異因相視流涕宋廢帝曰撥其涕矣何嗟及矣唐宣宗曰紇干山頭凍殺雀不如飛去生處樂悉與同指

(考證)漣說文作瀶淮南子引作漣按詩云泣涕漣漣當從作漣

(占應)五辰在巳上值郎將郎官占主車騎乘馬

象曰雖磐桓志行正也以貴下賤大得民也六二之難乘剛也十年乃字反常也卽鹿无虞以從禽也君子舍之往吝窮也求而往明也屯其膏施未光也泣血漣如何可長也

(訓詁)正貞也行德行恆守曰常膏澤下流曰施何可長者天命靡常也

(義理)將相無種有德者興屯難之初苟能得民以衞社稷即能列爵而胙茅土二爲席珍待聘三爲明哲保身曰從禽者世亂而樂林棲也四任天下之重出處必慎五當屯難之中緜辭小貞吉大貞凶者自古明王躬遇險難未有不以恩澤結下而能使臣民蹈湯赴火以弭禍亂者焉今曰屯膏恩澤不施遂致臣民解體至於失國也上爲遯荒之士君亡國破惟有付之泣血而已

(音句)行去聲正音征禽渠容切音窮易林吉日車攻田弋獲禽宣王飲酒以告嘉功故屯象與窮相韻明音芒與光長相韻按庚韻古通眞正讀平聲與民叶韻禽讀窮見宋吳棫韻補

(考證)石經作何以從禽也郭京本同周易舉謂從禽上有我字

副編

屯

(德位)彖曰動乎險中大亨貞自復成屯元貞德在五中亨利德助初下也勿用有攸往六爻推易屯進成蒙初陽至二失位五陽至上道窮利建侯者震本公侯陽息五中統大居正也

(比例)一陽之卦復德亨利在初比德元貞在五以彼一陽例此二陽故知屯

德元貞在五助成初下亨利也復利有攸往自初推行無阢屯勿用有攸往自
五推上道窮也

象

(德位)經言元亨利貞傳言大亨貞亨爲嘉會陽大陰小初陽之亨得會五貞
故曰大亨貞

初

(寔說)春秋傳衛孟縶之足不良弱行將欲立侯孔成子以周易筮之遇屯之
比三三以示史朝朝曰弱足者利居侯主社稷臨祭祀奉民人事鬼神從會朝
又焉得居遂不立縶○畢萬筮仕于晉遇屯之比辛廖占之曰吉屯固比入吉
孰大焉其必蕃昌震爲士車從馬足居之兄長之母覆之衆歸之六體不易合
而能固安而能殺公侯之卦也

二

(集解)虞翻曰字妊娠也○周易講義女子許嫁笄而字曰貞不字者未許嫁
也○經義述聞云說文字乳也廣雅字乳生也

(比例)賁四白馬翰如匪寇婚媾與屯二同者屯二變節旁通賁也

三

(集解)頤齋經說屯之既濟亡國大夫莫不出仕新朝君子獨隱山林與木石
居與鹿豕遊超然高蹈不入網羅非明哲保身者其孰能與於斯

四

(集解)惠棟曰昏禮先納幣而後親迎納幣求也親迎往也故云求而往明也
言明於禮○頤齋經說君先乎臣男先乎女震男在下兌女在上男先下女故
曰求往

(比例)二之婚媾許字問名也四之婚媾求往親迎也

五

(集解)虞翻曰坎雨稱膏詩云陰雨膏之是其義也

(默參)坎變坤土近取諸身土屬脾胃爲倉廩之官廳爲屯膏之象

上

(默參)坎水變巽在臟爲肝在竅爲目水自肝傳入目爲泣血

象

(集解)頤齋經說陽貴陰賤震陽在下故曰以貴下賤陽剛陰柔二陰下乘初
陽故曰乘剛○李鼎祚集解白虎通云禽者何鳥獸之總名爲人之禽制也○
虞翻曰陽陷陰中故未光也

蒙䷃ 坎下艮上

泰州 徐天璋睿川 湌

(卦旨)蒙自剝䷖陽悔息中綜爲屯䷂旁通爲睽䷥錯爲革䷰在天成象殘月映空體艮消丙在地成形巖懸瀑布澗水澄清在世運渾噩靜穆在人氣質深醇

(義理)在山泉清象人天性未漓曰蒙即孟子云大人者不失赤子之心也

蒙亨匪我求童蒙童蒙求我初筮告再三瀆瀆則不告利貞

(提要)屯難之後繫以蒙者頑民式化也匪我求童蒙言周非求得民童蒙求我實民傾心於周初筮告寧王遺我大寶龜紹天命已於大誥告之再三瀆我惟時其教告之至于再至于三轉於多方告之開通民志也瀆則不告利貞即立政自一話一言我則末惟成德之彥以乂我受命繼自今立政其勿以憸人其惟吉士用勵相我國家也

(訓詁)蒙穉也匪我求童蒙童蒙求我禮聞來學不聞往教當其爲師則弗臣雖詔於天子無北面者也衍數曰筮闡微曰告初筮告致誠以叩致一以告其受命也如嚮瀆通也再三瀆瀆則不告古者卜用三龜三龜既定人必通明不再卜筮故曰卜筮不過三過三我龜既猒不我告猷也利貞者蒙質疑於師長筮決疑於鬼神忠信之事則可也

(象數)艮爲少男爲童蒙坎爲鬼神中互震爲蒼筤竹爲萑葦因爲筮筴震爲長子主祭爲筮告坎爲溝瀆水性游移中無專主爲再三瀆

(義理)言童蒙兼言筮告者作之君作之師古聖王覺世牖民悉以神道設教故冠婚喪祭必先決於筮龜使民有敬心而無疑志也初筮告再三瀆瀆則不告即周官正月之吉受教法於司徒退而頒之於其鄉吏使各以教其所治以考其德行萬民觀後挾日而斂之也利貞者明堂教孝太學教弟禮陶樂淑不憚諄諄告誨必引民於正道也

(考證)釋文童字書作僮呂氏春秋作童蒙來求我瀆孟喜作黷說文黑部黷持垢也引易再三黷崔憬曰瀆古黷字一切經音義古文作遺嬻二形按坎水流通爲瀆內卦坎陽得中當從取象作瀆

(品物)灼龜曰卜衍蓍曰筮筮用蓍草爲策而揲其數者龜以火灼而占五行之象筮以策衍而推五行之數也

彖曰蒙山下有險險而止蒙蒙亨以亨行時中也匪我求童蒙童蒙求我志應也初筮告以剛中也再三瀆瀆則不告瀆蒙也蒙以養正聖功也

(訓詁)艱阻曰險時中因時而宜不失中也剛中志誠也蒙養聖功教之以中正大人者不失赤子之心也

(象數)艮爲山爲止坎爲險坎水養人二陽得中爲剛中爲養正

(義理)山嶽聳峙下無溪澗則山嶽弗靈童蒙之明未啓正如澗溪翳蔽榛莽中非有濬之者不能見泉流之淸澈也生物之功在天地治人之功在君師坎水爲智艮山爲仁蒙求而吉自誠而明故萬物昭然在目也蒙養聖功蓋內聖之學必具童蒙必體始成也

(考證)以亨行時中也古本足利本時上有得字一本也作矣字童蒙求我惠棟周易古義引呂覽勸學篇作童蒙來求我王念孫易注云蔡邕處士圈叔則碑皆作童蒙來求我按省得來兩字文義簡捷當從今本

象曰山下出泉蒙君子以果行育德

(訓詁)勇決曰果長養曰育行即德見於外者也

(象數)艮爲山坎水爲泉互震爲出泉流不息爲果行山靜中虛爲育德

(義理)周禮大宗伯曰以天産作陰德以中禮防之以地産作陽德以和樂防之果行育德取象山下出泉者水爲天産天一生水山爲地産蒙卽大宗伯之教果育則深造以道取之左右而逢源也

初六利用刑人用說桎梏以往吝

(提要)此卽殷本紀云高宗夢求傅說於版築也說借胥靡刑人服役勞苦賃爲賴衣者舂於深巖故高宗使人求得之焉

(訓詁)起迪曰發法懲曰刑利用刑人圜土教施職事司空役用罷民也說脫同械足曰桎械手曰梏吝過之微者用說桎梏以往吝眚災肆赦既役則任宥而舍之也

(象數)坎爲桎梏上艮爲手互震爲足初下變兌上缺爲說桎梏兌主執法爲刑人震足爲往初陰變陽改過自新爲往吝往前日也

(變通)初變爲損䷨旁通亦爲損損應曰已事遄往損往无咎而蒙往吝者損初體陽蒙初體陰也

(義理)明刑所以弼教蒙初愚賤不威不懲小懲而大戒小人之福也周禮大司寇以圜土教罷民凡害人者置之圜土而施職事焉以明刑恥之以嘉石平罷民凡萬民之有罪過而未麗於灋而害於州里者桎梏而坐諸嘉石役諸司空重罪旬有三日坐朞年役其次九日坐九月役其次七日坐七月役其次五日坐五月役其下罪三日坐三月役使州里任之則宥而舍之用卽用刑徒爲役說卽脫刑徒桎梏而宥舍之往吝謂前日之小過也並見周官司救職云

(音句)虞氏易義用說桎梏句以往吝句心易溯源用說桎梏以往句吝句按屯卦六三象云往吝窮也此當讀以往吝句

(考證)說文辵部遴引孟喜易以往遴云難行也按惠棟九經古義史書遴本

吝字

(品物)古人有罪身貫三木今則惟械頸荷校用木械手足易木以鐵卽俗用鐐鐐也

(占應)初辰在未上値鉞星古主行刑決獄干寶云坎初六戊寅木平明之時天光始照故曰發蒙坎爲法律寅爲廉貞以貞用刑故利用刑人惠棟云廉貞火也寅木生火故云

九二包蒙吉納婦吉子克家

(訓詁)褱妊曰包包蒙胎教也致婦曰納勝任曰克納婦克家謂有令婦者必有令子也

(象數)坎水內明外暗爲蒙變坤大腹爲包蒙坤爲婦體坎中男爲子九二貞中爲克家

(變通)二變爲剝䷖旁通爲夬䷪剝五曰以宮人寵在剝以吾應二曰宮人在蒙以二應五卽曰婦也

(義理)諺云教子嬰孩教婦初來二南之化首重齊家坎險變坤安貞婦德含宏刑于之化起于閨中詩曰太姒嗣徽音則百斯男禮云周后妃娠成王於身立而不跛坐而不差獨處而不倨雖怒而不詈包蒙吉納婦吉實卽胎教之善者故生子絕無敗德也

(考證)石經包作苞鄭云陸績作彪按泰曰包荒姤曰包瓜此當爲包蒙

(占應)二辰在寅上値尾箕尾爲後宮之場箕爲后妃之府古主納婦又値帝座宗人王假有家宅中無外占應克家

六三勿用取女句**見金**句**夫不有躬**句**无攸利**

(訓詁)金金暜躬身也利金取女夫必喪厥躬也

(象數)坎險變巽長女匹艮少男長幼非偶爲勿用取女巽近利市中互兌金兌見巽伏爲見金艮身爲躬巽女蠱男爲夫不有躬三近多凶爲无攸利

(變通)三變爲蠱☶☴旁通爲歸妹☳☱蠱女惑男歸妹征凶爻應故曰无攸利

(義理)江漢游女風化攸關如其我以車來爾以賄遷淫女挾貲驕蕩幾見能利夭躬卦體坎險變露兌金巽女隱以白眼加之明明藉利蠱惑也鄭忽辭婚深明此義魯桓貪娶文姜故罹彭生之禍耳

(音句)見胡甸切音賢去聲古讀見金夫句衆家本同不有躬句按象傳勿用取女行不順也利見其金无躬之禍在夫不在女也宜讀見金句夫不有躬句

(占應)三辰在亥上值虛梁占應災害

六四困蒙吝

(訓詁)困蒙之吝謂教者道有未達也

(象數)艮止在前坎險在下四變互坎陷入險中爲困蒙四應初陰爲吝

(變通)四變爲未濟☲☵旁通亦爲未濟未濟之四體陽有賁蒙四體陰故爲阨窮

(義理)山資水靈上資下助先民有言詢于芻蕘實在二中四位官師當引士以爲己助樂取諸人以爲善也學記曰學然後知不足教然後知困知不足然後能自反也知困然後能自强也故曰教學相長也蒙四變成未齊恥於下交既不能以虛受人又不能教人以善譬之王安石一流人物才智非不過人祇以執拗之性難與並仁行新法以禍蒼生致世交困未有不吝者也

(考證)古本吝作咎象傳同按初與四應蒙初往吝此當從吝不當從咎

(占應)四辰在丑萬物鈕而未伸象人之困屈也

六五童蒙吉

(提要)童蒙指成王也五當君位能養聖功文王世子云昔周公攝政踐阼而治抗世子法於伯禽所以善成王也爻正指此

(訓詁)童者未冠之稱也

(象數)艮少男爲童蒙

(變通)五變爲渙☴☵旁通爲噬嗑☲☳渙五曰王乃在中五居王位其占協吉

(義理)大人者不失其赤子之心也五體敦厚之德變巽忘勢下賢古之人有行之者太甲推誠聽伊尹之訓已高宗即位求傅說於巖阿宜其養正聖功天下終於治理也

(占應)五辰在卯上值左樞上宰占應君資啓沃

上九擊蒙不利爲寇利禦寇

(訓詁)擊撲也兵相攻侵曰寇御捍止也

(象數)艮手爲擊坎險爲寇艮變坤土制水爲禦寇

(變通)上變爲師☷☵旁通爲大有☲☰師主用兵應利禦寇

(義理)古者明刑弼教小刑用法大刑用兵蒙終變師有文事必有武備將帥受成學校正當習射御而簡車徒豈僅襃冠博帶說禮樂而敦詩書哉彼東漢南宋明季之亡可以悟其失焉

(考證)擊馬融鄭玄作繫古本禦上有用字注同按繫字形譌也

(占應)上辰在戌奎宿占主以兵禁暴河圖云彗貫奎庫兵悉出應强侯外夷爲禍

象曰利用刑人以正法也子克家剛柔接也勿用取女行不順

也困蒙之吝獨遠實也童蒙之吉順以巽也利用禦寇上下順
也

(訓詁)法法則實陽實遠實者教不本於忠信言之故無實也巽遜也

(象數)坎平爲法陽中爲實五體艮變成巽爲順

(義理)身不行道道不行於妻子司徒之教首在人倫自初至三改過修身以齊其家自四至上取善從諫以平天下化行而後撻伐文治武功莫不在果行育德以基之也

(考證)巽鄭本作遜釋文云又作衙顛齎經說堯典巽朕位史記五帝本紀作踐朕位順以巽也言順其教而踐行之是巽並可通踐按當從今本

(音句)接側洽切音扱顧炎武易音云夫子傳易四用實字於蹇於鼎皆合蒙與順巽叅與願亂爲韻蓋不可曉按法字二十四乏按字二十九葉古音乏葉

與緝同部法接二字本相爲韻接當如周禮廩人接盛讀接爲扱行不順也朱子本義順當作慎順慎古字通用荀子順墨作慎墨此當讀慎實二字爲韻下文巽順二字爲韻

副編

蒙

(德位)卦德悉在二中

(比例)剝不利有攸往觀四德俱無蒙自剝中悔爲陽自觀來往故德悉在二中

象

(德位)易窮則變變則通通者亨也剝陽窮上蒙自剝中悔生陽故曰蒙亨以亨行時中也

二

(默參)坎爲天一元精變坤則元精孕於腹中婦人姙子之象也

三

(默參)體坎變巽木耗水精艮背之下三當腎俞之穴水竭腎枯腰支痿痺應爲夫不有躬

(比例)咸曰取女吉姤彖皆曰勿用取女咸男下女夫先親迎兩少相偕六禮兼備正也姤以巽女外匹老夫蒙變巽女外感少男皆非得正故曰勿用取女

象

(對待)蒙上綜即屯初屯以一陽下人故膺茅土之封蒙以一陽淩五故爲邊陲之寇蒙三綜即屯四蒙三柔不當位故勿用取女屯四柔爲當位故婚媾利求蒙五綜即屯二蒙五言童則吉故屯二言女則貞此兩卦爻德相對待也

需䷄ 坎上乾下

泰州 徐天璋睿川 演

（卦旨）卦自泰䷊二生為四陽綵為訟䷅旁通為明夷䷣錯為晉䷢在天成象雲行雨施消月當空在地成形四瀆澄清波瀾壯闊在世運王道正立在人力果思精

（義理）川澤之氣蒸而上升雲騰致雨二氣相應曰需

需有孚光亨貞吉利涉大川

（訓詁）氣感曰孚光亨貞吉德盛化光剛位中正以道相孚應也其占為吉利涉大川天下濟也

（象數）坎水為孚乾天為光坎位天位為有孚光亨二五中正為貞吉坎水在前為大川乾健在下為利涉

（義理）詩曰為龍為光光亨即光寵也乾為君為父坎為子為臣需自泰來交

泰之世主聖臣良君能折節下士臣愈翼翼小心曰貞吉利涉大川者卦德在五明握全權譬之舜納百揆禹會塗后伊尹周公居攝艱難宏濟其德彌光體忠信而涉波濤正無憂陷溺者焉

（音句）孫星衍周易集解云釋文鄭玄曰需讀為秀陽氣秀而不直前者畏上坎也有孚徐音敷信也又作旉光庙讀絕句亨貞吉一句馬鄭總為一句虞翻讀有孚句光亨句貞吉句配記中讀有孚光句按未濟云君子之光有孚吉象曰君子之光其暉吉也此宜讀有孚句光亨貞吉句光字為用亨貞為體吉為占辭

（考證）需古文作䨝按天古文作兲與而字相似故混為一

彖曰需須也險在前也剛健而不陷其義不困窮矣需有孚光亨貞吉位乎天位以正中也利涉大川往有功也

（訓詁）沉沒曰陷天位天德之位九五之中也功功績以勞定國曰功

（象數）坎為險為陷乾為剛健陽當九五為天位坎勞為有功

（義理）盤根錯節所以顯利器也不遇流言焉識周公之聖以風雨漂搖之家室而能綢繆裕如艱難宏濟者必此心之精誠先能貫徹於上下也位乎天位臣下居攝之象以中正者明其坦白無私涉川有功王道正則百川理況於人乎

（音句）位鄭音涖按位古通涖

（考證）釋文位乎天位石經乎作于按乎于形譌也

象曰雲上于天需君子以飲食宴樂

（訓詁）樂者樂也宴樂歡燕而用宮懸之樂也

（象數）坎為雲乾為天雲上於天為澤下施中互兑口承之為飲食兑說為宴

樂

（義理）需主飲食宴樂周禮養老宿興之典掌於司徒需即六官大司徒也蓼蕭之詩曰零露日湛笑曰龍光曰孔燕想見雲上於天恩澤下逮衆志歡欣式歌且舞也後世漢高置酒南宮自樂能用三傑以取天下彖辭象義洵足符合焉

（考證）釋文王肅本作雲在天上惠棟九經古義歸藏易需卦之需作溽禮儒行飲食不溽鄭云滋味為溽按彖傳釋云需須也不得引歸藏溽字為解雲上于天當從今本

初九需于郊利用恒无咎

（訓詁）國邑之外曰郊常德曰恒需郊利恒得受一陽而為咎也

（象數）乾為郊坎常德行為恒乾自強不息為用變巽剛權為利用

(變通)初變爲井䷯旁通爲豐䷶井曰改邑不改井井卽井田需郊用恆正應井田爲恆產也

(義理)體國經野王政之首端也正德之後利用厚生初下爲民民有恆產而有恆心需郊利恆蓋民初適其國冀君上百畝之授畀得自安耕鑿也不曰利用田而曰利用恆者大司徒以土會之灋辨五地之物生因此五物者民之常民常即民恆也

(占應)初辰在子上値天田杵臼應爲郊野田邑飮食生民之利

九二需于沙小有言終吉

(詁訓)水中不毛之地可居曰沙小有言小人讒阻之言也

(象數)乾郊變離火爍郊土前近坎水爲沙離於五行爲言陽大陰小體陽變陰乾金火爍讒毁之象爲小有言卦之旣濟雖毁無害爲終吉

(變通)二變爲旣濟䷾旁通亦爲旣濟旣濟應曰初吉終亂蓋需體剛中爻悔終吉旣濟陰中爻悔仍亂也

(義理)無恆產而有恆心惟士爲能乾爲郊野二士行遯需沙者盤桓澗谷秋水伊人不求祿仕也唐李泌幼以才敏著聞玄宗欲官之不可使與太子爲布衣交楊國忠惡之奏徙蘄春泌遂隱居潁陽國忠敗泌至靈武侍謀軍國後封鄴侯終吉之象何憂爲讒阻哉

(考證)沙鄭玄作沚亦作沚孟本下有衍字惠棟九經古義云沚當爲沚與沙同按穆天子傳云南絕沙衍郭璞注沙衍水中有沙者故象傳以衍字釋沙字上文需郊下文需泥此讀需沙文義正合孟本衍字誤加

(占應)二辰在寅上値天江箕宿石氏曰天江明動大水不與津梁不通應爲需沙箕主口舌應爲讒言

九三需于泥致寇至

(訓詁)泥塗泥下流之地水潦所止之處需泥致寇因荒澇而寇生也

(象數)乾郊變成兌澤厥土塗泥爲需泥坎爲寇兌澤逋藪坎流爭歸爲致寇至

(變通)三變爲節䷻旁通爲賁䷕節曰苦節道窮應爲泥塗之困

(義理)爾雅水潦所止曰泥邱需泥者天降淫雨禾穀不登也古者軍旅之後必有饑饉然饑饉之後亦多軍旅雨潦害穀河水害隄勞來失節未有不寇賊繁興也

(考證)釋文鄭玄本王肅本古本作戎

(占應)三辰在辰上値招搖玄弋占主兵起寇至

六四需于血出自穴

(訓詁)血鳥獸之血穴巖居也

(象數)坎爲血卦坎窞爲穴

(變通)四變爲夬䷪旁通爲謙䷎夬四曰牽羊需血正封羊豕以奉祀也

(義理)四曰需于血者宗廟之祭取其血膋也禽獸之肉一供乾豆二爲賓客三充君庖士無故不殺犬豕庶人無故不食珍四位大臣變脫坎險而成兌說正離巖穴而登廟廊祭饗皆有殺牲此君子所以爲宴樂焉

(占應)四辰在丑上値天厨屠肆應爲宰割禽獸有血

九五需于酒食貞吉

(訓詁)酒食貞吉惟辟玉食也

(象數)坎爲明水爲酒變坤土爰稼穡爲食中互兌口承之爲飮食在五爲貞大象成泰爲吉

（變通）五變爲泰☷☰旁通亦爲泰泰五應曰元吉

（義理）坎爲鬼神二五誠信相孚郅治馨香感格於神明者也象變交泰物阜年豐天下大酺朝野之樂可想貞吉者筵簀酒醴娛我嘉賓也

（占應）五辰在申上值玉井八穀井主飲穀主食

上六入于穴有不速之客三人來敬之終吉

（訓詁）穴巖穴入隱也人三曰衆召致曰速不速客來鄉飲之禮衆賓不速而至也敬者貌恭而心慎終訖事也

（象數）坎爲穴變巽爲入宴饗之禮主位東南賓位西北巽位東南爲主乾位西北爲客互離數三爲三人乾陽爲敬當上爲終變陽爲吉

（變通）上變爲小畜☴☰旁通爲復☷☳小畜以懿文德應爲賓主揖讓周旋復值至日閉關應爲入穴

（義理）飲食宴樂莫尊於廟宮之饗莫盛於鄉飲大賓鄉飲酒義孔子曰吾觀於鄉而知王道之易易也主人親速賓及介而衆賓自從之至於門外主人拜賓及介而衆賓自入貴賤之義別矣賓者客之尊稱人者客之衆稱不速之客三人來衆賓自從主人不親速也飲時衆賓之長升拜受者三人國語三人爲衆儀禮衆賓之席注曰衆賓長三人言三人衆賓該也敬之終吉即禮拜至拜洗拜受拜送拜既所以致賓也禮曰三賓以象三光乾爲天光爲郊野應爲三人上位隱逸爲致仕功成者退解組林泉故得與於鄉飲之盛也洛下耆英香山九老優游觴詠迭忘主賓雖非鄉飲庶幾似之

（占應）上辰在巳上值少微翼宿少微應隱逸之在山林隋志翼主夷狄遠客負海之賓

象曰需于郊不犯難行也利用恆无咎未失常也需于沙衍在中也雖小有言以吉終也需於泥災在外也自我致寇敬慎不敗也需於血順以聽也酒食貞吉以中正也不速之客來敬之終吉當有也字**雖不當位未大失也**

（訓詁）常恆業也沙中水流曰衍天禍曰災靜待曰聽順以聽者安命樂天無所勉强於其間也位賓位雖不當位鄉飲之禮衆賓之席不屬也失遺也未大失者席衆賓於賓席之兩升降由下亦非有遺其禮也

（象數）三五離火爲災四當坎耳爲聽

（義理）初下民安耕鑿二士衡泌棲遲三非端人泥塗致困四爲卿相大烹養賢曰順聽者即周禮小宰八成之治五曰聽祿位以禮命也謂樂燕公卿大夫各有常位不容紊也五君享天下之養上賓與鄉飲之歡飲食之樂豐儉勞逸均視德位爲異趣爲未失常者安其本分慎不敗者防其未然順聽則隨遇而安終吉故優游以老也

（音句）行音杭位鄭讀音涖

（考證）王引之經義述聞不速之客來敬之終吉雖不當位未大失也家大人曰吉下當有也字象傳無連三句不用也字者且入韻之句其下皆有也字此傳吉字與失爲韻不得獨無傳之以吉失爲韻者如訟從上吉也不失也比有它吉也不自失也小畜其義吉也亦不自失也隨從正吉也不失也吉下皆有也字此一證也象傳稱述經文即以爲韻者其韻下皆有也字如比之初六有它吉也大有初九无交害也此類不可枚舉其有上二句稱述經文下二句統釋其義者亦如之訟傳不克訟歸逋竄也自下訟上患至掇也歸妹帝乙歸妹不如其娣之袂良也其位在中以貴行也與此傳正同而第二句末皆有也字此又一證也唐石經已脫也字

需

（德位）亨德在二貞德在五利德在二泰爲三陽息卦祇有亨德而無利德貞德需五得正下與二中陽應故曰亨貞坎險在前乾健承下故曰利涉

（比例）曰需利涉大川同人大畜亦曰利涉大川需取象坎同人大畜取象乾也乾鑿度乾川也

彖

（德位）乾德位在五中坎德亦在五中乾下坎上故曰坎位天位

象

（默參）飲食入于脾胃精液之氣騰爲雲霧上潤于肺故曰雲上于天君子以飲食宴樂予讀靈素始恍然古聖取象之精蘊焉

二

（集解）頤齋經說古時學校璧雍泮宮類水皆在沙洲之上二當士位變成既濟言揚事舉故以需沙取象

五

（默參）坎水變爲坤土飲食入于腹中脾胃精氣達於肺金穀味消融爲吉必焉

象

（德位）位非爻位此不當位指衆賓也五爲正賓位於西北坎五位乎天位正尊賓坐於乾方也上爲衆賓衆賓之席不屬賓席升受坐祭立飲不酢而降傳曰雖不當位未大失者即隆殺之義辨安燕而不亂也

訟䷅乾上坎下　　泰州　徐天璋睿川　演

（卦旨）卦自否䷋三爻盆爲四陽綜爲需䷄旁通爲晉䷢錯爲明夷䷣在天成象月退天度雨施雲消在地成形水流深淵波濤洶湧在世運戰國縱橫蠻夷猾夏在人好勇鬬狠巧辯飾非

（義理）天旋自左而右水流自西而東兩相違背其志不同行曰訟

訟有孚窒惕中吉終凶利見大人不利涉大川

（提要）此即文王治岐虞芮質成之象

（訓詁）氣感曰孚訟有孚獄成而孚輸而孚也中塞曰窒敬懼曰惕窒惕中吉見訟而能涉內省聽訟而能得平也終竟也大人聽訟之人能以德化者大川水險之處不利涉大川戒沉溺也

（象數）坎爲有孚坎陽中實爲窒乾主敬懼爲惕乾爲大人中互離目爲利見

坎爲大川中互巽入陷於坎中爲不利涉大川

（義理）天下絕無兩不相識者訟焉惟其有孚或言爲厲階或財不相讓或數而見疏或直而相犯兩情所以窒焉窒而惕中焉往不吉窒而終訟焉往不凶若非遇明德大人爲之解說未有不禍占滅頂者焉蒙教需養教養之後繫以訟者虞廷分職稷契之後即命皋陶也惕中之中即周官小司寇登中天府註云中謂訟獄事實之書也又士師受中又書呂刑曰惟刑之中又曰惟民之中又曰非天不中又曰于民之中又曰咸中有慶又論語曾子曰如得其情則哀矜而勿喜均與此窒惕中吉同指

（音句）武億經讀考異釋文有孚窒句惕中吉句荀爽曰陽來居二而孚於初故曰訟有孚則以孚字爲句虞翻云窒窒止也惕懼也則窒一字爲句惕一字爲句按例以書云獄成而孚輸而孚當讀有孚句餘讀窒惕中吉句窒字微讀

惕中再讀至吉字合以爲句

(考證)釋文窒馬融鄭玄並作咥按卦自否來否窒也當從作窒

彖曰訟上剛下險險而健訟訟有孚窒惕中吉剛來而得中也終凶訟不可成也利見大人尚中正也不利涉大川入於淵也

(訓詁)剛來得中剛來二中也

(象數)卦自否陽盈二中爲剛來得中乾爲剛爲健坎爲險爲淵互巽爲入進退不果爲不利涉大川

(義理)卦有消息即有往來否本上下不交剛來得中變險成訟訟起自二不自五也然剛爲陽德動善則善動惡則惡動善則克念作聖悔悟自新故曰窒惕中吉動惡則克念作狂入迷不返故曰終凶利見大人正爲上有聖明無情者不得盡其辭也

象曰天與水違行訟君子以作事謀始

(訓詁)與起曰作營治曰事計議曰謀始初也

(象數)乾爲天坎爲水天旋而西水流而東爲違行天道自强爲作水性深沉爲謀乾知大始爲始

(義理)沉潛剛克高明柔克天氣上浮水性下就其行兩不相同以致成訟君子觀象於訟贊化調元而欲上下皆有嘉德而無違心作事法乾剛健謀始體坎深沉內外相資焉往而不濟哉象即六官之司寇也

初六不永所事小有言終吉

(訓詁)衍長曰永小有言小人讒阻之言也

(象數)陽大陰小體陰變兌互離爲言言出兌口爲小有言棄險成說爲終吉

(變通)初變爲履䷉旁通爲剝䷖履辨上下定民志故象傳曰其辯明也

(義理)周禮胥師察其詐僞聽其小治小訟而斷之遂師縣正並掌治訟鄉士聽其獄訟察其辭士師凡以財獄訟者正之以傳別約劑不永所事小有言終吉者初爲民庶鼠牙雀角之爭貨財細微之事動而立解險變爲說其訟未過旬日不待聽於司寇故無久累之苦也

(占應)初辰在未上值井宿鉞星井應用法持平鉞主行刑決獄

九二不克訟歸而逋其邑人三百戶无眚

(訓詁)克勝也歸返也逋亡也不克訟歸而逋度衆不爲己附士故歸邑於君也四井爲邑邑人同邑之人戶編戶眚過也

(象數)坎隱伏爲逋互離數三變坤數十以三乘十爲三百坤爲邑人爲戶坎險土克爲歸逋坤利安貞爲无眚

(變通)二變爲否䷋旁通亦爲否否爲上下不交訟不克成自然无眚卦自

否來變仍返否坎寇不見故應歸逋

(義理)訟之起也非因小忿即由貨財凡欠官物亡匿不還皆謂之逋坎承乾實轉與違行二中藏險蹊竅在心猶陽虎盜竊寶玉大弓南蒯據邑以叛也動變坤貞坤衆也坎險不見據邑者去衆遂攸安故曰其邑人三百戶无眚三百戶者小國之下大夫采地方一成其定稅三百家也見鄭玄注不克訟謂君上剛健臣變安貞大畏民志衆不敢犯於有司也

(晉句)武億經讀考異孔穎達正義以其邑連上句讀朱子本義讀歸而逋句按象傳單言逋字當從本義讀歸而逋句

(占應)二辰在寅上值肆樓列肆占曰列肆主貨易金寶百物充陳應爲邑戶

六三食舊德貞厲終吉或從王事无成

(訓詁)食舊德世祿之家子孫食其先人之德也貞厲懼其弗克負荷自危之

義終吉能惕中也意疑曰或或從王事无成疑謀勿成人臣無將也
(象數)乾爲老陽爲舊德坎月承下中五離日爻變離日不見月掩天光爲食舊德三位當凶爲厲變陽爲吉體乾大君變成巽令爲王事巽德將順爲无成
(變通)三變爲姤䷫旁通爲豫䷏姤三應曰厲无大咎蓋即貞厲終吉也
(義理)四近五君親臣也三遠於君疏臣也乾爲老陽舊德也坎爲少陽新進也三當多凶互離爲明變而巽順競業從上雖訟不敢堅持度德量力悔悟自新故曰貞厲終吉王事王朝之事也或從王事无成即盤庚曰古我先王亦惟圖任舊人共政王播告之修不匿厥指王用丕欽罔有逸言也與坤三或從王事无成有終同恉
(音句)武億經讀攷異朱子本義守舊居正則雖危而終吉如此注意以貞字絕句厲下屬終吉爲句虞翻易義貞厲得位故終吉也則以食舊德爲句貞厲句按象傳明讀食舊德爲句小畜婦貞厲句履夬履貞厲句當從虞氏讀句

(占應)三辰在亥上值滕蛇應爲口舌訟獄

九四不克訟復卽命渝安貞吉

(訓詁)克勝也復反也渝變也不克訟謂聽訟者不能閱實其罪士師則反其獄於羣士俾得簡孚有衆故曰渝安貞吉也
(象數)乾五巽爲命令乾又變巽爲復即命爻動爲渝乾健變成巽順爲安貞爲吉
(變通)四變爲渙䷺旁通爲噬爲嗑䷔渙曰利貞四曰元吉故爻應曰安貞吉
(義理)周禮鄉士聽其獄訟異其死刑之罪而要之旬而職聽於朝正義云職事治於外朝容其反覆疏曰凡爭訟附於刑者歸士不附於刑者鄉師遂大夫解散四變成渙渙散也故曰不克訟既不克訟訟辭即不歸士仍返鄉師遂大夫處故曰復即命渝安貞吉又曰士師察獄訟之辭以詔司寇斷獄弊訟致邦令正義云獄訟之辭各有司存其有不決來問士師者士師審察以告大司寇斷弊斷訖致與羣士謂之致邦令四位大臣司寇也獄成告之不克訟羣士不決問士師也復即命渝安貞吉司寇斷弊復致令於羣士獄訟得其中也合兩義以求爻辭字字皆吻合焉
(音句)王輔嗣讀復即句命渝句虞翻讀復即命渝句程子易傳朱子本義讀復即命句王引之讀即命句按呂刑云獄成而孚輸而孚輸通作渝春秋隱六年鄭人來輸平左傳作渝 復即命者獄成於下而民信也渝安貞吉者獄輸於上而君信也當讀復即命句渝安貞句吉爲占辭單讀爲句
(占應)四辰在五上值大理應決訟讞

九五訟元吉

(訓詁)元吉以善長人而祥集也
(象數)乾具四德變得黃離爲元吉
(變通)五變爲未濟☲☵旁通亦爲未濟未濟二五應曰貞吉
(義理)辟以止辟刑期無刑五變未濟上下不交民用不犯於有司也訟如水火水火以交爲吉惟訟以不交爲吉元吉者受王嘉師咸中有慶也
(占應)五辰在申上值參宿春秋元命包曰參主權衡所以平理也應爲元吉

上九或錫之鞶帶終朝三褫之

(訓詁)意疑曰或鞶帶卿大夫飾或錫之鞶帶謂聽訟者以有爵命爲疑不敢麗之於灋也終朝三褫蓋王旬其期閱實其罪三訊而褫之也
(象數)乾畫圓連爲鞶帶中五巽命爲錫變兌毀折爲褫互離數三爲終朝三

褫

（變通）上變爲困☱☵旁通爲旅☲☶困二五中正故朱紱赤紱皆吉利用訟失中正故應鞶帶褫之

（義理）周禮司寇聽訟命夫命婦躬不親坐八辟麗邍有議親故賢能功貴勤賓諸辟上位尊貴章服之榮受命於祖者也故聽者以八辟爲疑不敢專決必以獄訟上於王朝王會其期三公六卿咸在終朝三褫者一訊羣臣二訊羣吏三訊萬民訊實而褫章服也蓋上位極尊而又極亢挾貴而淩臣下勢極剛暴象變成困亢者失勢三褫之者衆訊既定䇿之皐陶執法瞽瞍殺人亦必從而執之況僅褫其鞶帶哉

（攷證）釋文鞶王肅作槃帶作帶褫鄭玄作拕按鞶帶章服之飾當從鞶字褫從今本

（品物）鞶帶左傳隱五年帶裳幅舄鞶厲游纓杜注帶革帶鞶大帶王夫之周易稗疏鞶者鞶纓車飾也禮器大路繁纓一就次路繁纓七就左傳成二年仲叔于奚請曲縣繁纓以朝周禮巾車樊纓注樊讀如鞶帶之鞶謂今馬大帶也足徵鞶爲馬飾帶爲衣飾三賜之服及於車馬故合言曰鞶帶

（古應）上辰在戌戌神河魁應土印綬

象曰不永所事訟不可長也雖小有言其辯明也不克訟歸逋竄也自下訟上患至掇也食舊德從上吉也復即命渝安貞不失也訟元吉以中正也以訟受服亦不足敬也

（訓詁）逃匿曰竄斂收曰掇受服謂受上服下服之刑也

（象數）坎隱伏爲竄變坤中五艮手爲掇體乾之健變成兌說爲受服乾惕爲敬變兌毀折爲不足敬

（義理）爻辭覘卦德而成初上口角之爭辯明立解二中乘險即順患至立消三困貞厲而獲吉四以輸服而安貞五獨占元吉者上有明德之大人下雖藏險無情者不得盡其辭也上終受服正如春秋昭七年左傳云燕人知辠受服而退蓋刑爲天討雖勳貴有罪亦必置諸法焉

（音句）明晉芒項安世以不克訟歸逋竄也爲爻辭自下訟上患至掇也爲象傳程傳讀不克訟句歸逋竄也句玩易四道心易溯源讀不克訟歸逋五字句竄也句虞翻本安貞下有吉字讀復即命渝句安貞吉句不失也句本義讀復即命渝安貞句按竄字是釋逋字當讀不克訟句歸逋句竄也句虞義安貞下多一吉字當讀復即命句渝安貞句

（攷證）釋文辯亦作辨掇鄭本作惙按爻辭明言邑人无告不是患至而憂當爲患見而已宜從作掇

副編

訟

（德位）二利見五者坎險小人利見君子五不利見二者乾剛在上坎險伏下也

（比例）需利涉大川訟不利涉大川需險在前險而易見訟險在內晦而難防需自泰來君子在內訟自否來小人在中也

象

（德位）以坎德言二陽在中爲吉以坎象言二陽陷險爲凶大人五陽居正者也

二

（德位）五乾君位二坎臣位乾鑿度二爲大夫位鄭玄云小國下大夫以王制律之當大國中士次國元士也五陽得

位二陽不當其位二與五訟不克明焉

三

（集解）顧齋經說舊德或訓爲惡德不知左傳云穆公不忘舊德（成十三年）今將以小忿蒙舊德（定六年）周語率舊德而守終純固又曰而叔父使士季實來修舊德西都賦士食舊德之名氏農服先疇之畎畝舊德皆指前人德也食舊德貞厲終吉謂世祿者不敢掩沒先人之德居安思危所以能亢宗也

（德位）貞在二中至三與乾相接始知德不能勝故自爲厲

四

（集解）顧齋經說左傳（昭十二年）叔孫朝而命吏曰婼將與季氏訟書辭無頗季孫懼而歸罪於叔仲子可爲不克訟之明證焉

（德位）貞在五中四位多懼乾健變爲巽順上能自反不欲與下爭也故曰不

克訟復即命渝安貞吉

象

（對待）訟之九五綜即需之九二訟得位故言元吉需不得位故言終吉需之上六綜即訟之初六需上終吉故訟初亦言終吉

師䷆（坤上坎下）　泰州　徐天璋睿川　演

（卦旨）卦自坤䷁生一陽於中綜爲比䷇旁通爲大有䷍錯爲同人䷌在天成象月魄晦空在地成形井田方罫在世運草野起兵在人深沉大度

（義理）地中有水象溝洫田間水道也古者寓兵於農卒陰統於一陽曰師

師貞丈人吉无咎

（訓詁）師師旅丈長也

（象數）五震長子爲丈人陽中爲貞爲吉

（義理）訟後繼師小刑用斧鉞大刑用甲兵也師貞丈人吉蓋剛居柔位仰承乾陽王者之師神武不殺堂堂正正恰如湯武用兵順天應人天下之民歸心也何咎之有周禮二千五百人爲師

（音句）虞翻讀貞大人吉按當從程傳讀師貞句丈人吉句

（考證）丈人子夏傳虞義作大人按當從本義作丈人

彖曰師衆也貞正也能以衆正可以王矣剛中而應行險而順以此毒天下而民從之吉又何咎矣

（訓詁）毒育也古者寓兵於農教養兼施聖王所以育萬民也

（象數）坎險爲毒二中爲正五震爲行外坤爲順爲民從

（義理）失道寡助得道多助乾坤升降一陽得中衆陰從而聽命前禁後衛步武整齊將帥統師之象也坎險凶門五震長子師謀凶門而出得丈人以主其中內明外威智勇兼備除殘伐暴天下響從不曰王師而曰以王嬴秦無道沛公起兵悉除苛法天下莫不慶更生焉毒藥也漢高帝紀黃屋左纛君師所建也

（攷證）釋文毒本作育按老子列子並云亭之毒之注毒育也

彖曰地中有水師君子以容民畜衆

(訓詁)容禮容容民謂教之步伐止齊畜養也

(象數)坤爲地爲衆爲民坎爲水水能養人爲畜善納爲容

(義理)師即六官之司馬也坤爲田役坎爲車馬古者井田作於黃帝因田賦而制軍旅坐作進退其容比於禮其節比於樂容民者正教之以軍容也孔子曰以不教民戰是謂棄之故聖王寓兵於農教養兼盡也

初六師出以律否臧凶

(訓詁)師出陳師而行也律軍律執事順成曰臧逆爲否凶陷也

(象數)水平爲律互震爲出坎陷爲凶變兌毀折爲否臧

(變通)初變爲臨䷒旁通爲大畜䷙臨應曰至於八月有凶

(義理)天生五材兵居其一阪泉涿鹿聖人不得已而用焉古者師明紀律進

退有度左右有局然後太師吹律協音以驗勝負商則戰勝軍雖角則軍擾宮則軍和徵則軍勞羽則軍弱坎變成兌水流澤壅下撓失律焉得不凶

(音句)周易禅疏否馬氏鄭氏王氏皆音方有反韓康伯讀作否泰之否知莊子云故曰律否臧以否臧讀連上文爲句按象傳曰師出以律失律凶也當讀師出以律句否臧凶句

(攷證)郭京周易舉正作師出不以律陸本否臧凶作不臧凶按左傳知莊子引曰師出以律無本不字

(古應)初辰在未上值東井應用法律軍市孤矢應爲出師

九二在師中吉无咎王三錫命

(訓詁)錫賜也三命王者命將之禮也

(象數)二當內卦之中爲師中帝出乎震師中互震震木數三爲王三錫命

(變通)二變爲坤䷁旁通爲乾䷀坤利永貞故應在師中吉乾爲大君故應王三錫命

(義理)師出凶門二當坎險變化坤貞奉命而出成命而還也古者立將王入太廟西面將入北面一命授旗鼓再命授鉞柄三命授斧柄將受命乃設明衣鑿凶門引軍而出君跪推轂成功返國縞素請罪君命報赦將復位焉三錫典禮悉行軍之實事也(三命詳見諸葛武侯兵法心要出師篇)

(攷證)釋文錫鄭本作賜

(古應)二辰在寅上值帝座南斗帝座應王荊州星古云南斗主爵祿應爲錫命甘氏曰南斗主兵

六三師或輿尸凶

(訓詁)意疑曰或輿尸偏師爲兵車之主者師或輿尸謂衆惑於偏帥不從主

帥者也

(象數)坤爲大輿二陽主之爲尸體坎變巽進退不果爲師或輿尸三位爲多凶

(變通)三變爲升䷭旁通爲大壯䷡大壯上曰不能退不能遂故三應師或輿尸

(義理)古者師出凶門三位多凶坎險變成巽入入而不出其凶必焉師以中軍爲主三乘二上禅帥變攬主權譬之晉楚之師遇泌荀林父欲還其佐彘子不從荀首曰此師殆哉有帥而不從彘子尸之必有大咎詩曰謀夫孔多是用不集此之謂也輿尸即輿大夫左傳(襄廿三年)云輿大夫是也(隨齋經說輿師即七輿大夫古者兵車一乘甲士七十二人七輿合計正五百人爲旅也)

(古應)三辰在亥上值車府文獻通考車府主官車之府應爲輿尸

六四師左次无咎

(訓詁)次舍也

(象數)坤衆變震致役東方爲在次

(變通)四變爲解☳☵旁通爲鼎☲☴解曰赦過宥罪故師應爲无咎

(義理)春生於左秋殺於右左次則衆舍生門以我旺相擊彼孤虛何咎之有老子道德經曰吉事尙左凶事尙右是以偏將軍處左上將軍處右左傳云凡師一宿爲舍再宿爲信過信爲次次如齊桓公伐楚次于召陵待其請成之義也

(占應)四辰在丑上值左旗右旗占主師旅營次之所

六五田有禽利執言无咎長子帥師弟子輿尸貞凶

(訓詁)田有禽田獵而獲禽也利順也執言謂讀書契誓民之事長子二中弟

子五中輿尸旅帥凡行師七輿中必以一大夫爲主也

(象數)坤爲田坎豕爲禽變互艮手爲執艮爲弟子內互震爲長子坤爲大輿五變　艮正主輿中爲弟子輿尸象成習坎陷險爲貞凶

(變通)五變爲坎☵☵旁通爲離☲☲坎五无咎故師先應曰无咎又曰貞凶者師五體陰也

(義理)王者四時之田以講武事周禮大司馬職春夏獻禽秋冬致禽凡田則有誓民讀書契諸令行師則奉辭伐罪誓再誓三田禽執言肆戰陣者所不廢也輿尸輿帥也每七輿以一下大夫主之左傳云七輿大夫是也今以車制甲士兵徒攷之七輿正爲一旅詳前長子帥師在後弟子帥師在前詩曰元戎十乘以先啓行也象成習坎自坤安貞變陷重險馬謖失守街亭諸葛武侯流涕斬之貞凶之義適符合焉

(攷證)釋文禽徐本作擒執言古本郭京本作執之按屯曰從禽比曰失禽非曰无禽以之比例此當作禽

(占應)五辰在卯上值騎陣將軍車騎從官將軍應長子從官應弟子騎陣車騎應田禽

上六大君有命開國承家小人勿用

(提要)武王克商列爵惟五分土惟三開國承家也建官惟賢位事惟能小人勿用也

(訓詁)用命賞祖大君祖君也開啓也承繼也小人邪慝之人也

(象數)上當祖位天位爲大君坤爲國邑變艮宗廟互震長子主鬯震爲公侯爲開國二當士大夫位爲承家坎險爲小人坎陽在下未能上居五尊爲勿用

(變通)上變爲蒙☶☵旁通爲睽☲☱蒙上利用禦寇師應曰開國承家正以

赳赳武夫克爲公侯干城也

(義理)師終振旅戎衣底定四海永清論功行賞列爵分茅侯王開國將相承家古者所以建屏藩也顧上當龍戰謀必久長漢高之於英彭馭之失道宋太祖杯酒以釋將權深得開承之旨焉小人勿用正以武夫崛起多半屠狗伏莽之雄際會風雲未有不挾功而驕自取滅亡者戒以勿用旨深哉

(占應)上辰在巳上值明堂五帝座上將次將應爲屏藩輔弼茅土膺封又值執法應爲小人勿用

象曰師出以律失律凶也在師中吉承天寵也王三錫命懷萬邦也師或輿尸大无功也左次无咎未失常也長子帥師以中行也弟子輿尸使不當也大君有命以正功也小人勿用必亂邦也

（訓詁）尊榮曰寵法守曰常以勞定國曰功正功謂釐定其功亂治也

（象數）二中互震爲中行

（義理）征者正也所以正人之不正也惟二承命得中故獨叶吉初則變兌毀折卒徒亂行三變進退不果主柔寡斷五應敵剛陷於重險所以皆凶四无咎上受命者四變解甲上終止戈想見王者之師善命不陳善陳不戰兵凶戰危不得已而用之也

（音句）寵叶音龍邦叶音崩行音杭按寵集韻盧東切音龍邦詩小雅以斋萬邦保其家邦大雅以御于家邦皆叶音崩

（攷證）釋文寵王肅作龍按詩商頌何天之龍周頌我龍受之古龍字皆通作寵

副編

睿川易義合編 副編　七十二

師

初

（德位）貞德在師二中

（集解）左傳宣十二年知莊子曰在師之臨師出以律否臧凶執事順成爲臧逆爲否衆散爲弱川壅爲澤有律以如己也故曰律否臧且律竭也盈而以竭天且不整所以凶也不行之謂臨有帥而不從臨孰甚焉師主肅殺臨主長養將欲殺之士欲生之初揆二令故曰不從爲臨此之謂也

二

（集解）李鼎祚集解周禮一命受職再命受服三命受位

四

（集解）崔憬曰偏將軍居左左次常備師也

五

（德位）二中无咎五貞凶者卦德在二二中互震參坎凶門而出五中互艮遇險畏止不行此二所以吉五所以凶也

（比例）師五變坎旁通爲離同人五變離旁通爲坎同人五曰大師克相遇故師五曰長子帥師弟子輿師

上

（集解）干寶曰大君聖人也有命天命也○荀爽曰開國封諸侯承家立大夫也○晒齋經說上當祖位開國承家用命賞于祖也

睿川易義合編 副編　七十三

比䷇ 坎上坤下　秦州　徐天璋睿川　演

（卦旨）卦自坤䷁息一陽於五綜爲師䷆旁通爲同人䷌錯爲大有䷍在天成象晦月當空在地成形水城環繞在世運皇王御世在人渾厚精明

（義理）一陽前於黃宮貞中起元衆陰從而相輔曰比

比吉原筮元永貞无咎不寧方來後夫凶

（提要）此御周公卜食河洛瀍澗獻吉於王書曰公既定宅伻來來視予卜休恆吉我二人共貞不寧方來即成王受朝會於洛邑多方並未來後夫凶其即蒲姑商奄叛乎

（訓詁）原原兆筮筮策原筮原永貞君占龜體既吉卜人再占筮策也不寧不寧侯也並來曰方後夫背王不臣者也

（象數）坎險爲不寧爲凶上陰遠居化外爲後夫羣陰應陽爲方來自坤中生

一陽體尊居正爲元永貞

（義理）傳曰筮短龜長龜象也筮數也物生而後有象象而後有數晉侯將納王使卜偃卜之曰吉遇黃帝戰于阪泉之兆筮之曰吉遇公用享于天子之卦據是而觀原筮元永貞蓋先卜得吉再筮又吉也周禮太卜三兆一曰原兆注原原田也筮人九筮六曰原筮比注與民親比也比爲建國親侯原筮元永貞正言卜筮並吉也乾坤爲羣卦之綱本乾坤升降以成六十四卦乾陽上息坤五貞中起元正應多至陽氣前於黃宮也一陽既生羣陰退聽猶之龍戰者莫不順從後夫凶者周禮大司馬建太常比軍衆戮後至者上六一陰背化先首之凶蓋猶禹會諸侯執玉帛者萬國防風後至遂戮之於塗山也

彖曰比吉也比輔也下順從也原筮元永貞无咎以剛中也不寧方來上下應也後夫凶其道窮也

（訓詁）輔佐助也

（象數）五陽爲剛中

（義理）天時不如地利地利不如人和比以一陽居尊統馭萬方體坎互艮山水相輔既得地利又得人和天下歸心莫不爭先恐後也畫卦自下而上下者在先上者在後後夫凶者上六一陰未嘗不嚮化也但昧先幾之兆遂蹈後至之誅勢窮而後服罪宜聖王不赦宥焉

（考證）比吉也三字朱子本義以爲衍文郭京王昭素則謂誤增也字王引之經義述聞謂比吉二字當在下順從也之下原筮元永貞之上按顧齋經說儀禮聘禮公食大夫禮有司徹也字皆地字之譌此彖比吉也也字亦地字之譌當讀比吉句地比輔也句地比輔者比爲建國親侯卦象體坎互艮表裏山河深得王公設險之義經云比吉原筮元永貞彖云比吉實非衍文地比輔也正

釋比吉之義由於山河表裏國固金陽民無不響應也

象曰地上有水比先王以建萬國親諸侯

（訓詁）建立也親近也

（象數）坤爲地爲國邑坎爲水爲溝封中互艮爲宗廟宮闕五位皇極爲朝廷外據河山內有宮廟朝邑因爲萬國諸侯屏藩王畿之象

（義理）王公設險惟天子得操封建之權五以一陽當尊統大居正四方諸侯莫敢不來享莫敢不來王也建國親侯不曰君子而曰先王者君子有其德而無其位古者封爵必於先王之廟示人君不敢專也五服方九千里建侯必言萬國者尾大不掉國小易制先王與天下聯指臂之勢正爲宗社奠磐石之安度土居民比在六官即周大司空也

初六有孚比之无咎有孚盈缶終來有它吉

（提要）有孚盈缶終來有它即武周東征四國之民簞食壺漿以迎王師而武王遂散鹿臺之財發鉅橋之粟也

（訓詁）氣感曰孚有孚比之民信從也終盡也綏附曰來它謂他國異已者有孚盈缶終來有它大賚四海天下歸心也

（象數）坤土變震仰盂爲缶上承坎水爲有孚盈缶

（變通）初變爲屯䷂旁通爲家人䷤屯應曰雷雨滿盈家人應曰富家大吉

（義理）民爲邦本本固邦寧藉非誠意交孚不能上下維繫有孚比之以信從也既以信從若其室如懸罄民必散之四方有孚盈缶仰事俯畜樂歲終身飽也初變屯難既能以貴下賤並能澤被閭閻所以遐方之人無不爭來附已也

（音句）虞義讀有孚比之句胡注讀比之无咎句按據爻辭有孚盈缶句觀之當讀有孚比之句

（攷證）閩監毛本它作他釋文出有它本亦作他按他字古通它

（品物）缶瓦器卽盎也大復而斂口可以盛酒漿可以汲水秦人鼓之以節歌

（古應）初辰在未上値水府積水天罇東井應爲水孚盈缶

六二比之自内貞吉

（提要）此卽武王任周公召公爲臣輔也

（訓詁）内比貞吉維心志也

（象數）二陰變陽在中爲内爲貞爲吉

（變通）二變爲坎䷜旁通爲離䷝坎應曰王公設險以守其國蓋卽比建萬國親諸侯也

（義理）動化重險剛中敵應上下相孚惟有内固心志耳若自設險中國論之坎川瀆也建國江南淮輔其北建國河内洛輔於南二動變得重險河山鞏固之象也自人而論其卽周召分陝而治乎

（古應）二辰在酉上値五帝内座應爲比内

六三比之匪人

（提要）此卽任三叔爲監殷也

（訓詁）匪人傾險之人也

（象數）三不中五變互坎險爲匪人

（變通）三變爲蹇䷦旁通爲革䷰革上應曰小人

（義理）爻有爻德卦有卦象二四之比皆吉三獨爲匪人者三不中正變而之蹇也河山帶礪廣建屏藩正爲鞏衛京畿奠安社稷今以匪人而據山河之險駸駸乎與五爲仇秦得殽函終移周鼎楚雄江漢盡滅諸姬也若自德位言之

三爲疎遠之臣四爲親近之臣三與四比譬之何進外召董卓將兵入京適釀漢禍者焉

（攷證）釋文王肅本作匪人凶

（古應）三辰在亥亥神登明主賊盜傷人爲匪寇

六四外比之貞吉

（提要）此卽武王封箕子於朝鮮爲外藩也

（訓詁）外比貞吉輔得君也

（象數）四當外陰變附五中陽爲外比貞吉

（變通）四變爲萃䷬旁通爲遯䷠萃曰利見大人應爲比之貞吉

（義理）四位大臣係三則近匪人比五則親聖主爻變係五正如伊尹去桀就湯馬援去蜀臣漢棄暗卽明君臣相資爲理元首明而股肱良也

(古應)四辰在丑丑神大吉主爵祿薦賢古應比吉

九五顯比王用三驅失前禽邑人不誡吉

(提要)此即王師伐武庚也

(訓詁)顯著也王用三驅天子之田三驅而止失前禽禽迎前者不射也邑人國邑之人不誡田獵之地無厲禁也

(象數)陽明陰晦五陽上下皆應爲顯比當尊爲王坎爲馬坤爲輿上坎下坤車馬馳逐爲王用三驅坎爲豕互艮爲狗爲鼠爲黔喙之屬並爲前禽變坤前禽不見爲失坤爲衆爲邑人衆從王驅爲不誡

(變通)五變爲坤☷☷旁通爲乾☰☰坤五應曰元吉乾二應曰見龍在田田即田獵之地也

(義理)聖王化光諸侯朝覲顯比之象也易言顯比必言驅禽者讀車攻吉日

之詩即見天子朝會諸侯必行蒐苗之典講武備示順逆也天子之田不合圍鼓一闋車一轉徒一刺三而止旁走不射迎前不射惟順背者射之天子殺則下大綏諸侯殺則下小綏大夫殺則止佐車佐車止則百姓田獵五當尊位動得坤衆王者撫有萬方叛者伐之歸者懷之無比疆爾界之分三驅失禽不盡殺也邑人不誡猶詩曰大庖不盈徒御不驚孟子曰文王之囿芻蕘者往焉雉兎者往焉

(考證)釋文驅鄭氏作敺石經初刻誡作戒按驅字古通敺誡字古通戒

(古應)五辰在申上値畢宿天官書畢曰罕車驅邊兵主弋獵

上六比之无首凶

(提要)此指商奄蒲姑終滅亡也

(訓詁)首先也比之无首昧先幾也

(象數)上爲首

(變通)上變爲觀☴☷旁通爲无妄☰☳无妄曰匪正有眚爻應故凶

(義理)比爲一陽居尊上下皆應上當遐荒譬之竇融奉書臣漢方國珍以三郡附明首先標表以勸來者故能終保爵祿也爻獨變陽高臨五上徘徊觀望驕蹇不臣適如隗囂公孫述輩終底滅亡焉得不凶

(古應)上辰在巳上値明堂應爲諸侯朝會四裔皆至

象曰比之初六有他吉也比之自內不自失也比之匪人不亦傷乎外比於賢以從上也顯比之吉位正中也舍逆取順失前禽也邑人不誡上使中也比之无首无所終也

(訓詁)傷憂痛也迎來曰逆背去曰順使中言上旣取其禽遂使邑人獵於中也終成也

(象數)三變五坎爲加憂爲傷五變坤衆當中致役爲使中上爲終陰迷於上爲无終

(義理)初下爲民終來有它得邱民也二爲正士比之自內得賢能也四爲朝廷碩輔五則臨照臣民古皆協吉惟三有比匪之傷上有无首之禍三不中正上居化外臣服則吉叛逆則凶也

(音句)上叶辰羊切音常禽叶渠容切音窮(詳見屯卦象傳)按韻補引楚辭九懷云臨淵兮汪洋顧林兮忽荒修予兮袿衣騎霓兮忽上上叶平聲讀音常

副編

比

(集解)姚配中周易注攷工梓人祭侯之禮其辭曰惟若寧侯毋或若女不寧侯不屬于王所故抗而射女是不朝王者爲不寧侯也○顧齋經說內卦爲貞

外卦爲悔八卦小成内卦爲初筮因而重之外卦爲再筮原再也師綜爲比師
陽在内當二之中爲貞吉不言元者師爲一陽盈卦本無元德也比陽在外當
五之中爲貞比爲一陽息卦且具元德故曰元永貞
（比例）屯利建侯彖曰宜建侯而不寧比曰不寧方來後夫凶蓋屯當草昧之
世雖不寧而猶建侯王者善撫萬方比當大同之世既不甯而戮後至王者特
伸天討也

初

（集解）後漢魯恭傳夫人道乂於下則陰陽和於上祥風時雨覆被遠方夷狄
重譯而至矣易曰有孚盈缶終來有它吉言甘雨滿我之缶誠來有他而吉矣

二

（德位）貞在二中

（比例）二曰比内貞吉親親也四曰外比貞吉賢賢也

三

（集解）干寶曰六三乙卯坤之鬼吏在比之家有土之君周爲木德卯爲木辰
同姓之國也爻失其位辰體陰賤管蔡之象也比建萬國惟去此人故曰比之
匪人不亦傷王政也
（比例）三與上應上爲後夫之凶故三爲匪人之比

上

（比例）乾充首吉比无首凶乾爲剛德戒其爲天下先比上柔德懼其落天下
後也

象

（集解）連斗山曰三百八十四爻聖人作傳皆用也字獨此爻變文用乎字蓋

聖人有見於此爻事類管蔡想見周公繫爻至此身當其變破斧缺斨取子毀
室不易傷乎有動魄驚心之象豈尋常之弄調文法可同耶
（對待）比五綜即師二故師言王三錫命比言王用三驅

小畜 ䷈ 巽上乾下　　泰州　徐天璋睿川　演

(卦旨)卦自乾䷀廬一陰於四綜爲履䷉旁通爲復䷗錯爲豫䷏在天成象風雲滿空在地成形草茅翳野在世運亂萌陰伏在人內强外恭

(義理)一陰上升雲蔽太空雖未化雨而草木已受其陰曰小畜

小畜亨密雲不雨自我西郊

(提要)左傳(僖十九年)云周饑克殷而年豐當其未克殷時周旱可知故曰密雲不雨自我西郊

(訓詁)層雲深結曰密雲西郊周郊也

(象數)坎爲雨爲雲巽得坎陰半體中互離日爲密雲不雨乾爲郊互兌爲西郊

(義理)陽倡而陰和之則雨陰倡而陽不和則不雨天下苦紂之暴民心戴周

冀其拯已若大旱之望雲霓此陰倡也而文王率畔事紂身盡臣節不肯遽爲代殷此陽不和也雖未和民而陰行厥善請除炮烙天下已受其陰故曰密雲不雨自我西郊

(占應)乾位戌亥之間上値雲雨乾坤變化一陰上升六四値丑上應箕宿風起而雨立散占爲密雲不雨

彖曰小畜柔得位而上下應之曰小畜健而巽剛中而志行乃亨密雲不雨尙往也自我西郊施未行也

(訓詁)尙嘉尙施雨施也

(象數)內乾爲健二五陽敵爲剛中初四旁通爲志行陰自下升爲往未能致雨爲施未行

(義理)卦德主剛則柔應之卦德主柔則剛應之小畜德以一柔介於羣剛之間乘時得位不在奮武威也故以文德爲治剛主於威柔主於惠剛衆來應若遽以惠施之力有未逮惟其陰行厥善譬之雲升太空隱爲草木庇陰澤雖未流民皆瞻仰剛中志行正見四柔能立非若陰邪者專以狐媚取天下也

(占應)田家五行諺云雲行東雨無踪車馬通雲行西馬濺泥水沒犁雲行南雨潺潺水漲潭雲行北雨使足好曬穀雲起西郊行東之象也巽化爲風中互離日雖密雲何能雨焉

象曰風行天上小畜君子以懿文德

(訓詁)懿醇美也

(象數)巽爲風乾爲天中互離主文明爲懿文德

(義理)殷質周文故周公制禮作樂全以文治爲德化焉玫象小畜者風聲宣著爲文天體澄清爲德風行天下悠揚蘊籍草木隨其被拂而藹曀之氣因而

解散民生之鬱結舒焉

初九復自道何其咎吉

(訓詁)復反也何荷任也

(象數)乾爲道文言曰終日乾乾反復道也

(變通)初變爲巽䷸旁通爲震䷲乾坤升降初四先行(乾降坤初成復坤升乾四成小畜)再行(復四一陰降小畜之初小畜初陽升震之四)復成震小畜成巽故曰復自道言初四往來應也

(義理)道即六爻旁通之道復自道者初四往來上令下共遵道遵行也卦以羣剛應柔初變重巽申命柔順益加正考父鼎銘曰一命而僂再命而傴三命而俯循牆而走亦莫予敢侮孟子曰反其仁反其智反其敬均與此爻同指

(占應)初辰在子子應一陽來復

九二牽復吉

(訓詁)直引曰牽牽復之吉引自道也

(象數)巽爲繩繩從直爲牽復

(變通)二變爲家人䷤旁通爲屯䷂家人應曰貞吉

(義理)小人引人於邪君子引人於道二本剛中動變文明德盛民化君子引人於道也詩云刑于寡妻至于兄弟以御于家邦身修家齊何吉如之

(古應)二辰在寅上值天紀女史主匡糾繩直

九三輿說輻夫妻反目

(提要)古者多以夫婦借喻君臣說輻反目正指紂失乾綱諸侯離畔寵妲己而殺九侯女也

(訓詁)說脫也輻輪中排列之木反目相背視也

(象數)乾爲陽綱爲圜在輿爲輻變兌毀折爲說輻乾陽爲夫巽女爲妻乾變

兌主口舌巽多白眼爲夫妻反目

(變通)三變爲中孚䷼旁通爲頤䷚中孚曰或泣或歌故應夫妻反目

(義理)詩正月篇曰隕於爾輻又曰昏姻孔云車輻不容相離猶夫婦不容相背古時民俗夫婦恆共挽載妻牽於前夫推於後卦象巽女在前乾夫在後中互離與正夫婦相助而行也三不中正變兌少女離間乾夫內互震動外互艮止說輻之咎在夫撓行之勢在婦不能遵道遵行自必相尤怨焉有不反目與

(考證)李鼎祚集解輿作車輻作輹釋文輹本亦作輻

(品物)輻輪轑也即輪中木之排列如齒直指者下有菑以指輞上有爪以湊轂今之車中轉輪所謂三十輻共一轂也

(古應)三辰在辰上值軫宿巫咸云軫天車又值左轄應爲輿輻

六四有孚血去惕出无咎

(訓詁)氣感曰孚惕敬懼貌血去惕出去其殷憂之色出以敬懼之志也

(象數)坎爲血卦巽得坎陰半體亦爲血體陰變陽爲血去四位多懼爲惕變乾主敬爲惕出

(變通)四變爲乾䷀旁通爲坤䷁乾四應曰无咎

(義理)五君四臣小畜卦德在四柔居其位而上下應者正以小心寅畏異於剛愎任事者也今變純乾柔者化剛似有居攝握權躬任巨艱之象顧四當多懼血去惕出正如晉文公戰勝城濮猶以爲憂及聞子玉死而後喜曰莫余毒也宋哲宗起復司馬溫公繼而詔免朝覲光不敢當曰不見君不可以視事均與此象同恉繫此爻者蓋周公恐懼流言避位居東王感雷風之變而後周公返國克成征東之功也何咎之有

(晉句)武億經讀考異血去惕出舊讀爲句以下有孚攣如相比當讀有孚血

去句按象傳以有孚惕出爲句當讀有孚句血去惕出句无咎句

(攷證)釋文血馬融本云當作恤憂也焦循易通釋說文惕作逖恐古文字通

(古應)四辰在丑丑神大吉主薦賢執讎驅除陰類天文管窺輯要天雨血佞人祿功臣戮血去應爲佞去可知

九五有孚攣如富以其鄰

(訓詁)攣係慕也鄰臣鄰富以其鄰王者八柄以馭羣臣祿以馭富也

(象數)巽爲繩爲絲變持艮手爲攣巽近利市爲富乾陽充實亦爲富巽與乾接爲富以其鄰

(變通)五變爲大畜䷙旁通爲臨䷒大畜曰不家食吉應爲臣鄰受祿於君

(義理)卦德主自於四羣剛共應一柔四位大臣身握國政之全權也五居四

上動成大畜大畜尙賢而又養賢陽實變爲陰虛君不自有其富之象有孚攣如推誠股肱之臣使相維繫富以其鄰損上益下分土地以爲公卿大夫食采者也

(音句)頤齋經說有孚句攣如請合富以其鄰句

(攷證)釋文攣子夏傳作戀按隷釋漢唐公防碑及景君碑皆以攣爲戀蓋古文戀字作攣也

(占應)五辰在中上値八穀應爲倉廩富積

上九既雨既處尙德載婦貞厲月幾望君子征凶

(訓詁)雨恩澤處止也既雨既處君施其澤至極止也德謂德行載承也貞厲居寵思危之義月望征凶盈滿者取其災也

(象數)巽爲風變坎爲雨爲月體乾盈甲爲月望巽爲婦變坎心憂爲貞厲乾爲君子坎險在前爲征凶

(變通)上變爲需䷄旁通爲明夷䷣需曰雲上於天故應爲雨明夷蒙難並應厲凶

(義理)此爻兩占自悔言之巽女至上變位天位母后貴極之象也老氏曰知止不殆巽德本體溫恭曰婦貞厲者漢明德馬太后宋高皇高太后抑絕外家私恩封爵不自滿假深合尙德載也自貞言之乾爲大君屈而在下天光爲月所掩上乘五上臣德日强君德日弱譬之獻帝謀討曹操高貴鄉公深惡司馬昭不度不量反取其殃正即君子征凶也古者朝日修德夕月糾刑雨月皆陰象也陽勝陰則雨止乾德日强故婦貞厲夫夫婦婦家道正也陰勝陽則月盈坎位天位小人道長君子道消焉有不征凶與一勉辭一戒辭故以雨月兩取譬也

(音句)武億經讀考異舊讀尙德載句宜以尙德載婦屬讀爲句按象曰德積載也當從舊讀爲是婦貞厲君子征凶猶恆曰婦人吉夫子凶婦字不宜連上讀句

(攷證)古本載上有積字幾子夏傳作近按積字因象傳而衍幾本訓近

(占應)上辰在戌上値奎宿管窺輯要奎應大將又爲卑賤婦人河圖云彗貫奎庫禍出强侯故應婦貞厲君子征凶二十八宿占風雨陰晴訣曰逢井鬼多風雨若遇奎宿天色晴占應雨止月望

象曰復自道其義吉也牽復在中亦不自失也夫妻反目不能正室也有孚惕出上合志也有孚攣如不獨富也既雨既處德積載也君子征凶有所疑也

(訓詁)失縱也疑礙也

(象數)三變互艮宮闕爲室

(義理)小畜以懿文德初復自道修身也二牽復吉齊家也四之惕出治國也五之富鄰平天下也故初二言吉四五占孚獨三反目者三不中正不威不懲非文德之所能治孟子云身不行道道不行於妻子使人不以道不能行於妻子也上當寵極能知滿足則善不知滿足則災譬若象鷹獵禽飢則依人飽則颺去也

(音句)富叶渠記切音忌與志同韻疑通作礙與載相韻按詩大雅何神不富叶刺類瘁三字爲韻魯頌俾爾壽而富叶熾試兩字爲韻富當讀叶音忌載礙同韻十一隊隊古通寘並協志富爲韻疑通作礙詳前坤卦文言

副編

小畜

象

（德位）巽位在四一陰之亨自同人推至小畜其德亦在四爻

三

（集解）瑋母宮旌孝（宣統二年旌表孝婦）曰凡丈夫貴自端凝妻妾方知敬畏家道無有不興者若其一味愛悅則妻妾得玩丈夫於股掌之上勢必上淩翁姑旁詈弟兄妯娌其夫欲振乾綱反目必矣雖非說易可爲此爻的解

四

（集解）頤齋經說文德之修內齊其家外治其國有孚血去舜有天下舉皋陶不仁者遠湯有天下舉伊尹不仁者遠格於自然非用刑殺也血陰類小人之象動變純乾小人盡去君子滿朝而猶敬懼將事者治不忘亂安不忘危也

五

（默參）內經云筋攣由於風變巽風變我艮手應之筋紐攣抱之象

（比例）四曰有孚積誠格君上與五志相合五曰有孚推誠養士下與臣志相融也

上

（比例）王應麟困學紀聞小畜上九月幾望則凶陰疑陽也歸妹六五月幾望則吉陰應陽也中孚六四月幾望則无咎陰從陽也

履䷉ 兌下乾上

泰州 徐天璋睿川 演

（卦旨）卦自旡妄䷘二中爻爲五陽綜爲小畜䷈旁通爲剝䷎[illegible]爲謙

䷉在天成象月缺露濃在地成形澤瀦野曠在世運粉飾承平在[illegible]

俗

（義理）乾德剛健兌說承下趨隨尊長和光同塵曰履

履虎尾不咥人亨

（訓詁）自禮而行曰履爻接曰尾虎尾謂虎蹈行其後不咥不齒也

（象數）虎山君乾君爲虎兌亦爲虎兌口爲咥中互巽木虎畏木而齒酸爲不咥互離化光爲亨

（義理）卦德在☰☱爲三公其勢爲疏遠之臣一柔介於剛間憂讒畏忌書曰心之憂危若蹈虎尾也虎咥自前必使人見狼咥自後暗隨人行故虎蹈行其後尚可不咥人也履爲五陽盈卦自旡妄來乾行在前兌蹈在後三以柔德介中互成巽順雖剛而不攖怒臂之劉寬長者政治平理虎亦渡河況於人乎故占爲亨

（攷證）荀本亨下有利貞二字

（品物）虎七月而生銳於首而勁於尾交則月暈嘯則風生德應秋金之氣故吳王殉葬多以金玉其氣上浮化爲白虎正應虎稟乾兌之精德也

（占應）天文列宿左青龍而右白虎兌主西方白虎之位履虎尾不咥人者兌陰承乾象月旦明陰納細於乙度躔金絕之方故不能咥人爲虐也

彖曰履柔履剛也說而應乎乾是以履虎尾不咥人亨剛中正履帝位而不疚光明也

（提要）履虎尾不咥人亨隱指崇侯虎之讒文王於紂文王推誠事君紂德雖

暴反錫爲方伯也文王有君天下之德以服事殷而無伐紂之心其後武王載主東征戎衣底定饗帝明堂以文王配質之皇天后土其德無慚故彖曰履帝位而不疚光明也孔子贊易至此深服其德而後儒不達泥於卦象求之毋怪辭義成兩橛焉

(訓詁)心有病慽曰疚履帝位禮帝而饗之也

(象數)乾爲帝二五皆陽爲剛中中互離火爲光明火爲金仇爲疚

(義理)聖人涉事處世無非和而不同三柔承剛而曰剛中正者內不失己外不失人其心磊落光明質諸天下而無愧此仁人所以饗帝也說而應乾誠能格君虎尾不咥誠能格物履帝不疚誠能格天履之爲禮其用大焉

(攷證)釋文疚陸本作疾

象曰上天下澤君子以辨上下定民志

(訓詁)辨別也定正也

(象數)乾爲天兌爲澤天高爲上澤低爲下二中應五爲民志

(義理)天氣清浮澤勢翕受天象日進高明澤流日就汙下猶之人性本近習日相遠賢者益上愚者益下志各有不同也

(攷證)釋文辨亦作辯按辨別之辨宜從辨

初九素履往无咎

(訓詁)素樸素也

(象數)兌金氣白說應乾行爲素履往

(變通)初變爲訟䷅旁通爲晉䷢訟惕中吉故應曰无咎

(義理)志存乎人廊廟山林各行其是初動變訟天水違行旁通爲晉康侯錫馬素履之往正以位當潛隱抱璞守眞內體忠信之質磨不磷而涅不緇濳於仕進不以文繡爲榮者焉漢管甯避亂遼東遯世无悶不見是而无悶千古有幾人哉

(占應)初辰在子上值輦道應人行往

九二履道坦坦幽人貞吉

(提要)荀子公侯失禮則幽履道坦坦幽人貞吉蓋文王幽於羑里遭紂之暴其心獨光明無他故反獲吉得受方伯之命也易林拘制於吏幽人有喜並與此同指

(訓詁)道道德坦坦蕩平象幽隱也

(象數)兌說變震大塗爲道坦兌陰司秋爲幽人

(變通)二變爲无妄䷘旁通爲觀䷓无妄曰利有攸往故應爲履道坦吉

(義理)近陽者舒近陰者慘兌陰爲幽體兌變震中心舒暢反得樂天之象故

世人以幽人爲隱逸也天下隱逸之人半因憂亂迫而遯跡晉陶淵明唐司空圖於道何嘗不樂也輿明黃道周繫獄之日猶自著易象正身雖被幽心實坦蕩文王之後一人而已

(占應)二辰在寅上值市樓車肆應爲道塗平坦寅將青龍古主林木高人、

六三眇能視跛能履履虎尾咥人凶武人爲于大君

(提要)此即崇侯虎與飛廉輩譖文王也

(訓詁)一目微細而視曰眇偏廢曰跛能克也武繼武爲助也武人爲君謂繼人助君爲虐也

(象數)互離爲目互巽爲股當兌毀折目視爲眇股動爲跛兌主西方爲虎三當兌口變剛爲咥三位爲凶外乾爲大君內兌變乾在下爲武人以乾承乾爲武人助君

(變通)三變爲乾䷀旁通爲坤䷁乾三惕厲應爲眇跛之懼坤上龍戰止通咥虎之凶

(義理)三柔介剛居不中正隨俗波靡本無材能者也譬之眇視跛履必不能咥人爲害今忽變剛依勢竭蹶圖强正猶虎倀前導惡來逢君不度德不量力徒爲黨惡虐民焉有不凶者與

(品物)虎視以目放光誘人而食未至百步輒伏形與眇視跛履相類

(古應)三辰在亥上值鳥喙蛇尾應爲尾咥亥神登明應爲傷人

九四履虎尾愬愬終吉

(訓詁)愬愬驚懼也

(象數)四接虎口乾健變爲巽順互震恐懼爲愬愬

(變通)四變爲中孚䷼旁通爲頤䷚頤應曰虎視耽耽

(義理)革五曰大人虎變虎本爲君德也四近五君位當多懼雚光之禍中於驂乘不知敬懼者也爻動變巽寅畏小心書曰心之憂危若蹈虎尾琴操云天王明聖兮臣罪當誅想見文王蒙難之時積誠以感暴主也

(攷證)愬愬馬融本作虩虩說文虩字云履虎尾虩虩恐懼从虎㡿聲按子夏傳呂覽並作愬愬高誘慎大覽注云愬愬懼也愬一作逆字讀如虩錢大昕潛研堂集問云震來虩虩荀慈明本亦作愬愬愬虩義同

(古應)四辰在午午神勝光主應驚恐

九五夬履貞厲

(訓詁)夬決也

(象數)乾健變爲離明既果且智爲夬履火爲金仇變當五中爲貞厲

(變通)五變爲睽䷥旁通爲蒙䷃睽五曰噬膚履應曰貞

(義理)乾健化離明足以照剛足以決也顧象變成睽君益明決臣益猜疑貌合神離勢必見鬩反噬此紂所以予智自雄也貞厲則懍乎若朽索之馭六馬兢兢業業一日萬幾若書曰自殷王中宗高宗祖甲及我文王或告之曰小人怨汝詈汝則皇自敬德省厥愆也

(古應)五辰在申申將白虎應主威權殺伐故爲尺履貞厲

上九視履考祥其旋元吉

(訓詁)目注曰視稽求曰考祥嘉祥旋旋轉也

(象數)乾爲善爲祥動變麗兌爲考祥中互離目爲視履上轉應三爲旋吉

(變通)上變爲兌䷹旁通爲艮䷳兌說也順乎天而應乎人故應爲考祥旋吉

(義理)大戴禮四代篇曰天道以視地道以履人道以稽所謂人與天地相參

也(視履考祥視即天道履即地道考即人道祥即稽也)蓋履道至終嘉祥畢集民之所欲天必從之上當天位動而說應乎三詩曰於乎不顯文王之德之純視履之旨也火流王屋白魚躍舟考祥之徵也商道日衰周德益盛革故鼎新焉有不旋吉乎

(音句)來知德注視履句考祥其旋句謂考其善於周旋折旋之間斯中規中矩矣豈不元吉按以大戴禮徵之視履攷祥謂三才合吉也當從本義讀視履考祥句其旋元吉者上與三應三凶上吉轉禍爲福也

(考證)釋文祥古本作詳鄭氏荀氏注同按孟子申詳檀弓作申祥詳善也祥亦善也字義古通

(古應)上辰在戌上值奎宿晉書天文志奎西南大星天豕目也應爲視履奎爲白虎管窺輯要白虎瑞獸也應爲嘉祥

象曰素履之往獨行願也幽人貞吉中不自亂也眇能視不足

以有明也跛能履不足以與行也咥人之凶位不當也武人爲
于大君志剛也愬愬終吉志行也夬履貞厲位正當也元吉在
上大有慶也

(訓詁)願欲也夢訥曰亂慶休美也

(義理)老氏之道以柔爲天下先故履爻以剛盈爲戒初占兂咎二占貞吉四
占終吉上占元吉皆自剛變爲柔也五雖貞厲並未至凶誠以矜明太甚內柔
而外露剛其中尙能虛以受也三以柔居剛位而欲振强其間不免爲虎咥者
外强而內荏實巽敬以直內義以方外者焉得不凶

(音句)明音芒行音杭慶音羌按書益稷元首明哉叶良康韻

副編

履

(德位)亨德在三卦本五陽盈卦轉自一陰主之故亨德在三

彖

(德位)乾爲天爲帝帝位在五彖言履帝位而不疚履禮也明指以二中上應
五正也

二

(集解)鄭阓札記王引之謂幽人者兌象也中孚象傳君子以議獄緩死是兌
有議獄之象隨上九拘係之乃從維之是兌有拘繫之象惠棟引尸子文王幽
於羑里荀子云公侯失禮則幽履道坦坦幽人貞吉蓋文王幽於羑里遭紂之
暴其心獨光明無他故反獲吉得受方伯之命也易林拘制於吏幽人有喜與
此同指

(德位)貞在二中

(比例)歸妹九二剛中有應故曰利幽人之貞履九二剛中無應故曰幽人貞
吉彼利在人此貞在己也

三

(默參)兌金主肺養生家以肝爲龍肺爲虎虎咥人凶肺盛不能制伏者也肺
盛則氣虛內經脈解篇第四十九病偏虛爲跛者正月陽氣凍解地而出也所
謂偏虛者冬寒頗有不足故偏虛爲跛也爻辰值玄變而值辰陽虛者壯跛能
履焉

四

(默參)乾兌皆金金在志變應而愬愬之象

象

(對待)小畜初九綜即履上故小畜言復而履言旋履之初九綜即小畜之上

故履言往而畜小言征

泰☷☰ 乾下 坤上

泰州 徐天璋睿川 演

(卦旨)卦自臨☷☱息爲三陽又自大畜☶☰虛爲三陰故彖象皆言交泰綜爲否☰☷錯亦爲否旁通仍爲泰在天成象和風甘雨景星慶雲在地成形高壤平原醴泉朱草在世運物阜財豐在人體胖心廣

(義理)天氣下降地氣上騰陰陽感而磅礴萬物化生曰泰

泰小往大來吉亨

(訓詁)小往大來陰往乎外陽來內也

(象數)陽爲大陰爲小中互震雷上升爲往兌澤下降爲來萬物蘇暢爲吉爲亨

(變通)乾坤對列☰☰☷☷乾四降於坤初☴☰☷☳乾成小畜坤成復乾五再降坤二☶☰☷☱乾自小畜成大畜坤自復成臨乾上再降坤三☷☰☰☷乾自大畜成泰坤自臨成泰本乾成泰者爲息虛本坤成泰者爲消息者爲盈陰升爲往陽降爲來

(義理)天氣下降地氣上騰陽爲天氣陰爲地氣陽氣既充於中陰氣必擠於外求之治道蓋即舜舉皋陶湯舉伊尹而不仁者遠焉

(攷證)泰古文从仌蓋以天地爲兩大也

彖曰泰小往大來吉亨則是天地交而萬物通也上下交而其志同也內陽而外陰內健而外順內君子而外小人君子道長小人道消也

(訓詁)氣合曰交長浸長消澌滅也

(象數)乾居坤下爲天地交二五往來變成既濟爲上下交乾爲健坤爲順陽爲君子陰爲小人陽進爲長陰逆爲消

(義理)泰和之世所以爲治者陽雖主內而卻能下陰陰雖在上而卻能虛衷受蓋接引陽升故君子樂行其道連類登庸正如秦誓曰若有一个臣斷斷兮無他技其心休休焉其如有容焉人之有技若己有之人之彥聖其心好之不啻若自其口出實能容之以能保我子孫黎民尙亦有利哉非若漢宋朋黨君子小人兩不相容卒之勢不能勝禍成噬臍陰陽不交故也交則陰陽均平兩無偏倚小人利安其身君子樂行其道此世運所以太和也

象曰天地交泰后以財成天地之道輔相天地之宜以左右民

(訓詁)后妃后財貨財扶佐曰輔贊導曰相左右幹旋也

(象數)乾爲天坤爲地天左旋地右旋爲左右民

(義理)繫辭曰何以守位曰仁何以聚人曰財四海困窮天祿永終非財則國不富則世不安故曰后以財成天地之道天有六氣地有五行以閏月定四時

平水土而成三壤播殖百物懋遷有無爲財成營於春夏戳於秋冬斧斤以時入山林爲輔相貴賤有等長幼有序內無怨女外無曠夫爲左右斯民不言王而言后者王理陽道后理陰道后佐王爲治者也

(攷證)財荀本作裁

初九拔茅茹以其彙征吉

(訓詁)拔甄拔茹茅根彙類也

(象數)巽爲柔木初變巽茅爻當下體爲茹三陽連類爲彙體乾健行爲征

(變通)初變爲升☷☴旁通爲大壯☳☰升初曰允升爻應故曰征吉

(義理)士有賢愚茅有美惡初爲草茅必甄拔而區別其類者猶卲子論牡丹曰察根而辨花上也見葉而識次也待蔀蕾而知又其次也今拔茅而別其茹正觀人於根柢也泰爲君子道長故賢才連類而升征吉之義王陽在位禹貢

彈冠也

(音句)宋翔鳳音義彙音彙虡翻易義讀拔茅茹以其彙句王夫之稗疏讀拔茅句玩易四道讀拔茅茹句以其彙征句焦循易章句讀拔茅句茹以其彙征吉句俞越羣經平議讀拔茅句茹以其彙句征吉句按象傳拔茅征吉當讀茅句茹以其彙句征吉句

(攷證)釋文彙古文作曹董氏作𦡀江聲云據類篇當云古文作𢌸傅氏傅注云彙古偉字古本征作往按當從本義作彙

(品物)茅草有三脊也漢郊祀志江淮間一茅三脊茅之種類甚多菁茅香草也以之縮酒茅蘆紅茅也以之染物白茅潔茅也以之郊天封國其惡者荃蕙化而茅爲鄙其榛蕪草莽也

(占應)初辰在子上値司祿應爲甄拔人才

九二包荒用馮河不遐遺朋亡得尙于中行

(訓詁)蕪野曰荒躍河曰憑不遐遺朋亡遠者不亡邇者不泄也往而有助曰尙中行遵王之道也

(象數)乾天廣幕爲包荒二變離明無遠弗照爲不遐遺互坎爲河互震爲憑坤陰爲朋離日在下用晦而明爲朋亡二與五應爲中行

(變通)二變爲明夷䷣旁通爲需䷄明夷二應曰用極需應曰涉川

(義理)天地交泰之世君臣治之於上賢才育成於下動變明夷非上阻下升庸即下阻上聲教也激則生變緩則自安荒爲草木蕪生包荒用憑河即王者牢籠天下凡有嚮化者悉皆乘瑕錄用故得艱難宏濟也不遐遺則野無遺賢朋亡則朝無私黨得尙中行者上下一德治化大同天下胥遵王道也漢班超都護西域任尙往代超曰君性嚴急水淸無大魚察政不得下和宜蕩佚簡易

寬小過總大綱而已恰與包荒之義同指

(音句)荒鄭氏讀爲康

(攷證)說文荒作㠩荒草掩地也按荒穢也禮注在旁曰帷在上曰荒包荒者正天覆草野之象

(占應)二辰在寅上値天漢雲漢天河也應爲憑河

九三无平不陂无往不復艱貞无咎勿恤其孚于食有福

(訓詁)平坦也不平曰陂往復往來也險阻曰艱正固曰貞勿恤勿憂也氣感曰孚孚食有福歆其事而後其食也

(象數)地有坦夷爲平地有險阻爲陂天道旋轉爲往復陽掩陰下爲艱貞乾爲福變兌爲于食有福

(變通)三變爲臨䷒旁通爲大畜䷙臨三應曰既憂无咎大畜曰不家食

吉應即孚食有福也

(義理)平陂地勢往復天行三四陰陽治亂之交陽爲君子陰爲小人三動變陰陽德被掩君子當持盈保泰思患豫防曰艱貞无咎即書云后克艱厥后臣克艱厥臣也恤憂也勿恤者爻變旋悔陰掩無妨其孚于食有福蓋誠意交孚上下維繫食祿忠事敬逆天庥郅治馨香感格神鬼也徵以人事平陂往復即貴賤窮通艱貞勿恤即安貧樂道有功而食天必祐焉

(音句)程傳勿恤其孚句何楷云勿恤句其孚于食句按經義述聞歷引孚于嘉孚于剝有孚于小人有孚于飮酒以證其孚于食有福當讀爲句

(占應)三辰在辰上直平道應爲平陂又値斗柄指隨四時應爲往復往將勾陳古主蹇阨應爲艱貞又官員見之爲印綬應爲有福

六四翩翩不富以其鄰不戒以孚

（訓詁）翩翩聯翩貌富蘇富鄰臣鄰戒告戒不富以鄰不戒以孚大臣法小臣廉不待告戒而民共信之也

（象數）坤陰連接爲翩翩陽實爲富陰虛爲不富陰陽相接爲鄰交泰爲孚

（變通）四變爲大壯䷡旁通爲升䷭升初曰合志故應爲不戒以孚

（義理）百姓足君孰與不足泰和之世藏富於民君與大臣悉無求富之心正如左傳（襄二十二年）公孫黑肱曰貴而能貧民無求焉生在敬戒不在富也君子曰善戒推原卦象上三陰皆虛下三陽皆實而上下剛柔相應君雖無揞克之心民恰有樂輸之象正以百姓蓋藏豐足菽粟比於水火者焉

（音句）虞氏義讀翩翩句不富句以其鄰句不戒以孚句本義讀翩翩不富句心易溯源讀翩翩不富以其鄰句按小畜富以其鄰讀句謙不富以其鄰讀句此當以翩翩讀合不富以其鄰句象傳翩翩不富省文爲句因節去下三字也

（考證）翩翩釋文作篇篇古文作偏偏按當从子夏傳作翩翩

（占應）四辰在丑上値斗星荊州星占曰南斗主爵祿不富應祿不充實也陰虛无實爲不富

六五帝乙歸妹以祉元吉

（提要）此殷周之實錄也文王初娶爲殷帝武乙之妹太姒實媵娣也何以證之天明詩曰文王初載天作之合在洽之陽在渭之涘文王嘉止大邦有子大邦有子俔天之妹文定厥祥親迎于渭造舟爲梁不顯其光有命自天命此文王于周于京纘女維莘長子維行篤生武王史記武乙立殷復去亳徙河北綱鑑河亶甲徙相祖乙徙耿（今蒲州河津縣）盤庚自耿遷亳武乙復徙河北在耿東也耿近郃陽故武乙時獵河渭間也饒氏魯曰文王生於祖甲三十一年徐文靖竹書紀年箋云世紀謂文王生於殷祖甲二十八祀庚寅殊不審祖甲在位三十三年中歷馮辛四年庚丁八年武乙三十五年文丁十三年帝乙九年至紂四十九年文王崩則文王之齡一百一十有六安得爲九十七乎計文王之生適當武乙元年壬寅歲其年太王自邠遷於岐周故孟子云文王生於岐周也若祖甲二十八年在未遷岐之前十九年安得云生於岐周據是論之武乙末年文王正壯有室時詩曰大邦有子俔天之妹所謂大邦天妹正指殷王武乙之妹也在洽之陽在渭之涘正指耿都在洽渭東北也（水北爲陽以南爲陰）傳曰天子造舟諸侯維舟大夫方舟士特舟文王時爲世子季歷時爲諸侯其用造舟正以親迎者爲殷王武乙妹也故詩人詠爲榮幸光寵天子嫁妹必有諸侯之女爲媵詩曰纘女維莘長子維行篤生武王鄒忠允錢允光據纘女維莘之文疑太姒爲文王繼娶不知太姒非繼娶實媵娣也惟其篤生武王故詩人追美姒氏而不及帝乙之妹子氏也及觀歸妹六五爻辭曰帝乙歸妹其君之袂不如其娣之袂良足徵姒爲娣而生武王也又觀鼎初爻辭鼎顛趾利出否得妾以其子是實指武王爲太姒生也參觀五證詩義易爻一以貫之可以補殷周史闕文也

（訓詁）帝乙商君武乙也以妹妻人曰歸妹祉福祿來止也

（象數）五當君位變坎體坤滅乙爲帝乙中五兌女爲歸妹乾爲福爲祉五正應乾爲以祉元吉

（變通）五變爲需䷄旁通爲明夷䷣需須也正應歸妹以須明夷之二亦占吉故泰五曰元吉

（義理）天地搆精萬物化醇男女搆精萬物化生泰至五而獨言歸妹元吉君子之道造端夫婦及其至也察乎天地哀公問云天地不合萬物不生大昏萬世之嗣也泰以裁成輔相五云歸妹正立人倫之極合二姓之好以繼先聖之

後以爲天地宗廟社稷之主也

(占應)五辰在卯上値帝星后宮天床太子庶子諸星應爲歸妹元吉

上六城復于隍勿用師自邑告命貞吝

(訓詁)城國城累土石而爲之者復反也隍城下壑無水處師徒衆城復于隍勿用師謂國城傾圮不能及時用衆以實墉壑也邑鄙邑自邑告命貞吝國城怠於防禦鄙邑反固崇墉命令出自私家君上同於守府也

(象數)坤爲國邑變艮國有門闕爲城中互兌澤无水爲隍上陰迷復爲勿用坤衆爲師上當邊陲爲鄙邑中互兌口爲告命坤陰爲吝

(變通)上變爲大畜䷙旁通爲臨䷒大畜應曰荷天之衢正城邑四達之道也

(義理)金城湯地有國者憑險而安若崇墉峙於邊邑反而禍貽宗社泰運至

終上當邊鄙體坤國邑變艮山陵坤爲師徒艮爲門闕變成大畜是實墉壑於邊圉也春秋書費伯帥師城郎齊師宋師曹師城邢季孫行父帥師城諸及鄆凡築城池悉帥師徒以執役事勿用師者謂不能完固其國也若邊陲牽固據者反生窺伺譬之晉城曲沃魯城費邑楚城陳蔡不羹尾大不掉政令悉非國君能專自邑告命見權柄之旁落也焉得不吝其箴與春秋時敬王告晉請城成周若隱合焉

(攷證)釋文隍子夏傳作堭乂作湟姚信作湟按城隍當從隍字

(占應)上辰在巳上値少微垣長垣巫咸曰長垣四星城邑相包又値北斗元命包曰斗爲人君之象號令之主也占應城隍告命

象曰拔茅征吉志在外也包荒得尚于中行以光大也无往不復天地際也翩翩不富皆失實也不戒以孚中心願也以祉元吉中以行願也城復于隍其命亂也

(訓詁)際接也失實不富也願欲也命亂令紊而不治也

(象數)二變離日爲光體陽爲大乾天坤地相接爲際四體陰虛爲失實上當陰迷爲亂

(義理)天地交泰首在甄拔人才次即無偏無黨包荒之象正爲中外一家也顧交泰之先必有一番艱治非艱貞不能有福四爲大臣非廉潔不能平治五爲泰主爲天地大生廣生歸妹元吉内無怨女外無曠夫也上當泰終治極必亂大權落於强藩漢唐實爲明鑑政出多門未有不吝者焉

(晉句)外大同韻九泰大晉汏徒蓋切際叶晉即與實相韻按黃庭經云三明出華生死際父曰泥丸母雌一際叶子悉切王筠詩神芝曜七明山蒲含九節日軒若廻駕相待靑雲際際叶子結切晉卩與蹇鼎象傳實與節相韻正合

(考證)古本旡往不復上有无平不陂四字失實郭京作反實亂楊易作治按臧琳經義雜記云釋文作象曰无平不陂一本作旡往不復七經孟子考文載古本易象曰旡往不復上有無平不陂句季氏集解作无平不陂載宋衷注云位在乾極應在坤極天地之際也地平極則險陂天行極則還復故曰无平不陂旡往不復也似漢易本有二句然王弼注云天地將各分復之際正義曰天地際者釋旡往不復之義是王輔嗣本原止旡往不復一句蓋孔子錯舉其辭不得據經妄增也頤齋經說以韻叶讀亂不宜改讀作治仍當讀亂爲是雜周禮記

泰讀至爲實是叶實可互讀至與際叶

副編

泰

(德位)亨德在三

象

（集解）巳卯夏日納凉庭院[璋]侍頤齋老人之側適表兄宮子健至談及君子道長小人道消[璋]因疑而問曰書云君子在野小人在位亂徵也陽爲君子陰爲小人泰卦三陽在下三陰在上何以反云天地交泰子健嘿無以答頤齋公曰泰象觀於將治之先否象灼見已治之後也泰曰拔茅茹以其彙征吉明賢才育成於下寖熾寖昌行見升諸上位而在上三陰勢處强弩之末度德量力知高位不可久居不得不避賢而讓故曰君子道長小人道消也若否則三陽在上君子滿朝而三陰在下駸駸欲升正如宋太皇太后高氏將崩語呂大防范純仁等曰老身沒後必多有調戲官家者宜勿聽公等亦宜早退令官家別用一番人乃呼左右賜社飯曰明年社飯時思量老身也故曰小人道長君子道消（此說頤齋經說未載故補錄之）

象

（集解）虞翻注后君也陰升乾位坤女主故稱后坤富稱財守位以人聚人以財故曰成天地之道相贊左右助之震爲左兌爲右坤爲民謂以陰輔陽詩曰宜民宜人受祿於天○鄭玄曰財節也輔相左右助也以者取其順陰陽之節爲出內之政春崇寬仁夏以長養秋教收斂冬敕蓋藏皆可以成物助民也○鄰園札記引俞正燮癸巳類稿云易正義泰傳后以財成天地之道輔相天地之宜以左右民復傳先王以至日閉關商旅不行后不省方姤傳后以施命誥四方言后則實爲周之王后也周官內宰職云凡建國佐后立市設其次置其序正其肆陳其貨賄出其度量淳制祭之以陰禮注云建國者面朝後市王立朝而后立市陰陽相成之義也故象曰后以財成天地之道輔相天地之宜也○頤齋經說后後也陽先陰後天子曰元后王者雖尊不先天也諸侯曰羣后臣不先君也王妻曰后妻不先夫也古稱皇天后土皇爲君稱后爲婦稱易象曰后其爲后妃之后明焉

初

（比例）泰初拔茅茹以其彙與否初辭同泰言征吉而否獨言貞吉亨者泰爲有道之世賢才宜出故曰征吉否爲無道之世賢才宜隱故曰貞吉亨泰否之分皆在於初辨之不可不早也

二

（集解）黃道周易象正曰包荒仁也馮河勇也不遐遺智也朋亡義也泰而明夷聖人之所有事也世亦知爲中行若此者乎則雖晦而可以光大矣

三

（集解）王引之經義述聞曰三與上爲正應乾鑿度曰上爲宗廟京氏易傳說

泰卦曰三公位九三爲世上六宗廟爲應九三應上六有享于宗廟之象故以食言之春官大宗伯以饋食享先王中庸曰修其祖廟薦其時食鄭注時食四時祭也鬼神來饗亦謂之食特牲少牢皆有佐食佐神食也九三以乾元體信（文言君子體仁釋文云京房荀爽董遇本作體信）故稱孚焉莊十年左傳曰小信未孚神弗福也小雅楚茨篇曰以爲酒食以享以祀以介景福故曰其孚于食有福萃六二升九二皆曰孚乃利用禴義亦同也○頤齋經說其孚于食有福卽君子敬其事而後其食也韓愈云食焉而怠其事必有天殃（坊者王承福傳）與此同怡○鄰園札記无平不陂无往不復則食當如日食更明之義孟子曰古之君子其過也如日月之食民皆見之及其更也民皆仰之故曰艱貞无咎勿恤其孚于食有福

（德位）二變明夷明夷曰利艱貞三變爲臨似脫坎壞而歷亨衢故曰艱貞无咎勿恤艱貞之德在二中也无咎勿恤指兌德之爲悅焉

五

（筮說）魯哀公九年宋公伐鄭晉趙鞅救鄭陽虎以周易筮之遇泰之需曰宋方吉不可與也微子啓帝乙之元子也宋鄭甥舅也祉祿也若帝乙之元子歸妹而有吉祿我安得吉焉乃止

（集解）子夏傳曰帝乙歸妹謂成湯歸妹也○京房曰湯嫁妹之辭曰無以天子之尊而乘諸侯無以天子之富而驕諸侯陰之從陽女之順夫本天地之義也往事爾夫必以禮義○易乾鑿度孔子曰泰者正月之卦也陽氣始通陰道執順故因此以見湯之嫁妹能順天地之道立教戒之義也○鄭玄曰五爻辰在卯春爲陽中萬物以生生育者嫁娶之貴仲春之月嫁娶男女之禮福祿大吉○九家易曰五者帝位震象稱乙是爲帝乙六五以陰處尊位帝者之姊妹五在震後明其爲妹也五應於二當下嫁二婦人謂嫁曰歸故言帝乙歸妹謂

下居二以中和相承故元吉也○虞翻曰震爲帝坤爲乙帝乙紂父歸嫁也震爲兄兌爲妹故嫁妹祉福也謂五變體離離爲大腹則妹嫁而孕得位正中故以祉元吉也○按帝乙或取納甲或謂成湯或曰湯之元孫殷六世王或云紂父春秋哀公九年傳載微子啓帝乙之元子也不知易云帝乙實武乙也（辨見提要）

（德位）元德在五者自泰盈爲四陽也

（比例）泰五帝乙歸妹與歸妹六五爻辭同者其義實有別焉泰五天地相交歸妹震東兌西日月相望也

上

（集解）顧炎武日知錄人主所居謂之邑詩曰商邑翼翼四方之極書曰惟尹躬先見於西邑夏曰惟臣附於大邑周曰作新大邑於東國洛曰肆予敢求爾於天邑商（武王之妃謂之邑姜）白虎通夏曰夏邑商曰商邑周曰京師（周官始以四井爲邑）泰之上

六政教陵夷之後一人僅亦守府而號令不出於國門於是焉而用師則不可君子處此當守正以俟時而已桓王不知此也故一用師而祝聃之矢遂中王肩唐昭宗不知此也故一用師而邠岐之兵直犯闕下然則保泰者可不豫爲之計哉○頤齋經說此應敬王告晉請城成周之兆

象

（集解）（九三）宋衷曰位在乾極應在坤極天地之際也地平極則險陂天行極則還復故曰无平不陂无往不復也

否䷋ 坤下乾上　　　　泰州　徐天璋睿川　演

（卦旨）卦自遯䷠消爲三陰又自萃䷬益爲三陽綜爲泰䷊錯亦爲泰旁通仍爲否在天成象日蝕風霾在地成形山崩川竭在世運蠻夷猾夏在人潦倒困窮

（義理）陰陽相交則和不交則塞塞則陰陽偏鬱而成災曰否

否之匪人不利君子貞大往小來

（提要）天地閉賢人隱周所以興殷所以亡者紂之世崇信姦回放黜師保屏棄典型囚奴正士也故曰否之匪人不利君子貞

（訓詁）之出也說文之出也象艸過屮枝莖益大有所之一者地也匪人外文采而內傾險者謂小人萌芽其間己出見也大往小來陽往於外陰來於內小人進而君子危也

（象數）陽爲君子陰爲匪人陰進消陽爲不利君子貞陽爲大陰爲小向外爲

往向下爲來

（義理）天下之物莫不以下爲本以上爲末天下之事莫不以內爲主以外爲賓否則乾下坤上以象而論天尊地卑秩然有序獨曰之匪人不利君子貞者誠以乾陽在上反悉推誠下與陰應譬之唐玄宗世開元之初傾心姚崇宋璟而天下治天寶之際傾心李林甫楊國忠而天下亂也小人既進實非君子之福虢石父用而周亂王安石用而宋亂世運焉有不否者與小來大往君子見幾而作不俟終日者也

（音句）虞氏義讀否之匪人句不利君子貞句心易瀛源讀否之匪人不利句頤齋經說否字單句之匪人不利君子貞句之訓作變按比曰比之匪人同人曰利君子貞此當讀否之匪人句不利君子貞句

彖曰否之匪人不利君子貞大往小來則是天地不交而萬物不通也上下不交而天下无邦也內陰而外陽內柔而外剛內小人而外君子小人道長君子道消也

（訓詁）不通世運之塞无邦邦皆亂而无治也

（象數）天氣上騰地氣下降爲天地不交自中往來變成未濟爲上下不交坤陰爲柔乾陽爲剛

（義理）自古匪人亂國災害並至天地不交也君民乖離上下不交也內陰內柔讒諂之人日伺其側外陽外剛賢直之士退處無權遂致民困饑饉萬物不通國遭喪亂天下无治雖有君子亦末如之何焉

象曰天地不交否君子以儉德避難不可榮以祿

（訓詁）儉約也榮祿謂惑人爵而貪祿也

（象數）乾爲天坤爲地坤陰吝嗇爲難土爰稼穡爲祿天地不交賢人遠引爲

儉德避難中互艮止爲不可榮以祿

（義理）易爲君子謀否亂之秋若自以祿爲榮貪餌不去勢必身罹其災悔咲莫及君子則超然遠引隱居不出如漢管甯避世遼東其難何自生與

（攷證）李鼎祚周易集解儉或作險榮虞翻作營王引之經義述聞引漢婁壽碑曰不可營以祿老子銘曰樂居下位祿執弗營費鳳碑曰𣳚己進弟不營榮祿是兩漢相傳之本皆作營惑之營其作榮者假借字也按韓子內儲說以榮其意而亂其政榮作惑字解是榮字古與營通也

初六拔茅茹以其彙貞吉亨

（訓詁）貞吉亨固守其志者吉樂道者亨也

（象數）體坤變震震爲蕃鮮爲茅震陽橫下爲茹三陰連類爲彙五剛得中爲貞初變從陽爲吉爲亨

(變通)初變爲无妄䷘爻旁通爲觀䷓无往初陽以往爲吉否初當陰以貞爲吉觀四利用賓王否初故應曰拔茅以彙

(義理)天下有道則見無道則隱有道時君相求賢無道時君相未嘗不求才能樹爲黨羽初下爲氏動變無妄拔茅貞吉正如新莽即眞以安車迎齊薛方方居草野守義漢末申蟠屠爲漆工絕跡於梁碭之間因樹爲屋後遂不與黨禍其後皆能顯名於世亨莫大焉

(音句)虞翻義讀拔茅茹以其彙句貞吉亨句玩易四道讀拔茅茹句以其彙句周易姚氏學讀貞吉句亨句按當如泰爻讀拔茅句茹以其彙句貞吉句亨句

(攷證)彙古文作胃

(占應)初辰在未上値積薪薪應草木爲茅

六二包承小人吉大人否亨

(訓詁)包容也承接也包承者曲順之也小人吉世運至否小人道長止樂能得其君大人否亨上下不交身自否道自亨也

(象數)坤虛含宏爲包二仰應五爲承坤陰爲小人二中變陽爲大人

(變通)二變爲訟䷅爻旁通爲晉䷢訟惕中吉應爲小人之吉訟有孚窒應爲大人否亨

(義理)天地閉塞小人萌芽其間接踵而起故下三陰承上三陽爲否二獨變陽中正相應與上違行不肯曲意承順如小人貪其利祿盜知徐穉不答茅容國事自處南陽管寧與華歆割席避世遂東游行自在高風亮節絕不與俗波靡也

(音句)虞翻義讀大人否句本義讀大人否亨句按遯九四好遯君子吉小人否此當讀大人否句象傳則合否亨讀句也

(攷證)朱升易注以承作香惠棟周易述包作苞按本義作包承

(占應)二辰在酉上値讒星卷舌應爲小人進讒大人遠遯

六三包羞

(訓詁)慚辱曰羞包羞忍恥而竊位也

(象數)陽善陰惡乾耻爲羞今三不中爲上所苞爲包羞 周易述注

(變通)三變爲遯䷠爻旁通爲萃䷬遯主君子遠小人不惡而嚴故爻應爲包羞知其愧恥

(義理)三居內陰之上小人之尤者也變而成遯當去不去爻反託附羣陽掩不善以著其善沉機觀變隱忍待時得志則進不得志則退欲遷善而未能欲改過而不果故吉凶雖不繫占然亦見其顏之厚矣

(占應)三辰在亥亥將玄武應爲小人奸詐君子陰私不明故主包羞

九四有命无咎疇離祉

(訓詁)命君命有命无咎奉君之命行非專也疇類也離遠也福祿來止曰祉疇離祉者福祿之來類能遠以避也

(象數)乾福爲祉變巽爲命坤衆爲疇中互艮止爲疇離祉

(變通)四變爲觀䷓旁通爲无妄䷘觀四應曰利用賓王正主有命離祉之象

(義理)否亂之秋大臣恢難自保四以陽剛而處多懼之位尤禍患之易乘也動變巽順出納王命不敢自專唐周墀爲相韋澳曰願相公無權有命无咎也福祿之來類能自遠漢蕭何讓封賞勿受得長安居疇離祉也此皆儉德避難不可榮祿之義

（攷證）嚀釋文鄭氏作古嚆字

（占應）四辰在午上値張宿文昌應爲祿祉

九五休否大人吉其亡其亡繫于苞桑

（訓詁）息養曰休苞叢也苞桑桑蒙孽而叢生也

（象數）乾變離爲大人五陽變陰喪其中實爲亡離火主夏夏取桑柘之火其於木也爲桑中互巽繩爲繫變互坎木叢生爲苞桑

（變通）五變爲晉䷢旁通爲訟䷅晉五應曰悔亡

（義理）否至九五其亡立見乾健化爲離明君非暗而不振者也轉否爲治正如蠶月條桑捋採將盡復見其葉沃若不失爲茂美也休謂休養生息繫如九兩繫邦國之民聯絡其志不使分崩離析故借苞桑爲喻昔太王去邠其亡象也遷岐而民悉從其國復立繫於苞桑象也後如穆王西征諸侯離叛遂急歸

伐徐假不失家國漢武窮兵開邊民財困竭輪臺下詔深悔用師亡而能存皆合於否五之義者也

（考證）苞石經初刻作包古本遺于字

（品物）桑木上玄下黄義合乾坤司爟夏取其火以救時疾結實曰椹形如楊梅而細長味如枸杞子之甘春生之葉民人悉採養蠶蠶事畢其葉重茁新苞青葱而沃若焉故有其亡之喻

（占應）五辰在申上値天囷主生草木應爲苞桑

上九傾否先否後喜

（訓詁）傾覆也喜悅樂也

（象數）天傾西北上當剛悔爲傾變兑主說爲喜

（變通）上變爲萃䷬旁通爲遯䷠萃難安上故應曰傾否

（義理）此從卦變而知否泰反類也上當剛悔否終轉治强藩嚮化莫不來王蓋以九五爲乾陽之主九四爲執法之臣翻然圖治登進賢良嚮之匪人終能屏黜後喜之象正如東漢之興除莽苛政父老喜曰不圖今日復見漢官威儀也

（占應）上辰在戌戌神河魁應物歡喜

象曰拔茅貞吉志在君也大人否亨不亂羣也包羞位不當也有命无咎志行也大人之吉位正當也否終則傾何可長也

（訓詁）羣衆也

（象數）三本剛位以陰居之爲不當位

（義理）否當世亂之秋正小人跋扈飛揚初潛在下尚慕君子顧忌名分不肯遽爲搆禍也二則得志乘時三則畏難知止四則潔身遠禍無道之世淡於利

名五則大人柄政轉亡爲存上則否運已終故占有喜總而觀之國丁否艱幸而繫於苞桑者實在君德克明剛以自決則大權在握雖有小人在内亦末如君子何也不然未有不亡者焉

（音句）行音杭

（考證）初六象傳古本茅下有茹字

副編

否

（德位）貞德在五否之匪人不利君子貞者五與二應二爻陰柔用事不能仰副君志正如明崇禎曰朕非亡國之君卿等皆亡國之臣也

彖

（集解）吳綺曰六十四卦獨乾坤言陰陽惟泰否二卦内外皆得乾坤之全體

故亦以陰陽言之○頤齋經說天下一治一亂泰後急承否者自屯家至泰治之甚難自泰至否亂之甚易譬如作室築基儲材非一日可能奏効及其毀敗頃刻傾頹甚哉匪人之爲禍烈焉

象

(集解)宋衷曰天地不交猶君臣不接天氣上升而不下降地氣沉下又不上升二氣特隔故云否也

初

(德位)貞德在五亨德在初初變无妄剛自外來而爲主於內斯爲陽德之亨

二

(集解)荀爽曰二與四同功爲四所包故曰包承也小人二也謂一爻獨居間象相承得繫於陽故吉也大人謂五乾坤分體天地否隔故曰大人否也二五

相應否義得通故曰否亨矣○頤齋經說或問小人吉大人否何以言亨答曰否爻至二世運未見大亂小人幸承治福爭慶升庸大人未遇禍機正樂引去兩不相妨其道故亨

(德位)陽爲君子陰爲小人君子小人聖狂分於一念二德中正動而爲陽是陰類中一變至道者二之大人在野之士有其德而無位者也

三

(猒參)坤腹變爲艮脾脾色主赤應人見面爲羞赧之色

四

(集解)頤齋經說外陽君子內陰小人四與初應乾健變爲巽順恭以接下柔以懷遠是能善撫小人泯禍亂於無形也孔子曰人而不仁疾之已甚亂也春秋(襄十年)子產請焚載書子孔從之乃焚書於倉門之外衆而後安豈非有命无

離祉之明徵乎

五

(集解)京房曰桑有衣食人之功聖人亦有天覆地載之德故以喻○鄭玄曰猶紂囚文王於羑里之獄四臣獻珍異之物而終免於難繫於包桑之謂○頤齋經說否變之晉得康侯錫馬之象春秋齊桓公封衛侯於漕迨及文公騋牝三千洵謂其亡其亡繫於包桑其後有臣下而能有大人之德者狄梁公反周爲唐郭汾陽收復二京英宗北狩於少保立景帝安明社稷也

上

(集解)何楷曰先否後喜即先天下而憂後天下而樂之意正與其亡其亡之君心相似

象

(對待)泰否兩卦以錯爲對待也泰初拔茅否初亦言拔茅泰二包荒否二故言包承信乎易无方體也

同人 ䷌ 乾上離下

泰州　徐天璋睿川　演

（卦旨）卦自乾䷀虛爲一陰綜爲大有䷍旁通爲比䷇錯爲師䷆在天成象日行赤道北過天中在地成形黃河之水發源星宿在世運文化昌明在人胸襟坦蕩

（義理）天无私覆日无私照曰同人

同人于野亨利涉大川利君子貞

（訓詁）野郊野同人於野禮從宜風從俗也利涉大川利君子貞得道多助天下濟也

（象數）乾爲郊爲野爲大川乾鑿度乾者天也川也先也川者倚豎天者也離德文明爲君子中正相應爲利貞

（義理）孔子曰先進於禮樂野人也後進於禮樂君子也如用之則吾從先進同人於野蓋即先民有言詢於芻蕘舜居深山樂取諸人以爲善也以君子而與民野大同羲皇之俗與世無爭何往而不能濟者與

（占應）乾爲天天以十二辰分野丑星紀子玄枵亥娵訾戌降婁酉大梁申實沉未鶉首午鶉火巳鶉尾辰壽星卯大火寅析木以地二百五十里當天一度乘之三百六十度約九萬里也同人于野正應天之所覆地之所載日月所照凡有血氣者莫不尊親也

象曰同人柔得位得中而應乎乾曰同人同人曰同人于野亨利涉大川乾行也文明以健中正而應君子正也唯君子爲能通天下之志

（訓詁）行德行通達也

（象數）離爲文明離中虛爲通志

（變通）乾䷀坤䷁五升降坤成比乾成同人故曰中正相應

睿川易義合編　上經　一百十六

（義理）體乾之健變離中虛君子以虛受人能容天下之物故亦得天下容之內文明而外健順大同之象猶日當天四野皆被其化否則道高謗來以文明而賈禍者何限天下之志捍格不入蓋由執性偏拘不能以中和爲位育也

（音句）行去聲虞讀同人句曰同人於野句朱子本義以同人曰三字爲衍文按朱芹十三經札記同人曰三字初亦疑爲衍文既而思之凡卦名無連下爲句者惟履卦履虎尾艮卦艮其止否卦否之匪人連下爲句而同人于野其一也故特以同人曰三字發之

象曰天與火同人君子以類族辨物

（訓詁）類族比合其聚辨物分晰其生也

（象數）乾爲天離爲火天無不包爲類族離無不照爲辨物

（義理）天道下濟火性上炎本乎天者親上君子日進高明然因親附而不區分則小人亦得僞託惟有天德之怙冒又有火德之明察周而不比所以能大同焉

初九同人于門无咎

（訓詁）門同學之門也

（象數）離爲垣墉變艮爲門

（變通）初變爲遯䷠旁通爲萃䷬萃四應曰无咎萃聚也方以類聚故應曰同人於門

（義理）同志曰友同門曰朋古者家塾黨庠無非範人志於中正也初體離禮變成艮止譬之童蒙共學師門率履不越何咎之有象曰出門同人蓋勉其擔簦負笈適四方訪賢士也

（占應）初辰在子上相危宿蓋屋應爲戶門

睿川易義合編　上經　一百十七

六二同人于宗吝

(訓詁)宗宗族也

(象數)夏見日宗離火司夏爲宗離陰中暗爲吝乾坤爲大父母自乾變爲同人爻變仍成純乾似人復歸於宗故爲同人於宗

(變通)二變爲乾䷀旁通爲坤䷁坤陰吝嗇故應曰吝

(義理)離具文明之象卦德在二羣陽翕然景仰者正爲善世不伐以柔德化天下也周禮九兩以繫邦國五曰宗以族得民昏義婦人先嫁三月祖廟未毀教於公宮祖廟既毀教於宗室離爲中女二居正位類族辨物正象主婦教女宗室之義占曰吝者惜其所教皆柔德也

(占應)二辰在酉上値天陰陰應吝嗇

九三伏戎于莽升其高陵三歲不興

(訓詁)戎寇也草深曰莽大阜曰陵陵邱陵隆起處也

(象數)離爲甲胄干兵爲戎中互巽茅爲莽變互艮山爲陵震動爲升體離數三爲三歲

(變通)三變爲无妄䷘旁通爲觀䷓无妄曰其匪正有眚不利有攸往正應伏莽不興也

(義理)方以類聚物以羣分三不中正同惡相濟變震蠢動而又恐懼譬之盜伏山林不敢出而刼掠者正以大同之世上下之治隆也故至三年之久終不能起其勢焉

(品物)莽叢薄處草色蒼茫可以翳蔽人物處也

(占應)三辰在辰上値執法郎將上將次將諸星應戊伏莽而不敢興

九四乘其墉弗克攻吉

(提要)此即左傳僖十九年云文王聞崇亂而伐之軍三旬而不降退修教而復伐之因壘而降象傳困而反則正退修教而復伐也

(訓詁)乘登也墉垣墉攻擊伐也弗克攻謂往伐之而不勝也

(象數)離爲墉四當離上爲乘墉中互巽入爲攻變互坎險巽成進退不果爲弗克攻

(變通)四變爲家人䷤旁通爲屯䷂屯初曰磐桓利居貞爻曰乘墉弗克攻者應彼得磐石之固也四變中互重離象爲崇墉亦有弗克攻勢

(義理)書曰同力度德同德度義四德剛健伐下宜無不勝而獨弗克攻者內以德外以力尙德不尙力也春秋文十四年晉趙盾以諸侯之師納捷菑於邾邾人辭順宣子曰弗從不祥乃還遂弗克納即爻所謂吉也

(考證)墉釋文鄭本虞本作庸按尙書不傳曰天子賁庸鄭注牆謂之庸庸墉古通字禮王制注小城曰墉釋名墉容也築土壘壁所以隱蔽形容也

(占應)四辰在午上値軒轅應主攻戰

九五同人先號咷而後笑大師克相遇

(提要)文王諫紂紂囚文王羑里先號咷也繼獻岐西之地除炮烙之刑遂錫文王爲方伯後笑也迨及武王伐紂陳師牧野受帥其旅如林罔有敵於我師大師克相遇也

(訓詁)號咷呼啼也欣喜解顏曰笑師衆也勝敵曰克遇不期而會也

(象數)乾金商音在聲爲哭離火徵音在聲爲笑體乾變離爲先號咷而後笑離爲甲冑爲戈兵爲師旅變成重離爲大師相遇乾受火制爲克

(變通)五變爲離䷝旁通爲坎䷜離五涕沱戚嗟爻故應曰號咷坎二陽陷陰中爲小得同人五麗陽中爲大師

（義理）同人卦德在二以文明而通天下之志仰與五應有道之士正冀格君之非也惟五爲剛健之主士欲逆鱗直諫恰如離火爍金攖其暴怒故有號咷之象既曰號咷而又笑者爻變重離五能盧衷下應高明柔克也唐魏徵犯顔苦諫太宗雖時怒甚終必霽威宋陳東率千餘人上書喧呼動地帝因勉從其請悉合此象所謂克者加我美疢不如投我藥石所謂遇者君明臣良上下一德所謂大師者大師猶言大衆千人諾諾不如一夫諤諤也若以師爲師旅則燭之武能退秦師柳下惠命犒齊師何嘗不以片言勝敵哉離爲笑言立談間能悟君上益昭昭焉

（考證）九經古義笑字古文皆作关漢書揚雄傳作咲

（占應）五辰在申上值參觜王禋引郗萌云參伐星大則兵起西官候曰觜觿主斬刈石氏曰觜觿者三軍之候也應爲大師相遇

上九同人于郊无悔

（訓詁）邑外曰郊无悔遯世而不悔也

（象數）乾爲郊

（變通）上變爲革䷰旁通爲蹇䷦革上君子豹變豹隱山林有遯世之意爻應故曰於郊无悔者應革爲悔亡也

（義理）同人變革革命之秋勝國遺老引類而行上位隱佚不臣不仕非聖非狂郊原寄跡介石同貞正猶微子篇曰吾其發出狂吾家耄遜於荒又曰自靖人自獻於先王我不顧行遯也

（占應）上辰在戌日窮於戌應爲遯世而不見知

象曰出門同人又誰咎也同人于宗吝道也伏戎于莽敵剛也三歲不興安行也乘其墉義弗克也其吉則困而反則也同人之先以中直也大師相遇言相克也同人于郊志未得也

（訓詁）弗克弗勝也則法則直剛中也

（義理）同人類族辨物義各不同初則辨其所學二則辨其所親三則匪寇相伏於萑灌四則人我敵爭觀其德力五則受天下之善上則樂泉石之高各視其類以爲區別正非一味大同而無君子小人上下之分也

（音句）咎音臬與道相韻行音杭按唐韻正四十四有韻中之半古與小巧皓通爲一韻書大禹謨民棄不保天降之咎小畜初九履自道何其咎經傳子集類此甚多咎當叶音臬也

副編

同人

（集解）玩易四道引黃石齋云東漢諸賢分別甚則傷明矯抑至則傷健操持峭厲則傷中正以是而爲同故得黨人之禍非君子貞而涉川何利焉堯舜同人于一時孔子同人于萬世皆能通天下之志者也

象

（德位）離位二中

二

（集解）荀爽曰宗者衆也上下衆陽皆欲與二爲同故曰同人于宗也陰道貞靜從一而終今宗同之故吝也

（默參）離火爲心心爲五官之主離中納己故顏淵問仁孔子曰克己復禮克己者正去心中私吝也

四

（默參）離火主心乾金主肺火能克金內攻之象也四變巽爲肝木木旺火相

我攻者反爲我相故占弗克攻吉

五

(集解)陋齋經說左傳云天生五材民並用之廢一不可誰能去兵兵所以去不軌而昭文德也大師克相遇正王者統一萬方能以弧矢之利威天下莫敢不享莫敢不王此世所以大同也與

(默參)離火爲心感動爲笑

睿川易義合編　副編　一百二十二

大有䷍ 離上乾下

泰州　徐天璋睿川　演

(卦旨)卦自乾䷀消爲一陰綜爲同人䷌旁通爲師䷆錯爲比䷇在天成象日行赤道南轉天中在地成形金城湯池崇墉屹峙在世運天下承平萬民康樂在人文謨武烈顯著恩威

(義理)日麗中天光於四海顯於萬方曰大有

大有元亨

(訓詁)大有庬有九有也

(象數)五柔居尊爲一陰之元應陽爲亨

(義理)五居皇極處中以受天下之善民無不與物無不包畜道德而輝光也同人之後繫以大有豐歲子弟多賴正見天下文明莫不本富庶以爲教焉

彖曰大有柔得尊位大中而上下應之曰大有其德剛健而文

睿川易義合編　上經　一百二十三

明應乎天而時行是以元亨

(訓詁)尊高貴也

(象數)乾爲剛健離爲文明

(義理)卦象一人照臨萬國卦體四海會歸一人王者嚮明而治也柔得尊位坤陰寄王於五上下應之羣陽無不推誠曠覽今古惟宋宣仁太后聽政時君子滿朝可以當之若以臣道而論伊尹周公居攝其庶幾此漢霍光惟不能柔反而速其禍焉

象曰火在天上大有君子以遏惡揚善順天休命

(訓詁)上絕曰遏宣著曰揚順天休命奉若天道而安羣生也

(象數)離爲火乾爲天離中藏陰爲惡乾中藏陽爲善離能克己復禮爲遏惡揚善乾爲天乾道變化各正性命火天同性爲順天休命

(義理)人能以理勝私必能彰善癉惡日在天上爲火無光爲鬼爲蜮絕難藏匿其間此大有所以普化也乾健具遏揚之權離明無舉措之失順天休命正法天道位育萬倫各遂其生成之樂也

初九无交害匪咎艱則无咎

(訓詁)交謂上下之交初遠於五故无交忌患曰害艱險阻也

(象數)離火下克乾金爲害初不能獲于上爲无交變巽進退不果爲艱

(變通)初變爲鼎䷱旁通爲解䷧鼎初應曰无咎

(義理)王陽當道貢禹彈冠大同之世有交者羣爭奮起草茅初變巽入反而沉淪非如二士能獲乎上詩非遺於下體未有不患者也不知无交之患匪咎能自艱貞動心忍性擠益不能方爲无咎孔子曰不患莫己知求爲可知也孟子曰獨孤臣孽子其操心也危其慮患也深故達故曰艱則无咎

(占應)初辰在子上値螣蛇應爲纏繞憂患

九二大車以載有攸往无咎

(提要)此即文王載呂尙於後車也

(訓詁)載承載攸遠也

(象數)乾爲大車健行不息爲有攸往二變中虛有容爲大車以載

(變通)二變爲離䷝旁通爲坎䷜離二曰得中道也爻應故曰有攸往无咎

(義理)上有聖明之君下有乾惕之士大車以穀正貢士於王國也詩曰翹翹車乘招我以弓書曰車服以庸二當乾車中央動變重離文明之世招士以車乘也漢武帝時遣使者安車蒲輪束帛加璧徵魯申公猶有此典有攸往无咎明二能助五君化成天下任重致遠絕非虛聲是盜取德貽譏者比也

(攷證)李鼎祚集解引虞本作大轝釋文蜀才作大輿

(品物)車括輿輅之總名也黃帝觀轉蓬而造車乃作輿輪而方員異制引重致遠少昊時加牛禹時奚仲爲車正加馬大車平地任重駕牛者也

(占應)二辰在寅上値車肆應爲大車攸往

九三公用亨于天子小人弗克

(提要)竹書紀年武乙三十四年周公季歷來朝王賜地三十里玉十瑴馬十匹文丁四年命爲牧師十一年王殺季歷象曰公用亨于天子小人害也蓋隱指殷周相睽者正由信小人而生嫌隙也

(訓詁)上卿曰公嘉會曰亨弗克亨不成禮公爲小人害之也

(象數)三爲公位體乾爲玉爲馬離爲龜奉圭布乘陳龜爲亨三位當凶體陽變陰中互坎險爲小人大象成睽體兌毀折爲弗克

(變通)三變爲睽䷥旁通爲蹇䷦睽三體陰變陽曰无初有終大有之三體陽變陰故曰小人弗克

(義理)大道之行天下爲公陸讋水慄莫不梯山航海賓於王家大有變睽君臣疑忌漢之韓信彭越怏怏言功卒不免於斧鉞之誅皆小人弗克象也公用享于天子者譬之漢王拒楚滎陽數使使勞蕭何鮑生謂何曰王暴衣露蓋數使使勞苦君者有疑君心也爲君計莫若遣君子孫昆弟能勝兵者悉詣軍中王必益信君矣何從之漢王大悅蓋三當凶地動而失位若非能以貨貝獻貢於上必難安富而尊榮也小人弗克所以自貫害焉

(音句)釋文亨許庚反通也衆家並香兩反按朱芹十三經札記王洋公用斯位乃得通乎天子之道也則以亨作如字解程傳蘇傳皆同朱子本義亨春秋傳作享謂朝獻也古者亨通之亨享獻之享烹飪之烹皆作亨字當從朱子本

義爲是

(古應)三辰在辰上值北極帝席公卿將相皆聚於垣應爲公用享于天子又值執法應爲小人弗克

九四匪其彭无咎

(訓詁)彭盛滿也

(象數)離光外揚爲彭變艮斂止爲匪其彭

(變通)四變爲大畜䷙旁通爲臨䷒大畜日新其德爻應故曰匪其彭

(義理)離火熾揚聲勢赫濯炙手可熱者也四當多懼之位變艮知止斂才不矜象成大畜剛上尙賢周公吐握待士高而不危滿而不溢也其次若郭子儀敬見盧杞應幾免厥咎爲霍光不克所以禍中驂乘也

(攷證)彭子夏傳作旁虞作尪按廣雅釋訓彭彭旁旁盛也王輔嗣易注以彭

與旁皆有盛義故經字作彭而注從子夏傳作彭姚信云彭旁是皆讀彭爲旁彭尪音相近也故譌

(古應)四辰在午午神勝光主人誠信應爲不自滿假爲匪彭

六五厥孚交如威如吉

(詁訓)交接也容穀曰威厥孚交如威如吉誠感而嚴畏也

(象數)離火赫烈爲威變乾中實誠信爲孚上下一德爲交

(變通)五變爲乾䷀旁通爲坤䷁乾五同聲相應同氣相求應爲交孚五爲大人與天地合德日月合明應爲威吉

(義理)體明化健柔中能强明則能揚天下之善强則能遏天下之惡莊敬而無慢易上下孚威莫不懷德畏威厥孚交如威如吉者誼猶朋友分則君臣也若其御下失威臣必玩視其主梁武之於侯景明皇之於祿山非惻戒與爻辭

威孚遏郤天下多少邪心

(古應)五辰在卯上值折威鬩元古經引石氏曰折威者天子執法之徒也應爲威如

上九自天祐之吉无不利

(訓詁)祐助也

(象數)上當天位祖位天命天討皆於祖廟體離變震主鬯廟宮爲天祐

(變通)上變爲大壯䷡旁通爲升䷭大壯曰正大而天地之情可見矣升曰元亨用見大人勿恤南征吉爻應故曰天祐吉无不利

(義理)離日君象變震恐懼象文王寅畏小心不自滿假也曰自天祐之吉无不利者震以恐懼致福廟宮主鬯祭爲吉禮祭畢受釐詩曰宜民宜人受祿於天保右命之自天申之想見大有之終持盈保泰兢兢業業不懈於位者也

(古應)上辰在戌上值奎壁壁主文明奎主武備文德武功兼著宜其天命歸焉

象曰大有初九无交害也大車以載積中不敗也公用亨于天子小人害也匪其彭无咎明辨折也厥孚交如信以發志也威如之吉易而无備也大有上吉自天祐也

(訓詁)車債曰敗屈挫曰折易平易備憊也易而无憊言雖坦易而无羸困也

(義理)初則辨其有守二則辨其有爲三則亨持富厚以奉君四匪彭讓功能於同列五則明照天下並濟恩威上則誠格天心恐懼致福此世運所以化底大同也書曰無偏無黨王道蕩蕩觀大有六爻思過半焉

(音句)鄭園札記玩象曰大有初九无交害也害與敗相韻折音制征例切韻集韻會正韻並同祐叶于貴切音位與志備同韻四寘按楚辭天問驚女采薇鹿何祐北

至回水萃何嘉字典祐叶音位

（攷證）明辨晳也虞翻作明辯折也惠棟焦循張惠言並從之王廙作晣又作晢鄭本作遰云讀如明星晢晢陸木作逝易而无備也頤齋經說作遰按明辨折也折如鼎卦九四折足之折言矜明者必喪厥明正釋彭之害也當從虞本作折讀音制既濟繻也釋文引陸本作備頤齋經說作繻之象義甚是備繻古通字也

副編

大有

（集解）鄭玄曰六五體離處乾之上猶大臣有聖明之德代君爲政處其位有其事而理之也元亨者又能長羣臣以善使嘉會禮通若周公攝政朝諸侯於明堂是也

（德位）元亨德在五中

象

（集解）王弼曰處尊以柔居中以大體無二陰以分其應上下應之靡所不納大有之義也

（比例）坤五元吉大有居坤之五故曰元亨

初

（集解）頤齋經說邦有道貧且賤焉恥也初下愚賤言揚事舉無德可稱轉不如食力安貧反無災患也○孔廣森經學卮言初比於九二有敵剛之患所應又剛非陰陽匹偶是无交也无交所以有害也然而害也匪咎也君子之戹於陳蔡之間无上下之交也夫豈君子之咎哉○俞樾艮宦易說既云匪咎又云艱則无咎義似重複蓋文王作之於前而周公又有所增益於後文王但言匪咎而周公又申之曰艱則无咎而文王之旨益明所謂善繼人之志者即此亦可見矣○鄭園札記大有柔得尊位大中而上下應之初九何言无交中庸曰獲乎上有道不信乎朋友不獲乎上矣初與四剛敵不相應无交之患正謂不信乎朋友也

三

（筮說）左傳僖二十五年晉天筮納王遇大有之睽☲☱卜偃曰吉遇公用享于天子之卦戰克而王享吉孰大焉且是卦也天爲澤以當日天子降心以逆公不亦可乎大有去睽而復亦其所也後文公納王王饗醴上句驗矣請隧弗許僭端見矣小人弗克也睽之兆微矣哉

（德位）三與上應上當天位祖位古者公覲見王饗醴必於祖廟稱天子者明王者奉若天道代天子萬民也

四

（默參）離火在臟爲心在聲爲笑在志爲喜人心喜笑則必盛滿變艮屬脾在志爲思能思則必慮遠應爲匪彭无咎

五

（筮說）左傳閔二年成季之將生也桓公使卜楚丘之父筮之遇大有之乾☲☰曰同復于父敬如君所疏云離是乾子還變爲乾故云同復于父國人敬之其敬如君之處所言其敬與君同也補義云內卦君父也外離三爻三家也五變剛與之合正如三桓鼎足而內卦覺被壓无勢故有專國之應

象

（對待）同人大有以綜爲對待也九五大師相遇綜即九二大車以載六二同人于宗綜即六五厥孚交如九四弗克攻綜即九三小人弗克也

謙䷎ 坤上艮下　　泰州　徐天璋睿川　演

(卦旨)卦自升☷☴虛爲五陰綜爲豫☳☷旁通爲夬☱☰錯爲履☰☱在天成象日月朦朧在地成形關山迢遞在世運渾穆狉獉在人寬裕敦厚

(義理)坤德含宏艮山靜鎮斂盛德於厚載之中曰謙

謙亨君子有終

(訓詁)謙禮讓也

(象數)坤代有終艮成終始謙合坤艮爲有終

(義理)疾風知勁草板蕩識忠臣易爲君子謀謙本純乾泛變五陰其卦轉自一陽主之三居多凶獨介然不爲陰惑非君子夔危惕厲誰能確乎不拔也較明夷蒙難尤難故曰有終

彖曰謙亨天道下濟而光明地道卑而上行天道虧盈而益謙

地道變盈而流謙鬼神害盈而福謙人道惡盈而好謙謙尊而光卑而不可踰君子之終也

(訓詁)虧損也變易也流覃也害禍也惡憎也尊撙也

(象數)謙中互坎坎水內景爲天道下濟先明互震出地上升爲地道卑而上行互坎爲盈爲益爲流爲鬼艮爲終

(義理)地載華嶽者也屈山之高居地之內山如不及地若有容謙以下人君子所以有終也天道光明如日月照臨下土虧盈則日有明晦月有盈虛也地道上行如山川出雲泱滿太空雲騰致雨雨下澤尺變流則高岸爲谷深谷爲陵也鬼神則福善禍淫人道則滿損謙益尊光則不顯而德日崇不伐而業彌廣峻德克明所以化成天下也

(攷證)釋文馬本虧盈作毀盈京本福謙作富謙按爾雅釋詁虧毀也郊特牲云富也者福也古訓同義王引之謂尊作撙說文無撙字古多借尊爲撙引鄉飲酒所以致尊讓也儒行其撙讓有如此者及管子荀子淮南子諸尊字作撙爲證其論甚確

象曰地中有山謙君子以裒多益寡稱物平施

(訓詁)減取曰裒增多曰益稱權度施設施也

(象數)坤爲地艮爲山陽卦多陰陰卦多陽謙以五陰主自一陽爲裒多益寡中互坎水爲平坎爲雲雨爲施坎水準繩爲稱物平施

(義理)詩曰崧高維嶽峻極于天山勢巉峭大地至不平者也屈山之高居地之下陂陀之勢變爲坦夷譬人才智不矜泯其稜角階厲卑下自牧休休有容利善公世物我胥平也

(攷證)裒李鼎祚集解虞作捊石經作裦釋文鄭荀董蜀才諸本作捊字

書作捊按侯果作裒本義從之

初六謙謙君子用涉大川吉

(訓詁)謙禮讓也謙人之讓至再至三曰謙謙用涉大川離險順也

(象數)離於五事爲禮體艮變離初能止禮爲謙謙互坎爲大川互震行人爲涉川

(變通)初變爲明夷☷☲旁通爲訟☰☵明夷內文明而外柔順應爲謙謙訟曰利涉大川應爲用涉大川

(義理)謙卦六爻皆吉各有德位不同初變離日夷下時際艱貞獨能用涉大川吉者陽明陰暗陽剛陰柔體陰變陽愚者明柔者立焉外雖謙恭內實强毅虛己應物能下人必能得人焉往而不濟哉正非世俗和光同塵委靡不振者所能同日語也

(攷證)惠棟周易述作嗛嗛按當從本義作謙謙

(占應)初辰在未上值南河北河應爲大川

六二鳴謙貞吉

(訓詁)鳴聲相命也

(象數)體艮變巽命令中互兑口兼震有聲爲鳴謙二中變陽爲貞吉

(變通)二變爲升䷭旁通爲大壯䷡大壯曰利貞故應曰貞吉

(義理)玉篇鳴聲相命也體艮變巽大象成升巽爲命令二與五應正象士慶升庸和聲鳴聲宣上德而達下情頌揚德化者也繫曰鳴謙貞吉蓋臣子之義善則歸諸君上嘉謀嘉猷必曰我后之德父詔兄勉己則奉令惟謹而已

(占應)二辰在酉上值卷舌應爲鳴

九三勞謙君子有終吉

(訓詁)事功曰勞有終終之也

(象數)互坎勞卦爲勞謙艮成終始爲有終

(變通)三變爲坤䷁旁通爲乾䷀坤三應曰无成有終

(義理)謙德主自九三身居多凶之位不爲羣陰所消繫安危於社稷誠能以勞定國者也爻動變柔養氣不矜德盛彌恭望而知爲長者昔周公居東貽王以鴟鴞之詩功成破斧即復辟於王正合勞謙君子有終吉也勞亦訓憂互坎心憂變坤安貞故占終吉

(音句)荀爽曰君子有終故吉也是以君子有終爲句吳愼曰諸儒皆以君子有終爲句然據初六謙謙君子則此爻當讀勞謙君子爲句頤齋經說家讀謙亨句君子之終也句此宜從荀爽讀爲允按象曰勞謙君子萬民服也吳澄曰萬民服謂有終而吉也是釋有終即在勞謙君子句中宜讀勞謙君子有終句吉字是占辭單句

(占應)三辰在辰上值進賢應爲推賢讓能

六四无不利撝謙

(訓詁)撝指麾撝謙謂能分別其事而行謙也

(象數)艮手爲撝體坤變震中互巽近利市爲无不利

(變通)四變爲小過䷽旁通爲大過䷛小過曰亨利貞故應曰无不利

(義理)謙德在三四在三上變成小過君子懼其行過乎恭謙正不可不分別也撝謙則行各得宜如孔子燕居申申如也夭夭如也於鄉黨恂恂如也入公門鞠躬如也在朝與上大夫言誾誾如也與下大夫言侃侃如也謙無不近於禮故无往而不利焉

(音句)鄭玄曰撝讀爲宣孔氏正義朱子本義讀无不利句撝謙句程傳合讀

爲句武億經讀攷異此二句似倒亂之訛初六謙謙六二鳴謙九三勞謙上六鳴謙以此例之六四下亦宜緊接撝謙无不利於義爲協鄭園札記象曰无不利撝謙此句似非倒譌按六五尾句云无不利此句宜從武氏讀爲允

(攷證)釋文撝義與麾同

(占應)四辰在丑上值左旗右旗應爲指麾

六五不富以其鄰利用侵伐无不利

(訓詁)鄰臣鄰無鐘鼓曰侵有鐘鼓曰伐不富以鄰利用侵伐謂非貪爲富鄰而侵伐其他邑也故无不利

(象數)陽實陰虛五違三實爲不富以鄰坤衆變坎弓輪輿馬互離甲冑干兵爲利用侵伐

(變通)五變爲蹇䷦旁通爲革䷰革曰湯武革命應爲利用侵伐

(義理)五居謙尊動成蹇難我以謙往彼以蹇來止如成湯事葛遺之牛羊黍稷太王於獯鬻事之皮幣犬馬珠玉彼猶肆其殘暴然後從而征之四海之內皆曰非富天下也蓋謙者聖人借敬讓以明禮於五揭明曰利用侵伐非若南宋和遼和金和元終於孱弱而不能振興者焉禹征有苗益勸班師而必曰謙受益者想見文德誕敷惟謙爲有辭也彼逆命者未有不終格焉

(攷證)侵釋文王廙作寑按侵伐之侵不當作寑

(占應)五辰在卯上値房宿開元占經房主珍寶應爲富利又値騎陣將軍車騎諸星應爲征伐

上六鳴謙利用行師征邑國

(訓詁)征上伐下也

(象數)五震爲鳴坤象爲師體坤互震爲行師爲征坤爲邑國

(變通)上變爲艮䷳旁通爲兌䷹艮曰上下敵應兌曰順天應人爻應故利行師征國

(義理)坤陰迷上驕蹇不臣變艮敵應聲敎阻於荒服不容不征者也鳴謙行師正如舜格有苗誕敷文德又如春秋傳司馬子魚曰盍姑內省德乎無闕而後動想見聖王之世德威並用天命天討故能聲罪以伐之也

(占應)上辰在巳上値上將次將虎賁諸星應爲行師征國

象曰謙謙君子卑以自牧也鳴謙貞吉中心得也勞謙君子萬民服也无不利撝謙不違則也利用侵伐征不服也鳴謙志未得也可用行師征邑國也

(訓詁)卑下也牧治也卑牧者君子自治以養德也不服不從也

(義理)初能下人養晦韜光故能濟險二則自守其貞外行讓德中有權衡三則有功不伐以恐懼致厥福焉四則措置成宜從容有禮秩序不紊綛非一味謙撝五上則外謙內强以讓爲進孟子所謂自反而不縮也觀謙六爻聖人治天下者不外以柔克剛豈徒虛事撙讓哉

(音句)牧服同韻一屋得則國同韻十三職古通韻也

副編

謙

(德位)卦德主自一陽

(比例)坤三變謙无成有終成盛也故謙彖言君子有終正以謙則不自盛滿與坤三取象同焉

二

(集解)蘇軾曰雄鳴則雌應故易以陰陽倡和寄之於鳴謙之所以爲謙者九

三六二其鄰也上六其配也故皆和之而鳴○頤齋經說鳴謙者父詔其子兄勉其弟相率而行禮讓也

(德位)貞德二中

三

(集解)玩易四道葉氏曰禹不伐天下莫與爭功齊桓震矜諸侯叛者九國勞謙民服信乎有徵周亞夫折吳楚平七國可謂社稷臣矣霍光受襁褓措磐石雖伊周蔑以加矣乃一以无罪身死一以甫死夷族豈盡其君之過歟抑其驂乘顧簪驕矜見於言面有以致之也君子不欲多上人況其君乎彼蓋於勞謙之義未之聞也

豫☳☷坤下震上

泰州　徐天璋睿川　演

(卦旨)卦自坤☷爻☳盈爲一陽綜爲謙☷☶旁通爲姤☰☴錯爲小畜☴☰在天成象雷震郊坰在地成形山川平遠在世運外攘內安在人果決豪邁

(義理)雷出地奮掃蕩羣陰舉凡陰霾之氣立見舒暢曰豫

豫利建侯行師

(訓詁)建立也

(象數)震主百里爲建侯坤衆爲師震動在上爲行師

(義理)坤爲國邑震子主鬯下得坤衆方伯連師之象也四當卿位總握師干薄伐四方天下莫不讋慄詩曰文武吉甫萬邦爲憲畏威懷德四夷豈敢有內侵哉建侯所以興利行師所以除害利興害除民生悅樂正象雷出地奮萬物昭蘇故曰豫

彖曰豫剛應而志行順以動豫豫順以動故天地如之而況建侯行師乎天地以順動故日月不過而四時不忒聖人以順動則刑罰清而民服豫之時義大矣哉

(訓詁)忒差也

(象數)陽息爲來陽盈爲應陽應而羣陰嚮附爲志行坤爲順震爲動震得離日半體中互坎月爲日月不過坎爲刑罰

(義理)豫爲一陽盈卦故曰剛應志行陽氣震動乘時上升天地之氣運於自然春分出地秋分入地故曰日月不過四時不忒聖王法以行師者坤陰無主忽見一陽來應喁喁嚮化莫不慶其來蘇脫水火而登袵席也刑罰清而民服正如文王請除炮烙漢高入關詔除秦苛法耳大明既見爝火無光雷聲滿空陰翳悉散此豫義所以大焉

(攷證)釋文忒京作貣按尚書洪範曰衍忒史記引作貣管子曰如四時之不貣貣即古忒字

象曰雷出地奮豫先生以作樂崇德殷薦之上帝以配祖考

(提要)此即大告武成祀於明堂諸侯駿奔走在廟也

(訓詁)震揚曰奮雷出地奮土塊隨雷而震發也崇充也殷聲也薦進也殷薦上帝大告武成周遂充其德盛播於樂聲而奏進也以配祖考郊天配以后稷明堂配以文王也

(象數)坤爲地震爲雷帝出乎震震爲上帝互艮爲宗廟互坎爲鬼神鬼神在宗廟中爲祖考震觸有聲爲樂互艮爲手艮手搏撫爲作樂震爲長子主鬯爲薦帝配祖考攷震數四以爻辰十二乘之爲數四十有八坤數八乘之爲數九十有六以三分損一隔八相生算之坤數餘生黃鐘之宮震數應生南呂之羽律數以九九八十一爲宮三分去一四十八以爲羽三分益一六十四以爲角此三分損一之法也子黃鐘下生未之林鐘林鐘上生寅之太簇

太簇下生酉之南呂南呂上生辰之姑射姑射下生亥之應鐘應鐘上生午之甤賓甤賓轉生丑之大呂大呂轉生申之夷則夷則轉生卯之夾鐘夾鐘轉生戌之無射無射轉生巳之仲呂仲呂至巳生數巳極復而旋生黃鐘此隔八相生之法所謂殷薦上帝以配祖考者震位在卯正以圜鐘爲宮冬日至於地上圜丘而奏之也

(義理)古者建侯行師皆告命於祖禰則飲至策勳於廟作樂崇德以象武功取諸雷出地奮者樂宣天地之和氣發聲音動乎運而聞乎遠也詩召南曰殷其雷註殷靁聲也象言殷薦之上帝正以樂聲奏薦於帝充其德容之盛有似雷聲之隱隱也

(攷證)釋文奮鄭作雷殷京氏作隱薦本又作廌或作廌獸名按詩邶風如有隱憂韓氏作殷憂北門篇憂心殷殷王逸楚辭作憂心隱隱殷隱古字通用今以殷其靁證殷爲雷聲當從作殷正合雷出地奮先王以作樂崇德也廌當爲薦字篆文訛寫

(占應)震位在卯上値房心爲天帝之明堂卦德在四九四辰在午太微五帝之廷四郊明堂象也祭法祭昊天于圜丘曰禘祭上帝于南郊曰郊祭五帝五神于明堂曰祖宗象云薦帝配祖正應天帝明堂也

初六鳴豫凶

(訓詁)鳴豫聲相命而虛驕也

(象數)震爲善鳴體坤變震初陷陰下變陽失位爲凶

(變通)初變爲震䷲旁通爲巽䷸震初笑言應爲鳴豫

(義理)禮樂征伐自天子出雖有其德苟無其位不敢作禮樂焉卦德在四建侯行師奉王命以征不庭者也初動在下變敵四剛不度德不量力正如陳涉劉黑闥輩起兵草野上抗王師敗不旋踵未有不凶者焉

(占應)初辰在未未將太常旺則應婚慶衰則應死刑陽喜陰哀初應故凶

六二介于石不終日貞吉

(訓詁)土之精者曰石介石者立心之堅不終日見幾之決也

(象數)艮爲石二與四互艮爲介石艮成終始動而互離爲終日二中變陽爲貞吉

(變通)二變爲解䷧旁通爲鼎䷱解二應曰貞吉鼎五應曰利貞

(義理)卦德在四象大臣総握朝權士衆莫不趨附二獨守正不撓變坎心憂其象成解望望然去正如漢末徐庶身雖爲曹操羅致心終在漢不肯爲操所用介石之象也唐張彖謂人曰君輩倚楊右相如泰山吾以爲冰山耳若皎日既出得毋失所恃乎遂隱嵩山不終日之義也詩曰我心匪石不可轉也又曰我不敢傚我友自逸與此同指

(音句)虞讀不終日貞句本義讀不終日句按下繫云不俟終日當讀不終日句

(攷證)釋文介古文作砎馬氏作扴按當從虞本作介

(占應)二辰在酉上値礪石開元占經引甘氏讃曰礪石砥刃百工淬治宋史天文志礪石四星主百工磨礪鋒刃介石之占正應以石爲目礪也

六三盱豫悔遲有悔

(訓詁)睨上曰盱待後曰遲盱豫悔遲有悔進退失據欲去不得欲止不能也

(象數)變艮互巽白眼爲盱艮止有待爲遲體陰變陽爲悔

(變通)三變爲小過䷽旁通爲大過䷛小過弗防或戕大過本末皆弱爻應故盱遲皆悔

(義理)盱則發揚於面好謀不能深沉遲則猶豫於心臨事不能勇決外震爲行內變艮止事機已遘進退不能譬之李嗣源上章自理爲紹榮所遏石敬瑭

曰夫事成於果決而敗於猶豫安有上將爲叛軍所刼而他日得保無恙乎既悔又悔必不能建侯行師推原卦象三不中正變成小過既知豫不可恃又不能見幾明決故盱遲兩有悔焉

(音句)心易溯源讀盱豫句遲悔有悔句正義讀盱豫悔句遲有悔句按當從正義讀句

(攷證)古本豫下有有字釋文盱子夏作紆京作汙姚氏作盱石經遲作遟經義述聞有當讀爲又按當從正義作盱豫悔遲有悔

(占應)三辰在亥上値螣蛇事主纏繞應爲遲悔

九四由豫大有得勿疑朋盍簪

(訓詁)迪正曰由契悅曰得由豫大有得上以佚道使民民故趨者衆也疑疑慮朋朋黨勿疑朋盍簪得道多助上下信從於已如笄括髮對簪而比合也

(象數)陰慘陽舒九四一陽衆陰爭向震爲大塗爲由豫坤衆順從爲大有得互坎爲疑變坤安貞爲勿疑坤陰爲朋爲闔戶豫以一陽括陰爲朋盍簪

(變通)四變爲坤䷁旁通爲乾䷀坤四曰括囊爻應故曰盍簪

(義理)四以一陽總括羣陰上輔柔主下撫衆民若綱在綱有條不紊商之阿衡周之公旦蜀漢之武侯當羣懼之日能肩大任者也詩曰上帝臨女無貳爾心非有輔弼廸正之功何能及此且師師專行謀也稟命不威爻曰勿疑將在外雖有君命不受三軍所以樂用也君者治人也四爲大臣託孤寄命建侯在握儼然爲長子主鬯居疑忌之地而能變叶坤貞得道多助非德盛其孰能與於斯霍光不克身死族夷禍福在人故吉凶不繫也

(音句)虞義讀由豫句大有得句勿疑句朋盍簪句心易灡源讀由豫大有得句勿疑朋盍簪句按本義從虞讀句諸家皆同李鼎祚集解簪舊讀作撍

(攷證)釋文由馬氏作猶簪古文作貸又作貳京氏作撍馬氏作臧荀氏作宗虞氏作㿟敘按鄭玄本作簪王弼注亦作簪侯果曰若以簪篸之固括也程傳朱子本義等均從作簪晁景迂云古者冠禮未有簪名何楷周易訂詁曰鹽鐵論神禹治水遺簪不顧非簪而何兪樾且宦易說李斯上始皇書云宛珠之簪先秦古書已有簪名韓詩外傳婦人刈蓍薪而亡蓍簪此古時有簪之明證頤齋經說列女傳姜后脫簪珥待罪永巷周時久有簪矣

(品物)簪即笄也人首用之括髮故曰盍簪頤齋經說用一爲簪對簪爲笄

(占應)四辰在午午將朱雀主事和合應爲合簪

六五貞疾恆不死

(訓詁)憂患曰疾不死之貞困心而善世也

(象數)震爲決躁互坎心憂爲疾當五爲貞體震反生變成兌說爲不死

(變通)五變爲萃䷬旁通爲遯䷠萃五曰元永貞悔亡元爲善長應恆不死悔亡即去疾也

(義理)疾者不豫也豫利建侯行師建侯則當震驚恐懼始可爲宗廟社稷主昔曹丕立爲太子即抱議郎辛毗頸曰辛君知我喜否毗以告其女憲英女曰太子代君主宗廟社稷者也代君不可以不戚主國不可以不懼宜戚宜懼而反以爲喜何以能久魏祚其不昌守行師必鑿凶門而出莫敖狃于蒲騷之役及代羅鬬伯比送之曰舉趾高心不固矣此行必敗故孟子曰死於安樂生於憂患也五爲柔主四爲剛臣柔則虛衷受善剛則致命竭忠曰貞疾恆不死者正如左傳引臧孫紇曰加我以美疢不如投我以藥石又如唐太宗嘗罷朝怒曰會須殺此田舍翁后問爲誰上曰魏徵每庭辱我后退具朝服曰妾聞主明臣直今魏徵直由殿下之明故也妾敢不賀上乃悅玄宗相韓休曰吾貌雖瘦天下必肥爻體震懼變爲兌說大象成萃邦國彌固先憂後樂正與孟子云無法家拂士國恆亡言異而旨同也

(占應)五辰在卯上値氐宿史記天官書氐主疫索隱宋均曰疫疾也三月楡莢落故主疫疾也

上六冥豫成有渝无咎

(訓詁)昏暗曰冥成終也渝變也冥豫成有渝悔其樂不可極也

(象數)陰迷爲冥至終爲成動變離明陰能悔悟爲成渝

(變通)上變爲晉䷢旁通爲訟䷅訟三曰无成爻故應曰成有渝晉上曰伐邑象故應曰行師

(義理)上陰迷溺不返有終於逸豫之象變離成晉明德忽昭悔悟深切惕然於樂不可極變不善以至於善也昔穆王欲肆其心周行天下將皆必有車轍馬跡焉因閧祭公謀父祈招之詩遂能自悔其過宋呂夷簡力排忠賢之異已者其後慮天下至於危亂遂捐故怨以爲補過桑楡之計故皆得保厥令終何

咎之有

（音句）艮宧易說曰王注以冥豫成三字爲句然豫上六之冥豫與升上六之冥升一律王讀非也

（占應）上辰在巳上値北斗璇璣斗指四時應有變渝之象

象曰初六鳴豫志窮凶也不終日貞吉位中正正當中作**也盱豫有悔位不當也由豫大有得志大行也六五貞吉乘剛也恆不死中未亡也冥豫在上何可長也**

（訓詁）窮困也亡失也

（象數）五乘四上四陽爲剛五爲乘剛

（義理）初窮在下動而決躁不寧不令是居賤位而貪安樂也焉得不凶二則守道信篤能遠逸豫而完節操宜其協吉三則進退失其依據四則任事戒其

勿疑五以恐懼致福上能悔悟自新六爻之德不同各因變象而垂警戒至終曰何可長者蓋有漏蘦樂散之感也

（音句）位中正也玩易四道引任氏云俞本作正中行音杭按協以讀韻宜作正中

副編

豫

（德位）利德在四豫自坤變盈一陽孚陰聽令故利建侯行師

（比例）屯利建侯撥亂之世公侯簉興草野故居貞在初豫利建侯四位大臣出將入相成功論賞胙土分茅也

彖

（集解）俞樾艮宧易說天地以順動乃古說也文選張茂先勵志詩引春秋元命包曰天左旋地右轉河圖地有四游冬至地上行北而西三萬里夏至地下行南而東三萬里春秋二分是其中矣地常動不止而人不知譬如閉舟而行不覺舟之運也是古說天動地亦動自隋焚秘緯而儒者不聞此等說但知地安道靜而此經地字幾若贅設矣

象

（集解）鄭玄曰奮動也雷動於地上萬物乃豫也以者取其喜佚動搖猶人至樂則手欲鼓之足欲舞之也崇充也殷盛也薦進也上帝天帝也王者功成作樂以文得之者作籥舞以武得之者作萬舞各充其德而爲制祀天地以配祖考者使與天同饗其功也故孝經云郊祀后稷以配天宗祀文王於明堂以配上帝是也○彙解豫震上坤下帝出乎震即上帝也萬物本乎天人本乎祖乾信爲神坤詘爲鬼豫坤配震故祖考配天也震上値房心爲天帝之明堂九四

爻辰在午太微五帝之廷四郊明堂象也坤爲土互艮爲山帝居其上圜邱郊兆象也凡配帝之祭有三祭法祭昊天於圜邱曰禘祭上帝於南郊曰郊祭五帝五神於明堂曰祖宗禘譽郊稷祖文王宗武王周官大司樂三禘之樂首言圜邱六變則配祖考中當有圜邱注引孝經成文故略之耳作樂以象功配帝亦以功故取諸豫○任啓運曰冬至祭天南郊奉祖以配季秋饗帝明堂奉考以配天人一理渾合無間順動之至也合天下之歡心以事上帝又豫之至也○阮齋經說帝出乎震象上帝坤爲萬物所從生象祖考郊社以地配天故崇德以祖考配上帝或曰孝經謂祖考配天與地故云以配天以配上帝此云先王之德配于祖考故云以配祖考大雅下武篇三后在天王配于京此正所謂配祖考也

初

(默參)坤土主脾在聲爲歌應爲鳴豫。

二

(集解)頤齋經說豫利建侯行師五君二臣介石貞吉喻呂尙鈞于磻溪得玉璜也一統志磻溪利鳳翔府寶雞縣東南八十里石壁深邃東南隅有石室太公所居○姚配中周易姚氏學介操也孟子曰不以三公易其介介于石爲寧用終日石堅以喻君子于微彰剛柔知之明斷之決也荀子曰善在身介然必以自好也修身文呂覽曰石可破也而不可奪堅丹可磨也而不可奪赤誠廉文二得正不化故不終日貞吉

三

(集解)頤齋經說盱豫之象即樂記云武王病不得衆遲悔之象即武王恐不逮時也

(比例)胡炳文曰二中而得正三陰而不中正故盱觀與介石相反遲與不終日相反中正與不中正故也六三雖柔其位則陽猶有能悔之意然悔之速可也悔之遲則又必悔矣

四

(集解)頤齋經說明盍之象卽樂記云夾振駟伐盛威中國分夾而進事蚤濟也勿疑之象卽文王寢疾謂武王曰見善勿怠時至勿疑也大有勿疑盍簪蓋武王伐紂不期而會者八百國也

五

(集解)頤齋經說此卽武王克殷越年有疾周公禱于壇墠卜龜並吉也○鄭國札記大象云作樂崇德樂之上生下生皆合律曆之數史記曆書云蓋聞昔者黃帝合而不死名察度驗定清濁起五部建氣物分數孟康曰黃帝作曆曆終復始無窮已故曰不死漢書曆律志說同注云黃帝聖德與神靈合契升龍登仙故曰合而不死又曰名察宿度謂三辰之度吉凶之驗也

上

(集解)頤齋經說此卽武王崩成王立也

象

(對待)豫五綜卽謙二謙言貞吉故豫言貞吉謙三綜卽豫四謙言有終故豫言有得謙上綜卽豫初故謙鳴在上而豫鳴在初此悉以綜爲對待也

隨䷐兌上震上　　泰州　徐天璋睿川　演

（卦旨）卦自萃䷬又轉息一陽於下綜爲蠱䷑錯亦爲蠱旁通爲漸䷴在天成象雷雨交作在地成形水草瀰漫在世運否肓晦塞在人喜怒無常

（義理）雷動而上澤施而下二氣感應萬物暢蘇莫不欣欣然從之曰隨

隨元亨利貞无咎

（訓詁）隨順從也

（象數）隨爲三陽元亨二五中應爲利貞

（義理）萃爲二陽盈卦君明臣良隨自萃一陽生初位沉在下上有道則下不議象在下人不當上人故君子貴韜晦以藏用也繫曰元亨利貞无咎者隨則恐其枉己從人違道干譽故必本仁以行度義以處始無詭隨之咎焉

彖曰隨剛來而下柔動而說隨大亨貞无咎而天下隨時隨時

之義大矣哉

（訓詁）隨時因時以處宜也

（象數）震爲動兌爲說初陽生於萃下爲剛來下柔

（義理）剛爲陽德柔爲陰德剛來下柔蓋即以貴下賤以多問寡舍己從人隨風俗以爲因應者也然過於隨人則反爲物引必先已具四德則中心有主始能磨不磷而涅不淄不然則隨波逐流未有不狎於邪慝者焉

（考證）釋文大亨貞本又作大亨利貞王肅本作隨之隨時之義王作隨之時義按古本貞上有利字李康芸炳燭篇文選干寶晉紀論各因其運而天下隨時隨時之義大矣哉潘岳藉田賦注王屮頭陁寺碑注所引皆同後漢崔駰傳隨時之宜隨書經籍注云隨時之義深矣古本如是王肅作而天下隨之隨之時義大矣哉不可從頤齋經說塞之時義大矣哉係之時義大矣哉王肅作隨之時義大矣哉似亦近理可以並存參考諸家皆作天下隨時隨時之義

象曰澤中有雷隨君子以嚮晦入宴息

（訓詁）晦冥也宴安也

（象數）兌爲澤震爲雷兌主西方日入酉門爲嚮晦兌司秋令雷於秋分收聲爲宴息

（義理）雷於春分出地秋分入淵聲威潛養則於動說之中轉而止靜默見天心之復正非知進而不知退也君子法之晝勤其職夜安其身瞬存息養放心既收則平旦之氣自足也

（攷證）釋文嚮本又作向王肅本作鄉按當從本義作嚮向鄉皆嚮字省文

初九官有渝貞吉出門交有功

（訓詁）心者身之官也官有渝貞吉平旦而覺其心謂能變氣質以從正也同學曰門以勢定國曰功出門交有功友其士之仁者事其大夫之賢者也

（象數）陰主於陽震初體陽爲官震主變動爲有渝變坤安貞爲貞吉互艮爲

門震動爲出初與四應艮成終始爲有功

（變通）初變爲萃䷬旁通爲遯䷠萃彖利見大人利貞利有攸往爻應故曰貞吉出交有功

（義理）隨之卦德在初克念作聖克念作狂體震恐懼變坤安貞故曰貞吉大象成萃萃聚也方以類聚隨初正樂得萃曰官渝出交有功者國語云士夜而計過晝而講貫爻從宴息變復平旦清明在躬若無名師益友以資陶淑終不能進之於道必也負笈出游遍交賢友然後志量恢宏學問純粹庶幾不爲里俗所囿常爲鄉人沒世此隨時所以大焉

（考證）釋爻官蜀才作館按漢書文翁傳修起學官於成都市中字並作官不作館蓋館官古字通也宜從作官

（占應）初辰在子上値螣蛇事應變易故曰官渝

六二係小子失丈夫

（訓詁）係繫屬也

（象數）隨者下隨守上卑隨守尊陽大陰小陽爲丈夫陰爲小子二係三陰下與震初一陽相棄故爲係小子失丈夫

（變通）二變爲兌䷹旁通爲艮䷳兌二曰孚爻應故曰係

（義理）相馬以輿相士以車孟子述子濯孺子曰夫尹公之他端人也其取友必端矣二與五應今喪其守變從兌陰繼互巽順失其震陽丈夫之性專隨妾婦順從之道正如樂正子從子敖之齊孟子責其學古之道而徒餔餟又如公孫衍張儀輩以順爲正取說於世之諸侯顧此失彼清夜捫心衾影能毋愧耶

六三係丈夫失小子隨有求得利居貞

（占應）二辰在酉酉將太陰應爲小子

（訓詁）契悅曰得居止也

（象數）四尊於三三上隨四下棄二陰爲係丈夫失小子陽貴陰賤陰有求陽陽無求陰三既隨陽爲有求得三不中正二五中正三能隨四親五爲利居貞

（變通）三變爲革䷰旁通爲蹇䷦革象彖曰利貞爻應故曰利居貞

（義理）三不中正動而成革革爲順天應人譬之從龍之彥興於屠狗牧豕之中登雲霄而脫泥滓隨得丈夫者也利居貞者狡兎死走狗烹飛鳥盡良弓藏韜晦宴息正戒其矜滿之心知止而能勇退者焉

（占應）三辰在亥上值螣蛇應爲係繞

九四隨有獲貞凶有孚在道以明何咎

（訓詁）獲隕穫也有獲貞凶自失其守陷於凶也有孚在道雖隕其身不失義也

（象數）兌說變成坎陷爲隨獲貞凶坎維心亨爲有孚在道體兌互離爲明應震恐懼修省爲何咎

（變通）四變爲屯䷂旁通爲家人䷤屯四應曰求而往明也

（義理）四當大臣之任秉國之鈞四方是維天子是毗今隨君變値屯難曰有獲貞凶者獲爲隕越謀人軍旅敗則死之也有孚在道以明何咎正如逢丑父與齊侯易位爲晋所獲漢紀信誑楚身代高祖之死其行能合於道皆有功於社稷者也陸秀夫抱帝沉海張世傑爇香祝天功雖不成道則孚隨無愧也

（晉句）虞氏義讀有孚在道句以明何咎句焦循易章句讀有孚在道以明句按象傳讀有孚在道句當從之或曰何上聲

（占應）四辰在午午將朱雀占主災殃爲凶又主文書應爲有孚在道

九五孚于嘉吉

（訓詁）嘉嘉禮也

（象數）兌說變震致福爲嘉中互坎爲有孚

（變通）五變爲震䷲旁通爲巽䷸占吉者應震恐致福也

（義理）五君無隨人之義惟大婚之典冕而親迎男先下女所以奉宗廟事社稷也隨旁通漸漸女歸吉五應故曰孚嘉五剛二柔中正得位變震主鬯上奉宗廟社稷嘉禮之吉者也妻道臣道若以君臣嘉禮言之古者賓主饗於祖廟五能率下事上一德感孚萃以恐懼致福斯眞隨之吉者也此成王悔迎周公之象

（占應）五辰在申上値參宿春秋元命包曰參主權衡平理應爲有孚

上六拘係之乃從維之王用亨于西山

（提要）隨從也爻皆自下隨上上當天位祖位而五君從上拘係者竹書紀年

殷文丁拘周公季歷於玉庫殷紂幽文王於羑里隨卦外兌內震兌爲秋官震爲祭主動變无妄陽窮阨上无妄之災主鬯者當之拘係之指季歷爲殷所執乃從維之言文王雖繼季歷罹災而猶率畔國以服事殷遵養時晦也岐山之享格于皇天受命維新武王周公克成厥志故隨後次之以蠱其旨微其義顯焉

（訓詁）下勾曰拘連結曰維拘係之乃從維之謂天眷顧於下下遂克享天心也王文王亨歆享西山岐山也

（象數）中互巽繩艮手爲拘係爲從維艮爲山體兌互艮爲西山上當天位祖位震子主鬯於下爲王用亨于西山

（變通）上變爲无妄䷘旁通爲觀䷓无妄取象應曰先王觀象應曰盥薦蓋即王享之義也

（義理）隨至於上更無所隨上當天位天視自我民視天聽自我民聽天監在上反而下係於民五承上下因而以禮義維繫乎民上邀天眷故曰拘係之乃從維之諸侯世見曰王王用亨於西山正周興於西岐諸侯來朝者衆郅治馨香潛通帝臭也

（音句）亨許兩反

（占應）上辰在巳上值張宿隋志云張主宗廟故應享祀又值明堂正應享帝王天下之象

象曰官有渝從正吉也出門交有功不失也係小子弗兼與也係丈夫志舍下也隨有獲有義凶也有孚在道明功也孚于嘉吉位正中也拘係之上窮也

（訓詁）與從也以勞定國曰功兼置曰舍窮極也

（義理）初二三位在下隨則觀其從人四五上位在上隨則觀人從己剛來下柔舍己從人也動而悅隨人競附己也其在下也以擇爲隨不可不正其在上也以心爲隨不可不孚隨之時義正與孚兩字盡之焉

（音句）與上聲下音戶按吳棫韻補詩下字一十有七皆叶後五切易中下字亦叶音戶與與字相韻

（攷證）釋文正中一本作中正按以韻叶之當作正中

副編

隨

（筮說）左傳襄九年穆姜薨於東宮始往而筮之遇艮之八䷳史曰是謂艮之隨隨其出也君必速出姜曰亡是于周易曰隨元亨利貞无咎元體之長也亨嘉之會也利義之和也貞事之幹也體仁足以長人嘉會足以合禮利物足以

和義貞固足以幹事然故不可誣也是以雖隨无咎今我婦人而與於亂固在下位而有不仁不可謂元不靖國家不可謂亨作而害身不可謂利棄位而姣不可謂貞有四德者雖隨无咎我皆无之豈隨也哉

（德位）元德在初貞德在五

彖

（集解）蜀才姓范名賢見華陽國志曰此本否卦剛自上來居初柔自初而升上則內動而外說是動而說隨也相隨而大亨无咎得於時也得時則天下隨之矣故曰隨之時大矣哉○孔穎達疏剛謂震也柔謂兌也震處兌下是剛來下柔○江愼修羣經補義蠱反爲隨蠱之上九來爲隨初下於二三之柔故曰剛來而下柔○王宗傳云或曰易家以隨自否來蠱自泰來其義如何曰非也乾坤重而爲泰否故隨蠱無自泰否而來之理世儒惑於卦變殊不知八卦成列因而重

之而內外上下往來之義已備其中自八卦既重之後又烏所謂上下往來之
義乎〇頤齋經說六爻發揮旁通情也本乾坤升降以成六十四卦剛來下柔
實自旡妄萃兩卦初四旁通而應也

初

(集解)黃道周易象正云豫之終曰冥豫冥豫亦嚮晦也嚮晦而不息故有渝
隨之初日出門出門則方旦也方旦而勤動故有功〇頤齋經說官謂官師官
有渝正謂官學事師渝變也變即王制云卒教不變即不卒教官有渝正指卒
教者也

(默參)學記學無當於五官五官弗得不治官有渝者即視聽言貌非學不能
得其正也

(德位)貞德在五初占吉者能得其正而從之也

二

(集解)玩易四道任云卦以相隨爲義但拘于相隨之次而不知卦主之在初
則係于三之小而失初之大矣其義固不得而兼與也

(比例)二係小子失丈夫上係三陰下失初陽也三係丈夫失小子上係四陽
下失二陰也故三象曰志舍下也

三

(集解)頤齋經說舍二之陰隨四之陽猶仕者獲援乎上所求者得也藉非居
貞隨道德者洛蜀分門隨功名者牛李樹黨又何如心嚮晦時法其萬籟俱靜
哉

(德位)貞德在五三利之者利得其君也

(比例)屯利居貞在初以貴下賤得邱民爲天子也隨利居貞三變得位從貴

獲乎上有道也

上

(集解)乾鑿度云譬猶文王之崇至德顯中和之美拘民以禮係民以義當此
之時仁恩所加靡不隨從咸悅其德得周道之王故言王用亨于岐山〇頤齋
經說西山之享蓋取象雷藏澤下祀上帝於圜邱也

蠱䷑ 巽下艮上　　泰州　徐天璋睿川　演

（卦旨）卦自大畜䷙轉消三陰綜爲隨䷐錯亦爲隨旁通爲歸妹䷵在天成象星晐風淸在地成形山重洞邃在世運治亂迭生在人貌恭心險

（義理）風能撓物亦能散鬱風鬱則山木滯滛而蠱生焉曰蠱

蠱元亨利涉大川先甲三日後甲三日

（提要）隨上曰王用亨于西山隨後即次以蠱蠱曰利涉大川先甲三日後甲三日蓋指武王伐紂師逾孟津陳于商郊在甲子昧爽前後數日也

（訓詁）蠱故也利涉大川共濟也先甲三日辛也後甲三日丁也祭用甲郊用辛入學用丁所以振民育德說義而動仁也

（象數）蠱爲三陰元亨巽爲淵前互兌澤爲大川中互震往爲利涉震木屬甲當艮之下値巽之上艮在震先爲先甲巽在震後爲後甲震木數三爲三日

（義理）文王卦圖艮巽之間震木位也由亂轉治如日短而長至月晦而明生蠱應天道南行三月用事艮値星紀牽牛之次先甲三日郊祭用辛說民以義俾盡振興於東作也巽當壽星角亢之次月於十六後體巽退辛初八後體兌養丁後甲三日入學用丁動民以仁俾衆悔悟自新充養其道德也

（品物）蠱蠱蠱造蠱之法以百蟲置皿中俾相啖食其存者爲蠱食之能變亂人之元氣

象曰蠱剛上而柔下巽而止蠱蠱元亨而天下治也利涉大川往有事也先甲三日後甲三日終則有始天行也

（訓詁）行道也

（象數）艮成終始爲終則有始

（義理）天道一治一亂聖道一弛一張法積久而弊生幹旋補救正宜舍舊圖新與世更始故蠱占元亨而又曰終則有始天行也誰謂極弊之時不能爲治也與

象曰山下有風蠱君子以振民育德

（訓詁）鼓奮曰振育養也

（象數）艮爲山巽爲風風動四方爲振民山蘊寶藏爲育德

（義理）大畜剛上尙賢下生一陰譬之世方求治而小人忽萌孽其間世運所以壞焉君子玩象觀德山虛能容風散能化兼容並畜垢穢盡除撥亂爲治化不善以爲善涵嚅長養陰行厥德培元氣於剝喪後焉

（攷證）釋文育王肅本作毓

初六幹父之蠱有子考无咎厲終吉

（訓詁）故事曰蠱木莖曰幹幹蠱者因故事而振新其績也生曰父死曰考有

子則考无咎謂能承厥志也

（象數）巽木在下爲根中互震木在上爲幹變乾爲父體巽變乾萬物潔齊乎巽爲幹父之蠱震長男艮少男並爲子艮成終始爲考爲終自蠱變之大畜剛上尙賢爲无咎爲吉

（變通）初變爲大畜䷙旁通爲臨䷒大畜初應曰有厲臨四應曰无咎

（義理）序卦蠱事也尙書大傳乃命五史以書五帝之蠱事蠱事猶故事也幹父之蠱即書曰肯構肯堂中庸曰夫孝者善繼人之志善述人之事者也考謂終成其志父在子不得自專父沒然後始成其志也卦變大畜尙賢有子考无咎蓋即周公成文武之德武王纘太王王季文王之緒壹戎衣而有天下也

（音句）武億經讀攷異王肅本有子考句王輔嗣本有子句考无咎句頤齋經說有子句考字單句按象傳意承考也承考實即承父若非承父則何取其有

子當從頤齋經說單讀考字爲句

（占應）初辰在未上值井宿附星子應爲有子

九二幹母之蠱不可貞

（提要）古者君理陽教后理陰教幹母之蠱即邑姜治內能嗣太姒之徽音也

日不可貞婦人從夫爲義不可自專主也

（訓詁）母蠱母儀之事也

（象數）巽爲長女二爲柔位體陽變陰柔得中道上與六五相應爲幹母之蠱

巽以行權爲不可貞

（變通）二變爲艮䷳旁通爲兌䷹艮爲時止時行爻應故曰不可貞

（義理）父道以剛母道以柔五君二臣臣道也子道也妻道也故於二爻以幹母之蠱取譬書曰臣無有作福作威詩曰愷悌君子民之父母二居士位代君

振民育德操之宜柔巽順變艮敦厚培養生民之力無非盡其慈母之心焉天下惟貞固足以幹事不可貞者有其德而無其位人臣無將經權常變不可膠執而不通也

（占應）二辰在寅上值女床女史諸星應爲母儀之事

九三幹父之蠱小有悔无大咎

（訓詁）悔恨失咎過也小有悔无大咎能悔於微者无大失也

（象數）三變坎爲中子能代厥勞（坎爲勞卦）爲幹父之蠱體陽變陰爲悔坎中有孚

爲无大咎

（變通）三變爲蒙䷃旁通爲睽䷥睽上應曰疑亡蓋即小悔无咎也

（義理）三居內卦之上過剛不中而欲起幹父蠱爻變成坎坎陷也似有跌跌之象不能見諒於人徒取憎於多口有悔必焉顧坎爲心憂卦象匪我求童蒙

童蒙求我積誠孚感雖暫不信終无罪尤其即周公避東成王偶惑於流言乎

（占應）三辰在辰上值長沙石氏曰長沙星明王者保慶子孫蕃昌應爲能幹父蠱

六四裕父之蠱往見吝

（訓詁）寬柔曰裕吝嗇也

（象數）艮爲小子四柔不振爲裕父之蠱互震爲往動變離目爲見體陰爲吝

（變通）四變爲鼎䷱旁通爲解䷧鼎四曰覆餗形渥爻應故曰裕父之蠱

往見吝

（義理）父有爭子則身不陷於不義四爻體柔而近君父力少任重智小謀大非有才德能肩鉅任者也本艮敦厚變離文明象值鼎新譬之詞章侍從之臣雍容而揚盛德專以寬大爲治者焉顧武治則强文治則弱下與初陰相應民

知懷德不知畏威水懦甚於火烈焉往而不吝與周之三叔以武庚畔陳賈曰周公使管叔監殷知而使之是不仁也不知而使之是不智也仁智周公未之盡也裕父之蠱往見吝其指此與

（占應）四辰在丑上值箕宿箕風揚沙主事翻覆無成應爲裕蠱見吝

六五幹父之蠱用譽

（訓詁）譽聲聞也用譽者君能褒美臣德故臣益樂爲君用也

（象數）二多譽五與二應爲用譽艮變巽順互離文明亦爲譽

（變通）五變爲巽䷸旁通爲震䷲巽曰申命行事震曰致福行事即幹蠱

致福即用譽也

（義理）五爲柔主折節之君也二爲剛臣任事之士也國家之治籌策搴力二居多譽之位五變重巽申命象人君推誠用士以詔書褒奬賢才異各効力於

君父也書洛誥篇王若曰公明保予冲子公稱丕顯德以予小子揚文武烈奉
答天命和恆四方民居師悼若衛孔悝鼎銘譽祖莊叔並及成叔文叔之功是
皆善用其譽勉幹君父之事者也

（占應）五辰在卯上値氐房氐爲天子路寢房爲天子布政之宮黃道之所經
七曜之所由也應爲幹蠱用譽

上九不事王侯高尙其事

（提要）臣道子道其義一也武王伐紂義士非之隨終王亨西山蠱終不事王
侯隱遯商周之際文王伯夷等事其旨深其辭微焉

（訓詁）事服事尙上也不事王侯謂尙志而逃隱也

（象數）上當隱逸之位在五君上爲不事王侯艮爲山林爲高尙巽本爲高艮
當巽上爲高尙其事

（變通）上變爲升䷭旁通爲大壯䷡升上曰冥升大壯曰非禮弗履蓋即
高尙之義也

（義理）自初至五皆以子言爻居卦極上無所承其位極尊故不復繫以爲子
象既不爲其子義即不爲其臣艮動化坤陽德滅乙冥升之象正爲養晦逃時
夷齊首陽箕子朝鮮雖非幹事而高風亮節懦立頑廉百世下莫不欽仰尊爲
義士訪爲帝師其志不大可則哉

（占應）上辰在戌戌將天空主君子爲讒佞所忌占以高尙爲宜

象曰幹父之蠱意承考也幹母之蠱得中道也幹父之蠱終无咎也裕父之蠱往未得也幹父用譽承以德也不事王侯志可則也

（訓詁）契悅曰得則法也

（義理）蠱非一日之故必歷世而後見故爻以父子言之二言母者父道主嚴
母道主慈以寬濟猛也象言得中道者乾父坤母五爲乾陽正位二爲坤陰正
位體陽變陰在二之中是明以子代母勞也三有悔者剛而不中四見吝者柔
而難立五爲守成之主而能虛心下士遵奉成規顯揚功烈上則天子不得臣
諸侯不得友超然雲表置理亂於度外故獨稱高尙焉

（音句）咎音杲詳前同人象傳

副編

蠱

（筮說）左傳僖十五年秦伯伐晉卜徒父筮之吉涉河侯車敗詰之對曰乃大吉也
三敗必獲晉君其卦遇蠱曰千乘三去三去之餘獲其雄狐夫狐蠱必其君也
蠱之貞風也其悔山也歲云秋矣我落其實而取其材所以克也實落材亡不

敗何待

（集解）子夏傳先甲三日辛壬癸也後甲三日乙丙丁也○馬融曰甲在東方
艮在東北故云先甲巽在東南故云後甲所以十日之中唯稱甲者甲爲十干
之首蠱爲造事之端故舉初而明事始也言所以三日者不令而誅謂之暴故
令先後各三日欲使百姓徧習而不犯也○鄭玄曰甲者造作新令之日先之
三日而用辛也欲取改過自新之義後之三日而用丁也取其丁寧之義○虞
翻曰初變成乾乾爲甲至二成離離爲日謂乾三爻在前故先甲三日賁時也
變三至四體離至五成乾乾三爻在後故後甲三日无妄時也○蘇軾曰六甲
言先甲三日子戌申也申盡於己而陽盈矣盈將生陰治將生亂故受之以後
甲後甲三日午辰寅也寅盡於亥然後陰極而陽生蠱无九五以幹之則治亂
皆極自然之勢勢窮則變故曰終則有始天行也○胡寅曰先天甲木在東離

位逆數離震坤三位至艮順數離兌乾三位至巽也○一抄本云中亦指震後天圖乾先三位于震蓋泰本下乾上坤今易而爲蠱乾坤之壞即父母之蠱也治蠱之道无他先甲三日復于乾後甲三日復于坤則仍返蠱爲泰也○王引之經義述聞蠱經言先甲三日後甲三日巽爻言先庚三日後庚三日皆行事之吉日也蠱爲有事之卦巽爲申命行事之卦而事必諏日以行故蠱用先後甲之辛與丁巽用先後庚之丁與癸也古人行事之日多有用辛與丁癸者郊特牲曰郊之用辛也周之始郊日以至春秋宣八年六月辛巳有事于太廟昭二十五年秋七月上辛大雩季辛又雩夏小正曰二月丁亥萬用入學召誥曰丁巳用牲于郊少牢饋食禮曰日用丁巳春秋隱三年冬十二月癸未葬宗穆公桓十七年秋八月癸巳葬蔡桓侯莊二十二年春王正月癸丑葬我小君文姜（古者葬必卜日）是辛也丁也癸也皆行事之吉日也先庚三日後庚三日吉正謂用

睿川易義合編 副編　一百六十

丁癸則吉耳先甲後甲必繫之蠱先庚後庚必繫之巽者蠱之互體有震（二至五互成震）震主甲乙故言行事之日而以近於甲者言之巽之互體有兌（二至四互成兌）兌主庚辛故以行事之日而以近於庚者言之蠱之互體亦有兌（二至四互成兌）而不言先庚後庚者蠱之義終則有始甲者日之始也癸者日之終也若用先庚三日後庚三日則由庚下推而至癸上惟至丁而不至甲非終則有始之義也故不言先庚三日後庚三日也巽之互體又有離（三至五互成離）離主丙丁而不言先丙後丙者巽之九五无初有終甲者日之始也癸者日之終也若用先丙三日後丙三日則上推由乙而甲而癸乙癸之間已有甲非无初之義矣下推至己而不至癸非有終之義矣故不言先丙三日後丙三日也漢書武帝紀詔曰望見泰一修天文壇辛卯夜若景光十有二明易曰先甲三日後甲三日朕甚念年歲未咸登飭躬齋戒丁酉拜況于郊顏注曰辛夜有光是先甲三日也丁日拜況是

後甲三日也此辛與丁爲吉日而擇以行事之明證西漢時古義猶未亡矣○俞樾羣經平議此與巽九五之先庚三日後庚三日先儒所說義皆未安蠱之先後甲以春之日言也月令所謂其日甲乙也巽之先後庚以秋之日言也月令所謂其日庚辛也蠱爲有事之卦故以春之日言見始事之義巽爲申命行事之卦故以秋之日言見繼事之義言甲不言乙言庚不言辛舉甲庚以包乙辛也古人行事每以先後三日爲節如冠禮前期三日筮賓此先三日之例也子生三日卜士負之此後三日之例也蠱之先甲後甲巽之先庚後庚皆以示行事之節見方春而有事則宜先甲三日後甲三日方秋而有事則宜先庚三日後庚三日也説者或牽合五行方位或附會丁辛癸之字義胥失之矣終頤齋經説彖言終則有始天行也先甲後甲正即歷元推算以求冬至歷元有超辰之法百四十四年而超一辰淮南子大文訓太陰元始建於甲寅一終而建

睿川易義合編 副編　一百六十一

甲戌二終而建甲午三終而復得甲寅之元歲徙一辰立春之後得其辰而遷其所順太陰所建蟄蟲首定而處鵲巢向而爲戶故蠱取蟲爲象太陰常後太歲二辰陽以順往陰以逆來太陰既超甲戌甲午而復得甲寅太歲即順建甲子甲辰甲申法詳三統太初諸歷或用太歲或起太陰推無不同焉子主太歲丑主太陰太陰歲名攝提格其雄歲星舍斗牽牛以十一月與之晨出東方東井輿鬼爲對太陰在卯歲名單閼歲星舍須女虛危以十二月與之晨出東方柳七星張爲對辰以下準此其法即子與丑合寅與亥合云云先甲後甲正太陰與太歲先後相會而相分也○按先甲後甲實即納甲象也蠱有亂徵亦有治象正如月之盈虧月於望時體乾盈甲晦時體坤滅乙聖人言治不言亂故言甲不言乙也將盈之先體震見庚體兌養丁既盈之後體巽退辛體艮消丙就蠱大象言之內巽退辛外艮消丙象月生魄蠱將趨於亂也即蠱育德觀之

外互震庚內互兌丁象月生明蠱能復於治也於亂必防其漸先甲三日儆其
如巽退辛於治必冀其成後甲三日勉其似兌義丁終則有始實取象於納甲
也

（德位）蠱爲三陰之卦自大畜來元亨德並在初

二

（集解）蘇軾曰陰之爲性安無事而惡有爲是以爲蠱之深而幹之尤難者正
之則傷愛不正則傷義以是爲之難也二以陽居陰有剛之實而無剛之迹可
以免矣 即今人委曲求全也

（比例）楊時曰或曰卦以五爲君位而可以母言乎曰母者陰尊之稱如晉六
二之稱王母小過六二之稱遇其妣皆謂六五也 頤齋經說古者君后並治君理陽道后理陰道陰道即母蠱也

象

（對待）蠱上綜卽隨初隨則出交有功求仕王侯者也蠱則高尚其志不出門
庭者也其位殊其志反焉隨上王享西山蠱初幹父有子武周能成文王未竟
之功故文王得享西山之仕此中消息微乎其微在息心靜玩之耳

臨䷒ 坤上兌下　　泰州　徐天璋睿川　演

（卦旨）卦自復䷗息爲二陽綜爲觀䷓旁通爲大畜䷙錯爲遯䷠在
天成象星月昏黃在地成形平原沙衍在世運人民富庶在人膂力方剛

（義理）臨大也剛浸而長陽日浸盛廣博配地曰臨

臨元亨利貞至于八月有凶

（提要）隨蠱之後繫以臨者坤爲國邑兌主西方寖昌寖熾見周德之日興也
旣曰元亨利貞又曰至于八月有凶其周家卜年八百之微旨乎

（訓詁）八月有凶陽傾入於陰也

（象數）兌正秋也爲八月陽吉陰凶三位當凶外與坤陰連接爲有凶

（義理）陰陽迭相消長剛浸而長陽逼陰也至于八月有凶陰乘陽也天道无
往不復无治不亂陽盛則世運隆盛故曰元亨利貞陰盛則否肓晦塞故至八

月有凶於剛長而即言凶者防微杜漸預事警戒之義也

彖曰臨剛浸而長說而順剛中而應大亨以正天之道也至于
八月有凶消不久也

（訓詁）浸漸進也消不久者陽長而陰消之自此至彼相去不遠也

（象數）陽爲剛自復成臨爲浸長剛二當中爲大亨以正

（義理）循環治亂即天地消息盛虛陽伏於子陰伏於午臨建丑而用事兌司
秋而乘權內陽浸長外陰聯翩小人衆而君子寡陽剛必難勝陰邪也治之功
效未成亂之禍機環伏聖人於彖揭明曰消不久也不啻大聲疾呼俾人思患
而豫防焉

象曰澤上有地臨君子以教思无窮容保民无疆

（訓詁）教導也保愛獲也容保者謂能以禮防民无窮滄浹者深无疆漸被者

廣也

（象數）坤爲地兌爲澤兌主講習爲教思坤德含宏爲容保

（義理）地球浮於水面故聖人云澤上有地洪荒開闢三皇五帝莫不有教而憂深慮遠服教畏神者常在數千百年之後故曰无窮南朔東西寄鞮象譯凡有血氣者莫不尊親所謂容保者正以禮義爲防範俾民率履不越常處承平推之四海而皆準也故曰无疆

初九咸臨貞吉

（訓詁）咸徧感也咸臨貞吉民親愛己也

（象數）兌說爲咸

（變通）初變爲師䷆旁通爲大有䷍師應曰丈人貞吉

（義理）民望聖主若大旱之望雲霓兌主西方外撫坤衆周道日昌之象初當民位動而成師萬衆歸心於方伯則周可以王矣繫曰貞吉蓋文王雖專征伐而猶猶率商畔國以服事殷畀民悉戴殷商也

（占應）初辰在子上値列國諸星拱聚有八百諸侯會同之象應爲咸臨

九二咸臨吉无不利

（訓詁）徧感曰咸无不利己親愛民其感无不和也

（象數）兌說爲咸變震恐懼致福爲无不利

（變通）二變爲復䷗旁通爲小畜䷈復曰利有攸往爻應故曰无不利

（義理）左傳宣十二年云不行之謂臨有師而不從臨孰甚焉咸本剛浸而長寖熾寖昌二獨變復復反也陽有退抑安民之象爻曰无不利象曰未順命也蓋咸臨之義即文王率叛事殷武王觀兵孟津諸侯不期而會者八百國皆曰紂可伐矣王曰汝未知天命未可也乃引而還故知莊子解易曰不行之謂臨也

（占應）二辰在寅上値魏趙諸國分野與初辰同

六三甘臨无攸利既憂之无咎

（訓詁）厭足曰甘攸遠也憂深慮也

（象數）坤土性甘兌說承之爲甘臨三不中正爲无攸利變乾惕厲爲憂動成三陽地天交泰爲无咎

（變通）三變爲泰䷊旁通亦爲泰泰三應曰艱貞无咎

（義理）敬勝怠者吉怠勝敬者凶臨爲二陽浸長漸進於治三則以柔繼剛以寬繼猛怠安說止故曰甘臨无攸利爻動變乾健强不息乾主敬懼在志爲憂大象成泰故曰既憂之无咎管子曰厚於味者薄於德沈於樂者反於憂位居內外之交象非不能自强實以秉性優柔志無遠慮不獲勵精圖治底於純熙故聖人以既憂无咎策其爲精進也

（占應）三辰在亥上値滕蛇遇事糾纏故宜憂慮防害

六四至臨无咎

（訓詁）至下也

（象數）坤彖曰至哉坤元四當外坤爲至臨

（變通）四變爲歸妹䷵旁通爲蠱䷑蠱初應曰无咎

（義理）四位大臣下與初應體坤厚德變震寬仁中互坎憂小心翼翼臨之以莊居之以敬而又深自養晦有功不伐所以稱至德焉推原卦象爻變歸妹四有遲歸之義柔雖當位尙在待時惟有積誠以應民心兢兢業業明己不敢有越畔也何咎之有

（占應）四辰在丑丑神大吉丑將天乙應爲至善至美

六五知臨大君之宜吉

(訓詁)知智也居尊而能知人聰明容知足以有臨也宜祭名大君之宜神道設教祭先公於冢社也

(象數)坤德含宏化光變坎內明爲知臨五居尊位坎爲鬼神爲大君五震主祭禮坤冢社祭神冢社爲宜

(變通)五變爲節䷻旁通爲賁䷕節五應曰吉往有尙蓋无往而不宜也

(義理)知人則哲天下未有不知人而能臨人者五以虛中之主變坎誠孚下任九二剛中之賢天下之民胥歸容保此臨所以爲智也不曰君曰大君者帝臣不蔽簡在帝心爵人於廟刑人於社人君示不敢專故必告祭於祖也

(占應)四辰在卯上値房宿帝席房爲明堂天子布政之宮故應大君知臨

上六敦臨吉无咎

(訓詁)敦厖厚也

(象數)坤以厚德載物變艮止仁爲敦臨

(變通)上變爲損䷨旁通亦爲損損上應曰无咎貞吉

(義理)安民爲保民第一良法詩曰靡不有初鮮克有終上當治終貴爲守法不撓曹參之代蕭何民歌畫一則下者不即賴其生哉象終成損正如炎宋之世王安石變法行靑苗損下益上徒事更張天下皆擾甚昧敦臨之旨自取厥咎豈可謂之忠智乎繫曰敦臨無非培養元元畀在宇內者莫不安處何吉如之

(占應)上辰在巳上値明堂應爲布德行仁故曰敦臨

象曰咸臨貞吉志行正也咸臨吉无不利未順命也甘臨位不當也既憂之咎不長也至臨无咎位當也大君之宜行中之謂也敦臨之吉志在內也

(訓詁)順承也（呂覽懷寵云上不順天高注順承也）

(義理)初下咸臨民志孚也九二咸臨有其德讓其位民皆諒其心也六三甘臨昵於下治無遠圖也四則身居民上推誠以結民志五則知人善任遵先君之法以爲敎民容保者也上則敦大成裕克厚厥終居宇下者悉熙熙然如登春臺無不樂其撫字也

(音句)謂內相韻按未隊古韻相通

(攷證)鄭圜札記云未當作求定本未濟作求濟求未相似而譌也不然爻言无不利象言未順命也豈非兩歧按陽長至二有君人之德而無君人之位未順命者猶益作伊周公孔子不有天下時未受命以爲君也

副編

臨

(集解)鄭玄曰臨卦斗建丑而用事殷之正月也當文王之時紂爲无道故於是卦爲殷家著興衰之戒以見周改殷正之數云臨自周二月用事訖其七月至八月而遯卦受之此終而復始王命然也○虞翻曰與遯旁通臨消於遯六月卦也於周爲八月遯弑君父故至于八月有凶（又曰荀公以兌爲八月兌于周爲十月言八月失之甚矣）○集解云蜀才曰此本坤卦剛長而柔消故大亨利正也案臨十二月卦也自建丑之月至建申之月凡歷八月則成否也否則天地不交萬物不通是至于八月有凶斯之謂也○王夫之周易稗疏舊說或以八月爲遯卦値位者以康節所傳陳摶之圓圖遯居正西也或以八月爲値觀卦者以魏伯陽參同契之卦氣觀居酉位也二說皆出自緯書京房學宗讖緯始以卦配月而黃冠假之爲丹術君子所不屑道○王引之經義述聞八月之說有三以爲建未之月卦爲遯者鄭康成虞翻之說也以爲建申之月卦爲否者蜀才之說也以爲建酉

之月卦或爲兑或爲觀者荀爽褚仲都之説也諸説見正義及集解傳曰至于八月有凶
消不久也臨爲建丑之月至於建未之月相鉅不過半年而初二之陽全消故
曰消不久也若建申建酉之月則久矣非傳意也况易爲周易當爲周之八月
其義甚明玉藻曰至于八月不雨君不舉鄭注曰此謂建子之月不雨盡建未
月也彼文至于八月與此同而亦謂周之八月可以爲證

（德位）四德悉在二中

（比例）復言七日臨言八月復剛内反於震震少陽也其數用七從陽言日臨
剛内長於兑兑少陰也其數用八從陰言月陽窮於九退而生少陰之八陰窮
於六進而生少陽之七故言陰來之期曰八月陽來之期曰七日

象

（集解）頤齋經説澤上有地今以北極高度及偏度側地每度之距二百五十

里則地周九萬里内而華夏外而歐美南北冰洋之所包豈有涯哉釋經云地
水火風地之下皆水故易象云澤上有地

初

（德位）貞德在二臨初變師師之貞德在二中也

二

（比例）初言貞吉二言吉不言貞者二中剛貞變柔也

三

（集解）頤齋易説小人之文甘於醴三不中正性體陰柔動而與陽親附小人
僞託君子之黨也於陽无利顧君子與人爲善惟能慮邪而憂防之則小人不
能爲害何咎之有

五

象

（集解）乾鑿度大君者君人之盛者也陽氣在内中和之盛應於盛位浸大之
化行於萬民故言宜處王位施大化爲大君矣臣民欲被化之詞也

（德位）三柔居剛之位爲不當位四陰居柔之位爲當位

觀䷓ 巽上坤下　　泰州徐天璋睿川　演

（卦旨）卦自否䷋消爲四陰綜爲臨䷒旁通爲无妄䷘錯爲大壯䷡在天成象晝晦風霾雲昏霄漢在地成形土埋草莽林翳郊坰在世運默化潛移上行下效在人寬柔敦厚爾雅温文

（義理）君子之德風小人之德草風行地上遠近化光日觀

觀盥而不薦有孚顒若

（訓詁）觀示也盥手曰盥氣感曰孚顒嚴正貌敬也

（象數）巽主進退容止爲顒若坤土稼穡互艮宗廟艮手獻之爲薦巽主潔齊爲盥而不薦

（義理）祭必洗濯其手然後酌鬱鬯之酒灌地降神斯時誠敬之心恰與鬼神交接有孚顒若正如在其上如在其左右也觀獨取象盥薦者蓋古人朝覲聘

饗冠婚喪祭悉在廟宮行禮公卿大夫莫不顒顒卬卬如圭如璋有儀可象也下觀而化慄然先王先公靈爽式憑故皆生其敬德而不敢有慢易之心也

（音句）觀有二音觀示之觀去聲觀瞻之觀平聲

（攷證）而不薦釋文王肅本作而觀薦又作𧀒同賤練反顒馬本作喁按當從今本

彖曰大觀在上順而巽中正以觀天下觀盥而不薦有孚顒若下觀而化也觀天之神道而四時不忒聖人以神道設教而天下服矣

（訓詁）中正以觀上示下也下觀而化下瞻上也忒差也神道設教所存者神所過者化也

（象數）巽爲命令坤爲邱民邱民翕然從風爲下觀而化

（義理）觀即象魏闕門也卦取象觀者下體坤民上體巽命互艮闕門命懸門上萬民仰觀故中正以化天下也神道設教非託鬼神以爲禍福實即妙萬物而爲言也天之神道無聲無臭時行物生聖人神道於變時雍篤恭而化王者賞以春夏刑以秋冬懸書觀闕示民法天尊祖之義故天下莫不服教畏神也

（音句）以觀觀字去聲

（攷證）石經觀天之道道下旁添日月不過四字聖人以神道虞本無以字按觀爲法時治民日月不過四字本無諸家皆有以字

象曰風行地上觀先王以省方設教

（訓詁）省察審設施立也

（象數）巽日爲省坤爲方巽申命令爲設教

（義理）五方風氣不同剛柔異性省方設教正先王巡狩四岳必使太師陳詩

以觀民性然後因土辨宜隨俗而化寄鞮象譯各覘嗜好誘入於道要非泥執於一者焉

初六童觀小人无咎君子吝

（訓詁）童觀小道也小人无咎君子吝雖小道必有可觀致遠恐泥君子不爲也

（象數）初當賤下爲顓蒙爲小人互艮少男下應爲童觀

（變通）初變爲益䷩旁通亦爲益益爲有過則改正應小人无咎

（義理）教有大人之事有小人之事童觀者灑掃應對舞勺舞象也良冶之子爲裘良弓之子爲箕也餘若農圃醫卜之屬在君子尚且以小道不爲豈肯舍本逐末日勞心志於其間與象變成益繫辭云耒耜之利以教天下蓋取諸益初下爲民得小人盡力農畝之象故占无咎若君子而學並耕舍勞心以爲勞

力適自取吝而已

（占應）初辰在未上値井宿附星子孫應爲童觀

六二闚觀利女貞

（訓詁）闚竊視也

（象數）坤爲闔戶二中變坎隱伏爲闚觀巽爲女

（變通）二變爲渙䷺旁通爲噬嗑䷔渙彖曰利貞爻應故曰利女貞

（義理）風化之本首在齊家女正乎內佐蘋蘩奉祭祀也闚觀女貞當祭婦在房中堊獻則出薦籩豆平居則內言不出於閫外言不入於閫若有所觀則必幃堂絕無露面而觀者二當婦位故曰闚觀利女貞

（攷證）釋文闚亦作規

（占應）二辰在酉酉神從魁主內門宮女故應闚觀女貞

睿川易義合編　上經　一百七十二

六三觀我生進退

（訓詁）生生聚也觀我生進退言民觀上舉錯而從違也

（象數）坤爲廣生變艮中互離目爲觀我生巽爲進退

（變通）三變爲漸䷴旁通爲隨䷐漸善則善漸惡則惡爻故應爲進退

（義理）十年生聚十年教訓教之成材則官之王者省方設教正以進賢退不肖也顧堯舜興則民好善幽厲興則民好暴舜舉皋陶湯舉伊尹而不仁者遠下觀上治上觀下行三當出處之交用則行舍則藏治亂之機肯於斯決則進退可不愼與

（音句）虞讀觀我生句進退句正義讀觀我生進退句按九五觀我生句上九觀其生句此當讀觀我生句進退句象傳則聯合兩句爲文也

（占應）三辰在亥亥神登明主徵召應爲進退

六四觀國之光利用賓于王

（提要）四爲賢臣動成否難不交而反近天子之光正武王訪道箕子微子作賓於王家也合證上卦隨亨西山爲文王幹父之蠱爲武周不事王侯爲夷齊觀四賓王爲微箕連類取象其載商周之事益爲信而有徵矣

（訓詁）觀光賓王近天子之光雖示身弗爲臣亦必來享而來王也

（象數）巽變乾天爲光坤爲國四爲大臣師保爲賓近五天子爲利賓于王坤爲帛體巽變乾爲王中互艮手奉之爲賓聘之禮艮爲宮廟巽爲進退爲觀國賓王

（變通）四變爲否䷋旁通亦爲否否四疇離祉爻應故曰利用賓王

（義理）觀國之光蓋古者凡賓來聘必請觀國典禮儀禮聘記云歸大禮之日既受饔餼請觀鄭玄注聘於是國欲見宗廟之好百官之富李如圭注吳季札聘魯請觀周樂晉韓起聘魯觀書於太史氏是其類利用賓王四當外卦象變

睿川易義合編　上經　一百七十三

成否有不可榮祿之義非五所能臣也故天子賜之燕饗不以臣禮待之而以賓禮接之其周有天下而封三恪乎

（占應）四辰在丑上値吳越諸侯分野諸星應爲賓王

九五觀我生君子无咎

（訓詁）我生我所生聚者君子无咎君子損己以厚下也

（象數）坤爲廣生巽多白眼爲觀生五陽爲君子變艮敦厚居尊止善爲无咎

（變通）五變爲剝䷖旁通爲履䷉剝五應曰无尤象曰上厚下安宅故此應曰无咎

（義理）書曰人無於水監當於民監五爲觀主體觀變剝宜有咎焉獨曰君子无咎者蓋剝能厚以安下損己之實以同於民深得禹稷視天下飢溺由己之

心故下樂戴其上不肯相離叛焉

（占應）五辰在中上值畢宿附星諸王開元星占都萌曰諸王星明則羣下附從

上九觀其生君子无咎

（訓詁）觀其生觀先王所遺生聚者也

（象數）坤爲廣生上當祖位互巽白眼爲觀其生

（變通）上變爲比☷☵旁通爲同人☰☲比爲上下相應天與人歸故曰觀其生

（義理）中庸曰踐其位行其禮奏其樂其指先王也上當祖位天位凡我所生聚者莫非先王之所遺即莫非上天之所遺也民有所欲天必從之下觀民心上觀天心天降禍亂未有不亡天降嘉祥未有不興故堯遜位言曰天之歷數

在爾躬四海困窮天祿永終觀其生正觀天命及先王之所生成至於今者也

（占應）上辰在戌上值天倉應爲民生所繫

象曰初六童觀小人道也闚觀女貞亦可醜也觀我生進退未失道也觀國之光尚賓也觀我生觀民也觀其生志未平也

（訓詁）醜類也尚上也志未平者憂其未能平治天下也

（象數）坤衆爲醜爻四變乾爲賓坤衆爲民巽上變坎爲志坎水爲平

（義理）初曰童觀二曰闚觀三曰觀我生進退悉自下觀上教也四觀諸侯來賓五則自審安危上則盱世治亂皆自上以示下也其觀不同無非從省方設教而得古人具有深心豈若後世侈爲粉飾以省方設教爲虛文哉

（音句）醜叶音禱與道相韻按漸卦離羣醜也上叶𠒎字下叶道保詩牆有茨醜字亦叶道字遵大路醜字叶韻好字唐韻正四十四有韻中之半古與筱小巧皓通爲一韻故醜字宜讀音禱

副編

觀

（集解）頤齋經説盥薦顒若盖即垂拱在上使民如承大祭君子篤恭而天下化也

彖

（集解）李鼎祚曰柔小浸長剛大在上其德可觀故曰大觀在上也

象

（集解）劉三山曰觀民設教如齊之末業教以農桑衛之淫風教以禮別曹奢示以儉魏儉示以禮之類

初

（集解）顧炎武日知錄參鄭園札記祭必有位於朝初在下位所司者籩豆之事以及北面而絃宗祝商祝之禮若小人則无咎君子爲之則吝也

二

（集解）頤齋經説二爲端士席珍待聘委贄策名正如女子待字也下觀上化天下有道則見無道則隱闚觀利女貞擇主而事盖審愼於草廬未出時也○鄭園札記闚觀利女貞盖言下闚上意隱探其旨以爲順從孟子所謂妾婦之道也

（德位）貞在二中觀變爲渙觀無貞德渙有貞德故在二中

三

（集解）孔穎達曰三居下體之極是有可進之時又居上體之下復是可退之地遠則不爲童觀近則未爲觀國居在進退之地可以自觀時可則進時不可

則退故曰觀我生進退也○朱子語類六三之觀我生進退者事君則觀其言聽計從治民則觀其政教可行膏澤可下可以見自家所施之當否而爲進退○頤齋經說周官大司寇孟冬祀司民獻民數於王王拜受之以圖國用而進退之觀我生進退正王者因生聚而圖國用也

四

（篹說）左傳莊二十二年敬仲之少也陳侯使筮之遇觀之否䷋曰是謂觀國之光利用賓于王此其代陳有國乎不在此其在異國非此其身在其子孫光遠而自他有耀者也坤土也巽風也風爲天于土上山也有山之才而照之以天光于是乎居土上故曰觀國之光利用賓于王猶有觀焉故曰其在後乎風行而著乎土故曰其在異國乎若在異國必姜姓也姜太嶽之後也山嶽則配天物莫能兩大陳衰此其昌乎

五

（比例）三觀我生下觀君子進退人才也五觀我生上觀百姓能親附否也其觀同其義別焉

上

（集解）頤齋經說列國各有分民王者省方設教上當境治之外本非我民觀其生正謂察四國之民也

（比例）五上兩言君子旡咎陽爲君子五上體陽易爲君子謀五變爲剝設非君子則剝喪元良俊民之生未有不凶惟君子則厚下安宅上變爲比設非君子則比之旡首未有不凶惟君子則能建國親侯此易所以不可爲典要也

象

（集解）頤齋經說上九象曰觀其生志未平也蓋武王伐紂義士非之上位隱

佚不肯式從周化故有以暴易暴之歌也

（對待）臨五綜即觀二臨五在上故爲大君之吉觀二仰求僅占女子之貞蓋即女正位內男正位外也女以不變爲貞男以能變爲用也

噬嗑 ䷔ 離上震下

泰州　徐天璋睿川　演

(卦旨)卦自无妄䷘悔爲三陰綜爲賁䷕旁通爲渙䷺錯爲井䷯在天成象旱雷熱電虹見星流在地成形彷林依山前朝後市在世運兵刑嚴峻在人果決精明

(義理)離主明允震主威嚴既明且威舉世懾服曰噬嗑

噬嗑亨利用獄

(訓詁)噬齧也嗑合也獄者确實人之情僞也

(象數)互坎爲獄離明震威中互坎法爲利用獄

(義理)爭財曰訟爭罪曰獄獄者兩造各逞是非相而持不決也譬之陰陽相爭天地之氣爲之鬱塞既曰亨矣則雷電合章陰陽固結者解物情各洽訟之中窒者通故曰利用獄焉繫辭日中爲市致天下之民聚天下之貨交易而退

各得其所蓋取諸噬嗑此言利用獄者周官凡市師涖焉而聽大治大訟胥師賈師涖于介次而聽小治小訟誠以訟獄興起於市中者多也

(占應)獄漢星出正北北方之野星去地可六丈大而赤數動察之中青見史記天官書

彖曰頤中有物曰噬嗑噬嗑而亨剛柔分動而明雷電合而章柔得中而上行雖不當位利用獄也

(訓詁)頤頰也頤中有物曰噬嗑噬嗑者齒舌合而有言剛柔相激搏也

(象數)離爲電震爲雷離中一陰爲得中自觀二陰上升无妄五中爲上行柔居五陽爲不當位

(義理)淮南子墬形云陰陽相薄爲雷激揚爲電人之頤中兩齒相繫一舌內爍正如雷電合章口易興戎言能階厲噬嗑所以成獄也顧獄既成而又利用者上具離明下存震懼淑問如皐陶民用不犯於有司也五爲剛位以柔居之爲不當然以折獄則非佞惟良哀矜之道不在剛而在柔故曰利用獄也

(音句)王弼注讀剛柔分動而明句虞氏義讀剛柔分句動而明句按虞注分乾降坤分坤升乾是以亨據是解剛柔分釋噬嗑而亨雷電合而章釋動而明當從虞讀爲允

(攷證)唐李鼎祚集解俱作電雷宋本乃作雷電按釋卦均先下卦後上卦當從宋本

象曰雷電噬嗑先王以明罰敕法

(訓詁)明罰出金以贖其罪敕法致刑以警其躬也

(象數)離爲明互坎爲罰爲法震懼爲敕

(義理)折獄貴乎明威明則灼知情僞物莫遁逃威則克懾人心衆知懲創威

而不明則暴酷不仁明而不威則奸究仍玩惟其罰明更不能輕重其間惟其法敕官不能上下其手故先王並用之焉

(攷證)蔡邕石經李鼎祚集解俱作電雷宋本乃作雷電敕法釋文作勑字林作勅毛居正六經正誤曰勑法監本作敕誤讀作勑五經文字曰敕古勅字惠氏九經古義云古字省多借飭爲勅或作飾漢書杕文志引易云明罰飭法按敕勑古字通也

初九屨校滅趾无咎

(訓詁)校足械也屨校以械拚其足滅趾刖刑曰无咎者小懲大戒不致罹大辟也

(象數)震爲足初下爲趾震木一陽橫貫爲屨校陽動化陰震足不見爲滅趾

(變通)初變爲晉䷢旁通爲訟䷅晉初應曰摧如无咎

(義理)刑法加於人身斷者不可復續以罰輔法聖人以哀矜折獄也初體震

木横貫其下爲屨校初陽變陰爲滅趾大象成晋下遇明德大人變坤安貞閱實其罪不曰刖趾曰滅趾者改刑爲罰也呂刑云剕辟（即刖罪）疑赦其罰倍差（陳師凱曰倍差五百鍰三千兩也）又云剕罰之屬五百愼子云有虞氏之誅以菲屨當刖周則易菲屨而爲屨校械足以木其法已重於虞小懲大戒實小人之福也何咎之有

（攷證）滅趾釋文云亦作滅止毛本校譌作挍下同黃道周易象正作較按趾止古通校當從校

（占應）初辰在子子神神后主逃亡賊盜應爲屨校滅趾

六二噬膚滅鼻无咎

（訓詁）膚肉之柔脆者噬膚鞭朴也滅鼻劓刑亦小懲大誡之義也

（象數）互艮爲膚爲鼻二體震動變成兌口互艮不見爲噬膚爲滅鼻

（變通）二變爲睽☲☱旁通爲蹇☵☶睽二應曰无咎三曰其人天且劓

（義理）刑法所以懲小人也二當士位亦致刑法者天命天討雖在官不敢道焉書舜典云鞭作官刑扑作敎刑鞭扑之重者皮破肉綻故曰噬膚重於鞭扑者曰劓刑中互艮鼻變當兌口之上其象爲劓體震恐懼變化兌說士遇明德大人中正相應雖睽无咎不曰劓鼻曰滅鼻者改刑爲罰也呂刑云劓辟疑赦其罰惟倍（陳師凱倍二百鍰一千二百兩也）又云劓罰之屬千愼子云有虞氏之誅以草纓當劓殷周之刑視虞雖重想見滅鼻受罰既鞭扑可无咎焉

（占應）二辰在酉上値昴宿主訟獄文獻通攷張衡云昴明則訟獄平應爲无咎

六三噬腊肉遇毒小吝无咎

（訓詁）腊肉肉乾久者毒役也噬腊肉遇毒謂致牲盟不決日久而受圜土之役也

（象數）艮爲膚三畫互艮之內爲肉中變離火燥乾爲腊肉離爲太陽熱氣爲毒（論衡云太陽之熱氣也）體陰爲小吝

（變通）三變爲離☲☲旁通爲坎☵☵明兩作離炎上作苦應爲遇毒

（義理）罰法取象噬腊肉者周官司盟有訟獄則使之盟詛凡盟詛各以其地域之衆庶共其牲而致焉既盟則爲司盟共祈酒脯訟獄之決必待旬日故脯肉乾也曰遇毒小吝者師卦以此毒天下而民從之釋文毒役也王注毒苦也周禮凡萬民之有罪過而未麗於灋而害於州里者桎梏而坐諸嘉石役諸司空三變爲離離麗也有麗法網役苦之象陰訟弗勝故曰吝也无咎者苦役既滿則宥而赦焉

（攷證）腊虞氏作昝按昝古昔字既曰爲肉當作腊

（占應）三辰在亥上値八魁應捕得禽獸之肉而噬之

九四噬乾胏得金矢利艱貞吉

（訓詁）胏肉之帶骨者乾胏也金矢凡民訟獄必有鈞金束矢之罰得之得其情也

（象數）互艮爲膚互坎爲脊陽爲骨陰爲肉四爻體陽夾陰爲乾胏互坎爲矢坎得乾陽之剛爲金陽陷陰中爲艱貞

（變通）四變爲頤☶☳旁通爲中孚☴☱頤彖應曰貞吉中孚彖應曰利貞

（義理）周官司寇聽其成于期四當卿位聽成于朝者也大司寇以兩造禁民訟入束矢于朝然後聽之以兩劑禁民獄入鈞金三日乃致于朝然後聽之噬乾胏得金矢者蓋衆庶致牲盟詛日久而不能決遂致兩造入其鈞金束矢待卿士麗灋于朝故牲脯乾久成胏也利艱貞者即其難其愼哀矜折獄之義也

（攷證）胏子夏傳作脯荀董同或作姊說文作𦙶揚雄說今作胏石經貞下旁

添大字在吉字上按胏鄭云簀也其義未詳字林云𩛰食所遺也一日脯也當
從今本作胏
(占應)四辰在午上值柳宿附星外厨應爲乾胏脯肉又值張宿黃帝占曰張
主帝之珠玉寶物應爲金矢

六五噬乾肉得黃金貞厲无咎

(訓詁)乾肉肉無汁者得黃金金作贖刑罰民得贖之也
(象數)五艮爲肉體離火熯爲乾肉離黃變乾爲得黃金當中體陰爲貞厲
(變通)五變爲无妄䷘旁通爲觀䷓无妄五日有疾觀二日利貞爻應故
日貞厲
(義理)五刑墨劓剕宮大辟聖王敕法以齊民也呂刑所云五刑之疑皆以金
贖誠以剝膚之痛斷者不能復續死者不能復生罰之以金無非體天地好生

之德準情揆理畀下民無冤枉也象變无妄正合聖王欽恤之衷曰得黃金者
即周官職金掌受士之金罰貨罰入於司兵者故占貞厲无咎貞厲則哀矜而
勿喜无咎則咸中有慶受王嘉師也
(占應)五辰在卯上值庫樓應爲得金藏之

上九何校滅耳凶

(訓詁)何肩荷也滅耳之凶刑不可贖也
(象數)五坎爲耳體離變成震木橫貫其耳爲荷校滅耳
(變通)上變爲震䷲旁通爲巽䷸震上應曰征凶
(義理)下爲始上爲終至上怙終不悛變離之明爲震恐懼中藏坎法凶莫大
焉上位極尊君不敢臣刑獨敢致者刑爲天討故周官八辟之議不以親故賢
能功貴勤賓而遂不置諸灋也上爲執法之極尊者聽聽不明反坐諸法五刑

下皆能有贖耳刑在上獨罹諸凶誠以呂刑無贖耳之文想見聖王之深義焉
(攷證)釋文何本亦作荷校黃道周易象正作較
(品物)古者械手械足械頸以木爲之並謂之校分言之械手曰桎械足曰梏
械頸曰校後世易木爲鐵在手曰銬在足曰鐐惟械頸仍用木焉今謂之枷
(占應)上辰在戌上值鈇鑕應主刑法

彖曰屨校滅趾不行也噬膚滅鼻乘剛也遇毒位不當也利艱
貞吉未光也貞厲无咎得當也何校滅耳聰不明也

(訓詁)聰聞言而即察也
(象數)四變離目不見爲未光上變中五坎耳爲聰離失不見爲不明
(義理)初二三爻在下訟獄者也四五上爻在上聽訟獄者下則訟獄不勝各
受罰法小懲而大誡故皆言无咎四言利艱貞无咎五言貞厲无咎蓋言罰懲

非死人極於病非佞折獄惟良折獄也上滅在耳獨凶者爲其聽斷不明或失
之入或失之出故難自逭其法也
(音句)行音杭明音芒
(攷證)未光也釋文出未光大也聽揚易作聽按以韻叶句大字衍文

副編

噬嗑

(集解)歸藏有規夜二名朱彝尊以爲非夬姤即噬嗑貣也
(德位)亨德在初利德在五離有利德震有亨德象明云柔得中而上行雖不
當位利用獄也足徵利在五中

彖

(德位)五爲剛位以柔居之爲不當

象

（集解）稽覽圖曰雷有聲名曰雷有光名曰電則電亦雷也雷之發必先有光而聲隨之故言雷電則雷動而上電明而下噬嗑象也○來知德曰罰者一時所用之法法者平日所定之罰明者辨也辨其輕重效電之明敕者正也正其國法效雷之威

（比例）蔡清曰此以立法言故言先王若豐以用法言則曰君子矣按古人賞祖戮社示其弗敢自專故孟子曰遵先王之法而過者未之有也

二

（篹說）毛奇齡仲氏易宋政和末平江人解者筮之得此爻曰離戈兵艮爲門闕又以艮東北之卦而介乎南離必東北敵人南寇犯闕且將不利乎君矣鼻者君祖也後徽宗果北狩明正統間魏文靖驥上封事有云藩籬既虛寇得深

入以唇亡之羞來滅鼻之禍云云

（默參）魏志管輅傳艮爲鼻此天中之山按鼻之通臭猶山之通氣脣受風則鼻氣塞故脣受刑則鼻血流焉

上

（默參）互坎爲腎耳者腎之候也離火變木耗水應爲耳失其聰

（比例）滅趾滅鼻尤咎滅耳獨凶者上爲怙終賊刑也

賁 ☶☲ 離下艮上

泰州　徐天璋睿川　演

（卦旨）卦自大畜☶☰變爲三陰綜爲噬嗑☲☳旁通爲節☵☱錯爲困☱☵在天成象日落星明在地成形炎荒邊徼在世運賢良遯野在人渾樸無爲

（義理）內明外靜闇然日章火藏在山精華內斂曰賁

賁亨小利有攸往

（訓詁）賁飾也曰光色者光色之飾德充實而有光輝也

（象數）陽大陰小賁屬三陰爲小中爻互震爲往

（義理）賁爲剛柔分卦柔雖得中剛未得正有其德而無其位故不能毅然自立擔當天地之事業也曰小利有攸往者離德文明所過者化惟文明闇於山中陰行厥善不能顯越於外如日月之照臨焉

（音句）賁李軌音府汾反王肅音符文反按陸德明釋文音彼僞反宜從之

（攷證）釋文傅氏云賁古斑字文章皃石經利下旁添貞字古本小利作不利按求之六爻所古當從古本作不利有攸往

彖曰賁亨柔來而文剛故亨分剛上而文柔故小利有攸往（郭京云下有剛柔交錯四字）天文也文明以止人文也觀乎天文以察時變觀乎人文以化成天下

（訓詁）觀仰觀察俯察止容止也

（象數）艮爲小石在天爲星離爲日互坎爲月三光畢具爲天文離爲文采艮爲容止德才具備爲人文

（義理）文無質不立質無文不行文質彬彬然後君子陽剛爲質陰柔爲文柔來文剛剛上文柔蓋本乾坤升降大畜臨二五旁通大畜成賁臨成節故節亦曰剛柔分也柔來文剛乾變離具文明分剛文柔賁旁通節陰得陽爲表率也

曰天文人文者分陰分陽迭用柔剛四時遞嬗三代損益聖王之化莫不以剛柔爲濟用也

(攷證)郭京謂韓康伯傳本天文上有剛柔交錯四字按細玩文義宜有四字

象曰山下有火賁君子以明庶政无敢折獄

(訓詁)敢勇也折斷也无敢折獄愼也

(象數)艮爲山離爲火山靜火明政簡刑淸爲明庶政互坎爲獄體離爲言坎耳爲聽離目爲明耳目聰明爲无敢折獄

(義理)明政正以飭治折獄本爲懲奸若非靜以觀變明以燭邪則百度失序[illegible]必不能治也山者草木所聚政者民物所依山下有火則草木被其休光民物得其長養皆賁然而有光華發越者焉折獄貴其明決山下有火无敢折獄寓精明於敦厚中也

(攷證)明釋文蜀才本作命

初九賁其趾舍車而徒

(訓詁)舍置也徒步行也

(象數)初下爲趾中互坎輿多眚爲舍車而徒

(變通)初變爲艮䷳旁通爲兌䷹艮初應曰艮其趾

(義理)王者之政上下有經貴賤有等車服以庸本爲求賢也初位編氓變成艮止知止不辱適安在下之義舍車而徒庶人招役則往也

(攷證)釋文趾古本作止車鄭本張本作輿按止趾車輿古今字通義也

(占應)初辰在子上値車府應爲車

六二賁其須

(訓詁)須需待也

(象數)離麗艮止離變乾爲健行是下待上之行躍躍欲興爲賁其須

(變通)二變爲大畜䷙旁通爲臨䷒大畜剛上尙賢故爻應曰與上興也

(義理)二士中正爻體離明變成大畜輝光日新正猶抱道者摩礪以須待明王而紓經濟也大畜尙賢二與五應上有求賢若渴之君下有席珍待聘之士曰賁其須者出處不肯自輕明珠匪可暗投美玉必待善價也

(占應)二辰在酉酉主閉藏天地閉則賢人隱故應士隱有待之象

九三賁如濡如永貞吉

(訓詁)濡含忍也

(象數)中互坎水爲濡如離二得中爲貞吉變互坤爲永貞

(變通)三變爲頤䷚旁通爲中孚䷼頤象曰貞吉中孚象曰利貞故應曰永貞吉

(義理)三體離明剛露於外正若襾衡輩恃才傲物絕非氣養木雞能泯驕矜者也天下惟無驕矜者則進退以禮我不陵人人孰得而忌我永貞吉者體剛變柔深得頤養之道動心忍性增益其所不能溫潤而澤與世絕無爭競者也

(占應)三辰在辰上値三公主宣德化和七政調陰陽之官也爻應故能含忍變化氣質

六四賁如皤如白馬翰如匪寇婚媾

(提要)此微子作賓王家也賁如言微子遯跡皤如喩微子潔身白馬翰如即詩云有客有客亦白其馬微子來賓之象匪寇婚媾古者君臣託詠夫婦比微子受周封也

(訓詁)皤白也賁如皤如素行潔也翰白馬之良者良馬招賢見其禮儀之隆故求爲婚媾也

（象數）離主禮互震爲馬坎亦爲馬體艮變離互巽氣白爲白馬互兌氣剛爲戎馬乘翰兩離相麗爲婚媾互坎爲匪寇

（變通）四變爲離☲☲旁通爲坎☵☵離明兩作柔麗中正應匹坎男爲婚媾坎爲盜賊爲惡人爲匪寇婚媾

（義理）古者君臣喻之夫婦禮賢皆以白馬詩曰亦白其馬檀弓云戎事乘翰翰白馬中之最良者也四體艮止本不求仕動成重離天下化光故聖王以禮幣招賢隱佚之士莫不出仕興王如蔦蘿之附松柏雖勝朝遺獻亦樂釋舊怨而爲新婚者焉匪寇婚媾如管仲射鈎齊桓用以爲相寺人斬袪頭須盜藏晉文見之免難之類

（音句）虔讀匪寇句婚媾句按當從本義讀匪寇婚媾句

（占應）四辰在丑上値鞏道主賢良之遇主焉織女主嫁娶會牽牛以爲婚媾

六五賁于丘園束帛戔戔吝終吉

（訓詁）邱園村居種殖之地帛五匹曰束戔戔猥積也

（象數）艮山離垣爲邱園艮變巽絲爲帛巽數主五爲束帛離火主禮爲賁帛邱園二五中陰爲吝陽大陰小爲戔戔艮成終始爲終吉

（變通）五變爲家人☴☲旁通亦爲☳☵家人五曰王假有家爻應故占王者以禮聘士下逮於其家也

（義理）妻道也臣道也四既以婚媾喻君臣五言束帛者士昏禮納徵玄纁束帛儷皮如納吉禮鄭玄注束帛十端也周官曰凡嫁子娶妻入幣純帛無過五兩儷兩也執束帛以致命用兩鹿皮爲庭實也象變家人家人者女正位內男正位外故以聘妻之禮爲聘賢之禮束帛戔戔言雖微細在士實增光於邱園也曰吝終吉五與二應爻未變時不能推誠陰吝陽誠待士爻既變後故能卑禮下賢邱園之士可以興焉

（攷證）賁黃本作世戔戔子夏傳作殘殘鄭作箋箋按當從正義作戔戔

（品物）帛五匹爲束束帛者三玄二纁也

（占應）五辰在卯上値庫樓主束帛貯藏於中

上九白賁无咎

（訓詁）白素潔也

（象數）艮位八白爲白賁

（變通）上變爲明夷☷☲旁通爲需☵☰明夷上曰不明而晦正應賁白光色也

（義理）上當隱逸之位匿采韜光莫不守貞抱璞周公繫爻於賁終而獨取象白賁无咎者蓋成功而退皎然之行皜皜乎爲不可尙法上天無聲無臭於穆

不顯之義非徒枯槁山林貞其介石也

（占應）上辰在戌戌應乾金氣白

象曰舍車而徒義弗乘也賁其須與上興也永貞之吉終莫之陵也六四當位疑也匪寇婚媾終无尤也六五之吉有喜也白賁无咎上得志也

（訓詁）乘駕也高犯曰陵尤怨也

（義理）賁本明於庶政而庶政之明無非貴賤有等上下有章初安在下以視奔走俟門乘車馬以驕人者迥不相類二待上興惟后非賢不乂惟賢非后不食也三能含忍以養其才四能棄瑕錄用以釋其怨五則愛惜名物聘邱園之賢者上獨超然遠引避功名而不居庶政之明若此天下焉有不治者與

（音句）乘與陵同韻十蒸尤叶音怡與疑相韻喜叶音熾與志相韻按詩鄘風

大夫君子無我有尤叶與之切喜集韻類篇並昌志切音熾與饎同

副編

賁

（筮說）家語孔子筮賁愀然有不平之色子張曰以其離耶在周易山下有火賁非正色之謂夫質也黑白宜正焉今得賁卦非吉兆也呂氏春秋則云夫白而白黑而黑賁亦安吉乎語意略同但以爲子夏之語○夷堅志葉助無子使黃山人筮得賁曰今日辰土土加賁爲墳君生子必有悼亡之慼果生男數歲而晁夫人卒此參用日辰卦名占法按山人所筮曰君必生子者離爲中女內互震爲長子外値艮邱日辰加土離女靜而不動故主入于邱墓也

（德位）亨德在五

彖

（集解）蘇軾曰易有剛柔往來上下相易之說而其最著者賁之彖傳也故學者治是爭推其所從變曰泰變爲賁此大惑也一卦之變爲六十三豈獨爲賁也哉徒知泰之爲賁又烏知賁之不爲泰乎凡易之所謂剛柔往來相易者皆本諸乾坤也乾施一陽於坤以化其一陰而生三子凡三子之卦有言剛來者明此本坤也而乾來化之坤施一陰於乾以化其一陽而生三女凡三女之卦有言柔來者明此本乾也而坤來化之非是卦也則無是言也

三

（德位）貞在二中而於三言者三變得頤貞吉也

象

（德位）六四陰柔當位

（對侍）賁上綜即噬嗑之初賁上无咎得志在隱噬嗑无咎戒在不行所謂知

止不殆也噬嗑七四綜即賁三噬嗑四懼近君多戒賁三多凶亦以剛戒故皆繫之以貞

剝䷖ 坤下艮上

泰州 徐天璋睿川 演

（卦旨）卦自觀䷓消爲五陰綜爲復䷗旁通爲履䷉錯爲夬䷪在天成象夜黑星昏在地成形山高土厚在世運財竭民窮在人體虛形弱

（義理）地以厚爲德山以靜爲體山峙地上葦倍礬石孰知天下壞亂弊正生於厚重不遷故曰剝

剝不利有攸往

（訓詁）剝壞落也

（象數）陽窮於上艮止在前爲不利有攸往

（義理）卦本純乾漸爲陰長逼而成剝譬之世治既久而胥吏紛法讒佞萌生卒致禍亂發見猝不及防則天下遂成糜爛歷代之弊皆由於此曰不利有攸往爲君子戒正不欲操之過急激成大變爲小人戒國亡家破身必無依託焉

（攷證）剝歸藏作僕

彖曰剝剝也柔變剛也不利有攸往小人長也順而止之觀象也君子尚消息盈虛天行也

（訓詁）消息盈虛剛柔往來旁通而互變也天行天道也

（象數）陰爲小人坤爲順艮爲止

（義理）小人道長君子道窮彖言順而止之非君子順從小人隨波逐靡正君子順小人之勢而能止之使不爲禍如周勃交驩呂產呂祿狄梁公之事武后涕泣導之卒復太子之類非有大經綸者不辦焉觀象即觀其勢熟揣而審之也

（音句）觀虞氏義讀去聲鄭園札記觀平聲

（攷證）剝也郭京易舉正作剝落也

象曰山附于地剝上以厚下安宅

（訓詁）依托曰附宅居處也

（象數）艮爲山坤爲地地以厚德承載爲厚下艮象宮闕爲安宅

（義理）民惟邦本本固邦寧搶亂之秋不患有盜臣竊位患在民心渙離厚下安宅君子以德固結民心故居上者無傾覆之患也

初六剝床以足蔑貞凶

（訓詁）人所臥處曰床足趾也蔑滅也

（象數）坤爲方其德厚載爲床初下爲床足坤爲安貞變震作足爲蔑貞凶艮爲躬因象取山附地故躬臥地上取象爲剝床

（變通）初變爲頤䷚旁通爲中孚䷼頤初應曰凶

（義理）聖王居安思危首在能得邱民使之不爲搖撼也坤在艮下衆本安貞

初動變震安者使危貞者使懼譬之上悛民生民挺走險翠反爲上之敵書曰撫我則后虐我則讎賈誼過秦論杜牧之阿房宮賦悉爲剝下者之炯戒也

（音句）黃氏玩易四道讀剝床以足蔑句貞凶句正義讀剝床以足句蔑貞凶句按象傳讀剝床以足句以滅下也句滅下即釋蔑貞凶句

（攷證）釋文蔑荀本作滅

（品物）神農作床少昊作簀床即人所臥具也今人臥床斲木爲之古人臥床積土爲之觀北方所臥土炕便知象取坤土爲床之義

（古應）初辰在未按卯有天床寅有女床未宮星無床象

六二剝床以辨蔑貞凶

（訓詁）辨床橫幹也

（象數）坤爲床二當坤中變坎棘木爲辨坤安貞變陷坎險爲蔑貞凶

(變通)二變爲蒙䷃旁通爲睽䷥蒙二體陽故吉剝二體陰故凶

(義理)床無辨四足不能匡支國無賢兆民不能維繫床賴辨以横承君賴臣以輔弼臣所以安定君國者奉道不失以禮義廉耻爲國家之四維也爻與五應内坤之德在二本利安貞爻變成坎二中蔑貞二臣五君譬之周榮夷公虢石父秦商鞅宋王安石專以損下益上取悦於君卒致家國危亂焉得不凶

(音句)玩易四道讀剝床以辨滅句按象曰剝床以辨是蔑字不屬上讀

(占應)二辰在酉按酉宫諸星亦無床象

六三剝之无咎

(訓詁)之變也

(象數)坤厚變成艮止爲无咎

(變通)三變爲艮䷳旁通爲兑䷹艮三曰艮其限止應象曰失上下也

(義理)五陰連接成剝三非中正獨能變艮敦厚以匡危亂譬之漢呂彊請赦黨人明張永不附江彬身居五陰之間獨與陽應及其變也卦爻得位何咎之有

(攷證)剝之无咎陸本剝无咎

(占應)三辰在亥

六四剝床以膚凶

(訓詁)膚肌膚剝床以膚害及其身也

(象數)艮皮爲膚動變離火災生肘腋爲剝膚

(變通)四變爲晉䷢旁通爲訟䷅晉進也象故以切近言之

(義理)床以足辨爲綱維君以公卿爲柱石四任鼎鉉之職用非其人始則剝民以奉君繼則剝君以利己象變成晉其勢日進日盛日逼日近譬之孝平之任王莽漢獻之用曹瞞禍生肘腋所以爲切近之災

(攷證)釋文膚京作簠按當從本義作膚

(占應)四辰在丑

六五貫魚以宫人寵无不利

(訓詁)聯續相穿曰貫宫人宫中之人寵恩逮也

(象數)體艮變巽爲魚爲繩因爲貫魚艮爲宫闕巽女在中爲宫人五當后位變陽承實爲寵巽近利市爲无不利

(變通)五變爲觀䷓旁通爲无妄䷘觀五體陽爲君子剝五體陰爲宫人

(義理)惟女子與小人爲難養也近則不遜遠則有怨漢之呂后唐之武嬰爲禍最烈聖人靜玩爻象默求補救然後知魚戲濠梁性難逆流而上未嘗不小大相從後先有序象變巽魚爻居尊位若其君寵宫人效法魚貫嫡庶相隨尊卑不亂界適游泳之天莫測江湖之大尾尾是宜彼既无尤我自无不利焉

(占應)五辰在卯艮當寅丑之間寅宫尾宿第一星后也次三星夫人次則嬪妾魚一星在尾後河中卯又上値貫索故應曰貫魚以宫人寵

上九碩果不食君子得輿小人剝廬

(訓詁)果木果輿大輿廬舍也

(象數)艮爲果蓏一陽旅上爲碩果變坤入土復生爲不食坤爲大輿爲衆艮爲門闕爲廬陽爲君子變成坤衆爲君子得輿陰爲小人變失艮門爲小人剝廬

(變通)上變爲坤䷁旁通爲乾䷀乾三應曰君子

(義理)上居无位之地碩果不食獨以一陽存者猶微子見紂無道去之以存宗祀也君子得輿作賓王家封宋而有國也小人剝廬飛廉崇侯虎等至紂喪

邦庇身失所雖欲求爲庶民而不得也君子用世奠民袵席之安天下賴其承載小人當權致民流離失所蒼生歎其仳離剝終繫此象者古今剝亂之極凡爲君子莫不引領望其來蘇凡爲小人莫不痛心欲食其肉一得眾一失眾非彰明顯著者與觀象繫辭聖人垂戒深焉

(攷證)得輿釋文京作德輿董作德車按當從本義作得輿

(品物)木結實者有核曰果無核曰蓏

(占應)上辰在戌上值王良主司天子車輿艮位丑寅之間丑宮織女主瓜果

象曰剝床以足以滅下也剝床以辨未有與也剝之无咎失上下也剝床以膚切近災也以宮人寵終无尤也君子得輿民所載也小人剝廬終不可用也

(訓詁)失軼也上下謂陰失上下者變間陰而應陽也

(象數)四變離火爲災上變坤厚承物爲載

(義理)臥榻之地人皆以爲無患境內之民上皆以爲無虞不知貞凶之象不在遠而在近不在外而在內也故聖人以剝床取譬初凶在民二凶在士三獨无咎者疏而不親非有勢利可恃也四則竊位攬權炎炎之象爲君切己之災五則女后之專禍在宮掖若能順而止之撥亂爲治未嘗不遵道遵行上則剝運已終亂極思治故眾心樂戴君子而惡小人而小人亦知世無君子則國破家亡並己亦無庇依之所剝廬之戒聖人之旨深且遠焉

(攷證)楊賓實劄記用字蓋害字之誤廬紹弓鍾山札記載在十九代事在七志古韻皆得相通古害字作㝬故易與用字相混焉王引之經義述聞家大人曰楊盧之說皆非也用讀爲以一切經義卷七引蒼頡篇曰用以也用與以聲近而義同故用可讀爲以井九三可用汲史記屈原傳引作可以汲呂刑報虐以威論衡遣告篇引作報虐用威大雅板篇勿以爲笑荀子大略篇引作勿用爲笑桑柔篇逝不以濯墨子尚賢篇引作鮮不用濯蓋用可讀爲以故與以通用也若害字則从丯聲說文丯讀若介於古音屬祭部坤象傳憤不害也與發大爲韻大有象傳无交害也小人害也與敗悟爲韻敗害悟三字並屬祭部下文志備祐三字別爲一韻屬之部咸象傳順不害也與外爲韻未感害也與大末說爲韻皆屬祭部未有與之災尤載志事等同用者也

(音句)下音戶災叶子之切尤叶音怡用讀爲以載叶爲祭按經義述聞剝象傳以災尤載用爲韻豐傳以災志事用爲韻災从巛聲尤从又聲尤古讀若頤又古讀若異見唐韻正載从𢦏聲𢦏从才聲志从㞢聲事从㞢省聲於古音並屬之部用讀爲以於古音亦屬之部故與災尤載志事爲韻韻會載子利切音祭詩小雅受言載之叶下喜字爲韻今讀用爲以正叶載讀音祭也予玩載訓

作始並通作始孟子湯一征自葛始初學記引作自葛載剝傳載字宜讀叶音始用字宜讀叶音以聲韻自偕

副編

剝

(筮說)齊文襄游東山恐雨廢射筮得剝李業興曰艮山出雲主雨吳遵世曰坤地以土尅水主無雨須臾雲散矣

(集解)虞翻曰陰消乾也與夬旁通以柔變剛小人道長子弑其父臣弑其君故不利有攸往也

彖

(集解)惠棟周易述先儒據易曰伏羲作十言之教曰乾坤震巽坎離艮兌消息史記曆書謂黃帝起消息義或然也卦有十二實乾坤十二畫也復臨泰大

壯夬乾皆息卦也而皆乾故乾爲息姤遯否觀剝坤皆消卦也而皆坤故坤爲消乾盈於甲故乾爲盈陽實陰虛故坤爲虛觀消爲剝剝消爲坤觀不得不變爲剝剝不得不變爲坤天之道即消息盈虛之道故曰天行也

初（德位）貞在二中坤利安貞變震不寧爲蔑貞凶

二（德位）貞在二中變坎陷險爲蔑貞凶

四（集解）崔憬曰牀之膚謂薦席若獸之有皮毛也牀以剝盡次及其膚剝以大臣之象言近身與君也

（默參）艮身變離爲心爲火心火銷爍身之脂膏主應膚灾內經玉機眞臟論第十九夏脈太過則令人身熱而膚痛爲侵淫爻變離爲夏脈故取剝膚之象

上（集解）頤齋經說書曰民非后何戴衆非后罔與守邦剝上一陰羣陰之所戴也若再剝盡勢必失所庇依左傳襄三十一年子產謂子皮曰子於鄭國棟也棟折榱崩僑將壓焉敢不盡言正與此爻同旨

象（集解）胡炳文曰衆陰在下爲貫魚一陽在上爲碩果乾爲木果果中有仁天地生生之心存焉剝之所以復也牀上之藉下以安者也廬下之藉上以安者也始而剝床上失所安終而剝廬自失所安自古小人害君子豈小人之利哉

復䷗ 震下坤上　　泰州　徐天璋睿川　演

（卦旨）卦自坤䷁息爲一陽綜爲剝䷖旁通爲小畜䷈錯爲姤䷫在天成象雷靜無聲在地成形草木萌動在世運亂極將治在人翼翼小心

（義理）一陽自剝反生坤下猶冬至陽氣萌於黃宮曰復

復亨出入无疾朋來无咎反復其道七日來復利有攸往

（訓詁）疾急也忌也出入无疾我旣不操之急人亦不我忌也朋陰類七日少陽之數用七從陽言日也

（象數）震反生爲出入爲反復坤陰爲朋震少陽數七爲七日震動爲往

（義理）復小而辨於物剝極之餘一陽更始正宜靜養貞元徐徐議治如其操之過急勢必羣陽沮忌反側難安出入无疾朋來无咎實爲欲速不達者深戒焉利往必待七日剝自姤陰用事值午七閱月而復於子轉成臨泰故曰利有

攸往繫復於剝後者勝國未亡於上興王已生於下落葉未脫於枝含苞已萌於木也

（攷證）朋來京作崩來反復釋文爲古本作反覆按坤陰爲朋不當作崩

象曰復亨剛反動而以順行是以出入无疾朋來无咎反復其道七日來復天行也利有攸往剛長也復其見天地之心乎

（訓詁）天行天道也心中也

（象數）震陽反生爲剛反坤爲順震雷春分出地秋分入地爲出入初潛在下陽氣萌於黃中爲見天地之心

（義理）復應冬至陽生日行南極坎離之位正對月景當頭上下之光正射地懸天中貞中起元水泉温暖故曰見天地之心

（音句）虞氏義讀復亨句剛反動而以順行句本義讀復亨句剛反句動而以

順行句按文義當從虞讀爲允

象曰雷在地中復先王以至日閉關商旅不行后不省方

(訓詁)至日冬至也后王后省察也方事也 后字詳泰象傳

(象數)震爲雷坤爲地冬至陽生爲至日帝出乎震爲先王震爲行人爲商旅坤爲后坤闔戶爲閉關

(義理)仲冬之月天子命奄尹申宮令審門閭謹房室必重閉省婦事 省減也 想見至日閉關正助天地之閉藏也古者前朝後市市事后理之至日閉關故后不省市事商旅悉能交易也家語郊問章郊之日喪者不敢哭凶服者不敢入國門氾掃清路行人畢止白虎通誅伐云冬至所以休兵不舉事閉關商旅不行何此日陽氣微弱王者承天理物故率天下靜不復行役扶助微氣成萬物也是皆明證

初九不遠復无祇悔元吉

(訓詁)不遠近也祇適也无祇悔猶言无蹈於悔也

(象數)震爲反生反則來復爲不遠爻變爲悔一陽始息无祇悔者以未變爲元吉

(變通)初變爲坤䷁旁通爲乾䷀乾資始坤資生應爲元吉

(義理)我欲仁斯仁至矣震動之始一陽復生平旦之天道在涵養畀其漸充漸盛不復適於陰私也繫辭曰震无咎者存乎悔人必有過而後有悔无祇悔者即孟子所云平旦之氣顏子有不善未嘗不知知之未嘗復行也文言曰元者善之長也其占元吉正以一陽之長爲善也

(攷證)祇王肅作禔九家易本作多又作㩼按當從正義作祇

(占應)初辰在子上值牛宿萬物之所成始應爲元吉

六二休復吉

(訓詁)休息養也

(象數)體震變兌司秋閉藏爲休復二中體陰變陽爲吉

(變通)二變爲臨䷒旁通爲大畜䷙臨剛浸長大畜日新爻應故吉

(義理)人依木息曰休君子體仁足以長仁初猶平旦二猶依之瞬存息養馴至浩然書曰作德心逸日休正孟子之言集義也焉得不吉

(占應)二辰在未

六三頻復厲无咎

(訓詁)頻數也頻復之厲无咎自反而仁自反而禮雖危无咎也

(象數)三近多凶變互坎險爲厲

(變通)三變爲明夷䷣旁通爲需䷄明夷應曰利艱貞

(義理)頻復之象即湯盤銘曰苟日新日日新又日新也辭占厲无咎者蓋三值多凶動化明夷遇危而惕若朽索之馭馬若臨淵之履冰懔懔然於顛越者焉

(音句)虞氏義讀頻復厲句本義讀頻復句厲句按當從本義讀句

(攷證)頻釋文古本作嚬鄭作顰呂東萊作卑按頻顰嚬皆訓憂戚或訓頻爲瀕爲水厓詩云國步斯頻蓋急則憂蹙人臨水瀕亦爲危急其義一以貫之

(占應)三辰在亥上值霹靂應爲震厲

六四中行獨復

(訓詁)中行獨復介於羣陰之中遵道而行能自慎獨而不失也

(象數)變震行人閒於陰中爲中行下與初應爲獨復

(變通)四變爲震䷲旁通爲巽䷸震主修省應爲獨復

（義理）天以仁德爲元四位大臣毅然以道自任下與初應覺世牖民猶孟子云以先知覺後知以先覺覺後覺也中行獨復者處羣陰之中獨能自復於善乎且悍悍絕不爲俗囿焉

（占應）四辰在丑上值女宿文獻通考女十一度下九尺爲日月中道應爲中行獨復

六五敦復无悔

（訓詁）敦篤厚也

（象數）五變互艮爲敦復坎中有孚爲无悔

（變通）五變爲屯䷂旁通爲家人䷤屯曰大亨貞故應曰敦復无悔

（義理）敦復者居靜以馭衆也孔子曰爲政以德譬如北辰居其所而衆星共之民爲元元休養生息全繫君心五中變坎膏澤下民殷憂坎爲心憂啓聖故能撫

有萬方也曰敦復无悔者毅然以博施濟衆爲病不爲羣陰所撓阻也

（占應）五辰在卯上值帝星應主無爲而治故曰敦復

上六迷復凶有災眚用行師終有大敗以其國君凶至于十年不克征

（訓詁）迷錯也天禍曰災人過曰眚用師大敗不利爲戎首也以及也國君負固於化外者十年數極也不克征謂自上伐下終不能取勝也

（象數）乾坤初四相行乾成小畜坤成復今復與小畜錯道三上旁通爲迷復爻變失位爲凶爲災眚坤衆爲師坤土爲國坤數爲十內震長子帥師外艮小子用師以上伐下勢必不勝占爲師敗君凶艮有止象爲不克征

（變通）上變爲頤旁通爲中孚䷼頤上體陽故利涉大川復上體陰故不克征

（義理）韓非子解老云凡失其所欲之路而妄行之則爲迷迷復者不自乾坤初四依坎相行反自三上錯行譬之行道入於歧路也故曰迷復上當化外動而疑陽滿服負固之象坤終龍戰其血玄黃天災人禍戎首當凶時至十年陰數已極剝盡將返師老而自潰焉孟子曰征者上伐下也復卦主自一陽上與三應三居公位而不中正上欲伐之譬如魏主之伐司馬氏也不度德不量力焉得不凶

（攷證）釋文災本作灾鄭作裁按說文裁正字也灾或字災籀文也

（占應）上辰在巳上值軫宿黃帝占曰軫主察地災應爲災眚又値將星相聚占主征伐

象曰不遠之復以修身也休復之吉以下仁也頻復之厲義无咎也中行獨復以從道也敦復无悔中以自考也迷復之凶反

君道也

（訓詁）修飭也人心之天曰仁下仁能存其天而不失也考稽也君主也復德主自於內上欲蔑德而征其內故致師敗而君凶也國君外卦之主聽命於弟子者也

（象數）一陽之生爲元爲仁二陽浸長爲下仁陰以陽爲君上終陰迷變陽爲反君道

（義理）初陽爲一卦之綱猶人一身有主故以之飭躬二即遵陽而長故得其吉三與陽遠故有瀕危之戒四與陽應轉得從道之占五爲中以自攷者初譬之民五譬之君君以民監猶人以心曰爲省察仁義非由外鑠善必知之不善必知之也上則復反成頤陰迷於上焉得不凶

（音句）咎音臯按音考詳見蠱象傳

副編

復

（筮說）左傳成十六年鄢陵之戰晉侯筮之史曰吉其卦遇復曰南國蹙射其元王中厥目國蹙王傷不敗何待補義注鄭爲諸侯坤爲國晉居北楚居南復剛浸長有南國蹙象一剛橫注木土相尅有飛矢象震具離木半體有矢射傷目象

（集解）鄭玄曰建戌之月以陽氣既盡建亥之月純陰用事至建子之月陽氣始生隔此純陰一卦卦主六日七分舉其成數言之而云七日來復○虞翻曰謂乾成坤反出於震而來復陽爲道故復其道剛爲晝日消乾六爻爲六日剛來反初故七日來復天行也○侯果曰五月天行至午陽復而陰升也十一月天行至子陰復而陽升也天地運往陰陽升復凡歷七月故曰七日來復此天之運行也豳詩曰一之日觱發二之日栗烈一之日周之正月也二之日周之

二月也則古人呼月爲日明矣正義引褚仲都莊氏之說略同及○李鼎祚周易集解易軌一歲十二月三百六十五日四分日之一以坎震離兌四方正卦卦別六爻爻生一氣其餘六十卦三百六十爻爻主一日當周天之數餘五日四分日之一以通閏餘者也剝卦陽氣盡於九月之終至十月純坤用事坤卦將盡則復陽來隔坤之一卦六爻爲六日復來成震一陽爻生爲七日故言反復其道七日來復是其義也京君明陸公紀之說並同○王夫之周易稗疏舊說謂自姤而來歷遯否觀剝坤至復爲七日以此卦變衍卦氣而言之也乃卦氣之見於參同契者一月一卦而非一日一卦卦氣之說出自緯書惡足信哉○王引之經義述聞建亥之月凡三十日至建子之月陽氣始生已在三十日之後矣經何以不云三十日來復乎若謂坤主六日七分則卦爻值日每月皆有五卦易緯稽覽圖曰艮既濟噬嗑大過坤亥未濟蹇頤中孚復子亥者十月子者十一月也由坤而未濟而蹇而頤而中孚每卦六日七分五卦則有三十日又八十分日之三十五每日分爲八十分見正義舉成數言之則當云三十一日來復何得但稱七日乎鄭氏之說非也至以七日爲七月侯氏引豳風爲證不知一之日爲一月之日二之日爲二月之日見詩正義承上文七月流火九月授衣而省月字非謂月爲日也徧考諸書皆無謂月爲日者侯氏等說誠臆說也然則七日何所取義乎震六二七日得既濟六二七日得七日者人事之遲速非卦氣之遲速也○張惠言易義別錄子夏傳云極六位而反於坤之復其數七日其物陽也朱子發云京房曰六爻反復之稱陸績注京房易傳曰涉六陰又七爻在初故稱七日日亦陽也與此義同○頤齋經說復有三義一日之復在子一月之復在朔一歲之復在冬至若經言七日來復古之遺意即今星房虛昴四星期爲休息也○按七日之說前儒各有論辨不知易本範圍天地而不過也羲皇迎日推策虞舜察璇璣玉

衡以齊七政漢儒分卦氣值日古人準卦爻造曆七日來復正因卦爻而齊七政上應二十八宿者也四時之躔各有中星以爻配日七日必周一舍四舍既周即應一月日月周天即成一歲來而復往往而復來故彖曰反復其道七日來復天行也又曰復其見天地之心乎心中也即七政之日曜餘爲月曜金木水火土曜上應璇璣玉衡以齊七政者也

（德位）亨德在初

（比例）邵雍曰復次剝明治生於亂乎夬次姤明亂生於治乎時哉時哉未有剝而不復未有夬而不姤者○鄭剛中曰七者陽數日者陽物故於陽長言七日八者陰數月者陰物臨剛長以陰爲戒故曰八月

彖

（集解）孔廣森經學卮言剝極而復以陽去陰以君子去小人宜乎善矣然猶

必以順行乃无疾咎其旨深哉若湘東復止中興功隳北宋諸君子除新法復舊法未幾而章蔡迭乘其後亦日行之未以順而已

象

（集解）王夫之周易稗疏言至日者概乎至日以後之辭也若但長至之一日閉關而止商旅則行人姑休於旅舍而已省方非一日之事吉行五十里則一日往返不出郊關何得云方蓋自至日以迄乎雷出於地驚蟄之後古歷驚蟄正月中而后啓關以聽商旅之行后乃出行以省方日出以後兩月純陰固結於上復之象也於時寒氣方盛民當入室以息老慈幼若任商旅之嗜利奔馳則觸寒威以傷生而廢父子兄弟歲寒聚順之好后若省方則車徒跋涉吏民迎候履冰践雪怨咨繁興皆非以保養孤陽而順天行故兩月之中下靜處之令以法復卦之德令制臘月十五日起至正月十五日止非軍國大事急須奏報者皆

停止猶其遺意也○頤齋經說至日閉關象傳明言至日非至日外猶禁商旅行也后不省方亦惟冬至一日舜典十有一月朔巡狩豈建子之月不省方乎周代正月建子諸侯朝正皆在是月豈肇后不出其國而能如周京乎月令仲冬之月天之命有司祈祀四海大川名源淵澤井泉何君后不出關門著爲令典而有司反奔走不遑乎又曰山林藪澤有能取蔬食田獵禽獸者野虞敎道之又曰日短至則伐木取竹箭何農工皆勤職業而商旅獨休止乎故曰至日閉關惟冬至一日之政典也○按閉關之令王者之政也言先王者冬至郊天以先王配祭法有虞氏郊嚳夏后氏郊鯀殷人郊冥周人郊稷孝經昔者周公郊祀后稷以配天家語郊問章郊之日喪者不敢哭凶服者不敢入國門氾掃清路行人畢止國外百里爲郊郊野郊埸有關閉關之令正以郊祭之日辟除行人及於百里外也商旅之行必有車馬載重非若居民空身行也故曰先王以至日閉關天子一歲祭

天有九冬至圜丘孟春祈穀五時迎氣孟夏大雩季秋大饗惟郊祀圜邱配以后稷其典至重者蓋冬至之日陽氣之所祖也大以陽氣爲祖人以始祖爲祖故郊特牲曰郊之祭也大報本反始也方方物即商賈之所貿遷者古者立國前朝後市后理陰道故主市事商旅既止於關外交易遂停於市中后爲妃后后不省方與商旅不行一義之所貫也

初

（德位）元德在初

二

（默參）震木主肝兌金主肺二變兌金制木肝怒不生所以爲吉

四

（集解）繆昌期曰中即中以自考之中獨即中庸愼獨之獨四能以中而行而

於獨知之中憬然自覺所謂復以自知也

上

（筮說）左傳襄二十八年子太叔曰周易有之在復之頤曰迷復凶其楚子之謂乎欲復其願而棄其本復歸無所是謂迷復能無凶乎其楚子不幾十年未能撫諸侯也○淸朝噶爾丹叛時侵犯烏闌布通其勢甚急聖祖命李文貞公占易得復之上六文貞變色上笑曰今噶爾丹背天犯順自蹈危機兆乃應彼非應我也因立下親征詔果大捷焉

（集解）子夏傳傷害曰災妖祥曰眚○鄭玄曰異自內生曰眚自外曰祥害物曰災

象

（集解）金賁亨曰觀復可以知仁仁者天地生物之心於穆不已者也象傳言

復見天地之心而六爻皆爲仁之事初不遠復顔子當之乾道也九得乾之初也二休復下仁以友輔仁冉閔之徒也三頻復日月至耳四獨復孟子生百年後獨能私淑夫子以從道也五敦復坤道也六五坤中爻也其曾子之弘毅與上迷復自暴自棄不仁之甚也

（默參）二曰下仁内經風論篇第四十二衛氣有所凝而不行故其肉有不仁也復二成臨陽氣日長陰凝日消周身血脈和暢所以爲仁下仁則上無不通矣

（比例）四言從道上言反君道四與初應順從陽也上遠於初復綜爲剝有相反之勢觀此便知卦爻之旨焉

（對待）復上綜即剝初體陰故皆言凶復四綜即剝三剝失上下故復言獨行復二綜即剝五復以下仁爲修身之本剝戒貫魚以宫人寵遠色正所以修身也

泰州 徐天璋睿川 演

无妄 ䷘ 震下乾上

（卦旨）卦自否䷋下盈一陽綜爲大畜䷙旁通爲觀䷓錯爲升䷭在天成象烈風迅雷在地成形荒郊古木在世運民安質樸在人志氣孤高

（義理）外剛内躁下動必不能勝惟有靜以安之曰无妄

无妄元亨利貞其匪正有眚不利有攸往

（訓詁）躁動曰妄眚過也其匪正有眚言非忠信之事必有災害也

（象數）雜卦无妄災也震主決躁爲有眚震動爲往乾金上剋震木爲不利有攸往

（義理）无妄自否下生一陽天心厭亂人心悔禍否極而轉之機也顧否極之後不能驟爲平治積誠相感正宜默化潛移循序而理若操之太急妄事更張則反側者激而生變適自取禍於厥躬焉

彖曰无妄剛自外來而爲主於内動而健剛中而應大亨以正天之命也其匪正有眚不利有攸往无妄之往何之矣天命不祐行矣哉

（訓詁）主宰也祐助也行矣哉言不可行也

（象數）初爲剛主五爲剛中乾在上爲健爲天互巽爲命震在下爲動爲行

（義理）剛自外來爲主於内非自遯推一陽返下實自否來一陽生下蓋否陽盈上勢正岌岌自殆忽得外陽來助於内故在上者皆以爲主而聽命焉譬之爲仲連本非趙人一旦來趙平原君辛垣衍遂尊信之范睢本非秦人一旦來秦秦王遂信用之其故何哉否亂至極望治情殷忽有賢才來内故事無大小皆取決焉既曰爲主於内又曰匪正有眚不利攸往者卑不加尊新不間舊若不度量而妄矜能勢必如商鞅輩自取其禍者焉

（攷證）无妄史記作无望歸藏作毋亡不祐釋文作不佑李鼎祚集解馬作不右謂天不右行按當從本義作祐

象曰天下雷行物與无妄先王以茂對時育萬物

（訓詁）暢生曰茂對配也物兼動植而言對時育物合四時之序紀物以應其候而爲種殖滋息者也

（象數）乾爲天震爲雷雷動物生爲物與天運不息爲茂時震主反生爲育物

（義理）萬物者合飛潛動植胎卵溼化而言之也如夏小正月令所紀純任氣化於天自然而生自然而死當其生也不能遏其機及其死也不能救其斃聖人著象无妄必曰茂對時育萬物者雷以春分出地秋分入地萬物榮枯消長莫不以春秋爲節故聖王置爲閏法界物育應時不失若符節之相合焉

（音句）虞氏義朱子語類悉讀天下雷行句物與无妄句心易溯源讀天下雷

行物與句本義讀茂對時句育萬物句惠士奇易說惠棟周易述並讀茂對句時育萬物句按武億經讀攷異此凡兩讀九家易天下雷行陽氣普遍無物不與故曰物與也是以物與絕句又云物受之以生无有災妄故曰物與无妄也又以物與无妄連讀以易例推之凡象釋卦名則卦名皆另讀不宜此獨連爲句從九家易前一讀爲是焦循易章句讀茂對時句

（攷證）行古本誤作往育萬物周易舉正无萬字

初九无妄往吉

（訓詁）往往外也

（象數）震動爲往體陽爲吉

（變通）初變爲否☰☷旁通亦爲否否初體陰曰貞吉爻初體陽故曰往吉

（義理）无妄往吉僉曰人无妄往所以占吉不知象曰无妄之往得志也則是以往爲吉非以不往爲吉推原爻理蓋无妄以初爲主人心之妄皆從念生初當平旦之氣動得坤貞靜養之中泯其決躁後念不雜純動以天焉往而不吉哉

（音句）虞氏義讀无妄句往吉句本義讀无妄往吉句心易溯源讀无妄往句吉句按象傳无妄之往得志也當以无妄讀合往字爲句吉字句

（占應）初辰在子上值司命司祿占主爲吉

六二不耕穫不菑畬則利有攸往

（訓詁）耕耕耘穫刈獲田不耕曰菑田治和曰畬不耕穫不菑畬言無妄心於其間惟知誠育而不已也

（象數）震爲東作爲耕變兌西成爲穫體震變兌耕不見而穫見爲不耕穫二當地面爲田體震草萊爲菑變兌田和爲畬二變兌和田中草萊不見爲不菑

畬震動爲往變兌說而應乾爲利有攸往

（變通）二變爲履☰☱旁通爲剝☶☷履二曰履道坦坦爻應故爲利有攸往

（義理）耕而後穫菑而後畬理也不耕而穫不菑而畬妄也不耕穫不菑畬兩無成心惟知對時育物當長不折方生不殺此眞无妄之至也象變爲履說而應乾順天道而育萬物此至誠之聖所以與大化參也家語屈節解齊人攻魯道由單父單父之老請曰麥已熟矣今齊寇至不及人人自收其麥請放民出皆穫傅郭之麥可以益糧且不資於寇三請而宓子不聽俄而齊寇至逮于麥季孫聞之怒使人以讓宓子曰民寒耕熱芸曾不得食豈不哀哉不知猶可以告者而子不聽非所爲民宓子蹙然曰今茲無麥明年可樹若使不耕者穫是使民樂有寇與此義可叅攷

（攷證）禮坊記篇引曰不耕穫不菑畬凶呂覽貴因篇於穫字上加而字

（占應）二辰在酉上值天廩天囷芻藁應爲耕穫菑畬

六三无妄之災或繫之牛行人之得邑人之災

（訓詁）天火曰災縶維曰繫或謂有人牛耕牛行人道上之人邑人井邑人也
（象數）震變離火爲災離爲牛中互巽繩爲繫震爲行人體震變離爲行人得牛震爲大塗互艮山麓爲邑人震化離火爲邑人之災
（變通）三變爲同人䷌旁通爲比䷇同人曰同人于野爻應故爲行人邑人
（義理）此言爻變同人當爲守望相助也譬之繫牛於邑得者本爲行人受災反在邑人震爲行人變離爲牛行人得牛也離火炎上三爻正當其變邑人之災也周官司市凡得貨賄六畜者各於其地三月而舉之族師使之相保相受刑罰慶賞相及相共牛爲行人竊得而失牛則族閭攤派邑人共罹其殃匪正有眚垂戒之義深焉
（占應）三辰在亥上值天廐應爲牛馬繫處

九四可貞无咎

（訓詁）可者僅許其能也
（象數）體乾剛德爲貞變巽進退自試爲可貞
（變通）四變爲益䷩旁通亦爲益益爲遷善改過爻應故曰无咎
（義理）四位大臣武公宏化燮理陰陽非有剛健之德不能擔當道義者也體乾變巽內存敬惕之心外著謙恭之象下與初應能取諸人以爲善者也慮己受益何咎之有
（占應）四辰在午

九五无妄之疾勿藥有喜

（訓詁）病急曰疾藥草木愈疾者也
（象數）體乾變離金受火刑爲疾震木中互巽草爲藥乾爲金互艮爲石金石得離煅煉亦爲藥離在志爲喜
（變通）五變爲噬嗑䷔旁通爲渙䷺噬嗑五曰貞厲爻應故曰有疾
（義理）漢書武帝紀曰君者心也民猶支體支體傷則心憯怛象變噬嗑噬嗑用獄明罰勑法无妄之疾正視民如傷哀矜而勿喜也既曰哀矜勿喜何云勿藥有喜蓋治民道在寧一不在紛更偶爾民有災疾切不可亂投藥劑而加砭治也惟有靜以俟之潛移默化斯眞无妄也矣
（占應）五辰在申上值參宿附星天屏開元占經石氏曰天屏星不具人多疾

上九无妄行有眚无攸利

（訓詁）入過曰眚有眚无利自取災也
（象數）震動爲行至上亢窮爲无利
（變通）上變爲隨䷐旁通爲漸䷴隨窮於上正應有眚窮災

（義理）上當天位升沉有定人豈可與天爭乎象變成隨隨君子以嚮晦宴息无妄至上正宜默養天倪自存平旦也柳下惠曰直道而事人焉往而不三黜枉道而事人何必去父母之邦此眞知命之言不萌妄念者也如其逆命而行知進而不知退勢必天災於上人禍於下終於迷溺而不返焉何利之有
（占應）上辰在戌上值火鳥附路火鳥應災眚附路爲太僕掌掃除應行

象曰无妄之往得志也不耕穫未富也行人得牛邑人災也可貞无咎固有之也无妄之藥不可試也无妄之行窮之災也

（訓詁）祿馭曰富未富未仕也固有猶言本有試嘗驗也
（義理）初戒妄念之萌二絕妄求之想三因匪正而致疑四以慮受而獲益五則治民弗擾勿藥有喜無非聽大化於自然上則樂天知命不可與造化相爭合觀象理萬事以靜爲主也況當否極轉治尤不可妄事更易自取覆亡故聖

人於无妄特揭其旨垂戒之義深焉

(音句)富叶音忌與志試相韻災叶子之切富字詳見小畜象傳災字詳見乾文言隔句相韻詳見彖謙諸象傳

副編

无妄

(集解)何楷曰妄謂虛妄凡天下之乍起乍滅而非眞實者皆妄也故想曰妄想見曰妄見无妄者誠也○李光地曰无妄災也自外來者也匪正之眚由己作者也

(默參)震木主肝肝怒則心必妄動故應匪正有眚

(德位)元德在初亨貞之德在五利德亦在初

(比例)復自剝反反則利有攸往无妄自否下生一陽轉不利有攸往者復卦

外陰易於摧朽无妄外剛難於拔山復卦震木自内尅外无妄乾金自外尅内也

象

(集解)九家易曰天下雷行陽氣普徧無物不與故曰物與也

二

(集解)鄭玄曰一歲曰菑二歲曰新田三歲曰畬○虞翻曰在初一歲曰菑在二二歲曰畬○宮文煌曰性不善米固有之良不待耕而獲也心地光明絕無茅塞不假菑而畬也此眞无妄者也○頤齋經說耕者求獲菑者求畬不耕獲不菑畬既無爲於前故无冀於後也○按予寓招賢鄉嘗命園丁拔所種菜改栽花卉一老人在旁曰古人有言不耕垂獲之稼不荒已治之田此菜將收菜子何不俟菜子收後再栽花卉此時若拔甚屬可惜據野老所言則此爻云云蓋言成功者不可廢也故訓詁師其意焉且與對時育物之象同指老人之意不耕穫禾垂成不耕去也田災殺草木曰菑不菑畬田已治不容荒也

(德位)利德在初二利攸往者二當士位祿足代耕因初以爲功也

四

(德位)貞德在五四上承五變而得位下應初九故曰可貞无咎

五

(集解)胡炳文曰文王羑里之囚肆不殄厥慍亦不隕厥問周公流言之變公孫碩膚德音不瑕文周之疾不藥而自愈矣○頤齋經說文武之道一張一弛治民猶之治疾惟於意外之災突如其來鎮之以靜絕不亂以藥物投之則嘗陵之爭不撲自滅五體乾健變離化光君既居尊而光大天下何憂不治哉

(默參)金烈火熱體乾變離火爍天空正應雷氣爲疾猶人六月中暑大渴大

汗法以固氣爲本靜養片時自愈若投寒涼之劑傷人必多蓋雷震天心空空無礙火氣化而旋悔勿藥有喜醫卜之道本相貫焉

象

(集解)易經精華初曰往吉二曰利往時當動而動也四曰可貞五曰勿藥上曰行有眚時當靜而靜也動靜不失其時即遇繫牛之災非其罪矣此三所以不言凶咎也與

大畜 ䷙ 乾下艮上

泰州 徐天璋睿川 演

（卦旨）卦自小畜䷈虛爲二陰綜爲无妄䷘旁通爲臨䷒錯爲萃䷬在天成象星宿滿空在地成形崇山峻嶺在世運物阜財豐在人身心德潤

（義理）陽實陰虛三陽充下比戶豐盈上艮止靜安而无擾曰大畜

大畜利貞不家食吉利涉大川

（訓詁）畜養也戶牖之間曰扆其內謂之家不家食吉家修廷獻賢者皆食於朝也大川水流深處利涉大川利濟其艱險也

（象數）艮爲門闕爲家中互震稼兌口承之爲食兌澤爲大川互震行人體乾剛健爲利涉

（義理）大同之世家給人足小人樂出賦稅以供君上君子得展經濟以養民生上下相同有無相共衣食足而教化興周之成康漢之文景休養生息庶幾

臻此景象卦取不家食吉利涉大川者乾爲郊爲川周官載師以宅田士田賈田任近郊之地以官田牛田賞田牧田任遠郊之地凡有祿於朝者無不受田於郊盡力於溝洫也

（攷證）大畜歸藏易作毒畜釋文古本亦作蓄

彖曰大畜剛健篤實輝光日新其德剛上而尚賢能止健大正也不家食吉養賢也利涉大川應乎天也

（訓詁）純壹曰篤充滿曰實輝者氣所發越光者景透其明養賢謂有德者食其祿也

（象數）乾爲剛健艮爲篤實乾爲金玉艮爲山寶藏蘊於山中爲輝光乾主敬惕爲日新乾爲君子四五虛衷下應陽實爲尚賢艮爲止乾爲健二陽剛中爲大正乾爲天

（義理）大畜養賢在下之士莫不來歸獨於上曰其德剛上而尚賢尚加也蓋言上九一爻超然霞舉不受君卿之祿其德加乎就養之賢者上也五與二應君能不自滿假折節下士四與初應卿能以虛受人詢于芻蕘故初二之賢皆就四五之養也獨上位當隱逸非君卿之祿所能羅致修天爵耻要人爵拔俗之標洵超出於商山四皓上也

（音句）鄭氏易虞氏義讀剛健篤實句輝光日新句其德剛上而尚賢句王弼讀剛健篤實輝光句日新其德句漢書王吉傳日新厥德王莽傳日新其德並與王弼讀同禮樂志輝光日新文心雕龍張華勵志詩並與鄭虞讀同按剛健指乾德篤實指艮德當讀剛健篤實句輝光日新句大有象云其德剛健而文明此云其德剛上而尚賢其德二字宜合下讀句不宜合上讀句

（攷證）岳本錢本輝作煇釋文煇音輝石經煇旁火係磨改當是初刻煇後改

煇能止健虞本作能健止按輝煇字通凡言卦德皆先內卦從虞本爲允

象曰天在山中大畜君子以多識前言往行以畜其德

（訓詁）識志也

（象數）乾爲天艮爲山中互兌口爲言震動爲行艮止爲畜乾健爲德

（義理）山爲古今著迹象其言行天爲六合積氣畜如道德天在山中者地懸天心承天時行全憑大氣包舉故山之上有天山之下有天山之中亦有天也天降時雨山川出雲山中所畜之氣即山中所畜之天山中所蘊之寶藏即天氣所成之積塊故君子取象於斯無非以靜養之功法其於穆之化也

（攷證）李鼎祚集解識作志釋文云劉作志

初九有厲利已

（訓詁）有厲利已見利思義不以利爲利以義爲利也

(象數)初承乾剛之下爲厲動變巽順兼近利市爲利已已能不爲利慼爲有
厲利已
(變通)初變爲蠱䷑旁通爲歸妹䷵蠱初應曰厲終吉
(義理)初畜之時卽有蠱惑於己者人心惟危之象聖人因象垂戒體乾惕厲
翼翼小心彼之蠱惑不行我之磨厲益進卽孟子曰動心忍性增益不能荀子
云鈍金必待礱厲然後利也有厲利己惕於利而危也
(占應)初辰在子上値司非主糾察過失應爲有厲利己

九二輿說輹

(訓詁)轐謂之輹說脫也輿无輹不行猶之士無介不見也
(象數)體乾圜爲輻二當乾輻之中爲輹變離中輹不見爲說輹中互坎輿多
眚爲輿說輹

(變通)二變爲賁䷕旁通爲節䷻賁二須待爻應故說輹難行
(義理)二爲有道之士家修廷獻正宜載以後車象變成賁道在杜門郤軌閉
戶潛修不當攬轡澄淸奔馳道路曰輿說輹者卽詩云伐檀伐輻伐輪寘之河
干河側河漘之義也昔孔子使漆雕開仕開曰吾斯之未能信季氏使閔子騫
爲費宰騫曰善爲我辭焉均與此爻旨合
(攷證)輿說輹虞氏義作車說腹釋文或作轝脫輻按當從本義作輿說輹
(品物)輹伏兎也阮元車制圖解輿下鉤軸者爲轐轐謂之輹輹謂之伏兎即
俗名車耳夾於輪軸之兩端者也李鼎祚集解輹車之鉤心夾軸之物
(占應)二辰在寅上値車肆應爲輿輹

九三良馬逐利艱貞曰閑輿衛利有攸往

(訓詁)逐追也閑習也防也衛護也
(象數)乾爲良馬中互震馬導行爲良馬逐艮止在前爲閑體乾變兌中互坤
輿震爲列載之士兌應鑾和之音爲輿衛震動爲往互兌和悅爲利往
(變通)三變爲損䷨旁通亦爲損損曰一人行則得其友爻應故利有攸往
(義理)良馬馬中駃騠也追奔曰逐利艱貞者凡人馳驅險阻戰競自持反無
阻越馳驅康莊恃其平坦轉易顚蹶故必閑之以法戒其泛駕追奔譬若輿衛
之旁制其進退鉤飾在前錯綴在後進則鉤飾禁之退則錯綴貫之駃騠雖良
故非閑習不能入輿衛之選士質雖美若非蓄道德能文章不能任重致遠上
貢王廷利艱貞者吉行日五十里師行日三十里按轡緩行戒其奔競也曰閑
輿衛利有攸往學優後試操縱裕如鸞旂在前屬車在後周規折矩和鑾雝雝
也
(攷證)良馬逐釋文鄭本作逐逐曰閑劉表作日閑曰猶言也虞本鄭本作日

閑本義作曰閑按玩其辭義宜作日閑
(占應)三辰在辰上値馬尾馬腹應爲馬逐又値軫宿張衡云軫主車駕應爲
輿衛

六四童牛之牿元吉

(訓詁)犢曰童牛牿牛牢也
(象數)離爲黃牛元吉體艮變離爲童牛元吉離爲垣墉因爲牛牢爲牿
(變通)四變爲大有䷍旁通爲師䷆大有元亨爻應故爲元吉
(義理)四位大臣取象童牛者祭天地之牛角繭栗也童牛薦饗上帝大臣簡
在帝心牿爲閑牛之牢書曰濟舍牿牛馬童牛之犢正祀天之牛繫於牢芻之
三月猶士養成其道德待君熏沐以求也其占元吉以其登進而用焉
(攷證)釋文童牛說文作僮牛廣蒼作犝牛九家易牿作告鄭本作梏陸云牿

當作角按費誓云牿牛馬牿爲牛之閑牢也

（占應）四辰在丑上值牽牛史記天官書牽牛爲犧牲應爲童牛

六五豶豕之牙吉

（訓詁）豕子曰豶牙杙也

（象數）艮爲少男爲黔喙之屬因爲豶豕體艮變巽木遮互兑之口爲豕牙之杙

（變通）五變爲小畜䷈旁通爲復䷗復二應曰吉

（義理）五位當尊興邦喪邦繫於一言金人所以三緘其口也古者天子冕而前旒所以蔽明黈纊充耳所以塞聰今以豕牙取象者武王几銘曰口生垢口戕口豕互戕嚙所嚙之處肉必腐中故人以木片遮豕口前防其害物埤雅曰牙杙也大畜養德取譬豕牙者君不密則失臣機事不密則害成正欲人君慎言不出免其爲興戎也

（占應）五辰在卯卯將六合主傷失六畜應爲豶豕之牙

上九何天之衢亨

（訓詁）何天之衢謂天蓋高不敢不蹐也

（象數）艮爲門闕上當天位互震大塗爲天衢艮背爲荷

（變通）上變爲泰䷊旁通亦爲泰泰應曰小往大來亨

（義理）天下有道賢人在朝天下無道賢人在野大畜變泰有道之士莫不在野上承天寵爭集皇路也天衢者房南二星北二星爲四表中閒爲天衢之大道黃道之所經七曜之所由也交泰之世天衢通道曰荷天之衢者喻臣下出入君門鞠躬而行如負荷狀蓋即一命而傴再命而僂卑以自牧位居上九庶幾高而不危也

（音句）何讀上聲

（攷證）何梁武帝作荷

（占應）上辰在戌上值關道應爲天衢

象曰有厲利已不犯災也輿說輹中无尤也利有攸往上合志也六四元吉有喜也六五之有慶也何天之吉衢道大行也

（訓詁）合志行同道也喜小而慶大喜在一身慶在天下也

（象數）四變離火在志爲喜

（義理）大畜卦具二義一蘊畜一止畜內卦下應上求其德主於蘊畜外卦上受下益其德主於上畜上則所居既極所行益恭此道所以大行也

（音句）災叶子之切尤叶音怡喜叶音熾慶音羌行音杭均詳見前

副編

大畜

（德位）貞德在二利德在五

象

（集解）惠士奇易說說者謂地氣以上皆天攷之歷象地之上下四旁无非天也地在天心之一點說見新法歷書五運行大論篇帝問岐伯曰地之爲下否乎岐伯曰地爲人之下太虛之中者也帝曰馮乎馮古濕字岐伯曰大氣舉之也所謂大氣者天之氣王冰亦謂造化之氣任持太虛落葉飛空不疾而下爲其乘氣故不得速焉凡處地之上者皆有生化之氣任持之物生乎氣氣本乎天故山能生草木而興寶藏者天氣在其中也如中无天氣則山塊然一拳石耳焉能起膚寸之雲不終朝而雨徧天下哉

(德位)貞德在二

四

(集解)古注在手曰梏牛无手以前足當之○鄭注巽爲木互體震震爲牛之足足在艮體之中艮爲手持木以就足是施梏○侯果曰坤爲輿故有牛矣梏楅也以木爲之横施於角止其觝之威也○按童牛之角繭栗楅不可施梏前足又不能行當從書費誓牿牛馬注牿爲閑牢爲允

(德位)元德在五

五

(集解)鄭元曰牙讀爲互如周禮牛人凡祭祀供其牛牲之互蓋古互字作㸦與牙字形似而易譌也互又或作牙○崔憬曰說文豶劇豕今俗猶呼劇豬是也然以豕本剛突劇乃性和雖有其牙不足害物是受制於人也以喻九二之剛健失位若豕之劇不足畏也而六五應止之易故吉有慶矣崔訓牙爲齒牙豶爲去勢豬仲都訓豶爲除○埤雅曰牙杙也海岱之間以杙繫豕喙前謂之牙○按牙即木片繫遮於豕喙之杙也蓋北方豕牙最利互嚙於外肉必腐中故繫木杙遮於喙前防其互嚙予居辥莊村人有販豕淮徐者云買壯豕必先以斧擊去前牙然後羣行道途始不互嚙崔楮之說似非無因然玉篇曰豶牿也埤雅曰牙杙也大畜方取畜德爲象絕非擊除豕牙戕賊之也况豶爲豕子並非壯豬牙當訓杙爲允

(比例)四曰童牛之牿五曰豶豕之牙蓋四五兩爻虛衷應下故下得陳善閉邪引君上於當道也

上

(集解)吳澄曰漢王延壽魯靈光殿賦云何天之衢以元亨何作荷上聲何天之衢其辭猶詩言何天之休何天之龍也

(德位)大畜變泰二陰虛卦化爲三陽上與三應亨德在三

象

(對待)无妄上九綜即大畜之初彼窮於終故有眚无利此利於始故利已而不犯災大畜上九綜即无妄之初大畜言亨故无妄言吉大畜六四綜即无妄之三故皆言牛此兩兩之消息也

頤 ䷚ 震下艮上

泰州 徐天璋睿川 演

（卦旨）卦自復䷗上生一陽綜亦爲頤旁通爲中孚䷼錯爲大過䷛在天成象夏雹冬雷在地成形懸巖礫石在世運陰邪充塞在人外强中乾

（義理）天道無一息之停內震於下外止於上化機默運曰頤

頤貞吉觀頤自求口實

（訓詁）頤顧也自求口實愼言食以養氣也

（象數）艮黔喙爲頤陰虛陽實震陽動內爲口實

（義理）平旦之養復見天心卦自復上生一陽養得天氣者也道家養生以氣吐納呼吸默與天地相參聖人養生以聽作止語默隱與天心相合此頤養者所以貞吉食以養陰飲以養陽此以飲食爲養者故曰自求口實湯誥曰予恐來世以台爲口實孟子曰言無實不祥口實兼主言語之愼不僅謂飲食也

彖曰頤貞吉養正則吉也觀頤觀其所養也自求口實觀其自養也天地養萬物聖人養賢以及萬民頤之時大矣哉

（攷證）閩監毛本實作食

（訓詁）養正謂致中和爲位育也觀示也觀頤者示民以德自求口實愼言語以養氣節飲食以養身也

（象數）二五中柔靜居不動爲養正

（義理）蒙以養正聖功也謂以德育民觀頤下觀而化也謂以教示民自求口實君子勞心小人勞力也謂以道使民天地養萬物以元氣爲生生聖人養賢民致中和爲位育所養不同頤時之大不可爲典要也

象曰山下有雷頤君子以愼言語節飲食

（訓詁）愼謹也自言曰言答述曰語節檢制也飲漿酏之類食飯食也

（象數）艮爲山震爲雷震動有聲爲言語震生稼穡爲飲食艮上靜止爲愼節

（義理）傳元口銘禍從口出病從口入言語不愼立見厲階飲食不節味多傷敗能愼節則食德飲和莫不心廣而體胖焉

初九舍爾靈龜觀我朵頤凶

（訓詁）舍棄也觀求也靈龜通靈之龜朵頤頤動而涎垂也

（象數）震爲龜洪範五行云時則有龜孽以龜屬木故震爲龜艮果蓏爲朵初動震陽不見爲舍爾靈龜艮果存上爲觀我朵頤

（變通）初變爲剝䷖旁通爲履䷉剝初應曰蔑貞凶上曰剝果不食

（義理）龜能服氣生靈鬼谷子云靈龜養志者心氣之思不達也有所欲志存而思之志者欲之使也欲多則心散心散則志衰志衰則思不達也故心氣一則欲不偟欲不偟則志意不衰志意不衰則思理達矣初陽爲先天之元氣上陽爲後天之剝果爻動變陰是舍先天之元氣而求後天之果食也人於平旦之初棄理義之

悅心求膏粱之適口斫身體之眞陽冀參苓之培補譬之龜藏山澤不能服氣生靈而反曳尾泥塗日尋口實焉得不凶

（攷證）朵京作揣按當從作朵

（品物）龜生於水而游於春介蟲之精者外骨內肉頭與虵同天地之性廣肩無雄上應元武之宿食陰氣陽龜則朝暮向東引頸吸氣故能年壽靈長龜背坼文十有三塊腹十有二周邊二十有四並爲四十有九大衍之數準焉

（占應）初辰在子子爲天黿即玄枵之次位値北方玄武文獻通考引宋中興天文志北方黑帝其精玄武爲七宿有龜蛇蟠繞之象牛蛇象女龜象虛危室壁皆龜蛇盤糾之象

六二顚頤拂經于邱頤征凶

（訓詁）顚塞也顚頤其頤塡塞之貌拂經言戾常也邱邱邑拂經于邱言士戾

其常經而苛斂於邱民也

(象數)陽實陰虛陰資陽養二中變陽兌主飲食爲顛頤艮山爲邱二與五應下仰上養爲拂經變陽失位爲凶

(變通)二變爲損䷨旁通亦爲損損二應曰征凶

(義理)無君子莫治野人無野人莫養君子上資下養取民本有常經二當士位親民之官掌邱邑貢賦稅斂啬也體震變兌說得民養象變成損剝下奉上是以聚斂爲附益者也戒石銘曰爾俸爾祿民脂民膏下民易虐上天難欺今爻變失其類焉往而不凶與

(音句)虞氏義讀顛頤句拂經于邱句王輔嗣讀拂經于邱句本義云求養於初則顛倒而違于常理求養于上則往而得凶此又以拂經爲句于邱頤爲句程傳謂顛頤拂經句于邱頤句焦循易章句讀拂經于邱句頤征凶句按黃

幹曰頤之六爻只是顛拂二字求養於下則爲顛求養於上則爲拂六二比初而求上故當讀顛頤句拂經于邱頤句征凶是占辭

(攷證)拂子夏傳作弗

(占應)二辰在酉上值天廩應得祿養又值天讒卷舌應爲拂經征凶

六三拂頤貞凶十年勿用无攸利

(訓詁)拂頤貞凶矯廉辭祿養戾其正者數極曰十勿用无利行有災也

(象數)三多凶爲貞凶互坤數十爲十年變互坎陷爲无利

(變通)三變爲賁䷕旁通爲節䷻賁䷕體陽應曰貞吉節上體陰應曰貞凶

(義理)聖人養賢以及萬民非以養陰邪也三不中正動而成賁假託名高不求祿仕正如陳仲子居於於陵三日不食耳無聞目無見雖至十年廢棄幾見能有利哉蓋三與上應變而弗應故有拂頤之象

(音句)虞氏義讀拂頤句貞凶句玩易四道讀拂頤貞句注云程張楊鄭項氏皆同按二四曰顛頤上曰由頤皆以頤字絕句當從虞讀爲允

(占應)三辰在亥上值敗臼應爲无利

六四顛頤吉虎視眈眈其欲逐逐无咎

(訓詁)顛頤其頤塡塞之貌眈眈虎下視也逐逐民敦實意虎視眈眈其欲逐逐逐逐悠悠也釋文逐逐有作悠悠言能視下有憂深思遠之意悠說文憂也鄭讀思也故吉无咎

(象數)陽實陰虛四陰應初得下之養爲顛頤艮虎變成離目爲虎視眈眈中互坤虛爲欲變互坎水中實有孚爲其欲逐逐

(變通)四變爲噬嗑䷔旁通爲渙䷺噬嗑象曰未光也爻應故象云上施光也

(義理)君子勞心小人勞力勞心者治人勞力者治於人治於人者食人治人者食於人四治民者也正與初應陰資陽養衣租食稅皆取於下故曰顛頤吉顧上有欲下亦有欲管子曰民之所欲飲食也足其所欲則能用之矣上之視民誠能如虎視之專心目眈眈憂深慮遠見其民之欲敦實無求何咎之有

(攷證)視集解作眡釋文逐逐子夏傳作攸攸荀作悠悠劉巘作跾跾漢書引作浟浟婁機漢隸字原釋張壽碑眈眈作覞覞按視與眡覞與覞古今字通虞喜曰浟當爲逐是浟爲古文逐也志林云攸當爲逐是攸亦爲逐也

(占應)四辰在丑上值箕宿箕禽爲豹與尾禽爲虎相接應爲虎視

六五拂經居貞吉不可涉大川

(訓詁)拂經居貞義以行權不失正也大川水深險處不可涉大川知難而止待衆濟也

(象數)五當中正爲居貞體艮變巽爲川巽深入險爲不可涉大川
(變通)五變爲益䷩旁通亦爲益益應曰利涉大川
(義理)天生民而立之君五爲頤主宜享天下之養者也陰資陽養二五皆陰不能相應是君不能得下之養動而成益反爲損上益下故曰拂經既曰拂經又曰居貞吉者正以旱乾水溢天道反常王者避殿減膳賑貸蠲租仰順天心力行撙節莫非有孚惠心也顧有年養民則有餘無年養民則不足如其僅恃蠲賑何能宏濟萬方故曰不可涉大川
(占應)五辰在卯上値梗河應爲不可涉大川

上九由頤厲吉利涉大川

(訓詁)由從也自危曰厲利涉大川天下濟也
(象數)陽窮於上爲厲艮止變坤安貞爲吉震動在下爲厲吉

(變通)上變爲復䷗旁通亦爲小畜䷈復應曰利有攸往
(義理)食者民之天也上値天位天生萬物以養兆民人當懔然無功而食必有天災故曰由頤厲吉天爲大生艮上變坤土爰稼穡大象爲復天心培養元元民康物阜故曰利涉大川
(占應)上辰在戌上値水委應爲大川

象曰觀我朵頤亦不足貴也六二征凶行失類也十年勿用道大悖也顚頤之吉上施光也居貞之吉順以從上也由頤厲吉大有慶也

(訓詁)尊崇曰貴類衆也悖背也
(象數)二五坤衆爲類體震爲行四變離明爲光五變巽爲順從上變坤爲有慶(坤象乃終有慶)

(義理)在下需人養者初二三爻體震躁動故聖人深相戒勉繫以凶者抑其躁妄之心也在上皆養人而治者四爲无咎五曰居貞上則因厲而占利涉悉繫吉者聖人勉人推恩以惠下也二五並言拂經者二變則損下益上五變則損上益下皆非頤養之常經也二四並言顚頤者二四柔位動而悉塡陽實也
(音句)悖音佩上叶音常按詩大雅稷俾我悖叶上食人敗類爲韻悖蒲對反上叶辰羊切詳見比卦象傳

副編

頤

(德位)貞德在二

象

(集解)黃道周曰智而多言長其過愚而多言長其騙平而多食長其媮病而

多食益其咎

初

(默參)近取諸身腎爲龜屬震陽在子變而爲陰眞精遺洩而求飲食參苓之補其可得乎

二

(比例)二顚頤凶四顚頤吉四與初陽剛柔相應有功而食也二乘初上與五柔不能應而惟憑勢淩下焉得不凶

三

(德位)利貞德在二中爻動至三過中失貞且近多凶爲貞凶无利

四

(集解)惠士奇易說然則卦之四陰皆養於上奕虎視之占非吉有宮鄰金虎

之戒焉張平子曰周姬之末不能厥政政用多僻始於宮鄰卒於金虎宮鄰者書曰臣哉鄰哉鄰哉臣哉言世治則爲臣世亂則爲鄰也金虎者石氏星經曰昴者白虎宿太白者金之精太白入昴金虎相薄亂之象也逐逐爲宮鄰耽耽爲金虎其衰周之兆乎而其占旡咎何也傳曰主失其神虎隨其後主上不知虎將爲狗主施其瀆大虎將怯主施其刑大虎自寧濾刑苟信虎化爲人復反其眞耽耽逐逐何咎之有

五

(筮說)弦超爲神女所降或以爲神仙或以爲鬼魅干寶筮之得頤之益䷩郭璞曰頤貞吉以養身雷動山下氣性惟心變而之益延壽永年乘神御風乃升於天此仙人之卦也

(德位)五居尊位下與中應故曰居貞吉

(比例)二拂經凶五拂經居貞吉五變爲益損上益下民說旡彊二變爲損損下益上其道上行也

上

(比例)五君位不可涉大川水旱偏災獨賑祗能小補以君養人則不足也上天位利涉大川雨暘時若大生廣生以天養人則有餘也

象

(對待)頤無綜卦自爲對待五綜即二故皆言拂經

大過 ䷛ 巽下兌上

泰州 徐天璋睿川 演

(卦旨)卦自姤䷫上生一陰綜亦爲大過旁通爲小過䷽錯爲頤䷚在天成象雪月霜風在地成形沮洳陂澤在世運外患內鬨在人豐軀無力

(義理)外兌毁折內巽蠱惑剛過中而旡輔曰大過

大過棟橈利有攸往亨

(提要)書微子篇云商今其有災我興受其敗商其淪喪我罔爲臣僕詔王子出迪我舊云刻子王子弗出我乃顛濟棟橈利有攸往正喻微子去商以存宗祀也

(訓詁)棟屋脊木橈摧折也棟橈利有攸往往行也不行棟折榱崩身必壓也

(象數)巽爲木爲長爲高木長而高互乾中堅爲棟外兌毁折爲橈巽近利市互乾健行爲利有攸往

(義理)屋棟本肩重任者也上覆瓦甍下承礎柱羣策羣材並成大厦譬之公卿謀國上獲於君下得諸民同寅和衷方能奠邦家於磐石也今象上下二陰不能庇栽雖有賢者亦末如何所幸內德堅固不與世俗波靡猶能獨行其志故曰利有攸往亨

(音句)臧琳經義雜記易大過注音相過之過明神廟崇禎兩本皆無正義標注有此句釋文大書相過之過四字蓋後人疑注中不當有音恐非王氏語故刪之

(品物)繫辭上棟下宇棟即屋脊正木上承椽以覆瓦下跨梁以立柱者也

彖曰大過大者過也棟橈本末弱也剛過而中巽而說行利有攸往乃亨大過之時大矣哉

(訓詁)本謂下末謂上弱柔弱也

(象數)四陽爲剛過中兌爲說行爲往
(義理)本爲善始末爲令終初上皆陰既不能基善於始更不獲圖令於終大過所以橈敗也推原卦象巽爲長女內主令權兌爲讒人外騰口說雖有剛陽在中故不能毅然求治也推聖人經權常變補救其間曰巽而說行利有攸往正如周勃交歡呂産呂祿狄梁公躬仕武后內具剛毅之才外著謙和之德故能扶弱濟危數過而不失焉
(攷證)釋文弱本亦作溺

象曰澤滅木大過君子以獨立不懼遯世无悶

(訓詁)淹沒曰滅悶憾也
(象數)兌爲澤巽爲木兌金尅木爲滅木巽木挺生爲獨立二五剛中爲不懼巽入潛藏爲遯世外見兌說爲无悶

(義理)坎澤爲雨露兌澤爲霜雪澤滅木者兌司秋令霜雪橫空草木零落也巽陰木潛藏在下木之根株非木之枝葉雖有濃霜嚴雪木葉雖脫於外精華實蘊於中生氣內含楨幹挺立故君子以之勵操不懼无悶蓋確乎其不拔焉
(攷證)釋文遯本又作遁

初九藉用白茅无咎

(訓詁)白茅草之柔弱者藉用白茅以茅錯地爲祭藉也
(象數)巽爲白茅初下地位爲茅藉
(變通)初變爲夬䷪旁通爲謙䷎夬初體陽變陰爲咎本爻體陰變陽爲无咎
(義理)周禮鄉師云大祭祀供茅藉地官小司徒有供茅藉法郊壇之禮茅錯諸地登降獻薦可無傾蹶之患大過之初取象藉茅者蓋跬步之地人每不防微弱之茅世多不重殊不識君子將圖大事凡於在下女子小人尤貴愼防而善用也彼雖陰柔藉爲己助正如孟嘗君求解於昭王幸姬漢王允之用呂布也
(品物)白茅詳見泰卦藉通作葅
(占應)初辰在未上値積薪應爲茅藉

九二枯楊生稊老夫得其女妻无不利

(提要)老夫女妻喻武王得邑姜也枯楊生稊謂武王暮年始生成王
(訓詁)楊柳屬稊荑也發芽根旁直生穉條曰稊女妻初嫁者也
(象數)巽爲柔木爲楊木爲澤滅爲枯楊中互乾爲老夫外應兌女爲女妻二變艮男山澤通氣爲枯楊生稊爲老夫得其女妻巽近利市爲无不利
(變通)二變爲咸䷞旁通亦爲咸咸曰娶女吉爻應故得女妻无不利

(義理)老而無子曰獨行年五十而猶無子剛過中而獨立君子宜乎懼矣然君子不懼者二變成咸剛柔感應以相與譬之枯楊遇春穉條怒長何懼不得丈夫子哉帝王世紀武王妃太公之女曰邑姜修教於內生太子誦文王世子云武王九十三而終武王終時成王年十有三是武王生成王時年已八十矣其邑姜必非老婦當在少時大過二爻言无不利必武王卜取邑姜所演之策著也
(攷證)釋文稊鄭作荑
(品物)楊葉方苗未舒爲稊根旁穉條亦爲稊其實一也楊生之稊初苗爲葉葉以次展條亦漸以次長也
(占應)二辰在寅五行大義云寅者引也物芽稍吐引而生之移出於地應爲生稊上値女床御女應爲女妻

九三棟橈凶
(訓詁)棟橈屋脊之木摧折也
(象數)巽木爲棟柔難勝任爲棟橈變坎中陷爲凶
(變通)三變爲困䷮旁通爲旅䷷困三應曰入宮凶旅上應曰焚巢凶
(義理)三四兩爻居一卦之中並取象棟者棟跨兩梁上椽下柱賴羣材相輔助焉動而成困象不能肩大任居其宇者必有崩壓之危殷之飛廉惡來互相助紂爲虐焉得不撓而凶夾則唐之李訓鄭注明之方黃景練忠奸雖各不同其爲橈凶則一也
(占應)三辰在辰上値庫樓柱星應爲梁棟大文示斯曰無故棟樑折者凶

九四棟隆吉有它吝
(訓詁)崇高曰隆它下輔者也

(象數)兌變坎木爲堅多心力足以勝重任爲棟隆巽爲柔木承下不勝爲有它吝坎陽在上中爻爲隆在下中爻爲陷故下巽變坎爲凶上兌變坎爲吉
(變通)四變爲井䷯旁通爲豐䷶井四无咎爻應故吉吝相參半焉
(義理)三橈凶四隆吉者四位大臣動而成井勞民勸相能以德養人也有它吝者如王安石靑苗諸法己行未嘗不善後爲呂惠卿等所撓反成禍國焉得不吝此四正貴獨肩大任不宜藉在下者以相輔也
(占應)四辰在午上値張宿開元星占南宮候曰張爲天府故應棟隆之象

九五枯楊生華老婦得其士夫无咎无譽
(提要)古者君臣比之夫婦此爻喻周公輔相成王三叔流言之象
(訓詁)枯楊生華狂華也婦長曰老士夫少者也
(象數)巽木爲澤所滅木末顚弱爲枯楊五變震萬蕃鮮爲生華巽爲老婦震爲士夫
(變通)五變爲恆䷟旁通亦爲恆恆五曰婦人吉夫子凶爻應故爲老婦士夫无咎无譽
(義理)昏姻之禮男先下女君臣之義臣必得君大過二五變合成恆咸恆夫婦之象也故皆以夫婦爲喻五君二臣五變震爲元士正成王加冠周公復子明辟之象郊特牲云天子之元子士也天下無生而貴者也斯時周公年老妻道臣道巽順在下故曰老婦成王加冠主器在上故曰士夫豳風東山詩曰親結其縭九十其儀其新孔嘉其舊如之何正以君臣喻夫婦也枯楊生華喻三叔之流言无咎无譽公復辟後既不任過亦不居功雷風合而爲恆占象大以雷風之變時彰周公之德也詩書易象一以貫焉
(攷證)士夫郭京本作少夫作夕夫亦詳見易義無忘錄

(品物)任云華木芝也亦謂之楠枯木得暑濕之氣則蒸而爲芝虞氏義枯楊得澤則生華按月令桃始華桐始華鞠有黃華枯楊生華謂楊華也即今柳絮之類飛於滿路者
(占應)五辰在申上値天園應生華木

上六過涉滅頂凶无咎
(訓詁)以足涉水曰涉流沒曰滅頂首顚也
(象數)兌澤在前變乾健行爲過涉乾爲首爲頂上陰爲滅頂
(變通)上變爲姤䷫旁通爲豫䷏姤上曰角爻應故曰頂
(義理)涉从水从步步長六尺以長爲深則涉深六尺過涉滅頂者陰迷龍戰豎之殷商既亡而賢臣皆遯荒於野之象其在後世文天祥謝枋得死節於燕京獨立不懼也家鉉翁金履祥屏居於鄉里遯世无悶也一念忠貞實維綱常

萬古皆大過之君子也道自无咎

(占應)上辰在巳巳神太乙主有飛禍死喪應爲滅頂之凶

象曰藉用白茅柔在下也老夫女妻過以相與也棟橈之凶不可以有輔也棟隆之吉不橈乎下也枯楊生華何可久也老婦士夫亦可醜也過涉之凶不可咎也

(訓詁)過越也與共也輔比也醜類也

(義理)大過有顛越之象初用白茅能慎則不爲害三不可以輔四四因爲三所橈如諸葛亮過信馬謖敗於街亭之類三凶四吉者三不中正身當其災四則中心無它也二五取象夫婦君臣相依全在所匹得耦否則未有不敗焉上則視死如歸浩然之氣千載如生此大過所以特立也

(音句)下音戶叶與輔字相韻按輔在七麌古與六語通

副編

大過

(默參)說卦大過顛也靈素云歲木大過風氣流行金爲木母木盛仇金爲顛疾大過巽下兌上木盛仇金也

(德位)亨德在初

二

(默參)惠士奇易說二爻之象一指初一指上聖人作易近取諸身遠取諸物取諸身者莫精於古醫經當以古醫經證之卦有初上兩爻猶脈有上下兩部上寸下尺尺者脈之根猶初者卦之本難經曰人之有尺譬如樹之有根枝葉雖枯槁根本將自生脈有根本人有元氣故上部无脈下部有脈雖困无能爲害然則枯楊者枝葉枯楊猶人上部无脈困之象也梯者楊之根枝葉雖槁根本復生猶人下部有脈元氣尙存雖困不害故取象老夫女妻老夫者枯之象女妻梯者之象初陰在下非梯而何難經曰十二經脈皆係於生氣之原謂腎間動氣呼吸之門三焦之原一名守邪之神人之根本也根絕則莖葉枯矣寸口脈平而死者生氣獨絕於內也楊枯於下華發於顛是謂狂華狂華發則內之生氣絕矣猶人寸口雖平而尺脈已絕故象曰何可久也本象梯末象華皆狀其弱以脈之尺寸驗之又何疑乎

(德位)利在二中剛變柔爲得位利與五應也

(比例)二言老夫女妻五言老婦士夫蓋大過二五變成咸恆咸恆夫婦之卦也

五

(比例)二五皆以夫婦言者古之君臣悉借夫婦爲比也

上

(集解)頤齋經說兌澤上橫一陰止如大水之無津涯望者卻步爻獨變乾健行分明勉人殺身成仁不可畏難而退縮也雖凶何咎之有文天祥詩曰人生自古誰無死留取丹心照汗青正合此旨

(默參)兌爲腦海變乾爲首應爲氣行腦頂下入丹田

象

(對待)大過自爲綜卦五綜即二故兩爻皆言夫妻三綜即四故兩爻皆取象棟吉凶之占異者所居之位殊也

坎☵☵ 坎下坎上　　泰州　徐天璋睿川　演

（卦旨）卦自比☷☵下生一陽綜亦爲坎旁通與錯並爲離☲☲在天成象雲雨溟濛在地成形江河險阻在世運棘地荆天在人陰邪狠愎

（義理）陽陷陰中曰坎

習坎有孚維心亨行有尙

（訓詁）習重也氣感曰孚連結曰維維心亨行有尙人心惟危道心惟微人陷於險勉其固守於道義也

（象數）坎爲水爲月潮汐盈虛與月相應爲有孚坎堅多心爲維心互震爲行二五中實爲有尙

（義理）陽實爲誠居重險中安於義命二五相應上下一心不爲禍福所動不圖僥倖苟免其道自亨行有尙者君子憂道不憂貧明夷蒙難箕文之心[illegible]白

無私正謂心能敬愼歷亨衢也

（攷證）歸藏卦名作犖釋文坎本亦作埳京劉作欿唐徐隕以習坎上有坎字可從

彖曰習坎重險也水流而不盈行險而不失其信維心亨乃以剛中也行有尙往有功也天險不可升也地險山川邱陵也王公設險以守其國險之時用大矣哉

（訓詁）上高曰邱大阜曰陵設險因山川而置關津也

（象數）二五陽實爲剛中坎爲川中互艮山爲邱陵坎爲險中互震子上卽介于重險爲設險守國

（義理）重險者彼此皆險最難孚信能於重險而兩孚者其在小人吳越同舟協力共濟其在君子積誠相感忠信可涉波濤焉往不有功與天險日蝕星流迅雷風烈地險崇山峻嶺深壑巨川人險盜賊兵戎奸回凶惡設險者因險而知防備要非一味忠厚而遂昧於覺察也

（攷證）國虞本作邦按漢避廟諱改邦爲國

象曰水洊至習坎君子以常德行習教事

（訓詁）洊進也洊至盈科而進如百川之方至也常恆也德行心存爲德身施爲行教事所習之教藝也

（象數）坎爲水重坎爲洊至水性澄清爲德行水流不息爲常水引水流爲習水滌穢汙變不善以爲善爲教事

（義理）水續水流源泉混混盈科放海正如德行日進日增緝熙於無已也且水遇方成璧遇圓爲井隨其溝渠池沼以爲灌注恰如教者因材而篤小以成小大以成大各隨器識之陶鑄焉德行不常則一暴十寒於身何益教事不習

則此作彼輟紹業無人故君子觀象於水借以爲法式也

（攷證）釋文洊京作臻干作荐亦作薦按說文無洊字爾雅郭注干荐再也下引易曰水荐至是郭所見本作荐此假借字正當作瀳說文瀳水至也玉篇洊同瀳

初六習坎入于坎窞凶

（訓詁）窞坎中小穴旁入之深處也

（象數）重坎爲習坎變成兌澤初當澤底爲坎窞

（變通）初變爲節☵☱旁通爲賁☶☲節爲道窮故象曰失道凶也

（義理）坎爲陷阱亦爲法律（爾雅釋言坎律銓也　高注坎主法律）初當坎下陰險之尤者也動而變兌兌爲秋官象爲法阱陷人及其敗也轉以法阱自陷習坎入坎正如秦之商鞅唐之周興用法自斃焉得不凶是眞習知坎窞甘自深蹈而沉入也

(攷證)坎釋文亦作埳按埤蒼埳坑也坎窞即坑阱也

(占應)初辰在未上值北河南河爲習坎又值積水水府四瀆應爲坎窞

九二坎有險求小得

(訓詁)險危險得獲也士居下位變而求助於險未有能脫灾患者也

(象數)二當坎中爲有險陽大陰小二比於陰爲求小得

(變通)二變爲比䷇旁通爲同人䷌比二曰比之自內不自失也不失即求得之義

(義理)孟子曰禍福無不自己求者孔子曰無見小利見小利則大事不成習坎所以亨者本在上下一心誠意孚感故重險爲夷行反有功今以剛中變而爲陰不與君子相親反與小人相比欲求出險反終獲險非自求福實自求禍象故曰未出中也昔晉范宣子殺羊舌虎囚叔向樂王鮒見叔向曰吾爲子請

叔向弗應其人皆咎叔向叔向曰樂王鮒從君者也何能行祁大夫外舉不棄讎內舉不失親其獨遺我乎後宣子竟說祁奚之言與言諸公而免叔向此坎亨所以在德行也求小得三字非爲坎有險幸辭實爲坎有險戒辭

(占應)二辰在寅上值河中河間天江應坎有險

六三來之坎坎險且入于坎窞勿用

(訓詁)來下也之往也來之坎坎險相接也枕支倚貌入于坎窞陷深阱也勿用者勿行險以爲用也

(象數)上下兩坎接續爲來之坎坎三瀕內坎而臨外坎爲險且枕動變巽入爲入于坎窞

(變通)三變爲井䷯旁通爲豐䷶井彖曰往來井井爻應故曰來之坎坎井象曰未有功也象應故曰終无功也

(義理)坎象既險重坎尤險爻當重坎之中且居多凶之位則尤險之至也變巽深入安危利災正如王子頹享五大夫哀樂失時入于坎窞其何能救藥與曰勿用者戒其勿行險以徼倖也

(音句)虞氏義讀險句且枕句按本義讀檢且枕句

(攷證)釋文險古文及鄭本作檢鄭云木在手曰檢在首曰枕枕九家易作玷古文作沈按漢書歲功傳南近諸越北枕大江師古注枕臨也三臨外坎瀕於內坎故曰險且枕

(占應)三辰在亥亥登明主憂溺爲險枕

六四樽酒簋貳用缶納約自牖終无咎

(訓詁)貳副也樽酒簋貳用缶既獻而酢尊者以簋賤者以缶門內樽門外缶也約劑約牖祭奠處納約自牖謂貴賤之於祭盟其致誠信者一也

(象數)坎明水爲玄酒中互震盂仰承爲樽爲簋爲缶互艮宮廟爲牖變互巽命離神爲納約自牖

(變通)四變爲困䷮旁通爲旅䷷困利享祀爻應故爲納約自牖

(義理)樽酒饗禮之盛也飲食有訟藏險者不能無疑簋互簋用缶祭奠之薄也苟有明言可薦鬼神可羞王公納約自牖即周禮司約大約劑書於宗彝小約劑書於丹圖司盟掌其盟約及其禮儀北面詔明神而要之也坎習教事四言納約自牖神道設教以至誠格至險也

(音句)虞氏義讀尊酒句簋句貳用缶句晁氏曰先儒讀樽酒簋句貳用缶句陸氏釋文於樽酒下注云絕句簋貳下注云絕句朱子本義讀樽酒簋貳句按朱芹十三經札記云以易韻言之樽酒一韻用缶一韻自牖一韻作三句讀則貳字是半讀據朱所云當讀簋貳用缶句象曰樽酒簋貳聯合上下爲文也

（攷證）集解樽作尊釋文納處作內牖陸作誘按當從本義作樽酒納牖

（品物）樽酒器也周官司尊彝掌六彝六尊之位六尊謂犧尊象尊著尊壺尊太尊山尊以待祭祀賓客酒正云凡祭祀以灋共五齊三酒以實八樽大祭三貳中祭再貳小祭壹貳皆有酌數唯齊酒不貳皆有器量禮器五獻之尊門外缶門內壺君尊瓦甒燕禮公尊瓦大兩有豐（鄭注禮器曰君尊瓦甒豐以承尊也）賈疏孝經陳其簠簋云外神用瓦簋宗廟當用木簋明堂位泰有虞氏之尊也注泰用瓦（禮書有虞氏尚陶故秦尊瓦）合觀參考納約之尊尙質即瓦簋也爲簋之貳亦瓦即缶也故曰樽酒簋貳用缶簋即尊彝書約劑者詔之於明神也缶即書約劑之貳者藏之於司盟也

（占應）四辰在丑鄭云丑上值斗可以斟之象斗上有建星建星之形似簋貳副也建星上有弁星弁星之形又如缶應爲樽簋貳缶

九五坎不盈祇既平无咎

（訓詁）盈滿也祇適也既盡也言水不盈適盡平也

（象數）坎以中滿爲盈變坎中虛爲不盈坎水爲平坤主直方爲既平土能制水五能制二爲无咎

（變通）五變爲師䷆旁通爲大有䷍師爲容民畜衆故量虛而不盈

（義理）書堯典洪水滔天浩浩懷山襄陵坎盈所以成險也五當君位君心驕盈天下必亂君必沖虛天下蒙庥習坎之上動變坤貞象似君心寧謐不自滿假正如滔天之水化爲平夷水行地中絕無氾濫也何咎之有

（攷證）石經岳本祇作祇釋文京及說文虞氏作禔鄭云作坻王引之云讀作底按當從本義作祇

（占應）五辰在申上值玉井井水應無泛濫之象爲不盈而平

上六係用徽纆寘于叢棘三歲不得凶

（訓詁）繫屬曰係徽纆索也叢棘獄地寘置也得謂行有所得三歲不得終不改也

（象數）坎水色墨變成巽繩爲徽纆坎木堅心爲棘變巽柔木互震陽木爲叢棘坎數三爲三歲坎陷爲凶

（變通）上變爲渙䷺旁通爲噬嗑䷔噬嗑應曰利用獄

（義理）明刑所以弼教三歲不得即大司寇以圜土聚教罷民寘之圜土而施職事焉以明刑恥之其能改者反于國中不齒三年其不能改而出圜土者殺坎終變成巽入是怙惡不悛者也宜其占凶其有無罪而無改于其德亦寘于棘王制將出學小胥大胥小樂正簡不率教者以告於大樂正大樂正以告于王王命三公九卿大夫元士皆入學不變王親視學不變王三日不舉屛之遠

方西方曰棘東方曰寄終身不齒坎爲常德行習教事叢棘之寘正爲不能率教者警也

（攷證）寘劉作示子夏傳作湜姚作寔張作置按當從本意作寘

（品物）徽三股纆二股繩也棘如棗而多刺木堅色赤叢生環圜土皆植焉左傳（哀公八年）云邾子無道吳子囚諸樓臺栫之以棘是其明證

（占應）上辰在巳巳爲蛇蛇之蟠屈應爲徽纆上值執法天牢應爲寘于叢棘

象曰習坎入坎失道凶也求小得未出中也來之坎坎終无功也樽酒簋貳剛柔際也坎不盈中未大也上六失道凶三歲也

（訓詁）功功績歲周年也

（象數）坎勞爲功三變互巽進退不果爲无功

（義理）坎本陷於重險初以在下爲凶二以變陰得險三以枕險無功此坎德

在下之象也四无咎者上能得君然非納約致誠未有不敗五无咎者既體陽德又居尊位虛而不盈天下蒙庥上則終入坎險自外生成其德不類宜其有寘棘之凶此坎德在上之象也

(音句)大音第與際歲相叶爲韻按詩大雅戎雖小子而式弘大叶徒計切與厲泄愒敗爲韻

(攷證)虞氏義尊酒簋剛柔際也簋下無貳字

副編

坎

(集解)陳鱣云水靜則生明動則入險心象也心不靜則擾互艮之止故維心亨心不動則槅互震之動故行有尙聖人至誠無息如水之流而不盈乃能孚天下之志通萬物之理也

(默參)坎腎離心習坎有孚維心亨正心腎相交結也內經離合眞邪論篇第二十七天有宿度地有經水人有經脈甲乙經云足陽明外合於海水內屬於胃足太陽外合於瀆水內屬膀胱足少陽外合於渭水內屬於膽足太陰外合於湖水內屬於脾足厥陰外合於沔水內屬於肝足少陰外合於汝水內屬於腎手陽明外合於江水內屬於大腸手太陽外合於淮水內屬於小腸手少陽外合於漯水內屬於三焦手太陰外合於河水內屬於肺手心主外合於漳水內屬於心包手少陰外合於濟水內屬於心

(德位)亨在五中

象

(集解)頤齋經說人當險難之中力求僥倖苟免卒之禍生愈烈此不能常德性也人當險難之中日惟憂愁悲歎意懶心灰甘於沒世此不能習教事也不知貧賤憂患玉女於成故君子當坎壈而愈勉焉

初

(集解)干寶曰窞坎之深者也江河淮濟百川之流行乎地中水之正及其爲災則泛溢平地而入于坎窞是水失其道也刑獄之用必當于理刑之正也及其不平則枉濫無辜是法失其道也故曰入于坎窞凶矣

二

(集解)頤齋經說邦有道貧且賤焉恥也邦無道富且貴焉恥也習坎之世無道可知二居士位動與五應陽實變爲陰虛儉德避難有不可榮祿之義化險爲夷求小得者抱關擊柝爲貧而仕之類也○李兆蓮曰君子無入而不自得二居士位事舉言揚弓旌未逮正宜嘯歌衡泌以避風波身未加諸高位時事何能有爲雖有大志亦未如之何耳求小得者正戒放心高論欲其謹小愼微

也

三

(比例)乾三終日乾乾夬三君子夬夬皆內外卦兩相接也

四

(集解)經義述聞禮器五獻之尊門外缶門內壺是缶可爲尊也又曰奧者老婦之祭也盛于盆尊于瓶正義云盆謂缶也然則用缶云者正以缶爲尊又以缶爲簋也○崔憬曰於重險之時居多懼之地近三而得位比五而承陽脩其絜誠進其忠信則雖祭祀省薄明德惟馨故曰尊酒簋貳用缶內約文王於紂時行此道從羑里內約卒免於難故曰自牖終无咎也

五

(默參)人心之險汨沒天眞無非血氣之强充盈肢體能平其心之氣則血氣

亦因之而定正如天地間雷雨滿盈既施之後其氣自清明也

上

(集解)案坎爲叢棘又爲法律周禮王之外朝左九棘右九棘凡有罪者縛以徽纆寘于叢棘而使公卿以下議之其害人者寘之圜土而施職事焉圜土外環以叢棘以明刑恥之能復者上罪三年而赦中罪二年而赦下罪一年而赦不得者不自思以得正道終不自改而出諸圜土者殺故曰凶（參用九家易鄭元注虞翻註李鼎祚集解）

象

(對待)坎無綜卦自爲對待上綜即初故皆言凶小象皆曰失道也

離☲☲ 離上離下 泰州 徐天璋睿川 濱

(卦旨)卦自大有☲☰下生一陰綜亦爲離旁通與錯並爲坎☵☵在天成象日月光華在地成形城垣堅固在世運德化昌明在人聰明仁慧

(義理)日麗諸天火麗諸木曰離

離利貞亨畜牝牛吉

(提要)天地之終毀於離火上古刼灰是爲明證以離終乾正當十二萬年之刼運也

(訓詁)牧養曰畜牝牛母牛也

(象數)坤爲牛離中孕坤二五之陰爲牝牛

(義理)坤之二五升降乾中乾遂成離故曰利貞乾取象龍坤取象馬離取象牛者乾坤變爲坎離離爲日坎爲月日月會於牽牛之宿終而復始萬化之樞

興也畜牝牛吉隱示乾坤毀後地元孕闢於丑宿牽牛也

彖曰離麗也日月麗乎天百穀草木麗乎土重明以麗乎正乃化成天下柔麗乎中正故亨是以畜牝牛吉也

(訓詁)麗附也

(象數)離爲日月受日光而明兼爲月離木上槁中互兌秋巽茅因爲百穀草木二五皆柔爲柔麗中正

(義理)火無常形麗物爲形日月麗天昭然可見百穀草木亦爲離取象者地氣鍾於草木休囚衰旺一覽可知言百穀草木麗乎土而必歸重於畜牝牛吉者天下化洽重光非興養不能興教穀者民之天也非畜牛無以爲耕種之資山海經云稷之孫曰叔均始作牛耕易成中古畜牝牛吉明周家以農事開基也

(攷證)釋文王肅本作地心易溯源引張氏麗也下即接柔麗乎中正四句後接日月四句與諸卦辭例合

象曰明兩作離大人以繼明照于四方

(訓詁)作起也繼續也照光照而明射也

(象數)離日爲明重離爲兩日出爲作後先接續爲繼坤爲方離得坤陰二五之中爲四方離明爲大人

(義理)人生得水爲精得火爲神精神會聚不可相无猶之日在天心下涵水景光反倒射四方無不燭焉能繼則無時不明能照則無隱不見兩作則日新又新重華協帝此大人所以化成天下也

初九履錯然敬之无咎

(訓詁)履踐也錯置也燃火曰然敬肅慎也

(象數)離火爲然變成艮足爲履錯然離心中虛爲敬

(變通)初變爲履䷉旁通爲困䷮旅初體陰爲取災離初體陽爲无咎

(義理)管子弟子職蒸間容蒸然者處下初變艮足當離之下動而成旅適自取災曰履錯然者人無遠慮必有近憂容足之地皆曰無患不知乾惕失德几席患生正如措火積薪稍不自慎勢必炎炎上熾立見焚身敬之則跬步慎防不爲近褻自然无害也

(晉句)錯音措胡瑗讀履錯然敬之句武億經讀攷異舊讀並從然字絕句象詞明言履錯之敬則履錯然敬之五字連讀亦可爲義按履錯然者初當離火變成艮足踐行火下非敬不能辟咎當讀履錯然句敬之句无咎句象辭則聯合兩句爲句省文也

(占應)初辰在子上值虛危開元星占佐助期曰虛危爲禮堂應爲主敬

六二黃離元吉

(提要)離爲中女大腹二變孕得乾君太任太姒有娠之象

(訓詁)黃離黃在中也

(象數)坤爲黃中通理爻得坤中五降乾二爲黃離

(變通)二變爲大有䷍旁通爲師䷆大有元亨師貞吉爻應故爲元吉

(義理)離火也凡然火之象草木之中若雜沙土其焰必黃火德王於季夏中藏戊己黃離之象正坤土寓於離火中也凡人太明則苛不明則暗離得坤中渾厚隱於精明人心樂爲歸附故上下皆應之也

(占應)二辰在酉酉神從魁主官祿玉匱應爲元吉禮斗威儀政太平則日五色政公平則日黃中而赤暈政和平則日黃中而黑暈政象平則日黃中而白暈政升平則日黃中而青暈六二當中故以黃爲元吉

九三日昃之離不鼓缶而歌則大耋之嗟凶

(訓詁)日昃昳中也鼓擊也缶瓦器歌永言耋老也嗟歎也言不足以盡意故發此聲以佐之也

(象數)內離三過二中爲日昃離中虛變震仰盂爲缶中互艮手爲鼓震主笑言爲歌互坎心憂爲嗟坎陷爲凶

(變通)三變爲噬嗑䷔旁通爲渙䷺噬嗑頤中有物應爲歌嗟

(義理)李斯書曰夫擊甕叩缶而歌呼嗚嗚快耳目者眞秦之聲也揚惲書曰歲時伏臘斗酒自勞家本秦也能爲秦聲酒後耳熱仰天拊缶而呼烏烏其詩曰田彼南山蕪穢不治種一頃豆落而爲萁人生行樂耳須富貴何時 秦地即周故都想見斯爻取象在當年歌缶而歌正如烈士暮年興懷未已也內離將終外離正接日新又新學有緝熙於光明體離變震恐懼修省激騷之音促歌短節深懼老而益衰修名之不立也

聖人警人及時奮勉其意深其辭切孔子曰四十五十而無聞焉斯亦不足畏也已與此同旨

(攷證)石經昃作吳說文作𣅌釋文王嗣宗本作仄鼓鄭本作擊壺京作絰或作經蜀才作咥嗟荀作差古文及鄭薛本無凶字按當從今本

(品物)史記藺相如使秦王鼓缶缶是樂器爾雅邢疏缶所以節樂者按呂氏春秋堯命質以麋輅置缶而鼓之則缶已用於堯世矣

(占應)三辰在辰上値軫宿附星長沙文獻通攷軫七星主樂府歌謳之事應爲歌缶而歌長沙主壽命明則人壽長應爲大耋

九四突如其來如焚如死如棄如

(提要)此喻紂作炮烙之刑焚炙忠良也

(訓詁)突竈突突如來如火烈而迅疾貌焚如死如棄如竭盡而無餘也

(象數)體離變艮中虛外直爲突離火爲焚陽變陰虛氣散爲死陷入互坎爲棄

(變通)四變爲賁䷕旁通爲節䷻賁旡飾爻應故有死棄之象

(義理)離日君象四位大臣動而成賁離火無光應人臣蒙蔽其主也離在上爲日在下爲火四與初應變賁則上蒙其君下蔽其民蓋喻惡來費仲助紂作炮烙以逞其威焚炙忠良遂棄其尸於郊野也

(音句)虞氏義讀焚如句死如句棄如句玩易四道讀焚如死如棄如句按鄭注荀注讀皆同虞宜從之

(攷證)突荀作㐬逆子也棄石經作弃按當從今本

(品物)突竈囪也炊火之煙從囪而上其來甚疾淮南子修務篇孔子無黔突漢書曲突徙薪突皆爲炊火竈囪

(占應)四辰在午上値外廚應爲突如

六五出涕沱若戚嗟若吉

(訓詁)涕淚也沱淚流貌戚嗟憂歎也

(象數)離目中互兌澤爲涕沱變互乾金在志爲憂因爲戚嗟

(變通)五變爲同人䷌旁通爲比䷇同人五應曰號咷

(義理)天下惟昏庸暴德之主般樂怠敖以居尊爲自喜耳若聖主明王憂深慮遠物與民胞其明燭見庶獍夏禹泣罪文王如傷莫不涕沱戚嗟㾓痌瘝於一己也焉得不吉

(考證)釋文沱荀作池一本作沲戚子夏傳作嘁嗟荀作差若古文作㲹按當從今本

(占應)五辰在卯卯將六合其戾主先喜後憂應爲涕嗟

上九王用出征有嘉折首獲匪其醜无咎

(訓詁)往正其罪曰征嘉美也折挫也戎首折服曰折首其醜脅從者也

(象數)離日君象爲王變震行師爲出征離火主禮爲嘉上九爲首陽動變陰附麗於五爲折首上在化外爲匪醜

(變通)上變爲豐䷶旁通爲非䷺豐彖曰王假之象曰致刑爻應故曰王用出征大刑用甲兵也

(義理)先王之世耀德不觀兵上居化外非我族類祇可羈縻而已王者明照四方必不容其負固及其征伐服則舍之絕不窮兵黷武徒事殺伐爲功書曰殲厥渠魁脅從罔治此之謂也文王伐密伐崇之後人君有可當之者惟周世宗伐南唐既服之後轉語使者教南唐修其城池以備不虞眞有嘉折首者也

(占應)上辰在戌上値奎宿開元星占石氏曰奎主庫兵禁不時應爲出征有

獲

象曰履錯之敬以辟咎也黄離元吉得中道也日昃之離何可久也突如其來如死所容也六五之吉離王公也王用出征以正邦也

(訓詁)離附也王公能憂民憂故人樂附之也

(象數)二自坤中升降爲得中道五居離尊爲王公

(義理)離火以明爲用初燭禍機於近二寓渾厚於中適如班超云水清無大魚不以察察爲明也三當及時奮勉戒其自甘暴棄至老無聞四則蔽明取禍竊居高位作福作威未有不敗也五則以誠感下故能明目達聰人心歸附上則明而有威離化外亦皆臣服此離所以化成天下也

(音句)道叶徒厚切與咎久相韻邦叶音崩與容公相韻按詩衛風牆茨篇道與醜字爲韻故字典道字叶音頭上聲邦字詳前師卦象傳

(考證)離王公鄭作麗王公王肅本下有獲匪其醜大有功也兩句

副編

離

(比例)乾爲馬乾降坤中坎亦爲馬坤爲牛坤升乾中離爲牝牛

彖

(默參)齊夢龍曰龜山楊氏云火無常形麗物而有形最得本旨人之生也得水爲精得火爲神其合也氣聚而形成於有其散也氣散而神泯於無蓋精所以爲形而神麗於形者也天地形之大者也日月麗天百穀草木麗土其神之發見而可見者也

象

(集解)虞翻曰兩謂日與月也乾五之坤成坎坤二之乾成離離坎日月之象故明兩作離作成也日月在天動成萬物故稱作矣或以日與火爲明兩作也○頤齋經說坎中男爲月爲太陰離中女爲日爲太陽其故何與蓋離本太陽之畫而成坎本太陰之畫而成離體乾而陰升中坎體坤而陽降內由兩儀以分八卦坎屬自坤離則屬乾此離爲君取象故稱之曰大人也

初

(集解)筆叢古篆舄字象鵲形以爲履飾也履象取諸鵲鵲知太歲欲人行履知方也古易履舄然敬之无咎今文攷舄作錯不識古文也○頤齋經說初下庶人在官者也助王者明照四方取象履錯然者履禮也凡遇典禮如鄉射大射燕饗朝祭則必庶子執燭阼階司宮執燭西階甸人執大燭於庭閽人爲燭於門外古者燭用束薪故曰履錯然莫不敬以將事也

二

(集解)鄭元曰離南方之卦離爲火土託位焉土色黄火之子喻子有明德能附麗於其父之道文王之子發達是也愼成其業則吉矣○李賡芸炳燭篇唐大詔令開元三年正月冊郢王爲太子文云書不云乎一人元良萬邦以貞易不云乎黄離元吉得中道也以離二爻爲太子之象

(默參)吾儒以易爲治法道家借易爲鍊丹季夏之火其煙氣上黄近取諸身人腹中藏戊己陰陽升降體乾陽實化爲陰虛即修養家所謂煉精化氣也爻動二中返實則煉精化氣者復而煉氣化神適合還丹之象故占曰黄離元吉

三

(默養)宮玉堂醫學芻言引養身闡微八曰俯身鳴鼓數息凝神蓋氣從尾閭穿上放郤兩足以手捧頭掌掩兩耳以指向玉枕下擊之其聲如鼓故曰鳴鼓爻本離心開竅於目目日象也變爲震足日昃而足放矣中互坎耳艮手有兩

手掩耳之象震動下應其擊有聲象似鼓缶而歌闃微曰俯身而鼓所以召我
陽神也不然勢必衰老龍鍾弗能救藥也焉有不凶者與

四

(筮說)古占法載隋煬帝來江都筮易遇離之賁☲☶乃以離宮名寺曰山火取卦象也後改曰山光在揚州北十五里名灣頭後帝被殺離宮可謂奇驗

(集解)鄭元曰𠫓如震之失正不知其所如(變互震子)又爲巽巽爲進退不知其所從(未變互巽)不孝之罪五行莫大焉得用譏貴之辟刑之若如所犯之罪焚如殺其親之刑死如殺人之刑棄如流宥之形○章潢曰明之於人猶火之於木火宿於木而能焚木明本於人而能害人顧用之何如耳九四不中不正剛氣燥暴其害如此○大成易旨爻以德言重一突字比極形容突字之狀凡人恃明剛暴處事待人不勝決裂突如其來如者也就他氣燄難當處爲焚如純是殺機毫無生意爲死如乃天地間之一絕物爲棄如象中突如其來如者將无所容於世絕人乃自絕也可不深戒乎○按離本火象火失水制萬不可遏重離之卦變而爲賁譬之火熾之餘忽爲土遏遏之愈久發之愈暴勢必穿突而出悉兆焚如傷物必多死棄之象自然之理也周語曰猶水也防水甚於防川予謂兵猶火也防火甚於防突豈可從其熛怒而衝出乎

(默參)離爲心屬火中互巽木屬肝變而成賁肝木不見心火無依則邪火來沖頂門象似竈突之火上冲則眞精中耗焚如死如棄如之象俱見矣

五

(默參)離變乾金屬肺在聲爲哭應爲涕嗟內經宣明五氣篇第二十三肺爲涕肝爲淚

象

(對待)離無綜卦自爲對待五綜即二故皆占吉上綜即初故皆无咎三綜即四四雖不言凶而焚死之象爲凶可知

上經終

睿川易義合編下經

咸䷞ 兑上艮下　　泰州　徐天璋睿川　演

（卦旨）卦自遯䷠上生一陰綜爲恆䷟旁通與錯悉爲損䷨在天咸象和風甘雨霽月卿雲在地成形玉蘊山輝水懷珠媚在世運主聖臣良君民一德在人形容和藹莊敬温恭

（義理）天地氤氲萬物化醇山澤通氣萬物化成曰咸

咸亨利貞取女吉

（訓詁）交感曰咸取女擇女而資助也

（象數）兑爲女艮男下求象似親迎爲娶女

（義理）一陰一陽之謂道乾道成男坤道成女故上經探原天地下經正始夫妻夏殷以妹喜妲己喪邦周家以太姒邑姜開國興亡成敗實皆繫於后妃象言取女吉者兑德和悦窈窕淑女君子好逑也

（攷證）咸歸藏作欽釋文取本亦作娶

彖曰咸感也柔上而剛下二氣感應以相與止而說男下女是以亨利貞取女吉也天地感而萬物化生聖人感人心而天下和平觀其所感而天地萬物之情可見矣

（訓詁）男下女婚禮親迎者也

（象數）兑陰爲柔艮陽爲剛山澤通氣雲行雨施爲萬物化生

（義理）山氣中虛兑澤翕受二氣相感騰而爲雲雲出於山復雨其山譬之男女相感而代天地之化大生廣生也人知上天下地爲别尊卑不知上者恆俯下者恆仰俯者得地仰者得天故卦以柔居上以剛居下而必言男下女者女貞待字必待男求若不待求而往何以别於淫奔哉

象曰山上有澤咸君子以虛受人

（訓詁）以虛受人不自滿也

（象數）艮爲山兑爲澤山澤通氣爲虛受

（義理）虛非空洞無物也蓋山澤淵深兼容並蓄雲雨興焉寶藏蘊焉蛟龍窟焉草木生焉譬之君子其心休休焉其如有容焉不名一德而實無地不包故曰以虛受人

初六咸其拇

（訓詁）拇足大指也

（象數）艮爲時行時止初下爲足爲拇

（變通）初變爲革䷰旁通爲蹇䷦革爲其志不相得故象曰志在外也

（義理）舉趾高心不固矣初體艮靜變離上炎趾高氣揚性情矜伐不能以虛受人也顧足隨心動猶之民從君行風行草偃惟視志所向焉

（攷證）釋文拇子夏傳作䠷荀作母按說文無䠷字拇母皆假借字也

（占應）初辰在未未屬坤宮坤爲母體艮爲足故應咸母

六二咸其腓凶居吉

（訓詁）脛腨曰腓咸凶居吉動凶而靜吉也

（象數）艮足變巽爲股二當股下足上爲腓艮止爲居

（變通）二變爲大過䷛旁通爲小過䷽大過本末顛弱應爲咸凶君子獨立不懼應爲居吉

（義理）五官四肢莫不各有專司獨腓隨足而動者也足過勞腓必先病其咸適凶居則絕無妄求既抑奔競之心兼防傾跌之害焉往不吉推原爻德艮體本靜變巽爲躁象成大過經曰大過顛也今夫蹶者趨者是氣也而反動其心

居則氣靜神恬深得虛受之益絕非躁動者所能比焉吉凶之判靜躁之分也
(攷證)釋文腓荀作肥
(占應)二辰在酉上値畢箕其象如人雙腿分跨應爲咸腓

九三咸其股執其隨往吝

(訓詁)股髀也執持也後足從前曰隨咸股執隨感動於前撓止於後也
(象數)互巽爲股爲隨艮手爲執艮止亦爲執既止於前因爲往吝
(變通)三變爲萃䷬旁通爲遯䷠萃三應曰小吝
(義理)艮爲時止時行九三本與外陽相親動而化陰反與內柔比附譬之坐者將立其股起而足尼之不行也明末闖寇犯京思宗崩於煤山某卿聞父之訓勉其殉難亦已投繯旋聞妻妾之勸變計降闖卒被拷掠而死可爲炯鑒
(品物)儀禮鄉射禮距隨長武注隨者物橫畫始前足至東頭爲距後來合而

南面爲隨今之步射立足象丄字式即距隨之明徵也
(占應)三辰在辰上値軫法應爲執隨

九四貞吉悔亡憧憧往來朋從爾思

(訓詁)爻靜曰貞爻動曰悔貞吉剛未變也動悔有悔亡失也憧憧愚者欲明朋從爾思往來思之而不定也
(象數)兌變坎水內明外暗爲憧憧坎水流通爲往來中互離心爲思體兌麗澤爲朋從
(變通)四變爲蹇䷦旁通爲革䷰蹇彖應曰貞吉四應曰往來
(義理)四動變坎坎爲心憂心憂則得失不勝其悔故曰憧憧往來朋從爾思憧憧往來所謂心猿意馬出入無時莫知其鄉也朋從爾思克念作聖罔念作狂好善則千里之人來告以善好訑則讒諂之人接踵至也聖人將言悔亡特先曰貞吉者咸四互乾居敬存誠山澤通氣虛中受益支變中互坎離離爲心喜坎爲心憂一則以喜一則以懼也
(攷證)憧釋文京作憃陸績作僮按憧古訓愚貌象曰未光憧當通曈日影欲明爲曈曨憧憧之象正愚者暗昧而不明也
(占應)四辰在午上値文昌應主事吉

九五咸其脢无悔

(訓詁)脢背胛也
(象數)兌金爲肺中互乾脊肺繫於背爲咸脢
(變通)五變爲小過䷽旁通爲大過䷛小過取象飛鳥正兩背感而動焉
(義理)五官四肢莫不有感惟背居靜馭動脊脉所經一身之主宰也五當尊位獨曰咸脢者聖王之治天下如背運指誠能豎起脊梁擔當宇宙上能負荷

下能腋持莫不指揮如令也何悔之有
(占應)五辰在申上値參宿參有左臂右臂開元占經引玉歷曰左臂主天門右臂主天獄應爲咸脢

上六咸其輔頰舌

(訓詁)輔即頰骨頰即輔肉當面旁齒頰之處舌口中卷舒以出言者也
(象數)兌爲口因爲輔爲頰爲舌
(變通)上變爲遯䷠旁通爲萃䷬遯君子以遠小人不惡而嚴應爲惡滕口說
(義理)上當口輔位居隱逸變象成遯適應處士橫議也兌說化爲乾剛口給禦人必不能虛以相受嵒陵之氣浮溢於外故象傳曰滕口說也
(攷證)輔虞翻本作酺頰孟氏作俠亦作夾按當從本義作輔頰舌

（占應）上辰在巳上値樞輔諸星樞機之發榮辱之主應爲咸輔頰舌

象曰咸其拇志在外也雖凶居吉順不害也咸其股亦不處也志在隨人所執下也貞吉悔亡未感害也憧憧往來未光大也咸其脢志末也咸其輔頰舌滕口說也

（訓詁）處止也四肢曰末滕沸溢也四肢爲末兌爲口說

（象數）四變中互坎離日爲月掩火爲水制爲未光下體艮手變互震足屬身

（義理）咸恆夫婦之義故咸六爻以身取象拇腓股身體之下也心脢輔頰舌身體之上也身體之下以靜爲吉以動爲凶戒其感從於人也身體之上以思爲擾以言爲辯戒其自汨其天也五則擔當道義指麾而治志在百官聽令天下雖大絕無尾有不掉之虞斯眞相感之至者也

（音句）下叶音戶與處相韻大音代與害相韻按下音戶詳乾象傳

（攷證）滕九家鄭氏虞氏皆作媵惠棟云滕當作騰九家或作乘誤按說文滕水涌也口詞敏捷風發泉流倒峽懸河之勢故取象滕口說也媵古與騰通媵爲古文騰爲今文其義與滕同焉

副編

咸

彖

（德位）亨德在三利貞之德在二五中

象

（集解）頤齋經說兌女和悅自必婉從艮男敦厚絕非涼德天機日養氣釀太和故萬物皆感化焉

初

（集解）崔憬曰山高而降澤下而升山澤通氣咸之象也

（默參）天以氣感無心而通人以神感不言而喻人神所藏朔日在足大指艮足變離神感於初爻取拇象其旨精且微焉

二

（默參）二日人神藏在外踝靈樞經云上踝五寸別入貫腨腸穴焉腓在膝下足上腿後旁即脛腨也俗名腳肚亦名小腿肚在足外旁

三

（默參）三日人神在股應爲咸股

四

（默參）心爲神之大宗也操存舍亡爻體兌說變爲坎憂喜懼無常故有憧憧之象

五

（德位）貞在五中

（默參）脢背胛肉也背爲督脉所經一身之主內經云（玉機眞藏論篇第十九）秋脉太過則令人逆氣而背痛慍慍然兌司秋令故有咸感之象焉丹經云人吸氣自海底陰蹻穴逆上透尾閭（尾閭）經脊踰枕達顛入於天谷（顛即崑崙人頭是也谷即人腦之中乃上田也）是背亦有感也爻變震陽上升應感在脢其即導養氣法順降絳宮（即膺胸堂）達中黃（中黃心也）乎（子夏傳在脊曰脢玉篇脢者心之上口之下也博雅胛謂之脢虞注脢夾脊肉也項平父曰脢即喉中脢核後漢書張宗傳中矛貫胛胛正胸脊相關通背之處肩甲之中也）

上

（默參）兌爲肺氣從出感動有言正如雨雲滕湧山澤之氣盎溢於中也內經

陽明脈解篇第三十 陽盛則使人妄言爻動變乾陽盛於上故應咸其輔頰舌爲口說誾爭

象

(默參)人生部位末爲四肢左傳昭元年 曰風淫末疾象傳曰志末也正以互巽爲風肢上屬胛胛動末亦動耳

恆 ䷟ 巽下震上

泰州 徐天璋睿川 演

(卦旨)卦自升䷭四悔爲陽綜爲咸䷞旁通與錯悉爲益䷩在天成象雷風相薄在地成形林木管萁在世運除舊更新發揚蹈厲在人心精力果有守有爲

(義理)天地惟有形質者易壞風雷純任氣行馳騁虛空歷久不變曰恆

恆亨无咎利貞利有攸往

(訓詁)恆常也行有常往自利也无咎者陰升而陽剛也

(象數)卦本升之四陰悔爲三陽三陰爲无咎震動爲往巽近利市爲利有攸往

(義理)咸恆取象夫婦皆曰亨利貞者亨爲嘉會合禮夫婦之禮合二姓之好嘉禮也曰恆一與之齊終身不改曰利貞義有一定之主宰曰利往道有應變

之經權君子立身涉世率履不越始于家邦推於四海刑于之化豈百世所能易哉

彖曰恆久也剛上而柔下雷風相與巽而動剛柔皆應恆恆亨无咎利貞久於其道也天地之道恆久而不已也利有攸往終則有始也日月得天而能久照四時變化而能久成聖人久於其道而天下化成觀其所恆而天地萬物之情可見矣

(訓詁)終則有始循環而不窮變遞變化合化也

(象數)震陽爲剛巽陰爲柔陰消爲終陽生爲始震具離之半體爲日巽得坎之半體爲月中互乾卦爲得天震爲一陽之生主冬至巽爲一陰之生主夏至爲四時雷動風散化生動植飛潛爲萬物

(義理)夫婦咸合二氣氤氳猶之雷風摩盪聲應氣求一與之齊終身不改猶

之天地貞觀日月貞明大生廣生生生不已猶之終則有始變化不窮結句點
出情字夫婦若非有情何以相居相能天地萬物若非有情何以陰升陽降致
成中和位育也與

象曰雷風恆君子以立不易方

(訓詁)立樹立方義也
(象數)震爲雷巽爲風震巽屬木植地挺生爲立不易方
(義理)雷性動而直達立必離撓風氣柔而善入理自破的且春分雷出秋分雷入春風長養秋風振枯時有常經若合符節故君子有爲有守不變其寒絕非枉道以干譽也立謂止而不遷方謂大中至正立不易方蓋當變而不失其常也

初六浚恆貞凶无攸利

(訓詁)浚深也浚恆貞凶過求常也
(象數)巽下深入爲浚恆巽近利市初當勿用爲无攸利
(變通)初變爲大壯䷡旁通爲升䷭大壯初應曰征凶
(義理)凡事固貴深造用之學問可也若涉時事交淺言深事君數則必取辱朋友數則必致疏故君子不盡人歡不竭人忠正善爲因應也巽陰伏下變乾健行自謂託附羣陽能即驅除陰類詎知智小謀大力少任重義理不明利害罔覺適爲陷厥凶焉何利之有賈誼洛陽少年初見漢文即請改漢制度致見長沙之謫況其不如賈誼者乎
(攷證)釋文浚鄭作濬
(占應)初辰在未上值四瀆水府有沉溺之象應爲貞凶

九二悔亡

(訓詁)悔亡動悔失也
(象數)陽實陰虛變喪陽實爲悔亡
(變通)二變爲小過䷽旁通爲大過䷛小過曰行過乎恭喪過乎哀用過乎儉爻應故曰悔亡
(義理)君子立不易方道在確乎不拔恆亨利貞正以巽爲剛中外和順而內端凝有德有容有爲有守也二變小過喪其剛中陽悔有失故曰悔亡象傳云九二悔亡能久中者非以變柔得位爲能久中恰以深知悔失不變剛中爲能久中蘧伯玉行年五十能知四十九年之非庶幾似此
(占應)二辰在寅上值心宿心動應悔

九三不恆其德或承之羞貞吝

(訓詁)或疑也自下受上曰承羞辱也

(象數)巽進退不果爲不恆其德變互離赤色赧爲羞陽動變陰爲吝
(變通)三變爲解䷧旁通爲鼎䷱解三應曰貞吝
(義理)人必有堅貞不拔之操方能百折不回勉成大業三當出處之交體巽進退不果變坎狐疑首竄兩端猶人乍見道義而慕旋見紛華而悅此華歆見擯於管寧周顗被孔稚圭作移文也
(考證)或鄭本作咸亦作咸按論語作或宜從或
(占應)三辰在辰其神天罡主欺詐應爲不恆貞吝

九四田无禽

(訓詁)田无禽雖田而无獲也
(象數)震爲馬變坤爲邑爲田巽爲魚爲雞爲豕三牲畢具爲禽四體陽實變成陰虛爲无禽

(變通)四變爲升䷭旁通爲大壯䷡田爲乾豆故升四應曰用亨
(義理)古之田獵凡得禽大者公之小者私之詩曰言私其豵獻豜于公是也禽獲也陽出征陰則有獲卦本升陰四變爲陽爻遂爲恆德之主下與初應陰從陽令譬之田獵虛往實歸物皆爲我獲也但四非剛位陽竊據之動仍成升所獲旋失又何禽之能得也與
(占應)四辰在午上値鶉火之次其精爲朱鳥應爲禽又値飛魚應爲川禽

六五恆其德貞婦人吉夫子凶

(訓詁)貞正也婦吉夫凶婦守其正夫昧常也
(象數)陽吉陰凶巽女陽中爲婦吉震男陰中爲夫凶
(變通)五變爲大過䷛旁通爲小過䷽大過五應曰老婦士夫
(義理)夫婦之道一與之齊終身不改天下恆之至者正莫如爲夫婦也夫倡

於前婦從於後上令下恭古今之常經天地之正理也體震變兌柔化剛中五與二不能相應夫婦異心無恆之德在夫不在婦也且象成大過震男顚覆其占故爲婦吉夫凶
(音句)虞氏義讀恆其德句貞婦人吉句武億經讀攷異王輔嗣注意以恆其德貞爲句正義程傳本義並同按象傳婦人貞吉當讀恆其德貞字單讀句婦人吉句
(攷證)貞禮緇衣篇引作偵注問正爲偵
(占應)五辰在卯上値后宮天床應爲婦吉又値貫索應爲夫凶

上六振恆凶

(訓詁)振奮也振恆奮勉而不已也
(象數)雷出地奮爲振恆上爲道窮體陰爲凶
(變通)上變爲鼎䷱旁通爲解䷧鼎上體陽爲吉恆上體陰爲凶
(義理)强弩之末力不能穿魯縞恆至於終守成不易積弊已深正宜因勢徐圖緩緩補救若其雷厲風行遽洗舊習非徒無益反以害之象變成鼎有革故取新之象无功而凶必焉
(攷證)釋文振虞翻張璠作震說文引作搢恆按搢各本作祇段氏以爲誤從之
(占應)上辰在巳辰値翼宿翼具飛象爲振又値天牢爲凶

象曰浚恆之凶始求深也九二悔亡能久中也不恆其德无所容也久非其位安得禽也婦人貞吉從一而終也夫子制義從婦凶也振恆在上大无功也

(訓詁)能久中者不變其志无所容者言其不爲世容也

(象數)巽入爲深
(義理)初則交淺不可求深二則因悔而悟其失三則反復藏險宜見羞吝四則居非其位權勢立傾五則制義難定上則變易无功合觀恆之六爻想見天下變亂多故久安長治之爲難也
(音句)深音溁中叶諸仍切音征禽叶音窮按字典云古東韻與庚陽通予考古韻風字多叶心字爲韻是東韻並與侵韻通也禽字詳見屯象

副編

恆

(德位)利貞在二五之中亨德在四

彖

(集解)頤齋經說咸取男下乎女婚姻之禮親迎之義也恆取女下乎男夫唱

婦隨刑于之化也男不下女則少女失待字之貞女不下男則長女昧從夫之義情性乖離又何以久道化成也與

(比例)恆與蠱皆言終則有始者乾坤盧息上下旁通自大畜成蠱自升成恆也

初

(集解)李光地曰功無速效事無小成治無近功故事欲速則不達學進銳則退速治始急則終怠皆浚恆之謂也

(德位)凶德在初曰貞凶者初柔變剛任必不能勝也

二

(比例)咸五旡悔綜即恆二故曰悔亡咸言旡悔者陽居剛位恆言悔亡者陽居柔位也

三

(箴說)周易洗心引明正統北狩令陸時箴之値此爻變魏驥曰帝不恆而承羞固也而變負乘寇且再至奈何時曰己解何害三居互乾之中而變離乾君也離南面也解互一離兩坎坎月離日大明象也時兩坎夾離辭曰其來復吉復而尙幽終必南面後雖不至失位亦可吝也

(德位)陽悔陰吝三陽變陰爲貞吝

四

(集解)來矣鮮曰田無禽則不能與妻備中饋之具夫非其夫矣○頤齋經說象曰君子立不易方方義也古者官師之教無非率民於義作養人材使効力於國家也四位大臣下與民應動而成升升屬四陰小人登進之象不能得賢自代故曰田旡禽

五

(比例)師五田有禽下與二實相應恆四田旡禽下應初爻陰虛也

(默參)長男長女匹爲夫婦體震變成大過顚弱之象在夫不在婦也夫損元精婦得陽實調元贊化聖人於天人之理思過半焉

象

(對待)恆五綜即咸二咸五居吉故恆五貞吉貞即守正而居也咸五綜即恆二咸言旡悔故恆言悔亡

遯䷠ 艮下乾上　　泰州　徐天璋睿川　演

(卦旨)卦自姤䷫消爲二陰綜爲大壯䷡旁通爲萃䷬錯爲臨䷒在天成象冰雹星霜在地成形深山荒野在世運賢才隱匿在人嚴毅而威

(義理)二陰浸長君子見幾而作不俟終日曰遯

遯亨小利貞

(訓詁)遯遠引也

(象數)陽大陰小二陰得中爲小利貞

(義理)遯非疾世避俗長往不返惟視義爲進退見陰浸長懍然不可久留正如四時遞嬗成功者去陰得承其治運而亨也曰小利貞者世猶未否小人雖進君子尚存故小人聽其指麾而顧名義也

(考證)釋文遯又作遂並作遁按遂遁古通字心易溯源遯從豚爲人所畜不能遠去者也故爻詞曰尾曰係曰執曰肥皆指豚以爲說也

彖曰遯亨遯而亨也剛當位而應與時行也小利貞浸而長也遯之時義大矣哉

(訓詁)浸漸進也

(象數)自姤成遯陰爲漸長二五剛柔得正爲當位而應卦德在　一上與五應爲小利貞

(義理)世運將否見幾而作君子之明也若盡見幾而作潛移默救更有何人曰剛當位而應正君子竭誠以待小人俾小人各明義理不敢顯萌禍心讓君子從容治成而去也

象曰天下有山遯君子以遠小人不惡而嚴

(訓詁)避離曰遠嚴毅肅也

(象數)乾爲天艮爲山陽爲君子陰爲小人乾性寒冽爲嚴

(義理)崧高維嶽峻極于天遠視則山與天近及登山頂則天仍然爲遠也天無階級可升故人攀登無路在小人之見君子未嘗不仰若雲霄而君子懔然自高又何必下爭得失哉

初六遯尾厲勿用有攸往

(訓詁)在後曰尾遯尾之厲不能見於幾先故於交接之際自懔其危勿用有攸往也

(象數)初下爲尾艮止變爲離明中互巽爲進退不果爲勿用有攸往

(變通)初變爲同人䷌旁通爲比䷇同人之初體陽故出交有功遯初體陰故勿用有攸往

(義理)易爲君子謀與其自新初下本與小人相近動而爲陽正灼知小人之危而欲附託於君子者也既欲附託君子即勿再往小人曰遯者小人浸長君子宜行也曰尾厲者遯昧先幾深知陰近爲殆也曰勿用有攸往者再不同流合汙藉小人爲輔助也

(占應)初辰在未上値計都亦名天尾天上列宿皆順行地尾獨逆轉逆則應爲勿用攸往

六二執之用黃牛之革

(訓詁)持縛曰執革乾皮縛人尤堅牢者說脫也

(象數)艮爲皮離爲黃牛艮具離之半體爲黃牛之革艮手爲執變成巽繩纆繞爲莫說

(變通)二變爲姤䷫旁通爲豫䷏姤陰柔道牽繞初取象於羸豕繫柅浸長至遯故取象革用黃牛

（義理）牛取其順黃牛尤順者也革又至堅且韌二變成姤象如小人而學女子獻媚貢諛情極纏綿意極險奸受其惑者易被羈縻而爲執縛古今非無剛毅雄略之人但身爲牢籠欲遯不得欲脫不能爻曰莫之勝說聖人以固志釋之寓意深遠豈恆俗所能知哉

（音句）勝音升說音脫

（品物）革即牛皮也始從牛體剝解謂之皮曝乾謂之革純熟謂之韋今胥役往往以革條浸水使鬆然後縛人手足愈乾愈緊雖大盜巨寇受其執者莫能脫遯此皆嚴拷之法想古世亦如斯也春秋時有用牟革裹人者左傳云陳執南宮萬以犀革裹之與宋人彼被陰道纏繞取象牛革之執可不畏與

（占應）二辰在酉上值天苑黃帝占曰天苑主犧牲牛羊之屬艮位又值牽牛之宿故應爲執用黃牛

九三係遯有疾厲畜臣妾吉

（提要）書箕子曰我不顧行遯又曰我罔爲臣僕陰長之秋苟能盡如箕子之行疾風勁草眷眷戀君國家畜得此臣何吉如之顧畜臣兼畜妾者妾道臣道其應因箕子以爲奴乎

（訓詁）繫屬曰係疾嫉也畜養也臣家臣妾媵妾也

（象數）中互巽繩爲係遯艮止爲畜艮爲閽寺爲臣妾

（變通）三變爲否䷋旁通亦爲否否三曰包羞爻應故曰係厲

（義理）三屬內卦之陽小人中之君子也爻曰係遯又曰畜臣妾吉蓋遯陰浸長三居內卦之上獨不內比於陰而反外比於陽正如漢閣呂彊盡忠國家不附奄閹反附朝士故閹黨共譖呂彊殺之此係遯有疾厲也唐宦官張承業從晉王義不負唐卒助晉王成功滅梁雪憤在己雖有疾憊之形在主正得忠之僕此畜臣妾吉也蓋係厲爲三自占畜吉爲應三者占也

（音句）虞氏義讀有疾句厲句心易源讀有疾厲句按當從虞讀爲允

（考證）係釋文本或作繫

（占應）三辰在辰上值謁者應爲臣妾

九四好遯君子吉小人否

（提要）好遯之象正即微子去紂也

（訓詁）好相善也

（象數）乾健變巽婉順爲好遯陽爲君子陰爲小人陽善爲吉陰柔爲齐

（變通）四變爲漸䷴旁通爲隨䷐漸四鴻得其桷應爲君子遯得其吉也

（義理）四爲大臣動而成漸超若冥鴻不罹羅網張良僻穀二疏歸田皆當恰好之時急流勇退其吉宜焉若自眷戀爵位時移勢易待及羣陰長成未有能

免於害者小人則進退不果所以獨否好遯者正君子及時而遯不爲小人所牽忌也

（音句）好上聲

（占應）四辰在午上值張宿張主文明應爲君子獲吉

九五嘉遯貞吉

（訓詁）嘉褒美而禮之也

（象數）乾變離禮爲嘉遯五中爲貞吉

（變通）五變爲旅䷷旁通爲困䷮旅五應曰譽命譽者嘉也

（義理）五居君位無避世高蹈之理易言嘉遯貞吉即書說命篇王曰來汝說台小子舊學甘盤既乃遯于荒野入宅于河無逸曰其在高宗舊勞于外蓋卦從遯五變爲離離爲大人先遯而後入即君位也

(占應)五辰在申上値參宿春秋元命包曰參主權衡應爲進退以禮

上九肥遯无不利

(訓詁)肥饒裕也

(象數)上變兌悅悅則心廣體胖爲肥遯中互巽近利市爲无不利

(變通)上變爲咸☱☶旁通亦爲咸咸止而說故爲肥遯

(義理)上當隱逸之位變兌怡悅超然霄漢天子不得臣諸侯不得友其南陽徐孺子富春嚴子陵乎抑或推位讓能薦賢自代成功者去如范蠡讓政文種五湖烟水一舟不返恰是超遯之景象焉

(攷證)肥遯淮南子作飛遯西溪叢語肥古作巷與古蜚相似即今飛字洪頤煊讀書叢錄引後漢書張衡傳利飛遯以保名(李賢注淮南九師道訓曰遯而能飛吉孰大焉)古皆有以肥遯作飛遯者焉按侯果虞翻易本皆作肥遯

(占應)上辰在戌戌爲日窮之紀天地閉賢人隱故應肥遯

象曰遯尾之厲不往何災也執用黃牛固志也係遯之厲有疾憊也畜臣妾吉不可大事也君子好遯小人否也嘉遯貞吉以正志也肥遯无不利无所疑也

(訓詁)固錮通憊羸困也

(象數)初動變離爲災

(義理)陽爲君子陰爲小人小人浸盛君子固貴見幾也初以柔德而居剛位其變猶能自明二以柔德而居柔位其變愈爲奸險三則小人中之君子四則君子中之見幾者五則先遯荒野而後爲君(體乾變離乾爲荒野離爲君象)上則君子超然物外者肥遯之義正進退綽綽然有餘裕也

(音句)災叶音菑志叶音支否叶音鼻按災字詳乾文言楚辭九章昔君與我成言兮曰黃昏以爲期羌中道而回畔兮反既有此他志志叶眞而切音文懲在卦韻事在寘韻古本相通又楚辭九章心純厖而不泄兮遭讒人而嫉之君含怒以待臣兮不清徵其然否否叶府眉切音卑

(攷證)憊王肅作斃荀作憊按以叶韻從荀爲長

副編

遯

(德位)亨德在二利貞亦在二中曰小利貞者柔得位也自姤長成二陰曰亨者五剛當位而與二應柔能得君也

初

(篋說)慶元時朱子欲劾韓侂胄草權奸蔽主之奏門人恐賈禍請以蓍決遇遯之同人朱子默然乃焚草號遯翁

(集解)陸績曰陰氣已至於二而初在其後故曰遯尾也避難當在前而在後故厲往則與災難會故勿用有攸往○頤齋經說履霜堅冰人貴愼之於始星星之火燎即焚原二陰浸長惟君子洞見於微故欲見幾而作也若其兆昧先幾以爲同流合汙可得小人輔助勢必身取災害故君子懍然深自戒焉

(默參)乾坤之後受之以屯見彌綸之氣厚也咸恆之後次之以遯明分賦之氣薄也爻動化離火爍乾金陰火王相中慮之欲無厭君子見危而懍道惟遠陰不近而已

二

(默參)艮爲手變巽爲風爲肝肝風冲動其變則手足拘握有似牛革之執

五

(集解)頤齋經說人君無逃遯之理惟見君子遠遯則必下詔褒嘉使之勿遯

如成王之留周公肅宗之留李泌庶幾當此貞吉其次則宋太祖杯酒以釋將權畀臣自遯之類也

（默參）離爲心心主豫悅爲嘉遯

（德位）卦之貞德在二爻變爲旅貞在五中故曰嘉遯貞吉

上

（集解）侯果曰肥遯无不利則潁濱巢許當此爻矣

象

（集解）三爻荀爽曰大事謂與五同任天下之政潛遯之世但可居家畜養臣妾不可治國之大事也

大壯 ☳☰ 乾下震上　泰州　徐天璋睿川　演

（卦旨）卦自泰☳☰息爲四陽綜爲遯☰☶旁通爲升☷☴錯爲觀☴☷在天成象碧漢赤虹在地成形厝砰磐石在世運四海承平聲威喧嚇在人豐軀大額舉趾高揚

（義理）內剛外躁陽露而驕太剛則折太躁則傷曰大壯

大壯利貞

（訓詁）壯盛也

（象數）四陽充盛爲壯

（義理）卦至四陽譬猶人至四十體氣壯盛其長已成惟在堅持血氣不妄動心勝以德不勝以力如曰以力則好勇鬬狠未有不傷者也

彖曰大壯大者壯也剛以動故壯大壯利貞大者正也正大而

天地之情可見矣

（訓詁）動作也

（象數）乾爲大爲剛震爲動

（義理）無慾則剛氣直則壯顺氣貫於涵養不貴於暴露也大壯則剛以動觸者未有不傷經曰利貞彖則揭明正字想見至大至剛不外配義與道浩然之氣直養無害正如雷在天上聲滿太空而兩間之氣爲之充塞也

象曰雷在天上大壯君子以非禮弗履

（訓詁）履踐也

（象數）震爲雷乾爲天乾主敬惕爲禮震行爲履

（義理）聲威莫盛於雷邪物必聞之而讋豈可自蹈瑕疵令邪物反相抵觸哉乾爲天秩天經震主率行不越非禮弗履正謂視聽言動邪沮消萌對且明而

修省也

初九壯于趾征凶有孚

（訓詁）趾足也征凶有孚恃孚凶也

（象數）初下爲趾陽動變陰爲征凶雷風二氣相薄爲有孚初恃四能應己變則剛反失位爲征凶有孚

（變通）初變爲恆䷟旁通亦爲恆恆初應曰貞凶

（義理）德位各有不同初下爲民而欲繼武羣陽不度德不量力逞其剛勇之氣適自蹈於危亡譬之荆軻高漸離輩往刺秦王徒自戕身取禍也當其入秦之始燕太子賓客知其事者皆白衣冠相送雖曰征凶而舉世信其忠義故曰有孚

（音句）王弼讀壯于趾句虞氏義讀壯于趾征句按象傳壯于趾其孚窮也當

讀壯于趾句征凶有孚句

（考證）趾虞本作止

（占應）初辰在子上值司危司非虛宿螣蛇應爲哭泣禍亂故凶

九二貞吉

（訓詁）貞吉得中道也

（象數）乾健變離柔中得位爲貞吉

（變通）二變爲豐䷶旁通爲井䷯豐二應之曰吉

（義理）太剛則折體乾剛健變化離明有識有守中立而不倚强哉矯也正如陶宏景蚤與梁武帝遊武帝即位徵之不出有大事無不諮詢時人謂之山中宰相富貴不能淫威武不能屈焉得不吉

（占應）二辰在寅上值斗宿其德純吉應爲貞吉

九三小人用壯君子用罔貞厲羝羊觸藩羸其角

（訓詁）壯傷也罔憂也羝牡羊觸藩羸角觸藩係累其角而疲倦也以剛觸剛易以剛觸柔難也

（象數）三爻變陰爲小人體陽爲君子乾變兌爲羝羊震爲竹木爲藩離兌陰分坼爲角震在兌前中互坎離坎爲陷阱離爲網羅爲觸藩羸角

（變通）三變爲歸妹䷵旁通爲蠱䷑歸妹曰无攸利爻應故曰羸角

（義理）上陰如城狐社鼠憑依得地三不中正恃壯而攻不獨不勝抑且見傷譬之藩籬之間邪徑也羊性雖喜觸邪其如觸非其地反致身首困憊故君子見而惶遽惕於困而憂之絕不貿貿然行事若小人志在捷獲勢必害結禍纏莫之能脫也矣

（考證）羸鄭虞作纍張作虆王肅作縲蜀才作累按羸疲瘠也禮喪容纍纍注

纍纍羸憊貌說卦離爲羸京房作螺儀禮士冠禮蒞㚇羸醢羸同螺以此相例縲累虆纍與羸古字義通也

（品物）羝牡三歲也羊性剛很而火煖好觸行邪徑之間雖山石陡削荒牆敧側羣獸不能登者羊皆能行其上惟遇藩籬則羸困焉

（占應）三辰在辰上值角宿應羊羸角

九四貞吉悔亡藩決不羸壯于大輿之輹

（訓詁）決斷也藩決不羸壯于輿輹藩爲大輿決開成周行也

（象數）震爲竹木萑葦爲藩陽變陰坼爲藩決中互兌羊體乾剛健爲不羸坤爲大輿爲輹乾健承下爲大輿之輹

（變通）四變爲泰䷊旁通亦爲泰泰四不戒以孚故應爲藩決不羸

（義理）邪不勝正四位大臣動而之泰荆棘之地悉化坦途猶大輿行於周道

絕無藩籬阻礙其間即有藩籬一遇輪軸疾轉莫不沖斷折開也推原卦象車三十六輻共成一轂壯于輿輹正喻交泰之世合力並治故無往而不通焉

(攷證)釋文輿輹虞作𨌬腹輿或作車輹或作輻按以理論當作輿輻

(品物)輹與輻異輻車轑利輪之轉輹伏莵利軸之轉詳前小畜大畜爻下

(占應)四辰在午上值東西二藩爻辰貫云至午則閭闔門開爲相見乎離故藩決午與未合未屬羊羊安於靜則不羸輿有羊駕之者爲羊車壯于大輿之輹是車之小者史記天官書午值柳宿柳主草木應爲藩籬

六五喪羊于易无悔

(訓詁)喪失也易𤱶場无悔戒盈亢也

(象數)震大塗爲易互兌爲羊變兌當五居尊羊化爲虎爲喪羊于易

(變通)五變爲夬䷪旁通爲謙䷎夬五應曰中行无咎中行即大道也

(義理)羊性觸邪五爲牧羊之主率行於易天下大治之象也羊遂無邪可觸既曰大治反而喪羊者飛鳥盡良弓藏狡兎死走狗烹亂伏於治功敗於成魏徵亟諫太宗太宗曰會須殺此田舍翁況不如太宗者乎五本體陰變剛予智自雄飾非拒諫喪羊无悔蓋紂焚炙忠良之象也

(攷證)羊郭京作牛易或作場

(占應)五辰在卯上值房宿史記索隱引尚書運期授曰所謂房四表之道故象易也

上六羝羊觸藩不能退不能遂无攸利艱則吉

(訓詁)郤避曰退竟成曰遂也

(象數)互兌爲羝羊體震竹木爲藩籬變離網羅是罹爲不能退不能遂離火下克乾金爲无攸利金得火鍊爲艱吉

(變通)上變爲大有䷍旁通爲師䷆大有上九體陽爲无不利大壯上六體陰爲无攸利

(義理)上與三應三曰羝羊觸藩觸人者也上曰羝羊觸藩受觸者也上居卦極勢位獨尊不能進不能遂无攸利者猶謂騎虎之勢欲處不得欲下不能也又曰艱則吉者象成大有柔得尊而上下應之蓋即周公恐懼流言避東之時跋胡疐尾之象也

(占應)上辰在巳巳將滕蛇主事纏繞應爲進退不能

象曰初六壯于趾其孚窮也九二貞吉以中也小人用壯君子罔也藩決不羸尚往也喪羊于易位不當也不能退不能遂不詳也艱則吉咎不長也

(訓詁)詳審也

(象數)震動爲往

(義理)雷擊陰邪動以天也故取象雷在天上羊觸邪物秉於性也故取象觸藩籬初則戒其躁動二則嘉其能貞二四分離易之勢五上明失得之理終曰艱吉想見聖王馭宇未嘗不翼翼小心也

(音句)當平聲

(攷證)象九三古本罔上有用字詳王肅作祥按當從今本作詳

副編

大壯

(德位)貞德在二之中曰利貞者二五剛柔相應也

二

(德位)貞在二中

三

(集解)頤齋經說易緯稽覽圖陰陽所謂應者地上有陰而天上有陽曰應俱陰曰罔地上有陽而天上有陰曰應俱陽曰罔今九三變而與上不應在小人以爲俱陰得志故用壯往之心在君子以爲俱陰失志故切憂虞之慮

(默參)乾金變兌金在志憂應爲君子用罔

四

(德位)貞德在二四言貞吉者陽吉陰凶剛長至四二中得助於外也

五

(比例)胡炳文曰旅上九喪牛於易牛性順上九以剛居柔不覺失其所爲順大壯六五喪羊於易羊性剛六五以柔居中不覺失其所爲剛

上

(比例)上與三應三曰羝羊觸藩指陽觸陰言之上曰羝羊觸藩謂陰受羊觸也不能退遂正謂迫於名分不敢公然無忌直行已之所欲耳

象

(集解)蘇秉國曰六爻兩兩相形初之征凶與二之貞吉對蓋言集義之學以立致壯之本三之觸藩與四之藩決對蓋言靜躁之理以杜用壯之害五之喪羊與上之觸藩對蓋言愼動之要以明守約之功且卦以壯爲義爻則皆以陽居陰位爲美王輔嗣所謂未有違謙越禮而能全其壯者也

(對待)遯之九五綜卽大壯九二故遯言貞吉大壯九五綜又遯之九二故大壯言羊而遯言牛遯之九四綜卽大壯九三故兩爻皆言君子小人此中爻象最著明對待之理也

晉䷢ 坤下離上　　泰州 徐天璟睿川 演

(卦旨)卦自否䷋生爲四陰綜爲明夷䷣旁通爲訟䷅錯爲需䷄在天成象日出扶桑在地成形王朝都會在世運唐虞盛治在人冠冕儒林

(義理)日自地而上升光於四方曰晉

晉康侯用錫馬蕃庶晝日三接

(提要)晉康侯列明夷箕文蒙難之前蓋卽竹書紀年云武乙三十四年周公季歷來朝王賜地三十里玉十瑴馬十匹也

(訓詁)康侯謂侯能安定國家故王褒大之也用錫馬蕃庶凡朝覲會同必毛馬而頒之三接天子接諸侯之禮延升致命成拜也

(象數)離爲君爲侯坤爲衆離臨坤上得衆能安爲康侯坤爲牝馬馬衆且多爲錫馬蕃庶離爲日日出地上爲晝日離爲禮其數三爲三接

(義理)離日照臨下土君人之象也天無二日民無二王六十四卦惟乾爲天子餘皆列侯耳問國君之富數馬以對康侯用錫馬蕃庶周官校人天子十有二閑馬六種邦國六閑馬四種凡朝會幣聘貢賜皆用馬以爲禮也三接大行人職曰諸公三饗三問三勞諸侯三饗再問再勞子男三饗一問一勞又王接侯禮覲禮延升一也覲畢致享升致命二也享畢王勞之升成拜三也

(攷證)晉釋文云本或作晉說文及九經古義從之古文奇字作晉孟喜作齊晉子西反楊作䳍庶接鄭作遮捷按晉字當從今本

象曰晉進也明出地上順而麗乎大明柔進而上行是以康侯用錫馬蕃庶晝日三接也

(訓詁)麗附也

(象數)離日爲大明陰當離中爲柔進上行日君象月臣象后象互坎承離月

近日光象臣子上荷君寵爲康侯日出於東象寅賓日照中天象朝覲日落於西象餞賓爲晝日三接

（義理）離日也坤土地也大明麗天坤地又麗大明者近陽者舒近陰者慘土地必近日光萬物方能繁茂也日爲君象坤爲地象牝馬地類地繞日球而行曉見日東午見日南夕見日西故聖王制爲朝儀晝日三接也

象曰明出地上晉君子以自昭明德

（訓詁）昭著也

（象數）離爲明坤爲地坤以厚德載物順麗乎離爲自昭明德

（義理）明本爲離之體出於地上坤陰不能蔽障猶人君照臨萬方不爲羣邪所蒙自昭明德正見君體清明也推原卦象坤德含宏光大離爲虛中有容天下惟虛受人者爲能集益能集益故日進日新徹體皆光明也

初六晉如摧如貞吉罔孚裕无咎

（提要）此即文王囚于羑里之象也

（訓詁）抑退曰摧德進而爲所抑守正者吉也寬綏曰裕罔孚裕无咎既窮无悶不改其樂也

（象數）坤變震往爲晉應互艮止爲摧坎水爲孚坎流艮止爲罔孚震性坦易爲裕體陰變陽爲无咎

（變通）初變爲噬嗑☲☳旁通爲渙☴☵噬嗑曰得中象應故曰行正渙四曰元吉爻初故曰貞吉

（義理）初陰變陽明德自昭動反無應故曰晉如摧如既曰摧如又占貞吉者變震得位在己守正不撓孟子曰我之不遇魯侯天也柳下惠不羞枉道事人均與同旨坎水艮山水爲山阻爲罔孚象成噬嗑是罔孚之中變有合象道在守正得常安於義命從容以俟天時人事之移轉也故曰裕无咎

（音句）武億經讀攷異虞翻讀罔孚裕句王輔嗣讀罔孚句裕无咎句按象傳裕无咎句當讀罔孚句裕字單讀合无咎爲句

（攷證）釋文摧鄭讀南山崔崔之崔罔孚說文引作有孚段注云今經有作罔按當從本義爲摧字罔字

（占應）初辰在未上值爟星爟主火至未土旺火衰故應摧抑之象未屬坤宮坤德含宏光大應爲裕象

六二晉如愁如貞吉受玆介福于其王母

（提要）詩曰摯仲氏任自彼殷商來嫁于周曰嬪于京又曰太任有身生此文王又曰維此文王小心翼翼昭事上帝聿懷多福厥德不回以受方國象因文王王業艱難受福故推原於所生焉

（訓詁）愁憂也介大也王母王者之母受福王母謂由王母冒育以成德也

（象數）體坤安貞變坎心憂爲愁如二中爲貞體陰變陽爲吉坤爲母乾爲福坤承乾陽索得中男爲受福王母

（變通）二變爲未濟☲☵旁通亦爲未濟未濟二應曰貞吉

（義理）古者家修廷獻必先天下而憂後天下而樂也二變坎爲加憂象成未濟故曰晉如愁如既曰愁如又曰貞吉者二五中正相應下以誠感上以明應正如昌黎琴操云天王明聖兮臣罪當誅能於憂患之中增益其聖德也月受日光地承天陽受福王母取象坤中變坎上承天寵時雖未濟德實陰修也

（占應）二辰在酉上值天陰應爲王母

六三衆允悔亡

（提要）此卽紂囚文王諸侯悉從請囚紂於是懼而歸之也

(訓詁)允信從也

(象數)坤爲衆五行以土屬信爲允三不中正變成艮止爲悔亡

(變通)三變爲旅䷷旁通爲困䷮困上應曰動悔有悔象言吉行故此言上行

(義理)大明在上爝火無光三居下卦之上位不中正動而爲陽與君卿爭昭明德雖爲坤衆所從恰爲離明所忌宜其旅而无容也曰衆允悔亡文王三分天下有其二以服事殷之象也

(占應)三辰在亥上值師門師衆也應爲衆允悔亡

九四晉如鼫鼠貞厲

(訓詁)鼫鼠貪鼠也

(象數)艮爲小石體離爲禮變艮黔喙之屬爲鼫鼠

(變通)四變爲剝䷖旁通爲夬䷪剝四體陰爲切近之災晉四體陽故曰貞厲其取喩鼫鼠者正因剝爲悛削其民也

(義理)明德自昭本爲利世非爲害世也四晉卿位陽動爲陰虧蔽離日之景使君損其明德其爲權奸竊位剝上損下明焉故以鼫鼠取象但鼠晝伏夜見未嘗不畏離明四當多懼之地未嘗不懍危亡故曰貞厲

(攷證)鼫釋文子夏鄭碩並作碩

(品物)鼫鼠說文五技鼠也能飛不能過屋能緣不能窮木能游不能渡谷能穴不能掩身能走不能先人爾雅釋獸注鼠頭似兎尾有毛青黃色好在田中食粟關西呼爲鼩鼠能人立交前兩足而舞最爲害稼者也本草螻蛄一名鼫鼠蟲類非獸類

(占應)四辰在午上值天狗艮取象爲狗爲鼠陽大陰小體陽變陰故應爲鼠

六五悔亡失得勿恤往吉无不利

(提要)失謂文王獻岐西之地於紂得謂紂錫文王爲方伯也

(訓詁)亡失也悔亡者悔其失也恤憂也失得勿恤不以得失爲憂中心無回惑也陽爲吉往吉无不利行道有福也

(象數)陰虛爲失陽實爲得離虛變乾中實失者能得爲勿恤乾德健行爲往吉互巽下近利市爲无不利

(變通)五變爲否䷋旁通亦爲否否五曰其亡其亡擊于苞桑爻應故爲失得勿恤

(義理)離中藏陰陰爲已土五變成乾尅去私欲爲悔亡大象成否天地不交離君聖明有其德無其時也顧時運足困聖明而聖明亦能造時運悔亡者卦自否來由亂而治爻變之否由治而亂治則得亂則失失得勿恤聖敬日躋絕

無成敗利鈍設於其間往吉无不利心惟競於道德學有緝熙於光明也

(晉句)諸家讀往吉句心易溯源讀往字句吉无不利句按當從本義讀往吉句

(攷證)釋文失得孟馬鄭虞王肅本作矢得馬王云離爲矢虞云矢古誓字按當從本義作失得

(占應)五辰在卯上值折威主賞罰之事應爲失得

上九晉其角維用伐邑厲吉无咎貞吝

(提要)綱鑑輯要帝乙二十有四祀命西伯距昆夷備玁狁象應故爲維用伐邑又文王伐密伐崇是皆明證

(訓詁)角競也連結曰維邑國邑也

(象數)上變陰坼爲晉角內坤爲邑離爲甲冑戈兵變震行師爲維用伐邑體

陽變陰爲厲爲吝

（變通）上變爲豫☳☷旁通爲姤☰☴豫利行師應爲伐邑

（義理）衆弱攻昧武之善經也文治之朝不廢武功明德至綏設有阻我聲教

者不妨進兵以伐也顧兵凶戰危必厲而後能吉先王之世耀德不觀兵若其

小有所勝遂狃於常自幸師徒無虧窮兵黷武未有不吝者焉

（音句）虞氏義讀厲吉无咎句貞吝句易經精華讀厲句吉无咎句貞吝句玩

易四道讀厲吉句无咎句按家人九三曰悔厲吉睽九四曰厲无咎當以厲吉

讀合无咎句貞吝句

（攷證）維集解作惟

（占應）上辰在戌上值奎宿春秋佐助期曰奎主武庫應爲伐邑

象曰晉如摧如獨行正也裕无咎未受命也受茲介福以中正

也衆允之志上行也鼫鼠貞厲位不當也失得勿恤往有慶也

維用伐邑道未光也

（訓詁）命謂君命未受命者初爲庶人猶未命爲士也上行謂晉上也道未光

者德終而有虧也

（象數）離爲文告爲命離日爲光至上變震虧蔽日晷爲未光

（義理）晉爲自昭明德必視德位爲之初位庶民草野潛修姓名未聞於上故

不能如士之受命也二爲元士陶成大學故曰受福於王母三則懼其德盛見

疑四則以竊位虧德爲戒五爲晉主得失不設成心故無往而不吉利上則吉

吝互參詩曰靡不有初鮮克有終此之謂也合觀六爻以陰變陽則吉以陽變

陰則厲且吝焉人可不勉厥德與

（音句）行音杭慶音羌虞氏義讀衆允之句志上行也句程傳讀衆之志句上

行也句按行慶音詳見前坤象

晉 副編

初

（集解）鄭圜札記云竹書紀年文丁十一年周公季歷伐翳徒之戎獲其三大

夫來獻捷王殺季歷十二年周文王即位徐文靖箋引晉語胥臣曰文王之即

位也詢于八虞咨于二虢度于閎夭謀于南宮諏于蔡原訪于辛尹是能從摧

如之後自行貞吉者也

（德位）坤利安貞初陰變陽爲貞吉

二

（集解）頤齋經說太任自殷商嫁周必商之親姻者也季歷爲文丁所殺文王

得嗣爲周侯者必太任陰爲左右之也故曰受茲介福於其王母

（默參）坤腹變坎天一之精孕於黄宫應爲母育之象二得中正胎教必端故

曰受介福焉

（德位）二位柔中變陽爲貞吉

四

（德位）貞德在五於四而言貞厲者正謂聚斂之臣禍延於君災及其身也

象

（集解）頤齋經說晉明夷兩卦的是隱占殷周之事晉以自昭明德正周日昌

大也初未受命摧如之象文王囚于玉門也二受介福于王母紂錫命爲方伯

也三言衆允悔亡六州向化也四爲鼫鼠貞厲近於紂所者飛廉崇侯也五爲

失得勿恤上用伐邑文王遏莒戡黎伐崇伐密也

明夷 ䷣ 離下坤上

泰州 徐天璋睿川 演

(卦旨)卦自泰䷊悔爲四陰綜爲晉䷢旁通爲需䷄錯爲訟䷅在天成象晝晦天昏在地成形荒城廢壘在世運聖賢蒙難在人志氣愚迷

(義理)離爲大明日景爲地球所蔽曰明夷

明夷利艱貞

(訓詁)艱險阻也

(象數)中互坎險前阻爲艱貞

(義理)大明爲太陰所掩日窮於戊月滅於癸正靑天長夜之時賢人君子夷傷之候也道惟堅持其志不變其操置世亂於運數茹苦含辛以俟天心默悔此艱貞所以利焉

(攷證)歸藏作明尼

彖曰明入地中明夷內文明而外柔順以蒙大難文王以之利艱貞晦其明也內難而能正其志箕子以之

(訓詁)晦翳曰蒙蒙昏曰晦晦其明韜晦其明而緘默也箕文之難紂囚箕子爲奴囚文王於玉門羑里也

(象數)離爲文明坤爲柔順離坤合爲柔中爲正志

(義理)大難關乎天下內難繫於家廷非柔順不能避禍非正志不能勵操文王緝熙敬止內文明也以服事殷外柔順也箕子自靖人自獻於先王能正志也舉箕文以明彖者正見明夷爲世之變艱貞守君子之常無入而不自得也

象曰明入地中明夷君子以涖衆用晦而明

(訓詁)涖臨也用晦而明君子之道闇然而日章也

(象數)離爲明坤爲地爲衆坤陰爲晦

(義理)君子不以察察爲治古帝王冕旒以蔽明黈纊以蔽聰義皆取於用晦涖衆也若明夷用晦而明蓋德慭在已世愈獨我愈清人愈愚我愈聖譬之日入地中而陰幽之處無不燭照予憶少時詠螢詩曰夜深幽谷中日月不能照獨化光明心靜觀得衆妙螢火之光尙能燭見幽暗況文王箕子被囚之日其心怛白無私正如大明懸著衆皆知其非罪也與

(攷證)心易溯源而亦作如按虞氏義而如也涖亦作莅

初九明夷于飛垂其翼君子于行三日不食有攸往主人有言

(訓詁)于飛垂翼鳥將飛止翼必先垂於行不食人將去國義不忍食攸往有言主止具往故有辭也

(象數)離爲飛鳥變艮止集爲垂翼離日數三爲三日離腹中虛爲不食互震爲往離於五行爲言初與四應剛柔相得爲主人有言

(變通)初變爲謙䷎旁通爲夬䷪謙初卑牧正應于飛垂翼夬四其行次且聞言不信正應攸往有言

(義理)君子危邦不入亂邦不居明夷之初所居之地爲亂邦也曲禮云大夫士去國踰竟爲壇位鄉國而哭素衣素裳素冠（鄭注言以喪禮自處）不祭食不說人以無罪又曰國君去其國止之曰奈何去社稷也大夫曰奈何去宗廟也士曰奈何去墳墓也親喪之禮水漿不入于口三日孟子曰觀近臣以其所爲主觀遠臣以其所主合攷此爻于飛垂翼去國已踰境也于行不食爲壇嚮國而哭從喪禮水漿不入於口三日不祭食也攸往有言國中主人止其去者也斯皆古禮也

(占應)初辰在子上值虛宿玄枵之次應爲不食有言

六二明夷于左股用拯馬壯吉

(提要)易多隱載商周之事周居西岐紂居東亳夷于左股文王朝商被幽于

東國也用拯馬壯即史云周人求得驪戎之文馬有熊之九駟獻之於紂紂命
文王爲西伯也
(訓詁)夷于左股禮事左袒也用拯馬壯吉蓋以禮事者用獻乘馬於中庭也
(象數)中互坎膂爲股震東爲左離當坤下其明未顯爲夷于左股馬生于午
精氣稟離離變乾爲良馬爲用拯馬壯吉
(變通)二變爲泰䷊旁通亦爲泰五應曰元吉
(義理)凶事右袒吉事左袒夷于左股從蒙難而獲慶賞也古者覲君以及聘
幣皆以乘馬爲禮覲禮云奉束帛匹馬卓上九馬隨之中庭西上再拜稽首二
變泰交君臣相德故曰用拯馬壯吉也
(考證)釋文夷子夏作睇京作眱虞本謂夷字衍文左股姚作右槃馬氏王氏
作般石經股用拯三字漫漶拯子夏作抍按當從今本爲夷左股拯

(品物)續秘笈云凡馬至秋高則甚肥此而急馳驟之不三舍而馬斃矣以其
臕未實也於是擇其尤良者加以控馬之方每日步馬二三十里俟其微汗則
縶其前足不令之跳踉躑躅也促其銜轡不令之飲水齕草也每日午後控之
至晚或晚控之至黎明始散之牧場中至次日又復如是控之至三五日或八
九日則馬之脂膏皆凝聚於脊其腹小而堅其臀大而實向之青華虛臕至此
皆堅實凝聚即盡力奔馳而氣不喘即經戰陣七八日不足水草而力不竭由
是證之用拯馬壯吉正聖人用晦而明養其氣力不輕爲之馳驟也
(占應)二辰在酉上值天苑主畜牧應爲馬壯

九三明夷于南狩得其大首不可疾貞

(提要)得其大首文王伐崇而克也崇在西岐之南今西安府鄠縣(鄠音扈)
(訓詁)火田曰首得其大首獲渠魁也疾嫉也不可嫉貞謂彼既爲我獲不容
以害正也
(象數)火田爲狩坤田離火坤衆爲師離位南方爲甲冑戈兵因爲南狩陽大
陰小三不中正互坎克離爲疾貞體離變震嫉我者去爲得其大首不可疾貞
(變通)三變爲復䷗旁通爲小畜䷈復彖曰出入无疾爻應故曰不可疾
貞
(義理)箕文所以蒙難飛廉崇侯虎讒疾也三不中正互坎尅火離日無光嫉
正甚矣爻動變震震旦也大明旦見羣陰悉消彼宵小雖欲肆虐又焉能容其
害正哉
(考證)釋文狩亦作守
(占應)三辰在辰上值太微垣上將洛書曰太微西藩將執威誅不順應爲殲
厥渠魁得其大首

六四入于左腹獲明夷之心于出門庭

(提要)書微子篇箕子曰商其淪喪我罔爲臣僕詔王子出廸我舊云刻子王
子弗出我乃顛隮微子承其心志遂抱器歸周全身存祀故曰獲明夷之心于
出門庭
(訓詁)左腹人心所繫之處入腹獲心謂人心將馳於外意所指嚮我己逆探
覩也
(象數)坤爲腹四變震位東方爲左腹互巽爲入離爲心心爲明堂因爲庭坤
爲闔戶因爲門初與四應自其應初言之爲獲明夷之心自其四居外卦言之
變震爲出爲于出門庭
(變通)四變爲豐䷶旁通爲井䷯豐四遇其夷主故應曰獲明夷之心
(義理)卑不可踰尊疏不可踰戚惟大人爲能格其君心之非四位大臣變震

克坤推心置腹象能祛君蒙蔽者也惜大象成豐豐爲折獄致刑是大臣因諫君而罹禍害明夷之世其紂剖比干心乎不曰剖心而曰獲明夷之心于出門庭史載紂殺王子比干即言微子出奔想見紂不可諫微子知其心意門庭之內懍然不可以久留也

(音句)虞翻胡炳文讀獲明夷之心句于出門庭句本義語類讀獲明夷之心于出門庭句按當從本義讀句

(占應)四辰在丑上值輦道主出門庭

六五箕子之明夷利貞

(提要)五獨以箕子爲主者正聖人繫爻之深意也文王蒙難其後錫爲方伯得專征伐武王因之以有天下其道大光非終於明夷者也惟箕子蒙難於殷周武訪道之後僻處朝鮮守其貞志故五以箕子爲明夷主焉

(訓詁)箕子紂諸父明夷利貞獨守其道以行正也

(象數)變坎體坤滅癸爲箕子明夷居五應二得中爲利貞

(變通)五變爲既濟䷾旁通亦爲既濟既濟剛柔各正應爲利貞

(義理)內難而能正其志箕子與道爲體者也武王訪道演範陳疇躬爲帝師義不爲臣皎然之心萬世共見則利貞爲可想焉莊子曰箕子名胥餘漢官儀曰紂時胥餘爲太師

(攷證)釋文箕子蜀才作其子劉向云今易作荄滋趙賓荀爽從之古文又作箕子按象傳明言箕子以之爻辭成於周公當爲箕子

(占應)五辰在卯上值心宿中曰明堂爲大辰前星爲太子後星爲庶子箕子本帝乙諸弟故上應庶子之象

上六不明晦初登于天後入于地

(提要)初登于天微子是帝乙長子紂爲帝乙幼子紂以母貴太史爭立殷之未喪師克配上帝也後入于地不敬厥德乃早墜厥命其應紂自焚於鹿臺乎

(訓詁)登天配帝之享入地命墜而覆國也

(象數)體坤變艮艮山下蔽日景爲不明晦上位爲天高居離日之上爲登天變艮附地下應九三日在坤下爲入地

(變通)上變爲賁䷕旁通爲節䷻賁上无色爻應爲不明晦節三不節則嗟故應曰登天入地

(義理)君子用晦而明備歷艱阻皆能出幽至顯惟上迷極不悟初志蔽下之明卒反自蔽其明崇佞惡來諸人黨紂爲虐自謂城狐社鼠高位獨居焉知終於覆國身罹厥災求爲庶民而不得與推求卦德登天謂至上爻上當天位入地謂變賁而日落於山也

(占應)上辰在巳上值紫微垣北斗天樞石氏曰天樞主日日既在巳則星宿轉移而晦故應曰不明晦

象曰君子于行義不食也六二之吉順以則也南狩之志乃大得也入于左腹獲心意也箕子之貞明不可息也初登于天照四國也後入于地失則也

(訓詁)則法也意即志之所發息止滅也

(象數)離爲心中含陰私離中納巳爲意

(義理)明夷卦德在下在下既具明德豈在上陰邪所能傷哉譬之日食天心踰時即見故二有拯馬之吉三有大得之志也初之才德雖不能大有作爲而見幾之早亦不失爲保身明哲外卦陰邪黨比正如黑雲濃霧遮滿兩間而究之四出門庭逃亡不暇五能獲免道在守貞上則初登於天後入於地應懍然

於姺賢害正之禍焉可不深戒與

（音句）意叶音億與食則得息國同韻十三則按秦之罘刻石文大矣哉宇縣之中承順聖意羣臣頌功請刻于石表垂乎常式意字叶乙力切

副編

明夷

（集解）鄭元曰夷傷也日出地上其明乃光至其入地明則傷矣故謂之明夷日之明傷猶聖人君子有明德而遭亂世抑在下位則宜艱貞自守尤幹事政以避小人之害也

彖

（集解）虞翻曰以用也三喻文王大難謂坤坤爲弒父迷亂荒淫若紂殺比干三幽坎中象文王之拘羑里震爲諸侯喻從文王者紂懼出之故以蒙大難得身全矣箕子紂諸父故稱內難五乾天位今化爲坤箕子之象坤爲晦箕子正之出五成坎體離重明麗正坎爲志故正其志箕子以之而紂奴之矣

初

（筮說）左傳昭四年初穆子之生莊叔以周易筮遇明夷之謙以示卜楚邱曰是將行而歸爲子祀以讒人入其名曰牛卒以餒死明夷日也日之數十故有十時亦當十位自王以下其二爲公其三爲卿日上其中食日爲二旦日爲三明夷之謙明而未融其當旦乎故曰爲子食日之謙當鳥故曰明夷明而未融故曰垂其翼象日之動故曰君子于行當三在旦故曰三日不食離火也艮山也離爲火火焚山山敗於人爲言敗言爲讒故曰有攸往主人有言言必讒也純離爲牛世亂讒勝勝將適離故曰其名爲牛謙不足飛不翔垂不峻翼不廣故曰其爲子後乎吾子亞卿也抑少不終解云穆子去齊子行也以豎牛入讒人也穆子疾豎牛使餽者置虛命徹穆子不得食卒以餒死爻辭可謂奇中矣心易淵源云五震爲車爲足亦納庚坎爲中男離中女在其下止宿而淫婦之象與庚宗婦人事應離變艮爲少男生子之象離爲牛艮爲閽寺豎牛掌內豎之象洪範火爲言火焚山讒言交亂也正不待不食爲餒死之應矣

（集解）荀爽曰火性炎上離爲飛鳥故曰於飛爲坤所抑故曰垂其翼陽爲君子三者陽德成也日以喻君不食者不得食君祿也陽未居五陰暗在上初有明德恥食其祿故曰君子於行三日不食也〇王夫之曰周公於明夷之後極其變而著之於爻以爲明之有晦晦之復明乃理數之自然以見文王艱貞之德必終之以燮伐之事而周之革商爲順天之舉爻動而變變而情生事起故爻與彖或道同而事不嫌於異焉初九則太公之象也二陽爲明所麗周公自當九三太公當初九以夾輔淸明之運也初去五陰也遠疏遠在外故宜避地遠去飛去之速也垂其翼困窮之象君子於行言其懷君子之道往之海濱也三日不食窮已至矣有攸往往而麗乎六二以昭明德歸周之象也主人有言

殷之餘民固議其異志所勿恤也陽剛之才旣可以大有爲而分位不親去暗即明出困而興義士雖曰薄德而志得道行矣〇頤齋經說離爲君德君德當陽則飛龍在天君德未顯則垂翼在下明夷君德在二初三兩陽夾輔君德者也書曰庶明厲翼又曰予欲左右有民汝翼翼以喻賢於飛垂翼蓋以鳥將遠飛其翼必先垂展喻人君將有作爲不可無賢人夾輔也君子將欲遠行去亂適治不可無禮禮義者君子之甲冑即衛身之羽翼也不食攸往有言悉古昔去國之禮義也於初而取此象者初變爲謙謙撙而光正君子退讓以明禮也

三

（集解）任啓運曰六二互坎火受水克猶在難中九三互震火受木生且出震而大明矣猶曰不可疾方免乎夷未中正也不言艱艱已免矣此爻太公當之文王四十年自羑里釋歸又二年已巳田於岐南得太公南狩得大首象二老

歸周皆以已歲占應離中藏已故也

(德位)貞在二中曰不可疾貞言三變不能害二也

四

(集解)頤齋經說曰夷於西而生於東四爻變震震旦也離日自地行次東方東方將明之候猶人心跡晦而不彰者至此昭然若揭天下共仰見也故曰入於左腹獲明夷之心於出門庭徵之人事推心置腹逆探其意猶古云司馬昭之心事行路皆知也

(默參)坤腹變爲震肝離心得宣其氣醫家去左心右肺心之志皆從肺謀慮而出猶之離日出震旦也

五

(集解)馬融曰箕子紂之諸父明於天道洪範之九疇德可以王故以當五知紂之惡無可奈何同姓恩深不忍棄去被髮佯狂以明爲晦故曰箕子之明夷卒以全身爲武王師名傳無窮故曰利貞矣

(德位)明夷卦德在二貞指二中爻五曰利貞者德在五中也

上

(筮說)北史魏武帝將即位吳遵世筮之遇明夷之賁䷕曰初登於天當作天子後入於地不得久也

象

(集解)黃道周曰人臣之所爲貞即人臣之所爲明也初當逸民之位而以避亂爲貞二當受夷之日而以免禍爲貞四能潔身自靖固貞也五爲念亂圖存亦貞也以商周之事言之上爲紂之晦也五爲箕子之囚也四爲微子之遠遯也三爲湯武之征伐也二爲文王羑里之囚也初爲伯夷居北海之濱以待天下之清也故曰易之興也其當文王與紂之事乎

(對待)明夷之二綜即晉五故皆占吉明夷之三綜即晉四故明夷言不可疾貞而晉言貞厲

家人䷤巽上離下　　泰州　徐天璋睿川　演

(卦旨)卦自小畜䷈三之二生爲二陰綜爲睽䷥旁通爲屯䷂錯爲解䷧在天成象日暈風生在地成形深溝高壘在世運家給年豐在人温文爾雅

(義理)巽木生火炊爨之象也二女同居歸主中饋曰家人

家人利女貞

(提要)繫家人於明夷後者紂以妲己喪邦周以娰妻開國女正位內其利必在貞焉

(訓詁)利女貞柔道正也

(象數)離正位內巽順於外爲利女貞

(義理)內明外化國治家齊二女無尤閨門雍睦虞舜觀型二女文王刑于寡妻利女貞者君子之道造端乎夫婦也

彖曰家人女正位乎內男正位乎外男女正天地之大義也家人有嚴君焉父母之謂也父父子子兄兄弟弟夫夫婦婦而家道正正家而天下定焉

(訓詁)嚴敬肅也謂上有威嚴下敬憚也

(象數)離日君象正位乎內爲嚴君

(變通)家人旁通爲屯䷂屯利建侯爲正位乎外家人二應屯五爲正位乎內彖言女正位內男正位外發揮旁通之象非泥指家人五剛爲男位也

(義理)經言女貞位正內也彖兼言男正位乎外者夫爲妻綱設男子不能刑于起化未有不交相謫也荀氏云母不嚴家之蠹也禮曰邦君之妻曰小君不獨父稱嚴君母亦可稱嚴君齊家之法正非專尚慈柔故於上爻結明有孚威如終吉也

象曰風自火出家人君子以言有物而行有恆

(訓詁)言物行恆言有經行有度也

(象數)巽爲風離爲火離於五行爲言巽以申命爲行

(義理)言行爲君子樞機四方風動咨視君子爲轉移也藉風火以取象者巽爲命令離爲禮典命令出自禮典則所言故皆有物所行故能有恆一嚬一笑自不容於苟也積久而化身修家齊天下自然蒸蒸而治也

初九閑有家悔亡

(訓詁)閑家者以禮爲防閑也

(象數)離爲禮變艮爲門止而不越爲閑家

(變通)初變爲漸䷴旁道爲隨䷐漸女歸吉象曰居賢德善俗應爲閑家

(義理)教子嬰孩教婦初來凡教在初而法在始志變而後治之悔不勝悔門

內之治和勝則流愛勝則瀆離禮變艮敦厚崇禮齊家有序其悔所以亡焉

(占應)初辰在子上值司危司非應爲以禮閑家

六二无攸遂在中饋貞吉

(訓詁)竟成曰遂治膳曰饋无攸遂者婦无擅成之事惟任治饍之職也

(象數)巽柔順從爲无遂離火煮飪爲中饋二柔得中爲貞吉

(變通)二變爲小畜䷈旁通爲復䷗小畜應曰牽復在中吉

(義理)大戴記婦人從夫無所敢自遂而有常職孟母云婦人之職羃酒漿精五飯中饋即婦職也離女變乾才智自雄故象警爲无攸遂而迪以在中饋貞吉饋即饋食禮婦佐祭也

(占應)二辰在酉上值胃宿晉書天文志胃三星天之廚藏爲中饋

九三家人嗃嗃悔厲吉婦子嘻嘻終吝

(訓詁)嗃嗃嚴厲之聲嘻嘻驕佚而喜笑也

(象數)離言變爲震躁在聲爲嗃嗃離主笑言爲嘻嘻三不中正陽變爲陰爲終吝

(變通)三變爲益䷩旁通亦爲益益爲善遷過改正應厲吉終吝

(義理)齊家之道嚴則傷恩縱則失節顧嚴而有法雖危猶吉縱而無恆其終必吝孔子曰惟女子與小人爲難養也近之則不遜遠之則有怨今玩爻旨寧失有怨毋失不遜正如子産曰火烈民望而畏之也齊桓公有內嬖如夫人者六人失家之節焉得不終吝乎

(攷證)嗃嗃荀作確確劉作熇熇嘻嘻張作嬉嬉陸作喜喜按當從今本作嗃嗃嘻嘻

(占應)三辰在辰上値亢宿分度馬庚吉云亢四星爲天子之內庭宿宮故應

有家人婦子又値折威頓頑主察情僞應爲嗃嗃嘻嘻悔厲吉吝

六四富家大吉

(訓詁)祿以馭富富家世祿之家也

(象數)巽近利市三倍變乾爲金爲玉金玉滿堂爲富家四當巽柔得位爲大吉

(變通)四變爲同人䷌旁通爲比䷇同人四應曰吉

(義理)周禮祿以馭富四位大臣變成同人同人曰同人於野亨百乖之家有釆地者也居柔得位巽順而能大同正如張公百忍鄭氏義門九世同居千人一德太和之氣洋溢家庭焉有不吉者乎

(占應)四辰在丑上値箕宿箕之四星后妃之宮也又値牽牛織女農丈牛主耕獲女主蠶織農丈明則天下豐稔應爲富家大吉

九五王假有家勿恤吉

(訓詁)假格也王假有家勿恤吉天下式化無一夫不得其所也

(象數)五當君位爲王變艮爲宮闕爲宗廟艮爲山互坎爲川山川宮闕宗廟皆備爲王家坎憂爲恤五變成艮艮爲寬仁離爲笑言爲勿恤吉

(變通)五變爲賁䷕旁通爲節䷮賁爲化成天下故應王格有家

(義理)諸侯有國大夫有家官禮之化本於睢麟王假有家者五居尊位以身作則萬邦式孚也自古帝王有家釁起宮闈骨肉相殘史書不絕而欲勿恤難焉爻體巽順變艮敦仁上旣親親下悉由禮螽斯和集之中幾見有仳離之歎哉是以爲吉

(占應)五辰在申上値天潢諸王支派繁衍應爲王假有家

上九有孚威如終吉

(訓詁)威嚴正也

(象數)坎爲有孚離火主禮體巽變坎與離合德寬猛相濟爲威吉

(變通)上變爲旣濟䷾旁通亦爲旣濟旣濟以水制火剛柔各正爲威吉

(義理)孚爲氣味之投威乃義方之教書曰威克厥愛允濟愛克厥威允罔功上爻變水制下而又與下相濟正威克厥愛者也焉得不吉如謂不癡不聾不作家翁使在下者不能信而愛之畏而敬之未有不貽禍亂者焉

(音句)虞氏義讀有孚句威如終吉句程傳讀有孚威如句終吉句按象傳威如之吉例以大有六五厥孚交如威如吉象傳分曰厥孚交如信以發志也威如之吉易而无備也當讀有孚句威如終吉句

(占應)上辰在戌上値天大將軍應爲威如終吉

象曰閑有家志未變也六二之吉順以巽也家人嗃嗃未失也

婦子嘻嘻失家節也富家大吉順在位也王假有家交相愛也

威如之吉反身之謂也

(訓詁)巽遜也節制也

(象數)巽爲順爲遜

(義理)卦爻之義首在齊家初則防於未然二則順守其正三則戒其無恆喜樂失節四則推恩逮下化底大同五則化成天下上則家統於尊全在有威可畏爲六爻之結穴焉

(音句)巽叶須絹切音選去聲按變在霰韻巽在願韻古願與霰通韻失在質韻節在屑韻古質與屑通韻位在寘韻愛在隊韻謂在未韻古寘與隊未通韻

副編

家人

(德位)離中得正爲女貞剛柔相應爲利

彖

(德位)女正位內人盡知其爲離二中男正位外指家人旁通屯也

象

(集解)荀爽曰風火相與必附於物物大火大物小火小君子之言必因其位位大言大位小言小不在其位不謀其政故言有物也大暑爍金火不增其烈大寒凝冰火不損其熱故曰行有恆矣○任啓運曰離於他卦皆取其明獨家人不言明者婦主中饋貴柔順不貴明察也

初

(集解)荀爽曰初在潛位未干國政閑習家事而已未得治官故悔居家理治可移於官守之以正故悔亡而未變從國之事故曰志未變也

二

(德位)貞德二中

三

(默參)體離變震震木屬肝在志爲怒應爲嗃嗃而厲離火屬心在志爲喜應爲嘻嘻而吝

象

(德位)六四巽柔當位故曰順在位也

睽䷥（兌下離上）

泰州　徐天璋睿川　演

（卦旨）卦自履䷉悔成二陰綜為家人䷤旁通為蒙䷃錯為蹇䷦在天成象日星陵犯雨雪愆期在地成形山崩川竭水潦旱乾在世運蠻夷猾夏列國兵爭在人骨肉參商友朋猜忌

（義理）火煖金寒其性異火上澤下其志殊女情兩不相合曰睽

睽小事吉

（提要）繫睽於家人後者紂伐有蘇氏獲妲己嬖之遂殺其后后九侯之女不喜淫樂也

（訓詁）睽乖也小事小視其事息之而勿張大也

（象數）陽大陰小睽屬二陰為小事

（義理）大同之世天下為公睽則各恤其私互相疑忌小事吉者冀人心平氣

和調劑其間灼見己非切勿張皇忿嫉致憤其事卒至不可收拾也

（攷證）睽朱氏謂歸藏作瞿

彖曰睽火動而上澤動而下二女同居其志不同行說而麗乎明柔進而上行得中而應乎剛是以小事吉天地睽而其事同也男女睽而其志通也萬物睽而其事類也睽之時用大矣哉

（訓詁）麗附也

（象數）離火上炎為動而上兌澤下潤為動而下離中女兌少女為二女同居兌為說離為明爻本乾坤消息為天地中互坎離為男女水火成化時行物生為萬物

（義理）火暴日而熾揚澤得水而汎濫二女之志既不相能聖人反於睽中說事同志通者正以離性雖明五能虛中下問兌德既說二能積誠上孚譬之離火鬱蒸澤水之氣隨陽上騰反而化為甘雨也蓋天地人物莫不一神兩化陰陽相睽者也然孤陰不生獨陽不長无睽不能成天地之功君子小人相睽者也無君子莫治野人無小人莫養君子動植飛潛相睽者也要皆成美利以濟天下聖人於睽贊曰時用之大旨深哉

象曰上火下澤睽君子以同而異

（訓詁）同者理異者事也

（象數）離為火兌為澤離兌皆女為同其性各殊為異

（義理）象於睽中見同象復於同中見異者禹稷顏回同道而不同出處微箕比干同仁而不同死生象於睽中見同者明萬殊終歸一本象於同中見異者示一本散為萬殊也

初九悔亡喪馬勿逐自復見惡人无咎

（訓詁）喪失也逐追也復返也謂喪其馬勿敢越逐俟其自反之也惡人暴德之人見惡人无咎其惡在人我見弗與競也

（象數）互坎為馬體兌毀折為喪馬初變為坎以坎承坎不獨不喪反而能得為勿逐自復坎為惡人離目為見自睽動而不交為悔亡无咎

（變通）初變為未濟䷿旁通亦為未濟未濟初陰曰吝睽初體陽故无咎

（義理）書費誓曰馬牛其風臣妾逋逃勿敢越逐祗復之人情何睽睽於鄉井同居財貨六畜相爭耳初與四應四喪其馬初祗復之象變未濟相見而不相交雖睽無患彼惡何傷於我哉故曰悔亡无咎

（音句）虞氏義讀喪馬句勿逐自復句鄭汝諧讀喪馬勿逐句玩易四道讀喪馬勿逐自復句按震六二億喪貝躋於九陵勿逐七日得既濟六二婦喪其茀勿逐七日得當讀喪馬句勿逐句自復句

（占應）初辰在子上値危宿附星天駟應爲馬元命包云漢中四星曰騎一曰天駟也

九二遇主于巷无咎

（訓詁）巷宮中壼也

（象數）二與五應卦德以五爲主故爲遇主變震大塗互艮門闕爲巷

（變通）二變爲噬嗑䷔旁通爲渙䷺噬嗑二應曰无咎渙五應曰王居遇主于巷即妃嬪遇王于宮中道也

（義理）二女同居其志不相得釁起於宮庭者也巷即宮壼爾雅宮中衖謂（巷通）之壼說文壼宮中道古者妃嬪待罪皆於宮巷周宣王后脫簪珥待罪永巷漢武帝改永巷爲掖庭置獄焉是皆明證二本睽變噬嗑噬嗑合也明罰敕法自睽而合正言少女悔罪輸誠聽命於女主（離五爲女主）也

（占應）二辰在寅上値箕宿四星后妃之後宮也應爲遇主宮巷

六三見輿曳其牛掣其人天且劓无初有終

（訓詁）曳頓也掣拽也車頓在後牛拽在前言難進也黥額爲天劓鼻爲劓古者罪隸掌役於官故助車牛以爲牽務也无初言其睽有終言其應也

（象數）中互坎輿多眚爲曳外離爲牛變互兌陰角坼爲掣兌主刑人爲天劓始睽爲无初變成大有爲有終

（變通）三變爲大有䷍旁通爲師䷆大有三曰小人交應故爲刑人

（義理）睽本志不相能六三取象輿曳牛掣人天劓者從不相能之中變見相輔而用也攷工記輈人云是故大車平地既節軒摯之任及其登阤不伏其轅必縊其牛及其下阤也不援其邸必緧其牛後牛掣輿曳纖曰其人天且劓者周禮罪隸役於官府凡封國若家牛助爲牽務蓋牛助轉徙罪隸與役其中在

睿川易義合編 下經 五十三

前曰牽在旁曰務无初有終正見車礙於前而欲戒愼於後猶小人小懲大戒反爲小人之福也

（攷證）掣說文作觢鄭作犎子夏作契荀作觭（犎並訓爲牛角一俯一仰也）天楊桓作刵劓荀爽王肅並作臲說文作劓古易誤引作刖按爾雅釋訓掣曳也郭云謂牽挽據是以論當作掣曳

（占應）三辰在亥上値車府應爲輿曳牛掣

九四睽孤遇元夫交孚厲无咎

（訓詁）孤特也以智帥人曰夫元夫子民之君也

（象數）四以一陽間於陰中爲睽孤動變艮男敦土安仁爲元夫中體互坎爲交孚坎主心憂爲厲坎變不見爲无咎

（變通）四變爲損䷨旁通亦爲損損應曰有孚元吉

睿川易義合編 下經 五十四

（義理）妻道也臣道也四位大臣當內外相睽之際間於二陰孤立無應必不能濟時艱變艮匹兌上下相孚以身任天下之重獲君信民正周公當流言之後成王感於天威禮迎公歸之象也若寇準于謙力排衆議以安社稷象既合於睽孤而所遇非爲元夫又難交孚不免厲且咎焉

（占應）四辰在午上値中台應爲君臣交孚之象

六五悔亡厥宗噬膚往何咎

（訓詁）宗宗族厥宗噬膚宗宮之祭燕也

（象數）夏見曰宗離司正夏爲宗陽骨陰肉五陰爲膚兌口承下爲噬膚

（變通）五變爲履䷉旁通爲剝䷖履曰咥人剝曰剝膚爻應故爲噬膚

（義理）宗在廟門之內厥宗噬膚即詩曰既燕于宗又曰爾殽既將莫遠具慶也坊記曰因其酒肉聚其宗族以教民睦書曰臣我宗多方又曰惇宗將禮五

體離禮變履踐行因爲燕饗宗宮則疏者親散者聚正聖王聯合睽者以爲大同象故曰往有慶也厥宗噬膚即特牲兄弟餕食佐食授舉各一膚也

(占應)五辰在卯上値晉鄭列侯又値宗周周爲諸侯宗國天皇大帝上宰少宰尙書左樞騎陣從官環聚一垣合天子大脯功宗之象應爲厥宗噬膚

上九睽孤見豕負塗載鬼一車先張之弧後說之弧匪寇婚媾往遇雨則吉

(訓詁)豕負塗鬼載車張弧說張弧匪寇婚媾此皆因陰陽相睽而旱聖人垂象以求治也

(象數)一傷亢上爲睽孤離目爲見互坎爲豕變震爲大塗兌澤在下厥土塗泥豕陷澤中爲見豕負塗坎爲鬼爲車天一生水坎得一數爲載鬼一車坎爲弓輪爲輮木木弓爲孤離虛圓滿爲先張變仰承爲後說坎爲寇盜震男兌女

中互坎離爲婚媾坎爲雨震動爲往震以恐懼致福爲遇雨則吉

(變通)上變爲歸妹☱☳旁通爲蠱☶☴歸妹與蠱皆應婚媾之象

(義理)孤陰不生獨陽不長上當天位故以陰陽相睽取象恆暘則必天旱天旱則豕負塗詩曰有豕白蹢烝涉波矣毛傳將久雨則豕進涉水波未雨故豕負塗也月令季春儺以畢春氣仲秋儺以達秋氣季冬儺以送寒氣蓋懼陰氣偏畸而遂儺也漢書禮儀志譙周注儺時以葦矢射之載鬼張弧正方相氏驅逐厲鬼束縛芻靈載於鬼車而送之也大司徒荒政十曰多昏又曰以陰禮教親則民不怨也匪寇婚媾正以俘獲男女匹配俾無毗陰毗陽之怨也女巫云旱暵則舞雩鄭衆注求雨以女巫故檀弓記歲旱繆公召縣子而問焉曰吾欲暴巫而奚若曰天則不雨而望之愚婦人無乃已疏乎張載正蒙云陰陽和而爲雨睽由於兩陰不和以致偏毗爲災豕負塗見恆暘也載鬼張弧驅恆陰也

婚媾遇雨因爻變而爲陰陽和也聖王贊化調元即天時以劑人事垂爲治典睽之時用大矣哉

(音句)虞翻讀匪寇句諸家讀匪寇婚媾句心易滲源讀往遇雨句玩易四道讀往遇雨則吉句按屯賁皆以匪寇婚媾四字連文此當讀匪寇婚媾句象傳曰遇雨之吉此當單讀往字句遇雨則吉句

(攷證)說[音脫]弧釋文京鄭馬虞王肅翟子元悉作說[音稅]壺惠棟九經古義說字古與設通頤齋經說揚子太玄曰家无壺婦承之姑測曰家无壺无以相承也蓋說壺爲承姑之禮古作說壺並可從焉按當從本義作說弧

(品物)弦木爲弧弧視弓以幹角筋膠漆絲合六材爲者稍異禮云桑弧蓬矢蓋弧以桑之條幹彎而爲弓非若弓勁能射遠也

(占應)上辰在戌上値奎宿奎爲封豕附星王良占主車駕奎主庫兵應爲弧

矢與豕

象曰見惡人以辟咎也遇主于巷未失道也見輿曳位不當也无初有終遇剛也交孚无咎志行也厥宗噬膚往有慶也遇雨之吉羣疑亡也

(訓詁)辟避也亡失也

(義理)睽由於二女同居女有貴賤尊卑內三爻主有兌女曰以辟咎曰未失道曰位不當自識位賤且卑故於睽時存謹讓之心外三爻主於離女曰志行曰有慶曰疑亡自覺位貴且尊故於睽時存寬宏之想其始睽其終皆不睽者正以六爻之變剛柔皆能近於道也

(音句)咎音考行音杭慶音羌按俱詳見前

副編

睽 象

（集解）荀爽曰大歸雖同小事當異百官殊職四民異業文武並用威德相反共歸於治故曰君子以同而異也

二

（集解）頤齋經說永巷宮中侍罪地冀其承恩者也遇主于巷蓋指寺人巷伯之爲臣者古者王宮皆用刑餘之人爻變噬嗑明罰勑法二士與五相應譬之周之孟子楚之鬻拳雖屬刑餘皆能以道匡君此睽所以終合也何咎之有○鄭園札記巷道路之隘者遇主于巷隘地相逢正如楚人季布爲項羽將數窘漢高及漢高滅羽購求布急朱家言於滕公帝聞其言乃赦布召拜郎中之類

五

（集解）鄭園札記厥宗噬膚謂紂醢九侯脯鄂侯囚箕子剖比干心殺梅伯故周往征于商一戎衣而有天下也左傳（襄二十七年）盧蒲嫳曰彼君之讐也天或者將棄彼矣彼實家亂子何病焉崔之薄慶之厚也與此同指

推原爻象始睽第合二體中正動變噬嗑也

上

（集解）頤齋經說陽亢上九窮極爲宍睽孤紂爲獨夫也豕具滔躁之性樂居汙下之地見豕負塗紂寵妲己也紂𠛬九侯鄂侯比干喪者櫱櫱爲載鬼一車紂囚文王于羑里繼又錫爲方伯爲先張之弧後說之弧文王獻有莘之女紂喜納之釋仇結好爲匪寇婚媾遇雨之吉謂文王得承紂命專征伐也○孔廣森經學卮言後說之弧諸家皆作說壺先儒說屯之屯膏漸之取女歸妹之承

筐明夷之垂其翼皆因商易舊文今按歸藏卦名以睽爲瞿其繇曰有瞿有觚宵梁爲酒尊于兩壺（見爾雅疏）是則說壺之文亦有因於古也○鄭園札記爻有斯象必有是徵齊侯田于貝邱豕負塗矣狐突適乎下國鬼載車矣非人情之睽異所致然邪上居極位視下蔑如見豕負塗有雲泥之感載鬼一車有故舊之憎張弧則逞勢射人說弧則失勢守己爻動變震陽亢能悔譬之雷震空中羣邪悉散陰陽和合化爲甘霖萬物遂欣欣焉（注云友人夏鶵萬自北道歸嘗言村野俗惡凡娶嫠者嫠婦必先命巫覡打掃是日薄具酒食以爲車載爲靈歸肖爲故夫女巫代婦向爲盛言曰嫁夫爲養身也今夫既死婦無所養將適他死生言別故具酒食以告之男覡代夫答婦勃然生怒詈其不貞女巫因反目與男覡相詈嫠婦即從旁將爲車爲靈髮碎酒食潑之於地操刀隨女巫之後逐之而男覡亦佯爲敗北嫠婦遂乘車適新夫家周官有嫁殤之禁恰無嫁娶之禁睽之上九取象或者爲當年嫁䷥之禮然不敢據夏氏之說以爲解經姑錄之以俟再攷）

（默參）離爲心心火旺則多囈語體離熒惑變震恐懼故涉幻象有豕塗鬼車之見張弧說弧之疑匪寇婚媾之想也遇雨吉者坎雨爲水在身屬腎心火得

腎水養之則羣疑自消散也

（比例）上九九四皆曰睽孤上四同具剛德者也天下惟剛愎者恆自獨斷獨行所以成爲孤象四居卿位必遇敦厚之主始克顯其才能上居極地必遇柔順之人乃克釋其猜忌四爲元夫交孚上爲婚媾遇雨其旨即以君臣喻夫婦也雨爲水懦之象上九下應六三之陰故能將順其志也

象

（集解）頤齋經說曰喪馬曰見惡人曰輿曳牛掣其人天劓曰睽孤曰豕塗鬼車張弧匪寇皆睽象也曰自復曰遇主曰有終曰遇元夫曰厥宗噬膚曰說弧婚媾遇雨則吉皆合象也其原皆由於志其病皆生於疑以一人之身測之周公居東見惡人以避咎也遇主于巷冊納金縢詩貽鴟鴞也輿曳牛掣三叔監殷也其人天劓大義滅親囚蔡叔霍叔也遇元夫成王迎周公也厥宗噬膚大

諸侯于東都也遇雨則吉天大雷雨以彰公德也羣疑亡者天下仰見其心故成王深信而重任也誰謂易爲虛象與蓋歷歷爲殷周之實事也

（德位）三柔居於剛位爲不當也

（對待）睽之九二綜即家人九五家人言王假有家故睽言遇主于巷家人九三綜即睽之九四家人言婦故睽言夫

蹇䷦ 坎艮上下　泰州　徐天璋睿川　演

（卦旨）卦自謙䷎悔爲二陽綜爲解䷧旁通爲革䷰錯爲睽䷥在天成象恆雨恆暘在地成形懸崖飛瀑在世運多方頑梗在人運蹇數奇

（義理）坎險在前知難而止曰蹇

蹇利西南不利東北利見大人貞吉

（提要）繫蹇於睽後者殷周疑忌人心各分利西南庸蜀羌矛微盧彭濮皆附周也不利東北蒲姑商奄皆助紂也利見大人其渭濱得呂尚乎

（訓詁）西南得門曰利東北喪朋曰不利大人聖明德備者也

（象數）坤位西南艮位東北體坤變坎陰中能得陽明象月體兌養丁爲利西南內卦體艮消丙爲不利東北五陽當尊爲大人中互離目爲見離日亦爲大人五得中正爲貞吉

（義理）卦取止險爲蹇經言利不利者分君子與小人也君子得中雖行西南陰迷之地亦得羣策羣力而用之小人失中故行東北陽明之鄉反自形其困難惟大人獨能濟險化艱阻爲坦夷者道在守貞不失審其從違以決向背而已

彖曰蹇難也險在前也見險而能止知矣哉蹇利西南往得中也不利東北其道窮也利見大人往有功也當位貞吉以正邦也蹇之時用大矣哉

（訓詁）知智也功績也

（象數）坎爲險艮爲止

（義理）得道多助失道寡助蹇難之世君求臣臣亦擇君卦以九五得中象明王喬興草野而攀龍附鳳之英皆能有功而濟也利西南不利東北者陰亂陽

副治陰盛西南陽盛東北至東北其治已成而反無功可見也
(音句)知音智邦叶音崩
(攷證)古本利西南下衍一也字邦荀陸本作國爲漢高祖諱故改邦作國蹇一作蹇

象曰山上有水蹇君子以反身修德

(訓詁)反身修德反己飭躬增益其不能也
(象數)艮爲山坎爲水水內明可以自省爲反身艮厚靜止爲修德
(義理)山上有水飛瀑也在山泉清出山泉濁故君子以反身修德但泉流在山荊榛翳之沙石阻之而卒能達於江河功成潤物者有源之水時行不息也
(攷證)反郭京作正

初六往蹇來譽

(訓詁)蹇蹇難譽聲美也
(象數)坎險在前爲往蹇艮止變離文明主言爲譽
(變通)初變爲既濟䷾旁通亦爲既濟初曰曳輪濡尾故應爲往蹇也
(義理)國家蹇難非賢者不能撥亂爲治初潛在下動成既濟則是袞袞諸公不敵匹夫有利於世宜其聞望之隆休聲日播也曰往蹇來譽者初位卑下往而求濟則爲位卑言高來而諮詢則爲賢臣下士待求而往焉有不致美譽者與
(占應)初辰在未上值水府積水應爲往蹇晉書天文志瑞星三曰含譽

六二王臣蹇蹇匪躬之故

(訓詁)蹇蹇重難也故謂時事多故匪躬之故勞於王事非爲身故也
(象數)五君二臣二與五應爲王臣承坎險下變巽深入爲蹇蹇艮爲躬二變艮躬不見爲匪躬
(變通)二變爲井䷯旁通爲豐䷶豐曰往得疑疾應爲蹇躬
(義理)五當蹇中二與之應獨能不避艱險以濟其君正如甯武子之事衛成也詩曰禍亂降自天匪躬之事又曰大夫不均我從事獨賢左傳僖九年荀息曰臣竭股肱之力加之以忠貞朱子曰鞠躬盡瘁成敗利鈍非所計也此皆合於蹇蹇匪躬之旨者也
(攷證)蹇蹇古作謇謇按屈原離騷余固知謇謇之爲患兮洪氏隸釋張表碑謇謇匪躬晉書王豹傳王臣謇謇漢晉以來皆作謇謇也
(占應)二辰在酉上值大陵其司險阻應爲蹇蹇又值卷舌主言應爲謇謇

九三往蹇來反

(提要)左傳僖十九年云文王聞崇德亂而伐之軍三旬而不降退修教而復伐之

因壘而降往蹇來反正指文王退而修教崇人因以降也
(訓詁)反自反也反身而仁反身而義故敵來歸附也
(象數)坎險在前爲往蹇之卦德在五三不中正與五剛敵五爲蹇主三度不勝變柔附從爲來反
(變通)三變爲比䷇旁通爲同人䷌比與同人皆爲上下應從故敵人反而歸助於己
(義理)水性就下水在山上往往爲石所阻是以成蹇今艮變而成坤是水不在山上而行地中阻之者皆順之也推原卦德五陽當位惟三敵剛而究之三不中正德非五敵往蹇來反正如禹伐有苗苗人逆命舜詔班師誕敷文德七旬苗即來格也
(攷證)反郭本作正

（占應）三辰在辰上值平道應爲往來又值進賢應爲詔用內賢

六四往蹇來連

（提要）此即竹書紀年文王三十六年諸侯朝于周遂伐昆夷也

（訓詁）連聯合也

（象數）四當重坎之中爲往蹇爻動成咸聯合三五以爲一氣爲往蹇來連

（變通）四變爲咸䷞旁通亦爲咸咸爲山澤通氣故應來連

（義理）四以柔介剛間動而成咸能聯上下爲一德也譬之韓信請爲假王漢王大怒罵曰吾困於此旦暮望若來乃欲自立邪張良陳平躡漢王足附耳語曰漢方不利寧能禁信之自王乎不如因而立之使自爲守不然變生帝悟遣張良立信爲齊王徵其兵使擊楚此爻內艮敵剛在三外坎德陽在五各居權勢之地兩不相能所以成蹇四能變險爲說消離猜忌而遂聯合其力以成其

功也

（占應）四辰在丑上值牽牛每歲日月五星皆會於此應爲來連

九五大蹇朋來

（提要）此即武王觀兵孟津不期而會者八百國也

（訓詁）大蹇朋來羣歸附也

（象數）陽大陰小坎陽當中爲大蹇變坤得衆爲朋來

（變通）五變爲謙䷎旁通爲夬䷪謙五能征不服爻應故曰朋來

（義理）五爲蹇主遭大投艱於朕身也得道多助失道寡助居尊位而能誠信雖敵我者亦附之矣爻動變謙虛衷下人式鋒用勝國遺賢或延攬草野豪傑凡在下者莫不聞風嚮應赴湯蹈火樂爲興王之用也

（占應）五辰在申上值諸王應爲藩輔故主朋來

上六往蹇來碩吉利見大人

（提要）上當隱逸之位碩爲有道而隱者大人大德之人伯夷太公辟紂而歸文王之養賓于來宮而爲武王之師皆與此爻相合者也

（訓詁）碩碩彥大人聖明德備者也

（象數）坎險爲蹇上當隱伏變巽順附爲來碩五陽爲大人中互離目爲利見

（變通）上變爲漸䷴旁通爲隨䷐漸曰居賢德善俗上曰其羽可用爲儀吉爻應故爲碩吉大人

（義理）上以天爵自修者也變而成漸羽儀王國順五以解蹇難如之四皓應留侯之招而輔惠帝位安太子李泌見祿山之亂而至靈武治佐肅宗也

（占應）上辰在巳上值明堂應賢者在位四以來朝知中國之有聖人之象

象曰往蹇來譽宜待（鄭本虞本待下有時字）**也王臣蹇蹇終无尤也往蹇來**

反內喜之也往蹇來連當位實也大蹇朋來以中節也往蹇來碩志在內也利見大人以從貴也

（訓詁）待謂待時節制也

（象數）三當五離在志爲喜坎水持平爲節陽實陰虛六四變陽爲實

（義理）天下事見利則爭見難則避惟同舟遇風中流失楫其舟必覆不齊力相助也初在下位有待而興二則誠志素明可以質天地而貫金石要非自爲其身三則回心嚮化四則補救聯絡五則當大任而不亂上則周風鳴至共濟時艱此蹇終所以即蹇解也

（音句）待叶音時尤叶音怡宜與詒加涉亦待與十五海與尤之韻古通韻勝衆輒柢然待與期字相協朱注待於奇反字典杜分切音時可證待叶韻音時也鄭本虞本作宜待時也於韻正叶詩鄭說有尤尤音怡下叶之字實字叶

節詳見蒙卦
（攷證）釋文宜待也張本作宜時也鄭本宜待時也虞本同按待時二字古或通用歸妹有待一本作時方言萃離時也廣雅時作待月令毋發令而待呂氏春秋季夏紀作毋發令而干時

副編

蹇

（德位）貞德在五利貞者剛柔應也

彖

（集解）頤齋經說西南崇國所在往利克之東北紂都所在黨惡者多靑兖冀之民猶未附也

象

（集解）頤齋經說山靜象仁水明象智既仁且智爲德當蹇而反身修德者人當逸豫多自放恣居憂患恆自奮勉也

二

（集解）頤齋經說蹇蹇古多作謇謇二當士位正言敢諫如朱子曰鞠躬盡瘁成敗利鈍非所計也此即匪躬之忠朱雲折檻陳東上書以之若自排難解紛言之魯仲連身居危城不肯帝秦說成超然而行不受祿賞皆爲匪躬故也或曰此指文王諸臣而言也

三

（集解）周易姚氏學案往蹇喩紂囚文王也來反喩文王反國也內喜之喩文王臣民也○頤齋經說三體剛德本有濟蹇之才但位不忠正故獨與五爲難今變成比仰與五應投誠向化正如唐李愬之平淮西吳元濟將李祐來歸魏博兵馬使田鍔請使奉貢又若唐德宗詔復王武俊田悅李納官爵王武俊等莫不樂附故象傳以內喜釋爻義焉○鄭園札記此應微子等抱器歸周

五

（集解）干寶曰在險之中而當王位故曰大蹇此蓋以託文王爲紂所囚也承上據四應二衆陰竝至此蓋以託四臣能以權智相救也故曰以中節也○大成易旨五爲大君天下之蹇皆五之蹇故云大蹇二爲王臣以大君之蹇爲蹇故曰蹇蹇凡一身一事之蹇在自反自修天下國家之蹇必得人從君而後可也○周易姚氏學案大蹇喩紂失道日甚朋來謂三分天下有其二象曰中節以服事殷不敢失臣節也謂之爲朋不敢臣也○宮文煒曰文王既囚羑里之後反得天下之民歸心六州嚮化也○按五當君位身在險中爻云大蹇朋來即左傳襄三十一年北宮文子曰紂囚文王七年諸侯皆從之囚紂於是乎懼而歸之

解☳☵ 坎下震上

泰州 徐天璋睿川 演

(卦旨)卦自豫☳☷生爲二陽綜爲蹇☵☶旁通爲鼎☲☴錯爲家人☴☲在天成象雷雨時行在地成形溝洫通達在世運禍亂削平在人樂施慷慨

(義理)雷鳴於上雨沛乎下萬物暢生兩間絕無鬱結之氣曰解

解利西南无所往其來復吉有攸往夙吉

(提要)解利西南又曰无所往者西南之國庸蜀羌髳微盧彭濮悉附於周其利已盡之矣再无所往惟有反戈征商及時乘勢不容須臾緩焉所以爲吉

(訓詁)復反也夙肅也 詩生民載震載夙鄭箋夙之言肅也

(象數)坤位西南中索得男象月體震現庚爲利西南震動爲往中互坎險爲无所往震反生爲來復二五相應中互既濟爲有攸往夙吉

(義理)兼弱攻昧武之善經也解卦內卦互離外象體震互坎明威兼備有斷

有謀天戈所指大難無不立平西南坤位龍戰之方隱指昆夷與崇无所往其來復吉言昆夷與崇皆服也難平立即班師絕不淹滯其地有攸往夙吉其即孟津之會牧野之師一戎衣而定天下兵貴神速無事遲回也與

彖曰解險以動動而免乎險解解利西南往得衆也其來復吉乃得中也有攸往夙吉往有功也天地解而雷雨作雷雨作而百果草木皆甲坼解之時大矣哉

(訓詁)以勞定國曰功甲即百果草木之皮坼綻裂也

(象數)震木蕃鮮爲百果草木陽爲果實陰爲甲坼

(義理)雷奮陰消中互離日正如雨散雲收天光晴霽百果草木欣欣向榮解時之吉在人莫不慶其更生武王既渡孟津散財發粟天下喜見興王有此景象也

(攷證)李本往得衆也下有无所往三字坼釋文馬陸鄭本作宅閩監毛本作坼非宋本注疏皆作坼經文坼字不明當亦作坼惠氏周易述據釋文改坼爲宅且以說文古文宅作託因與坼相訛按坼即㘿說文㘿裂也詩曰不㘿不疈㘿非俗字王引之經義述聞宅乃乇字假借說文乇草葉也從垂穗上貫一下有根象形字乇宅坼古並同聲故又通作坼焉

象曰雷雨作解君子以赦過宥罪

(訓詁)作興起也失誤曰過犯法曰罪赦舍釋宥寬免也

(象數)震爲雷坎爲雨雷動雨潤萬物甦蘇爲赦宥

(義理)天下更始非具雷霆之威則民不懲非有惠澤之敷則民不感非赦宥則反側不能自安雷雨交作鬱遏者舒暢威後繼之以恩赦宥之典正廣天地之仁與衆自新之路也

(攷證)宥釋文京作尤

初六无咎

(訓詁)无咎善補過也

(象數)坎險變化兌說爲无咎

(變通)初變爲歸妹☳☱旁通爲蠱☶☴歸妹永終知弊故應无咎

(義理)書曰殲厥渠魁脅從罔治舊染汙俗咸與維新初當民位不幸而淪非義但非的著之人苟生悔悟未有不蒙赦宥者爻變爲陽草野能生悔悟之象蹇難既解脫險爲說義自无咎

(古應)初辰在未上值井宿執法持平應爲无咎

九二田獲三狐得黃矢貞吉

(提要)此即乾鑿度云文王下呂九尾見鄭康成注文王師呂尚遂致九尾狐

瑞也

（訓詁）田獲獵擒之也狐妖獸善媚人者黄矢射月之矢其色黄也

（象數）坎水淫泆於獸爲狐其數爲三坎爲弓輪中直爲矢變坤色黄爲黄矢坤爲田震動行師坎狐不見爲田獲當中爲貞體陽爲吉

（變通）二變爲豫☳☷旁通爲姤☰☴豫利行師應爲田獲得禽

（義理）妖由人興讒以色進國家蹇難莫不由於女禍喪邦及其解也亦必能去君側之狐媚者二當內位坎爲淫妖獸三爲羣非射擒之不能爲治爻變坤貞坎險易爲黄中妖獸既除賢良進用正周得呂尚伐紂遂斬妲己之象也周禮庭氏掌射國中之妖鳥若不見其鳥獸則以救日之弓與救月之矢射之若神也則以太陰之弓與枉矢射之黄矢當爲救月之矢月水象黄土色射獲之者土克水也

（品物）狐妖獸其性淫泆好蠱惑人能顯能隱其形似狸小前豐後短足圓耳尾如松鼠毛色有黄白赤黑之分年久則能幻爲人形術好修煉性多疑忌江淮間尤多世俗呼爲狐仙云

（占應）二辰在寅上値箕宿開元占經引石氏曰箕一名天狐主狐貉故二應爲獲狐

六三負且乘致冠至貞吝

（訓詁）負擔荷乘乘車負且乘者小人而乘君子之車也寇盜也

（象數）外震行人內坎車輪人在車前象似牽挽爲負震在坎上三當其中爻似爲乘坎爲寇體坎互坎三介其間爲致寇至三陰爲吝

（變通）三變爲恆☳☴旁通亦爲恆恆三應曰貞吝

（義理）解難必視其人三不中正假以事權豹質羊披虎威狐假不獨不能解難反而引致寇至也牧誓曰乃惟四方之多罪逋逃是崇是長是信是使是以爲大夫卿士俾暴虐于百姓以姦宄于商邑爻以負乘致寇取象正指商紂信用非類也

九四解而拇朋至斯孚

（占應）三辰在亥上値車府應爲乘車

（訓詁）而汝也拇手大指孚氣感也

（象數）震在下爲足居上爲手陽大陰小四當震陽爲拇變成坤衆爲朋坎爲孚

（變通）四變爲師☷☵旁通爲大有☲☰師爲容民畜衆應爲朋至斯孚

（義理）天子元首卿相股肱四位大臣必有爪牙之士附之作福作威把持朝政解而拇者體震變坤互坎不見臂之蝮蛇噬手烈士斷腕毒惡既除善類自

至宋哲宗初能去蔡確章惇等然後遂得君子滿朝天下未有不感諒焉推原卦象德在二中四則竊位蔽賢解而拇者正去柄國權奸也

（攷證）釋文拇荀爽虞翻王弼皆作母陸績云足大指王肅曰手大指按孟子曰於齊國之士吾必以仲子爲巨擘焉巨擘大指也足之大指不能把持權柄惟手大指有把持之象故爻取譬曰解而拇焉

（占應）四辰在午午將朱雀主事和合應爲朋孚上値張宿張主觴客亦應朋孚

六五君子維有解吉有孚于小人

（訓詁）連結曰維小人陰邪者也

（象數）陽爲君子陰爲小人五陰變陽爲君子維解有孚小人

（變通）五變爲困☱☵旁通爲旅☲☶困五乃徐有說止應小人孚而自退之

象

(義理)平禍亂易安反側難五與二應能信二而用之並能連合强臣以爲一德雖變因而無害也故曰君子維解有孚小人推原卦象五爲柔主四爲强臣二爲賢士賢士雖欲進用而爲四剛阻之今五以柔變剛强臣不能阻賢進用正如厲公被弑悼公入國與晉大夫言曰人之求君使出令也立而不從將安用君二三子用我今日否亦今日共而從君神之所福也對曰羣臣之願也敢不唯命是聽於是魏相士魴魏頡趙武皆用爲卿逐不臣者七人隱合此爻之旨

(攷證)維虞氏義作惟

(占應)五辰在卯上値亢宿海中占曰亢星明大輔臣納忠

上六公用射隼于高墉之上獲之无不利

(提要)竹書紀年帝辛三年有雀生鸇家語孔子曰昔殷王帝辛之世有雀生大鳥於城隅占之曰以小生大國家必王名必昌於是帝辛介雀之德不修國政殷國以亡爻當指此

(訓詁)隼鷙鳥高墉崇墉獲擒也

(象數)震健變離飛鳥上至雲霄爲隼坎弓承下爲射離爲墉當上爲高墉坎阱離網隼在網阱之間爲獲體陰變陽爲无不利

(變通)上變爲未濟䷿旁通亦爲未濟未濟體陽變陰曰无攸利爻則體陰變陽故曰无不利

(義理)陰乘在上揚於高墉惡逆恃君而横者也隼爲鷙鳥詩曰鴥彼飛隼其飛戾天三能承下而射者弓矢藏於三旁而又身居公位因得伺隙而獲正如韓琦出空頭敕而遂任守忠徐階改獄辭而遂嚴世蕃之類焉有不利者與

(音句)虞翻讀獲之无不利句程傳讀獲之句无不利句按例以繫辭當從程讀

(攷證)集解墉作庸

(品物)隼貪殘之鳥鸇鷂之類說文祝鳩也鷹之搏擊不能無失獨隼有準故每發必中譚子化書隼閔胎義也蓋隼擊物遇懷胎者輒釋不殺焉

(占應)上辰在巳上値翼宿翼爲羽翮應爲飛隼又値長垣開元占經巫咸曰長垣四星城邑相包應象高墉

象曰剛柔之際義无咎也九二貞吉得中道也負且乘亦可醜也自我致戎又誰咎也解而拇未當位也君子有解小人退也公用射隼以解悖也

(訓詁)接合曰際醜羞惡悖亂逆也

(義理)初當民位爻曰无咎象曰剛柔際者文武興則民好善幽厲興則民好暴介於兩可之間也九二取象于狐內邪蠱惑君志者三則以暴伐暴四則竊位權奸由二至四歷歷既解非得君子善安反側而使上下相孚不足以治故於五揭明之焉隼翔郊野謂之化外之凶隼翔雲霄又若懿親之惡非射之終不能解其亂既獲之則天下可底定焉

(音句)道叶音頭上聲與咎醜相韻按道叶徒厚切詳見觀卦悖退在隊韻位在寘韻古通

(攷證)致戎周易審義致作至戎或作寇

副編

解

(比例)蹇利西南利其往也解利西南曰无所往蓋蹇自升往解自萃來也升

外卦坤萃內卦坤坤位西南故蹇利往而解利來

彖

(集解)荀爽曰解者震世也仲春之月草木萌芽雷以動之雨以潤之日以烜之故甲宅也

象

(集解)陸氏曰雷合于雹所以折獄致刑行秋令也雷合于雨所以赦過宥罪行春令也○姚配中曰月令仲春之月始雨水雷乃發聲是月也安萌芽養幼少存諸孤命有司省囹圄去桎梏無肆掠止訟獄○胡翹元曰大難初平宜有曠蕩殊恩若王允不赦西涼將士激成大變是未知易道也

三

(集解)鄭園札記四爲大臣二爲正士三介其間上負四勢下凌正人譬之董卓假託君子欲淸君側既肆其虐復有起而攘奪者焉卒致禍貽家國焉往而不吝與

(德位)陽悔陰吝三陰變陽乘二之上二士阻而不升故曰貞吝

四

(默參)震少陽脈起大指

五

(集解)頤齋經說五當君位不曰王而曰君子者略分言情也維解之象正如唐穆宗以王庭湊爲成德節度使遣韓愈宣慰其軍愈遂曉以大義庭湊因與愈宴禮而歸之非若王允既誅董卓不赦李傕郭汜致郭汜等舉兵犯闕激成大亂也

(德位)乾鑿度曰三十二君之卒陽得正爲聖人失正爲庸人陰失正爲小人

得正爲君子虞翻云君子謂二之五得正小人謂五陰升位則小人退在二也

上

(德位)王申子曰隼指上以其柔邪謂之狐以其陰鷙謂之隼上以陰柔處震之極而居一卦之上是陰鷙而居高者也鄭汝諧曰所謂公者非上六也言公於此爻當用射隼之道也○按三爲公位三與上應公用射隼于高墉之上正即竹書紀年云王親禽紂于南單之臺也周書克殷解商師大敗商辛奔內登于廩臺之上屏遮而自焚于火武王乃手大白以麾諸侯諸侯畢拜遂揖之武王先入適王所乃尅射之三發而後下車斬之以黃鉞折懸諸太白據是以證公爲武王時繼位爲周公也射隼指射紂矢三發也高墉之上即紂登南單臺上也獲之禽紂也无不利周克商而有天下也

象

(德位)九四剛居柔位爲未當

(對待)蹇綜即解故彖皆曰利西南蹇三綜即解四故蹇曰來而解曰至蹇五綜即解二故象皆曰中

損☶☱ 艮上 兌下　　泰州　徐天璋睿川　演

（卦旨）卦自臨☷☱息成三陽綜爲益☴☳旁通亦爲損錯爲咸☱☶在天成象霜露星河在地成形澗溪巖谷在世運賦斂繁興在人忿慾交至

（義理）澤卑常處不足山高常處有餘凡人爲下必因川澤爲高必因邱陵抔下之深益高之厚曰損

損有孚元吉无咎可貞利有攸往曷之用二簋可用享

（訓詁）氣感曰孚善長曰元損下益上曰有孚元吉无咎可貞務積聚以備饑荒也簋簠盛黍稷之器享獻也二簋用享遇歲荒而減禮也

（象數）互震蒼筤竹製器仰盂爲簋體兌數二爲二簋艮爲宮廟互坤稼穡兌爲飲食震長子主器于中爲用享震動爲往二陽剛中爲貞山澤通氣爲孚

（義理）卦爲損下益上何以有孚元吉无咎可貞周書大匡解云惟周王宅程

三年遭天之大荒作大匡以詔牧其方三州之侯咸率文傳解云文王詔太子發曰天有四殃水旱飢荒其至無時非務積聚何以備之夏箴曰小人無兼年之食遇天飢妻子非其有也大夫無兼年之食遇天饑臣妾輿馬非其有也戒之哉弗思弗行至無日也卦言有孚元吉正謂備荒之法上下率行天不能災也古者遇災修省避殿減膳祭用下牲二簋可享正以荒歲之時祭食皆減禮從其殺也

（音句）崔師訓大成易旨讀有孚元吉无咎句玩易四道讀有孚句元吉句无咎句焦循易章句讀有孚元吉句心易灝源讀有孚句元吉无咎句俞樾羣經平議云先儒皆以无咎可貞各自爲義王注以无咎可貞共成一義非經旨也按坎有孚大壯初有孚履上元吉坤五元吉坤三可貞无咎九四可貞義皆各讀爲句此當以有孚讀合元吉句无咎讀合可貞句虞注男女位正故可貞利有攸往矣義以六字爲句然呂大臨曰損之道不可以爲正當損之時故曰可貞時損則損時益則益苟當其時无往而不可故損益利有攸往則四字爲句明矣

（攷證）損歸藏作員曷之用心易灝源云曷疑當作損簋釋文蜀才本作軌說文簋或作匭或作朹惠棟引作軌享玩易四道作亨按亨古作享字當從今本作簋享

（品物）簋簠簋祭品受斗二升內員外方曰簋考工旊人爲簋實一觳崇尺疏云祭宗廟用木簋今此用瓦簋祭天地及外神尚質器用陶瓬之意也祭祀天子八簋用以享帝聘禮上大夫八簋用以享賓諸侯大夫食皆四簋用以自享二簋用享當爲士食享禮

彖曰損損下益上其道上行損而有孚元吉无咎可貞利有攸

往曷之用二簋可用享二簋應有時損剛益柔有時損益盈虛與時偕行

（訓詁）損剛益柔謂損三以益其上偕行旁通而同道也

（象數）詳前

（變通）損自臨☷☱大壯☳☰三上消息往來故曰損下益上其道上行

（義理）陽動而上陰動而下損三之陽益上之陰爲其道上行此從卦畫言也坤爲老陰乾爲老陽不能生生乾三往於坤上坤變少男乾化少女山澤通氣爲有孚元吉无咎可貞利有攸往此從卦德言也二簋用享有時剛柔損益盈虛賓客祭享隨時有無以爲豐殺此從卦用言也聖人兩言有時者祭祀本欲豐盛時歲既荒不得不減也下民不容悛削早潦預圖不能不斂也與時偕行此損所以善劑盈虛也

象曰山下有澤損君子以懲忿窒慾

（訓詁）懲戒也窒塞也

（象數）艮爲山兌爲澤山突起而不平爲忿澤翕受而無盡爲慾中互震坤震以恐懼致福其忿可消爲懲忿坤土可以塞流其慾自遏爲窒慾

（義理）乾陽剛武爲忿坤陰吝嗇爲慾損乾之三益坤之上則忿者消而慾者滿所以爲懲窒也聖人繫於象者損下益上下者未有不忿上者絕無不慾惟其有孚元吉下知上心多取者備歲荒也何忿之有惟其无咎可貞上知下心樂輸者務保聚也匪慾之存此損所以酌時宜也

（攷證）釋文懲集解鄭虞作徵劉作澂蜀才作澄窒鄭劉作懫一本作懫孟作恎陸作咨一本作咨或作疛慾孟作俗集解作欲按徵淸也楚辭不淸徵其然否左傳襄二十七年以徵過也杜注徵審也蓋象取懲忿古作徵忿並通恎俗

假借字

初九已事遄往无咎酌損之

（訓詁）已事遄往謂郊事既畢民趨農功社烝既畢民執公功皆汲汲如子來也酌損之者凡均力政必酌歲之豐歉而用日也

（象數）艮止在前爲已事中互震動爲往兌變坎水流疾爲遄見險而止有躊躇斟酌之象爲酌損

（變通）初變爲蒙䷃旁通爲睽䷥蒙應曰果行育德果行卽遄往也

（義理）左傳襄七年云郊而後耕詩曰旣昭假爾率時農夫播厥百穀駿發爾私鄭箋駿疾也損初已事遄往已事虞作祀事正謂郊而後耕民疾趨事於農畝也其在秋後豳風曰我稼既同上入執宮功方社烝嘗既畢民疾從役於鼛鼓也益初利用大作諸家以農事解之損之已事遄往並指農役明甚周禮均人掌均地政征作凡均力政以歲上下豐年則公旬用三日焉中年則公旬用二日焉無年則公旬用一日焉凶札則無力政無財賦損初民位之賤者應供賦之力役酌損之者正周禮均人之政也

（攷證）釋文已虞作祀遄荀作顓

（占應）初辰在子上値天壘城羽林軍蓋屋諸星應爲庶民供役之象

九二利貞征凶弗損益之

（訓詁）利貞征凶用靜吉用作凶也損損下益益上弗損益之志道之士弗肯損民以益君也

（象數）陽吉陰凶爻動變陰爲征凶二中爲利貞

（變通）二變爲頤䷚旁通爲中孚䷼頤象曰貞吉爻二曰征凶故應曰利貞征凶

（義理）孟獻子曰與其有聚斂之臣甯有盜臣季氏富於周公而求也爲之聚斂而附益之子曰非吾徒也小子鳴鼓而攻之二爲正士爻體剛中故曰利貞旣曰利貞又曰征凶者陽吉陰凶陽變爲陰有枉道從人之象弗損益之正謂能守其志雖有旱澇戒其不變初衷者弗損下以益上也

（晉句）姚配中云利貞征凶連文爲句頤齋經說利貞句征凶讀合弗損益之句謂凶年蠲租而賑貸也按象云九二利貞當從利貞讀句征凶句弗損益之句

（攷證）古本征作往注同

（占應）二辰在寅寅將勾陳主兵災刑訟應爲征凶上值天市斗解主占衡量齊平應爲不可損益

六三三人行則損一人一人行則得其友

(訓詁)抗足而前曰行損損失得契悅也
(象數)互震爲行人自卦往來論泰三往上成損在內卦爲損一人自爻變論陰動化陽下與初二相比在三爲得其友
(變通)三變爲大畜䷙旁通爲臨䷒大畜剛上而尚賢爻故應曰行得其友
(義理)方以類聚物以羣分內卦三爻兩陽君子一陰小人是三人中而有一損友焉爻變與陽相親外又與陽相應是一人行則得友也友也者友其德也一則專三則即有愛憎於其間焉
(占應)三辰在亥亥將玄枵主人聰明又主人奸詐應爲有損有得

六四損其疾使遄有喜无咎

(訓詁)疾嫉也損疾使喜去其民之所惡急使其民有所愛也

(象數)變互坎爲心憂體陰化陽離憂無害下承兌說爲損疾有喜
(變通)四變爲睽䷥旁通爲蒙䷃睽遇元夫交孚爻應故曰有喜无咎
(義理)大學曰小人之使爲國家災害竝至雖有善者亦無如之何矣四居多懼之位變互坎憂日以撫字爲心深憎其損下益上聚斂附益者也詩曰君子如怒亂庶遄沮君子如祉亂庶遄已今動成睽元夫是遇易轍改絃正如宋司馬光力除新法使民急反於歡樂也何咎之有
(占應)四辰在丑丑將天乙貴人應主化疾爲喜

六五或益之十朋之龜弗克違元吉

(提要)五居尊位而得實龜之益即書曰寧王遺我大寶龜也推原其故莫知致而致者本非有利天下之心而天下趨之如歸誠以五變巽順能致下而不損下上下相感和氣致祥是以元吉

(訓詁)十朋之龜大寶龜也龜以決疑或益弗違謂決疑於龜而卜筮得其吉也
(象數)中互坤衆爲朋坤之數十爲十朋動變大象成離離爲龜五二相孚爲元吉
(變通)五變爲中孚䷼旁通爲頤䷚中孚曰豚魚吉爻應曰龜吉
(義理)損益爲興亡關鍵得國恆於斯失國恆於斯顧有時不得不損下以益上者如粟米布帛力役之征邱甸都鄙山澤之賦也或益之十朋之龜弗克違謂國有大故興大役動大衆不得已而益取於民必先卜於實龜實龜既吉然後詢謀卿士庶民協從所以善獲元吉而邦家能永昌焉
(音句)虞翻讀或益之句十朋之龜句弗克違句郭雍讀十朋之龜弗克違句玩易四道讀或益之十朋之龜句按本卦二上皆曰弗損益之益二象曰或益

之自外來也此當讀或益之句乾文言曰天且弗違況於人乎書曰龜筮協從此當讀十朋之龜弗克違句
(占應)五辰在卯體艮卦位上値龜星應爲十朋之龜

上九弗損益之无咎貞吉利有攸往得臣无家

(訓詁)弗損益之弗肯損遠以益己也臣遠臣得臣无家王者无外莫不來享莫不來王也
(象數)陽變陰虛不自有實能不損人益己爲弗損益之陽亢有悔爲无咎實下虛上爲利貞互震爲往上當化外艮爲宮室爲家變坤得衆化外皆臣爲得臣无家
(變通)上變爲臨䷒旁通爲大畜䷙臨曰保民无疆爻應故曰得臣无家
(義理)聖王之心天下一家胞與爲量不獨中國財貨不肯損下益上即四夷

財貨亦弗貪而求之聖王之制荒服者王化外來歸萬方賓服故王者大一統也漢武開邊唐太宗遼伐高麗均昧斯旨惟周宣薄伐玁狁至于太原不肯窮兵黷武可以无咎漢文賜書南越趙陀來臣得此貞吉

（音句）武億經讀攷異周易稽疑弗損益之先儒皆連讀惟晁氏客語弗損絕句按象曰弗損益之當從先儒連讀爲允

（占應）上辰在戌上値關道外屏土司空星應爲四海一家

象曰已事遄往尚合志也九二利貞中以爲志也一人行三則疑也損其疾亦可喜也六五元吉自上祐也弗損益之大得志也

（訓詁）祐助也

（義理）卦雖名損而聖人之心不肯損人利己故象以懲忿窒欲警之初則酌

用其役二爲守正不撓三取擇善而從四能下求民瘼五則有命自天見非人力之所能致至上乃擴其大公無我之見焉合而論之不肯損人者未嘗不爲天祐何必悛削以盈慾哉

（音句）疑叶音義喜叶音戲祐叶音位同韻四寘按韻補疑叶魚記切祐喜詳見大有象傳

（攷證）祐虞氏義作右

副編

損

（集解）頤齋經說食稅衣租君上皆取於民也山澤之征若非誠信素昭民皆以爲厲己有孚則大公之志民樂輸將故曰元吉法制設有不善因時以爲弛張救弊補偏故曰无咎可貞則損益得中世守勿失官禮之制正无往而不利焉及究賦斂之用非君上剝下以充府庫也實爲宗廟賓客之享二簋可用蓋取之廉而用之儉也○鄭圜札記書曰享多儀儀不及物惟曰不享詩曰民之失德乾餱以愆有孚則儀及物者自能獲吉无咎則愆尤免者必得永貞然後二簋用享澗溪沼沚之毛蘋蘩薀藻之菜可羞鬼神可薦王公何往而不利哉

彖

（集解）夏鵬萬曰君取於民民取於土非損下則上無以自養然損必曰有孚元吉者民士爲君上所授故民樂出賦稅以供君用正孟子云無君子莫治野人無野人莫養君子也无咎可貞者龍子曰治地莫善於助莫不善於貢貢者較數歲之中以爲常樂歲粒米狼戾多取之而不爲虐則寡取之凶年糞其田而不足則必取盈焉无咎爲善補過正謂損益隨時故周制徹田爲糧此損益所以善剤盈虛也○按古者君公日食粱稻士庶日食黍稷簋盛黍稷者遇有

祭饗器具備則簠盛粱稻簋盛黍稷器具不備則簋並盛粱稻二簋者黍一稷一四簋加粱稻六簋加麥菰八簋黍一稷一麥一菰一稻粱各二食享之薄也應時如月令云春食麥夏食菽秋食麻冬食黍以及周禮云凡會膳食之宜牛宜稌羊宜黍豕宜稷犬宜粱雁宜麥魚宜苽隨時視宜以爲二簋之供不必四簋六簋八簋之具亦非泥爲黍稷也二簋之享獨繫損者蓋國有喪荒裁札祭享之禮不得不因時以爲盈虛也

象

（集解）宮太和曰自古苛政猛於虎者惟其損下益上也誅求無厭慾不勝慾少不如意忿不勝忿君子有鑑於此薄取於下無害乎廉其忿自清其慾自止其民得其休息也大焉

初

(集解)頤齋經說大戴禮曰不習爲吏而視已事夫殷周所以長久者其已事可知矣已事溢往蓋監於先王成憲敏於行也詩曰不愆不忘率由舊章書曰事不師古以克永事匪說攸聞旡咎酌損取民之制周監二代爲損益也

二

(德位)貞德在二利貞者二五相應也既曰利貞又曰征凶者變喪剛中也

三

(集解)頤齋經說陰陽一理君民一體君子小人相輔而行也君子勞心小人勞力勞心者治人勞力者養人聖人因從卦畫悟得養生之理乾爲老陽坤爲老陰不能生生必乾坤交易或損上以益下或損下以益上則上下之志方能專一相資而成化也三人行則損一人自泰卦三陰三陽推行言之陰陽必有一損者也一人行則得其友自損卦爻變言之三陰變陽而與二比上又與陽相應者也若自人事言之一與一交可以始終如一若三人相交必有愛憎其間愛則相得憎則相損也

(默參)一神兩化陰陽摩盪而中變應三上往來兩老化爲兩少在老爲損在少爲得友焉

四

(集解)姚配中曰潛夫論云凡治病者必先知脉之虛實氣之所結然後爲之方故疾可愈而壽可長也爲國者必先知民之所苦禍之所起然後設之以禁則姦可塞國可安矣述教文　象曰損其疾亦可喜也

五

(集解)頤齋經說十朋之龜漢儒皆曰爾雅神龜腹下有離兌卦靈龜緣中文似瑇瑁攝龜小龜腹甲橫斷可以翕張好食蛇也寶龜青黑緣者文龜丹甲青文背有文采筮龜常伏蓍叢上有雲氣山龜山產澤龜澤生水龜水出火龜火生十種各含異氣者也○按詩箋古者貨貝五貝爲朋漢志貝二枚爲一朋有大貝壯貝幺貝小貝龜四品元龜直大貝十朋公龜直壯貝十朋侯龜直玄貝十朋子龜直小貝十朋韓子飾邪篇越王句踐恃大朋之龜與吳王戰不勝易緯乾坤鑿度蓍生千歲上有紫氣下有靈龍神龜伏於下軒轅本經曰紫蓍之下五龍十朋伏隱合觀參攷十朋之龜當爲寶龜價値十朋者也

(德位)損之元德在上故象曰自上祐也

上

(集解)谷永云易稱得臣旡家言王者臣天下旡私家也

(德位)貞在二中

象

(集解)頤齋經說九二上九皆曰弗損益之九二親民之官利貞則取民有制征凶則天災流行上方除稅蠲租豈肯再損下以益上與上當遐荒於穆之化包含周徧弗損益之云云蓋即周語祭公謀父所言荒服者王之意也

益䷩〔震下巽上〕 泰州 徐天璟睿川 演

（卦旨）卦自无妄䷘悔爲三陰綜爲損䷨旁通亦爲益錯爲恆䷟在天成象風嘯雷鳴在地成形叢林長薄在世運萬物化光時雍於變在人道德充溢仁義兼施

（義理）震陽萌動於下巽風吹嘘乎上萬物得其長養曰益

益利有攸往利涉大川

（提要）繫益於損後者蓋殷紂剝喪生民而忽得武王大賚四海不獨身受者感之即未身受者亦仰望而興也涉川濟險焉往而不利哉

（訓詁）利有攸往中正得位剛柔應也利涉大川外健爲順也

（象數）巽爲淵爲大川震動爲往爲涉

（義理）人皆知損上益下謂之益不知益有利於人者亦有利於己者今玩卦

象外巽順而內恐懼巽順則能取諸人以爲善恐懼則不自滿暇以之涉世故無往不宜無險不濟也豈僅在減稅蠲租請賑貸以恤民哉

（攷證）歸藏益作誠

彖曰益損上益下民說无疆自上下下其道大光利有攸往中正有慶利涉大川木道乃行益動而巽日進无疆天施地生其益无方凡益之道與時偕行

（訓詁）疆竟也休美曰慶木道乃行涉川之利舟楫皆藉木也施惠與生茁長也

（象數）往來之卦否四一陽至初爲益爲自上下下乾天爲光地承天陽變震蕃鮮爲大光二五剛柔當位爲中正有慶巽震皆木巽木導前震木從後象似用楫破浪行舟爲木導乃行植木上升爲日進无疆巽思深入震動顯出爲其

益无方損益旁通仍成損益六爻同道爲與時偕行

（義理）經言利往利涉正因益而收功効也彖即從功效中次第引伸民說見惠施之益也中正見德行之益也木道見舟楫之益也日進見學問之益也无方見動植之益也偕行見權宜之益也信乎易无方體不可爲典要也

（音句）下下上下字去聲下下字上聲道音導慶音羌行音杭

（攷證）疆古本或作彊

象曰風雷益君子以見善則遷有過則改

（訓詁）佳美曰善失誤曰過遷徙改變易也

（象數）巽爲風震爲雷雷動陽升爲善遷風吹陰散爲過改

（義理）遷善改過必取象風雷者風行倏假雷動物生革故懷新隨大化以爲鼓盪見人獲其利益正非僅在施與也

（攷證）石經善字磨滅

初九利用爲大作元吉无咎

（訓詁）大作耕植具舉大興農功於東作也

（象數）陽大陰小震雷當初體陽奮興爲大作

（變通）初變爲觀䷓旁通爲无妄䷘觀曰下觀而化无妄曰大亨以正爻應故爲利用大作

（義理）繫辭曰耒耨之利取諸益堯典曰平秩東作周語虢文公曰民之大事在農農祥晨正日月底於天廟土其俱動王其祗祓命農大夫咸戒農用曰陰陽分布震雷出滯土不備墾辟在司寇王則大狥耨獲亦如之民用莫不震動恪恭於農修其疆畔日服其鎛不懈於時財用不乏民用和同利用大作正教天下之民盡力於農畝也其占元吉應周家以稽事開基焉

(占應)初辰在子上值天田應爲農功興作

六二或益之十朋之龜弗克違永貞吉王用享于帝吉

(訓詁)或疑也或益之謂疑益於民之事不能自決者也龜弗克違王用享帝卜郊饗帝啓蟄而郊擇元日命民社也享獻也

(象數)龜產山澤氣應風雷震巽中互坤土坤數爲十大象合離爲龜因爲十朋之龜帝出乎震震爲帝二與五中相應爲王用享帝

(變通)二變爲中孚䷼旁通爲頤䷚中孚曰和鶴爻應曰朋龜頤曰貞吉爻應曰永貞吉

(義理)禮月令孟春之月天子乃以元日祈穀於上帝左傳(襄七年)夏四月(周四月夏二月令)三卜郊不從乃免牲孟獻子曰吾乃今而後知有卜筮夫郊祀后稷以祈農事也是故啓蟄而郊郊而後耕今既耕而卜郊宜其不從也或益之者擇元

日而稽疑也十朋之龜弗克違卜牲吉也王用享帝郊帝而祈穀也耒耨之利取諸益故爻辭因郊耕而取象也

(攷證)享釋文亨據本通志堂本作享諸家作亨

(占應)二辰在酉上值五帝內座應爲享帝

六三益之用凶事无咎有孚中行告公用圭

(訓詁)凶事凶禮之事也有孚中行告公用圭國有凶災使告諸公必致圭以申信也

(象數)三多凶變陷坎險爲益用凶事坎爲有孚三當卦中爲中行三位爲公巽爲命令體震爲玉爲圭長子主器爲告公用圭

(變通)三變爲家人䷤旁通爲屯䷂屯難應爲凶事

(義理)周禮典瑞珍圭以徵守以恤凶荒大宗伯以凶禮哀邦國之憂以喪禮哀死亡以荒禮哀凶札以弔禮哀禍裁以禬禮哀圍敗以恤禮哀寇亂凡有凶事諸侯之國必致圭爲信上告天子下告友邦王者因出珍圭以致王命使恤凶之地或去其征或弛其政札喪則令賻助之凶荒則令賙委之師役則令犒禬之禍災則令哀弔之益用凶事正謂損上益下見王者痌瘝在抱民悅无疆也

(音句)程傳讀益之句用凶事句王夫之周易內傳讀益之用句凶事句本義讀益之用凶事句有孚中行句告公用圭句虞翻讀有孚句中行告公用圭句張振淵讀有孚句中行句焦循易章句讀告公句公用圭句按象傳曰益用凶事當讀益之用凶事句六四爻曰中行告公從象傳曰告公從此當讀有孚句中行句告公用圭句

(攷證)用圭王肅作用桓圭

(品物)周禮典瑞王晉大圭執鎭圭公執桓圭侯執信圭伯執躬圭又曰珍圭以徵守以恤凶荒凶禮賵者執圭將命西坐委之是凶事皆用圭也告公用圭當爲殄圭鄭注珍圭大小當於琬琰相似杜子春謂珍當爲鎭康成以爲鎭圭天子所守以鎭安天下不可付使者執以出也仍當從珍圭爲允

(占應)三辰在亥上值墳墓敗白應爲凶事又值土司空土公吏應爲土功之事又值斧鉞主誅夷亦爲凶事

六四中行告公從利用爲依遷國

(提要)此即文王遷豐上告先公也

(訓詁)中行中道也告公利遷大臣見有利於國者上告諸君下利諸民君從民信祝利而用遷其國也依倚也遷徙也

(象數)巽爲命令爲告震爲公侯互艮爲山坤爲國震動爲遷巽近利市爲利

用

（變通）四變爲无妄䷘旁通爲觀䷓无妄茂時育物應遷國相其土宜觀爲省方設教應遷國利用遷依

（義理）遷國必視其利左傳（文十三年）邾文公卜遷於繹史曰利于民而不利于君公曰苟利於民孤之利也天生民而立之君以利之也民苟利焉遷也吉莫如之四位大臣中行正謂當官行事告公者嘉謨入告也從即告君而聽利用遷國譬之晉從韓獻子之言而遷新田楚從子西之言而遷都也依如周室東遷晉鄭是依之類

（音句）從毛奇齡惠棟解從爲從者讀音才用切去聲諸家解作從違之從讀牆容切平聲本義讀中行句告公從句玩易四道讀中行告公從句按從當讀平聲象傳曰告公從當讀中行句告公從句

（攷證）國虞氏義作邦

（占應）四辰在丑上值十二諸侯國星應爲遷依遷國

九五有孚惠心勿問元吉有孚惠我德

（訓詁）有孚惠心好生之德洽于民心也言訊曰問勿問元吉惠心既孚不待言訊知協其吉爲其有體仁之心也我德君德有孚惠我德臣能惠君之惠以澤其民羣黎百姓徧爲爾德也

（象數）巽順變艮敦仁爲惠心五與二應二承五惠爲有孚惠德

（變通）五變爲頤䷚旁通爲中孚䷼頤養萬民應爲惠心惠德

（義理）子產聽鄭國之政以其乘輿濟人於溱洧孟子曰惠而不知爲政蓋居尊治民不在解衣推食除稅蠲租惟在有不忍人之心以行不忍人之政耳有孚惠心勿問元吉正即呂覽云聖人南面而立以愛利民爲心號令未出天下延頸舉踵精誠通乎民也有孚惠我德君者照臨百官君仁莫不仁君義莫不義君既有惠民之心百官有司莫不推君之惠爲德此惠所以无疆也

（占應）五辰在申上值八穀八穀明四方豐樂應爲惠德

上九莫益之或擊之立心勿恆凶

（訓詁）莫無也或疑也莫益或擊因無益疑而擊也常久曰恆士無恆產而有恆心立心勿恆凶言居化外者無恆產而有凶心也

（象數）上當化外陽實變爲陰虛爲莫益坎心存險中互艮手爲疑擊坎爲心憂體巽進退不果爲立心勿恆坎陷爲凶

（變通）上變爲屯䷂旁通爲家人䷤家人三曰嘻嘻嗃嗃屯上象曰何可長也此應故曰立心勿恆

（義理）博施濟衆堯舜猶病上當化外恩惠不能遍施故先王之制蠻夷要服

戎翟荒服要服者貢荒服者王道在羈縻之而已今益上變而成屯其在屯曰剛柔始交而難生是因莫益而疑擊化外之民有梗我聲教者也不知王者無外一夫不獲則曰時予之辜若以化外棄之而無益於彼焉譬之爲山九仞功虧一簣故曰立心勿恆凶

（占應）上辰在戌上值奎宿天大將軍應爲兵擊之象

象曰元吉无咎下不厚事也或益之自外來也益用凶事固有之也告公從以益志也有孚惠心勿問之也惠我德大得志也莫益之偏辭也或擊之自外來也

（訓詁）厚後也固有謂當然之理偏者未周徧也外化外自外來者謂非惠所能周意所能料也

（義理）惠政首在得民民心既得未有仁而後其親未有義而後其君豈有君

籍千畝而民不終事乎是以元吉二則王爲生民祈穀以求益下三則君民休戚相關以哀凶荒四則設險衛民相其土宜五爲民主胞與爲心上則化外之民夷翟之貪德無厭故於益終垂其戒警聖人之寓意深焉

(音句)事叶音時來叶音離志叶音支與之辭相韻按韻補事叶逝支切蔡邕詞帝曰休哉命公三事乃耀柔嘉是式百司來叶鄰奚切詩邶風莫往莫來悠悠我思素問恬澹虛無眞氣從之精神守內病安從來志叶眞而切楚辭九章昔君與我成言兮曰黃昏以爲期羌中道而回畔兮反既有此他志並可作事與志隔句相韻來之辭亦隔句相韻

(攷證)偏辭釋文孟虞作徧辭

益 副編

(德位)利德在初四往來

初

(集解)虞翻曰大作謂耕播耒耨之利蓋取諸此也坤爲用乾爲大震爲作故利用爲大作體復初得正朋來无咎故元吉无咎震三月卦日中星鳥敬授民時故以耕播也○張惠言曰益正月卦啓蟄而郊郊而祈穀農事之始益民之大莫若農焉

(德位)利德在初元德亦在初

二

(集解)乾鑿度王用享于帝者言祭天也三王之郊一用夏正天道三微而成一著三著而成一體方此之時天地交萬物通故泰益之卦皆夏之正也○干寶曰聖王先成民而後致力於神故王用享于帝在巽之宮處震之象是則蒼

精之帝同始祖矣○朱芹十三經札記弗克違三字即大禹謨所謂昆命于元龜而龜筮協從洪範所爲謀及卜筮而龜從筮從者也爻有卜郊之吉則違字作從違解無可疑者○頤齋經說廣韻引逸周書武王說箕子之對賜十明禮說曰文王得白馬朱鬣大貝玄龜此爻當爲箕文以之

(德位)益無貞德六二言貞吉者柔化爲剛也

(比例)損五綜即益二皆曰十朋之龜爻變悉成中孚也損五不言享帝益二言享帝者食爲民天周家以農事開基王爲羣民立社也

三

(集解)九家易曰天子以尺二寸玄圭事天以九寸事地也上公執桓圭九寸諸侯執信圭七寸諸伯執躬圭七寸諸子執穀璧五寸諸男執蒲璧五寸五等諸侯各執之以朝見天子也○頤齋經說中行凡有凶事出行祖祓之後遂蹤

其行示不再行也

五

(集解)蔡清曰惠心惠下之心也惠我德下惠我之德也而皆有孚上感而下應也有孚之施於下者在我只爲心自下之受此施者目之則爲德矣實非有二也○王引之經義述聞爾雅惠順也有孚惠心者言我信于民順民之心也有孚惠我德者言民信於我順我之德也○崔憬曰居中履尊當位有應而損上之時自一以損己爲念雖有孚于國惠心及下終不言以彰己功故曰有孚惠言勿問問猶言也如是則獲元吉且爲下所信而懷己德故曰有孚惠我德君雖不言人惠其德則我大得志也

(德位)元德在初君與民應民懷其君惠也

象

（對待）益初綜即損上故益言元吉損言貞吉並言无咎益四綜即損三損言
得友故益言公從益二綜即損五故同取象十朋之龜

夬 ䷪ 兌乾上下　泰州　徐天璋睿川　演

（卦旨）卦自大壯䷡息成五陽綜爲姤䷫旁通爲謙䷎錯爲剝䷖在
天成象雨露雹冰在地成形荒郊大澤在世運政治嚴明四夷讋慄在人貌和
心果沉毅多謀

（義理）五陽浸長既健且和曰夬

夬揚于王庭孚號有厲告自邑不利即戎利有攸往

（訓詁）揚于王庭柔得君也孚號有厲危相警也告請也戎兵也不利即戎利
有攸往不利黷兵以激亂利自度義而行事也

（象數）乾爲王國一陰在上爲揚于王庭兌口爲號金在志憂爲厲金主兵革
爲戎乾健自强爲利有攸往

（義理）人而不仁疾之已甚亂也夬以一陰乘上城狐社鼠激則生變故決之

者不在用力而在用智彼雖揚于王庭而吾修德自强與彼無競故周勃交歡
呂氏卒收左袒之功深得不利即戎利有攸往之旨蓋利者義之和也利有攸
往正健而說決而和也

（攷證）夬虙氏義作支

彖曰夬決也剛決柔也健而說決而和揚于王庭柔乘五剛也
孚號有厲其危乃光也告自邑不利即戎所尚乃窮也利有攸
往剛長乃終也

（訓詁）乘駕也其危乃光因危而能敬慎乃歷亨衢也

（象數）乾爲剛爲健兌爲說爲夬爲和一陰駕五陽之上爲乘剛金水內景爲
光陽至五極爲剛長乃終

（義理）五陽一陰以陽去陰如拉朽摧枯惟陰憑恃王庭以爲跋扈非兵戎可

以捕繫也道在率履不越寓和說於嚴毅之中如狄梁公當武曌之時二張望而畏敬卒能反周爲唐薦張柬之以平禍亂也

象曰澤上于天夬君子以施祿及下居德則忌

(訓詁)施祿及下居德則忌厚施其澤忌居其功也

(象數)兌爲澤乾爲天膏澤下流爲施祿剛愎自用爲忌德

(義理)自古王公能平大憝者無非行慶施惠成功不居故能控馭羣英人樂用命如其居德則恩欲己出怨將誰歸如不施祿則官爵吝賞必傾大局能施祿而不居德則德懋懋官功懋懋賞羣策羣力競奏膚功也

(攷證)王輔嗣本則字作明

初九壯于前趾往不勝爲咎

(訓詁)趾足趾不勝不勝其任也咎愆也

(象數)陽盛爲壯初下爲趾變巽進果不果爲不勝爲咎

(變通)初變爲大過䷛旁通爲小過䷽大過本末顚弱應爲不勝

(義理)初位卑下而欲上夬一陰不啻蚍蜉之撼大樹明末吳民顏佩韋等憤魏璫之奸同擊緹騎不度德不量力卒取殺身之禍皆不勝爲咎之明徵也

(音句)諸家讀往不勝爲咎句焦循易章句讀往不勝句按象曰不勝而往咎也當從焦讀爲允

(攷證)趾釋文荀作止

(占應)初辰在子上値螣蛇主事纒繞又値司危主司危險應爲往而不勝

九二惕號莫夜有戎勿恤

(訓詁)敬懼曰惕戒令曰號莫晩也惕號莫夜敬之深也恤憂也有戎勿恤備之至也

(象數)乾金在志爲憂爲惕變離爲日夷於兌酉之下爲莫夜離爲甲冑戈兵爲有戎二中誠應變化光明爲勿恤

(變通)二變爲革䷰旁通爲蹇䷦革二曰日夬應曰夜革爲征伐爻故應曰有戎

(義理)事有備而無患二爲正士敬懼夙夜上陰雖欲加害無隙可乘有戎勿恤正如晉鉏麑往刺趙盾見其盛服將朝坐而假寐歎曰不忘恭敬民之主也唐明宗時路妟如厠遇盜盜曰某稟命有自察公正直不敢加害匣劍而去皆莫夜有戎勿恤之明徵也

(音句)武億經讀攷異王輔嗣讀惕號莫夜有戎句孔穎達正義讀惕號句莫夜有戎句心易溯源玩易四道並讀惕號莫夜句有戎勿恤句按象傳云有戎勿恤當從虞氏義讀惕號莫夜句有戎勿恤句

(攷證)釋文惕荀翟作錫莫鄭云無也無夜非一夜

(占應)二辰在寅上値南斗甘氏曰南斗主兵應爲有戎

九三壯于頄有凶君子夬夬獨行遇雨若濡有慍无咎

(訓詁)面權曰頄于頄有凶壯于面也夬夬決決也雨恩澤若順也濡含忍慍恚也獨行遇雨若濡有慍君子獨行謀密不以私恩而廢公義也

(象數)乾首變成兌口中互離目口上目下在面爲頄三位爲凶內卦與外卦相接變成重兌爲夬夬兌澤爲雨兩兌相麗爲遇雨三與上應爲獨行互巽行權爲濡有慍

(變通)三變爲兌䷹旁通爲艮䷳兌曰麗澤應爲遇雨兌說犯難應爲濡慍

(義理)三居剛位怒易形色機事不密則害成是以有凶但三雖不正實體陽

德上獨與三相應君子所行要非衆人所能識也獨行遇雨若濡有慍外雖順承內實伺變沉謀獨運譬之王允用呂布而剌董卓温嶠激錢鳳而圖王敦徐階改供辭而去嚴嵩不入虎穴焉得虎子是以无咎

（音句）虞翻讀獨行遇雨句若濡有慍句程傳云爻辭差錯安定胡公移其句曰壯于頄有凶獨行遇雨若濡有慍君子夬夬无咎亦未安也當云壯于頄有凶獨行遇雨君子夬夬若濡有慍无咎朱子語類至于遇雨而爲所濡溼雖爲衆陽所慍然志在決陰故得无咎也義以遇雨若濡爲句玩易四道讀獨行遇雨句若濡句有慍句鄭圜札記易云夕惕若有孚顒若戚嗟若書曰時雨若恆雨若此讀遇雨若句濡有慍句按當讀獨行句遇雨若濡句有慍句

（攷證）釋文頄鄭作頯蜀才作仇慍洪頤煊謂當作緼

（占應）三辰在辰上值執法應爲決去邪惡

九四臀无膚其行次且牽羊悔亡聞言不信

（訓詁）臀膚髀肉也行者不前曰次且牽羊悔亡聞言不信謂羊牽在手而悔失者不信人言爲已謀也

（象數）體兌變坎爲臀四變失實爲无膚坎險當前其行不進爲次且兌爲羊四承兌後爲牽羊兌言誣善坎耳聽之爲聞言不信

（變通）四變爲需䷄旁通爲明夷䷣需爻四體坎耳變爲兌說故曰順以聽也夬四體兌變險故曰聞言不信

（義理）膚者骨之輔也骨无肉則不能行剛無柔則不能濟四介剛間而无柔應其欲夬陰也難矣變需不進坐失事機故曰臀无膚其行次且捕鹿者角其前牽羊者制其後羊性愎很人在前挽則忿而不行在後則順從而往故古者服罪行成則必牽羊以謝春秋傳曰鄭伯肉袒牽羊示順從而悔失也聞言不信正如司馬懿揚于王庭曹爽謀欲誅之不聽桓範之言以致其敗權在手而反失之轉爲懿所擒制可勝歎哉

（攷證）釋文次本作趑或作跌說文及鄭作趀且本作趄或作跙子夏作䟽或曰悔當爲誨繫辭慢藏誨盜虞本作悔此悔當爲人誨其羊欲亡而聽者不信也

（品物）羊性很而愎好行險僻牽之不善岐路易於亡焉

（占應）四辰在午上值柳宿南宮侯曰柳其物羊豕應爲牽羊

九五莧陸夬夬中行无咎

（訓詁）莧陸商陸也地之高平曰陸莧生陸地者中行中道也

（象數）兌地剛鹵變震草木蕃鮮爲莧陸震爲大塗五當道中爲中行

（變通）五變爲大壯䷡旁通爲升䷭升應曰无咎

（義理）莧陸感陰氣而生者易於滋蔓難於芟除夬夬者除惡務盡也臣欲去佞難於拔山君欲去佞易於拾芥莧葉柔而根堅猶小人盤踞深固莧陸夬夬正芟夷蘊崇如農夫去草勿使能殖無俾邪種於茲地也

（攷證）釋文莧虞謂與莞同陸蜀才作睦虞荀訓陸同睦

（品物）子夏傳莧陸木根草莖剛下柔上也鄭玄注莧陸商陸董遇云莧人莧陸商陸荀爽云莧陸皆葉柔根堅莧根小陸根大也

（占應）五辰在申上值天園晉書天文志天園植果菜之所也應爲莧陸

上六无號終有凶

（訓詁）號號召也

（象數）兌口有聲爲號陰迷於上爲終凶

（變通）上變爲乾䷀旁通爲坤䷁乾上亢悔坤三无成有終爻應故爲无

號終凶

(義理)上之一陰即飛揚於王庭者終成純乾小人憑依無所正如武王克商驅飛廉於海隅而戮之明思宗即位立賜魏忠賢死於謫所未有元惡巨凶而不終於授首也

(占應)上辰在巳上値五帝明堂靈臺將相執法諸星君子滿朝小人何能托跡應爲无號終凶

象曰不勝而往咎也有戎勿恤得中道也君子夬夬終无咎也其行次且位不當也聞言不信聰不明也中行无咎中未光也无號之凶終不可長也

(訓詁)長久也

(象數)二五當內外兩卦之中爲中道中行四以剛居柔位爲不當位四變坎

耳爲聰互離爲明未變之先爲聰不明

(義理)自古以君子而夬小人其理似易其勢實難有其德無其位不能夬有其位無其德亦不能夬德位兼全而無智謀時會又不能夬初以不勝取咎無其德無其位也二得中道有其德無其位僅能自保其身也三用智謀夬之因小人去小人也四則居不當位自取其侮五則有德有位尚無其時故有未光之歎至上方成純治小人始凶及至小人勢敗其國家已不知費幾許大力始能有此太平也噫千古貽患想見夬去之難能不知所戒哉

(音句)咎音杲與道相韻明叶音芒按音並詳前

副編

夬

(集解)頤齋經說剛長至五五壬者當陽一陰在上恃寵凌人其勢不容不決也然決必有道曰孚號有厲其危乃光正如明莊烈帝素諗魏忠賢惡深自儆備及即位其黨自危楊所修楊維垣先劾崔呈秀藉以嘗帝呈秀罷歸于是主事陸澄源錢源慤員外史躬盛貢生錢嘉徵交章劾魏忠賢罪帝遂放魏忠賢于鳳陽道死詔磔其屍也告自邑不利卽戎若漢靈帝崩子辯即位大將軍何進旣收宦者蹇碩誅之並召董卓將兵詣京師太后詔罷諸宦官宦官張讓等入宮殺進刼太后帝出至河上司隸袁紹捕宦者悉誅之釀成大亂馴至覆國卽戎之禍一至於此所尙乃窮也利有攸往利在孚號有厲非利告邑則戎易象眞爲治世之書也○李兆瑩曰夬以一陰乘上位雖尊寵權實無存自知有厲日事戰兢故能獲保首領以沒也若其執迷萌亂自邑用兵如李密叛唐之類未有不敗亡者利有攸往指陽不指陰也

(德位)利在五中

(比例)張氏曰剝不利有攸往不欲其爲純坤夬利有攸往必欲其爲純乾精義曰夬與剝相對剝曰柔變剛見五陰剝一陽之易夬曰柔乘剛見五陽決一陰之難

象

(集解)干寶曰夬九五則飛龍在天之爻也應天順民以發號令故曰孚號以剛決柔以臣伐君故曰有厲德大卽心小功高而意下故曰其危乃光也

(默參)夬卦三月用事陽氣盎地溝水爭盈離日灼空晨露濃浥誰謂一陰可去而能使不乘陽氣爲之長哉近取諸身兌爲腦海一陰乘剛之象也

初

(默參)乾健變巽爲高當下爲足舉趾高心不能固勢必覆敗主爲有咎

(比例)大壯初壯于趾夬初壯于前趾夬本自大壯來也

二

（筮說）王彥問於關朗曰治亂損益各以數至苟推其道百世可知關子揲蓍布卦得夬之革䷪䷰曰當今大運不過二百年從今甲申二十四年戊申當大亂禍始宮掖有蕃臣柄政彥曰其人安出曰參伐之間有異氣若出其在并之郊乎當有二雄舉而中原分始於甲寅卒於庚子至辛丑歲當有恭儉之主起布衣而並六合已酉江東其危乎自魏以降天下無眞主故黃初元年庚子至今八十四載更八十二年丙午滿三百六十六年當有達者生更十八年當有王者合焉用之則王道振不用則洙泗之教修矣彥曰其人安出曰唐晉之郊乎彥曰其後若何曰始甲申止甲子正百年矣（魏宜武元年甲申至明帝十二年戊申爲二運尒朱榮舉兵投靈太后而專政莊帝立誅朱榮其子復弑帝甲寅高歡立靜帝宇文泰立文帝分爲東西魏後高歡建齊文泰建周至庚子西北殆盡辛丑隋文立有文中子而不用卒爲其子煬廣所弑甲申唐高祖起太原並之異氣姑應焉蓋革主革命六二爲中女宮掖之禍四居陽爲藩臣三五爲二雄並舉夬之乾兌位西北轉爲離南故與在南五之虎變附文應之上之豹變文中子應之唐高祖之興則復鼎卦用事也此爲一爻變占之卦之法）

（集解）姚配中曰惕號謂戒令所謂忌也掌固夜三鼜以號戒挈壺氏凡軍事縣壺以序聚欜皆莫夜之號也大宗伯以恤禮夜寇亂號戒嚴寇不能至故有戎勿恤陽息之卦防陰也

（默參）金在志憂乾金應爲惕號火在志喜變離應爲勿恤

五

（集解）朱芹十三經札記王注莧陸草之柔脆者也孔疏子夏傳云莧陸木根草莖剛下柔上也馬融鄭元王肅皆云莧陸一名商陸皆以莧陸爲一䕺遇云莧人莧也陸商陸也以莧陸爲二朱子本義莧陸今馬齒莧感陰氣之多者蓋本程傳指一物又朱子語類云莧陸是兩物莧者馬齒莧陸者草陸一名商陸皆感陰氣多之物李氏易傳荀爽曰莧爲五（五爻）陸爲三（三爻）莧者葉柔而根堅且

赤以言陰在上六也陸亦取葉柔根堅也去陰遠故言陸言差堅於莧莧根小陸根大互體兌柔居上莧也三體乾剛在下根深故謂之陸也虞翻曰莧說也莧讀夫子莞爾而笑之莧（集韻莧與莞同）陸和睦也按莧陸或作一物或作二物皆指上六言而荀氏獨指五與三則異解矣王注程傳皆云柔脆易決而鄭氏汝諧引本草云莧陸一名雙陸其根至蔓雖盡取之而旁根復生小人之難決如此獨得此爻正解至虞氏以莧爲莞以陸爲睦則曲說矣又荀氏所云莧即爾雅之赤莧（郭注赤莧一名蕢今莧菜之赤莖者）宋衷亦云莧莧菜也陸商陸也姑並存以並攷至項氏本說文莧爲山羊（路史引孟喜云莧陸獸名）則異解矣○按莧陸朱辯甚詳自予攷之圖經莧有六種（人莧赤莧白莧紫莧馬莧亦名馬齒莧五色莧俗謂之野莧豬好食之又名豬莧）五爻云莧陸夬夬中行无咎人莧赤莧白莧紫莧皆種自園圃絕非生於道路者惟馬齒莧野莧生於道路有礙人行馬莧其莖葉柔其根滋蔓當如本草所云一名雙陸者野莧其莖有刺其根剛堅夬自大壯長爲五陽方言凡草木刺人北燕朝鮮之間謂之茦或謂之壯莧陸夬夬中行无咎其爲野莧明矣

象

（德位）四柔位陽剛處之爲不當位

姤䷫ 乾巽上下 泰州 徐天璋睿川 演

（卦旨）卦自乾䷀消爲一陰綜爲夬䷪旁通爲豫䷏錯爲復䷗在天成象風颶時空在地成形水泉始冷在世運亂萌女禍在人體頑氣虛

（義理）一陰生下以柔承剛綿綿纏繞欲絕不能曰姤

姤女壯勿用取女

（訓詁）强盛曰壯取娶也

（象數）巽長女爲女壯

（義理）甚哉小人之難盡也夬陰方去於上姤陰即伏於下繫姤於夬之後見小人與女子迭相倚伏其爲有國家者之戒深焉乾陽剛健巽陰順從其女似爲可娶不知天下惟剛健之人最易受順從之害陰具狼毒之心外獻狐媚之技勢必逞志專能夫爲挾制故聖人於一陰之長而即戒以勿用取女旨深哉

（攷證）姤鄭虞作遘王作媾取古本陸作娶女郭本無女字按遘古文王洙改古文爲今文姤字

彖曰姤遇也柔遇剛也勿用取女不可與長也天地相遇品物咸章也剛遇中正天下大行也姤之時義大矣哉

（訓詁）遇接也章別也

（象數）陽剛陰柔一陰初見爲遇剛乾爲天巽本坤陰初索爲天地相遇天施地生爲品物乾爲大赤巽爲白赤白相合爲章二五皆陽爲剛遇中正

（義理）孤陰不生獨陽不長必謂勿用娶女毋乃失陰陽之義乎蓋勿用者乾坤升降必待二五先行變爲坎離然後初四三上再交方爲得正今姤不待二五先行猶女不待許字而即嫁男不待聘而即娶父母國人皆賤之矣春秋傳云不期而會曰遇曲禮云諸侯未及相見曰遇彖曰姤遇也柔遇剛也正謂不待男聘而女即奔就也若其中正相接正如天地交而萬化成君臣交而百度治品物咸章秩序昭然不紊姤之時義豈不大歟

象曰天下有風姤后以施命誥四方

（訓詁）后王后命令施誥教戒也

（象數）乾爲天巽爲風卦以一陰主內爲后巽爲命乾覆天下爲四方

（義理）經言勿用取女而象轉取后以施命誥四方者經防其亂象求其治也周禮天子理陽道后理陰道王有太宰后有內宰其政令以陰禮教六宮九嬪以婦職之法教九嬪姤於五月用事時值夏至陰生以施命誥四方正修陰禮而以政令誥及四方之諸侯夫人也

（攷證）誥鄭王作詰

初六繫于金柅貞吉有攸往見凶羸豕孚蹢躅

（訓詁）金柅絡絲具也繫于金柅貞吉婦人之職治其絲麻也往謂陰進而長羸豕母豕而老者蹢躅以足擊地而不甯也

（象數）巽繩爲繫巽木爲柅體巽變乾爲金柅坎爲豕巽爲長女得坎半體爲羸豕巽究爲躁卦爲蹢躅初陰爲凶變陽爲吉

（變通）初變爲乾䷀旁通爲坤䷁乾初取象乾龍爻應故爲羸豕坤四曰括囊姤初故曰繫柅

（義理）古者公卿大夫士庶之妻莫不各織以衣其夫故婦人以治絲麻爲職繫于金柅正日治絲麻而勤婦職也斯占貞吉推原卦象爻本巽木變化乾金木受金尅猶之婦從夫制克閑有家行無越畔也若縱其一陰浸長女慾無厭將如羸豕受孕應期孚感逞其狂躁之性勢必跳蹢而不甯焉

（攷證）釋文柅說文作檷子夏作鑈蜀才作尼王肅作柅耆頡作檷蹢躅一本

作擲蠲古文作踖蹳李茂卿作彳亍按當從今本爲金柅蹢躅

（品物）金柅說文柅作檷云絡絲柎也來知德易注柅者收絲之具金者螫上之孔用金也豕孕四月而生俯首而趨性喜卑穢天將雨則進涉水波豕老則羸羸豕即婁豬也俗云老母豬婁豬未定一遇艾豭則蹢躅不寧可醜之形畢見焉予嘗聞鄉人云凡物孳尾應期有孕惟豬於交搆時即豬一蹢躅母豬即孕一子十蹢躅即有十子其受蹢躅之時母豬之孕其子形壯立具與他獸受孕異焉

（占應）初辰在未上値午宮柳宿之度南宮候曰柳其物羊豕應爲羸豕

九二包有魚无咎不利賓

（訓詁）包包苴魚水禽包有魚編葦茅包裹其魚也賓客之貴者不利賓言不宜以鱗物而薦賓也

（象數）巽爲魚乾爲賓

（變通）二變爲遯䷠旁通爲萃䷬遯君子以遠小人不惡而嚴故應曰不利賓

（義理）小人承事君子者也君子正當慈以畜之莊以涖之不當任而用之薦而公之譬之古人燕饗魚必縮俎寢右誠恐以骨傷人公食大夫禮有司卷三牲之俎歸於賓館魚臘不與蓋魚爲陰類而非盛饌以喻小人不合升於朝列也

（攷證）釋文包本作苞王作庖荀作胞

（品物）論衡指瑞魚木精其腦應月盈虧其象主兵潛游於淵猶小人之性好陰象也

（占應）二辰在寅上値天江尾宿魚星附後應爲有魚

九三臀无膚其行次且厲无大咎

（訓詁）臀膚髀肉也次且行不前貌厲无大咎危不害也

（象數）巽股變坎爲臀體陽變陰失實爲无膚坎險在下行防陷險爲次且爲厲互巽進退不果亦爲次且

（變通）三變爲訟䷅旁通爲晉䷢訟三貞厲終吉爻應故曰厲无大咎

（義理）君子黨於君子小人黨於小人三本與羣陽相接動而違行而又不能與下陰相比君子小人中兩無所黨進退不可周旋不能故曰其行次且既次且勢必見危知懼雖有禍心不敢自逞所以无大咎焉

（攷證）釋文次且鄭作趑趄

（占應）三辰在辰上値執法應小人憚於君子之威畏而知厲

九四包无魚起凶

（訓詁）包苞苴魚水禽包无魚謂不能容養其陰而失其下也

（象數）體乾變巽爲魚內巽亦爲魚四與初應爻變不能應陰爲无魚起凶

（變通）四變爲巽䷸旁通爲震䷲巽究躁卦應爲起凶

（義理）魚民象也詩曰眾爲魚矣班超曰水清無大魚初下爲民四陽能與之應故在下者適性无尤今爻動變重巽不能以陽應陰而欲以陰制陰勢必民心不靖羣起而與在位者爭焉是以爲凶

（占應）四辰在午飛魚六星在未午與未遠應爲无魚通志魚星主陰事知雲雨之期大明則陰陽和風雨時晴則魚多亡九四體陽變陰應爲魚亡之象

九五以杞包瓜含章有隕自天

（訓詁）杞杞柳瓜瓞屬以杞包瓜謂瓜附杞而蘩蔓也含章猶言含美隕落也

（象數）巽爲柔木爲杞乾爲圓爲果體乾變離中含一陰爲瓜離具文明爲含

章離司正夏瓜熟之期爲有隕自天乾爲天

(變通)五變爲鼎☲☴旁通爲解☳☵鼎取自新應爲瓜熟薦祭解爲百果草木甲坼應爲有隕自天

(義理)詩曰南有樛木葛藟纍之又曰南有樛木甘瓠纍之以杞包瓜言瓜蔓附杞而生猶后妃附君子而得高位也推原卦德五變成鼎鼎爲正位凝命譬之瓜祭上環陰含其美正有時而重之也爻變旋悔時過寵衰曰有隕自天瓜熟蔕落聖人爲陰警者深焉

(攷證)釋文以子夏作作郭京易舉正作似包子夏作苞解作匏按當從今本作以杞包瓜

(品物)杞有三種鄭風無折我樹杞柳屬也小雅南山有杞在彼杞棘山木也集于苞杞言采其杞隰有杞桋枸杞也此當爲柳屬之杞詩曰疆場有瓜樹杞

柳者恆在疆場之上正瓜蔓依附處也

(占應)五辰在申上値天園應爲杞瓜

上九姤其角吝无咎

(訓詁)角競也

(象數)乾首變成兌坼爲角陰爲吝

(變通)上變爲大過☱☴旁通爲小過☳☶大過上應曰无咎

(義理)姤本以柔遇剛至終變成兌女二陰相競內外交訌不啻兩角相觸既占其吝又曰无咎譬之小人與小人相爭而君子中立不倚況上在化外更可徐收鷸蚌之功與

(攷證)姤古作遘惠棟周易述從之

(占應)上辰在戌上値奎婁兩宿奎狼婁狗應爲角競

象曰繫于金柅柔道牽也包有魚義不及賓也其行次且行未牽也无魚之凶遠民也九五含章中正也有隕自天不舍命也姤其角上吝窮也

(訓詁)牽引也舍廢也

(象數)初下爲民四與初應中間二三兩爻爲遠民五與二應爲中正巽爲命象變鼎新頑民嚮化爲不舍命

(義理)陰爲小人爲女子姤初甫遇靜則吉動則凶書曰民可近不可下二陽變而黨陰既宜於下即不宜上故曰義不及賓三雖變陰而間於二陽之間譬之蓬生麻中不扶自直故无大咎四所以起凶者陽爲君子陰爲小人四變成巽以小人而治小人勢必掊削爲能災害並至五則變離成鼎以文明化成天下故天下皆式於善上則內陰方生外陰荐至兩兩相競自取吝窮合觀六爻

天下不能有君子而無小人天下亦不能悉去小人而存君子道在靜鎭其間遇以中正此姤時所以大焉

(音句)牽叶詳均切與賓民相韻按急就章盜賊繫囚搒笞臀朋黨謀敗相引牽敗誣詁狀還反眞牽叶從眞韻臀韻十三元古與眞通命正韻二十四敬吝韻十二震震敬古通

副編

姤

(默參)乾老陽巽壯女老夫壯妻其陽必爲陰所虧損其女何可娶與

彖

(集解)謝若潮曰四月之乾爲純陽至五月一陰忽生于下與五陽遇不期而至曰姤○胡翹元曰不善之遇即伏於至善之中當陽德方盛之時萬物發生

暢茂而陰已伏於下如齊桓倡霸陳完即於其時奔齊而亡齊者已至漢宣中興匈奴來朝而王政君已在太子宮唐貞觀治平而武氏已選入掖庭宋藝祖受命女眞來貢而宣和之難乃作於女眞雖盈虛消息之數君子必當慎之於微也○顧炎武曰知錄天下之生久矣一治一亂盛治之極而亂萌焉此一陰遇五陽之卦也孔子之門四科十哲身通六藝者七十二人於是刪詩書定禮樂贊周易修春秋盛矣而老莊之書即出於其時後漢立辟雍養三老臨白虎論五經太學諸生至三萬人而三君八俊八顧八及八廚爲之稱首馬鄭服何之注經術爲之大明而佛道之教即興於其世是知邪說之作與世升降聖人之所不能除也○惠棟周易述注乾成于巽而舍于離坤出于離與乾相遇南方離位萬物章明此荀義也九家易謂陽起子運行至四月六爻成乾巽位在已故言乾成于巽既成轉舍于離萬物皆盛大坤從離出與乾相遇故言天地

遇也坤起于離故從離出離爲明萬物皆相見故章明也

象

（集解）虞翻曰后繼體之君姤陰在下故稱后與泰稱后同義也乾爲施巽爲命爲誥復震二月東方姤五月南方巽八月西方復十一月北方皆總在初故以誥四方也孔子行夏之時經用周家之月夫子傳彖象以下皆用夏家月令是故復爲十一月姤爲五月矣

初

（集解）九家易曰絲繫於柅猶女繫於男故以喻初宜繫二也若能專心順二則吉故曰貞吉今既爲二所據不可往應四往則有凶故曰有攸往見凶○宋衷曰羸大索所以繫豕者也巽爲股又爲進退股而進退則蹢躅也初應於四爲二所據不得從應故不安矣體巽爲風動搖之貌也○頤齋經說柅蜀才作

尼孔疏尼近也通作昵繫於金昵謂陰繫陽而親近也○案三勿用取女見金夫不有躬夫利女金而取之勢必有无躬之禍姤初繫于金柅貞吉女曬夫金而安之故樂順從夫命受其束縛焉

三

（默參）近取諸身巽爲股變乾健行欲坐不甯應爲蹢躅

（比例）夬四曰臀无膚其行次且姤三亦曰臀无膚其行次且者夬欲決陰而不能姤欲黨陰而不克也

四

（集解）顧炎武曰知錄國猶水也民猶魚也幽王之詩曰魚在于沼亦匪克樂潛雖伏矣亦孔之昭憂心慘慘念國之爲虐秦始皇八年河魚大上五行志以爲魚陰類民之象也逆流而上言民不從君逆行也自人君有求多於物之心

於是魚亂於下鳥亂於上而人情之所嚮必有起而收之者矣

五

（比例）九二曰包有魚无咎不利賓九四曰包无魚起凶者魚陰物二與五應有薦用之象故以不利賓警之四與初應有字下之象故以包无起凶勉之

（集解）林希元曰含章不是全無所事是用意周密不動聲而自有以消患於方萌也○俞琰曰含即包之謂其初含蓄不露一旦瓜熟蒂脫自杞墜地故曰含章有隕自天○蘇軾曰陰長而消陽天之命也有以勝之人之志也君子不以命廢志故九五之志堅則必有自天而隕者言人之至者天不能勝也○頤齋經說杞喻乾陽瓜喻巽陰姤陰變至九五正如呂雉武曌竊據尊位之象含章指陽德也爻變旋悔有隕自天言陰終不能盜陽之位呂終不能移漢周終不能代唐瓜熟自落終不能常附杞上也

象

（對待）姤初綜即夬上陽盛而陰乘承故皆言凶姤上綜即夬初故夬言趾而姤言角姤三綜即夬四故皆曰臀旡膚其行次且尤爲對待之顯證焉

萃䷬ 兌上坤下

泰州　徐天璋睿川　演

（卦旨）卦自豫䷏盈爲二陽綜爲升䷭旁通爲遯䷠錯爲大畜䷙在天成象霜降露溥在地成形具區大鎮在世運民物繁蒸在人度量寬厚

（義理）澤下翕受坤衆含宏曰萃

萃亨王假有廟利見大人亨利貞用大牲吉利有攸往

（提要）萃亨王假有廟武王告廟載主東征也利見大人亨利貞諸侯皆畔殷歸周不期而會盟津者八百國也用大牲吉武王上祭于畢也利有攸往武王觀兵盟津順戡黎也

（訓詁）王假有廟利見大人天子格廟羣侯四朝也神明德備曰大人用大牲吉利有攸往王將有征伐之事必先用牛告於祖禰然後爲壇於國外合諸侯而發禁令也

（象數）互艮宮闕爲廟兌説歆享爲假五陽當尊爲大人坤牛爲大牲互巽爲繩縄繫牛在廟中爲用大牲

（義理）自豫盈爲二陽豫利建侯行師作樂崇德薦帝配祖故萃承之言王假有廟除戎器戒不虞也蓋古者建侯必立宗廟行師必用牲告祖萃爲諸侯之卦曰王假有廟利見大人者正應武王伐紂自西伯以爲天子得太公召公諸人爲輔佐也王主鬯之君牲祭廟之物無大人則廟宮不保無大牲則鬼神不饗不保不饗何以化行風動征伐四方曰利見大人用大牲吉皆因王假有廟而連及也

（攷證）上亨字釋文馬鄭虞陸無亨字程朱疑衍任讀作享項氏謂古本旡彖傳初不及此字

（品物）大牲碩牲也殺牛以爲太牢王制天子格廟羣工四朝諸侯薦碩牲以

相肆祀

彖曰萃聚也順以說剛中而應故聚也王假有廟致孝享也利見大人亨聚以正也用大牲吉利有攸往順天命也觀其所聚而天地萬物之情可見矣

(訓詁)孝享宗廟禘嘗之祭天命謂順天道而行不啻承令於天也

(象數)坤爲順兌爲說五陽爲剛中坤致役爲致孝享兌口爲命互巽亦爲命乾陽升五居尊爲天命坤爲地坤作成物爲萬物

(義理)聖王誠正修齊無非剛中而應德既剛中上可承天之眷下能得民之心及至四征不庭莫不信其非富天下也天人孚感又何往而不利哉

(音句)虞翻讀利見大人亨句心易溯源讀利見大人句按當讀利見大人句

(攷證)釋文利見大人亨郭京周易舉正作利見大人亨利貞聚以正荀爽作取以正坊本周易審義與集解作利貞用大牲吉按當從郭京本作利見大人亨利貞聚以正也用大牲吉利有攸往順天命也古聚字或作取或作取漢書五行志取不達茲取讀爲聚省文

象曰澤上于地萃君子以除戎器戒不虞

(提要)象曰假廟用大牲吉象曰除戎器戒不虞此皆司徒職也司徒祭奉牛牲田簡鼓鐸旗物兵器國有大故則致萬民于王門令無節者不行於天下象之義實貫承焉

(訓詁)除修治戒止齊也

(象數)兌爲澤坤爲地兌金爲戎器坤上防堵爲戒不虞

(義理)古者命將出師策勳飲至莫不祭於廟宮象言假廟象言除戎器者澤聚防潰民聚防變物博地大正宜敹乃甲冑鍛厲矛矢止齊於六步七步要非粉飾太平不求武備悉除戎器而修文德者也

(攷證)釋文除本作儲又作治荀作慮按當從今本作除

初六有孚不終乃亂乃萃若號一握爲笑勿恤往无咎

(訓詁)孚則萃不終則亂此有所亂彼必復有萃也號號令握握手若號一者言君之號令若能畫一則民相與握手逢皆破涕爲笑而勿憂也

(象數)兌說爲有孚坤陰數十爲終變震反生爲不終震驚爲亂坤衆爲萃兌口爲號中互艮手爲握震主笑言爲笑震動爲往

(變通)初變爲隨䷐旁通爲漸䷴隨動而說應爲號握笑往

(義理)禍亂之起皆由有孚不終不終則亂亂則烏合烏合求主則羣相呼號必得有定於一者始能握手爲笑而勿憂也泰誓曰撫我則后虐我則讎商民苦紂暴虐相率而歸西周握爲笑勿恤蓋形容父兄詔勉子弟之義焉往而不濟哉

(音句)虞氏義讀有孚句不終句乃亂乃萃句若號句一握爲笑句勿恤句武億經讀攷異義疏讀有孚不終句若號一握爲笑六字句後儒讀若號句顧齊經說讀若號一句言號令一也握爲笑勿恤句言人握手而笑者見其號令一而勿憂也按當從顧齊經說讀句

(攷證)釋文握傅作渥鄭讀夫三爲屋之屋或作禶說文作㪡按當從今本作握

(占應)初辰在未上值井宿史記云禍成在井故亂又值天狼亦應爲亂又值軍市應爲兵萃

六二引吉无咎孚乃利用禴

(提要)引吉利禴即竹書紀年帝辛六祀文王初禴于畢也

(訓詁)引牛紖吉卜吉氣感曰孚禴祭也

(象數)中互巽繩艮手繩從則直手援則行爲引吉變坎爲孚艮爲廟宮二承廟中體坤爲牛爲大牲艮手牽牛享祀爲利用禴

(變通)二變爲困䷮旁通爲旅䷷困二應曰利用享祀

(義理)引通作紖大司徒云六引鄭注引車索也說文紖牛索也禮少儀云牛則執紖此云引吉者以大牲假廟執紖牽行卜牛得其吉也孚乃利用禴古者征伐盟會莫不歃盤揷血引牛割耳共昭忠信而質神明禴祭名殷禴在春周禴在夏殷建丑周建子也實在夏令卯月

(攷證)釋文禴蜀才作躍劉獻作爚或作禴按當從今本作禴

(占應)二辰在酉上值天廩天囷天苑主粢盛牛羊應爲祭祀之供故利用禴

六三萃如嗟如无攸利往无咎小吝

(訓詁)嗟歎吝小吝陰嗇也

(象數)坤衆爲萃兌口爲嗟爻變互乾健行爲往三近多凶爲无攸利體陰變陽爲无咎當陰爲小吝

(變通)三變爲咸䷞旁通亦爲咸咸三應曰執隨往吝

(義理)三當亂萃之秋位居多凶變成咸感興嗟浩歎有甍甍靡騁之象正如陳涉耕於隴上歎曰燕雀安知鴻鵠之志哉因而起兵適致敗亡故曰无攸利萃則人從往則從人往无咎者正如秦漢之際王陵將欲起事其母戒其毋爲戎首也小吝者三陰動非其位不能與五正應故與上陰偕遁也

(占應)三辰在亥上值泣星應爲吁嗟之象

九四大吉无咎

(提要)紂命文王爲西伯賜之弓矢得專征伐之象

(訓詁)大吉徧獲其吉也

(象數)陽大陰小四爻體陽爲大吉

(變通)四變爲比䷇旁通爲同人䷌比四外比貞吉爻應故曰大吉

(義理)四當權勢之地坤衆歸心爻變成比率坤衆而致我后民愈愛戴躬益小心文王率畔事殷爲臣止敬之象也宋狄青爲樞密時輿情爭附勢甚可危獨能泯患於無形者正自不矜伐也所以大吉无咎

(占應)四辰在午上值文昌黃帝占曰文昌第五星爲司中主司過詰咎見開元占經又文昌本爲吉曜

九五萃有位无咎匪孚元永貞悔亡

(提要)此成王聽命周公並留公治東都之象

(訓詁)位王位萃有位者撫有其衆也匪孚未信之謂元永貞悔亡以善長人

常得其正始能救其失也

(象數)五陽當尊爲有位變震互坎心憂爲匪孚震主恐懼修省爲悔亡

(變通)五變爲豫䷏旁通爲姤䷫豫五貞疾不死爻應故爲元永貞悔亡

(義理)萃德在五坤土上生兌金民戴元后之象何咎之有既曰无咎又曰匪孚者兌說變震恐懼大象成豫建侯行師卦德在四而不在五惟有虛己聽賢讓四總握師干而攝朝政寓培養黎元之德於貞靜之中天下之民庶幾不致攜貳也書曰其惟王位在德元繫此辭於萃五者聖人實爲有位無德者儆也

(音句)武億經讀攷異此凡兩讀王輔嗣讀无咎匪孚四字句朱子本義讀无咎句屬上匪孚句屬下玩易四道讀元永貞句悔亡句心易溯源讀元永貞悔亡句按當讀萃有位句无咎匪孚句元永貞悔亡句言僅无咎不能孚衆必有元善貞固之德庶無悔其失也

（占應）五辰在申申爲兌金王地應爲有位

上六齎咨涕洟无咎

（訓詁）齎持也嗟歎曰咨涕淚也鼻液曰洟齎咨涕洟涕洟交流嗟歎而手揮也齎付也遺也猶曰付之咨歎也

（象數）中互艮手爲齎兌口爲咨兌澤爲涕洟

（變通）上變爲否☷☰旁通亦爲否否爲上下不交天下无邦爻應故有咨歎之象

（義理）上當廟宮之位萃爲假廟而有齎咨涕洟之象者祭義云樂以迎來哀以送往上當祖位至上祭終即出戶而聽慨然必有聞乎其歎息之聲也士虞禮主人酌獻尸尸拜受主人拜送哭復位尸受振祭嚌及亞獻三獻取俎實篚尸謖哭者皆從尸出門哭者止此皆牲祭涕洟之明徵也

（音句）諸家讀齎咨涕洟句虞翻讀齎咨句涕洟无咎句按象曰齎咨涕洟當讀四字爲句无咎句

（攷證）咨虞翻作資注齎持資賻也貨財喪稱賻李鼎祚集解同按當從今本作咨

（占應）上辰在巳巳神太乙應有橫禍飛災故主涕洟而咨

象曰乃亂乃萃其志亂也引吉无咎中未變也往无咎上巽也大吉无咎位不當也萃有位志未光也齎咨涕洟未安上也

（訓詁）亂失其守也中者志之所主巽順也

（義理）初爲草野之民待人拯援其溺故必待其握手而始笑焉二乃守道之士待主而興三不中正可與賢可與不肖與賢則无咎與不肖則吝四則大吉无咎者防患未然猶人語婁師德曰顧相公無權也五爲萃主不徒自爲補救必須仁惠元元守正勿失任賢而治也上則悔悟深切慮終防危合六爻以觀其變無非保萃於久長也

（音句）巽叶選去聲與亂變相韻當光上相韻按亂韻十四願變韻十七霰通韻也字典巽叶須絹切詳見家人象傳上叶辰羊切音常楚辭九懷臨淵兮汪洋顧林兮忽荒修予兮袿衣騎霓兮忽上叶音常

（攷證）志未光也釋文一本作未光也

副編

萃

（德位）貞在五中利貞剛柔應也

象

（集解）頤齋經說虞注除修也釋文引王肅姚陸注除猶修治據是觀之則武

王克商說劍衅甲示天下偃武修文者蓋戡定之後懼其多方不靖姑權宜以示弗用其實仍藏府庫也武王既沒周公東征戎器悉如取如攜鋒銛如故要非後世漫不經心一旦包藏任其朽敗是皆盧慕脫劍之風而誤解除戎器爲除去不思除正爲修治也

初

（集解）胡瑗曰號謂號咷也萃聚之世必上下相求和會然後必有所濟故始有號咷之怨終得與四萃聚而有懽笑矣○頤齋經說繫辭云天下之動貞夫一者也孟子對梁襄王曰定于一漢世之治蕭曹之法畫一若號一者正謂號令專一以靜馭動以簡馭紛大亂之世四海莫不歸心也號一是上之令握笑是下之情勿恤往无咎是互相詔勉之義宜讀若號一爲句前儒以一字連握爲笑讀句失其義焉

(默參)春生秋殺兌金司秋草木零落正陽終而陰德亂也萃爲草木叢蔚之象坤初變震草木反生秋容慘澹春氣怡和爻辭取象乎亂萃號握笑者正以變震司春易亂號而爲萃笑咸孚陽氣以援助也

三

(集解)吳澄曰三與二陰萃於下而上無應故嗟嘆不得志雖无應而比近九四之陽苟能往而上求九四則可无咎

(默參)坤變艮土屬脾靈素經曰脾在竅爲口上與兌口相應兌金屬肺在志爲憂憂出於口應爲嗟如

四

(集解)蘇軾曰非其位而有聚物之權非大吉則有咎

五

(集解)頤齋經說文王受命維新已猶以服事殷謹守臣節之象

上

(集解)頤齋經說此祖伊箕子涕泣諫王岌岌難安於位之象○宮泰來曰此即金縢云天大雷電以風拜人大恐王與大夫盡弁以啓金縢之書乃得周公所自以爲功代武王之說二公及王乃問諸史與百執事對曰信噫公命我勿敢言王執書以泣之象○鄭圜札記詩曰靡不有初鮮克有終强弩之末力不能穿魯縞萃至上爻變爲不交衆懷攜貳有岌岌難安之象正如周穆王能聞祈招之詩深自悔過是以獲終故曰无咎若項羽與歌垓下徒自隕涕而已

(默參)兌金屬肺在聲爲哭在志爲憂在竅爲鼻應爲咨嗟涕洟

升䷭ 巽下坤上　　泰州　徐天璋睿川　演

(卦旨)卦自泰䷊處爲四陰綜爲萃䷬旁通爲大壯䷡錯爲无妄䷘

在天成象風捲沙飛在地成形草迷郊野在世運黃老教興在人温恭長者

(義理)木萌地中日長日高曰升

升元亨用見大人勿恤南征吉

(提要)文王以諸侯升爲方伯故曰元亨用見大人南征吉者崇都在周之南周伐吉也

(訓詁)大人聖明德備之人用見大人大人顯其用於天下也勿恤猶言勿憂南征吉嚮明而往是以吉也

(象數)乾南坤北乾爲大人升德在初體乾變巽以陰遇陽爲用見大人爲南征吉

(義理)人相會萃其材各見引類而進故繫升於萃後焉天地之氣始北盛南大人之德由潛至顯巽爲草木長地得風吹煦其機暢達而不可遏猶人之德日進於高明也南征吉者正聖王指陰迷途出幽而遷喬也

(攷證)升歸藏作稱鄭作昇用見釋文本或作利見

彖曰柔以時升巽而順剛中而應是以大亨用見大人勿恤有慶也南征吉志行也

(訓詁)志行猶曰景行行之也

(象數)巽陰初伏爲柔升坤爲順九二爲剛中初陰附陽陰卒陽教爲志行

(義理)時方交泰而陰順之浸長譬之隆盛之朝小人兢兢業業不敢萌其非心蓋以有剛中大人靜鎮其間故小人咸卒其教否則未有不至於迷貿也

(音句)慶音羌行音杭

象曰地中生木升君子以順德積小以高大

（訓詁）順馴也積累聚也

（象數）坤爲地巽爲木坤德爲順坤陰爲小巽爲高二陽爲大

（義理）細流積成滄海拳石積爲泰山合抱之木始於萌芽積小高大譬之一粒桐子自地而生及其至也高可干霄大能蔽日人若積小德以成大德正猶孔子下學上達積累成爲大成也

（攷證）釋文順本又作愼姚本德作得以高大本或作以成高大古本足利本有成字

初六允升大吉

（訓詁）允升信從而進也

（象數）坤土爲信巽下順從爲允升體陰變陽上下同志爲大吉

（變通）初變爲泰䷊旁通亦爲泰泰初拔茅連茹征吉爻應故曰允升大吉

（義理）自信信人初潛在下隱居求志者也陰不能升必待陽率之進九二爲陰中大人初陰見二精進變而從陽頑廉懦立能隨之以爲步趨下學上達見篤好之無已也允升大吉有風行草偃之象

（攷證）允古文作[illegible]

（占應）初辰在未未神太常主信息交關應爲允升合志

九二孚乃利用禴无咎

（提要）竹書紀年帝辛六祀西伯初禴于畢鬼神孚格當爲文王受命之始也

（訓詁）孚利用禴神既歆格祭者宜受福也

（象數）巽茅馨香變艮宮廟中互坎鬼在廟爲利用禴坎水爲孚

（變通）二變爲謙䷎旁通爲夬䷪謙曰鬼神害盈而福謙爻應故利用禴

（義理）黍稷非馨明德惟馨苟有明信澗溪沼沚之毛可薦於鬼神二變成謙是正士之行能感格於神明者孚利用禴宜蒙無疆之休何咎之有

（攷證）禴蜀才作躍劉瓛作禴

（占應）二辰在寅上值神宮應利用禴

九三升虛邑

（提要）此即文王作豐邑也在帝辛十有九祀

（訓詁）虛大邱邑國邑也

（象數）坤爲邑巽爲高土高曰邱因爲虛邑中互震動爲升

（變通）三變爲師䷆旁通爲大有䷍師以容民畜眾爻應故曰升邑

（義理）詩曰既伐于崇作邑于豐豐爲崇之虛邑文王因而有之爻曰升虛邑者虛大也古者衆邑之制天子之城方十二里公方九里侯伯方七里子男方五里（一說天子之城方九里大國方七里次國方五里小國方三里）文王既爲西伯作城應較侯國爲大故有升邑之象正文王徙都豐也

（攷證）詩衛風升彼虛矣虛本通墟說文虛大邱也

（占應）三辰在辰上值天田田以四井爲邑應爲虛邑

六四王用亨于岐山吉无咎

（提要）詩曰天作高山太王荒之彼作矣文王康之彼岨矣岐有夷之行此即文王康于岐山受天命也

（訓詁）王周王亨享祀岐山太王所遷之岐山也

（象數）坤爲國邑變震長子主鬯爲用享帝出乎震爲王互兌爲岐坤地下當巽高爲山

（變通）四變爲恆䷟旁通亦爲恆恆曰久道化成故應王用亨吉

(義理)因名山升中配天以明王業之始王用亨于岐山正文王德望日隆諸侯朝周者衆因之助祭於鎮山也岐山脈來自岍其岐高峻中有兩岐在雍州之境其亨蓋在文王受命惟新時也

(音句)釋文亨許庚反馬鄭王肅讀音許兩反馬云祭也鄭云獻也

(攷證)亨釋文亦作享岐古文作[illegible]

(占應)四辰在丑上值牛斗牛主犧牲斗主粢盛應爲享祀

六五貞吉升階

(提要)竹書紀年商辛十有一祀以西伯昌爲三公十有三祀賜西伯弓矢鈇鉞使得專征伐貞吉升階正文王自侯升三公得爲西伯位加諸侯上也至武王則又升王位焉

(訓詁)階陛級貞吉升階位晉而益上也

(象數)五履尊位爲貞吉升階

(變通)五變爲井䷯旁通爲豐䷶豐曰王假之尚大也應爲升階之象

(義理)五居尊位莊敬日強由大而化由化而神積德不已如階有級層累而升也若以位崇言之天子之階九尺諸侯七尺大夫五尺士三尺二爲士位三四公卿之位五爲君后之位自二升五則階級必日加晉也顧言升階必先曰貞吉者見尊位不可妄干要皆環天所佑焉

(攷證)丁晏頤志叢書云藏宋石經榻本階作偕

(占應)五辰在卯上值氐宿氐爲天子路寢應有階陛之象

上六冥升利于不息之貞

(提要)此即文王純于天道於穆不已身後陟降在帝左右也

(訓詁)玄遠曰冥不息天行健也

(象數)坤陰爲冥上當天位天道玄遠爲冥升天行健爲利於不息之貞

(變通)上變爲蠱䷑旁通爲歸妹䷵蠱則飭也終則有始應爲日新又新不息其德

(義理)冥升者戒慎不睹恐懼不聞不以冥冥墮行也上當隱逸之位又當天位象變成蠱君子生當亂世憂纔畏嫉惟有隱居求志修天爵不要人爵耳德積至終絕無一息之停正如草木之升不見其長而自日新月異詩曰於穆不顯於乎不已文王之德之純冥升之象正謂與天同化闇然而日章也

(占應)上辰在巳上值北斗石氏曰北斗第一星主日日中則昃故云冥升斗指四時隨天旋轉應爲不息之貞巳宮上值明堂冥升者文王陟天升配明堂也

象曰允升大吉上合志也九二之孚有喜也升虛邑无所疑也

王用亨于岐山順事也貞吉升階大得志也冥升在上消不富也

(訓詁)疑礙也不富不自求祿也

(象數)巽下應四爲順事上體陰虛爲消不富

(義理)升不一義初則以信得道多助也二則以德帝臣不蔽簡在帝心也三以地言乘小即大也四以位言易侯而王也五則升至皇極故大得志於天下上則配帝明堂見文王本潛德服事殷商實非貪天下爲利合玩爻義悉是推周德之日昌也

(音句)喜叶音戲疑叶音義富叶音忌與志事相韻按喜疑詳見損卦象傳富詳見小畜象傳

副編

升

(集解)顯齋經説不曰利見大人而曰用見大人九二在下者也必待聖王求而用之其德始能顯著天下曰勿恤勉其勿憂曰南征指其嚮明也

象

(集解)乾鑿度曰孔子云昇者十二月之卦也陽氣升上陰氣欲承萬物始進譬猶文王之修積道德宏開基業始即昇平之路當此時也鄰國被化岐民和洽是以六四業澤而承吉九三可處王位焉

初

(集解)宮文煌曰允升者言草木應期生長也

二

(集解)干寶曰剛中而應故孚也又言乃利用禴於春時也非時而祭曰禴然則文王儉以恤民四時之祭皆以禴禮神享德與信不求備也故既濟九五曰東鄰殺牛不如西鄰之禴祭實受其福九五坎坎爲豕然則禴祭以豕而已不奢盈於禮故曰有喜矣

(德位)二五剛柔相應故利

(比例)萃二先言引吉无咎次言孚乃利用禴升二先言孚乃利用禴次言无咎蓋萃二爲陰升二爲陽剛柔不同故爻辭有異萃二陰柔爲物故郊牛必在滌三月猶人洗心滌慮無愧且明然後鬼神方享也升二陽剛心本磊落光明自有神靈歆其明德无咎者猶言神自福也故象傳以有喜解之

三

(集解)姚配中易案引董子立元神云民各其欲父不能使子君不能使臣雖有城郭名曰虛邑孟子云不信仁賢則國空虛此亦聞其无人者蓋喻紂不自悔則成虛邑有德者將來居之

(默參)坤腹內包營衛巽股變成坎臀水流四瀆上下宣通氣自中升猶地有田間溝洫之環邱邑也

四

(集解)崔憬曰爲順坤爲順之初在升當位四當柔位近比於五乘剛於三宜以近德不可脩守此象太王爲狄所逼徙居岐山之下一年成邑二年成都三年五倍其初通而王矣故曰王用享于岐山以其通避於狄難順於時事故吉无咎○惠棟周易述謂王是夏后氏岐山冀州之望享者二升五受命告祭也

上

(德位)貞德在五由五至上爲不息之貞

象

(對待)萃聚即升孚利用禴皆在二者凡祭鬼神必視在下之精誠也

困䷮ 坎下 兌上　　泰州　徐天璋睿川　演

(卦旨)卦自萃䷬乂盈爲三陽綜爲井䷯旁通爲旅䷷錯爲賁䷕在天成象雨雲風雪孱陰不開在地成形陂澤江河道途險阻在世運旱乾水溢黎民阻飢在人潦倒窮途煢煢廦騁

(義理)水藏澤下涸轍皆枯曰困

困亨貞大人吉旡咎有言不信

(提要)商紂十有一祀醢九侯鄂侯諫脯之西伯聞之竊歎紂囚之此大人所以困也因困而得命爲方伯此困所以亨也有言不信見紂黨不能聽善以致大人被困也

(訓詁)困亨貞歷險而亨其守正也大人吉大人居正以俟其命義自吉也信伸也有言不信處困之時言雖中道皆爲世所阻抑之也

(象數)卦德在二剛弇陰中爲困兌說爲亨二五剛中爲貞互離爲大人兌口爲言坎耳爲聽二五剛柔旡應爲有言不信

(義理)何以見困坎險伏內步步危機何以能亨剛居中正怡然自悅樂天知命非大人不能叶其吉焉大人處困而亨者以道自守以義自繩疾風勁草舉世不能搖奪獨言不爲人信者正如孔子之生春秋孟子之生戰國所如輒阻雖有至論名言人皆笑其非急務也

(音句)信音伸武億經讀攷異程傳以貞另讀爲義王輔嗣以貞連大人屬讀爲義據彖傳明言貞大人吉從王讀爲正按貞字本連亨字爲文當讀困亨貞句

彖曰困剛揜也險以說困而不失其所亨其惟君子乎貞大人吉以剛中也有言不信尙口乃窮也

(訓詁)揜逼迫而掩也

(象數)坎爲險兌爲說陽當二五爲剛中兌爲口

(義理)同居剛中而有在上在下之分九二上遇剛君其諫不行九五下遇剛臣其命多梗彼此相揜所以困焉顧雖困而猶亨者剛中自主上下守道不失也

(音句)困而不失其所郎顗讀爲句任氏從之頤齋經說亨貞二字本爲連文彖傳分釋其義當讀困而不失其所句亨句其惟君子乎句貞句如同人曰利君子貞之類

(攷證)釋文揜本又作掩虞作弇

象曰澤旡水困君子以致命遂志

(提要)致命遂志正文王被幽演易羑里也

(訓詁)致盡也命天命遂竟成也

(象數)兌爲澤坎爲水水藏澤下爲旡水兌口互巽爲命坎爲心憂剛中爲志

(義理)致命效坎之誠遂志法兌之說誰謂荼苦其甘如飴故君子雖處阨窮絕不怨天尤人書空咄咄也甚至殺身成仁亦所不恤浩然之氣豈禍福之說能亂中與

初六臀困于株木入于幽谷三歲不覿

(提要)商紂十有一祀囚西伯于羑里十有二祀周西伯演易于羑里十有三祀釋西伯故曰入于幽谷三歲不覿

(訓詁)木根見土曰株臀困于株木謂人坐受其困寘之于叢棘也幽谷深隱之處覿見也

(象數)坎爲臀爲叢棘爲株木爲溝瀆隱伏爲幽谷互巽爲入離目爲覿離日

數三爲三歲兌酉當酉日入昧谷爲不覿

(變通)初變爲兌䷹旁通爲艮䷳艮行庭不見其人應爲入幽不覿

(義理)臀困于株木有罪者坐叢棘而聽讞也幽谷即古圜土入于幽谷凡害人者寘之圜土三歲不覿其能改者反于國中不齒三年其不能改而出圜土者殺也蓋困爲君子致命遂志紂德淫昏虐及無辜若箕子之囚文王之幽無一非困株木入幽谷降而與賤民伍也

(攷證)三歲釋文本亦作數歲

(品物)株木不老而枯無枝葉者也凡木生向土內者爲根根見土上爲株木

(占應)初辰在未上值積薪應爲株木又值鬼宿鬼爲天目不能陽視應爲入幽不覿

九二困于酒食朱紱方來利用亨祀征凶无咎

(提要)此周公避東吐哺不遑之象朱紱方來言成王悔迎周公賜以袞衣繡裳上公之服利用享祀即書云王賜秬鬯二卣曰明禋公不敢宿則禋於文王武王也征凶實征三監

(訓詁)朱紱君公之服方來將來也亨祀祭祀征凶征伐凶暴也

(象數)坎明水爲酒變坤土爰稼穡爲食互巽絲帛體互離紫變加坤裳之上爲朱紱互艮宮廟隱體坎鬼中以艮手薦之爲享祀陽爻變陰爲征凶得坤安貞爲无咎

(變通)二變爲萃䷬旁通爲遯䷠萃曰利用禴爻應故利亨祀

(義理)乾鑿度曰困於酒食者困於祿也孟子曰惟士無田則亦不祭牲殺器皿衣服不備不敢以祭則不敢以宴祭統古之於禘也發爵賜服順陽義也二當士位正陷坎中移郊移棘之象動變成萃田祿章服忽承天賜且應王假有廟其爲榮施也大矣藉非因困勵志必不能仰荷天眷也征凶无咎言既受其朱紱當執殳爲王前驅以除殘暴也

(音句)亨許兩反作享

(攷證)紱鄭作韍亦作黻按與黻芾同義

(品物)天子赤黻諸侯朱黻陳氏捷解天子純朱諸侯黃朱士赤朱天子之紱邑朱而體直其繪龍火山諸侯在國則朱朝王則赤其體前後方其繪火山六夫其色赤其體前方後挫角其繪山此助祭冕服之紱也

(占應)二辰在寅上值神官應爲享祀

六三困于石據于蒺藜入於其宮不見其妻凶

(提要)陽困則亨陰困則凶陽爲祥瑞陰爲禍災入宮不見其即箕子爲之奴乎周禮其奴男子入于罪隸女子入于舂藁男女異入故有不見之凶

(訓詁)石嘉石依恃曰據疾藜茨也宮宮室不見其妻謂已不能保其室也

(象理)兌爲剛鹵在上爲石坎木叢棘爲蒺藜互離垣墉爲宮互巽爲入兌女爲妻離目爲見變失離目爲不見其妻三爲多凶

(變通)三變爲大過䷛旁通爲小過䷽大過二五皆言夫婦三日棟橈凶爻應故曰入于其宮不見其妻凶

(義理)此即獲罪而因桎梏坐諸嘉石也蒺藜之據即囚徒身貫三木所坐之旁環以蒺藜宮即圜土其入不能見其妻者凡罪隸則男入圜土女入舂藁家人必異室也

(攷證)據閩本或誤作攄

(品物)蒺藜茨也蔓生赤莖葉比馬齒莧尤細花黃而小如粒結子三角刺人詩鄘風牆有茨不可埽也蓋宮禁之地牆上必鑄鐵如蒺藜以加其上防外人

之蹤入也囹圄之牆亦用蒺藜者防罪人之蹤出也
(占應)三辰在亥上值營室墳墓漢書外戚傳營室天子之後宮也墳墓主死亡應爲入宮不見妻凶

九四來徐徐困于金車吝有終

(提要)此周公避居於東成王悔迎周公自東來歸之象金車賜同姓者來徐徐謂公徐徐而來吝有終始爲流言所傷終見王悔悟也
(訓詁)徐徐遲疑不進貌金車同姓貴戚之所乘者吝憂虞也
(象數)兌爲金變坎爲輿因爲金車互震行人爲來互艮尼止爲徐徐體陽變陰爲吝
(變通)四變爲坎䷜旁通爲離䷝坎四終无咎爻應故爲有終
(義理)禮金輅以賜同姓四位大臣車服以庸也顧食人之祿忠人之事乘人

之車載人之危或出或處不妨周詳審慮遲遲吾行四位公卿象變習坎身陷重險明焉雖陷重險其象實能有孚心亨行尙故其共占曰吝有終
(攷證)釋文徐徐子夏作荼荼翟同王肅作余余金車虞氏義李鼎祚集解作金轝亦作金輿
(品物)周官巾車金路鉤樊纓九就建大旂以賓同姓以封禮金輅天子賜同姓及諸侯當婚親迎皆乘之金車之飾金漆畫軒詳見周鼎欵識周牧敦銘
(占應)四辰在午上值軒轅應爲車駕又值星宿晉天文志星七星主衣裳文繡

九五劓刖困于赤紱乃徐有說利用祭祀

(訓詁)劓劓鼻刖刖足赤紱再命三命之服劓刖困于赤紱蓋私有罪必刑其左右者也說辭說乃徐有說利用祭祀正祭祈以禳禍也
(象數)兌金司秋爲刑在綴爲鼻變震爲足鼻足當刑爲劓刖互巽絲帛互離色紫爲赤紱兌口主言爲說坎鬼在中震子主鬯爲祭祀
(變通)五變爲解䷧旁通爲鼎䷱解象赦過宥罪爻應劓刖可以祈禳受福
(義理)左傳衛侯與元咺訟衛侯不勝殺士榮刖鍼莊子史記秦太子犯法衛鞅刑其傅公子虔黥其師公孫賈赤紱卿大夫服五當君位劓刖困于赤紱想見文王被幽之日其左右之臣必有身受劓刖之刑者也若非文王祗嚴天威夙夜基命宥密必不能祈天永命以濟困焉周禮大祝掌六祈以同鬼神示六曰說說者責之以辭如成湯禱於桑林以六事自責孔子曰某之禱久矣之類乃徐有說利用祭祀正文王緝熙敬止對越日明也羑里之釋錫爲方伯歸祭於岐周也

(音句)說失爇切
(攷證)釋文劓刖荀爽王肅本作鯢䠍鄭云當爲倪仉京房作劓劊祭祀本亦作享祀
(品物)禮玉藻再命赤韍幽衡三命赤韍葱衡紱亦作芾上古以皮爲之其字從韋後世以絲爲之其字從絲
(占應)五辰在申上值參宿下有三星兌曰罸爲斬艾事應爲劓刖

上六困于葛藟于臲卼曰動悔有悔征吉

(訓詁)葛藟喩兄弟也臲卼不安貌動悔有悔于臲卼日翻然變動悔其往有悔者決計爲征伐也
(象數)上與三應互巽草莽爲葛藟進退不果爲臲卼坎志游移爲悔體兌變乾健行與坎相違爲征吉

（變通）上變爲訟䷅旁通爲晉䷢訟有孚窒惕中吉爻應故曰動悔有悔
征吉
（義理）詩曰綿綿葛藟在河之滸終遠兄弟謂他人父左傳云葛藟猶能庇其
本根困于葛藟占應三叔以武庚畔管叔及其羣弟乃流言於國曰公將不利
於孺子也于臲卼曰動悔有悔臲卼即邦之杌隉危不安貌動悔有悔征吉書
大誥曰予得吉卜予惟以爾庶邦于伐殷逋播臣以及詩詠破斧狼跋是皆動
悔有悔征吉也
（音句）諸家讀困于葛藟句于臲卼句曰動悔有悔句征吉句虞氏義本義讀
曰動句有悔義連征吉爲句惠棟周易述以困于葛藟于臲卼連讀爲句按象
曰困于葛藟未當也動悔有悔吉行也當讀困于葛藟句于臲卼曰動悔有悔
句征吉句

（攷證）釋文藟又作虆臲卼說文作劓甈臲亦作槷辥作劓杌古文與鄭作倪
伔曰古文作日攷異云應作臲卼頤齋經說曰當從古文作日
（品物）葛藟陸璣草木疏藟一名巨苽似燕薁
（占應）上辰在己巳火螣蛇有纏繞之象應爲困于葛藟

象曰入于幽谷幽不明也困于酒食中有慶也據于蒺藜乘剛也入于其宮不見其妻不祥也來徐徐志在下也雖不當位有與也劓刖志未得也乃徐有說以中直也利用祭祀受福也困于葛藟未當也動悔有悔吉行也

（訓詁）善徵曰祥不祥惡徵也福休祥也
（象數）陽明陰暗初陰當下爲幽不明二體陽實爲有慶三陰位當多凶爲不
祥四與初應爲志下五動變震陽氣暢生爲中直震以恐懼致福爲受福上變
乾健爲行
（義理）易無虛象三百八十四爻半指殷周之事明夷言箕文蒙難至困因厝
說箕文之困耳初言幽谷〇五言赤紱占指文王三指箕子二四上悉指周公
證以書史經傳無一不吻合焉
（音句）明音芒慶音羌與剛祥相韻下叶音戶與與字相韻福叶音偪與德直
相韻行音杭按詩大雅自求多福儀禮士冠福俱與德字相韻叶筆力切田疇
曰諸家皆以吉行也三字爲句蓋動悔有悔吉是句行也是句動悔有悔之所
以吉者以能行而得之也行也二字乃是解征吉之義鄭圜札記仍當讀吉行
也三字爲句蓋動悔有悔以行爲吉不曰行吉曰吉行也爲叶當字爲韻故倒
裝之也

副編

困

（集解）鄭元曰坎爲月互體離離爲日兌爲暗昧日所入也今上弇日月之明
猶君子處亂代爲小人所不容故謂之困也君子雖困居險能說是以通而无
咎也〇黃寅階曰管叔流言于國曰公將不利于孺子所以困公者至矣讀狼
跋之詩而知公之亨讀金縢之書而知公之貞自非大人豈能吉而无咎然則
有言不信固慮公之自疑亦以戒成王也〇頤齋經說困亨貞大人吉想見困
非潦倒窮途飢餓不能出門戶也立乎人朝而道不行四郊多壘卿大夫辱此
貞大人之困也亨則動心忍性增益不能貞則矢志靡他毅然卓立有言不信
始則人不信己之言繼則君亦不信纔人之言也
（德位）亨在二中貞在五中

彖

(集解)周易折中云困亨者非謂處困而能亨也蓋困窮者所以動人之心忍人之性因屈以致伸有必通之理也然惟守正之大人則能進德於困而得其所以可通者爾豈小人之所能乎困者君子道屈之時也屈則不伸矣有言不信信字疑當作伸字解蓋有言而動見沮抑乃是困阨之極不待人疑之而不信也○任啓運曰不曰柔揜剛而以剛自揜爲文不使小人得加乎君子也○頤齋經說直道而事人焉往而不三黜剛中之言不能見諒於人千古一轍

(比例)周易折中云夬卦聞言不信己不信人之言也而夫子以聽不明解之以信字對聽字則信字當爲疑信之信此卦有言不信人不行己之言也而夫子以尙口乃窮解之以信字對窮字則信字當爲屈伸之伸

象

(集解)何楷曰致猶委也人不信其命則死生禍福營爲百端居貞之志何以

自遂今一委之命則不以命貳志者夫且能以志立命

二

(集解)乾鑿度孔子曰紱者所以別尊卑彰有德也故朱赤者盛色也是以聖人法以爲紱欲百世不易也故困九五文王爲紂三公故言困于赤紱也至于九二周將王故言朱紱方來不易之法也（朱赤雖同而有淺深之差）

(德位)利在二中

三

(篡說)左傳（襄二十年）崔武子欲娶棠姜筮之遇困之大過䷛史皆曰吉示陳文子文子曰夫從風風隕妻不可娶也且其繇曰困于石據于蒺藜入于其宮不見其妻凶困于石往不濟也據于蒺藜所恃傷也入于其宮不見其妻凶无所歸也其後果見禍亂易占其神乎

(集解)頤齋經說紂登鹿臺衣珠玉自燔而死武王因斬妲己入于其宮不見其妻凶也紂信雷開阿佞進諛非所據而據也六三之困其爲殷獨夫占乎

五

(集解)頤齋經說劓刖者商紂斮朝涉之脛剖賢人之心臣民困于暴虐也乃徐有說文王視民如傷爲民請命于天耳○按五與二應二當坎中赤紱士服曰劓刖困于赤紱言紂屏棄典刑囚奴正士也乃徐有說利用祭祀者爻變成解赦過宥罪正謂文王獻洛西之地千里於商請解炮烙之刑天下皆說也利用祭祀紂賜弓矢斧鉞得專征伐文王遂受命于天耳

上

(集解)俞樾艮宦易說愚著古書疑義舉例有上下同字異讀之例疑此文下悔字是本字上悔字是每之假字曰動悔有悔言其動必有悔也曰與每並語

詞每有悔與詩每有良朋同義○頤齋經說有又也動悔初念之意又悔轉念之意初則勿動繼則悔其勿動所以征吉予玩上當隱位周公避東之象動悔有悔實成王感於雷風之變悔迎周公東征伐武庚及三監也

象

(集解)黃道周曰今以六爻觀之陰困爲株木爲葛藟甚且爲石爲蒺藜皆危其身之物陽困爲酒食爲金車爲赤紱爲朱紱皆榮其身之物是何也小人之窮通全視一身之安危身危卽爲小人之困大人之窮通不繫一身之榮辱道窮始爲大人之困吁以小人而處大人之困則酒食適以惰其志金車適以驕其心朱紱赤紱適以溺其情困而必至於窮矣以大人而處小人之困則幽谷不能爲之藏蒺藜不能爲之刺葛藟不能爲之繞困而不失其所亨矣○宮玉堂曰文王演易羑里困卦六爻其在羑里所演明焉初云三歲西伯被囚三祀

也二云困于酒食月令仲夏之月挺（寬也）重囚益其食當其被幽之時其酒食必難如志也曰朱紱方來利用享祀征凶无咎二當坎中坎爲赤變坤爲裳因爲朱紱其卦之萃萃主王假有廟應受天命爲西伯之象當坎爲凶變坤安貞爲无咎三正有罪被幽不能與妻帑聚處也四近於五占在商紂之親五則獻岐西之地爲天下請除炮烙上當隱逸之位言多士遯行荒野也

井（巽下坎上）　　泰州　徐天璋睿川　演

（卦旨）卦自升☳☷轉盈三陽綜爲困☱☵旁通爲豐☳☲錯爲噬嗑☲☳在天成象雨潤風和在地成形木堅草茂在世運農桑敦俗在人廉潔清高

（義理）坎水上施巽木下長條鬯疏通涵濡善養曰井

井改邑不改井无喪无得往來井井汔至亦未繘井羸其瓶凶

（提要）井邑即井田也改邑不改井夏后五十而貢殷人七十而助周人百畝而徹其法雖更其溝洫經界仍然如故也（井田之制一縱一橫分畫經界徑一圍四中開方一焉一畝四方十畝長方）（百畝四方千畝長方百畝有遂千畝有溝邑四千畝爲四方萬畝一澮十萬畝一澮百萬畝一川川皆深流夏后殷周授田雖殊經界不變也）

（訓詁）井井田邑都邑喪失國得得國往來井井謂井邑之經界通行人往來者也汔涸也繘汲井之綆瓶汲水之器羸瓶凶者涸至而未施綆於井故瓶空無水人不得其養也

（象數）坎爲溝洫因爲井邑坎爲井泉巽繩爲繘中互離缶爲瓶

（義理）井邑始於黃帝改邑不改井无喪无得者畇畇禹甸變爲殷土芒芒殷土芒芒改爲周原膴膴彼若无喪此必无得也顧有井邑之井即有井泉之井往來井井自井邑言之則爲經界自井泉言之則爲轆轤井有水以養人无水則爲涸至汔涸也亦未繘井喻民未沾其澤羸其瓶凶反而罹其禍也汔至以下蓋指殷先王之澤既竭百姓故遭商紂之虐也

（音句）諸家讀汔至亦未繘井句虞翻讀汔至亦未繘句以井字屬下羸其瓶凶讀焦循易章句汔至句亦未繘井句按當從彖傳讀汔至亦未繘井句羸其瓶句

（攷證）羸蜀才作累鄭作羸讀曰虆

（品物）郭璞方言注繘汲水索也儀禮士喪禮管人汲不說繘屈之注繘長必

屆而持之

彖曰巽乎水而上水井井養而不窮也改邑不改井乃以剛中也汔至亦未繘井未有功也羸其瓶是以凶也

(訓詁)井養不窮井田之利溥也以剛中者取象不變也

(象數)陽居二五爲剛中

(義理)因民之所利而利之養天下於無窮若以一人之利欲養天下勢必徒勞無功濬其源者其利溥巽乎水而上水也竭其源者其竭深汔至亦未繘井羸其瓶凶也汔至未繘喩上恩澤旣竭不自布德行惠以養斯民羸其瓶凶喩自毁其政柄以致民散而國亡焉

(攷證)郭本改井下有无喪无得往來井井八字楊本汔至上有无喪无得往來井井井養而不窮也二句而无首句虞本汔至上有无喪无得往來井井八字餘則諸家均同今本按以文義求之當從郭本虞本爲允

(品物)揚子方言缶謂之瓿甌其小者謂之瓶士喪禮新盆槃瓶注瓶以汲水也蓋古時多用陶器非若後世用木桶也

象曰木上有水井君子以勞民勸相

(提要)周家以穡事開基書垂無逸詩詠豳風勞民勸相即敎俗勸農春省耕而補不足秋省斂而助不給文王發政施仁也

(訓詁)勞慰也勸相勉其相輔助也

(象數)巽爲木坎爲水爲勞巽申命爲勸相

(義理)勞民勸相即月令立春之典還反賞公卿大夫於朝命相布德和令行慶施惠下及兆民也蓋井爲井田其卦用事在春故王者春行藉禮因勞來而勸勉焉

(音句)勞相並去聲

初六井泥不食舊井无禽

(訓詁)井井田泥塗泥不食汚下之地不毛者也禽川禽舊井无禽溝洫荒涸萃水未生故於鱗介无獲也

(象數)初陰在下爲泥中互兌口爲食巽爲魚爲川禽變乾荒野不毛爲舊井乾爲老陽不生爲无禽

(變通)初變爲需䷄旁通爲明夷䷣需以飮食宴樂應曰不食无禽者爻體陰虛不如陽得飮食也

(義理)源竭无水浩敝无民苦寒之地不生五穀陰濕之處水必穢汚故聖王經理原隰必先相度陰陽也不食无禽蓋地未疏鑿溝瀆淤滯川禽不能生育也初陰淪下四應非陽孤陽無耦有終生不育之象正如井泥之不毛焉不

食即不毛之土也

(占應)初辰在未上値井宿四瀆應生川禽爻言无禽巽魚變而不見也

九二井谷射鮒甕敝漏

(訓詁)水注谿口曰谷井谷田間之溝道谿者也鮒魚之小者射射魚甕雍也

(象數)巽爲魚爲鮒變艮互坎山上有泉溝瀆下通爲谷互離大腹中虛爲甕陽塞爲甕互兌毁折爲敝變互坎水流通爲漏坎陽中直爲矢爲射

(變通)二變爲蹇䷦旁通爲革䷰蹇險在前爻應故爲敝漏

(義理)聖王之政數罟不入洿池魚不滿尺市不得粥射鮒甕漏竭澤而求雖小魚亦盡取之譬之悉索敝賦涓滴不遺民生益蹙蹙靡騁也春秋隱公矢魚於棠矢射也易林荷弓射魚淮南時則篇天子親往射魚古者不儘以網罟也

(攷證)釋文射荀作耶甕說文作甕鄭作瓦古或作雍焦循訓作甕按甕道作

雍釋與甕同義

(品物)鮒子夏傳謂蝦蟆莊子外物篇車轍有鮒魚焉人知鮒與蝦蟆二物不知實一物焉鮒生溝洫春夏之交逐隊游泳其形團身尖尾其色黑其長不及半寸江淮之間呼爲蝦蟆烏一呼黑撲烏即鮒音之近鮒即蝦蟆初生之子一名活東一名蝌蚪也莊子所謂車轍之鮒指此儀禮士昏禮魚用鮒劉邵七華云洞庭之鮒出於江岷紅腴青顱朱尾碧鱗鮒爲魚之美者又一類也朱子語類程沙隨以鮒爲蝸牛非也

(占應)二辰在寅上值天江尾宿魚星附焉應爲鮒

九三井渫不食爲我心惻可用汲王明並受其福

(訓詁)井井泉渫清潔惻愴也汲汲取用汲謂汲取而薦陳也王王公明明神並普也福休祥並受其福謂普受其休祥也

(象數)變坎水清爲渫坎憂爲惻中互艮手爲汲三與上應上當天位祖位爲王明坎承乾陽爲受福

(變通)三變爲坎䷜旁通爲離䷝晉坎有孚維心亨爻應故曰心惻離上王用出征其應故曰王明受福

(義理)三不中正人每賤其行而棄之不知雖有惡人齋戒沐浴則可以祀上帝猶之潢汙行潦之水可薦王公爻變重坎其水清潔迥異曩時汚濁匪僅能利民用並能汲薦王明渫者浚治去其泥濁豈可因其舊日之汚遂不食而棄之與心惻即祭義云悽愴怵惕僾然肅然愾然也推原爻義上爲宗廟三與上應故以明水汲供宗廟盡其孝養記云說齊貴新也士虞禮水尊明齊普淖普薦均爲用汲王明普受其福之明徵焉

(晉句)諸家讀王明句並受其福句焦循易章句王明句並受其福句按象傳求王明受福也宜讀王明句並受其福句

(攷證)渫集解作深王引之經義述聞並古通作普證以士虞禮當作普字

(占應)三辰在辰上值謁者應爲薦賢王庭

六四井甃无咎

(提要)喻殷棄井邑而周改助爲徹也

(訓詁)甃補砌也

(象數)坎水變成兌澤四虛塡實補其罅漏爲井甃

(變通)四變爲大過䷛旁通爲小過䷽大過之四體陽爲棟隆爻應故爲井甃

(義理)井邑之壞由於暴君汚吏汚漫其經界甃井則疆理其經界也若以井泉言之地中有水掘皆見泉非有陶瓦四圍堆砌則土沙淆雜水必難清四爲

大臣外爲國家捍禦內能格君非心彌縫匡救無隙可攻詩曰袞職有闕仲山甫補之井甃无咎其斯之謂乎

(品物)以塼壘井修井之壞謂之甃馬云爲瓦裹下達上也

(占應)四辰在丑上值少弼有匡補之義應爲甃井補砌

九五井洌寒泉食

(訓詁)水清曰洌寒泉夏井泉寒也

(象數)陽暖陰寒坎陽變陰爲寒泉乾爲寒冰坎中乾陽亦爲寒泉坎清爲洌

(變通)五變爲升䷭旁通爲大壯䷡升爲四陰用事之卦爻應故爲寒泉下承互兌之口爲食

(義理)夏日炎炎民苦暴烈惟井泉清寒食之令人氣爽喻人君發號施令救其倒懸沛仁澤於酷熱之中正如井泉養人民自能用勸焉詩曰洌彼下泉浸

彼苞稂寒泉不能生物孟子曰冬日則飲湯夏日則飲水寒泉恰能養人喩義各不同焉

(攷證)冽或作洌古今本各從之

(占應)五辰在申上値玉井水府應爲井泉

上六井收勿幕有孚元吉

(訓詁)收收繘井收汲養之功成也幕覆蓋孚氣感也

(象數)至上井功已終爲收陰坼變爲陽連遮上爲幕巽綠絡上亦爲幕坎水爲孚

(變通)上變爲巽䷸旁通爲震䷲巽以申命行事交應故曰有孚元吉

(義理)井養不窮民能用勸誠恐功成而即自封所養者有限也井收勿幕利溥大公垂時久遠民皆樂其樂而利其利井養所以不窮也是以元吉上當荒

服井在遠郊井收勿幕大同之化也

(音句)武億經讀攷異虞翻讀井收勿幕句有孚元吉句王輔嗣讀勿幕有孚句按當讀井收句勿幕句有孚句元吉句

(攷證)釋文收荀作甃干本勿幕作冈幕亦作罔幕按當從今本

(品物)幕井蓋也

(占應)上辰在巳上値長垣內屏有蔽掩之象應爲井幕

象曰井泥不食下也舊井无禽時舍也井谷射鮒无與也井渫不食行惻也求王明受福也井甃无咎修井也寒泉之食中正也元吉在上大成也

(訓詁)舍止也修葺也

(象數)初下勿用爲時舍二五剛柔不應爲无與四變中互乾惕爲修五爲中正上終爲成

(義理)井以勞民勸相初下柒汚如廢井不可用也九二苛斂如井鮒之困涸也三爲自新之民滌汚而待拔濯者也四則進思盡忠退思補過救時之良相也五以清靜爲化天下之賢君也上則功垂於時萬世永賴仁人之仁其利溥也此井所以養天下也

(音句)下叶音戶舍叶音處與與字相韻福叶音逼與惻字相韻井叶音刑正音征與成字相韻按舍字韻補叶音戍春遇切又叶始賀切但舍猶處也以處音叶下音戶正與與字同韻福字詳困象傳古文井與刑通左傳井伯通爲邢伯刑韻九青古與庚韻通

(攷證)古本行惻上有其字脩毛本誤作修按象傳多以三字爲句其字衍也

副編

井

(集解)干寶曰水殷德也木周德也當殷之末井道之窮故曰汔至周德雖興未及革正故曰亦未繘井井泥爲穢百姓無聊比者之間交受塗炭故曰羸其瓶凶矣〇孫炎曰汔近也〇虞翻曰羸鉤羅也

彖

(集解)朱子語類草木之生津潤上行直至樹杪便是巽乎水而上水如菖蒲葉尾皆有水如珠顆雖藏之密室亦然非露水也巽上乎水便如水在井底却能汲之上來故取象如此

(默參)鄭園札記道家修養儒者鄙棄然有與易象通者嘗閱道書以意導氣先自海底陰蹻穴逆吸透尾閭經脊踰枕(枕玉)達顚(首頂即入)入於天谷(海腦)自腦中下降由鼻至上唇乃與任(脈任)合會於華池(池舌)也呼則起自華池順經重樓(管喉人)降

於絳宮(即胸膺)達於黃中入腹注於臍後深處曰氣海從此復達陰蹻穴中(穴在糞門)
(前後錄)據此則巽水上水井養通於修煉功也汔至亦未繘井羸其瓶凶爲山九
仞功虧一簣其爐火之走丹乎

初

(集解)牛農易說五祀之祭井以魚魚爲川禽故稱禽易林井之繇曰光河空
虛舊井无禽廢井無人祀之故无禽也○頤齋經說此喩殷紂穢德彰聞黎老
播棄民皆散之他國以致田野荒蕪也

三

(集解)朱芹十三經札記云鄭元周易爻辰圖九三於位爲辰於時爲三月於
律爲姑洗洗之爲言潔也東坡志林黃州俗清明淘井東坡夢參寥誦詩記兩
句曰寒食清明都過了石泉槐火一時新夢中曰火固新矣泉何故新答曰俗

以清明淘井與鄭氏爻辰有相合者焉○頤齋經說書曰舊染汙俗咸與維新
維新之日其遺賢有沉淪於野未登進者故託井渫不食以喩之也三不中正
變而清潔若能汲用正如管仲脫堂阜之囚而爲齊相百里爲五羊之鬻遂列
秦卿國家賴以治理上下並受其福也干寶以爲殷之賢者獨守成湯法度而
不見任謂微箕之倫也亦通

五

(集解)易祓曰三與五皆泉之潔者三居甃下未汲之泉也故曰不食五出乎
甃已汲之泉也故言食○頤齋經說周官稻人以列舍水以澮瀉水注疏列主
居水以養苗者與詩云冽彼下泉浸彼苞稂旨合是冽正通列也
(默參)井愈深則泉愈潔其氣逼人亦愈凜冽譬人氣度深沉操行清潔世人
見之莫不竦然起敬五體坎清變當坤中水沉地心深泉清冽故取象焉

上

(集解)干寶曰處井上位在瓶之水也故曰井收幕覆也井以養生政以養德
无覆水泉而不惠民无蒕典禮而不興教故曰井收罔幕罔幕則教信於民民
服教則大化成也
(默參)凡井必上接天陽其水方能清潔而甘幕則隔絕天陽猶之亡王之社
屋之不能成生物之功也勿幕則日汲日新猶人日吸空氣爲養井泉亦猶是
也

象

(集解)邱富國曰先儒以三剛爲泉三柔爲井剛實柔虛之象也九二言井谷
射鮒九三言井渫不食九五言井冽寒泉曰射曰渫曰冽非泉之象乎初六言
井泥不食六四言井甃无咎上六言井收勿幕非井之象乎以卦序而言則二

之射始達之泉也三之渫已潔之泉也五之冽則可食之泉也初之泥久汚之
井也四之甃已修之井也上之收則已汲之井也又以二爻爲一例初二皆在
井下不見於用故初爲泥而二爲谷三四皆在井中將見於用故三爲渫而四
爲甃五上皆在井上而已見於用矣故五言食而上言收也
(對待)井綜爲困大夫得志則功加於時井所以勞民勸相不得志則獨行其
道困所以致命遂志

革䷰ 離下兌上　　泰州　徐天璋睿川　演

（卦旨）卦自夬䷪中剛悔爲柔綜爲鼎䷱旁通爲蹇䷦錯爲蒙䷃在天成象雨霽日晴在地成形温泉暘谷在世運殺伐征誅在人清明果決

（義理）古者賞以春夏刑以秋冬內離外兌自夏徂秋天道更易曰革

革巳日乃孚元亨利貞悔亡

（提要）井卦干寶以爲殷衰周王之際次井以革正明湯武應運而興也史載已卯周武王十有三年冬癸巳周王發會諸侯伐商正指此象

（訓詁）巳日戊巳紀日之干也

（象數）巳屬陰土納甲藏離離爲巳日兌秋伏於夏至三庚卦本夬悔成革氣應若合符節爲巳日乃孚乾上剛悔革二變柔爲悔亡

（義理）漢律曆志周師初發以殷十一月戊子後三日得周正月建子辛卯朔

至戊午渡孟津明日巳未冬至可謂巳日乃革之明徵焉周天三百六十五度四分之一周年三百六旬有六日以應天度積六甲子得三百六旬其奇之六日從甲子數至戊辰正合三百六十五度至巳巳適從奇餘接下年至日之元故曰巳日乃孚元亨利貞革本夬悔夬應夏至用事剛中變柔陽不至亢故曰悔亡

彖曰水火相息二女同居其志不相得曰革巳日乃孚革而信之文明以說大亨以正革而當其悔乃亡天地革而四時成湯武革命順乎天而應乎人革之時大矣哉

（提要）湯武革命溯源於二女同居其志不相得蓋妹喜傾夏妲已喪殷以嬖妾而易正后女戎之兆適助湯武之成此中微旨其垂戒後王深焉

（訓詁）息消息相得則息不相得則消湯武殷周之君始有天下者也

（象數）兌澤爲水離爲火澤上火下爲水火相息兌少女離中女爲二女同居金火相仇爲其志不相得日月中藏戊己盈虛不爽爲革而信之離爲文明兌爲說自夬悔中爲悔亡數往者順知來者逆革悔自夬陽極陰生爲四時成互巽命令離日君象離火應克兌金爲湯武革命互乾爲天巽爲順二五剛柔相應爲順天應人

（義理）革爲除舊布新必有首出之君應受天命也水火相息此滅則彼興此成則彼敗論其元德方長湯武所以興論其陽極必衰夏殷所以亡周尚離赤殷尚兌白革命之象正周盛而殷衰也彖辭言武兼言湯者我武惟揚于湯有光以仁伐暴其義一也

（攷證）彖經利貞下宋書高堂隆多有孚改命吉五字釋文息說文作熄革而信之一本無之字

象曰澤中有火君子以治歷明時

（提要）象取治曆明時王者之興首易正朔夏以建寅爲正平旦爲朔殷以建丑爲正雞鳴爲朔周人改以建子之月爲正夜半爲朔也

（訓詁）曆曆象治曆明時推日以正宿躔也

（象數）兌爲澤爲史因爲曆離爲火爲日因爲時兌數二以爻辰十二乘之爲數二十有四以應其氣離數三乘之爲數三十有六以應其宮合之爲數六十以應甲子一週倍乘積六甲子爲數三百六十再以十二乘之爲數四千三百二十正合元會運世之數再以徑一圍三乘之爲數一十二萬九千六百再以爻乘之數乘之爲數一百五十五萬五千二百再以徑一圍三乘之爲數四千六百六十五萬六千再以爻乘之數乘之爲數五萬五千九百八十七萬二千合於歲月日星之紀以此積算革象所以治歷明時也

（義理）上古治曆有用冬至爲曆元者有用夏至爲曆元者革以治曆明時實用夏至夬用事值夏至中悔一陰爲革其證一也內離外兑金伏火中其證二也澤中有火雨不藏日仲夏之月居多其證三也夏至日在東井景尺五寸以革次井其證四也易逆數也曆用逆數六十四卦皆從一卦來往惟革自夬而悔自既濟而息一爲順往一爲逆來用推曆法其數無不合焉

初九鞏用黃牛之革

（訓詁）鞏固也革乾皮黃牛服順於人者鞏用黃牛之革喻民維繫堅固謹安在下而服事也

（象數）離爲黃牛變艮爲皮因爲革

（變通）初變爲咸䷞旁通亦爲咸咸初取象於人曰拇爻應取象於物曰革

（義理）革皮治去毛者也周代之制邱出三甲甲以牛革爲之聖王征伐兕甲

睿川易義合編 下經 一百四十九

尚堅革命之秋不能不用牛革以爲身衛顧用牛革爲衛不若用民心爲衛初下爲民變咸鞏如膠漆此湯武所以得民心也故取牛革以爲譬焉

（占應）初辰在子上值牛宿之度日月五星之所終始謂之星紀正合冬至夜半甲子朔爲曆元也

六二已日乃革之征吉

（提要）此即已卯冬一月癸巳周王師師伐商也泰誓云戊午王次于河朔羣侯以師畢會王乃徇師而誓時厥明（厥明戊午之明日也）王乃大巡六師明誓衆士巳日當爲己未也

（訓詁）革革命也

（象數）離當午宮中藏丁己爲己日變乾應天健行爲征吉

（變通）二變爲夬䷪旁通爲謙䷎夬二曰夜爻應故曰謙五曰利用侵伐爻應故曰征吉

（義理）曆治本於日月乾坤之象正當離中天形如卵地如卵黃己土藏離猶黃藏卵望夕納己二爲離陰日中則昃天道所以成革曆時差餘之法用是準焉征吉者有決陰成陽之象也

（占應）二辰在酉酉爲日入之宮正應望夕納己也

九三征凶貞厲革言三就有孚

（提要）虞書五刑有服五服三就周書五辭簡孚正于五刑曰征凶貞厲言行凶者必見誅戮也曰革言三就有孚古者大刑用甲兵小刑用斧鉞分罪輕重而寘法也

（訓詁）就即也革言三就初誓御事再誓羣后終誓衆士也征凶貞厲兵凶戰危不得已而用之也

睿川易義合編 下經 一百五十

（象數）三近多凶爲征凶因凶自危爲貞厲離爲言其數爲三變震互巽雷風相薄爲有孚

（變通）三變爲隨䷐旁通爲漸䷴隨三曰居貞爻應故曰貞厲

（義理）既云征凶貞厲又曰革言三就有孚此即武王伐紂犯三妖也說苑武王伐紂至於有戎之遂大風折旆散宜生諫曰此其妖歟曰非也天落兵也風霽而乘以大雨散宜生又諫曰此其妖歟曰非也天洒兵也卜而龜熸散宜又諫曰此其妖與曰不利以禱祀利以擊衆故武王順天地犯三妖而擒紂於牧野其所見者精也

（占應）三辰在辰上值上將次將玄戈天槍應爲革命征誅

九四悔亡有孚改命吉

（提要）改命卽革命之後殊器械易服飾改徵號也

(訓詁)改更也

(象數)兌口爲命互巽亦爲命變坎爲有孚兌巽不見爲改命

(變通)四變爲既濟䷾旁通亦爲既濟既濟初吉終亂爻應故爲悔亡改命

(義理)武王克商封比干之墓表商容之閭發鉅橋之粟散鹿臺之財歸頃宮之女殷人咸喜曰王之於仁人也死者封其墓况於生者乎王之於賢人也亡者表其閭况於在者乎王之於財者聚者散之况於復藉乎王之於色也在者歸其父母况於復徵乎此皆有孚改命之徵也後世有行之者漢高入關首除秦苛法焉

(占應)四辰在午上値軒轅帝星四當臣位而有帝命之符應爲革命軒轅應主征伐

九五大人虎變未占有孚

(提要)此即牧誓云尙桓桓如虎如貔如熊如羆于商郊弗迓克奔也未占有孚殆即觀兵日乎

(訓詁)大人神明德備者虎山獸之長未占有孚待時也

(象數)兌爲虎居當五尊爲大人

(變通)五變爲豐䷶旁通爲井䷯豐五來章有慶譽吉爻應故爲虎變文炳

(義理)革之虎變猶乾之龍飛龍以德言虎以威言兌虎司秋令主殺伐居尊變震虎化爲龍易殺伐而爲長養猶諸侯變爲天子也虎嘯風生四方響應湯武革命若卜筮罔不是孚脫劍之後禮樂文章雍容時變而正朔之改其吉豈待占耶

(品物)虎爲百獸之長其形似豹而大述異記虎千年則牙蛻而角生是虎變龍之兆也互巽爲魚海中虎鯊亦能變虎

(占應)五辰在申上値參宿參爲白虎正當西方實沈應爲白虎

上六君子豹變小人革面征凶居貞吉

(提要)大人虎變既指湯武君子豹變恰指夷齊蓋上當隱逸之位豹性廉而好隱者也小人明指多方不靖面距而心違者革面則又嚮周之化滌去舊染之汚也

(訓詁)似虎而小曰豹革面而嚮其化而改行也

(象數)兌虎變乾文圓爲豹豹性廉隱爲君子陰迷於上爲小人上當龍戰爲征凶體陰變陽爲吉變乾爲首因爲革面

(變通)上變爲同人䷌旁通爲比䷇同人之上于郊正應豹隱山野

(義理)爻當革終上居无位勝國之臣恥賛維新君子豹變引類而隱也小人

則遠居遐荒聞風欣悅莫不簞食壺漿以迎王師歸心於西周焉革面者舊染汚俗咸與維新征凶則驅除飛廉惡來居貞吉賞封微子比干也

(品物)陸璣詩疏毛赤而文黑謂之赤豹毛白而文黑謂之白豹獸經云豹廉有所程度而食

(占應)上辰在巳上値少微占主隱逸應爲豹隱

象曰鞏用黃牛不可以有爲也已日革之行有嘉也革言三就又何之也改命之吉信志也大人虎變其文炳也君子豹變其文蔚也小人革面順以從君也

(訓詁)美善曰嘉之往也炳文疎而著蔚文理而密也

(象數)離心中含文明在志爲喜因爲嘉爲炳爲蔚

(義理)初取牛象者牛能服於人以喻民也初動无應故曰不可有爲二則體

中行正故曰征吉三不中正故曰征凶四位大臣易侯而王故曰改命五則虎變有君人之象上則豹隱有高蹈之心湯武應運而心其觀感於天人者深焉

（音句）嘉當叶音姬志叶音支按六麻韻古多與四支通楚辭九章昔君與成言兮曰黄昏以爲期羌中道而回畔兮反既有此他志叶眞而切惟炳蔚君三字不叶意者當日爲句或曰其炳文也其蔚文也文與君字相韻

（攷證）蔚說文作斐

（品物）虎文如竹葉對分正象篆文丙字豹文如梅花散落正類蔚草花開蔚益母草即蓷草也

革 副編

彖

（集解）干寶曰天命已至之日也乃孚大信著也武王陳兵孟津之上諸侯不期而會者八百國皆曰紂可伐矣武王曰爾未知天命也還歸二年紂殺比干囚箕子爾乃伐之所謂已日乃孚革而信也革天地成四時誅二叔除民害天下定武功成故大亨哉也○來矣鮮曰不言戊而言已離兌皆陰卦故以陰土言○精義家未有言悔亡者惟革言之革易有悔湯曰予有慚德武曰小子無良所謂悔也惟天下信之則革而當其悔乃亡

象

（集解）夏鵬萬曰大衍曆僧一行作也其法本蓍策以卦當歲以爻當月以策當日以天數始于一地數始于二以位剛柔天數終于九地數終于十以紀閏餘天數中于五地數中于六以通律曆以卦氣定七十二候以中星正二十四氣以晦朔正日月之會以日度正周天之數而所爲步章蔀元皆與易合也

初

（集解）干寶曰鞏固也離爲牝牛本坤黄牛之象也在革之初而无應據未可以動故曰鞏用黄牛之革此喩文王雖有聖德天下歸周三分有二而服事殷其義也○頤齋經說古者治曆明時不獨觀象於天觀法於地即鳥獸之文亦必觀焉堯典四時兼詳希革氄毛故六爻取象牛革虎豹之文牛革固堅黄牛之革尤堅也

二

（比例）遯二日執之用黄牛之革懼其爲陰之縛革初日鞏用黄牛之革欲其結民之堅取象同而命義分焉

（默參）月令中央土其日戊已其蟲倮人爲倮蟲之長氣禀天地之中離爲大腹變承乾天胎元胚兆猶曆元起於黄宮之子焉

（比例）經言已日乃孚爻二復言之者經舉全體而言卦自夬來中悔爲柔故曰悔亡爻自變畫言之陰動爲陽故曰征吉卦溯其原爻占其用也

三

（集解）頤齋經說泰誓曰我武惟揚侵于之疆取彼凶殘殺伐用張于湯有光革命之日凡助紂爲虐者或屏遠方或繫圜土或棄於市明正典刑萬民悅服故曰革言三就有孚○崔憬曰武王克紂不即行周命乃反商政一就也釋箕子囚封比干墓式商容閭二就也散鹿臺之財發鉅橋之粟三就也故曰革言三就

四

（集解）干寶曰爻入上象喩紂之郊也以逆取而四海順之動凶器而前歌後舞故曰悔亡也中流而白魚入舟天命信矣故曰有孚甲子夜陳雨甚至水德

賓服之祥也故曰改命之志信志也

五

(集解)馬融曰大人虎變虎變威德折衝萬里望風而信以喻舜舞干羽而有苗自服周公脩文德越裳獻雉故曰未占有孚

上

(德位)貞德在二居貞吉者上位隱逸革命之世宜靜伏不宜動見也

鼎䷱ 巽下離上

泰州　徐天璋睿川　演

(卦旨)卦自姤䷫中悔爲陰綜爲革䷰旁通爲解䷧錯爲屯䷂在天成象日朗風清在地成形草敷林秀在世運與王建國百廢俱新在人公正廉明恩威並濟

(義理)鑽木取火贊化調元曰鼎

鼎元吉亨

(提要)左傳宣三年王孫滿曰昔夏之方有德也遠方圖物貢金九牧鑄鼎象物百物而爲之備使民知神姦其後夏桀暴德鼎遷於商商紂暴德鼎遷於周革後火鼎正指成王定鼎於郟鄏卜世三十卜年七百也

(訓詁)鼎廟宮之重器也

(象數)卦畫其象䷱爲鼎

(義理)鼎繫元吉而後言亨者微言大義精且深焉自古開國承家鼎新之日未有不爲子孫萬年之謀顧取之暴者失不旋踵得自仁者累葉綿延必有元善長人之德而獲其吉始能嘉會而亨垂休於無已也

(攷證)吉字本義云衍文

彖曰鼎象也以木巽火亨飪也聖人亨以享上帝而大亨以養聖賢巽而耳目聰明柔進而上行得中而應乎剛是以元亨

(訓詁)象像也巽入也亨煮也飪熟也享獻也享帝獻用犢也大亨養殲牢醴之盛也

(象數)巽爲木離爲火木爇於下火焰騰上中互乾金氣蒸成澤爲亨飪離爲目巽得坎之半體爲耳巽耳順聽爲聰離目灼視爲明卦自姤五生陰爲柔進上升二五相應爲得中應剛

(義理)古今所以立國者郊社修宗廟享頒祿於朝聖賢皆得不家食吉然後君得保其國家耳目不爲壅蔽福祿施於子孫利及生民化成萬物元吉而亨豈徒據鼎器以爲重哉

(音句)亨飪聖人亨大亨讀同烹普庚切

(攷證)亨飪說文作䰞飪

(品物)說文鼎三足兩耳稽古圖云歷代之鼎形制不一有身方如簋或分底如鬲或設蓋如敦爾雅釋器云鼎絕大謂之鼐圜弇上謂之鼒附耳外謂之釴款足者謂之鬲

象曰木上有火鼎君子以正位凝命

(訓詁)凝既成而端定也

(象數)巽爲木離爲火離位南方爲正位巽順端承爲凝命

(義理)爻辭占用之鼎皆爲食器大象正位凝命獨取神器者祿視其爵用各不同鼎之輕重尤在德焉極而至於天子鎮撫九州天命以鼎爲卜迨後威烈王時九鼎忽震顯王之世鼎入泗淵帝位失而天命絕易象洵有前知者焉

(攷證)釋文凝翟作擬

初六鼎顛趾利出否得妾以其子无咎

(提要)此指微子封於宋也帝乙妾生微子又生仲衍已而爲后生辛帝乙及后以微子賢欲立爲太子太史據法爭曰有妻之子不可立妾之子乃立紂爲太子其後紂喪殷邦微子得封於宋以奉湯祀故曰得妾以其子无咎

(訓詁)鼎足曰趾顛倒也否謂物惡不可食者利出否倒鼎順出而瀉之也妾媵妾其子妾所生也

(象數)初下爲趾陰惡爲否巽女居下位賤爲妾變乾大生索得陽爻爲得子

(變通)初變爲大有䷍旁通爲師䷆大有柔得尊位而上下應之象傳故曰從貴

(義理)二女同居其志不同行爲革志同爲鼎鼎爲正位凝命言鼎而言妾子者禮婦人無子者出惟國君元妃無子不出得以娣妾之子爲子左傳云衛莊姜無子以陳女戴媯之子爲己子是其明證巽爲女妾初爲庶長爻變大有柔得尊位故取象於妾子者焉

(占應)初辰在未上值紫微垣勾陳史記天官書勾陳四星末大星正妃餘三星後宮之屬應爲媵妾

九二鼎有實我仇有疾不我能即吉

(訓詁)實陽實我仇與我爲讎者疾嫉也即近也

(象數)離火巽木中互乾金兩兩相仇二變爲艮仇者皆去爲我仇有疾不我能即

(變通)二變爲旅䷷旁通爲困䷮旅二象曰終无尤也爻應故象亦曰終无尤也

(義理)二五正應者也剛柔相匹占曰我仇有疾者古云嘉耦曰妃怨耦曰仇爻變成旅柔失其應明明成怨耦也既成怨耦又曰不我能即吉者居中得正柔不失位恰如風詩所詠衛莊姜黎夫人之類雖不得志於君而夫人之賢自顯也

(攷證)古本作不能我即

(占應)二辰在寅上值帝座箕宿箕主口舌簸揚於帝之旁應爲我仇有疾

九三鼎耳革其行塞雉膏不食方雨虧悔終吉

(提要)殷高宗肜日有飛雉升鼎耳而雊祖已訓諸王祖庚內反諸己變夷重譯來朝者六國自是章服多用翟羽終吉之明徵也迨紂十有一祀鹽九侯脯

鄂侯三十有二祀賢臣梅伯性忠直數諫諍紂怒殺而醢之譬之文明之鳥罹於鼎鑊故賢才聞而傷心悉遯荒野不肯出仕而受祿也

(訓詁)革改也塞窒也膏韜也雉膏不食君子無上下之交不貪美祿而食之也方防也雨恩澤虧毀也防受其澤而虧其行是以不勝悔也集韵方通作防

(象數)變坎爲耳中又互坎重險爲塞離爲雉巽爲高潔因爲雉高變坎爲雨自陽變陰爲虧悔

(變通)三變爲未濟䷿旁通亦爲未濟汔濟濡尾爻應故雉膏防雨

(義理)三近多凶變成水火不交時世之塞可知雉膏不食方雨虧悔即否象曰君子以儉德避難不可榮以祿也因憶幼年侍家君之側方食野雞母氏語予曰雉爲文明之物羅其網羅今供爾匕箸者爲其不能高飛也人貪利祿不能遠害亦猶鼎俎物耳家君因言雉最愛惜毛羽村野之間晴日常食每遇陰

雨則必深藏雖蕘時偶爾閒談今繹其理與此象實隱合焉

(品物)雉即野雞羽毛五采其尾修長其飛平直而疾性耿介不處下濕博物志翟雉長尾雨雪降惜其尾棲樹杪不敢下食往往餓死足證雉膏不食方雨虧悔正防陰雨膏之也

(占應)三辰在辰上值周鼎應爲革殷之象

九四鼎折足覆公餗其形渥凶

(訓詁)屈挫曰折足滿也餗珍食覆餗形渥餗傾於外其鼎沾濡故形爲慚赧也

(象數)陽實中滿爲餗變艮爲足中互兌毀爲折足兌爲飲食四當公位爲公餗陽實變爲陰虛實傾於外爲覆餗離體色赤兌澤沾濡爲形渥變陰爲凶

(變通)四變爲蠱䷑旁通爲歸妹䷵蠱壞也爻應故爲折足覆餗

(義理)四寄鼎鼐鹽梅之任變而成蠱蠱壞也勢必傾覆政治不能勝其重任也餗鼎內所實者折足覆餗則以鼎內之實傾瀉於外正如周公使管叔監殷而管叔反以殷畔在管叔不能逃其誅戮在周公信任太過蓋己不勝慚悳也焉得不凶

(攷證)釋文形渥京作刑渥鄭作形剭朱子刑屋餗馬融作粥按漢高彪碑形不妄濫刑作形知古字通用說文無剭字當通作屋

(占應)四辰在午上值柳宿天厨應爲鼎餗

六五鼎黃耳金鉉利貞

(提要)五上兩爻皆周得鼎之徵也

(訓詁)鼎扃曰鉉金鉉飾以金也

(象數)五陰中坼象兩耳體離爲黃耳一陽橫上爲鉉體離變乾爲金鉉

(變通)五變爲姤䷫旁通爲豫䷏姤五含章爻應故爲黃耳金鉉

(義理)天下之大在人君挈之而治五居尊位主鼎者也猶鼎以扃挈之而行鼎耳主舉君耳主聽黃耳金鉉既能正聽又能健行非有德者不能當之居尊變乾體文明而自强不息宜其爲主器之君也

(品物)扃即鼎上橫貫兩耳之圓木也天子飾以玉諸侯飾以金牛鼎扃長三尺羊鼎二尺五寸餘鼎二尺

(占應)五辰在卯上值貫索應爲扃貫鼎耳之中

上九鼎玉鉉大吉无不利

(訓詁)玉鉉扃飾玉也

(象數)一陽橫上爲鉉變震爲玉巽近利市三倍在下承之爲无不利

(變通)上變爲恆䷟旁通亦爲恆恆上體陰曰大无功鼎上體陽爲无不利

(義理)玉質溫潤縝密孚尹旁達鼎終受恔立不易方可知盛德之朝流澤孔
長雖百世而鼎不可遷焉五曰金鉉上曰玉鉉君子正位凝命其度正式如玉
式如金也
(占應)上辰在戌上値壬公故鼎以玉鉉爲象
象曰鼎顚趾未悖也利出否以從貴也鼎有實愼所之也我仇
有疾終无尤也鼎耳革失其義也覆公餗信如何也鼎黃耳中
以爲實也玉鉉在上剛柔節也
(訓詁)悖背也之往也
(義理)初有勃興之象二有天助之功三則變革之秋潛藏伏處四則身當鼎
鼐思患豫防五則守器之君居尊獲吉上則宗廟之主永享烝嘗正位凝命各
有義旨存焉

睿川易義合編　下經副編　一百六十一

(音句)悖音佩與貴相韻尤音怡與之相韻義叶牛何切與何相韻實與節相
韻按悖詳頤象傳尤詳剝象傳韻補周官注儀作義古皆音俄古文尚書無偏
無陂遵王之義義叶牛何切

副編

鼎

(德位)元亨德並在五

彖

(集解)頤齋經說九家易曰鼎言象者卦也木火互有乾兌乾金兌澤澤者水
也爨以木是鼎鑊烹飪之象亦象三公之位上則調和陰陽下而撫毓百姓鼎
能熟物養人故云象也牛鼎受一斛天子飾以黃金諸侯白金三足以象三台
足上皆作鼻目爲飾也羊鼎五斗天子飾以黃金諸侯白金大夫以銅豕鼎三

斗天子飾以黃金諸侯白金大夫銅士鐵三鼎形同烹飪煮肉上離陰爻爲肉
也九家所云皆指用器言也彖言鼎象也以木巽火亨飪也亦指用器言惟象
曰正位凝命是九州之鼎神器之重者注云在鼎曰升是鼎不烹而彖云亨飪
者蓋牲既煮鑊中升於鼎時臨薦再以火燎温之也
(默參)內經陰陽應象大論篇第五岐伯曰東方陽也陽者其精並於上並於
上則上明而下虛故使耳目聰而手足不便也巽離皆位東南上明下虛故應
耳目聰明而趾顚足折

象

(集解)大成易旨鼎於何始包犧神鼎一統乃天地萬物俯仰惟一黃帝作鼎
三乃三才也禹鑄鼎九乃九州也聖人以己爲天子往承祖德上承天命立鼎
以爲祭祀之用所以重宗廟凝天命蓋重器也○惠士奇易說昔者夏后開使

睿川易義合編　下經副編　一百六十二

蜚廉折金於山川而陶鑄之於昆吾乃使翁難卜於白若之龜曰鼎成三足而
方不炊自烹不舉自臧不遷自行其兆之由曰逢逢白雲東西南北九鼎既成
遷於三國夏遷之殷殷遷之周夏殷周之相受者各數百年矣然則鼎之不遷
於秦也古之卜者先見之故至秦而鼎亡莫知其所在豈非神物哉不能定鼎
焉能凝命夏后鑄鼎以傳後王非徒和五味也養聖賢享上帝亦所以凝之之
道與秦不郊天是不享上帝也焚書坑儒是不養聖賢也故曰不能正鼎焉能
凝命

初

(集解)頤齋經說正位凝命各視其分巽陰在下賤妾也因寫物而趾反居上
賤者貴焉推原卦德鼎象也鼎倒則綜爲革天下革命之秋起草野而侯王者
何限猶之妾爲夫人母以子貴也且巽女變生乾君子既爲君豈有母不晉居

尊位也與○鄰園札記禮祭先夕漑鼎滌濯顚趾出否漑鼎而滌濯也

(默參)巽爲股初當股下少陰之脉起於足指應爲趾

二

(集解)宮金門曰微子去紂以存宗祀之象○頤齋經說水火相憎鼎隔其間相仇者不能相卽二以陽實應五贅之人有忠信磨不磷而涅不緇也爻變反而成旅其爲孤臣遷客可知顧既成旅鴻飛冥冥五亦不能加害司空圖作拜失儀杜黃裳爲裴延齡所惡留滯臺閣十年終不以韋執誼薦己遂以一官相賣之類皆可謂我仇不能相即者焉

三

(集解)焦循曰膏猶高也○宮金門曰膏脂也周禮大司徒其植宜膏物鄭司農注膏當爲櫜字之誤不知膏物川澤所生如稻蓮菱菰之內均有穀以韜藏

也雉膏不食正雉遁藏於草木深處不肯出覓食焉

四

(筮說)論衡魯伐越筮得鼎折足子貢以爲凶孔子謂越人水戰用舟不用足故吉○誠齋雜記孔子使子貢久而不來命弟子占遇鼎皆云無足不來顏回曰無足者乘舟而至也○李綱在隋宦不進筮得鼎曰君當爲卿輔然待易姓乃如志仕不知退折足爲敗故綱雖顯於唐數稱疾云

(集解)鄭元曰形渥當讀如屋誅之屋周禮秋官司烜氏邦若屋誅則明竁焉蓋謂刑不於市而以適甸師者也漢書叙傳刑剭鼎臣注周有屋誅誅大臣於屋下不露也○頤齋經說倒筴側龜於君前有誅況鼎重器四不勝任而致折足傾餗者乎宜身受刑於屋罪不容赦者焉故周公大義滅親取管蔡而戮之也○鄰園札記形通作鉶儀禮宰夫設鉶注鉶菜和羹之器疏據羹在鉶言之謂之鉶羹據器言之謂之鉶鼎形屋者言鼎鉶形如夏屋也其足既折其凶必焉

五

(德位)利貞德在五中剛柔相應也

彖

(對待)鼎之九二綜即革五鼎二我仇有疾故革五未占有孚

震☳☳ 震震 上下　　泰州 徐天璋睿川 演

(卦旨)卦自豫☳☷又轉息爲震綜爲艮☶☶旁通爲巽☴☴錯亦爲巽在天成象雷运滿空在地成形平原漫衍在世運宇宙廓清在人果敢勇決

(義理)洊雷接踵而生勢必迅猛奮激曰震

震亨震來虩虩笑言啞啞震驚百里不喪匕鬯

(訓詁)虩虩驚懼貌啞啞笑言聲喪廢也匕棘比鬯鬱鬯香草也以草縮酒盛於圭瓚蓋即玉鬯獻酒以降神也

(象數)震在天爲龍在地爲蜥蜴因爲虩虩震動有聲爲啞啞震爲公侯受封之地爲百里互坎棘木爲匕震草蕃敷爲鬯草震玉仰盂爲鬯器

(義理)震以長子主器猶蜥惕之爲守宮蜥蜴聞雷驚懼則伏而不動象取其象者欲其寅畏恪恭也君既恐懼修省必能永保社稷宗廟之饗不喪匕鬯蓋

古者天子嘗禘郊社五祀之祭簠簋既陳其廢者以天子崩后之喪君薨夫人之喪雷雖震驚於祭不廢所以仍爲祭主也既曰震來虩虩又曰笑言啞啞者諺所謂心無邪曲霹靂同居故聞雷而不驚也

(攷證)震歸藏作釐虩虩荀作愬愬言作語下同石經初刻語後刻言

(品物)鬯香草也春官鬯人疏引王度記云天子以鬯諸侯以薰大夫以蘭士以蕭庶人以艾詩江漢篇秬鬯一卣蓋即煮鬯以縮酒者也若鬯器則爲圭瓚周語有神降於莘王使太宰忌父帥傳氏及祝史奉犧牲玉鬯往獻焉韋注玉鬯鬯酒之圭長尺二寸有瓚所以灌地降神之器是圭瓚亦謂之鬯也

彖曰震亨震來虩虩恐致福也笑言啞啞後有則也震驚百里驚遠而懼邇也出可以守宗廟社稷以爲祭主也

(提要)帝乙十有五祀岐周地震西伯寢疾五日而地震東西南北不出郊圻西伯曰天之見妖以伐有罪率德改行其可免乎未幾疾愈詩曰惟此文王小心翼翼昭事上帝聿懷多福即此義也

(訓詁)福祐也則常也震驚百里不喪匕鬯畏天之威于時保之也出謂諸侯述職於外守謂世子監國也

(象數)互艮宮室爲宗廟艮主山林爲社稷震長子爲祭主震驚百里以數求之周天三百六十五度四分之一光之得三萬六千五百二十五里成天球爲地在天中減倍求之得一萬八千二百六十二里有奇中夏在地球之面折去地背半數得九千一百三十一里有奇合五服九千里之制震卦司春屬卦一十有五主六日七分統核易數乾一兌二離三震四巽五坎六艮七坤八兌次於乾澤氣周三萬一千九百五十九里有奇離次於兌日光照二萬七千三百九十三里有奇震次於離雷聲驚二萬二千八百二十八里有奇巽次於震風力周一萬八千二百六十二里有奇坎次於巽月光照一萬三千六百九十七里有奇艮次於坎山勢高聳地面得九千一百三十一里有奇適合禹貢五服九千里之制焉地體以天度求之人向北直行二百五十里見北極出地一度南極入地一度如向南直行二百五十里北極遠一度南極近一度在天一度在地爲二百五十里計三百六十五度四分之一乘之正得九千一百三十一里有奇縱得此數橫亦得此數歷代幅員或廣至數萬里者實山川紆廻高下曲折不能直行之耳況西域諸國已入地球之背葱嶺以西水皆西注與諸夏面背相距歷歷可徵古言地大數萬里或數十萬里者蓋古今丈步不同猶今言英方里與中國度尺逈異也以日而論夏至日出寅入戌每時行三十度計九時正二萬七千餘里震卦用事計九十日以每日百里計之九十日正周地球九千餘里坎月半月而晦半月而盈正當日數之半焉

(義理)王者立國左宗廟而右社稷主之者誠不易易苟無外患必有內憂震來虩虩正因外患而深乾惕恐懼致福故能保我子孫黎民也祭禮薦陳甚多而經獨言不喪匕鬯者匕牲體薦鬯酒人君所自親也

(攷證)郭京易舉正邇也下出可上當加不喪匕鬯四字程子云亦然

象曰洊雷震君子以恐懼修省

(訓詁)洊雷雷出而聲續也內驚爲恐氣奪爲懼修省兢業也

(象數)震爲雷雷因震而畏爲恐懼修省

(義理)修爲補善省爲察過坤陰外生一陽爲豫內生一陽爲復恐懼修省內

外爻勉也乎旦之氣絕不至於牿亡非若聞雷而懼因天震動人始有畏於心
焉
(攷證)閩本修誤作脩
初九震來虩虩後笑言啞啞吉
(訓詁)後先後也
(象數)剛急柔緩體震變得坤貞爲後爲吉
(變通)初變爲豫䷏旁通爲姤䷫豫爲悅樂爻應故爲言笑
(義理)初當平旦天人來復之始心氣清明恐懼修省善必自知惡必自知絕無私僞之雜人欲之滈也故以全卦彖辭爲爻辭之用也彖無後字爻有後字者爻例在上爲前在下爲後爻德以陽爲先以陰爲後初陽恐懼變坤安貞故曰後吉

(音句)頤齋經說後字單讀合下笑言啞啞句吉字占辭
(占應)初辰在子上値司非司危應爲恐懼修省
六二震來厲億喪貝躋于九陵勿逐七日得
(提要)干寶云六二木爻震之身也得位无應而以乘剛爲危此託文王積德累仁以被囚爲禍也故曰震來厲億歎辭也貝寶貨也產乎東方行乎大塗也此以喩紂拘文王囼天之徒乃於江淮之浦求盈箱之貝而以賂紂也故曰億喪貝貝水物而方升於九陵今雖喪之猶外府也故曰勿逐七日得七日得七年之日也故書曰誕保文武受命惟七年是也
(訓詁)厲危也億歎辭喪失也貝寶貨躋登也九陵峻極之處逐競也得復也
(象數)震變爲兌其聲迅猛爲厲兌金介蟲互離爲蚌爲龜爲貝兌主毀折爲喪互艮爲陵震陽上升爲躋陽極於九雷於春分登天爲躋于九陵秋分入地少陽之數來復爲勿逐七日得
(變通)二變爲歸妹䷵旁通爲蠱䷑歸妹象曰永終知敝爻應故喪貝復得
(義理)震以長子主鬯外震乘上天子也內震承下諸侯也二與五應動得陽實五未受福二先受福是天命不眷於天子實眷於諸侯也二屈於下時猶未升五位象成歸妹猶文王時當蒙難故占爲厲曰喪曰得者震變爲兌木受金克爲喪內變兌金復又外克震木喪在二中得亦在二中也陵崇高處曰躋于九陵者天子之堂九尺言文王獻貝於紂之庭不曾登於九陵之上也曰七日得者竹書紀年商紂二十三年囚西伯於羑里二十九年釋西伯不言年而言日者易辭多隱九陵七日皆寓言也
(攷證)釋文億古本又作噫六五同躋本又作隮貝頤齋經說貝當作鼎篆文

鼎與貝相似古隸則字作[鼎+刀]足徵億喪貝即大喪鼎也與不喪匕鬯同義五言无喪有事有事祭也祭祀用鼎億喪鼎躋于九陵勿逐七日得言殷廟崇高之九鼎將喪逾時必爲周得也按以貝爲鼎字之譌說頗近理
(品物)山海經注貝甲蟲肉如蝌蚪但有頭尾耳相貝經貝至盈尺則寶也狀如赤電黑雲謂之紫貝赤質紅章謂之朱貝靑地綠文謂之綬貝黑文黃晝謂之霞貝紫愈疾朱明目綬消氣鄣霞伏蛆蟲雖不能延齡增壽其禦害一也
(占應)二辰在酉上値大陵應爲九陵
六三震蘇蘇行无眚
(訓詁)甦生曰蘇震蘇蘇行无眚恐懼致福日新又新也
(象數)雷變離火其聲中空如風振林木爲蘇蘇震動爲行離火主災災由天生在人爲无眚

（變通）三變爲豐䷶旁通爲井䷯豐三无咎爻應故曰无眚

（義理）孟子曰后來其蘇淮南子孟春蟄蟲始振蘇震蘇蘇者蓋雷出地奮後其聲散緩而不迫也飄風不終日驟雨不崇朝疾聲大呼旋閧氣索從容而語氣養天和爻變至三內震已終外震將接從神魂散亂之餘有志定神安之象故曰震行无眚

（占應）三辰在亥上值霹靂雲雨應爲萬物蘇甦之象

九四震遂泥

（提要）震蘇蘇震行无眚蓋民望武王伐紂有后來其蘇之義震遂泥其即武王觀兵而退乎

（訓詁）竟出曰遂泥止也

（象數）震動反生曰遂中互坎水震變坤土水融土中爲泥上鬆而泥黏滯艮止互前爲泥止

（變通）四變爲復䷗旁通爲小畜䷈復象曰至日閉關商旅不行小畜密雲不雨爻應故曰震遂泥

（義理）邵子曰水雷玄火雷赫土雷連石雷霹今九四體震互坎剛動變柔雷甫出地即陷陰中有聲而不能發達者也譬人天良乍見愧悔交深而忽蔽於物欲是猶困心衡慮之時頓見閉藏消沮也

（音句）泥尼去聲乃計切

（攷證）遂荀作隊

（占應）四辰在午上值柳宿爲朱雀之喙應爲口舌尼止

六五震往來厲億无喪有事

（訓詁）往來自中也古者祭祀曰有事億安也无喪有事言能敬億鬼神左傳昭三

十年云我盡姑億吾鬼神晉語億事百神不失其常祭也

（象數）震變兌金其聲剛烈爲厲二五中應爲往來震以長子主鬯爲无喪有事

（變通）五變爲隨䷐旁通爲漸䷴隨五體陽孚于嘉吉爻五體陰故无喪有事

（義理）書大傳天子有事于泰山左傳曰天子有事于文武僖八年有事于太廟昭十五年有事于武宮有事皆祭祀也震往來厲億无喪有事正言五居尊位爻當祭主嘗禘郊社五祀其廢祭者惟天子崩與君后之喪餘有變故皆爲接祭不以震驚而遂廢宗廟社稷之祀也

（音句）焦循易章句億无喪有事句頤齋經說以象傳攷之億字單讀句无喪有事句

上六震索索視矍矍征凶震不于其躬于其鄰无咎婚媾有言

（占應）五辰在卯上值帝座及晉鄭周秦諸星分野應爲祭主

（提要）通鑑帝乙十有五祀岐周地震竹書紀年文王即位四年周地震在帝乙三年鄭樵通志文王即位之八年六月寢疾五日而地震在帝乙七年西伯寢疾五日而地震東西南北不出郊圻西伯曰天之見妖以伐有罪卒德改行其可免乎未幾疾愈震不于其躬于其鄰言天之震怒非爲已疾實應伐鄰國也按通鑑及竹書云岐周地震在帝乙之世予玩帝乙正爲武乙泰卦云帝乙歸妹予於提要辨論頗詳今玩震爻益信爲武乙也史載武乙畋于河謂大雷震死震不于其躬于其鄰其即指武乙爲雷震死與婚媾有言正指文王娶武乙妹也

（訓詁）震動不定曰索索目視不專曰矍矍躬身也鄰鄰邑有言謂與言者相齟齬也

(象數)上當震終其聲散緩爲索索變離目視驚疑不定爲矍矍上當陰迷爲征凶中互艮身爲躬上當國境之外爲鄰離于五事爲言震男離女爲婚媾

(變通)上變爲噬嗑䷔旁通爲渙䷺噬嗑上九有凶爻應故曰征凶

(義理)雷在天心聲無定所電明空際射無定方震索索視矍矍正喻王者之師四征不庭兵無專向也震不于其躬于其鄰者江亡而秦穆懼薛桀而滕文恐也婚媾有言如秦晉世婚而有韓殽諸戰魯齊姻婭而有郎淸之師蔡侯繩息嬀於楚子趙人嫁其女於代君悉因婚媾而啓釁也詩曰摯仲氏任自彼殷商來嫁于周又曰俔天之妹文定厥祥親迎於渭殷與周何嘗不有婚媾也與

(攷證)古本征作往玉篇顧野王於索部引易云震索索視霍霍

(占應)上辰在巳上値上將次將諸星應爲征伐凶暴

象曰震來虩虩恐致福也笑言啞啞後有則也震來厲乘剛也

震蘇蘇位不當也震遂泥未光也震往來厲危行也其事在中大无喪也震索索中未得也雖凶无咎畏鄰戒也

(訓詁)則常也契合曰得戒警也

(義理)初葆其天二以靜鎭處之三則防其怠乘四則戒其中止五則以寅畏事天上則以鄰邦爲鑒合觀六爻其勉人恐懼修省至焉

(音句)福叶音逼與則字相韻詳見井傳行音杭戒叶音亟與得字相韻按詩小雅豈不日戒玁狁孔棘戒叶紀力切

副編

震

(集解)干寶曰周木德震之正象也爲殷諸侯殷諸侯之制其地百里是以文王小心翼翼昭事上帝聿懷多福厥德不回以受方國故以百里而臣諸侯也爲諸侯故主社稷爲長子而爲祭主也祭禮薦陳甚多而經獨言不喪匕鬯者匕牲體薦鬯酒人君所自親也○後漢鄭炎對問問者曰古者聖人封建諸侯皆百里取象於雷何取也炎對曰易震爲雷亦爲諸侯雷震驚百里曰何以知之炎曰以其數知之夫陽動爲九其數三十六陰靜爲八其數三十二震一陽動二陰靜故曰百里問者稱善○頤齋經說啞啞之聲即格格也師曠占春雷始起其音格格爲霹靂所謂雄雷旱氣也其鳴喑喑不大霹靂者雌雷水氣也震爲人君當爲雄雷之聲震來虩虩虩虩電光也雷將聲而電光閃爍不定笑言啞啞形狀雷聲其音威而不猛也震爲宗廟之主何有匕鬯之驚哉

(德位)亨德在初

彖

(集解)陳雍曰震之亨也操心危慮患深則言動不違乎天禍變之來出於倉

卒而心之神明不亂乃可以當大任而不動心也○頤齋經說震卦取象先曰亨者卦自豫來初陽與四嘉會也曰震來虩虩笑言啞啞者四位多懼下遇剛敵故必有敬懼之心而後始能致福雖當敬懼出處語默皆有常則不以敬懼而廢笑言啞啞和樂親言內雖敬懼外恰和樂譬之魏師猝至諸葛則擁彗鳴琴符堅兵來謝安乃圍棋對奕人君度量若能如此幾見有匕鬯之喪與

初

(默參)人驚則懼懼定神安見其無恙則又啞啞笑言以古例今其情宛見也

二

(集解)惠士奇易說九陵之象未明說者皆鑿此周易也當以周禮證之周禮朝士職曰凡得獲貨賄人民六畜者委於朝告於士旬而舉之司市職曰凡得貨賄六畜者三日而舉之然則喪貝在市三日在朝十日而後方沒入官在市

未滿三日在朝未滿十日猶可失而復得焉周之法也爻稱七日則在旬之內焉躋于陵猶委于朝不稱朝而稱陵者易言象使人以象求之朝有九重閫有九棘九陵之象也書曰勿敢越逐祇復之越逐者在國越鄉在軍越伍有常刑越鄉入圜土故喪馬喪茀皆曰勿逐豈非時王之制乎

二

（默參）內經宣明五氣篇第二十三五氣所病心爲噫素問噫俗作噯太陰之氣從陽明上出於心則爲噫體震爲膽變互離心故應震厲爲噫荐震中互艮背背病善噫艮爲山陵背即人之山陵勿逐七日得正應靜心調息也

（集解）虞翻曰死而復生稱蘇三死坤中動出得正震爲生故蘇蘇坎爲眚三出得正坎象不見故无眚春秋傳曰晉獲秦諜六日而蘇也江藩注卦自臨來臨三在坤下故曰三死坤中三動成陽以陽居陽故得正○黃寅階曰哀莫大於心死從人欲陷溺之中天良乍動則又復生之機矣

五

（默參）震木主肝應爲怒烈變離爲心在志爲喜人事則萬事和綏應爲蘇蘇

（集解）虞翻曰往謂乘陽來謂應陰失位乘剛故往來厲也坤爲喪也事謂祭祀之事出而體隨王享于西山則可以守宗廟社稷爲祭主故无喪有事也

象

（德位）六三以柔居剛爲不當位

艮䷳ 艮下艮上　　泰州 徐天璋睿川 演

（卦旨）卦自剝䷖悔而爲艮綜爲震䷲旁通爲兌䷹錯亦爲兌在天成象星宿雹冰在地成形崇山峻嶺在世運渾穆靜安在人敦實篤厚

（義理）兼山屹峙終古不遷曰艮

艮其背不獲其身行其庭不見其人无咎

（訓詁）時遠曰背窮則獨善其身不獲行道於世絕不枉己以求也庭王庭行庭猶言立朝達則兼善天下視飢溺者由己不見其爲人也

（象數）艮爲背爲身爲宮闕爲庭互震爲行互坎隱伏爲不見

（義理）艮爲上下敵應兩不相與艮其背者正即兩相違背也孔子曰道不同不相爲謀既相違背君子豈甘隕獲其躬而猶往見其人乎庭外庭古者君臣相見必升堂階行其庭不見其人言既立乎人朝則萬物皆備於己不當猶有

人見存也何咎之有

（攷證）艮宦易說背疑經之原文作北漢書高帝紀注引韋昭曰北古背字

彖曰艮止也時止則止時行則行動靜不失其時其道光明艮其止止其所也上下敵應不相與也是以不獲其身行其庭不見其人无咎也

（訓詁）敵當也

（象數）艮爲止互震出旦爲時上四兩剛相競爲敵

（義理）艮如僅取象止何異枯禪曰時止則止時行則行方是聖功作用故孔子合乎時中止正止於其所不越其位可知止非專居靜焉敵應者彼以其富我以吾仁彼以其爵我以吾義各行其志君子所以不獲不見思不出位者焉

（攷證）艮歸藏作狼艮其止晁氏云當爲艮其背按艮宦易說經文艮其背北

古背字經師以今背字易之傳文北字誤作止蓋以形似而誤學者遂以止字讀之以致經傳兩岐

象曰兼山艮君子以思不出其位

(訓詁)兼並也出越也

(象數)艮爲山重艮爲兼山互坎心勞爲思艮山止於其所爲不出位

(義理)心不能思則靜如槁木死灰能思則虛靈不昧日啓日新然過思則心亂馳泛而無當或求深而晦或求高而狂惟不出位則瞬存息養範之中庸此聖王位育之功特揭之以示人焉

初六艮其趾无咎利永貞

(訓詁)趾足也

(象數)初下爲趾陰動變陽爲无咎離二中正爲利永貞

(變通)初變爲賁䷕旁通爲節䷻賁初應曰賁其趾

(義理)天下有道則庶人不議初當勿用正宜閉戶潛修跬步而不妄動利永貞者動容周旋無不中禮永葆其天而不失也

(攷證)趾荀作止

(占應)初辰在未上値五諸侯星主刺戒不虞伺察得失應爲艮趾

六二艮其腓不拯其隨其心不快

(訓詁)腓腨曰腓拯舉也後足從前曰隨不快心有疾也

(象數)艮足變爲巽股二當股下爲腓後足動合前足爲隨巽爲進退不果因爲不拯其隨互坎心憂爲不快

(變通)二變爲蠱䷑旁通爲歸妹䷵蠱曰不可貞爻應故曰不拯其隨

(義理)此爻近取諸身以爲象也凡人腓筋凝搐此足既艮於前彼足必難舉後其心亦引動而不快焉推諸治理正己必思正人淑身自當淑世二士中正三陽阻前不能展其心志譬之賈誼策上治安卒致長沙之謫其心焉得快哉後漢華陀傳體有不快輟耕錄世謂有疾曰不快也

(考證)釋文腓古本作肥拯陸德明作承

(占應)二辰在酉上値卷舌天讒應爲嫉賢害能人心不快也

九三艮其限列其夤厲熏心

(訓詁)腰界曰限列分也夾脊之肉曰夤厲危也薰灸也厲薰心心惕於陰而自危也

(象數)艮爲背爲身三中互坎腎俞所在爲腰爲限陽骨陰肉一陽橫中象脊四陰分排爲列夤互坎心憂爲厲薰心

(變通)三變爲剝䷖旁通爲夬䷪剝三象曰失上下也爻應故爲艮限列

夤

(義理)此亦近取諸身以爲象也限當腰界列夤即腎俞在處艮限則水火不交精洩而心慄也故曰列夤薰心若推治理克念作聖罔念作狂聖狂之界分於微危能莊敬則能日强陽動爲陰則心中所思無非背道義而慕聲華焉得不厲爻獨取象限夤者限分上下之交夤有左右之別猶之天理人欲之相判也能知其厲去不善以求其善則愚者必明柔者必强自能日進於大道焉

(攷證)釋文列虞孟作裂夤鄭本作腹荀作腎說文作胂京作䏰薰集解作閽虞氏同古作熏荀氏以熏作動讀作動馬氏作薰來氏注薰與熏同按限虞云腰帶處也馬云要也夤夾脊肉也或曰腰絡或曰脊骨不知艮即人身取象三互坎腎腎俞穴在腰中脊之兩旁脊智之所從出腎强則腰强腰强則身莊敬日强夤爲腎俞二穴無疑夤從寅說文釋爲恭敬敬以直內非腎强則身體不

能莊敬而端凝也

(占應)三辰在辰辰爲天心象限之中道上值右樞執法右樞爲天樞應人腰限執法應爲惕厲

六四艮其身无咎

(訓詁)身軀體也

(象數)艮爲背變離大腹爲身

(變通)四變爲旅䷷旁通爲困䷮旅四曰得其資斧爻應故曰无咎旅四曰心爻應曰身

(義理)身者心之舍也四肢之本也大學正心次於修身身有忿懥心即不得其正四位大臣以身作則艮變離禮素位而行艮其身者謂動靜不越乎禮也

(占應)四辰在丑丑屬艮位艮既爲背故爻言身

六五艮其輔言有序悔亡

(訓詁)頰骨口輔序次也言有序安定辭也

(象數)艮爲黔喙之屬爲輔變巽互離爲言巽順爲序

(變通)五變爲漸䷴旁通爲隨䷐漸居賢德善俗爻應故曰有序悔亡

(義理)五居尊位一言興邦一言喪邦發禁躁妄內斯靜專樞機之動正不可以不思也爻變巽順從容中道有倫有脊何有煩易之傷哉

(考證)序虞李作孚

(占應)五辰在卯上值氐房氐爲路寢房爲明堂聽朝布政史記動言應主言有倫序

上九敦艮吉

(訓詁)敦龎厚也

(象數)艮變坤爲安貞厚德載物爲敦艮

(變通)上變爲謙䷎旁通爲夬䷪謙尊而光爻應故爲敦吉

(義理)年彌高者德彌卲上當天位變坤以厚德承載而又體艮靜穆和靄之仁實造黎民之福也譬之上天之載無聲無臭絕非世俗澆風可比故占敦吉

(占應)上辰在戌上值土司空星土德含宏應爲敦艮

象曰艮其趾未失正也不拯其隨未退聽也艮其限危薰心也艮其身止諸躬也艮其輔以中正也敦艮之吉以厚終也

(訓詁)聽信從也

(象數)中互坎耳爲聽

(義理)初艮其趾欲人堅立地步也二則勉人勵厥潛修三則在分界之嚴四則挺然卓立至五思慮已審故吐辭有經上則量涵太空屹如山峙六爻各視

德位而成無非以思不出位爲防閑焉

(音句)心叶音性與正聽相韻心又叶音松與躬終相韻按詩大雅吉甫作頌穆如清風仲山甫永懷以慰其心心叶先容切王微觀海詩善即誰爲御我來無別心卿復與茲興茲興將何詠心叶思敬切如叶音性中當讀正中與躬終相韻如叶音松當爲隔句相韻詳見蒙卦象傳

(攷證)心易滓源未退聽也李作未違聽也以中正也本義云正字羨文叶韻可見

副編

艮

(集解)頤齋經說艮背不獲者豎起脊梁擔當宇宙陶淵明不爲五斗米折腰亮節高風不隕獲於貧賤也凡卑於尊曰見古者人君下賢士不㫺身先見不

獲不見正謂行止以禮而不失也

象

(集解)朱子語類或問艮之象何以爲光明曰定則明凡人胸次煩擾則愈見昏暗中有定止則自然光明莊子所謂泰語定而天光發也〇大成易旨自其冥覩閲謂之背自其神之不測謂時自其體之有定曰所自其神明之舍曰位不偏於動亦不偏於靜也

初

(默參)人生五歲血氣始通其氣在下故好行走初動變離火性无定戒以艮趾利貞正聖人調養之道也

(德位)艮无貞德初動變離則貞在二中得初相助也故曰利貞

二

(默參)爻當二中人生二十血氣方盛故好趨趨者氣促易動其心互坎心憂爲不快

(比例)旅四曰我心不快此曰其心不快其者對彼而言也

三

(集解)頤齋經說君子上達小人下達上下之界既分爲艮限君子與君子爲朋小人與小人爲朋君子小人之朋分黨爲列夤親君子則進高明親小人則入汙下厲熏心者正憂深慮遠惕然於不善之浼已也

(默參)惠士奇易說限謂身半內經謂之天樞天樞之上自身半以上其氣三天之分也天氣主之天樞之下自身半以下其氣三地之分也地氣主之限者上下之際氣交之中人之分也三分析之上天下地中當氣交故稱限天地之氣交合於此化生變易皆在其中故氣交之分人氣從之萬物由之此豈所當止之地哉非所當止之地而亦止焉故曰艮其限也艮其限則天氣不交於下地氣不交於上上下分爲兩截如列其夤矣在天爲否則天下无邦在人身爲病則一身无主故曰危熏心也〇按腰當臍中夤在臍後艮背互坎正當腎俞陰陽之氣至此分君相之火至此辨坎水變而不見相火熏心因而思入浮慕所以爲厲

四

(集解)虞翻曰身腹也觀坤爲身故艮其身得位承五故无咎或謂妊身也五動則四體離婦離爲大腹孕之象也故艮其身得正承五而受陽施故无咎詩曰大任有身生此文王也

(默參)爻當四位應人年當四十經脈已定腠理始疎故身好止而不好動變離主禮補過之法正宜安靜而毋躁焉

五

(集解)虞翻曰輔面頰骨上頰車者也三至上體頤象艮爲止在坎車上故艮其輔謂輔車相依震爲言五失位悔也動得正故言有孚悔亡也

(默參)言爲心聲止變巽順從容語論絕非騰口說者比焉多言傷氣有序則瞬存息養正自葆其天和也

上

(默參)艮變坤腹萬物含宏化光思不出位正象渾噩之風太古之極致也占爲敦吉旨深哉

象

(對待)震之上六綜即艮之初六故皆无咎艮之上九綜又震之初九故兩言吉

漸䷴ 巽上艮下

泰州 徐天璋睿川 學

（卦旨）卦自觀䷓悔爲三陽綜爲歸妹䷵旁通爲隨䷐錯亦爲歸妹在天成象風澹星稀在地成形山平木聳在世運俗尚清高在人色容和譪

（義理）木植艮山生得其所曰漸

漸女歸吉利貞

（訓詁）婦人謂嫁曰歸女歸于歸也

（象數）巽爲女互離爲禮男下女親迎之象爲女歸吉

（義理）士之策名猶女之許字自納采以至親迎悉待備禮來求如其炫玉自沽勢必急遽無序古者多託夫婦以喻君臣莘野南陽三聘乃出誰謂非得利貞者哉

（占應）甘氏星經漸臺四星屬織女東足

彖曰漸之進也女歸吉也進得位往有功也進以正可以正邦也其位剛得中也止而巽動不窮也

（訓詁）功勞績也

（象數）艮爲止五多功剛進得位爲有功

（義理）女恥自媒士恥自薦出處何容自輕女之歸也聘則爲妻奔則爲妾昏禮納采問名納吉納徵請期親迎以次漸進然後名位正焉故士之仕也不可枉道以求能進以漸則品望自尊豈有爲世所輕賤耶

（考證）漸之進也本義云之字疑衍或是漸字王肅本作女歸吉利貞

象曰山上有木漸君子以居賢德善俗

（訓詁）安止曰居賢德謂己之善善俗及人之功也

（象數）艮爲山巽爲木艮靜象人淵默爲賢德巽風動於四方爲善俗

（義理）二南之化首在齊家自關雎以迄騶虞中爲男女之防備著故天下風俗之善莫不正始於夫妻也絕無鑽穴隙相窺踰牆相從而能謂人賢俗美也

（考證）釋文善俗王肅本作善風俗足利本同本義居賢德賢字疑衍或善下有脫字

初六鴻漸于干小子厲有言无咎

（訓詁）大雁曰鴻徐進曰漸干水涯厲危也小子女未笄男未冠也有言无咎謂小子聞其言而免於危也

（象數）艮變離爲飛鳥因爲鴻初當艮山之麓互坎水涯爲干艮少男爲小子變離爲言

（變通）初變爲家人䷤旁通爲屯䷂家人言有物而行有恆爻應故有言无咎

（義理）六爻以鴻取象者昏禮首重奠雁也諺曰教子嬰孩教婦初來爻當初陰全賴長上提撕警覺昔孔子見羅雀者所得皆黃口小雀問其故羅者曰大雀善驚故難得黃口貪食故易得黃口從大雀則不得大雀從黃口則得之孔子顧謂弟子曰善驚而遠害貪食而忘患獨以所從爲禍福故君子慎所從從長者之慮則有全身之階從小子戇則有危亡之敗也小子厲有言无咎正喻初瀕於危賴君子提撕警覺也

（品物）鴻雁之大者其飛有序應時而嚮南北孟春自南來北仲秋自北來南小者先至大者後來最爲有禮故親迎奠雁用之鴻雁雌雄各偶義不再配漸女歸吉初故以小子漸干取象

（占應）初辰在未上値野雞野雞飛不能高應以鴻漸于干爲喻

六二鴻漸于磐飲食衎衎吉

(訓詁)磐大石水涯堆也飮水飲食糧食衎衎和樂也
(象數)艮爲小石巽爲高大體艮變巽爲磐中互坎水爲飮兌口爲食兌主和
悅爲衎衎
(變通)二變爲巽䷸旁通爲震䷲萬物潔齊乎巽爻應故爲飮食衎衎
(義理)居德善俗首事敦龐二變巽高潔身自愛正如鴻漸澗磐逍遙自樂飛
鳴食宿與物無爭衡門泌水之間何有風波之及哉若以夫婦而論梁鴻孟光
相敬如賓以之
(考證)磐漢志武帝紀引作般
(占應)二辰在酉上値天囷天廩應爲飮食又値礪石應爲漸磐

九三鴻漸于陸夫征不復婦孕不育凶利禦寇

(訓詁)地之高平曰陸復反也孕妊也育生也禦扞也

(象數)艮山變成坤地爲陸艮男爲夫陽動不見爲夫征不復互離大腹當巽
長女下體爲孕變坤腹虛中失陽實爲婦孕不育三近多凶爲凶中互坎寇變
坤以土尅水坎寇不見爲利禦寇
(變通)三變爲觀䷓旁通爲无妄䷘觀爲省方設敎爻應故婦以禮自守
能禦强暴之來
(義理)居非其地必罹厥凶巽女以艮爲夫夫主以陽爲體三當互坎陽陷險
中體陽變陰艮夫喪亡之象也顧女以夫爲天一與之齊終身不改猶之鴻孤
守禮不再配耦利禦寇者能禦强暴之汙也非善俗何能有此
(攷證)釋文孕荀作乘
(品物)鴻知守義喪其匹耦則必獨宿孤飛夜爲同羣者在外巡察防邏若世
俗之司更擊柝者故爻以利禦寇取象婦孕不育凡禽鳥生卵必感雄氣孳乳
亦有感以聲者如養鴨者得雌鴨百頭畜於溪沼祗取雄鴨三頭並畜其內波
上歡呼則雄氣感之於水雌者戲逐波上均能孳氣孕卵雞鳴隔院雌聞雄聲
亦能孕卵獨鴻各有匹耦雄死則雌雖有孕在腹屆時卵生必不能孵粥而成
子也
(占應)三辰在辰上値軫宿廣雅軫謂之鳥鶩故應爲鴻婦又値上將諸星應
利禦寇

六四鴻漸于木或得其桷无咎

(訓詁)意疑曰或桷平柯也
(象數)巽爲木因爲桷巽進退不果意疑爲或
(變通)四變爲遯䷠旁通爲萃䷬遯君子以遠小人鴻故去下漸上
(義理)鴻棲以蹠不以爪其指有幕不能握枝非得平木則身必危而不安四

獨棲木得桷者巽柔當位象變成遯身居廊廟志在山林功成思退漢之張良
唐之李泌是以无咎
(品物)桷榱也椽方曰桷天子之桷斲之礱之加密石焉諸侯之桷斲之礱之
大夫斲之集木得桷蓋樹幹横平如桷者也
(占應)四辰在丑上値輦道漸臺天柱應爲漸木得桷

九五鴻漸陵婦三歲不孕終莫之勝吉

(訓詁)邱高曰陵孕妊也終莫之勝蓋謂婦位尊貴雖不孕絕無能加其上者
也
(象數)艮山爲陵互離數三爲三歲巽爲婦互離爲大腹當巽中身爲孕陽動
變陰互離不見爲三歲不孕
(變通)五變爲艮䷳旁通爲兌䷹艮曰不獲其身爻應故爲不孕

(義理)古者娶婦無子者出出則婦失其位五居尊位女歸而貴者也應爲后夫人之象身雖不孕絕無出理凡妾媵有子終難奪嫡而勝之也其占獨吉

(占應)五辰在申上値六甲應主孕象

上九鴻漸于陸其羽可用爲儀吉

(訓詁)天衢曰陸羽舞羽儀容也

(象數)巽爲高上當天位爲陸風化物飛巽因爲羽鴻飛有序中互離禮爲儀

(變通)上變爲蹇䷦旁通爲革䷰蹇上利見大人革應興王制禮作樂崇德象功爻應故舞羽以節八風而分行列

(義理)禮曰兄弟雁行誠以雁飛天空一字是排其序不亂也家齊國治至終化成上當祖位君子作樂崇德舞佾羽而分綴兆因法鴻飛天際步止整齊少長有序夫婦有禮飛皆成字以爲儀容也

(攷證)陸朱子謂陸當讀逵或又作阿鴻道立爻辰畧引集說惠仲儒云陸天衢也天文有北陸南陸按天文北陸虛也西陸昴也陸字可勿改作逵字

(品物)羽干羽以翟羽爲之即今大廟所舞之佾也

(占應)上辰在戌上値火鳥應爲翟羽化主文明

象曰小子之厲義无咎也飲食衎衎不素飽也夫征不復離羣醜也婦孕不育失其道也利用禦寇順相保也或得其桷順以巽也終莫之勝吉得所願也其羽可用爲儀吉不可亂也

(訓詁)獨豫曰素醜類也恃守曰保亂紊也不可亂謂成列也

(義理)初下喻雁之小者先至而漸于干所飛不高也二則和以處衆三則以禮自防四則止擇其安五則尊不可奪上則化起刑于功成治定六爻即鴻取喩者風俗貞淫首觀德禮彼女爲再醮士爲貳臣可以人而不如鳥乎

(音句)咎音杲醜當叶音疇與飽道保等字相韻巽叶選去聲與願亂相韻按咎字詳見同人象傳醜字詳見觀象傳巽字詳見萃象傳

副編

漸

(集解)宮文煌曰民託於國譬之木託於山人君能以靜鎮撫國則民無失所之嗟女無仳離之歎風俗所以厚焉

象

(德位)貞在五中利貞剛柔應也

上

(德位)貞在五中故曰進得位其位剛得中也

(集解)江永羣經補義以韻讀之陸當作阿大陵曰阿九五爲陵則上九宜爲

阿阿儀相叶菁菁者莪是也先儒謂當作逵逵與儀非古音韻○頤齋經說上當祖位羽用爲儀即婚禮行於祖廟奠雁爲禮儀也

(默参)巽變爲坎坎水於音屬羽

象

(集解)頤齋經說楚語夫謀必素飽素豫也左傳其衆素飽疏訓爲直履卦九三素履象傳訓爲獨行不素飽也即不獨自直行豫飽不顧人也

泰州 徐天璋睿川 演

歸妹 ䷵ 震上兌下

(卦旨)卦自大壯䷡悔爲三陰綜爲漸䷴旁通爲蠱䷑錯亦爲漸在天成象新月昏黃在地成形荒溪草寒在世運風俗驕淫在人脂韋媚俗

(義理)兌女悅隨震男歸不當位猶之娣媵相從故曰歸妹

歸妹征凶无攸利

(提要)蛾眉皓齒伐性之斧亡國之妖也紂伐有蘇有蘇氏以妲己女焉歸妹征凶其爲殷紂之示警乎

(訓詁)女弟曰妹不時曰凶征凶无利謂以女禍而喪邦也

(象數)兌少女爲妹震長男爲兄故曰歸妹中互坎險爲凶妹從兄行爲征凶坎險在前爲无利

(義理)古禮娶則爲妻奔則爲妾娶謂六禮皆備奔謂不待禮備而往也兌爲

少女說從震男不待禮來而急往歸娣媵之象也天子一娶四國媵從諸侯一娶三國媵從大夫一娶二女媵從既以媵從爲禮而易曰征凶者士恥自薦女恥自媒凡媵從者莫不居於賤位也

彖曰歸妹天地之大義也天地不交而萬物不興歸妹人之終始也說以動所歸妹也征凶位不當也无攸利柔乘剛也

(訓詁)交氣感而相合也

(象數)兌爲說震爲動

(義理)天地之氣日夜交感陰騰陽降萬物化生故女必以男爲歸然後始能生生也但兌爲稚女震爲壯夫陰陽相薄縱慾恣情說動者未有不凶也

(攷證)釋文本或作所以歸妹也

象曰澤上有雷歸妹君子以永終知敝

(訓詁)永長也敝敗也永終知敝永善其終戒慎其敗也

(象數)兌爲澤震爲雷雷能修省爲永終兌主毀折爲知敝

(義理)春秋大正始始不能正終必有敗以兌女而逐震夫年齒懸殊必離偕老因愛而合者莫不因憎而散豈必待色衰愛弛哉

(攷證)釋文敝亦作弊

初九歸妹以娣跛能履征吉

(訓詁)娣女弟爲媵者也偏任曰跛能從也履禮也

(象數)兌爲少女爲娣初下爲趾體兌毀折趾折而行爲跛履震動爲征體陽變柔應剛爲吉

(變通)初變爲解䷧旁通爲鼎䷱解有攸往夙吉爻應故爲征吉

(義理)爾雅釋親女子同出先生爲姒後生爲娣又長婦爲姒稚婦爲娣故古

之嫁女以姪娣從自嫡而下凡謂之娣娣所以佐嫡代任執役也初當下位不敢敵正猶小星之詩抱衾與裯而能以禮自處黽勉從事不敢告勞也所以叶吉

(攷證)能李氏集解引虞作而按古能字通作耐字此能字當由耐字而譌而字又耐字半體也

(占應)初辰在子上値女宿應爲妹娣

九二眇能視利幽人之貞

(訓詁)一目微細曰眇幽人居陰者也

(象數)中互離目體兌毀折爲眇視兌陰司秋爲幽變震坦蕩自得爲利幽人之貞

(變通)二變爲震䷲旁通爲巽䷸巽曰利有攸往利見大人九五曰貞吉爻應故曰利幽人之貞

（義理）明者察察自矜比眇者之視遠甚然眇者視審周詳較明者反爲精細二以誠實應五變震決躁剛柔反不相能譬之以忠獲罪直言難諒者也爻曰眇視利貞皆言望承顏色視於無形雖有見知之明正貴緘默以避其禍也老氏曰知白守黑恰同此恉

（攷證）能處作而

六二歸妹以須反歸以娣

（占應）二辰在寅上值心宿心禽爲狐狐性潛伏隱晦應爲幽人

（訓詁）須需也謂待年也反復也以娣仍爲媵也

（象數）三當兌柔少女難勝婦任故必待時爲歸妹以須變乾則柔者健强婦任克勝爲反歸以娣

（變通）三變爲大壯䷡旁通爲升䷭大壯曰觸藩羸角爻應故曰反歸待

時

（義理）古者媵有待年之禮蓋媵時其齒甚幼則必反於其國待其年長仍復來媵蓋須者時也娣者分也既及其時仍循其分禮之盡義之至也或曰楚人謂姊爲須是即留其娣媵中之長者反其少者於母家如後代放宮女出宮以明國君之未御也

（攷證）釋文類荀陸作嬬孟京作嬃

（占應）三辰在亥上值離宮應爲歸而待年離居別寢星經北方七宿女四星亦曰須女光微小天市垣織女三星明大故織女爲貴須女爲賤

九四歸妹愆期遲歸有時

（訓詁）愆期過時也遲待也

（象數）中互坎月離日日月交會爲期四動中互坎離不見爲愆期震變坤貞西南得明爲遲歸有時

（變通）四變爲臨䷒旁通爲大畜䷙臨爲剛浸而長爻應故曰有待

（義理）古者昏禮納幣既有吉日其或婿有父母之喪婿之伯父致命女氏曰某之子有父母之喪不得嗣爲兄弟使某致命女氏許諾而弗敢嫁禮也婿免喪女之父母使人請以期來歸其或女之父母死亦如之愆期者當因有喪故也

（占應）四辰在午上值軒轅星合爲百二十妃大小相次後宮多子孫見開元星占又值陰德應爲遲歸有時

六五帝乙歸妹其君之袂不如其娣之袂良月幾望吉

（提要）卦詳見泰六五

（訓詁）帝乙商君武乙也妹武乙之妹袂衣袂其君之袂不如其娣之袂良者言夫人之袂侈不如其娣之袂質也幾近也

（象數）五當君位帝出乎震爲帝乙兌少女爲妹兌爲口衣口爲袂互坎爲月體兌養丁爲幾望

（變通）五變爲兌䷹旁通爲艮䷳兌曰順天應人爻應故吉

（義理）柔居尊位虛以應二動成兌說故衆妾樂稱其德也既曰帝乙歸妹並取象君袂娣袂者婦人行禮必斂衽以袂爲容君夫人尚文其袂侈娣媵尚質其袂不侈侈則難於作事不侈便於作事也五君二娣五之兌袂由於爻變二之兌袂本卦自然故曰其君之袂不如其娣之袂良也

（攷證）釋文幾荀作既

（品物）五獨言袂而不言衣者禮玉藻王后褘衣夫人揄狄君命屈狄古人文質相間故后夫人以文娣妾以質禮云大夫以上侈袂士元端服衣袂皆用正服不侈想見后夫人之衣必如大夫侈袂娣妾之衣必如士衣不侈袂也侈袂

取其爲禮不修袂取其便作事也

(占應)五辰在卯上値七星晉志七星主衣裳文繡應爲袂良

上六女承筐无實士刲羊无血无攸利

(訓詁)承奉也筐竹器刲刺也

(象數)震爲蒼筤竹爲仰盂因爲筐變離中虛爲无實兌爲羊震爲士變離干兵爲刲羊互坎爲血虛筐不能盛之爲无血旣无血因爲无利

(變通)上變爲睽䷥旁通爲蹇䷦睽志兩不相得爻應故曰无利

(義理)承筐婦見舅姑之贄刲羊士昏同牢之禮宗廟之祭主婦奉筐米士奉血旹上當祖位故以婦歸行廟見之禮言之筐承无實羊刲无血婦儀士禮並失也蓋上與三應二爲正婦三娣媵也故无刲羊承筐之奉稱女而不稱婦者不與其爲婦也何以有利

(攷證)筐鄭作匡

(品物)筐篚屬竹器能盛物者

(占應)上辰在巳上値張宿張主宗廟享祭應爲奉筐刲羊

象曰歸妹以娣以恆也跛能履吉相承也利幽人之貞未變常也歸妹以須未當也愆期之志有待而行也帝乙歸妹不如其娣之袂良也其位在中以貴行也上六无實承虛筐也

(訓詁)恆常也承仰受而佐奉也

(義理)初以佐助爲吉二以愼密爲貞三則反而待年之壯四則愆期仍待其歸五則和以待下上則反目相睽各因爻變而著其象實則人世之常禮也

(攷證)有待釋文古本張蟠本作有時按待時古字通用

(音句)恆與承相韻行音杭

副編

歸妹

彖

(集解)虞翻曰乾天坤地三之四天地交以離日坎月戰陰陽陰陽之義配日月則萬物興故天地之大義乾主壬坤主癸日月會北震爲玄黃天地之雜震東兌西離南坎北六十四卦此象最備四時正卦故天地之大義也○干寶曰歸妹者衰落之女也父旣沒矣兄主其禮子續父業人道所以相終始也○崔憬曰中四爻皆失位以象歸妹非正嫡故征凶也

象

(集解)顧炎武日知錄新臺桑中鶉奔之詩而知衛有狄滅之禍讀宛邱東門月出之詩而察陳有徵舒之亂書齊侯送姜氏於讙而卜桓公之所以薨書夫

人姜氏入書大夫宗婦覿用幣而兆子般閔公之所弒昏姻之義男女之節君子可不慮其所終哉

二

(德位)利貞德在二中

四

(集解)顧齋經說詩云士如歸妻迨冰未泮古者取妻多在春令體震爲春變坤當秋仲夏之前猶得嫁娶至秋必待明年故曰愆期

上

(筮說)左傳僖十五年初晉獻公筮嫁伯姬於秦遇歸妹之睽䷥史蘇占之曰不吉其繇曰士刲羊亦無衁也女承筐亦无貺也西鄰責言不可償也歸妹之睽猶无相也震之離亦離之震爲雷爲火爲嬴敗姬車脫其輹火焚其旗不利行

師敗于宗邱歸妹睽孤寇張之弧姪其從姑六年其逋逃歸其國而棄其姑明
年其死于高梁之墟

象

（對待）漸上綜即歸妹之初故皆言吉歸妹之五綜即漸二故占吉同

豐䷶ 震離上下　泰州徐天璋睿川　演

（卦旨）卦自大壯䷡悔而爲陰綜爲旅䷷旁通爲井䷯錯爲渙䷺在天成象雷電滿空在地成形城郭式廓在世運豐樂繁華在人精明剛毅

（義理）陰陽相爭激而爲雷流而爲電雨氣雖甚日光難藏夏五六月暴雨之象也震主春生離爲夏長二氣盛大曰豐

豐亨王假之勿憂宜日中

（提要）豐侯以荒淫於酒亡國文王伐崇遂并其地因遷都焉凡遷邑必先立社故宜在日中

（訓詁）假尙也祭社曰宜日中日中爲市也

（象數）離爲日中震主匕鬯爲宜

（義理）昔虞舜作歌必曰解慍阜財足徵有國者以民富庶爲憂也勿憂宜日

中宜社祭名蓋古者日中爲市懋遷有無起大事動大衆莫不於日中而宜之也

彖曰豐大也明以動故豐王假之尙大也勿憂宜日中宜照天下也日中則昃月盈則食天地盈虛與時消息而況於人乎況於鬼神乎

（訓詁）假嘉也尙大嘉尙豐大也宜照天下謂祭當日中天下之貨麕集於市如日之充盛也昃日過中而昃食月望而蝕也

（象數）離爲日其位當午爲日中互兌爲西日過中而景西爲日昃豐爲坎宮五世之卦坎爲月至五坎變不見爲月食三陰三陽本自乾坤升降爲天地盈虛

（義理）王假尙大聖人正以尙字訓假兼以大字訓豐蓋以豐大爲王者所嘉

尙也設非豐大則用無羸餘國非其國矣數豐於漸歸妹後者古者前朝後市君理陽敎后理陰敎日中爲市后夫人主之盜盧消息即泰象曰后以裁成天地之道輔相天地之宜也

（攷證）林蔡二本故豐之豐作亨任氏從之釋文昃孟作稷說文作厢陸作吳按尙書中侯握河紀云日稷鄭讀側穀梁春秋經云戊午日下稷公羊左傳皆作昃范甯曰稷昃也稷與昃古通

象曰雷電皆至豐君子以折獄致刑

（訓詁）折斷也确實人之情僞曰獄致制也

（象數）震爲雷離爲電具離之明中互巽命爲折獄法震之威中互兌肅爲致刑

（義理）惟明克允惟辟作威非具離明不能燭人之奸非具震威不能大畏民

志豐既日中爲市而象言折獄致刑者蓋古者戮人於市與衆棄之也

初九遇其配主雖旬无咎往有尙

（訓詁）配主聽獄持平之官十日曰旬雖旬无咎獄至十日而即決之故无咎尙嘉尙也

（象數）初爲民四爲卿士卿聽民獄爲配主離爲日爲旬震動爲往初變艮止柔與剛應爲有尙

（變通）初變爲小過䷽旁通爲大過䷛小過曰小事吉也爻應故无咎有尙

（義理）書呂刑曰典獄非訖于威惟訖于富敬忌罔有擇言在躬惟克天德自作元命配享在下又曰今天相民作配在下明淸于單辭民之亂罔不中聽獄之兩辭無或私家於獄之兩辭遇其配主即配享在下作配在下聽獄兩辭之官也周禮大司寇以五刑聽萬民之獄訟附於刑用情訊之至於旬乃弊之豐以折獄致刑雖旬无咎輕獄議在十日之內也如過旬日則必重罪議至二旬三旬矣故象曰過旬災也往有尙者聽獄之主明決往訟必得其理不致有寃抑也

（攷證）釋文配鄭作妃旬荀作均劉昞作鈞按當從本義作配作旬

（占應）初辰在子上値司危司非應爲配主

六二豐其蔀日中見斗往得疑疾有孚發若吉

（訓詁）蔀晻障光明之氣斗星也疾嫉也疑疾未信也有孚發若積誠相感信而後啓其志也

（象數）震爲蕃鮮中互巽茅爲蔀二當離中爲日中離目爲見震仰盂互巽爲權斗星之象也因爲見斗互坎心痛爲疑疾坎水爲有孚體離變乾照以天光

離中陰私袪去爲有孚發若

（變通）二變爲大壯䷡旁通爲升䷭大壯二曰貞吉爻應故曰有孚發若吉

（義理）日喻君上斗喻權臣蔀喻奴僕離日在下震木互巽草茅上蔽正如蔀障光明日晦而星斗皆見也二爲正士中與五應適爲羣邪蒙蔽無往而不疑嫉既云疑疾又云有孚即呂刑曰五刑之疑有赦五罰之疑有赦其審克之僞孚有衆故曰有孚發若也占吉者柔變剛中積誠相感信而後諫彼凡婁非之言君皆不聽恰如撥雲霧而見靑天雖處豐盛絕無有欺罔者焉

（攷證）釋文蔀鄭云蔀仁貴本作菩見斗孟作見主按當從正義作蔀蔀草也管子輕重甲篇趣耕發草有孚發若正謂發蔀而去蒙蔽也

（品物）蔀舒蔀草名亦作菜名即魚薺也按蔀當爲百蔀藥名蔓生根多百十

相連二當巽茅下體植黨營私陰邪連結故取以爲喻也

（占應）二辰在酉上値天園應爲草蔬斗斗宿也天文大成卷九日占大戰之氣映日如席如布又日觸斗中帝后不和大臣多難臣下叛逆卷三十斗占日在斗蝕人主惡之春秋感精符曰將相有憂國饑凶兵起甘氏曰其國反叛又日暈守斗宗廟不安宗臣囚死又南部新書盧文進出獵忽天暗星見士人謂之笪豐蔀見斗悉應陰氣蔽障之故也

九三豐其沛日中見沬折其右肱无咎

（訓詁）沛澤也水草之地沬雨潦也折屈也肱臂也

（象數）中互兌澤爲沛離爲日互坎爲雨爲沬互艮爲手體兌毀折當右爲折右肱

（變通）三變爲震䷲旁通爲巽䷸震二无眚爻應故爲无咎

（義理）沛澤之氣騰而爲沬譬之天曉離日升空而霧氣溟濛陰陽雜亂日轉昏而不見蓋喻臣僕竊施恩澤蒙蔽其主也三變成震震雷驚空羣陰立散外藩起兵入清君側之象使小人不能相助爲虐所以无咎古制以禮事者左袒以刑施者右袒折其右肱右袒而致刑也

（攷證）釋文沛馬王作旆子夏作芾鄭干作韋沬鄭馬諸本及王弼傳皆作昧肱姚作股按孟子曰天油然作雲沛然下雨淮南說山人莫鑑於沬雨沬雨潦上覆甍也沬雨或作流潦一謂細雨霢霂實如沬象豐其沛日中見沬蓋沛然下雨雨旁紛絲曰沬驟雨之時日不及收今之夏令往往有此象也一說星小纖微散如延沬當從本義作沬

（占應）三辰在辰上値執法玄弋進賢應爲賢才進而陰邪解焉天官書輔星在北斗第六星旁大臣之象占欲小而明君吉大而明君政不明則臣不任職明大與斗合國兵起暗而遠斗臣不輔君主近臣專政排賢用佞則輔生角近臣擅國符印將謀社稷則輔生翼日中見沬正應近臣專政排賢用佞之象也

九四豐其蔀日中見斗遇其夷主吉

（訓詁）蒙難曰夷夷主外晦明而內正志也

（象數）蔀斗取象與二同震旦變坤日入地中爲夷主

（變通）四變爲明夷䷣旁通爲需䷄明夷曰利艱貞爻應故爲夷主需曰不犯難行象傳故曰吉行也

（義理）豐至九四勢位隆盛蒙蔽愈多故以蔀斗爲喻遇其夷主吉者四與初應初以四爲配主四以初爲夷主譬之殷周之際商辛暴虐於上箕文蒙難於下飛廉惡來附紂者終罹厥凶武王訪道于箕子太公就養于文王適占其吉夷主之遇正應象成明夷也

（攷證）蔀鄭作菩

（占應）四辰在午上値柳宿柳主草木應爲蔀象

六五來章有慶譽吉

（訓詁）章彰也謂能明辨而彰別也

（象數）靑與赤爲文赤與白爲章離火色赤震木色靑變兌色白白赤合而爲章離在志爲喜因爲慶兌說爲譽

（變通）五變爲革䷰旁通爲蹇䷦革五大人虎變其文炳著故爲來章譽吉

（義理）豐多故也動而成革革去故也五主當陽除舊布新舉凡陰暗蒙蔽者廓然昭明正應武王革命之日命召公釋箕子之囚命畢公表商容之閭命閎天封比干之墓故爻云來章有慶譽吉詩曰倬彼雲漢爲章于天周王壽考遐

不作人又曰追琢其章金玉其相勉勉我王綱紀四方書呂刑曰一人有慶兆民賴之又曰咸中有慶受王嘉師並與此爻同旨

（占應）五辰在卯上值折威主賞罰分明應爲有譽

上六豐其屋蔀其家闚其戶闃其无人三歲不覿凶

（訓詁）門中傾覗曰闚闃靜也覿見也

（象數）震變離爲垣墉因爲屋互巽草莽生於屋內爲蔀家離目爲闚爲覿震爲行人變離行人不見爲无人離數三爲三歲上爻體陰爲凶

（變通）上變爲離䷝旁通爲坎䷜離上有嘉折首爻應故爲无人之凶

（義理）上化重離豐之至也離爲飛鳥翔於天際以之喻屋鳥革翬飛美輪美奐莫與京焉顧高明之家鬼瞰其室蔀其家者正如蒡生伯有之門也古詩曰生存華屋處零落歸山邱不覿之凶良爲可慨豐終若此能不痛哭警與

（攷證）釋文豐說文作寷注大屋也闚說文元闚字當作闚姚作闃孟作窒吳麥雲曰當作血引閦宮有侐爲解惠氏九經古義云說文夐低目視也從夐門聲當作闃

（占應）上辰在巳上值長垣靈臺明堂內屏應爲宮室豐大之象又值天牢應爲无人之凶

象曰雖旬无咎過旬災也有孚發若信以發志也豐其沛不可大事也折其右肱終不可用也豐其蔀位不當也日中見斗幽不明也遇其夷主吉行也六五之吉有慶也豐其屋天際翔也闚其戶闃其无人自藏也

（訓詁）用以也日飛日翔藏潛隱也

（象數）離火爲災離爲飛鳥因爲翔

（義理）初日配主四日夷主相遇者人已交孚也二日發志五日有慶占吉者上下交孚也三日折肱上日无人相應者渝背以敗也故李光地曰他卦重在有應惟豐不然豐盛大也盛大而有應則益其盈滿之心故以同德而不相應者爲相成也

（音句）災叶子之切志叶眞而切音支用當叶音以明音芒行音杭慶音羌按災志詳前无妄象傳用讀音以王引之經義述聞歷引井九二可用汲史記屈原傳作可以汲呂刑報虐以威論衡譴告篇作暴虐用威詩大雅勿以爲笑荀子大略篇作勿用爲笑桑柔篇逝不以濯墨子尙賢篇作鮮不用濯蓋以用古多相通蒼頡篇日用以也用讀爲以古音正屬之韻與志事等韻相叶焉

（攷證）釋文際鄭云當爲瘵翔鄭氏王肅作祥藏衆家作戕按藏當從作戕餘從本義爲允

副編

豐

（集解）干寶曰豐坎宮陰世在五以其宜中而憂其側也坎爲夜離爲晝以離變坎至於天位五爲天子日中之象也殷水德坎象晝敗而離居之周伐殷居王位之象也聖人德大而心小既居天位而戒居不怠勿憂者勸勉之言也猶詩曰上帝臨爾无貳爾心言周德當天人之心宜居王位故宜日中○姚配中曰豐大之時不可優游宜明政刑以照天下窮大失居紂不知憂患而曰有命在天殷之所以亡也作易者有憂患日昃不暇食周之所以興也

（德位）亨德在四

二

（集解）頤齋經說今以士大夫家論之豐盛之日客從趨承奴僕豪橫主人翁

愚魯任其欺蒙雖有正人君子不容列足其間爻所謂往得疑疾也主人精明威望所著䔞小難欺而正人君子悉樂告之以善爻所謂有孚發若吉也治家如是治國亦如是處豐者可弗思與○虞翻曰日蔽雲中稱蔀

(默參)離爲心心有所疾則疑而不寧其目亦昏而無見應爲疑疾見斗之象

三

(集解)虞翻曰日在雲下稱沛沛不明也沬小星也○九家易曰大暗謂之沛沬斗杓後小星也○來矣鮮曰沛爲澤謂沛然下雨之貌沬者水沬也如延沬濡沬之沬乃霡霂細雨不成水之意此爻未變中互兌爲澤沛之象也既變中爻成坎水矣二爻巽木故以草象之三爻澤水故以沬象之也○頤齋經說曰君象也斗大星沬斗杓後小星折中云日食限多則大星見食限甚則小星亦見沬即斗後輔星也

(默參)爻變重震震爲少陽升偏於左故右有半枯之象應爲折其右肱

四

(集解)虞翻曰震爲主四行之正成明夷則三體震爲夷主故遇其夷主吉也○李鼎祚集解四處上卦之下以陽居陰履非其位而比於五故曰遇也夷者傷也主者五也謂四不期相遇而能上行傷五則吉故曰遇其夷主吉行也○頤齋經說謚法解安心靜好曰夷體震決躁變坤安貞安心靜好之象也蓋當羣陰蒙蔽之日獨能以靜待動用晦而明藉非深沉不露者不足以與於斯所以占吉○按豐盛之日附勢趨炎下應皆在上也獨四不應在上而反應初變爲明夷能接待人於患難之中識明主於風塵之內故曰遇其夷主吉繫此辭於四爻者蓋見紂之昏暗必歸亡敗文之家雖勢將熾昌故紂既釋西伯諸侯爭逆西伯歸于程也

(比例)三四剛爻三豐其沛日中見沬四豐其蔀日中見斗者蓋沬爲羣陰蒙蔽蔀爲小人植黨也見沬則竊施恩澤見斗則握政盜權其義各不同焉初曰配主應在四也四曰夷主應在初也鄭汝諧曰初視四爲配以下偶上也四視初爲夷降上就下也

五

(默參)離於人身爲心在志爲喜

上

(集解)干寶曰在豐之家居乾之位乾爲屋宇故曰豐其屋此蓋記紂之侈造爲璇室玉臺也蔀其家者以記紂多傾宮之女也社稷既亡宮室虛曠故曰闚其戶闃其无人闃无人貌也三者天地人之數也凡國於天地有興亡焉故王者之亡其家也必天示其祥地出其妖人反其常非斯三者亦弗之亡也故曰三歲不覿凶然則璿室之成三年而後亡國矣○李鼎祚集解上應於三三互離巽爲戶離爲目目而近戶闚之象也既屋豐家蔀若闚地戶閴寂无人震木數三故三歲致凶於災

象

(集解)頤齋經說豐其蔀沛喻紂爲陰邪蔽也日中見斗喻崇侯飛廉輩恃寵用事也往得疑疾文王見幽羑里也有孚發若紂命文王爲方伯也折其右肱紂殺比干囚箕子廢商容也遇其夷主吉者紂行無道自棄臣民諸侯歸周紂命文王爲方伯適爲周家開國之福也來章有譽四海之民歸心於周也上九豐屋闃戶无人紂隕厥身也王假之其王與三公參聽之乎雖旬无咎其用惰訊之至于旬乃弊之乎觀豐取象顯著殷周之興亡也

旅䷷ 離上艮下　　泰州　徐天璋睿川　演

（卦旨）卦自遯䷠消爲三陰綜爲豐䷶旁通爲困䷮錯爲節䷻在天成象日落星明在地成形山村野店在世運國祚迭更在人流離遷謫

（義理）山止不遷日行不息光陰者百代之過客以日照山曰旅

旅小亨旅貞吉

（訓詁）小亨陰亨也旅貞吉旅而不失其正是以吉也

（象數）自遯而柔得尊位爲小亨艮爲宮室因爲廬旅

（義理）王者无外諸侯有國大夫有家不得謂之旅也所謂旅者皆遷客逐臣以及諸侯失國爲寓公耳既曰爲旅而又曰小亨曰貞吉者葢即伯夷辟紂居北海之濵太公辟紂居東海之濵悉興起就西岐之養乎

彖曰旅小亨（石磵謂二字衍）**柔得中乎外而順乎剛止而麗乎明是以**

小亨旅貞吉也旅之時義大矣哉

（訓詁）麗附也止麗乎明善善而從之也

（象數）五柔爲得中艮爲止離爲明

（義理）萬物失其所居曰旅身既爲旅剛則難容柔則易附所謂柔者非阿附曲從也進以禮退以義內不失己外不失人故曰柔得中乎外而順乎剛柔既得中尤貴能明蓋望門投止如良禽擇木而棲若非審度勢幾比匪一朝貽譏千古惟其能正此旅所以占吉也昔孔子於衛主顏讐由過宋主司城貞子斯眞善於處旅者焉

象曰山上有火旅君子以明愼用刑而不留獄

（訓詁）謹密曰愼遲滯曰留不留獄有獄而立決也

（象數）艮爲山離爲火爲明艮止靜穆爲愼互兌司秋爲刑離言兌口爲獄互

巽行權爲明愼用刑而不留獄

（義理）折獄之道非明則剖決不公非愼則暴虐易誤非速則無辜者牽涉淹滯蕩產傾家既明且愼而又速斷此皋陶所以稱明允也

初六旅瑣瑣斯其所取災

（訓詁）旅衆也瑣瑣煩瑣貌分離曰斯居處曰所斯其所離其所居處也災大禍也

（象數）陽大陰小初下體陰爲瑣瑣艮止爲所離火爲災

（變通）初變爲離䷝旁通爲坎䷜離初體陽象曰辟咎旅初體陰爻應故曰取災

（義理）詩曰瑣瑣姻婭又曰瑣兮尾兮流離之子葢古者死徙無出鄉守望相助疾病相扶持艮止變離有挈衆偕行離於居處之象初爲庶民取災者紂斫

朝涉之脛剖剔孕婦殘害萬民也

（音句）焦循易章句斯其所句取災句衆家讀斯其所取災句按象曰志窮災也當從焦讀爲允

（攷證）斯王本郭京本作廝

（占應）初辰在未上値爟星爟主烽火應爲取災

六二旅卽次懷其資得童僕貞

（提要）此卽周武王伐紂克殷微子乃持其祭器造於軍門肉袒面縛於是武王乃釋微子復其位如故卽次乃就軍門（師卦六四云師左次）懷資爲持祭器肉袒面縛武王命釋微子卽明愼用刑而不留獄也

（訓詁）卽就也內舍曰次懷藏也行用曰資契悅曰得得童僕貞謂得童子而能役附之也

（象數）艮宮室爲次離貝爲資艮少男爲童閽寺爲僕變巽順從爲得童僕貞巽近利市爲懷資

（變通）二變爲鼎䷱旁通爲解䷧鼎二象曰終无尤也爻應亦曰終无尤也

（義理）唐崔塗詩曰漸於骨肉遠轉於童僕親正善言旅況者也顧客途既懷其資而童僕尤貴誠樸得童僕貞蓋即微子去殷持其祭器家衆隨行之象艮有敦厚之德變巽又有柔順之行故象以无尤明之

（攷證）懷其資釋文本或作懷其資斧童九家易作僮

（占應）二辰在酉上值傳舍應爲旅次開元星占傳舍止客

（提要）此應武庚與管叔蔡叔作亂成王命周公誅之之象

九三旅焚其次喪其童僕貞厲

（訓詁）火燬曰焚喪亡也

（象數）艮宮室爲次艮少男爲童閽寺爲僕艮變坤土外當離火宮室灰燼爲焚次艮男一陽變而不見爲喪童僕三近多凶爲貞厲

（變通）三變爲晉䷢旁通爲訟䷅晉三悔亡爻應故曰喪厲

（義理）仁爲安宅義爲正路三爲童僕之不中正者內互巽木近接離火猶小人附勢趨炎自謂炙手可熱及其敗也大厦既焚燕巢安在焚次喪僕猶言焚次之禍由於信用童僕而喪失也

（音句）諸家皆以貞字屬上讀句朱子本義貞字連下厲字讀句周易稽疑引俞氏曰貞當自爲句

（占應）三辰在辰上值大火之次應爲焚次

九四旅于處得其齊斧我心不快

（訓詁）處謂所止之國資斧齊斧不快心有疾也

（象數）艮止爲處離爲戈兵下貫巽木變艮宮廟爲齊斧動互坎憂爲我心不快

（變通）四變爲艮䷳旁通爲兌䷹艮思不出其位象應故曰未得位也

（義理）四位卿士典掌師旅斧所以示威也古者命將出師必於廟宮之地取齊斧以授將帥四任重寄得其齊斧不妨操權柄而利斷也繼曰我心不快蓋兵凶戰危枯萬人之骨成一將之功上干造物之和不得不臨時而懼也旅于處周公避東也得其齊斧成王悔迎周公命伐武庚也我心不快大義滅親戕及三叔也

（攷證）資斧釋文子夏傳及衆家並作齊斧虞喜志林云齊當作齋齋戒入廟而受斧也

（品物）張軌云齊斧蓋黃鉞也

（占應）四辰在午上值軒轅其屬有鉞星應爲齊斧

六五射雉一矢亡終以譽命

（訓詁）雉士所執贄以見君者射雉一矢亡終以譽命謂士遯藏於野人君射而獲之雖亡其矢而所獲之士實能副君之命也

（象數）離爲雉一陽變貫離中爲射雉乾金爲矢乾數一爲一矢離文明爲譽互巽爲命

（變通）五變爲遯䷠旁通爲萃䷬遯五嘉吉爻應故爲譽命

（義理）古者天子以射選諸侯卿大夫士射雉一矢亡喻求文明之士於野持弓審固矢不再發而即可以弋獲也五爲旅主二爲旅臣動而成遯有賢人去國之象顧五以虛中變成乾惕二五相應君臣感孚正如綱目書張良復歸漢

李泌至靈武終成漢唐大業故曰終以譽命也推原卦德離爲文明之主雉爲文明之鳥生於野者人君非求賢於野不能成興王之業也殷高宗遯居于河學於甘盤是其明證

(品物)雉性耿介其飛平直而疾交有禮別有倫羽毛五采皆成文章好藏林野士贄用死者爲其不可生服也埤雅雉飛若矢一往而墮雉飛不遠故射者易獲也

(占應)五辰在卯上值騎陣應爲田獵射雉

上九鳥焚其巢旅人先笑後號咷喪牛于易凶

(提要)鳥喻隱伏之賢牛喻畎畝之民焚巢喻覆國都喪易喻失疆土焚巢喪易蓋指紂登鹿臺自燔而死喪殷社稷並失其民衆也

(訓詁)巢鳥巢火燬曰焚解頤啓齒曰笑號咷呼啼也喪亡也易疆埸也焚巢

則遠無所依喪牛則近失其恃也

(象數)離爲飛鳥其于木爲科上槁離爲垣墉變震仰盂其象爲鳥巢離火變當震木之稍爲鳥焚其巢離火在志爲笑變震在聲爲呼因爲號咷離爲牛變震大塗爲易離牛不見爲喪牛于易

(變通)上變爲小過䷽旁通爲大過䷛小過上應曰飛鳥災眚離凶

(義理)上當荒服之地旅人至此以爲莫予毒焉譬之鳥巢樹杪牛散郊坰可以免鷹網之害詎知災及其巢喪即于易正如宋帝昺逃至厓山明永明王奔至緬甸並此而不能容旅終至此能勿號咷也與先笑後跳蓋旅人先以遠行爲善後以無依爲悲也

(攷證)古本後上衍而字易陸績作埸鄭爲佼易

(品物)巢今林樹上之鳥巢也鳥啣枝葉營之其形圓周如今盂缽之式

(占應)上辰値戌上値火鳥應爲焚巢又値婁宿文獻通攷婁主苑牧犧牲應爲牛天文大成鳥占鳥焚其巢王者絕世京房曰君政暴虐則鳥焚其巢

象曰旅瑣瑣志窮災也得童僕貞終无尤也旅焚其次亦已傷矣以旅與下其義喪也旅于處未得位也得其資斧心未快也終以譽命上逮也以旅在上其義焚也喪牛于易終莫之聞也

(訓詁)憂思曰傷逮及也

(義理)初位小人其細已甚卑鄙者不足道也二士中貞不改其常三則有殃及之累四則有受寵之辭五爲旅主扶危濟困在獲賢才以爲輔佐夏之少康晉之文公之類也上則自幸逃於物外詎知亢盈之災終莫之道哉

(音句)災叶子之切尤叶音怡快叶音愧逮叶音第按揚子太玄經不宴不雅禮樂廢也拂聲絕績中心快也快叶窺貴切孔子閒威儀逮逮叶大計切災

尤俱詳見前

(考證)釋文其義焚也一本作宜其焚也喪牛于易一本作喪牛之凶

副編

旅

(集解)頤齋經說旅有何吉所以吉者在一貞字進以禮退以義得之不得曰有命此孔子之貞也絃歌解厄此孔子之亨也由是觀之人能造次顛沛而不失其貞即能造次顛沛而不失其亨也焉往不吉

(德位)貞在二中亨在五中

彖

(集解)鄭園札記旅有二義說文徐注旅本以衆爲義而恃衆行者必客居因之以師旅陳行之目反之爲羇旅寄託之名故王肅釋旅爲軍旅也

象

（集解）頤齋經說卦言旅象言用刑蓋旅爲軍旅古者小刑用斧鉞大刑用甲兵也

（比例）豐旅皆言刑獄蓋豐則氣漫天地言致刑深惡痛懲之也旅則瑣尾流離言慎刑得情哀矜之也

初

（集解）王應麟曰旅初六斯其所取災王輔嗣注云斯賤之役唐郭京謂斯合作㒋按後漢左雄傳職斯祿薄注云斯賤也不必改㒋字○毛奇齡曰斯本作分析解其又作語詞者借焉耳故說文以斯爲分爾雅以斯爲離且旁通㒋也○頤齋經說瑣瑣猥細卑賤之狀初動𨚍離如蛾附火不計出處不顧利害貿貿然而趨適焉猶俗人窮途潦倒苟有生路虧體辱行無不爲之焉得不罹災

與

二

（集解）九家易曰即就次舍資財也以陰居二即就其舍故旅即次承陽有實故懷其資初者卑賤二得履之故得僮僕處和得位故正居是故曰得僮僕貞矣○頤齋經說聘禮問幾月之齋即資也仕於公曰臣仕於家曰僕童僕即附從而行者非旅途而得者也

（德位）貞德在二之中變陽上與五應故曰得童僕貞

三

（集解）頤齋經說或問旅焚其次喪其童僕貞厲究係何義曰三與上兩剛无應上不能撫三以恩三故報上以虐既報以虐上失其依下失其庇故有焚次喪僕之象兩无所利者也是以貞厲○鄒園札記舍字所以庇童僕童僕所以

衛主人爻本以陽庇陰體艮變坤故有焚次喪童僕貞厲之象

（比例）二即次能得童僕三焚次轉喪童僕者二體陰變陽三體陽變陰二中正三不中正德位各不同也

四

（默參）離心主喜變互坎憂爲不快

五

（集解）干寶曰離爲雉爲矢巽爲木爲進退艮爲手兌爲決有木在手進退其體矢決於外射之象也一陰升乾故曰一矢喪非其位下又无應雖復射雉終亦失之故曰一矢亡也一矢亡者喻有損而小也此記祿父爲王者後雖小叛擾終逮安周室故曰終以譽命也○頤齋經說五爲旅主紂成獨夫之象雉射必死射雉一矢亡即武王入紂死所射三發也終以譽命武王革殷受天明命

大告武成也

（默參）離火應爲文明在志爲喜應爲譽命

上

（集解）王宗傳曰凡物棲高處亢而寄諸危地者鳥之巢也故旅之上取以爲象夫高極必危離火中有焚象故曰鳥焚其巢先笑謂喜居物上也後號咷謂巢焚之故也

象

（集解）宮泰來曰初喻民離紂虐散之四方二喻文王之臣懷資獻殷乃釋西伯西伯深得其力也三喻紂信嬖臣費仲而納周之獻物致喪國都四則賜文鈇鉞以爲方伯五則文王獵得太公望於渭上則紂有焚身之禍也合觀六爻此得彼失實即殷周兩兩相形也

（對待）旅之上九綜即豐初旅上焚巢故豐初象曰過旬災也

巽䷸ 巽下巽上 泰州 徐天璋睿川 演

（卦旨）卦自小畜䷈再生一陰綜爲兌䷹旁通爲震䷲錯亦爲震在天成象風飈滿空在地成形郊坰草莽在世運委靡疲頓在人柔順温恭

（義理）風能潛移默化煦物彙生曰巽

巽小亨利有攸往利見大人

（提要）周以木德王巽爲木德利有攸往利見大人其周有天下之徵乎

（訓詁）小亨柔道亨也大人聖明德備者也

（象數）陽大陰小巽屬二陰爲小亨二五皆陽柔順乎剛爲利有攸往中五離明爲利見大人

（義理）巽非一味柔靡不振也蓋誠積於中恭遜乎外上交不諂下交不瀆然後无往而不咸宜即無見而不契合正君子篤恭而天下化也

（攷證）巽費作弅說文作顨古文作巺又作巽又作巺篆文作巽

彖曰重巽以申命剛巽乎中正而志行柔皆順乎剛是以小亨利有攸往利見大人

（訓詁）重疊也申致也命自上而令下也

（象數）內外皆巽爲重巽中互兌口承之爲申命

（義理）重巽之中蘊藏離兌上明下說心志交孚有潛入懇到之義詩曰不剛不柔敷政優優巽志中正所以能順乎剛而不失也風者天之號令命者君之號令重巽申命蓋婉言以感人也

象曰隨風巽君子以申命行事

（訓詁）隨從也隨風巽從其俗而鼓動之也

（象數）巽爲風兩巽相從爲隨風風行草偃爲申命巽以行權爲行事

（義理）古人曰宣三德風動四方誠以風出乎穴萬物蠕蠕莫不應氣而動猶從令者淪浹肌髓也且四時之風各異春煦物生秋撼木落申命行事正寬猛相濟因時而適宜焉

初六進退利武人之貞

（訓詁）武繼武貞正也

（象數）巽爲進退不果變乾健行爲利武人之貞

（變通）初變爲小畜䷈旁通爲復䷗小畜初曰志道爻應故曰武貞

（義理）古者申命行事莫嚴於戰伐初當巽陰柔不能立變化乾健惴立柔强上以申命行事下宜遵道遵行進退利武人之貞正先王容民畜衆大司馬以教坐作進退疾徐疏數之節也

（占應）初辰在未上值軍市步武整齊應爲進退

九二巽在牀下用史巫紛若吉

（訓詁）床著室中央之床所以位置蓍龜者史巫占告之人也紛若之吉詢謀僉同龜筮協從也

（象數）巽木爲床巽以行權爲用中互離文爲史變互坎鬼爲巫巽主發號施令爲史巫紛若

（變通）二變爲漸䷴旁通爲隨䷐漸以居賢德善俗爻應故曰史巫紛若吉

（義理）古者申命行事必先卜吉於蓍龜三人占則從二人所以用史兼用巫也周禮太史云大祭祀與執事卜日占人云史占墨簭人云凡國之大事先簭而後卜禮云王前巫後史史以書動巫以告廟二承五命職居巫史故應紛若之吉也

(音句)虞翻讀用史巫句諸家有讀用史巫紛若句按象傳曰紛若之吉當從
虞讀爲允
(攷證)頣齋經說巫當作筮周禮簭人九簭之名一曰巫更二曰巫咸三曰巫
式四曰巫目五曰巫易六曰巫比七曰巫祠八曰巫參九曰巫環鄭注此九巫
皆爲簭字之誤也說文竹部簭易卦用蓍也从竹𢀳𢀳古文巫字按據經說巫
爲筮字則床爲蓍龜之床正史筮所在處也
(品物)蓍床置室中央約長五尺廣三尺蓍置床北焉詳見蓍說
(占應)三辰在寅上値天床六星應爲巽在床下又値神宮傳說柱史女床諸
星應爲巫史祈禱

九三頻巽吝

(訓詁)頻數也巽順也頻巽之吝令不勝從也

(象數)三近多凶巽順變成坎險爲頻巽吝
(變通)三變爲渙䷺旁通爲噬嗑䷔渙三志外爻應故爲志窮
(義理)與治同事罔不興與亂同事罔不亡三恃剛而不中正外比於陰與亂
同事之象變陷坎險譬之呂布勇而無謀袁紹疑而難斷既不受命又不能令
進退失其所恃焉得不吝又若春秋鄭國介於晉楚之間晉來與晉楚來與楚
欲結兩大之好反啓二國之猜是皆自取其吝者也
(攷證)釋文頻古作嚬
(占應)三辰在辰上値亢宿亢攝天下奏事應爲頻數

六四悔亡田獲三品

(訓詁)品物也三品猶言三牲田獲三品謂田獵擒獲其物也
(象數)巽爲雞爲豕互兌爲羊離爲網羅戈兵巽禽罹於網羅爲田獲三品

(變通)四變爲姤䷫旁通爲豫䷏姤四體陽變陰爲无魚巽四體陰變陽
爲獲品
(義理)田獲三品獻禽以祭祀也若以治道言之田獲三狐去小人也田獲三
品得君子也申命行事各奏爾能四位大臣求材以供國用鄭當時之推轂狄
仁傑之藥籠呂蒙正之夾袋虞允文之館錄各分品物正如田獵而能獲焉
(品物)物件曰品禮器薦不美多品三品一曰乾豆二曰供賓客三曰充君之
庖莫不以獵獲者供其用也
(占應)四辰在丑上値天厨應爲食薦三品

九五貞吉悔亡无不利无初有終先庚三日後庚三日吉

(訓詁)貞吉剛中正也庚更也十干之名无初先庚之義已窮有終後庚之義
方伏也

(象數)當五爲貞巽近利市爲无不利變艮能成終始爲无初有終五兌位當
庚方爲先庚後庚互離數三爲三日
(變通)五變爲蠱䷑旁通爲歸妹䷵蠱彖曰先甲三日後甲三日終則有
始爻應故曰无初有終先庚三日後庚三日
(義理)巽爲陰消之卦上應天行正當夏至之後聖人觀象而治因取秋令肅
殺爲義征伐四方也申命行事不曰征伐而曰先庚後庚者庚金象也外事用
剛日如詩曰吉日庚午之類蓋先王之世耀德不觀兵曰先庚三日後庚三日
正諄諄誥誡隱寓神武於不殺也
(音句)衆家讀貞吉悔亡句无不利句本義讀貞吉句悔亡句无不利句按象傳
曰九五之吉位正中也當讀貞吉句悔亡句无不利句
(占應)五辰在申上値長庚應爲先庚後庚巽氣用事內卦七月外卦八月實

司秋令秋伏夏至後三庚先庚謂夏至後三庚初伏中伏末伏也顧從夏至數至末伏中有六庚先初者夏至後初庚二庚不用至第三庚秋令方伏有終者必於立秋後庚爲末伏也天干合化則曰乙庚化金巽爲乙木五辰值申陽支配以陽干當爲庚申故爻取象於先庚後庚應金氣畏火而藏伏也

上九巽在床下喪其資斧貞凶資當作齊

(訓詁)牀著龜之床床下卜筮者之所在也資斧齊斧喪其齊斧神弗福也

(象數)巽木爲床中互離爲戈兵兌爲金刃下貫巽木之柄爲齊斧變坎凶陷爲喪其資斧

(變通)上變爲井䷯旁通爲豐䷶井至終而羸瓶爻應故爲喪斧

(義理)上當祖位天位申命行事無非法祖奉天故書曰天命天討也古者行師戰禱必虔卜於先君卜畢遂鑿凶門而出巽終變成坎險反由凶門而入行師必有撓敗焉得不凶曰巽在床下喪其資斧我龜既厭不我告猶也

(攷證)資虞作齊

(占應)上辰在戌上値鈇鑕軍南門天大將軍應秉齊斧又値積尸應有輿尸之凶爲貞凶

象曰進退志疑也利武人之貞志治也紛若之吉得中也頻巽之吝志窮也田獲三品有功也九五之吉位正中也巽在床下上窮也喪其齊斧正乎凶也

(訓詁)勞績曰功正凶陷入凶也

(義理)初曰進退訓練士卒也二曰巽在床下卜吉於廟宮也三曰頻巽吝戒其偏裨與謀也四曰田獲三品執訊獲醜也五曰先庚後庚三令五申也上曰喪其資斧將以亢盈災也合觀六爻則巽以申命行事正先王治軍旅也

(音句)治音持又音怡與疑相韻

副編

巽

(德位)亨德在四

彖

(集解)頤齋經說巽卦外剛內柔驗之海上颶風片片如輪輪外圓周其力迅猛輪中則柔而勢弱故船遇颶風隨其勢而轉移自無損害也

初

(集解)頤齋經說楚語天事武地事文巽以申命行事初動變乾法天曰進退利武人之貞者即大司馬之教軍旅步伐止齊悉嫻習於進退也

(德位)貞在二中初繼二故曰武貞

二

(集解)荀爽曰史以書勳巫以告廟紛變若順也謂二以陽應陽君所不臣軍帥之象征伐既畢書勳告廟當變而順五則吉故曰用史巫紛若吉无咎矣○馮椅曰周官史掌卜筮掌祓禳卜筮所以占其吉凶祓禳所以除其災害則是紛若者喻申命之頻煩而行事之纖悉也

四

(集解)翟元曰田獲三品下三爻也謂初巽爲雞二兌爲羊互兌三離爲雉互離也○李鼎祚曰穀梁傳春獵曰田夏田苗秋曰蒐冬曰狩田獲三品一爲乾豆一爲賓客三爲充君之庖注云上殺中心乾之爲豆賓次殺中髀骼以供賓客下殺中腹充君之庖厨尊神敬客之義也

五

（集解）子夏傳以丁戊己爲先庚三日辛壬癸爲後庚三日○鄭元曰先庚三日丁也取丁寧之義後庚三日癸也取揆度之義○虞翻曰震庚也謂變初至二成離至三成震震主庚離爲日震三爻在前故先庚三日謂益時也動四至五成離終上成震震三爻在後故後庚三日也巽初失正終變成震得位故无初有終取三五爻變五有震象納甲之義體震見庚也○王輔嗣曰庚爲命令之謂謂民迷固久直不可肆故先申三日令著之後復申三日然後誅而无怨也○來矣鮮註謂伏羲圖艮巽夾坎水於西之中故曰先庚後庚分庚於巽者本卦未變上體綜兌金下體亦綜兌金也○牛農易說謂易在甲爲早庚从貝爲續甲者開其始故彖傳曰終則有始庚者續其終故爻辭曰无初有終○毛奇齡仲氏易則申子夏傳義謂十干之周始於甲而更於庚故蠱惡惰始則以震互於巽而治以甲木巽慮委終則以兌互於離而治以庚金蓋甲乙丙丁謂十干之上上者始也庚

辛壬癸爲十干之下下者終也以甲木爲主木可以克土故不用戊己而但用庚甲所謂終則有始也以庚金爲主木爲金克則去木之柔而用金之剛所謂无初有終也故先庚三日丁戊己也後庚三日辛壬癸也○孔廣森經學卮言經於甲庚同有先後三日之文明無他義先甲三日者甲子甲戌甲申後甲三日者甲午甲辰甲寅也先庚後庚亦即謂六庚耳蠱事也君子敬其事則用日之始故六甲皆吉此文王之辭時尚未忌甲子巽卦所以言庚者周易以變爲占蠱䷑之巽䷸止五一變故巽五爻辭即承蠱彖辭而言之自蠱六五至巽九五環曆六位有甲乙丙丁戊己六日之象是以七索而得庚矣若必牽合五行及取丁辛癸字訓之說俱未敢確信○江藩周易述補注謂乾納甲震納庚蠱互震兌无乾象故曰先甲後甲巽互離兌无震象故云先庚後庚蠱巽下艮上退干辛消于丙終之象也中互震兌有出震見兌之象故云終則有始天行也巽 十六日乾初缺故无初消丙入坤代終故有終庚甲相對中隔三日故皆以三日言之甲乙爲日也○王引之經義述聞則以用庚爲行事之吉日謂蠱爲事之卦巽爲申命行事之卦而事必諏日以行故蠱用先後甲之辛與丁巽用先後庚之丁與癸日○焦循易說皆以巽五之先庚後庚推究蠱彖之先甲後甲而思蠱之五變即成巽甲以始言故傳云終則有始巽庚以終言故經云无初有終○按先庚後庚實即納甲象也蠱言先甲後甲巽五變蠱故蠱於經言甲巽於爻言庚也蠱以振民育德故取甲木爲仁巽以申命行事故用庚金爲義仁爲文治義爲武功且蠱應三月終則有始取象甲者行春令也巽應八月无初有終取象庚者行秋令也巽納甲辛震納甲庚巽變互震象月見庚巽得震輔申命行事愚者明柔者强矣不曰先辛後辛而曰先庚後庚者辛金寡斷庚金毅斷也蠱爲巽宮歸魂故蠱言終則有始巽言无初有終

（德位）貞在五中

上

（集解）毛奇齡仲氏易漢書王莽遣王尋屯洛陽將發亡其黃鉞其士房揚曰此經所謂喪其資斧者也應劭注齊利也資如齊衰之齊資齊同音誤作資則齊斧本黃鉞巽固無礙恐旅人不宜有也江藩引云亡其利斧言無以復斷斬也

兌䷹ 兌下兌上　　泰州　徐天璋睿川　演

(卦旨)卦自夬䷪復悔一陰綜爲巽䷸旁通爲艮䷳錯亦爲艮在天成象雨露甘和在地成形陂塘瀲灧在世運雍睦咸熙在人温文爾雅

(義理)澤惠覃敷民莫不說曰兌

兌亨利貞

(訓詁)兌亨以和行也

(象數)中正皆易爲利貞

(義理)兌不難於亨難於利貞假使善氣宜人一味和說勢必流焉而不知節正孔子所謂知和而和不以禮節之亦不可行也今兌剛中柔外不失已亦不失人故曰兌亨利貞

彖曰兌說也剛中而柔外說以利貞是以順乎天而應乎人說

以先民民忘其勞說以犯難民忘其死說之大民勸矣哉

(訓詁)犯抵觸也先民謂率作興事犯難禦寇用師也

(象數)二五陽爲剛中三上陰爲柔外

(義理)麗澤之中風散日烜草木蘇甦人惠爽健得死勞俱忘之象而精神自不疲於內矣兌司秋令萬物成功食足信孚莫不用勸者民知勞我正以逸我死我正以生我也

象曰麗澤兌君子以朋友講習

(提要)巽以申命行事教之以武功兌以朋友講習教之以文德即武王克商脫劍講學之象

(訓詁)麗離附也同門曰朋同氣曰友講習謂互論其理而肄其業講有導學之功習有自修之益也

(象數)兌爲澤重兌爲麗澤澤兩相麗其言同心因爲講習爲朋友

(義理)天下最能澤及後世者莫若修道立教顧道不講不明學不習不精非得朋友則有索羣之戚非互觀摩則有寡陋之譏講則明辨習則篤行竊歎聖王之遺澤長焉

(攷證)麗釋文鄭作離按釋名麗離也 言一目視天一目視地目明分離所視不同也人惟視有不同仁者見仁智者見智自必溝通其理而和解焉

初九和兌吉

(訓詁)和諧也

(象數)兌正司秋利物和義爲和兌

(變通)初變爲困䷮旁通爲旅䷷困險以說爻應故爲和兌

(義理)不憤不啓不悱不發人必困心横慮然後聽人講習方能亹亹信從初

變成困內坎爲通困於外而通於心正如蒙泉之達有聽受而無問難也故曰和兌吉初當人生之始天眞未漓象童子肄業之初熙熙皥皥不失赤子之心亦曰和兌和兌者蓋講習時中節而中禮也

(占應)初辰在子上値虛宿不自滿假應爲虛以受人是以叶吉

九二孚兌吉悔亡

(訓詁)孚兌悔亡謂能氣感信從愼滿而不失也

(象數)震木孚甲不失時序兌秋變爲震春木則欣欣向榮爲孚兌

(變通)二變爲隨䷐旁通爲漸䷴隨彖曰天下隨時爻應故爲孚兌信志

(義理)朋友講習莫非春風風人夏雨雨人初變坎得水滋二變震得春長故初爲和二爲孚焉二本端士一經解說立即信從正如顏淵之在聖門步亦步趨亦趨有不善未嘗不知知之未嘗復行故孔子曰於吾言無所不說也

(攷證)兌古本作說

(占應)二辰在寅上值尾宿主萬物春生應爲孚兌

六三來兌凶

(訓詁)來兌凶來與爲難者也

(象數)陽以順往陰以逆來三體兌陰爲來兌三近多凶爲凶

(變通)三變爲夬䷪旁通爲謙䷎夬三應曰于頄有凶

(義理)陽爲君子陰爲小人君子講習人之彥聖其心好之不啻若自其口出小人講習人之彥聖而違之俾不通實不能容三陰正當兌口取辯亂道非堯舜薄湯武許行陰壞井田荀況矯言性惡致與聖賢詰難焉得不凶

(占應)三辰在亥上值滕蛇主口舌糾纏應爲來兌凶

九四商兌未寧介疾有喜

(訓詁)商商量未寧未安也介間也疾憂也介疾有喜困心横慮然後得也

(象數)兩兌相承爲商兌變坎心憂爲介疾爲未寧四當互離之中既變成坎離火不能仇金爲介疾有喜兌秋爲商

(變通)四變爲節䷻旁通爲賁䷕節四體隂當位爲安節爻應體陽故介疾有喜

(義理)天下之理萬殊一本不商則安得會歸其極商兌未寧則互相就正信者存之疑者改之相反而適相成正如朱陸會講鵝湖無極太極理多未合及復會講鹿洞喻義喻利說互發明此眞商兌未寧介疾有喜也書曰有言逆於汝志必求諸道有言遜於汝志必求諸非道非若後世講學詬陵爭相詈毀也

(占應)四辰在午上值文昌主應解化故介疾有喜

九五孚于剝有厲

(訓詁)孚剝有厲信邪說以破義也

(象數)陽變從陰爲孚剝爲有厲

(變通)五變爲歸妹䷵旁通爲蠱䷑歸妹征凶无攸利爻應故孚剝有厲

(義理)古者作之君作之師崇儒重道首視帝王五居尊位親君子遠小人前漢所以隆盛也親小人遠君子後漢所以傾頽也爻變陰而比於上正如魏主親講佛書梁主聽講老子徒爲異說所惑安得不有厲與

(占應)五辰在申上將白虎主爲凶害故應剝厲

上六引兌

(訓詁)引導引也

(象數)變乾健行不息導人進於自强中互巽繩從直爲引兌

(變通)上變爲履䷉旁通爲剝䷖履禮也以禮敎人踐而行之應爲引兌

(義理)來兌者物感我而來引兌者物引我而去孟子所謂物交物則引之而已上當天位於穆之化無臭無聲栽培傾覆視人天性而分善者日進高明惡者日就汙下孳孳於善者引爲舜徒孳孳於惡者引爲跖徒故吉凶不繫其占

(占應)上辰在巳上值明堂王者法天而治視善惡以爲轉移應爲引兌

象曰和兌之吉行未疑也孚兌之吉信志也來兌之凶位不當也九四之喜有慶也孚于剝位正當也上六引兌未光也

(訓詁)疑惑也光明也

(象數)初變坎爲游疑水潛在下爻當勿用爲未疑上變乾金金水內光爲未光

(義理)初則篤實而從二則篤信而好故皆占吉三則反乎中庸是以爲凶四則翼翼小心不自爲是所以有喜五則慄慄危懼誠以王言爲天下耳目所關

不容不謹也上則潛移默化道未顯分合觀六爻皆爲講習者反復以勵之也

（音句）志叶音支慶音羌按志叶眞而切詳前遯卦慶字詳見坤象

（攷證）行未疑也心易滂源疑仄聲

副編

兌

（德位）亨德在三

象

（集解）心易滂源兌曰兌澤是以停水言何塘以水之化爲雨雪霜露者爲澤與說而散之之旨合兼說爲盡

（比例）高明柔克沉潛剛克巽木柔也兌金剛也巽以申命行事武功也柔進以剛兌以朋友講習文治也剛進以柔各有精義寓焉

初

（默參）金於五行主聽兌變坎耳聽者愈聰聲入心通講習者無不吉焉

四

（集解）御纂周易述義云四在兩卦之間上承九五之中正而下比六三之陰邪所謂見道德而說見紛華而亦說者也二者交戰未知孰勝故商兌不決也

（默參）兌金在音爲商在志爲憂互離在心爲喜離火克金爲介疾兌四變坎金水相生仇我者去爲介疾有喜

五

（比例）二言孚兌吉五言孚剝厲者二當士位變而成隨聽人講習者也五當君位變成歸妹不能講以教人而反即於昧焉是以爲厲

上

（筮說）北史有人以三月十三日詣顏惡頭求卜遇兌之履曰兌上天下土今日庚申本宮火故知卜父三月土入墓又見宗廟爻發動兌變乾父升天故知死變見生氣兌爲言故蘇而有言上爻化丁未未化入戌土三月土墓又本宮鬼未復三日至戌復死此卜論爻辰占法也

象

（德位）六三柔居剛位爲不當九五陽居剛位爲正當

（對待）兌上綜即巽初兌引之故巽爲繼武之巽五綜即兌二故皆言悔亡

渙䷺ 巽上坎下　　泰州　徐天璋睿川　演

（卦旨）卦自觀䷓悔生一陽綜爲節䷻旁通爲噬嗑䷔錯爲豐䷶在天成象霽月光風在地成形林園池沼在世運治亂迭更在人內誠外順

（義理）風吹解鬱水流滌汙變不善以至於善曰渙

渙亨王假有廟利涉大川利貞

（提要）王假有廟利涉大川武王告廟之後載主東征師逾孟津也

（訓詁）假廟涉川翕河喬嶽懷柔百神也

（象數）巽爲馨香互艮爲宮廟坎爲鬼爲假互震宗子主鬯爲王假有廟坎爲大川震動爲涉剛中爲利貞

（變通）卦自觀來觀盥而不薦故應曰王假有廟

（義理）宗廟之義仁鬼神也王者合萬國之歡以享先王凡有征伐出則奉主

齋車入則策勳飲至示有尊也假廟後即曰涉川蓋天子朝覲會同出而巡狩類乎上帝宜乎社造乎禰也

（攷證）渙歸藏作奂

彖曰渙亨剛來而不窮柔得位乎外而上同王假有廟王乃在中也利涉大川乘木有功也

（訓詁）諸侯會合曰同鬼神共享亦曰同柔得位而上同謂鬼神同登享也王假有廟王乃在中王祼太室既祭王覲諸侯於明堂也利涉大川乘木有功渫彼涇舟烝徒楫之也

（象數）觀與无妄旁通无妄九五降觀二中成渙爲剛來不窮巽陰在四爲得位以陰配陽猶之以妣配祖以臣配居故爲柔得位而上同中互震木仰孟如舟在水上爲乘木有功

（義理）皇天無親惟德是輔鬼神無常享惟善之懷王乃在中謂二中享祀之誠感假於五上也柔得位而上同祭統云鋪筵設同几爲依神也蓋祭者以其妃配不特設几四柔爲妣五剛爲祖同受廟享不另設位也利涉有功謂鬼神憑依其享故王得宏濟艱難於天下也

象曰風行水上渙先王以享于帝立廟

（提要）享帝立廟蓋即大告武成追王三王之象也

（訓詁）享帝立廟天子登假告於南郊而立廟也

（象數）巽爲風坎爲水互震爲帝艮爲郊壇因爲享帝震子主鬯艮爲宮闕爲立廟

（義理）古者生曰王死曰帝白虎通引曾子問孔子曰天子崩臣下至於南郊告謚之告必有牲是謂享帝既定謚乃立新廟不曰王而曰先王者郊祀爲國

大典蓋溯源於武王時以文王爲配帝也

初六用拯馬壯吉

（提要）武王之伐殷也革車三百兩虎賁三千人用拯馬壯吉正武王論畢之時士飽馬肥齊立待命也大明之詩曰駟騵彭彭與此同指

（訓詁）拯承也拯馬壯吉馬齊力也

（象數）坎爲馬中互艮手爲拯初爻變陽爲壯爲吉

（變通）初變爲中孚䷼旁通爲頤䷚中孚初九虞吉爻應故拯馬吉

（義理）象曰享帝立廟爻初言拯馬者周禮圉人掌芻牧以役圉師凡大祭祀朝覲會同毛馬而頒之凡軍事物馬而頒之毛馬者齊其色物馬者齊其力拯馬壯吉即選擇而升用也初潛在下選用在上擇良材於草野正所以保我宗廟社稷於長久也

(攷證)釋文拯子夏傳作拚與拯同朱震漢上易傳虞陸本作壯吉悔亡

(占應)初辰在子上値造父郝萌曰造父一名司馬主御僕見開元占經

九二渙奔其机悔亡

(訓詁)趨事恐後曰奔机几筵悔亡愼滿而不失也

(象數)中五震行爲奔巽木爲机

(變通)二變爲觀䷓旁通爲无妄䷘觀盥而不薦有孚顒若爻應故駿奔几筵在廟奉祭祀焉

(義理)奔机謂在廟者趨事几筵執豆籩以助祭也家語仰視榱桷俯察机筵呂氏春秋贊能篇桓公命有司除廟筵几而薦之曰自孤之聞夷吾之言目益明耳益聰孤弗敢專以告於先君足證奔机皆指廟宮之祭祀也

(攷證)釋文机通作几

(品物)周禮司几筵掌五几五席之名辨其用與位凡王太廟觀饗左右玉几諸侯祭祀右雕几筵國賓於牖前左彤几甸役右漆几喪事右素几生人則几在左鬼神則几在右渙奔其几蓋助祭者各視其位而依其几爲默養也

(占應)二辰在寅上値帝座應爲机筵

六三渙其躬无悔

(訓詁)躬身也渙其躬謂先散齋而後致齋也

(象數)坎脊中五艮身爲躬

(變通)三變爲巽䷸旁通爲震䷲巽三象曰志窮爻應故象曰志外震上日震不于其躬爻應故爲渙其躬

(義理)渙訓爲離亦訓爲合渙其躬正君子將祭齊不齊以致齊也記曰齊者不樂言不敢散其志也心不苟慮必依於道手足不苟動必依於禮是故君子之齊也專致其精明之德也故散齊七日以定之致齊三日以齊之三不中正動變巽順溫恭之象正君子散齊於外之義也故象傳以志在外也釋之致齊於內所以愼其心散齊於外所以防其物耳

(占應)三辰在亥上値虛梁主山陵寢廟應爲祭祀渙躬

六四渙其羣元吉渙有邱匪夷所思

(訓詁)渙其羣元吉元首明股肱良也冢土曰邱匪匪人夷滅也渙有邱匪夷所思圖治於前防亂於後憂深而慮遠也

(象數)人三成衆四以一陰變附五陽五爲君主四爲大臣巽順化乾剛健助治爲渙羣元吉互艮山陵四當艮中爲邱下體坎險險爲小人爲匪互艮不見爲夷艮土屬脾變互離心爲思

(變通)四變爲訟䷅旁通爲晉䷢訟四曰安貞吉爻應故曰元吉

(義理)不信仁賢則國空虛渙羣元吉其佐多賢蓋指六四變陽獲君有道巽順助成乾治也渙有邱王爲羣姓立社詩曰迺立冢土戎醜攸行孟子曰得乎邱民爲天子也周制立國必有兩社一爲陽社君后所祭禮云左宗廟而右社稷也一爲陰社立於宗廟之前取前朝亡國之社以爲監戒如春秋書亳社災左傳公穀傳皆謂取亡社以爲警也夷滅也既曰有邱又曰匪夷所思蓋治不忘亂安不忘危有國者不可不深長思也

(攷證)釋文有邱姚作有近匪夷荀作匪弟亦作第心易溯源云荀作弟形譌也

(占應)四辰在丑上値宗星主爲宗祐冢土應渙有邱

九五渙汗其大號渙王居无咎

(提要)此即洛誥惟三月載生魄周公初基作新大邑於東國洛四方民大和

會侯甸男邦采衛百工播民和見士於周周公咸勤乃洪大誥治也

（訓詁）汗汗簡大號廟號及謚以乃政典之大者王居王朝之位也

（象數）巽令爲號五當尊位爲大號互艮宮室變坤國邑爲王居

（變通）五變爲蒙䷃旁通爲睽䷥蒙曰初筮告再三瀆爻應故爲汗號告廟

（義理）享帝立廟蓋周家大告武成追王三王立廟於岐雍也汗爲簡策大號即告南郊而謚之文藏諸太室也大號亦有關於政典者則必懸諸象魏象魏即廟門外之觀闕也渙汗大號繼言王居者嗣王告廟遂即尊位蓋古者帝王立國左宗廟而右社稷必以宮室處中示天下大居正也

（音句）諸家讀渙王居句心易溯源渙字讀句王居无咎讀句按當從諸家讀

（品物）劉向別錄殺青者直治竹作簡書之耳新竹有汗善朽蠹凡作簡者皆

於火上炙乾之文武之政布在方策汗其大號正書廟謚政典之文於策藏諸太室中焉

（占應）五辰在申上值天關諸王等星應爲拱衛王居

上九渙其血去逖出无咎

（訓詁）血血膋取以祭者去逖謂遷廟之主日去日遠在祧無寢去祧無廟藏於宗祏不復歆饗其血祭也出无咎者蓋國有大事出其宗祏之主祭於壇墠既祭則復其主於祏而藏之也

（象數）巽爲豕變坎爲血至上窮極爲去逖

（變通）上變爲坎䷜旁通爲離䷝習坎有孚應爲鬼神歆格

（義理）禮郊特牲毛血告幽全之物也又曰血祭盛氣也上當祖位正歆其血而饗之然至上已終廟主當遷禮書云蓋先王之於祖有仁以盡其愛有義以斷其恩近則月祭遠則享嘗在祧無寢去寢無廟此以義取仁也去祧爲壇去壇爲墠壇墠之設爲其無廟而不忍忘焉此以仁行義也蓋禱祈則出其主於壇墠而祭之既事則復其主於廟而藏之惟禘與祫載之出疆然後在祭告之例其他不預也足徵上爻爲極遠之祖其得與血祭之享者必出之於宗祏也故占无咎

（音句）江藩周易述補注虞氏易象讀渙其血去句逖出句朱震漢上易傳曰先儒讀渙其血作一句去逖出作一句武億經讀攷異本義與小畜六四同故以渙其血去逖出六字連讀爲句焦循章句渙其血去逖句俞樾羣經平議疑血下更有血字當作渙其血句血去逖出句按禮書云云當讀渙其血句去逖句出句无咎句

（攷證）朱震漢上易逖亦作惕

（占應）上辰在戌上值外屏有出廟宮之象應爲去出

象曰初六之吉順也渙奔其机得願也渙其躬志在外也渙其羣元吉光大也王居无咎正位也渙其血遠害也

（訓詁）願欲也在外散齊以定手足致齊于路寢也害患也

（象數）六四變乾照以天光爲光大

（義理）初則選其物以爲享獻二則致其如在之誠三則檢攝其身心四則開國承家首在得賢而治五則王行即位之禮必先上徽號於先王垂政典於方策上則親親之義推及無窮仁之至義之盡也聖王以神道厚俗渙之時義大矣哉

（音句）順與願相韻外與大位害相韻按順韻十二震願韻十四願古通韻蒙卦順與巽隔句相韻亦以震願通也外大害在九泰位在四寘古韻相通

副編

渙

(德位)亨德在四

象

(集解)荀爽曰謂受命之王收集散民上享天位下立宗廟也陰上至四承五爲亨帝陽下至二爲立廟也〇虞翻曰否爲先王享祭也震爲帝爲祭艮爲廟四之二殺坤大牲故以享帝立廟荀虞之說皆主自否來往

初

(默參)馬應月精坎馬美脊體坎變兌象月體兌養丁應爲馬壯

四

(集解)呂氏春秋召類篇易曰渙其羣元吉渙者賢也群者衆也元者吉之始

也渙其羣元吉者其佐多賢也〇虞翻曰位半艮山故稱邱匪非也夷謂震四應在初三變坎爲思故匪夷所思也〇李鼎祚集解盧氏盧名景裕北魏范陽人曰自二居四離其羣侶渙其羣也得位承尊故元吉也互體有艮艮爲山邱渙羣雖則光大有正則非平易故有匪夷之思也〇頤齋經說此爻全從變象而言否二變訟故象曰大人否亨不亂羣也渙四變訟故爻曰渙其羣元吉蓋訟爲天水違行君子小人各分品類渙羣之吉陽治於上君子與君子爲朋渙有邱匪夷所思險伏於下小人與小人爲朋思患豫防其憂遠其慮深焉

(德位)渙無元德爻言元吉者自三陽變成四陽外卦成乾也

五

(集解)九家易曰謂五建二爲諸侯使下君國故宣布號令百姓被澤若汗之出身不還反也〇荀爽曰布其德教王居其所故无咎矣〇周易存疑漢高入

關約法三章唐高祖伐隋與民約法十二條是渙汗其大號也武王克商發鉅橋之粟散鹿臺之財以周窮民及善人是渙王居也〇任啓運曰此所謂王假有廟者王立宗廟假于廟而建大名發大令布大澤與天下更始若渙汗然如入關吉論父老歸心也

上

(集解)鄭園札記神道遠而人道邇上位祖廟祭畢送神敬鬼神而遠之也禮器云血毛詔于室郊特牲云索祭祝於祊祭祊求諸遠也此云渙其血去逖出蓋祭之明日繹祭於廟門外西室也

(默參)血去逖出祭畢散齋血氣舒暢也

象

(集解)鄭園札記王假有廟受册命於廟也書之顧命康王受册祖廟正是此

禮九二渙奔其机尊者在廟必設几顧命太保受同秉璋以酢蓋酢王王受酢有几也九三渙躬在外祭統云夫人致齊於內君致齊於外也九五渙汗其大號渙王居則踰年稱王而即位也上九血去逖出則釋服即吉也初用拯馬象曰順也其顧命逆子釗數三渙其躬四渙其羣慮其躬以用人王者之事莫先於此百官總己以聽冢宰也又曰白虎通引曾子問孔子曰天子崩臣下至於南郊告謚之告必有牲是之謂享于帝既定謚乃立新廟也

(德位)九五陽剛爲正位

節䷻兌下坎上

泰州　徐天璋睿川　演

（卦旨）卦自臨䷒外息一陽綜爲渙䷺旁通爲賁䷕錯爲旅䷷在天成象雨若時暘在地成形陂塘隄壩在世運古風敦樸在人謹小愼微

（義理）水在澤中春夏則盈秋冬則涸應期不失若合節符曰節

節亨苦節不可貞

（訓詁）節禮節也苦節不可貞過中者失正也

（象數）水下鹹苦坎水加憂爲苦節五中陷險无應爲不可貞

（義理）天下之道貴得其中節則得中過節則失中猶之陂澤受水隨其大小之量以爲承焉若過其節勢必潰隄決防反自失其所守故曰苦節不可貞傳曰聖達節次守節下失節苦節即失節而過之也

彖曰節亨剛柔分而剛得中苦節不可貞其道窮也說以行險

當位以節中正以通天地節而四時成節以制度不傷財不害民

（訓詁）度丈尺財貨貝也

（象數）三陰三陽爲剛柔分元德自蠱推行詳見四德圖說至節而止爲道窮兌爲說互震爲行坎爲險兌司秋坎司冬中互帝出乎震成乎艮爲四時成艮止爲制兌金爲財坎憂爲傷坎水在澤爲不傷財陽卦一君二民陰卦二君一民節卦陰陽均平爲不害民

（義理）春夏長養洩發太甚秋冬歛藏收束太過節以二至二分則吐華結實百穀用成故曰天地節而四時成若非剛柔均分無過不及勢必毗陰毗陽萬物不能得其正焉

象曰澤上有水節君子以制度數議德行

（訓詁）度丈尺數算數德者行之實行者德之施也

（象數）兌爲澤坎爲水水能持平準繩法焉爲制度數兌口講習爲議德行節卦數次六十積六爻乘之爲數三百六十正合乾坤之策水澤爲節坎數六以爻辰十二乘之爲數七十有二以應其候兌數二乘之二十有四以應其氣合之爲數九十有六再以六十卦爻乘之數承之爲數一萬有一千五百二十正合兩篇之策以當萬物之數也故制度數以千二百黍爲一分十分爲寸周人以八寸爲尺正合爲數九十有六衡量皆準黍數起準此節所以制度數也

（義理）分陰分陽迭用柔剛在心爲德行施於事物斟酌其宜爲度數分天三百六十五度則四時成數原一而終十則五行格鑒於剛柔之義而沉潛高明各以之克則德行成其制其議舉凡一切財用官人之法一言以蔽之曰節之以中正而已

初九不出戶庭无咎

（攷證）釋文澤上有水上或作中今不用

（訓詁）室口一扉曰戶庭堂前相值處也

（象數）互艮宮闕爲戶庭震動爲出兌變坎陷初當勿用爲不出戶庭无咎

（變通）初變爲坎䷜旁通爲離䷝坎初曰入窞爻應故曰不出戶庭

（義理）士窮知節義節道既窮初動變坎跬步間悉是危機坎卦司冬天地閉塞正宜潛藏不出以勵操修豈容冒昧進圖出丁其禍亂耶

（占應）初辰在子上值危宿危爲蓋屋應爲戶庭

九二不出門庭凶

（訓詁）雙扉曰門門庭宅前通外處也

（象數）互艮宮闕爲門庭互震爲出二中變陰剛陷險中爲不出凶

（變通）二變爲屯䷂旁通爲家人䷤屯爲剛柔始交而難生動乎險中大亨貞爻故應曰不出門庭凶

(義理)二與五應二爲抱道之士變震主雷雨經綸授於長子出而匡時飢溺己憂禹稷所以汲汲也藉曰瞽聰黜明養晦鳴高箕山潁水不過一逸民耳失時爲極焉得不凶

(攷證)古本凶上有之字

(占應)二辰在寅上値市樓應爲門庭

六三不節若則嗟若无咎

(訓詁)節撙節嗟歎也

(象數)坎水持平中互艮止爲節三失中正爲不節兌金在志爲憂三當兌口爲嗟

(變通)三變爲需䷄旁通爲明夷䷣需三致寇爲嗟爻應故曰不節則嗟

(義理)貨悖而入亦悖而出兌澤以虛翕受動變乾陽虛者盈焉喻人縱欲窮

奢正象兌澤之水潰溢橫流事過情遷財窮物竭莫不短歎長吁興悼不已不節則嗟正預事提撕警覺者也

(占應)三辰在亥上値泣星應爲嗟歎

六四安節亨

(訓詁)自然而靜曰安安節安其止也

(象數)中互艮止爲安坎險變說爲亨

(變通)四變爲兌䷹旁通爲艮䷳兌四有喜爻應故曰安亨

(義理)四承坎險慄慄憂危節制謹度不敢縱逸者也動成麗兌兌正司秋萬物告成天下豐稔孟子曰富歲子弟多賴正大臣承流宣化上下安於和雍者也焉得不亨

(占應)四辰在丑上値斗宿斗主平量五穀占曰斗覆則歲豐應爲安亨

九五甘節吉往有尙

(訓詁)和美曰甘尙嘉也往有尙无行而不吉也

(象數)水鹹土甘坎變坤土爲甘節互震爲往坤利安貞爲往有尙

(變通)五變爲臨䷒旁通爲大畜䷙臨五應曰知臨吉

(義理)中庸曰非天子不議禮不制度不考文五爲制度議禮之主坎水變成坤衆得道者多助天下皆樂歸其節制也顧坤土作甘稼穡養人過非悛削民生者比故曰甘節吉往有尙

(占應)五辰在申上應南極老人主壽命延長爲吉

上六苦節貞凶悔亡

(訓詁)苦過也

(象數)水下鹹苦坎變巽入陷險愈深爲苦節上當陰迷爲凶變陽爲悔兌鹵

爲苦

(變通)上變爲中孚䷼旁通爲頤䷚中孚上九應曰貞凶

(義理)坎險宜出變巽則入而不出至上則終陷險而道窮矣故曰苦節貞凶黔婁蒙袂攝履不受嗟來之食卒死道途屈原顚頷行吟人濁而我獨淸終投江水皆苦節而貞凶者也顧志堪哀憫千秋莫不諒焉所以悔亡殷周之際當此無愧者其惟首陽之夷齊乎

(占應)上辰在巳上値少微主隱佚之士阨窮

象曰不出戶庭知通塞也不出門庭失時極也不節之嗟又誰咎也安節之亨承上道也甘節之吉居位中也苦節貞凶其道窮也

(訓詁)塞閉藏也

(義理)初二以德行言或出或處各適其宜三四以度數言道在權衡得中無過不及五上仍以德行言之得位則垂拱化成失位則山林枯槁合觀六位節之義不僅曰節儉即禮節名節莫不括於中焉

(音句)塞極同韻十三職咎叶音杲與道相韻中窮相韻按咎字詳見同人象傳

副編

節

(德位)亨在二中

彖

(集解)鄭元曰空府藏則傷財力役繁則害民二者奢泰之所致也

(比例)吳曰愼曰革曰天地革而四時成此曰天地節而四時成限止之謂節改易之謂革節淺而革深節先而革後四時舉其大者言之天地之化刻刻相節時時相革也

象

(集解)頤齋經說水在澤中因方成璧遇圓爲珪隨其器量以爲翕受故曰以制度數議德行

初

(集解)頤齋經說古者居屋堂內爲室室東南啓一扉以出曰戶戶外曰堂堂下曰階階前相値曰庭外闔雙扉曰門

(默參)老子云塞其兌閉其門終身不動開其兌濟其事終身不救兌口也惟口起羞節初變坎坎陷也有深沉幽密之象坎在人身爲精爲氣不出則上不耗氣下不耗精何咎之有坎卦司冬用事値子昆蟲草木如其冒土而出勢必自取其殃易曰知幾其聖可以人而不如昆蟲草木乎

二

(比例)初曰不出戶庭无咎二曰不出門庭凶初潛勿用才德未充二裕經綸行義達道初變无應上未旁求二變有應帝心簡在也

三

(集解)黃寅階曰左傳鄭子皮盡用其幣歸謂子羽曰欲敗度縱敗禮我之謂也夫子知度與禮矣我實縱欲而不能自克也此能知不節之嗟者也所以无咎

(默參)坎水爲飲兌口承之動而盈滿象人肺氣充盛澎漲難安勢必吁嗟以紓其鬱也

四

(默參)坎爲天精兌爲腦海坎水變兌精水上出華池應人舒暢自安內經離合眞邪論第二十七夫聖人之起度數必應於天地故天有宿度地有經水人有經脉天地溫和則精水安靜爻變兌說於時爲秋平分節氣應爲安節之亨

(德位)九家易曰言四得正奉五上通於君故曰承上道也○按亨爲嘉會四變爲兌兌有亨德也

五

(筮說)三國吳志虞翻傳關公失荊州時吳主使翻筮之得節之臨䷻䷒翻曰不出三日必當隕首以水澤爲節客受主制變在外不利於客五爲主將變陽爲陰爲首項喪亡之象三祇留二故不出二日果如翻言此專以象占也

(比例)坎彖曰行有尙節五曰往有尙五陽當坎中也胡炳文曰甘在臨三則我求說於人故无攸利甘在節五則人自說於我故往有尙

上

(集解)干寶曰彖稱苦節不可貞在此爻也稟險伏之教懷貪狼之志以苦節之性而遇甘節之主必受其誅華士少正卯之爻也故曰貞凶苦節既凶甘節志得故曰悔亡○來矣鮮曰无甘節之吉故貞凶无不節之嗟故悔亡○陸振奇曰觀下卦通塞二字上卦甘苦二字可以知節道矣通處味甘塞處味苦塞極必潰故三受焉甘失反苦故上受焉

象

(德位)剛居五正爲位中

(對待)節綜即渙渙五君位在上曰王居節二士位在下曰門庭渙上綜即節初渙上曰逖出節初故曰不出

䷼ 中孚 兌下巽上

泰州 徐天璋睿川 演

(卦旨)卦自履䷉悔生一陰綜亦爲中孚旁通爲頤䷚錯爲小過䷽在天成象露白風淸在地成形平原淺草在世運仁育義生在人內和外謹

(義理)兌澤風吹中化萬物陰陽之氣渾合彌綸曰中孚

中孚豚魚吉利涉大川利貞

(提要)商辛三十有一祀周武王東觀兵於孟津渡河中流白魚躍入王舟中王取以祭中孚豚魚吉利涉大川正指武王應天順人伐商而兆吉也

(訓詁)中孚豚魚吉利涉大川至誠感物忠信涉波濤也

(象數)巽爲豚魚兌澤爲大川互震行人爲涉巽爲利二五剛中爲貞

(義理)風將起天感而拜者江豚吹浪應而躍者淵魚上游猶人以信感人風行草偃莫不感之而興也家語孔子觀於呂梁懸水瀾流中見有丈夫渡而出

者問之對曰始吾之入也以忠信出也以忠信措吾軀於彼流而不敢以用私所以能入而後出也可爲利涉大川之一證焉彼宗廟之薦信及鬼神其次者也

(攷證)釋文豚虞作遯

(品物)豚魚魚身豕首江魚似豚者也皮色黝黑風起則躍拜不已古詩曰江豚吹浪夜還風是也江豚亦名鱄鮮又河豚者魚名也其出有時率以冬至後來每三頭相從號爲一部中孚氣應冬至故以取象爾雅翼所謂䰽也江豚似豬本草亦名海豨出沒水上舟人候之占風又海豚可候風潮出入鼻在腦上噴水直上百數爲羣人取子繫水中其母自來皆有信義者也

彖曰中孚柔在內而剛得中說而巽孚乃化邦也豚魚吉信及豚魚也利涉大川乘木舟虛也中孚以利貞乃應乎天也

(訓詁)舟刳木以渡水者也

(象數)三四兩陰當卦之中爲柔在內二五兩陽爲剛得中互震爲木震形仰盂爲舟大象成離爲舟虛

(義理)中孚之象上下孚感咸有一德也君子以虛受人舟楫以虛載物若非虛而有容勢必窒而難通惟其虛中則風澤化光冥合無無迹譬之聖人至誠煦育莫不感孚而響應也

象曰澤上有風中孚君子以議獄緩死

(訓詁)議擬也議獄即周官八辟之議緩舒也緩死即流放圜土之法也

(象數)兌爲澤巽爲風兌口爲議巽進退不果爲緩

(義理)兌和而說巽入而柔體兌巽之德行以爲議獄平情察聽絕非暴戾恣睢故下情得以曲達正如風煦物生即岩窒重陰莫不應氣而舒暢也由是而觀獄成而孚輪而孚雖死不怨殺焉況能解其鬱結而慶更生也耶

初九虞吉有他不燕

(訓詁)憂慮曰虞它邪也燕褻也不燕不狎近也

(象數)兌變坎憂互震恐懼爲虞坎險藏邪爲有他象成渙散爲不燕坎流淼汚亦爲不燕

(變通)初變爲渙䷺旁通爲噬嗑䷔渙初日吉爻應故曰虞吉

(義理)繫辭曰憂虞者失得之象也揚子法言君子正而不他他邪也學記燕朋逆其師燕辟廢其學燕褻也虞吉有他不燕蓋初變坎憂離陷險下而大象成渙能解散之虞吉之義即人生於憂患有他不燕正不善不能浼己也

(攷證)它世本或作他

(古應)初辰在子上値司危司非應人虛狎邪僻

九二鳴鶴在陰其子和之我有好爵吾與爾靡之

(提要)鳴鶴子和即泰誓曰予有亂臣十人同心同德也好爵與靡即武成曰列爵惟五分土惟三任官惟賢位事惟能也

(訓詁)鳥至潔者曰鶴好爵天爵靡共也

(象數)震爲隼爲鵠體兌氣白變震爲鶴兌口變震有聲爲鳴爲和兌應霜降爲在陰巽茅艮土二與五應茅土命上震子承下爲好爵與共

(變通)二變爲益䷩旁通亦爲益益二曰龜故爻應曰鶴

(義理)詩曰鶴鳴于九皐聲聞于天鶴本喻賢者也好爵猶言好德孟子謂之天爵者是吾與爾靡言相靡礪也荀子曰求賢師而事之擇賢友而友之則所聞者若堯舜禹湯之道所見者忠信敬讓之行身日進於仁義而不自知也靡使然也好爵與靡正切磋以成其德也二當士位身居草野如鶴之鳴在陰所樂者堯舜之道所修者仁義之行出身加民而人君幣聘不招自至非士求君君實求士故曰我有好爵吾與爾靡之也

(攷證)鶴筆乘作鶴釋文靡埤倉作縻子夏作摩陸作䌕京作劘

(品物)鶴陽鳥也而遊於陰因金乘火自養長頸高腳丹頂白羽頸翅靑黑雄鳴上風雌乘下風聲交而孕能知夜半而鳴鶴至七年聲應節而晝夜十二時鳴鳴則中律風土記鳴鶴戒露八月露降流於草葉滴滴有聲則高鳴相警徙所宿處慮有變害也

(古應)二辰在寅上値孔雀異雀與子辰鶴星相距應爲鳴鶴子和又値燕宋楚梁趙魏韓晉諸星環聚天市垣帝座應爲爵祿與共也

六三得敵或鼓或罷或泣或歌

(訓詁)敵當也鼓鼓舞罷已也細哭曰泣歌詠歌也

(象數)巽木兌金相仇爲敵內金克外爲得敵中互震雷體兌有聲兼互艮手搏拊爲鼓艮止爲罷巽目在上兌澤下流爲泣兌口承下巽風宣上體兌變乾互離心喜爲歌

(變通)三變爲小畜䷈旁通爲復䷗小畜三曰夫妻反目爻應故有鼓罷泣歌之象

(義理)近硃者赤近墨者黑君子小人各有孚感得敵者同惡相濟同善相求議獄各有當也鼓謂作其氣罷謂撥其行泣謂心有所哀歌謂意有所喜鼓罷有損益之分泣歌有悲歡之異譬人聚飲一堂而興懷感歎各有不同者焉

(音句)罷王肅本音皮蒲糜切按罷當讀音憊

(占應)三辰在亥上値泣星應爲泣歌

六四月幾望馬匹亡无咎

(訓詁)幾近也月幾望馬匹亡居寵思危不自奢馬以爲富也

(象數)坎爲月巽得坎之半體變乾盈甲爲幾望乾爲馬馬應月精體巽退辛爲亡

(變通)四變爲履䷉旁通爲剝䷖履四體陽曰虎爻應體陰故曰馬

(義理)四位大臣近君猶月近日而望也馬孕月精月望則馬蕃庶有家之富所以盛焉馬亡无咎譬之楚薳子馮爲令尹有寵於薳子者八人皆无祿而多馬聞申叔豫之言辭八人而後王安之蓋富擬公室未有不獲戾也

(攷證)釋文幾京作近荀作既

(占應)四辰在丑上値奚仲輦道主爲車駕應爲馬匹

九五有孚攣如无咎

(訓詁)信感曰孚攣係慕也

(象數)巽爲絲爲繩中互艮手爲攣如

(變通)五變爲損䷨旁通亦爲損損曰有孚元吉爻應故曰有孚攣如无咎

(義理)上失其道君民不相維繫故議獄者半失其當五爲議獄之主變艮敦仁仁則不忍民死獄成而孚輸而孚故民樂其得情雖死不怨殺焉有孚攣如即詩曰奏假無言時靡有爭又曰不顯惟德百辟其刑之也中庸曰君子不動而敬不言而信不賞而民勸不怒而民威於鈇鉞均同斯指

(占應)五辰在申上値天閔應爲哀矜下民

上九翰音登于天貞凶

(提要)此指紂婦言是用牝雞司晨惟家之索也

(訓詁)雞曰翰音登天爲犧以祀天也

(象數)巽爲雞爲翰音上當天位爲登天變坎陷險爲凶

(變通)上變爲節䷻旁通爲賁䷕節上道窮貞凶爻應故曰貞凶

(義理)上當天位巽爲長婦以長婦揚於五上牝雞司晨代王發號施令也其曰翰音登天者古用雞以郊天郊天之禽衣以文繡左傳昭二十二年賓孟適郊見雄雞自斷其尾問之侍者曰自憚其犧也魯郊以丹雞是爲明證貞凶之占蓋以上變坎險矜虛聲而賈實禍也

(品物)春秋運斗樞玉衡星散爲雞韓詩外傳雞守夜不失其時信也汲冢周書大寒雞始乳

(占應)上辰在戌上値火鳥應爲翰音日窮於戌應爲貞凶管規輯要雞占雞鳴必飛或走天子失勢草木子南陽府廉訪僉事保保巡訪至彼忽初更鬧雞啼曰此荒雞也不久此地當爲邱墟天下其將亂乎遂棄官而隱後南陽果陷蓋初更啼即爲荒鷄今爻辰値戌冬月戌時應初更也

象曰初九虞吉志未變也其子和之中心願也或鼓或罷位不當也馬匹亡絶類上也有孚攣如位正當也翰音登于天何可長也

（訓詁）變易也絶類上者絶其富類於君也

（義理）初言未變天眞未漓良知良能也二言和靡同聲相應同氣相求也三則哀喜無常故吉凶不繫四則戒其滿假五則感以肫誠上則虛驕貫禍所以罹於凶焉

（音句）變與願相韻上叶音當按變韻十七霰古與願通上字詳見萃傳象傳

副編

中孚

（集解）鄭玄曰三辰在亥亥爲豕爻失正故變而從小名言豚耳四辰在丑丑

爲鼈蟹魚之微者爻得正故變而從大名言魚耳互體兌兌爲澤四上值天淵二五皆坎爻坎爲水二浸澤則豚利五亦以水灌淵則魚利豚魚以喻小民也而爲明君賢臣恩義所供養故吉○朱子語類問中孚孚字與信字恐亦有別曰伊川云在于中爲孚見於事爲信

彖

（默參）天如卵殼地如卵黃天地中有眞精眞精之中有信孚合正謂二五之精妙合而凝也大象成離外剛內柔且具黃中之象適如卵體故中孚之孚從卵孚取義也

象

（集解）欽定周易折中云風之入物也不獨平地草木爲之披拂岩谷竅穴爲之吹噓即積水重陰之下亦因之而凍解冰釋焉此所以爲至誠无所不入之

象也民之有獄猶地之有重陰也王者體察天下之情隱至誠于議獄緩死然後其至誠无所不入矣○楊萬里曰風无形而能鼓幽潛誠无象而能感人物中孚之感莫大於好生不殺議獄者求其入中之出緩死者求其死中之生也○項安世曰獄之將決則議之其既決則又緩之然後盡於人心王聽之司寇聽之三公聽之議獄也旬而職聽二旬而職聽三月而上之緩死也故獄成而孚輸而孚在我者盡故在人者无憾也

二

（集解）頤齋經說鶴鳴在陰喻殷士遯於荒野好爵與靡蓋武王克商訪求遺獻譬之漢高帝求賢詔曰今天下賢者智能忠在人主不交故也士奚由進今吾以天之靈賢士大夫定有天下賢人已與共平之矣而不與吾共安利之可乎與此同指

上

（德位）貞在二五之中上變坎而二五凶者信陰邪以禍國也

（比例）節上變爲中孚中孚上變爲節皆言貞凶者節從坎陷而變巽中孚由巽入而變坎陷其凶一也

象

（集解）頤齋經說後魏北齊南宮大赦於殿門外建金雞衆皆不識其義問於司馬膺之對曰海中日占云天雞星動有赦帝王以爲候至今爲然隋李播天文大象賦云天雞二星主候時節金火犯兵大起國有兵禍爲凶必近也上巽爲天雞下應兌金具金犯之象是以占凶

（對待）中孚自相對待九五綜即九二故二言鳴和五言孚攣六四綜即六三故三言敵而四言匹匹即敵也

小過 ䷽ 震上艮下　　泰州　徐天璋睿川　演

(卦旨)卦自謙䷎二悔生一陽綜亦爲小過旁通爲大過䷛錯爲中孚䷼在天成象夏雹冬雷在地成形陰山雪嶺在世運小人道長君子道消在人外貌矜莊內志慆怯

(義理)陽大陰小四陰過於二陽曰小過

小過亨利貞可小事不可大事飛鳥遺之音不宜上宜下大吉

(提要)中孚豚魚吉占應白魚躍入王舟小過飛鳥遺音不宜上宜下大吉占應既渡孟津有火自上復於下至於王屋流爲烏其色赤其聲魄也可小事不可大事占應兵先戢黎不遽伐商不宜上宜下占應不利紂而利民也

(訓詁)布翅直翔曰飛遺餘也

(象數)風化物飛中互巽風爲飛鳥體震善鳴爲遺音外震躁動爲不宜上內

艮安止爲宜下震長爲大不宜上故爲不可大事艮少爲小宜下故可爲小事

(義理)凡鳥鳴而飛者則向上飛而鳴者則下止小過取象飛鳥而言宜下不宜上者正以四陰當盛君子宜止而不宜進也老氏曰知止不辱何吉如之

(音句)過王肅本音戈

彖曰小過小者過而亨也過以利貞與時行也柔得中是以小事吉也剛失位而不中是以不可大事也有飛鳥之象焉飛鳥遺之音不宜上宜下大吉上逆而下順也

(訓詁)逆自下而上也

(象數)小過卦畫豈類飛鳥之象䶂即古文飛字並通作非因爲飛鳥

(義理)事有用柔宜者亦有用剛宜者彖言小事吉正以羣陰當道公正難容祇宜順事而導委曲從全故文王當紂之世以服事殷也曰上逆下順者飛鳥

在空順風而翔亦非逆風而進故觀飛鳥之象伯夷太公向摯之倫莫不避紂歸周上去王朝下就方伯也

(攷證)小事吉石經作可小事

象曰山上有雷小過君子以行過乎恭喪過乎哀用過乎儉

(訓詁)貌肅曰恭心傷曰哀儉撙節也

(象數)震動爲行中互巽順爲恭震驚爲喪中互兌金在聲爲商在志爲哀震往爲用下體艮止爲儉陽得陰失陰多勝陽爲過

(義理)恭近溫柔哀近陰慘儉近吝嗇悉陰柔之過也聖人順其柔而止之恭則人不忍侮哀則人盡惆憐儉則人無放佚過即孔子曰事君盡禮人以爲諂也又曰禮與其奢也甯儉喪與其易也甯戚之義

初六飛鳥以凶

(訓詁)以用也

(象數)小過象爲飛鳥初變離飛象鳥牛戢其翼爲飛鳥以凶

(變通)初變爲豐䷶旁通爲井䷯豐初有過旬之災故飛鳥罹凶

(義理)能左右之曰以四柔皆翼初上爲翼之翰下體艮止動變離飛以末制木以柔制剛不待上舉而即欲高翔譬之小加大少陵長賤妨貴逞其小慧私智不度德不量力躁動要功未有不凶者焉

(占應)初辰在未未當鶉首之次應爲飛鳥

六二過其祖遇其妣不及其君遇其臣

(訓詁)遇者柔變剛以應也過其祖遇其妣不及其君遇其臣妣爲躁中臣爲剛中也

(象數)陽祖東方震陽爲祖內艮變巽匹震爲妣帝出乎震爲君二與五應爲

臣

（變通）二變爲恆䷟旁通亦爲恆咸恆夫婦之卦也妻道臣道爻應故曰祖妣君臣

（義理）小過過也過與不及相反皆爲失中二變爲恆恆有夫婦之義妻道臣道不曰夫婦而曰祖妣君臣者爾雅釋親生曰妻死曰妣小過屬兌宮游魂游魂死象故變夫婦言祖妣也二與五應以陰陽言則二五爲祖妣巽究躁卦有過中之象以德位言則二五爲君臣巽爲順卦有不及之義焉

（音句）諸家讀過其祖遇其妣句不及其君遇其臣句王夫之周易稗疏以過字與不及爲對似讀過字句不及句按過字宜單讀句即雜卦云小過過也以下當讀其祖過其妣句不及其君過其臣句

（占應）二辰在酉上値五帝內座上丞諸星應爲君明臣良

九三弗過防之從或戕之凶

（訓詁）防隄衛戕殘殺也古者田獵過防弗逐弗過從戕罹陰害者不出中也

（象數）艮爲門闕閑其出入爲防三近多凶陽變爲陰防閑踈縱爲戕凶

（變通）三變爲豫䷏旁通爲姤䷫豫怠也爻應故曰弗防或戕

（義理）穀梁傳昭八年云過防弗逐不從奔之道也艮脊陽爲保障陽動變陰踈於自防不能保衛可知譬之君子偶然怠忽遂爲小人所乘如華元殺羊享士其御羊斟不與遂爲斟啗戕害也天下士過則失中惟防陰不嫌於過戒愼之密義焉

（音句）虡翻讀弗過句防之句從或句戕之句焦循易章句同諸家讀弗過防之句從或戕之句按本義從象傳讀如諸家

（占應）三辰在辰上値執治應爲嚴防之象

九四无咎弗過遇之往厲必戒勿用永貞

（訓詁）弗過遇之君子過陰不爲已甚也戒戒愼往厲必戒雖非甚以待人必自愼以守己也

（象數）陽外接陰爲過震動爲往變陰爲厲四近多懼爲戒體震變坤爲永貞

（變通）四變爲謙䷎旁通爲夬䷪夬初曰往不勝爲咎爻應故曰无咎往厲必戒

（義理）羣陰在下非加意密防不能控制羣陰在上非加意欵接不能見容弗過遇之孔子與下大夫言侃侃如也與上大夫言誾誾如也往厲必戒孔子不見陽虎孟子不與王驩言也四體陽剛震爲決躁既難比附於陰勢必懍於危機益加戒備不爲時用永守其貞至於阨窮而不悔也

（音句）虡翻讀弗過句遇之句諸家讀弗過遇之句玩易四道讀勿用句永貞

句按象傳讀弗過遇之句當從

（占應）四辰在午上値少輔應爲匡救戒愼

六五密雲不雨自我西郊公弋取彼在穴

（提要）此應周饑克殷而年豐也

（訓詁）雲騰致雨密雲不雨澤阯而未施也西郊國邑之西公三公弋繳繳以絲繫矢而射也公弋取彼在穴旱時鬼蜮爲祟恆藏於穴故君公必袪之也

（象數）互兌爲澤變互乾天澤上於天爲雲爲雨五與二應中互巽風吹散爲密雲不雨互乾爲郊當兌爲西郊震木仰盂中互巽繩象似弦木爲弧因爲弋艮爲山二陰藏於山中爲在穴艮爲手巽爲入有探得之象爲弋取在穴

（變通）五變爲咸䷞旁通亦爲咸咸爲山澤通氣爻應故爲雲雨

（義理）變雲不雨旱魃爲虐之象左傳衛旱卜有事於山川不吉甯莊子曰昔

周饑克殷而年豐今邢方無道天其或者欲使衛討邢乎從之師興而雨蓋雨爲王者恩澤下有壅塞則恩澤不施必曰取彼在穴者巢居知風穴居知雨城狐社鼠憑穴者多也山澤通氣宜有雨焉但爲小過之陰蒙蔽反而不雨公故必去其害焉

(品物)公弋取彼在穴按周禮有穴氏掌攻蟄庭氏掌射國中之妖鳥若不見其鳥獸則以救日之弓救月之矢射之若神也則以太陰之弓與枉矢射之

(占應)五辰在卯上値天棓玄戈從官車騎應爲擒捜巖穴之醜類焉

上六弗遇過之飛鳥罹之凶是謂災眚

(訓詁)弗遇過之謂不以禮接下拒之爲太甚也罹離附災天禍眚人過也

(象數)上與三應爻動剛柔不應爲弗遇至上窮極爲過之變離飛鳥半戢其翼爲罹凶離火爲災眚

(變通)上變爲旅䷷旁通爲困䷮旅上應曰鳥焚其巢

(義理)人而不仁疾之已甚亂也上陰變離飛鳥翔至雲霄正小人揚於王庭之象若弗善爲應之勢必罹其凶害唐郭子儀位極人臣每見盧杞必先避其妻姿正自能避災眚也彼齊君臣帷堂笑客立致三國之師曹衛弗禮晉文遂受兵伐之禍弗遇罹凶非明證與

(音句)虞翻讀弗過句諸家讀弗遇過之句按當從象傳讀弗遇過之句

(占應)上辰在巳上値翼宿大當鶉尾鶉應飛鳥翼宿主火應爲災眚

象曰飛鳥以凶不可如何也不及其君臣不可過也從或戕之凶如何也弗過遇之位不當也往厲必戒終不可長也密雲不雨已上也弗遇過之已亢也

(訓詁)上升也亢極也

(義理)初以斂進蹈凶二則遇人宜審三貴愼以自防四則接人以禮五爲卦主宜去殘害扶植善良上亢抑陰過甚以致取災合觀六爻無非以愼爲要圖焉

(音句)過音戈與何相韻上音常亢音岡詳前萃卦象傳及乾文言

(攷證)釋文已上也上鄭作尙

副編

小過

(集解)虞翻曰離爲飛鳥震爲音艮爲止晉上之三離去震在鳥飛而音止故飛鳥遺之音上陰乘陽故不宜上下陰順陽故宜下大吉俗說或以卦象二陽在內四陰在外有似飛鳥之象妄矣○頤齋經說滿招損謙受益震動艮靜上滿下謙故君子法艮而不法震謀小而不圖大也

(默參)卦氣內主大寒外主立春斗方直艮震氣上出去卯不遠曰小過激怒未烈聲小氣微如飛鳥遺音陽氣軋軋也

(德位)亨德在四

象

(集解)晁說之曰時有擧趾高之莫敖故正考父矯之以循牆時有短喪之宰予故高柴矯之以泣血時有三歸反坫之管仲故晏子矯之以敝裘雖非中行亦足矯時勵俗也

(默參)欽定周易折中云雷出地則聲方發達而大及至山上則聲漸收斂而微故有平地風雷大作而高山之上不覺者此小過之義也

二

(集解)徐士禮曰家人彖曰女正位乎內男正位乎外女以二柔爲正也小過

二變成恆祖妣雖得其配但五柔二剛男女之位不正不若取譬君臣君以柔中下賢臣以剛中忠主適見君明臣良上下交泰也孔子曰以道事君不可則止剛中也孟子譏公孫衍張儀爲妾婦之道因以無違夫子爲喻取其柔也故觀小過之象以二五喻夫婦則失中以二五喻君臣則得正也○鄭圜札記小過之象不宜上宜下可小事不可大事爻曰過其祖遇其妣不及其君遇其臣則又宜於朝不宜於家宜於外事不宜於內事焉推原卦象二動互乾爲祖自二過三四兩陽往應五陰爲過祖遇妣五君二臣自五下應二中爲其君遇臣兩兩相較以祖遇妣則爲逆往以君過臣則爲順來二變互乾下當艮廟之中故取象爲祖五動互乾上據皇極之位故取象爲君以祖遇妣則剛柔失中以君遇臣則剛柔當位小過自相綜對故於二爻發明其義旨焉

四

（集解）頤齋經說弗過過之往厲必戒涉世之道危行言遜也

（德位）貞在五中永貞者變得坤貞也

上

（默參）飛鳥以雙翼翱翔兩翰不得偏分輕重故畜鳥者戢鳥半翼則鳥即不能飛卦象艮手震足人有手足類鳥之有翼故亦不能爲偏枯焉

象

（比例）王應麟曰易言密雲不雨者二小畜終於既雨者陽之極爲陰也小過終於已亢者陰之極爲陽也

（對待）小過自相綜對上綜即初故皆曰飛鳥之凶三綜即四故皆曰弗過

既濟 ䷾ 坎上離下

泰州　徐天璋睿川　演

（卦旨）卦自泰䷊二五相交爲既濟綜爲未濟䷿旁通仍爲既濟錯並爲未濟在天成象日月重光在地成形城池鞏固在世運君臣一德協和萬邦在人緯武經文華實並茂

（義理）水就下火就上上下相就萬物化成曰既濟

既濟亨小利貞初吉終亂

（訓詁）亂紊也

（象數）陽大陰小既濟本泰亨而二得中爲亨小利貞陽吉陰亂初陽爲吉上終於陰爲亂

（義理）離明坎晦月受日光以之言治猶大人內體精明外寓渾厚故民物皆爲攸賴也顧日中則昃月盈則食天道一治一亂絕無百年而不變者雖帝舜

猶耄期倦勤況其餘乎初吉終亂警戒之義深焉

（音句）虞翻讀亨小句程傳讀同本義既濟亨小當爲小亨仲氏易以亨字絕句小利貞句按程朱以下皆從虞讀因象傳云既濟亨小者亨也利貞剛柔正而位當也利貞上無小字故以虞讀爲是谷家杰曰不曰小亨而曰亨小所亨者其小事也與程子云小字在下語當然也若言小亨則爲亨之小也說同然以全經證之或云亨或云元亨或云小亨均以亨字絕句從無以享小爲句者且遯卦曰遯亨小利貞明讀亨字絕句小利貞句此卦象云小者亨也蓋釋亨爲柔德利貞即在柔中既於亨字發明小字故於利貞不復再加小字非以亨小爲句也如以亨小絕句象當云亨小小者亨也何以僅云既濟亨小者亨也與

彖曰既濟亨小者亨也利貞剛柔正而位當也初吉柔得中也

終止則亂其道窮也

(訓詁)道窮剛柔相推而窮上也

(象數)五剛二柔爲位正當

(義理)既濟本爲剛柔並亨經曰小利貞傳曰小者亨也蓋中天之世堯舜憂勤在上禹稷宣勞在外而下民食福小人蒙休是君子孜孜爲治者皆小人賴其佑庇也故傳曰小者亨也然聖明之世民不犯於有司是又小者之利貞也堯舜既沒暴虐旋興終止則亂其道焉有不窮者與

(攷證)既濟亨小者亨也本義濟下疑脫小字郭京易舉正云亨小下脫小字按辨見前音句

象曰水在火上既濟君子以思患而豫防之

(訓詁)禍害曰患隄衛曰防思患豫防謂慮周而備久也

(象數)坎爲水離爲火坎性深沉爲思患離火明照爲豫防

(義理)惟聖人能無外憂否則憂患未有不生於安樂也思患豫防獨取象於既濟者水能載舟亦能覆舟火生於木轉能焚木坎水爲法離火爲禮大戴禮曰法者禁已然之後禮者禁將然之前也

初九曳其輪濡其尾无咎

(訓詁)曳頓也輪車輪沾滯曰濡尾獸尾也

(象數)中互坎輿多眚變艮泥止爲曳輪初下爲尾坎水沾滯爲濡尾

(變通)初變爲蹇䷦旁通爲革䷰蹇曰見險能止爻應故曰曳輪濡尾

(義理)象値既濟天下已治定矣初下德薄位卑正宜藏拙勿用豈有君明臣良之世而容庶人濫議其列與曳輪濡尾正戒躁進者勿自詒譏隕越也輪必展之以行曳則難於輕進狐必揭尾以渡濡則見險而止曰无咎者言過盤根錯節惟有才者能无害也

(品物)輪車輪牛馬引前車行在後輪既頓曳不前故牛馬之尾亦垂之而若濡焉

(占應)初辰在子上値車府應爲曳輪

六二婦喪其茀勿逐七日得

(提要)殷高宗肜祭飛雉升鼎而雊王納祖己之訓反已修政蠻夷重譯來朝者六國自是章服多用翟羽婦茀即翟茀也妻道臣道文王爲紂所幽故有喪茀之象

(訓詁)婦者服事人也茀翟茀章服之貴者喪茀失其貴也勿逐七日得謂不待求而自復也

(象數)離中女爲婦離爲雉因爲翟茀離火夷於水下爲喪變乾離雉不見爲

喪茀爻變旋悔離火成於天七爲勿逐七日得

(變通)二變爲需䷄旁通爲明夷䷣明夷爲文王蒙難爻應故有喪茀之徵

(義理)禍爲福倚福爲禍鍾書曰車服以庸詩曰翹翹車乘招我以弓其借婦茀以喻喪得者妻道臣道人臣之得車服猶婦人之榮翟茀也詩又曰翟茀以朝喪茀者正喻文王朝殷而被紂褫其職勿逐七日得易多隱辭蓋以七日借喻七年言紂囚文王于羑里七年復釋之以爲方伯也

(攷證)釋文茀子夏虞翻並作髴荀作紱董遇作𩬊亦作髢或作笰按當從本義作茀

(品物)茀馬融曰首飾也鄭康成曰車蔽也干寶曰馬髴也按惠士奇易說爾雅曰輿革前謂之鞎後謂之笰竹前謂之禦後謂之蔽笰與蔽皆車後戶之名

第者以韋鞈之蔽者以簟衣之詩曰簟笰朱鞹然則笰與蔽異名而同物茀當爲笰之假借也翟茀惟命婦用之非凡婦人皆用翟茀自當以程朱之訓爲正

（占應）二辰在酉上值天陰應爲婦茀

九三高宗伐鬼方三年克之小人勿用

（訓詁）高宗商王武丁也鬼方西南羌夷之國克勝也小人勿用戒勉之也

（象數）離爲甲冑戈兵坎爲鬼坎中互離鬼在南方離變震動帝出乎震自內往外爲高宗伐鬼方離數三爲三歲三不中正變陰爲小人

（變通）三變爲屯䷂旁通爲家人䷤屯利建侯爻應故曰高宗伐鬼方克之

（義理）既濟之中動成險難君子思患豫防因以高宗爲戒焉蓋武丁三十二年伐鬼方氐羌來賓其後紂以鬼侯爲三公旋

脯鬼侯天下因而離心患即伏於賓服之中此既濟所以初吉終亂也鬼方在商西南今川滇之域自高宗伐後遂竄西北迨周公季歷又伐之沿及漢時其種遂爲先零羌焉

（占應）三辰在辰上值上將次將郎將諸星應爲六師征伐又值執法主應小人勿用

六四繻有衣袽終日戒

（提要）此即文王身爲三公雖有朱繻之衣而猶卑服即康功田功自朝至于日中昃不遑暇食用咸和於萬民也

（訓詁）繻通作襦繒帛也衣絮敝敗曰袽戒誡也

（象數）四變中互乾衣巽絲爲繻體陰中柔爲絮外兌毀折爲繻有衣袽離爲終日四當多懼爲戒

（變通）四變爲革䷰旁通爲蹇䷦革去故也四曰改命爻應故爲衣敝改爲

（義理）射禮君袒朱襦大夫與士射則袒纁襦繻文飾之衣也衣服在躬終有敝時敝則彰身文繡成爲緼絮君子思患豫防當懍然褻職有闕夙夜基命於宥密也詩曰絺兮綌兮淒其以風與此同旨

（音句）任與來氏讀繻有句

（攷證）釋文繻子夏作䋽古文作襦說文作需王弼曰繻當曰濡袽子夏作茹說文作絮京作絮亦作裻或又作袽按當作襦袽

（品物）繻說文繒采色繒即帛也玉篇繻細密之羅也袽玉篇袾袽敝衣也說文絮緼也一曰敝絮也按說文繻䌌衣也䌌温也䌌衣所以禦寒外著文采之色內有熟綿者也

（占應）四辰在丑上值織女帛度應爲繻袽

九五東鄰殺牛不如西鄰之禴祭實受其福

（提要）此即帝辛六年西伯初禴于畢也

（訓詁）禴祭也殷禴於春周禴夏也受承受福善祥也

（象數）日升於東離爲東鄰月升於西坎爲西鄰離爲牛坎爲血坎又爲鬼二五正應鬼歆其饗爲殺牛禴祭乾爲福坎得其陽爲實受其福

（變通）五變爲明夷䷣旁通爲需䷄明夷爲文王家難內文明而外柔順爻應故曰西鄰需爲飲食五應故曰禴祭

（義理）東鄰殷也西鄰周也離日爲君坎月爲臣既濟則坎升日上五得乾天之脊正位當陽變坤撫有萬邦象雖艱貞其實已承天命也易興商周之際於既濟見周之興於未濟見殷之亡其旨深其象顯焉

(攷證)論漢書作論

(占應)五辰在申上値八穀應爲粢盛以祭

上九濡其首厲

(訓詁)沾濡曰濡首元首也

(象數)上爲首體坎水溼爲濡首

(變通)上變爲家人䷤旁通爲屯䷂家人上爻體陽爲吉爻應體陰爲厲

(義理)元首居象也上當祖位既濟終亂勢必禍延宗社載胥及溺同占滅頂之凶不曰凶而曰厲者雖危無患也於既濟之上曰濡其首厲蓋文王蒙難之徵於未濟上曰飲酒濡其首失是其卽殷紂沉湎無度首懸太白之隱兆乎

(占應)上辰在戌日窮於戌正當西北乾首之位應爲濡其首厲

象曰曳其輪義无咎也七日得以中道也三年克之憊也終日

戒有所疑也東鄰殺牛不如西鄰之時也實受其福吉大來也濡其首厲何可久也

(訓詁)羸困曰憊疑礙也

(義理)初謹其始待時而安二守其常堅志自得三防其憊宜知養力不矜四慮其危正貴先時有備五爲既濟之主邀帝之眷由於祭盡其誠上則防亂於終兢兢愼戒也

(音句)憊音敗疑叶音義時叶上紙切來叶音利久叶音几五字正相爲韻按陸作備疑韻補叶魚記切音義時韻補叶上紙切引王粲七釋不以志易道不以身後時進德修業與世同理時叶理韻來叶良置切荀子賦論篇一往一來結尾以爲事來叶事韻久叶與里切詩邶風何其久也必有以也久叶以韻楚辭招魂䑥冰峩峩飛雪千里歸來歸來不可以久久叶里韻紙寘兩韻上去雖殊字多同收由是論之五字本相爲韻明焉

(攷證)憊陸作備

副編

既濟

(集解)吳曰愼曰剛柔正則體立水火交則用行體立用行所以爲既濟也○郭雍曰六爻有應者八卦泰否咸恆損益既濟未濟然應而皆得位者六十四卦中獨既濟而已

(德位)亨在二中利貞者二五剛柔應也

彖

(集解)侯果曰剛得正柔得中故初吉也正有終極濟有息止止則窮亂故曰終止則亂其道窮也一日殷亡周興之卦也成湯應天初吉也商辛毒痡終止

也由止故物亂而窮也物不可窮窮則復始周受其未濟而興焉乾鑿度曰既濟未濟者所以明戒愼全王道也○頤齋經說陰無陽不能成化柔無剛不能中强既濟曰亨小利貞象傳曰既濟亨小者亨也利貞剛柔正而位當也推原卦德三陰正位由於三陽正位內無怨女外無曠夫想見風俗醇美也君子之道無往不亨無行不利貞惟小人則必依附君子爲亨步趨君子爲利貞譬之蓬生麻中不扶自直歷觀今古天下有小人得志而君子不與其事者絕與君子在位而小人不蒙其庥故傳曰小者亨經曰小利貞其義一也

(德位)三陰三陽各正爲位當兼三才而觀五上兩爻立天之陰陽也初二兩爻立地之柔剛也三四兩爻立人之仁義也

(比例)周易精義古今治亂相倚伏既濟之時泰將否也未濟之後否將泰也既濟初吉終亂卽泰城復于隍之戒未濟汔至濡尾无攸利卽否其亡其亡之

心○按既濟三陽皆得位未濟三陽皆失位然未濟不如既濟之始既濟不如未濟之終推原卦德既濟來自泰未濟來自否故與泰否同終始耳

象

（集解）荀爽曰六爻既正必當復亂故君子象之思患而豫防之治不忘亂也○頤齋經說聖賢能造時運時運不能困聖賢惟聖賢憂深慮遠旋乾轉坤方見平生經濟故箕文身蒙大難而卒能歷險而亨禍兮福倚福兮禍鍾思患豫防既濟何至有終亂與

初

（默參）夏鵬萬曰此即莊周尻輪之喻也濡尾即孳尾之義

三

（集解）頤齋經說國家盛强之日必有小人蠱惑君心導爲開疆拓土勤兵遠略者卒至國帑空虛禍患迭起秦始皇隋煬帝炯鑑昭然君子可不豫防之與

四

繻

（集解）虞翻曰乾爲衣故稱繻袽敗衣也乾二之五衣象裂壞故繻有衣袽離爲日坎爲盜在兩坎間故終日戒也○蘇軾曰衣袽所以備舟隙也卦以濟爲事故取於舟○頤齋經說水能禦火四爻當坎下畫變而成革革爲去故是既濟而來亂萌也左傳定八年云主人焚衝或濡馬褐以救之又曰哀三年火踰公宮濟濡帷幕鬱攸從之蒙葺公屋自太廟始濡袽以防其火正防民如防火也繻當作濡

五

（集解）來知德曰六四不衣美衣而衣惡衣九五不尚盛祭而尚誠實然後可以處既濟之終而不亂也

上

（集解）薛温其曰濡其尾者有後顧之義濡其首者不慮前也恃以爲濟遂至陷沒沒而至首其危可知歷險而不虞患故曰亂者有其治者也既濟終亂其義見焉

泰州 徐天璋睿川 演

䷿ 未濟 坎下離上

(卦旨)卦自否䷋二五相易爲未濟綜爲既濟䷾旁通仍爲未濟錯並爲既濟在天成象日蝕月晦在地成形水涸湟乾在世運泯泯棼棼叛經離道在人煢煢孑孑女寡男鰥

(義理)火性炎上水性潤下上下相背志各睽違日未濟

未濟亨小狐汔濟濡其尾

(提要)喻祿父既受周命比諸侯以奉商祀不能敬奉天命以續既終之禮遂自叛亂而被誅戮也見干寶易注

(訓詁)狐淫邪之獸也水涸曰汔濟涉也溼滯曰濡尾狐尾也

(象數)坎爲狐陽大陰小坎月象陰爲小狐坎臀當躬下體爲尾體水流溼爲濡尾上火下水不交爲无利

(義理)天地不外陰陽萬物不離水火水性淫泆狐性妖冶未濟而求其濟非狐不能調化水火也濡尾无利水陷火飛大道故不能成詩曰靡不有初鮮克有終此之謂也易爲開天明道之書以龍象乾以馬象坤以狐終水火旨深哉

(攷證)未濟定本作求濟

(品物)風俗通里語狐欲渡河無如尾何蓋狐性多疑未渡之時先以尾度其淺深一說狐首輕尾重負尾而濟也未濟時一步下其尾此孟喜云也按狐行迅疾其尾直挺在後非若犬豕之尾垂焉濡字集韻正韻音耎與輭軟同柔也小狐力弱雖待水涸而濟猶難免濡其尾是以无利

彖曰未濟亨柔得中也小狐汔濟未出中也濡其尾无攸利不續終也雖不當位剛柔應也

(訓詁)續濟也

(象數)五柔二剛爲不當位

(義理)老狐知畏履冰而聽恔恐蹈於水中小狐未知戒懼不免躁進圖功故有濡尾之患傳曰不續終者離以柔中而亨坎以剛中而躁躁則不能審慎周詳故能濟多出於老成敗事悉由乎新進新進小狐之謂也

象曰火在水上未濟君子以愼辨物居方

(訓詁)辨判也居止也方類也

(象數)離爲火坎爲水離明爲辨物水止爲居方

(義理)離南坎北方位各殊然離爲陽明坎爲陰啇向陽者舒向陰者慘猶言親君子則治親小人則亂也能審則辨之審而居之宜雖時當未濟而我自不失焉

初六濡其尾吝

(訓詁)濡沾滯也

(象數)初下爲尾體坎水滋爲濡當陰爲吝

(變通)初變爲睽䷥旁通爲蹇䷦睽初體陽象曰辟咎爻應體陰故曰吝

(義理)天下未濟出而圖功全在和衷共濟今初甫動即與人睽力少任重智小謀大鼂錯請削六國之權荆軻欲劫秦王之盟冒昧行事未有不敗者焉是以爲吝

(占應)初辰在未上值積水水府水位諸星水盛則涉者必厲故應爲咎

九二曳其輪貞吉

(訓詁)輪頓不前曰曳輪貞正也

(象數)坎爲輪其輿多眚爲曳輪當中爲貞體陽爲吉

(變通)二變爲晉䷢旁通爲訟䷅晉二應曰貞吉

（義理）聖人借易占爲用舍者必即爻象而觀之也二與五應變而成晉晉進也且有康侯之象衆必以仕爲吉焉爻獨曰曳其輪貞吉曳輪則止而不進有審慎遲回之意焉

（占應）二辰在寅上值車肆應爲曳輪

六三未濟征凶利涉大川

（提要）此即武王師逾孟津癸亥陳於商郊也

（訓詁）未濟征凶利涉大川逼險而濟急賈勇以決之也

（象數）三近多凶變互乾健爲征凶坎爲大川三逾坎中爲利涉大川

（變通）三變爲鼎䷱旁通爲解䷧鼎三行塞爻應故曰征凶象成鼎新故占利涉

（義理）傳曰甯我薄人毋人薄我三當多凶陰陷兩陽之間其凶尤甚變互乾

健柔者能強猶淮陰侯背水列陣所謂置之死地而後生也天下事未濟之中必求能濟之理彼畏難苟安者可以興焉

（占應）三辰在亥上值鈇鉞應爲征凶天津應爲涉川

九四貞吉悔亡震用伐鬼方三年有賞于大國

（提要）此即周伐鬼戎也鬼戎既爲高宗克於西南因之折而擾於西北邠岐之地也

（訓詁）震摯伯名鬼方西域羌夷之國賞賞功也

（象數）坎爲鬼四變互坤位於西南爲鬼方離爲甲胄戈兵變互震動爲伐離數三爲三歲離變艮爲宮闕互坤國邑互震公侯爲大國坤終有慶爲賞

（變通）四變爲蒙䷃旁通爲睽䷥蒙四體陰爲吝爻應體陽爲吉爲賞

（義理）四爲大臣爲侯伯震爲王季之妃太任之父摯伯名也竹書紀年武乙三十五年周公季歷伐西落鬼戎則震爲摯伯助周明焉同一鬼方伐之各異此殷所以亡周所以興也震爲摯伯之名見郭璞易說通鑑輯覽帝乙元祀命周公季歷爲牧師加九命作伯目云季歷嘗伐西落鬼戎至是又伐余無始呼翳徒之戎皆克之王嘉其功賜之圭瓚秬鬯加九命爲侯伯實爲有賞于大國之明徵焉

（攷證）大國李鼎祚集解作大邦

（占應）四辰在午上值七星張宿七星主兵隋志張主賞賚之事應爲克鬼有賞

六五貞吉无悔君子之光有孚吉

（訓詁）貞吉光孚謂君子道德明著人皆仰見之也

（象數）當中爲貞離日爲光體離變乾爲天亦爲光月納日景坎水承天爲有

孚

（變通）五變爲訟䷅旁通爲晉䷢訟五元吉爻應故曰貞吉

（義理）周人之德日新顯于西土光于四方不於既濟九五見之而反於未濟六五見者殷紂之世三仁囚辱四海離心愈顯周德上承天命下得人心也此中盈虛消息寓旨甚微宜深思而玩索焉

（占應）五辰在卯上值亢宿日月之中道也辰在大火應爲光孚貞吉

上九有孚于飲酒无咎濡其首有孚失是

（提要）此即指紂大聚樂戲於沙邱以酒爲池宮中九市爲長夜之飲於易未濟終繫此象者見殷紂所以亡也

（訓詁）有孚飲酒燕樂也濡首沉湎貌失是亡國攸於斯也

（象數）坎爲有孚坎水爲玄酒上爲首體陰沉迷爲濡首失是

（變通）上變爲解☳☵旁通爲鼎☲☴解上射隼解悖爻應故爲有孚願解者緩也緩必有失故應有孚失是

（義理）酒以合歡賓主之儀進退有節雖至終日不改其常故聖王飲至策勳饗燕諸禮莫不於宗廟行之上當祖位殿三百八十四爻之終正不妨勒功告成得以笙簧酒醴娛我嘉賓並與生民休息也故曰无咎然飲之而善者令儀令嘉飲之不善者號呶伐德君子常醒小人常醉君子飲酒孚於君子小人飲酒孚於小人周以興邦殷以覆國甚哉不可不知節也

（占應）上辰在戌上値婁宿主犧牲供給宗廟應爲朝會燕饗又値奎宿主溝瀆陂池應爲紂作酒池

象曰濡其尾亦不知極也九二貞吉以行正也未濟征凶位不當也貞吉悔亡志行也君子之光其暉吉也飲酒濡首亦不知

節也

（訓詁）暉者光明之氣極盡也

（象數）離日爲暉

（義理）時當未濟六爻之義不同初則不度財力二則抱道在躬三則因險而征四則際時獲賞五則德盛化光篤恭而治上則宴安無節沉湎亡身合既濟未濟而論一言以蔽之曰道在慎而已矣

（音句）極叶音敬與正相韻按鄭國札記云本義極字未詳考上下韻亦不叶或恐是敬字今且闕之不知書呂刑無疆之辭屬于五極咸中有慶極慶出以天籟相韻且極字四聲調時中有敬聲極當叶音敬字行音杭吉韻四質節韻九屑古通韻

（攷證）釋文暉又作輝

副編

未濟

（集解）程傳汔當爲仡壯勇之狀書曰仡仡勇夫小狐果於濟則濡其尾而不能濟也既不能濟无所利矣

彖

（德位）剛柔俱不當位然初四二五三上又皆相應也

象

（集解）頤齋經說天下之物飛潛動植衣服器皿同名異形同形異用各因土地而殊非居其方不能深辨其狀故聖人隨所產以區別焉、

初

（默參）坎水屬腎下變陽盈尾大不掉象爲濡尾

（比例）既濟初曰濡其尾无咎此曰濡其尾吝者既濟體陽故无咎未濟體陰故見吝

二

（集解）頤齋經說曳輪猶之濡尾初以爲吝二以爲吉者初無才能位居民庶二有才德躬列士林故初則有沾滯之象二則得貞守之宜也

（德位）貞在二中

（比例）既濟初言曳輪濡尾无咎未濟分言濡尾曳輪一在初一在二者既濟坎車在前初變艮止阻蹇難行故於初並言之未濟初當坎輿之下二當坎輿之中故分言之

三

（集解）干寶曰吉凶者言乎其得失也祿父反叛管蔡與亂兵連三年誅及骨

肉故曰未濟征凶乎克四國以濟大難故曰利涉大川坎也以六居三不當其位猶周公以臣而君故流言作矣〇任啓運曰既濟六爻不言既濟蓋言既濟則已向於衰君子之所不敢矜言也未濟於三爻一言未濟蓋此以上未濟此後即能濟君子之所願望也

(德位)未濟本無利德爻變爲利者謂三能助二也

四

(比例)既濟高宗伐鬼方三年克之象曰憊也未濟震用伐鬼方三年有賞象曰志行也蓋未濟在四綜即既濟在三彼在下仰攻其上此在上順紂其下勞佚之勢懸殊彼已既濟而窮兵黷武此當未濟而補敗救亡仁暴之心迥異彼用三不中正此用四爲卿士故彼不免於憊此郤利於行焉

五

(集解)干寶曰以六居五周公攝政之象也故曰貞吉无悔制禮作樂復子明辟天下乃明其道乃信其誠故君子之光有孚吉矣

(默參)離於人身爲心人之才智聰明皆由心中性靈發見故主光孚自天象觀之雨後之日雲吐之月其光顯於分外此皆有孚于未濟之明徵也

(德位)貞在五中

上

(集解)邱富國曰既言飲酒之无咎復言飲酒濡首之失何邪蓋飲酒可也耽樂而至濡首則昔之有孚者今失於是矣〇頤齋經說甘酒垂於夏訓酒誥列於周書古聖王兢兢於酒亡國者皆未濟於終義也

(默參)離火變震陽明上升應人酒性至首自亂威儀也

(比例)劉牧曰既濟以柔居上止則亂也故濡其首厲未濟以剛居上窮則通矣故有孚于飲酒无咎

象

(集解)邱富國曰內三爻伏險也初言濡尾之吝二言曳輪之貞三有征凶位不當之戒皆未濟之事也外三爻離明也四言伐鬼方有賞五言君子之光有孚上言飲酒无咎則未濟爲既濟矣〇何楷曰周易始乾而上經以離終下經未濟之上卦亦終離何也離者文明之卦翼傳稱包犧始作八卦以通神明之德以類萬物之情又作結繩而爲網罟蓋取諸離氣化自此開矣聖人南面而聽天下嚮明而治亦取諸此況周家乃以火德王者此其所以殿之上下經之終而與乾坤爲首尾也歟〇按天一生水地二生火故以乾坤定易之體以坎離成易之功也十二萬年天地毀於刼火此易所以終未濟乎

(對待)既濟九三綜即未濟九四故皆曰伐鬼方上九綜即初九故初言濡尾

上言濡首初六上六並同

下經終

睿川易義合編

繫辭上傳

泰州　徐天璋睿川　演

（提要）此孔子所贊十翼之一也

（義理）繫辭者孔子聯綴易象卦爻之義發明其體要也

天尊地卑乾坤定矣卑高以陳貴賤位矣動靜有常剛柔斷矣方以類聚物以羣分吉凶生矣在天成象在地成形變化見矣

（訓詁）乾崇效天坤卑法地位爻位也動靜爻之體剛柔爻之用方以類聚物以羣分卦之象在天成象在地成形數之蘊也

（象數）乾爲天爲高爲貴爲動爲剛爲物爲羣爲吉爲象爲變坤爲地爲卑爲賤爲靜爲柔爲方爲類爲凶爲形爲化

（義理）此孔子發明陰陽之理天地之象古聖畫卦之原三才一貫之用也元

氣初分輕清上浮純陽爲天重濁下降純陰爲地清則高貴濁則卑賤曰卑高以陳者畫卦自下而上必先有民而後始有君也方謂居處類聚者如君子講學會友百工居肆成器四夷八蠻飲食嗜好各囿風氣也物者天地所生羣分如飛潛動植自相區別吉凶生者八卦取象曲盡天下人物事理如說卦近取諸身遠取諸物隨所卜以明變占也成象謂日月星辰成形謂草木鳥獸變化如天施地應風化物走雨化物飛日蝕星流山崩川竭之類莫不因爻象而擬議焉

（攷證）釋文卑本又作埤

是故剛柔相摩八卦相盪鼓之以雷霆潤之以風雨日月運行一寒一暑

（訓詁）圜推曰摩直推曰盪霆雷也

（象數）乾爲剛坤爲柔震爲雷艮爲霆巽爲風兌爲雨離爲日坎爲月日月成時爲寒暑

（義理）此節推原變化以明乾坤生六子焉交感曰摩推移曰盪天運乎上地承乎下地在天中象離中之藏陰太極合精象坎中之藏陽坎離相盪山澤風雷見焉霆山石之氣挺而激搏者也林木之氣鬱而爲風湖海之氣蒸而爲雨非雷霆則陰氣凝滯鬱而不舒非風雨則陽氣剛躁枯而不活非日月則水火不能互藏其精非寒則蘊藏不深非暑則發洩不透聖人默悟陰陽本八卦以明象畫精且微焉

（攷證）釋文摩本又作磨盪眾家作蕩霆蜀才云疑爲電運姚作違

乾道成男坤道成女

（訓詁）乾道成男陽順而往坤道成女陰逆而來也

（象數）乾成三男爲震爲坎爲艮坤成三女爲巽爲離爲兌

（義理）乾坤升降變爲坎離二五之中陰陽之妙合也天地搆精萬物化醇男女搆精萬物化生人稟天地之中氣兩相摩盪陽先降陰則成男陰先逆陽則成女分陰分陽乾索皆男坤索皆女也

乾知大始坤作成物

（訓詁）知主也作化也乾知大始萬物資其性坤作成物萬物資其生也

（義理）二五之精妙合而凝陽如不施陰必不育譬如空地無處不生草木惟有屋宇遮蔽者陰氣攸鬱絕無草木能生上隔天陽故也知爲運動作爲興起乾知坤作雲行雨施所以成化物之功也

（攷證）釋文大始王肅作泰始坤作虞氏姚氏作坤化亦作坤作化物

乾以易知坤以簡能易則易知簡則易從易知則有親易從則

有功有親則可久有功則可大可久則賢人之德可大則賢人之業易簡而天下之理得矣天下之理得而成位乎其中矣

（訓詁）无私曰易无爲曰簡知良知能良能也易知易從夫婦之愚可以能行者德德性業事功位者安其所也

（義理）天道昭著地道順承前二節見乾坤化生萬物此一節見人效法乾坤並非難知難能也在天爲无私在人爲坦易在地爲无爲在人爲靜鎭天象昭著人故易知地化順承人故易從无私則公公則有親無爲則靜靜則有功有親則四海歸心有功則上下一德可久可大不言聖人而言賢人者見中人以上皆可能爲及其至也雖聖人亦不能盡焉

（音句）易知易從兩易字音異

（攷證）釋文簡能姚氏云能當爲從而成位乎其中馬氏虞氏王肅作而易成位乎其中

右第一章

聖人設卦觀象繫辭焉而明吉凶剛柔相推而生變化

（訓詁）陳列曰設辭爻辭推推易變化遞變而合化也

（義理）聖人兼伏羲文王周公而言也畫卦屬於伏羲繫彖成於文王演爻出於周公繫辭即三百八十四爻屬辭比事用斷吉凶者剛柔相推如復推成師臨推成升泰推成恆之類變化即用九用六所占卦爻變易之象也

（音句）諸家或讀聖人設卦句李鼎祚集解或讀設卦觀象句注疏本義惠氏從設卦讀句焦氏章句從觀象讀句按當讀聖人設卦觀象句下繫云八卦以象告是其明證

（攷證）釋文虞翻本而明吉凶下有悔吝二字按觀下文申釋似有悔吝二字

是故吉凶者失得之象也悔吝者憂虞之象也變化者進退之象也剛柔者晝夜之象也六爻之動三極之道也

（訓詁）隱疾曰憂驚慮曰虞虞者悔之機憂者吝之萌三極之道合天地人於中者也

（義理）陽吉陰凶陽悔陰吝陽變陰化陽剛陰柔分之爲六爻合之爲三極三極之道即立天陰陽立地柔剛立人仁義也兼三才而兩六爻之動三極之道也

（攷證）釋文虞翻作晝夜者剛柔之象也

是故君子所居而安者易之序也所樂而玩者爻之辭也

（訓詁）時位曰序玩習也

（義理）君子謂生羲文之後而習易者序即六爻象位或潛或見各視其時能知時位之宜則必守正不失無居而不安焉能玩其辭之義則禍福分明無往而不樂焉

（攷證）釋文序京氏云次也虞本云易之象也舊讀象誤作厚或作序非也所樂虞翻作所變玩鄭氏作翫

是故君子居則觀其象而玩其辭動則觀其變而玩其占是以自天祐之吉无不利

（訓詁）君子靜與天俱動與天遊故得自天祐也

（義理）盈天地間者消息盈虛無非易象靜觀有得恐蹈虛無必玩其辭然後知吉凶悔吝不差棼棼人世之變幻紛紜無非易理非玩其占則情僞不能預決玩索既深自能與天合撰其吉何待占哉

（攷證）李鼎祚集解祐作右或作佑古本無君子二字不利下有也字

右第二章

彖者言乎象者也爻者言乎變者也吉凶者言乎其失得也悔吝者言乎其小疵也无咎者善補過也

(訓詁)彖斷也爻交也微瑕曰疵嘉美曰善補過者改不善以至於善故爲嘉美之也

(義理)此以下通釋彖象爻變之旨彖隨卦象以定體爻因事變而權宜吉凶是極處悔吝是半途失得是吉凶之事小疵是悔吝之機人非聖賢孰能無過无咎者正嘉其能改也

(攷證)古本彖下有曰字石經言乎其小疵也言作存

是故列貴賤者存乎位齊小大者存乎卦辨吉凶者存乎辭憂悔吝者存乎介震无咎者存乎悔

(訓詁)陳布曰列均配曰齊辨別也逼近曰介震恐懼而修省也

(義理)貴賤列位卽卑高之陳小大齊卦卽陰陽之主吉凶辨辭卽彖之四德爻之變通憂介悔吝卽克念作聖罔念作狂震悔无咎卽顏氏有不善未嘗不知知之未嘗復行也兩悔字不同上以事言下以心言也

(攷證)辨諸家或作辯京氏云明也虞翻姚顧蜀才並云別也

是故卦有小大辭有險易辭也者各指其所之

(訓詁)險危也易平也之變適也

(義理)三畫之卦小成六畫之卦大成六畫之中齊其陰陽則小大皆定險有叢棘蒺藜之象易有惠言考祥之占之變卦之所適也各指所適而繫吉凶然後易之能事盡矣

右第三章

易與天地準故能彌綸天地之道

(訓詁)準準則彌周浹綸經緯也

(義理)易法天地無象不包天有日月雷風地有水火山澤陰陽有消息盈虛準之則天根月窟離坎互藏大小往來乾坤升降天地之道無窮易之道亦隨天地爲無窮矣

(考證)釋文彌古本作彌天地之道作天下之道李鼎祚集解引虞翻本亦作天下之道

仰以觀於天文俯以察於地理是故知幽明之故原始反終故知死生之說精氣爲物游魂爲變是故知鬼神之情狀

(訓詁)天文日月星辰之象地理山川原隰之宜積陽爲明積陰爲幽陽生爲始陰藏爲終陰濁有質曰精陽清無質曰氣精者氣之化魂者氣之靈自無聚

而有體謂之物自有散而無形謂之變神者陽之升鬼者陰之斂情者有感而孚狀者想像如在也

(象數)乾爲天文坤爲地理坎爲幽離爲明震爲始爲生艮爲終爲死兌澤爲精氣巽風爲游魂

(義理)天文如日景長短月魄盈虛星中昏旦雲物災祥地理如山川脈絡原隰陰陽辨別五星則成三壤仰觀而知日出乎東月生乎西定坎離之位俯察而知西北多山東南多水列艮兌之方陰幽而陽明陽生而陰死陽息爲始陰消爲終精爲氣中流質氣本精中淸靈精凝氣聚則物成魂游魄降(魂有三三才合其極魄有七七竅感乎情魂主知覺魄主運動魄從而魂靈魂善而魄厲魂升散爲黑氣魄降化爲白土)則物變陽剛而正爲神陰幽而鬱爲鬼神之情狀靈赫馳騁常挾風雲鬼之情狀變幻隱現時如烟霧(世有鬼爲厲者必冤抑之氣屈而未伸魂故久依死處生人之氣感而相入魄故必附尸僵)神之精氣萬古常凝鬼之精氣隨風飄

蕩鬼神無聲言必憑人而語鬼神無質形必附物而成鬼神之情狀即陰陽之情狀也陰陽之死生即往來之消息也神藏於陰故坎爲鬼鬼體於陽故離爲神鬼神之德悉視陰陽屈伸爲之變也

（攷證）釋文察於一本作觀於反終鄭虞作及終李鼎祚集解引同

與天地相似故不違知周乎萬物而道濟天下故不過旁行而不流樂天知命故不憂安土敦乎仁故能愛

（訓詁）似肖也違背也旁行猶言並行不流者節制而不漫溢也

（象數）乾爲天坤爲地離明爲智周坎潤爲道濟兌澤翕受爲旁行不流震道坦易爲樂天知命艮山安止爲敦仁巽風吹煦爲能愛

（義理）前節言易準天地之象此節言易準天地之德易以陰陽爲消息正肖天德爲盈虛知周萬物如乾取象龍馬之類道濟天下如網罟取離耒耜取益

之類旁行不流如六爻變通之類樂天知命如時位潛見之類安土敦仁如動靜有常簡能易知之類

（音句）知虞翻讀平聲

（攷證）釋文道濟鄭元云當作導濟不留京氏作不留樂天虞氏作變天

範圍天地之化而不過曲成萬物而不遺通乎晝夜之道而知故神无方而易无體

（訓詁）模法曰範環周曰圍過越也曲包也遺失也方常位體定形也

（義理）此節即彌綸天地之道周天以十二辰配分野之次子玄枵青州丑星紀揚州寅析木幽州卯大火豫州辰壽星兗州巳鶉尾荊州午鶉火三河未鶉首雍州申實沈益州酉大梁冀州戌降婁徐州亥娵訾并州以十二次統二十八宿東方蒼龍七宿角亢辰氐房心卯尾箕寅北方玄武七宿斗牛丑女虛危子室壁亥西方白虎七宿奎婁戌胃昴畢酉觜參申南方朱鳥七宿井鬼未柳星張午翼軫巳其法以八卦方位配辰離午坎子震卯兌酉乾戌亥坤未申巽辰巳艮丑寅又以列卦分配二十八宿之度詳見易象圓圖故天地之化範圍於卦象間也曲成萬物如生植之外創造之物衣裳取諸乾坤之類晝夜之道如天運之象人事法之日出而作日入而息之類神无方者變動不居周流六虛易无體者陰陽老少隨揲而觀其變也

（攷證）釋文範圍馬氏王肅張氏作犯違按九家易作範圍宜從之

右第四章

一陰一陽之謂道繼之者善也成之者性也

（訓詁）繼續也善謂元長之德成就也性謂貞中之天道即所謂保合太和各正性命也

（義理）渾淪之氣判爲陰陽太極生兩儀也轉即兩儀變化生生不已謂之繼善繼猶繼志繼體之義謂天以至善之理全付於人而人受之也生生之中各

具稟賦謂之成性繼性即元亨成性即利貞也

仁者見之謂之仁知者見之謂之知百姓日用而不知故君子之道鮮矣

（訓詁）知智也日用不知百姓狃於常行而不察也鮮善也

（義理）渾穆中虛自誠而明清明中實自明而誠仁者見仁代天地爲靜養知者見知法天地之流行百姓日用而不知蓋大化甄陶涵濡其德民可使由之不可使知之也

（攷證）古本不知下有也字釋文鮮鄭本作尟或又作尠

顯諸仁藏諸用鼓萬物而不與聖人同憂盛德大業至矣哉

（訓詁）發越曰顯潛隱曰藏鼓振興也鼓萬物而不與聖人同憂天地無心而化非若聖人必思慮也

(義理)顯卽離陽發外藏卽坎陽斂中供鈞鼓鑄一氣化成非若聖人焦思苦慮竭力經營而後天地平成始見功效也

(攷證)釋文藏鄭作臧按藏臧古通字

富有之謂大業日新之謂盛德生生之謂易成象之謂乾效法之謂坤極數知來之謂占通變之謂事陰陽不測之謂神

(訓詁)厚德含宏曰富有自强不息曰日新占者卽卜筮逆度其理神者妙萬而爲言也

(義理)天地之蘊藏萬物取之不竭山川之產原隰之生彼方萃故此卽懷新聖人取乾坤以爲則法變化無窮生生不已數謂筮策之數變謂用九用六不測謂肖像擬議無窮盡無方體也

(攷證)釋文成象蜀才作盛象效法陸作爻法蜀才作效法

右第五章

夫易廣矣大矣以言乎遠則不禦以言乎邇則靜而正以言乎天地之間則備矣

(訓詁)廣量所運也大體所包也捍止曰禦邇近也備盡也謂道盡具無不充也

(義理)天地運於無垠莫能窮極地承天中靜而有常物生天地之間飛潛動植無一不備卽乾坤而發揮其理剛柔變化豈人所能思議哉

(攷證)釋文乎古本作于邇亦作迩

夫乾其靜也專其動也直是以大生焉夫坤其靜也翕其動也闢是以廣生焉

(訓詁)專摶也直伸也翕合也闢開也陰翕而陽專陰闢而陽直也

(義理)兩間皆陰陽之氣彌綸地氣上升天氣下降陽直陰闢春夏之交所以大生廣生天氣上騰地氣下斂陽專陰翕秋冬之交所以蘊精蓄氣一動一靜所以成乾坤之變化焉

(音句)專音團按周禮大司徒其民專而長專音團聚也蓋靜專之象卽陽氣團聚而縮小也

(考證)釋文專陸作摶亦作塼按摶與專古通

廣大配天地變通配四時陰陽之義配日月易簡之義配至德

(訓詁)匹敵曰配至德聖人渾然之善也

(義理)乾爲大生坤爲廣生乾坤所以配天地也乾坤往來六爻旁通成十二辟卦應十二月變通所以配四時也陰升陽降化爲坎離陰陽所以配日月也易爲良知簡爲良能乾以易知坤以簡從天地无私而化正如聖人無爲而治

易簡所以配至德也

右第六章

子曰易其至矣乎夫易聖人所以崇德而廣業也知崇禮卑崇效天卑法地天地設位而易行乎其中矣成性存存道義之門

(訓詁)增高曰崇推暨曰廣知崇則識日進禮卑則道日行存存者謂存其固有之天而保守也

(義理)聖人仰觀俯察皆準天地以爲效法知崇者地仰承天日進高明禮卑者天俯就地能容汙下一仰一俯易行其中然後乾道變化各正其性卽各存其存此道義所由生焉

(攷證)釋文禮蜀才作體卑本或作埤

右第七章

聖人有以見天下之賾而擬諸其形容象其物宜是故謂之象聖人有以見天下之動而觀其會通以行其典禮繫辭焉以斷其吉凶是故謂之爻言天下之至賾而不可惡也言天下之至動而不可亂也擬之而後言議之而後動擬議以成其變化

（訓詁）賾繁也萃合曰會旁達曰通典常經禮節文惡厭也亂淆也擬者付其像議者斷其宜也

（義理）易象至深如睽之載鬼豐之旡人易象至繁如飛鳥遺音小狐濡尾非沓萃不能觀其通非準經不能權其變既繁且深則人必厭擬而後言則形容者無非至理人反貴其名言矣迭變互化其動易淆議而後行則會通者無非典要人反識其趨向矣此易所以爲精深焉

（音句）惡去聲

（攷證）釋文賾九家作冊京房許慎皆作嘖典禮京作等禮姚作典體惡荀本作亞至動舊誤作至賾眾家並然鄭本云賾當爲動九家以至動作至冊議之荀作儀之陸姚桓玄與荀同按釋名冊賾也是賾嘖冊古皆相通餘當仍從今本

鳴鶴在陰其子和之我有好爵吾與爾靡之子曰君子居其室出其言善則千里之外應之況其邇者乎居其室出其言不善則千里之外違之況其邇者乎言出乎身加乎民行發乎邇見乎遠言行君子之樞機樞機之發榮辱之主也言行君子之所以動天地也可不慎乎

（訓詁）好爵謂天爵自修在己者靡共也違背也邇近也樞戶樞機門橥樞利轉機利止皆門戶中權處也榮辱毀譽之謂慎謹密也

（象數）爻象詳見中孚九二兌口爲言巽風爲應爻動變震爲行震主百里爲出身加民震雷有聲爲發遠見邇雷出地登天爲動天地雷鼓萬物爲樞機春分出地萬物發生爲榮秋分入地萬物搖落爲辱震主恐懼爲慎

（義理）孔子隨所觸引發明擬議之義風澤中孚風聲外揚言主其出兌澤內說聲主其應風雨爲陰陽之樞機榮辱爲言行之感召解好爵與靡而歸重言行之動天地則爵非祿位其爲天德明焉

（音句）諸家讀出其言善句出其言不善句心易溯源讀出其言句善則千里之外應之句出其言句不善則千里之外違之句

（攷證）釋文靡本又作縻京作劘

（品物）樞鄭元王廙云戶樞也一云門臼機弩牙也王引之經義述聞歷引公羊傳樞機之內寢席之上淮南子存亡之樞機禍福之門戶以證廣雅云機朱也朱與椢同說文椢門橥也樞謂戶樞所以利轉機爲門椢所以止扉故以樞機並言之也頤齋經說機承門下兩端圓轉如輪球之狀可以橫推開閉者也

同人先號咷而後笑子曰君子之道或出或處或默或語二人同心其利斷金同心之言其臭如蘭

（訓詁）處止也靜謐不言曰默利銛也斷截也臭嗅以歆其氣也

（象數）爻象詳見同人九五乾爲金乾變離火鎔金爲斷互巽白茅香草爲蘭離於五行爲言於身爲心五與二應爲同心

（義理）斷金之言語必攻堅直截了事猶俗所云斬釘削鐵也如蘭之言味之彌永令人欣慕不已如草木之同臭味焉

（攷證）釋文默或作嘿笑或作咲

（品物）蘭即蔄也蘭一幹一花蕙一幹數花蘭與蕙各別今則總名蘭焉

初六藉用白茅无咎子曰苟錯諸地而可矣藉之用茅何咎之有愼之至也夫茅之爲物薄而用可重也愼斯術也以往其无所失矣

(訓詁)苟誠也錯置也術謂述其所業之道也

(象數)爻象詳見大過初六變乾惕厲爲愼健行爲往

(義理)澤風大過四陽充中君子特立不懼巽茅在下柔道承之即邦無道危行言孫之旨然茅以薄物而用可重人居下位其道亦可自尊也

(攷證)釋文錯本或作措愼一本作順按愼順通字詳見蒙彖晉句

勞謙君子有終吉子曰勞而不伐有功而不德厚之至也語以其功下人者也德言愼禮言功謙也者致恭以存其位者也

(訓詁)事功曰勞以勞定國曰功不伐不德謙讓不矜之義存保守也

(象數)爻象詳謙九二坤地合宏艮山敦靜爲不伐不德

(義理)勞謂德業經營功謂德業顯著無勞而謙謙爲虛恭有功而謙謙爲盛德不伐不德正虞廷交讓之氣象也推原卦義坤代致役爲勞艮成終始爲功德厚下人正持盈而保泰也

(攷證)釋文德鄭氏陸氏蜀才作置鄭云置當爲德或謂作誌按抱經堂攷證云置德古通用大戴哀公問五義云躬行忠信其心不置荀子哀公篇言忠信而心不德

亢龍有悔子曰貴而无位高而无民賢人在下位而无輔是以動而有悔也

(義理)謙有終吉亢有終悔兩兩比例得失昭然此引釋乾上九爻辭也詳見文言

不出戶庭无咎子曰亂之所生也則言語以爲階君不密則失臣臣不密則失身幾事不密則害成是以君子愼密而不出也

(訓詁)基殺曰階深閉曰密幾微也

(象數)爻象詳見節初兌口爲言語變坎蹈險爲亂爲失爲害

(義理)水澤合而爲節水光內涵金泉中蓄事主幾密秘藏水潰澤溢傷害必多故君子防口甚於防川春秋時鄭雍糾爲君謀殺祭足唐文宗時李訓鄭注謀誅宦官不克反受其害是皆明證者也

(攷證)階姚作機

子曰作易者其知盜乎易曰負且乘致寇至負也者小人之事也乘也者君子之器也小人而乘君子之器盜思奪之矣上慢下暴盜思伐之矣慢藏誨盜冶容誨淫易曰負且乘致寇至盜

之招也

(訓詁)盜賊盜奪劫也慢放肆伐攻也冶容露態之象淫放蕩招號召也

(象數)爻象詳見解三坎險爲盜坎淫泆爲冶容

(義理)冶銷也遇冶則合遇熱則流喻女子膏沐艶媚令人銷魂流志也雷聲外揚坎雨四溢中互乾金猶小人之道的著未有不亡者也

(攷證)釋文作易者古本或作爲易者寇古作戎慢又作嫚誨虞氏作悔冶容李鼎祚集解鄭陸虞姚王肅作野容太平廣記引作蠱容按列女傳載華孟姬曰車奔姬墜使侍御者舒幃以自障蔽曰妾聞野處則帷裳擁蔽所以正心一意自斂志也頌曰孟姬行禮執節甚公避嫌遠別終不野容鄭氏謂飾其容而見於外曰野指婦人出無擁蔽也當作野容爲正

右第八章

天一地二天三地四天五地六天七地八天九地十

（訓詁）天數奇地數耦也

（義理）天一生水地六成之地二生火天七成之天三生木地八成之地四生金天九成之五十合而爲土生成之數皆本天地奇耦之數而相化也

（攷證）天一至地十二十字鄭虞諸本在後子曰易有君子之道四焉此之謂也之下子曰夫易何爲者也之上本義訂爲錯簡列之於天數五上按班固律曆志衛元嵩元包運蓍篇皆在天數五之上以文義求之當從朱子所訂爲允

天數五地數五五位相得而各有合天數二十有五地數三十凡天地之數五十有五此所以成變化而行鬼神也

（訓詁）相德言同德而合配也

（義理）天數皆奇一三五七九積算得二十有五地數皆耦二四六八十積算

得三十相得如地有五行在天配爲十干天有六氣在地配爲十二支各合如丙辛合而化水丁壬合而化木甲己合而化土乙庚合而化金戊癸合而化火而正仰河圖一六共宗二八同道之義變化先方術數之學所以通鬼神焉

（攷證）天數五節鄭本虞本悉在再扐而後掛句下本義列之於此石經二十作廿又三十作卅按當從朱子更訂爲允

大衍之數五十其用四十有九分而爲二以象兩掛一以象三揲之以四以象四時歸奇于扐以象閏五歲再閏故再扐而後掛京房作卦謂再扐方布卦焦循謂觀此句掛一當在分二之先歷以兩三爲順耳

（訓詁）合演曰衍兩兩儀三三才掛謂以策懸掛於指揲數也奇即掛一之策扐爲揲餘之策歸奇於扐併掛一之策於揲餘之策也閏時之餘者三年一閏五年再閏再扐後掛再以餘策象閏積數而布卦也

（象數）大衍之數法龜文也龜背文十有三中一象太極又二象兩儀餘十象十干腹文一十有二象十二支繞背邊文二十有四象歲二十四氣首尾四足殼孔空處以象六虛正合天地之數五十有五聖人置虛不用祇用腹背文塊四十有九準爲大衍之策應少陽七七之數以生少陰八八六十四卦卦象既成爻轉用九六者蓋少取其生老取其變也若以算術衍之七七之數分布中一以象掛一四餘各成十二以象四時大衍之數五十者河圖之數五十有五洛書之數四十有五聖人執兩而用中也　附圖

龜背文

龜腹文

（義理）大衍者兩手合握全蓍之策以象太極隨以兩手分策爲二各置左右以象兩儀再取右置一策掛於左手小指之間以象三才揲則取左右之策以求數之合四策爲一揲以象四時揲終如左餘四策右餘四策即爲耦數如左餘三策右餘一策或左餘一策右餘三策或左右各餘二策即爲奇數謂之一變三變皆耦畫⚏太陰✕三變皆奇畫⚌太陽□兩變耦而一變奇畫⚍少陽一兩變奇而一變耦畫⚎少陰▪▪此大衍三變成一爻法也一爻既成再以掛一之策併合揲餘之策總合以衍二爻歸奇于扐以象閏者日月有氣朔盈虛大餘小餘置閏則氣候齊策揲有奇耦之分左餘右餘歸奇則多寡核也然必再閏再扐者十有九歲七閏則氣朔分齊十有八變卦成則六爻畫定也

乾之策二百一十有六坤之策百四十有四凡三百有六十當期之日二篇之策萬有一千五百二十當萬物之數也

(訓詁)蓍莖曰策期周年也

(義理)天地之數變化各有所當算過揲之策三變皆奇一爻餘策計得三十有六總六爻算之則二百一十有六矣是爲乾卦三變皆耦每爻餘策各得二十有四積六爻乘之則百四十有四矣是爲坤卦合二卦之策凡三百有六十與一歲之日相當蓋周天之歲矣一歲之中氣朔盈虛不同而三百六十其常也故以奇策爲序歲閏紀兩篇六十四卦三百八十四爻分陰分陽陽爻百九十有二積三十六策乘算得六千九百一十二策陰爻百九十有二積二十四策乘算得四千六百零八策合爲萬有一千五百二十策以當萬物之數而言之也若少陽之策一爻餘二十有八六爻皆少餘一百六十八矣少陰之策一爻餘三十有二六爻皆少餘一百九十二矣兩合少策其數亦三百有六十兩篇皆少其數亦萬有一千五百二十也

(攷證)策古作筴期釋文本又作朞

是故四營而成易十有八變而成卦八卦而小成引而伸之觸類而長之天下之能事畢矣

(訓詁)營經營而布其策也導機曰引舒直曰伸感悟曰觸細繹曰長畢盡也

(義理)四營謂分二掛一揲四歸奇四度而成一變也三變皆陽爲純陽三變皆陰爲純陰一陽二陰爲少陽一陰二陽爲少陰合三變而成一爻十有八變而成六爻八卦小成謂三畫之卦大成則六畫之卦也引伸則每卦能變六十有四觸類則乾爲龍震亦爲龍坤爲虎兌亦爲虎乾坤爲馬震坎並爲馬坤爲牛離並爲牛也

(攷證)釋文仲本又作信也

顯道神德行是故可與酬酢可與佑神矣子曰知變化之道者其知神之所爲乎

(訓詁)顯代釋見爾雅也道言也筮代神以立言顯道神德行謂代神言德行以告於人俾知敬吉而怠凶也獻客曰酬報主曰酢可與酬酢言應世物之變可與佑神謂助神化之功知者洞悟其理也

(義理)神道幽深玄遠非人所能接見也惟演蓍能辨吉凶因變化而明天地之圓方陰陽之消長人世之盈虛原始於太極未分要終於乾坤既毀幽深玄遠之理一一顯呈故孔聖歎美之焉

(音句)惠棟焦循讀顯道句神德行句漢宋諸儒讀顯道神德行句按當從漢宋讀句

(攷證)酬酢說文作醻醋國策作讐柞周禮注酢作酬釋文酢京作醋祐荀作侑李鼎祚集解作右或作佑所爲郭京舉正作不爲

右第九章

易有聖人之道四焉以言者尚其辭以動者尚其變以制器者尚其象以卜筮者尚其占

(訓詁)尚取也直言曰言言屬成文曰辭辭即爻象之所繫者動謂陰陽之變制器如網罟耒耜取離取益之類問龜曰卜演蓍曰筮占者即卜筮逆度其理也

(義理)卜者聽乎天而人不預筮者決之天而營於人辭變象占四者備而成易非言則義理不明非動則吉凶不見非制器不能利濟天下非卜筮無以逆知其未來焉

(攷證)聖人之道釋文明僧紹作君子之道以言數句皆無以字一本皆有以字

是以君子將有爲也將有行也問焉而以言其受命也如嚮无有遠近幽深遂知來物非天下之至精其孰能與于此

(訓詁)躬業其事曰爲事措諸世曰行請命曰問筮示曰命嚮響應也遂知來物擬象而逆知也

(義理)禍福將至善必先知之不善必先知之卜焉而著象著龜則來物遂爲顯告也遠如天地近如人事幽如鬼神深如玄渺大之如十二萬年元會小之如禎祥妖孽莫不於易呈之此所爲天下之至精也

(攷證)釋文嚮虞氏作響于或作於

參伍以變錯綜其數通其義遂成天地之文極其數遂定天下之象非天下之至變其孰能與于此

(訓詁)天數五地數五參伍以變謂參合天地之數而互變也錯交錯綜總挈

也

(義理)一神兩化奇偶合焉爲參參天兩地大衍之數五十乾策三十有六得衍數五分之三爲參天坤策二十有四得衍數五分之二爲兩地適合周禮太宰職云設其參傳其伍鄭康成注參謂卿三人伍謂大夫五人管子小匡云參其國而伍其鄙注謂三分五分制國二十一鄉商工之鄉六士農之鄉十五〇六謂二三也十五謂三五也陰陽之數相齊爲伍參伍以變者謂合乾坤之策而成大衍之變化也彼此互遇爲錯反復合並爲綜綜者推而往引而來也雜成曰文位立曰象此節明演策以成數象之理也

(攷證)釋文伍虞作五天地一本作天下文虞氏陸氏作爻夏鵬萬曰伍者五也周禮天官司會以參互考日成五互古文並作乂

易无思也无爲也寂然不動感而遂通天下之故非天下之至神其孰能與于此

(訓詁)感感應也

(義理)上夫之載無臭無聲寂之至也感而遂通者天地空虛之處皆神明陟降之處人之意念一萌莫不應感而著貞有捷於影響者焉著爲枯草龜爲朽甲寂无思爲而知變知來獨爲至神者譬之洪鐘在簴叩則聲鬨寶鑑在堂照則影見紈扇在手搖則風生陽燧在前取則火至物本寂也莫不隨人之動而立應焉

夫易聖人所以極深而研幾也唯深也故能通天下之志唯幾也故能成天下之務唯神也故不疾而速不行而至子曰易有君子之道四焉此之謂也

(訓詁)極深濬發幽奧之理研幾剖明幾微之兆也志者心所專向務者致力於事也

(義理)尚辭尚象尚變尚占易已至精至變至此復言至神能於奥微之中闡

發蘊致皆極至然而然瞬息之間神化故與天地同流也

(攷證)釋文研蜀才作揅幾鄭或作機

右第十章

子曰夫易何爲者也夫易開物成務冒天下之道如斯而已者也是故聖人以通天下之志以定天下之業以斷天下之疑

(訓詁)冒被曰冒斷決也

(義理)自伏羲作易明道開天萬事萬物悉本易象變化縱橫莫之能越範圍不過曲成不遺鬼神行則志通器用制則業定吉凶分則疑斷矣

(攷證)釋文開王肅作闓一本無夫易二字按開闓古通

是故蓍之德圓而神卦之德方以知六爻之義易以貢聖人以此洗心退藏于密吉凶與民同患神以知來知以藏往其孰能

與于此哉古之聰明睿知神武而不殺者夫

(訓詁)圓神方智謂蓍必環轉而揲卦必平列而畫也變易曰易成獻曰貢洗當作先先心猶書曰朕志先定也先心退藏于密聖人不敢以賢智爲天下先故必假諸龜筮以斷吉凶與民同患也神爲龜筮智謂聖人知來龜筮逆示於先藏往聖人繼善於後藏通讀臧睿知聖智也

(義理)蓍用七七四十有九變化无方故員而神卦布八八六十有四錯綜有定故方以知爻變而吉凶顯分故易以貢先心藏密即祭義曰昔者聖人建陰陽天地之情立以爲易易抱龜南面天子卷冕北面雖有明知之心必進斷其志焉示不敢專以尊天也容者聰之深明智者明之多識神武不殺蓋謂因應无方不見化裁之迹不怒而威於鈇鉞也

(攷證)釋文圓本又作員貢京陸虞作工荀作功洗荀京虞董張蜀才石經作

先藏往劉作臧往于通作於按洗心當作先心藏臧古通字

是以明於天之道而察於民之故是興神物以前民用聖人以此齊戒以神明其德夫

(訓詁)神物蓍龜也齊謂心志純一戒謂心志警惕也

(義理)天道如日月星辰民故如開物成務神物即假蓍以興筮假龜以興卜也聖人心與天遊神明默會而必假神物以前民用者蓋神道設教之義也

(攷證)是以俗本或作是故釋文德夫一本無夫字

是故闔戶謂之坤闢戶謂之乾一闔一闢謂之變往來不窮謂之通見乃謂之象形乃謂之器制而用之謂之法利用出入民咸用之謂之神

(訓詁)闔闢翕開也往來消息也象象數器器皿法法度利用出入謂民動作居處而賴用也

(義理)闔闢往來陰陽變化无窮正天地生材無已象器制法則又因變化而飭材利用出入如舟楫取諸渙宮室取諸大壯以及說卦取象各物之類也

是故易有太極是生兩儀兩儀生四象四象生八卦八卦定吉凶吉凶生大業

(訓詁)太極兩儀之中陰陽渾合者也四象四時之象吉凶消息之分大業者聖人因象數而經緯萬物也

(義理)天地氤氳陰陽未分兩儀共一太極陰陽既分清氣上升爲天濁氣下降爲地是爲兩儀陽降陰升陰陽互根從天地化爲日月是爲四象日月推移中孚雷風山澤遂成八卦即八卦擬議變化遂定吉凶吉凶趨避遂成大業易法陰陽故即演筮之策玩其象而明其理以成事功者焉

(攷證)石經岳本太作大

是故法象莫大乎天地變通莫大乎四時縣象著明莫大乎日月崇高莫大乎富貴備物致用立成器以爲天下利莫大乎聖人探賾索隱鉤深致遠以定天下之吉凶成天下之亹亹者莫大乎蓍龜

(訓詁)空繫曰懸增加曰崇試繫曰探賾求幽曰索隱鉤深謂奧者曲引之出致遠謂近者推極至遠也聖人謂羲農黃帝堯舜亹亹進德不已也

(義理)四時日月易法天道也富貴器用易盡人事也探索鉤致易行鬼神也總而言之作易之功與造化同符則聖人之德被於治世也大焉

(攷證)釋文立成器漢紀作立象成器賾九家作冊亹亹王弼作娓娓鄭氏作亹亹莫大乎蓍龜陸本作莫善乎蓍龜按亹亹娓古通字以文義觀之莫大乎

蓍龜一氣相承宜從大字

是故天生神物聖人則之天地變化聖人效之天垂象見吉凶聖人象之河出圖洛出書聖人則之易有四象所以示也繫辭焉所以告也定之以吉凶所以斷也

（訓詁）神物蓍龜也河圖洛書皆古時出文具陰陽五行之理河圖順生洛書逆克故聖人則之以繫辭也

（義理）歷言聖人皆演易之聖人也準神物迎日推策效變化布令乘時象吉凶嚴明賞罰則圖書闡發苞符四象本兩儀而生繇辭因六爻而繫吉凶之斷悉從變用以定決也

附河圖洛書攷

河圖挺佐輔天老告黃帝曰河有龍圖洛有龜書帝游翠嬀之川有大魚出魚

沒而圖見淮南子俶眞云洛出丹書河出綠圖劉歆曰伏羲氏繼天而王受河圖而畫之八卦是也禹治洪水錫洛書法而陳之九疇是也河圖洛書相爲經緯八卦九疇相爲表裏以及孔安國注論語馬融注書九疇並禮書班志皆無異辭當日去古未遠非盡無稽也惟考書顧命篇天球河圖在東序河圖蓋即竹書紀年成王十八年有事于河傳云公與成王沉璧禮畢青龍銜元甲之圖坐之而去者也絕非羲皇時物至周猶能存也洛書即尚書中候云周公攝政七年成王觀於洛沉璧禮畢有玄龜青純蒼光背甲刻書上露于壇赤文朱字周公寫之實非箕子引天錫神禹洪範九疇之洛書也河出圖洛出書聖人則之聖人指周公演爻繫辭非指伏羲畫八卦也邵雍所傳陳摶河圖洛書實道家陰竊黃帝內經之旨以修身也何以徵之金匱眞言論篇第四帝曰五藏應四時各有收受乎岐伯曰有東方青色入通於肝其應四時上爲歲星其數八南方赤色入通於心其應四時上爲熒惑其數七中央黃入通於脾其應四時上爲鎭星其數五西方白色入通於肺其應四時上爲太白其數九北方黑色入通於腎其應四時上爲辰星其數六故河圖北方配一六東方配三八南方配二七西方配四九中央配五十以爲運氣鑪火之方位焉六微旨大論篇第六十八帝曰善願聞地理之應六節氣味何如岐伯曰相火之下水氣承之水位之下土氣承之土位之下風氣承之君火之下陰精承之風位木也金承風下洛書故以南方四九之金承東方三八之木火承金下故以西方二七之火承南方四九之金水承火下故以北方一六之水承西方二七之火土承水下故以中央之土承北方一六之水以應運氣逆制之位焉道家以煉氣爲主丹鼎託始黃帝河洛兩圖本自內經又何疑哉（睿川先生所考實發古今諸儒未有之奇有功於易道大焉宮景陽識）

（攷證）釋文洛王肅作雒按漢以火德忌水以都洛陽故改洛爲雒也

右第十一章

易曰自天祐之吉无不利子曰祐者助也天之所助者順也人之所助者信也履信思乎順又以尚賢也是以自天祐之吉无不利也

（訓詁）履踐也尙嘉也

（象數）爻象詳見大有上九乾誠中爲信離柔順爲愼

（義理）火天大有日麗天上大公无私同德相濟故曰尙賢吉人天相見有德者未有不上下應之也

（攷證）釋文又以鄭本作有以按此節疑是錯簡朱子本義云宜在第八章之末

（占應）離當午位乾當戌方日窮於戌宜占不利動化震木震居寅卯之位離

火得其長生寅午戌三方拱照合成火局所以吉无不利

子曰書不盡言言不盡意然則聖人之意其可不見乎

（訓詁）言發諸口意緼諸心也

（義理）天下之事意言不能盡者必神而明之乃能會悟於意言之表也

子曰聖人立象以盡意設卦以盡情僞繫辭焉以盡其言變而通之以盡利鼓之舞之以盡神

（訓詁）情僞者陰陽之淑慝鼓舞振動而興起也

（象數）陽實陰虛實爲情虛爲僞

（義理）此申釋上節言意也卦象變化旡方東雲鱗西雲爪如鬼神隱見令人不測有非言意能盡者所以莫不奮悅而軒蠶也

乾坤其易之緼邪乾坤成列而易立乎其中矣乾坤毁則旡以

見易易不可見則乾坤或幾乎息矣

（訓詁）絪絪不絶藏於其中曰緼成列陳布也易變易立成也毁缺也幾近也息止也

（義理）一陰一陽之謂道必乾坤對待然後變化方成設有乾旡坤乾爲獨陽有坤旡乾坤爲孤陰孤陰不生獨陽不長即不能互成變化故曰易不可見則乾坤近於滅息也

（攷證）釋文緼虞作韞石經初刻作蘊

是故形而上者謂之道形而下者謂之器化而裁之謂之變推而行之謂之通舉而措之天下之民謂之事業

（訓詁）形見也措施也

（義理）道一而神理原於天器兩而化象肖於人道與器不容離也化裁行措即曆象日月星辰分野授時之法則天之道因地之宜成民之業無往而不濟焉

（攷證）釋文措本又作錯

是故夫象聖人有以見天下之賾而擬諸其形容象其物宜是故謂之象聖人有以見天下之動而觀其會通以行其典禮繫辭焉以斷其吉凶是故謂之爻

（義理）前節已詳此節重出見爻由象生以起下文也

極天下之賾者存乎卦鼓天下之動者存乎辭化而裁之存乎變推而行之存乎通神而明之存乎其人默而成之不言而信存乎德行

（訓詁）存在也察也神旡思默旡爲也

（義理）前言化裁推行措易用於天下此節則備易道於一身默成者神運於玄也神明則不泥於象默成則能忘其辭不言而信聖人之道眞能契合於穆之微也

（攷證）賾本又作頤亦作之至賾集解作之嘖裁本又作材默而成之本或作默而成無之字

右第十二章

副編

繫辭上

天尊地卑節

（集解）虞翻曰謂日月在天成八卦震象出庚兌象見丁乾象盈甲巽象伏辛艮象消丙坤象喪乙坎象流戊離象就己故在天成象也在地成形謂震竹巽

木坎水離火艮山兌澤乾金坤土在天爲變在地爲化剛柔相推而生變化矣○頤齋經說類聚羣分生吉凶者如惠迪吉從逆凶麒麟鳳凰爲祥瑞豺狼虺蜴爲凶者也

(德位)乾鑿度曰初爲元士二爲大夫三爲三公四爲諸侯五爲天子上爲宗廟也○按歷玩三百八十四爻初爲庶民二爲命士三爲孤臣孽子方伯三公其失正也則爲小人盜賊強藩武臣四爲股肱卿相五爲君后王侯上爲天帝宗廟祖考荒裔隱逸鬼神也

是故剛柔節

(集解)吳澄曰羲皇卦圖左起震而次以離鼓之以雷霆也右起巽而次以坎潤之以風雨也○虞翻曰日離月坎寒乾暑坤也運行往來日月相推而明生焉寒暑相推而歲成焉故一寒一暑也○按日月運行一寒一暑冬至則月景

當頭天下皆寒夏至則日景正中天下皆暑

(默參)霆爲雷之餘氣挺生萬物也穀梁傳隱九年電訓爲霆玉篇霆訓爲電蓋雷出天氣電出地氣也人以兩手摩盪久之則有電氣五金之中亦能生電風無形迹可求然自鬼物視之屑屑如片奔或如牛予嘗閉目靜觀風有五色惟見水墨色者風起必大雨焉古人云風片雨絲今觀風捲塵沙則知片片吹起也

乾道成男二句

(集解)荀爽曰男謂乾初適坤爲震二適坤爲坎三適坤爲艮以成三男也女謂坤初適乾爲巽二適乾爲離三適乾爲兌以成三女也○焦循易章句道行也乾二四行則坤成屯二上行則坤成蹇坤五四行則乾成家人五三行則乾成革皆女也不失道焉

(默參)人身稟陰陽五行之氣心腎相交即乾坤二五升降變爲坎離膽應震木肝應巽風肺應兌澤脾應艮土男子膽壯食强震艮之陽旺也女子鬱多憂深巽兌之陰沍也

乾以易知二句

(集解)王夫之曰在知曰易理有難易在能曰簡事有繁簡其爲純一而无繁雜之義則同也謂純陽純陰道惟一而无事於更端也

(德位)陽位成於五中陰位成於二中也

是故吉凶節

(集解)干寶曰悔亡則虞有小吝則憂憂虞未至於失得悔吝不入於吉凶事有大小故辭有急緩各象其意也○荀爽曰春夏爲變秋冬爲化息卦爲進消卦爲退剛謂乾柔謂坤乾爲晝坤爲夜晝以喻君夜以喻臣也○陸績曰此三才極至之道也初四下極二五中極三上上極也○王夫之周易內傳初二地

位三四人位五上天位爲三極○頤齋經說內卦三爻爲地極外卦三爻爲天極合天地二五之中爲人極也

彖者言乎象節

(集解)虞翻曰在天成象八卦以象告彖說三才故言乎象也爻有六畫所變而玩者爻之辭也謂九六變化故言乎變也

是故列貴賤節

(集解)侯果曰二五爲功譽位三四爲凶懼位凡爻得位則貴失位則賤故曰列貴賤者存乎位矣○王肅曰齊猶正也陽卦大陰卦小卦列則小大分故曰齊小大者存乎卦也○虞翻曰介纖也存乎介謂識小疵○頤齋經說介有因比之義觀六爻之所比即知吉凶悔吝之幾

是故卦有小大節

(集解)京房云險惡也易善也○虞翻曰陽易指天陰險指地聖人之情見乎辭故指所之○項安世曰小大以材言卦各有主主各有材聖人隨其材之大小時之難易而命之辭使人知所適從也

易與天地準節

(集解)京氏云彌遍也綸知也○虞翻云準同也彌大綸絡謂易在天地包絡萬物以言乎天地之間則備矣故與天地準也○蘇軾曰準符合也彌周浹也綸經緯也所以與天地準者以能知幽明之故死生之說鬼神之情狀也

仰以觀於天文節

(集解)荀爽曰陰升之陽則成天文陽降之陰則成地理幽謂天上地下不可得覩者也謂否卦變成未濟也明謂天地之間萬物陳列著於耳目者謂泰卦變成既濟也○九家易曰陰陽交合物之始也陰陽分離物之終也合則生離

則死故原始及終故知死生之說矣交泰時春也分離否時秋也○虞翻曰魂陽物謂乾坤也變謂坤鬼乾純粹精故主爲物乾流坤體變成萬物故游魂爲變也○鄭元曰精氣謂七八也游魂謂九六也七八木火之數也九六金水之數木火用事而物生故曰精氣爲物金水用事而物變故曰游魂爲變精氣謂之神游魂謂之鬼木火生物金水終物二物變化其情與天地相似故無所差違之也○蘇軾曰鬼常與體魄俱故謂之物神無適而不可故謂之變精氣爲魄魄爲鬼志氣爲魂魂爲神○按祭義宰我曰吾聞鬼神之名不知其所謂子曰氣也者神之盛也魄也者鬼之盛也合鬼與神敎之至也家語孔子曰人生有氣有魄氣者神之盛衆生必死死必歸土此謂鬼魂氣歸天此謂神大戴禮陽之精氣曰神關尹子四符篇因意有魄因魄有精左傳(昭七年)人生始化爲魄既生魄陽曰魂(禮疏魂魄神靈之名附形之靈爲魄附氣之神爲魂也)合攷諸說精氣陰陽之形質也鬼神陰陽之主宰也陰陽變化而爲人物神附於氣則爲魂靈附於形則爲魄及其死也魄仍歸之於地魂仍返之於天此正幽明之故始終之理陰陽之變化也

(默參)魂生於腎即坎中之一陽魄生於心即離中之一陰愛憎由於魄呼吸自於魂腎虛魂離精於夜洩心虛魄懼氣於晝昏水火交濟精足者神充陰陽互根心虛者腎痿

與天地相似節

(集解)荀爽曰二篇之册萬有一千五百二十當萬物之數故曰知周乎萬物也○九家易曰旁行周合六十四卦月主五卦爻主一日歲既周而復始也

一陰一陽節

(集解)虞翻曰繼統也謂乾能統天生物坤合乾性養化成之故繼之者善成之者性也○項安世曰道之所生無不善者元也萬物之所同出也善之所成

各一其性者貞也萬物之所各正也成之者性猶孟子言人之性犬之性牛之性也

仁者見之節

(集解)頤齋經說盈天地間氣化流行仁者觸目無非生機知者觸目無非妙道百姓則又渾渾噩噩不識不知此君子之道所以善焉

顯諸仁節

(集解)抄本天地造化之心是仁也仁本在內而達之於雲行雨施品物流行之際則顯矣天地造化之功是用也用本在外而斂之乎木落水凝萬物歸命之時則藏矣夫顯即顯其所藏利貞于以元亨何仁之非知藏即藏其所顯元亨于以利貞何知之非仁○焦循曰鼓萬物所以顯也聖人憂之而後萬物得所樂萬物自樂其樂聖人自憂其憂以憂爲樂之地而萬物不與同憂所以藏

諸用也樂在萬物憂在聖人故日用而不知也○頤齋經說鼓萬物而不與猶言舜禹之有天下也而不與焉蓋天地以陰陽之氣化成萬物萬物既成天地絕不與其功能憂優同詩長發篇敷政優優說文夊部作布政憂憂（魏都賦劉淵林注優賢揚歷魏志注引作憂賢揚歷）聖人同憂言聖人作易之功製器尚象直與天地同優此盛德大業所以為至矣哉

夫乾其靜也專節

（集解）頤齋經說靜則精氣充養動則精氣發揚人知發揚為大生廣生不知充養正所以保固而鍾毓也大生言其特拔廣生言其繁多

廣大配天地節

（集解）虞翻曰變通趣時謂十二月消息也泰大壯夬配春乾姤遯配夏否觀剝配秋坤復臨配冬謂十二月消息相變通而周於四時也○荀爽曰謂乾舍

於離配日而居坤舍於坎配月而居之義是也

子曰易其至矣乎節

（集解）虞翻曰位謂六畫之位乾坤各三爻故天地設位易出乾入坤上下無常周流六虛故易行乎其中也乾為道門坤為義門陽在道門陰在義門其易之門邪

聖人有以見天下之賾節

（集解）吳澄曰不以彖對爻言而以象對爻言者文王未繫彖辭之先重卦之名謂之象象先於彖言象則彖在其中○胡炳文曰擬者象之未成象者擬之已定○鄭維嶽曰擬之在心象之在畫○張振淵曰物而曰宜不獨肖其形兼欲盡其理○頤齋經說至動之動動靜也後動之動作而行也會通即六爻旁通典禮即康侯賓王公享王祀之類能由禮行則吉不由禮行則凶○潘士藻

曰有至一者存所以不可惡有至常者存所以不可亂

鳴鶴節

（集解）翟元曰樞主開閉機主發動開閉有明暗發動有中否主於榮辱也○按門戶有直開閉者有橫開閉者直者用樞利於闔闢橫者用機利於推移直者有樞而無機橫者有機而無樞合言之曰樞機（與品物註參看）

天數五節

（集解）虞翻曰五位謂五行之位甲乾乙坤相得合木謂天地定位也丙艮丁兌相得合火山澤通氣也戊坎己離相得合土水火相逮也庚震辛巽相得合金雷風相薄也天壬地癸相得合水言陰陽相薄而戰於乾故五位相得而各有合○頤齋經說五位相得而各有合即甲與己合（一為甲六為己）乙與庚合（二為乙七為庚）丙與辛合（三為丙八為辛）丁與壬合（四為丁九為壬）戊與癸合（五為戊十為癸）故河圖一六為水二

七為火三八為木四九為金五十為土及其化也甲己不為水而為土者黃帝問岐伯五運之所始岐伯引太始天元冊文曰始於戊己之分所謂戊己分者奎壁角軫也奎壁角軫天地之門戶也（王冰注引遁甲六戊為天門六己為地戶天門在戌亥之間奎壁之分地戶在辰巳之間角軫之分陰陽皆始於辰五運起於角軫者亦始於辰也）甲己之歲戊己黅天之氣經於角軫角屬辰軫屬巳其歲得戊辰己巳干皆土故為土運乙庚不為火而為金者乙庚之歲庚辛素天之氣經於角軫其歲得庚辰辛巳干皆金故為金運丙辛不為木而為水者丙辛之歲壬癸玄天之氣經於角軫其歲得壬辰癸巳干皆水故為水運丁壬不為金而為木者丁壬之歲甲乙蒼天之氣經於角軫其歲得甲辰乙巳干皆木故為木運戊癸不為土而為火者丙丁丹天之氣經於角軫其歲得丙辰丁巳干皆火故為火運五位相得而各有合既合而成變化術數之通鬼神非聖人其孰能明之歟○按其餘諸家說太奧衍故皆勿錄

大衍之數節

(集解)京房曰五十者謂十日十二辰二十八宿也凡五十其一不用者天之生氣將欲以虛來實故用四十九焉○馬融曰易有太極北辰是也太極生兩儀兩儀生日月日月生四時四時生五行五行生十二月十二月生二十四氣北辰居中不動其餘四十九轉運而用也○荀爽曰卦各有六爻六八四十八加乾坤二用凡有五十初九潛龍勿用故用四十九也○崔憬曰說卦云昔者聖人之作易也幽贊於神明而生蓍參天兩地而倚數既言蓍數則是說大衍之數也明倚數之法當參天兩地參天者謂從三始順數而至五七九不取於一也兩地者謂從二起逆數而至十八六不取於四也此因天地致上以配八卦而取其數也艮爲少陽其數三坎爲中陽其數五震爲長陽其數七乾爲老陽其數九兌爲少陽其數二離爲中陰其數十巽爲長陰其數八坤爲老陰其

數六八卦之數總有五十故云大衍之數五十也不取天數地數四者此數八卦之外大衍所不管也其用四十有九者法長陽七七之數也六十四卦既法長陰八八之數故四十九蓍則法長陽七七之數焉蓍圓而神象天卦方而智象地陰陽之別也舍一不用者以象太極虛而不用也且天地各得其數以守其位故太一亦爲一數而守其位也[說見李鼎祚集解]○鄭元曰天地之數五十有五以五行氣通凡五行減五大衍又減一故四十九也[月令正義引鄭云天一生水於北地二生火於南天三生木於東地四生金於西天五生土於中陽无耦陰无配未得相成地六成水於北與天一并天七成火於南與地二并地八成木於東與天三并天九成金於西與地四并地十成土於中與天五并大衍之數五十有五五行各氣并氣并而減五惟有五十以五十之數不可以爲七八九六卜筮之占以用之更減其一故四十有九也]○江永曰河圖中宮五與十相乘固五十其外陰陽老少之位與數乘五而合之亦皆得五十老陽居一連九一五如五九五四十五合得五十少陰居二連八二五一十八五四十亦合得五十少陽居三連七三五一十五七五三十五亦合得五十老陰居四連六四五二十六五三十亦合得五十洛書則陰陽老少之位與數相對奇數乘五合五十偶數乘五亦合五十也故五十爲大衍之數以圖爲主而書亦符若合之則五十爲圖書之中數圖饒五而書乏五也[朱子謂蓍取五十莖爲一握盈一不用以象太極與諸儒說同而啓蒙一書推演河洛之數極其精備謂圓象天方象地三角象人測方圓用三角自六角八角以至無角深得古人割圓之義用長陽七七之數設徑七求方圓徑之周得方周二十八得圓周二十二合之得五十符於大衍之數設勾三其積九股四其積十六弦五其積二十五合之得五十亦符大衍之數設積五十半方開之得方面七除實四十九合於大衍所用之數餘實一合乎大衍所虛之數是一數也命分則謂之分子大衍則謂之衍母亦足見圖書之精奇微妙神明於數而無不密合者矣]

顯道神德行節

(集解)虞翻曰顯道神德行乾二五之坤成離日坎月日月在天運行照物故顯道神德行默而成不言而信存於德行者也○九家易曰陽往爲酬陰來爲酢陰陽相配謂之右神也[燕禮飲酒主人酌賓爲獻賓酌主人爲酢主人飲之又酌賓爲酬也先舉爲酢答報爲酬取其報以象陽唱陰和變化相配是助天地明其鬼神也]

○焦循曰酬酢與占筮者相問答也如與臣言忠與子言孝是也祐助也以筮助神之不測

是以君子將有爲也節

(集解)虞翻曰有爲謂建侯有行謂行師也遠謂天近謂地陰謂幽深謂陽來物謂乾神神以知來感而遂通謂幽贊神明而生蓍也○心易源遠而千里百里近而咫尺旦暮幽而造化精微深而人心叵測物彙事物名物如潛見飛躍冰霜竹木之類

參伍以變節

(集解)虞翻曰逆上稱錯綜理也謂五歲再閏再扐而後掛以成一爻之變而倚六畫之數卦從下升故錯綜其數則三天兩地而倚數者也○朱子本義此尚象之事變則象之未定者也參者三數之也伍者五數之也既參以變又伍

以變一先一後更相考覈以審其多寡之實也錯者交而互之一左一右之謂也綜者總而挈之一低一昂之謂也此亦皆謂揲蓍求卦之事蓋通三揲兩手之策以成陰陽老少之畫究七八九六之數以定卦爻動靜之象也○王夫之曰參者以彼參此伍者相與爲偶也如陽參入於陰中爲坎陰參入於陽中爲離一陽參入五陰之中爲師比謙豫二陽參入四陰之中爲屯蒙之類皆參也陰陽各自爲伍爲泰爲否二陰爲伍上承一陽爲艮下乘一陽爲震二陽爲伍上戴一陰爲兌下履一陰爲巽及二陽連類居四陰之中爲萃爲升二陰連類居四陽之中爲大畜爲无妄之類皆伍也錯者如乾之與坤屯之與鼎蒙之與革之類皆錯也綜者如屯之與蒙五十六卦皆綜也○姚配中云參伍十五也參三也謂天地人伍五也謂五行不云三五云參伍者參其五也參其五則其爲五也三故不云五而云伍者若卒之有伍也參伍則十五矣（淮南子泰族云昔者五帝三王之莅政施教必用參五何謂參五仰取象于天俯取度于地中取法于人此之謂參之制君臣之義父子之親夫婦之辨長幼之序朋友之際此之謂五此治之綱也）

七八爲彖其數十五九六爲爻其數亦十五乾鑿度曰陽動而進陰動而退故陽以七陰以八爲彖易一陰一陽合而爲十五之謂道陽變七之九陰變八之六亦合於十五則彖變之數若一（彖七八十五變九六亦十五故數若一）故曰參伍以變錯綜其數○大成易旨參者占法有數有變每爻三揲爲三變每揲有象兩象三象時象閏再閏爲五小變此參伍以變○頤齋經說揲蓍之法初則奇偶未分陰陽互合爲參次分兩儀如布行陣爲伍次揲其數或左三右一或左一右三或左右皆二或左右各四參差不齊爲錯合十有八變總而核之爲綜也

是故易有太極節

（集解）頤齋經說太極之說互有不同以爲北辰者馬融也以爲太一者虞翻也以爲太一即北辰之神名者鄭元也以爲太一行九宮者乾鑿度也（王肅注同）以河圖洛書演合陰陽奇偶者江永也以易爻旁通而中爻二五先行者焦循也其說四象虞翻則以坎離震兌分配四時邵子則曰陰陽剛柔朱子則云太極者其理也兩儀者始爲一畫以分陰陽四象者次爲二畫以分太少徐在漢曰同一乾坤也以其一神則謂之太極以其兩化則謂之兩儀奇參耦中乾體而有坎象耦參奇中坤體而有離象故謂之四象崔憬謂四十九數合而未分是象太極分而爲二以象兩儀揲其蓍皆以四爲數一策一時故四策以象四時鄭元注乾鑿度曰陰陽氣交人生其中故爲三才太極函三爲一相並具生故太極生兩儀三才具焉合觀參考禮器云夫禮必本於太一分而爲天地轉而爲陰陽變而爲四時列而爲鬼神（正義太一者謂天地未分混沌之元氣也）呂氏春秋大樂篇云音樂之所由來者遠矣生於度量本於太一太一出兩儀兩儀出陰陽陰陽變化一上一下合而成章（注出生也一大道也）大易不言太一而言太極者極中也未分曰一

故謂之太一未發爲中故謂之太極易冒天下之道開物成務從揲蓍以成八卦必先由乾坤太陰太陽變生少陰少陽故曰太極生兩儀兩儀生四象（太陰太陽少陰少陽）再由四象變生八卦也（八卦乾坤六子也乾太陽坤太陰坎震艮爲少陽離巽坎爲少陰）

是故法象節

（集解）虞翻曰日月懸天成八卦象三日莫震象出庚八日兌象見丁十五日乾象盈甲十七日旦巽象退辛二十三日艮象消丙三十日坤象滅乙晦夕朔旦坎象流戊日中則離離象就已戊己土位象見於中日月相推而明生焉故懸象著明莫大乎日月者也

是故天生神物節

（集解）鄭元曰春秋緯云河以通乾出天苞洛以流坤吐地符河龍圖發洛龜書成河圖有九篇洛書有六篇也○孔安國曰河圖則八卦也洛書則九疇也

○侯果曰聖人法河圖洛書制曆象以示天下也○頤齋經說河圖洛書疑者每以爲不足據不知秦書高陸縣民穿井得龜大二尺六寸背文負八卦古字物固有然無足怪者○鄭園札記興甯縣令李汝璠奉檄赴任親見海濱漁人取得一魚身長而方首尾約有二尺七八寸遍體無鱗皮色白中隱黑具八卦文象魚人異之令其復縱於海此蓋龍圖龜書之類也

睿川易義合編

繫辭下傳　　泰州　徐天璋睿川　演

八卦成列象在其中矣因而重之爻在其中矣剛柔相推變在其中矣繫辭焉而命之動在其中矣

(訓詁)成列陳布也重之謂六爻之卦相推進移而順遷也命告也

(義理)八卦成列即天地定位山澤通氣雷風相薄水火不相射渾天之儀象也因而重之本八純卦變易成六十四卦往來消息上應星度下應人物擬議變動皆在其中也

(攷證)釋文繫辭焉古本無焉字命孟作明虞作命按上繫云繫辭焉而明吉凶似宜作明又云繫辭焉所以告也似宜作命

吉凶悔吝者生乎動者也剛柔者立本者也變通者趣時者也

(訓詁)悔吝者吉凶中權之轉也悔近吉吝近凶趣趨向時宜也

(義理)禎祥者禍之兆妖孽者禍之萌念有所動吉凶隨之此中之機捷於影響立本則體用大備趣時則因應咸宜乾坤爲六子父母用九用六六十四卦皆從剛柔變出故曰立本趣時正以十二辟卦應四時也

吉凶者貞勝者也天地之道貞觀者也日月之道貞明者也天下之動貞乎一者也

(訓詁)貞勝者常守其正也敬勝怠者吉怠勝敬者凶顯示曰觀光著曰明一貫一也

(義理)易爲君子謀君子見爲吉小人見爲凶君子以正爲主不論禍福譬如殺身成仁能完浩然之氣雖凶亦吉故曰吉凶者貞勝者也天地之道以覆載爲觀不以偶有災異爲觀日月之道以懸象爲明不以食晦損明天下之動以

合體爲一不以殊體爲一故六爻之占以世爻爲主全部易理一言以蔽之曰貞一而已矣

(攷證)釋文貞勝姚作貞稱古本貞夫作貞于按勝稱古字通義文選演連珠是以物勝權而衡殆注稱亦勝也

夫乾確然示人易矣夫坤隤然示人簡矣爻也者效此者也象也者像此者也爻象動乎內吉凶見乎外功業見乎變聖人之情見乎辭

(訓詁)堅立曰確順退曰隤易无私簡无爲也則法曰效肖似曰象吉凶在事爻象在卦故彼外而此內也見現也

(義理)天下事不進則退不柔則剛既不能令又不受命是絕物也自古聖賢豪傑效法乾坤進則堅拔不撓退則澹然无與變動不居故聖人无往而非功

業也

(攷證)釋文確說文作寉隤孟喜作退陸績董遇姚信作妥像石經初刻作象按隤與頹通檀弓頹乎其順也順正法乎坤道也

天地之大德曰生聖人之大寶曰位何以守位曰仁何以聚人曰財理財正辭禁民爲非曰義

(訓詁)生生育位謂皇極之位財生殖之貨非邪僻也

(義理)大生廣生天地之德也聖人乘乾出治代天地保合太和統大居正曰大寶位義正天下仁育萬民仁爲元善之長非仁不能保有九有非制器備物不能以濟民用非明罰勑法不能遏其邪萌理財即教民佃漁樹藝正辭即象魏讀灋懸書禁非則淫巧奇異不鬻於市防暴詰奸之有戒令也

(攷證)釋文寶孟作保守位曰仁辟綜作人

右第一章

古者包犧氏之王天下也仰則觀象於天俯則觀法於地觀鳥獸之文與地之宜近取諸身遠取諸物於是始作八卦以通神明之德以類萬物之情

(訓詁)包犧即伏羲也象曆象法制度文章采宜土利也取身如離目坎耳取物謂乾馬坤牛通暢達類彙聚也

(義理)包犧風姓以木德王亦曰太昊帝悟陰陽之義用畫八卦仰觀儀象日生乎東離也月生乎西坎也天位乎上乾也地位乎下坤也西北多山艮也東南多澤兌也風盛於秋巽也雷驚於春震也觀鳥獸之文如東方蒼龍盛德在木西方白虎盛德在金南方朱鳥盛德在火北方玄武盛德在水之類地宜如山林動物宜毛澤物宜皁川澤動物宜鱗植物宜膏邱陵動物宜羽植物宜覈

墳衍動物宜介植物宜莢五地皆覩五行以及西北乾健民風剛健東南巽柔人物秀文取身如坎腎離心乾首坤腹上竅三耦下竅三奇天地正交法象於泰之類取物則說卦諸象譬喻精詳言通則悉合其理言類則畢肖其形觸類引伸如山雲草莽水雲魚鱗天地之氣相孚感爲鳳凰在郊麒麟在取人物之情以類召焉推之風化物飛雨化物走陽慝修禮陰慝修刑無非法八卦以爲治焉若夫握奇演爲陣圖道家用爲鑪火精氣入神非在常理中者吾儒存而不論可也

(攷證)釋文包犧本又作庖犧孟京作伏戲又作伏羲而鄭王古本作包犧按文子纘義太昊氏觀象制器結繩爲網以伏犧牲是爲伏犧冶金爲釜庖生爲熟一號庖犧揆天地而不以爲功尊曰太昊

作結繩而爲網罟以佃以漁蓋取諸離

（訓詁）佃取獸漁取魚也

（象數）離爲目互巽爲繩繩結成目爲網罟互兌爲澤網罟在澤爲佃漁

（義理）網罟象取中虛聖人不欲盡物之生示天下爲仁愛也後世不明其義佃則絡野羅山漁則絕流竭澤是取離者僅知爲陷麗焉

（攷證）釋文爲網罟集解作爲罟黃本作爲网罟佃本作田漁本作魚王引之經義述聞謂作字衍文按網字說文本作网或作罔隸省作罔今本從糸作網

（品物）釋文取獸曰罔取魚曰罟按周禮獸人掌罟田獸爾雅釋器緵罟謂之九罭九罭魚罔也又鳥罟謂之羅兎罟謂之罝麋罟謂之罞彘罟謂之羉魚罟謂之罛史云成湯開網三面以示仁於禽獸詩衛風魚網之設鴻則離之蓋網罟爲取魚獸之通名也

包犧氏沒神農氏作斲木爲耜揉木爲耒耒耜之利以教天下

蓋取諸益

（訓詁）作興起也耒耜田器耒耜柄耜耒下起土者揉木以火炙木使曲也

（象數）震木堅挺巽木柔曲曲象耜柄爲耒震爲反生一陽横下象木起土爲耜中互艮手坤土人扶耒耜耕田之象巽近利市取以垂教故爲耒耜之利

（義理）神農即烈山氏也姜姓以火德王耒耜耕田之器斲木使鋭横下利於耕土揉木使曲斜上利人扶推聖人教稼揭明取諸益者損上益下民說无疆俾天下顧名而思義焉

（考證）釋文揉木爲耒本或作楺木爲之耒耜林氏集解補箋引說文作梠

（品物）耒耜即今耕田之犁也古時犁下用木爲耜起爲耜起土一人以繩背拖於前一人扶耒柄於後至后稷孫叔均始作牛耕漢趙過因以教民耒柄用木耜則改用鐵焉其式詳見周禮車人匠人諸職及呂氏春秋任地篇

日中爲市致天下之民聚天下之貨交易而退各得其所蓋取諸噬嗑

（訓詁）市交易之地貨生殖之物也

（象數）離爲日在上爲中震爲行人往來爲交易震大塗四達之衢爲市中互坎水艮山山澤之產寶藏所生爲貨離爲貝震爲稼穡市以食貨爲主因爲交易

（義理）古者市掌自官故司市掌市之治教政刑量度禁令市必日中近者不得爭先遠者毋憂落後聖人揭明象取噬嗑者蓋噬嗑利用獄也上古雖無奇技淫巧顧非明法勅罰則濫惡相欺何能免邪今則瑰奇異寶來自外洋奇獸珍禽蹤從海國山珍海錯食費百金採鑛求珠罄竭人力而稼穡布帛反視同粗惡無足爲奇噫若在聖王之世法有必誅者焉

（攷證）釋文爲市世本云祝融爲市

（占應）史記天官書房星東北曲十二星曰旗旗中四星曰天市市中六星曰市樓正義天市二十二星主國市聚交易之所一曰天旗前漢天文志軍市十三星在參東南天軍貿易之市

神農氏沒黃帝堯舜氏作通其變使民不倦神而化之使民宜之易窮則變變則通通則久是以自天祐之吉无不利黃帝堯舜垂衣裳而天下治蓋取諸乾坤

（訓詁）倦疲也宜利也通亨而久遠也衣上服裳下服也

（象數）乾自强爲不倦坤衆爲民坤順爲宜乾天色玄覆冒在上爲衣坤方色黃在下爲裳

（義理）黃帝即有熊氏也姬姓以土德王生於軒轅之邱亦號軒轅氏堯爲帝

嚳之子黃帝之裔也母孕堯十四月生於母陵姓伊耆以火德王號曰唐帝舜即虞帝受堯禪爲君者也瞽叟之子姚姓以土德王都於蒲坂窮變通久正謂懋遷有無化居飲食茹毛變而烝民粒食衣皮披葉變而冠冕衣裳也衣裳制始黃帝至堯舜繪以山龍黼黻尊卑秩然後世不明其義官牧常服混於庶民此世所以不治也夫

(攷證)釋文易窮則變變則通通則久一本作窮則變通則久臧墉云變則通三字衍文祐本亦作佑

(品物)世本黃帝臣伯余作衣裳亦曰胡曹作衣裳衣依也人依以庇寒暑也裳障也所以自障蔽也裳即今之裙也

刳木爲舟剡木爲楫舟楫之利以濟不通致遠以利天下蓋取諸渙

(訓詁)刳木中空爲舟剡木末銳曰剡楫櫓槳類人操拂水以行舟者濟利渡也

(象數)巽爲木坎爲水互震仰盂木如盂仰水上爲舟巽木柔曲爲楫巽爲風因風導行爲利濟

(義理)古者見竅木浮而知爲舟大川名谷術厥道路不通往來者因之以濟楫若行舟之器較櫓槳而窄直者也中孚明言利涉大川乘木舟虛也聖人於此曰象取渙者示人於宏濟之時以憂離散不僅舟行水上乘風破浪而四散也

(攷證)釋文刳陸作枯本又作挎剡一作掞本又作橪致遠以利天下一本無此句

(品物)燧人氏以匏濟水伏羲氏始乘桴帝王世紀黃帝之臣共鼓化狐始造舟楫楫捷也撥水使舟捷疾也與櫓同用而異制江湖之船大半用櫓河淮之舟恆多用楫或用在舟旁或用在舟後櫓形上窄下寬其柄勢曲其下挺直中厚邊薄楫則首尾皆直上直下稍廣焉

(占應)晉書大陵星北九星曰天船一曰舟星

服牛乘馬引重致遠以利天下蓋取諸隨

(訓詁)服乘駕也

(象數)震爲馬兌角上坼爲牛中互艮手巽繩象人控牽爲服牛乘馬兌金壓上爲引重震行大塗爲致遠牛馬從人爲隨

(義理)舟以行水車以行陸牛馬背駕輗軏力能牽車而行皆所以利天下也聖人揭明象取隨者遵道遵路範我馳驅非若穆王八駿遠騁遐荒也

(音句)服音伏房六切通作犕音備平秘切今俗言犕馬沿備音也

(攷證)釋文服牛說文孟喜作犕牛以利天下一本無此句按史記鄭世家周襄王使伯犕請滑春秋左傳乃作伯服蓋犕犕服古通用也

(占應)牛上應牽牛馬上應房駟

重門擊柝以待暴客蓋取諸豫

(訓詁)重門城闕也柝木中空擊之以司夜者暴客奸寇也

(象數)坤爲國邑互艮爲山郭爲門闕因爲重門震木善鳴爲柝艮手持之爲擊互坎爲盜爲隱伏體震剛躁爲暴客雷出地奮象取警戒爲豫

(義理)重門蓋即郊關之門先王慮有暴氏擾及行旅故令守塗地之人聚欜之也屬於野廬氏掌達道路聖人揭明象取豫者正爲豫防之也至後世城郭不修道茀難行里不授館室半侵藏誰之過哉

(攷證)釋文柝說文作欜又引作榛暴鄭作虣

(品物)說文徐鉉曰㰅謂判兩木夾於門爲機相擊以警夜也按古人造字多半象形諧聲㰅从木从橐橐中空能盛物者故刳木中空再以木擊之其聲橐橐然觀今俗柝制即知古㰅之形式焉

斷木爲杵掘地爲臼臼杵之利萬民以濟蓋取諸小過

(訓詁)杵臼舂穀器也

(象數)震木動上爲杵艮石在下中互兑口仰承爲臼

(義理)上古飲血茹毛中古粒食未知脫粟自杵臼興而治米精矣然聖人猶以爲過因其有濟於民故曰取諸小過胡後世秔香炊玉猶以爲難下咽邪彼一食萬錢洵聖世之暴棄者也

(品物)世本曰雍父作杵臼宋衷云黃帝臣或曰赤冀作臼后稷制舂掘地鑿石形如仰盂曰臼斷木如槌形如甲字曰杵今俗手碓是也

(占應)史記天官書杵臼四星在危南注杵臼三星在丈人星旁主軍糧

弦木爲弧剡木爲矢弧矢之利以威天下蓋取諸睽

(訓詁)弧木弓矢箭也

(象數)離爲戈兵互坎弓輪兌爲上弦弦張木上爲弧坎蜚中直爲矢兌金司秋肅殺爲威二女同居志不相得爲睽

(義理)金刃能殺人而不能及遠於是揉木使曲合六材以爲弓弧剡木使銳合金羽以爲矢兩軍相薄敵人畏焉聖人揭明取諸睽者上下異志兵凶戰危不得已而用之也今則鎗礮迭攻利於弧矢以火爍金火出金前蓋亦取諸睽焉

(品物)世本揮作弓夷牟作矢初用木弓其制未精後則取六材必以其時巧者和之幹力取遠角力取疾筋力取深膠以爲和絲以爲固漆以爲受霜露六材既合然後爲良矢長三尺前鏃後羽注之於弓而射者也

上古穴居而野處後世聖人易之以宮室上棟下宇以待風雨蓋取諸大壯

(訓詁)穴洞居野露處宮即室之隆起者棟屋脊木宇屋簷椽待備豫也

(象數)乾爲郊野乾天穹隆圓覆於野中互兌口象穴爲穴居野處震爲木爲竹蘆草茅橫蔽於上其中穹隆因爲宮室中互兌澤爲雨體震爲雷雷鳴則風散雨至因以爲待風雨

(義理)雷動天上風雨必爲交集非有草木蔽之不能以爲備禦取諸大壯蓋爲大庇生民也三代下漸增其華飛翬鳥革風雅作歌美奐美輪春秋善頌遂以大壯爲宏敞焉安知堯際中天儉尙茨茅階土禹平洪水卑無峻宇雕牆胡後世欲營宮室者輒以大壯爲誇耀也

(品物)棟宇詳見大過宇即屋簷因其四面穹隆曰宮因其材物充實屋內曰室也

(占應)天有營室朱子詩傳此星昏而中夏正十月也是時可以營制宮室

古之葬者厚衣之以薪葬之中野不封不樹喪期無數後世聖人易之以棺槨蓋取諸大過

(訓詁)衣猶覆也薪草也崇土曰封植木曰樹槨外棺也

(象數)陽老則變中互乾爲老陽爲變爲死爲葬乾爲衣內巽爲茅因爲衣薪乾爲郊因爲中野兌澤剛鹵地非高壤爲不封巽木潛下本末顚弱爲不樹聖人變易其象棺周於衣槨周於棺乾衣在中巽木在外爲棺槨巽入深藏爲葬巽高爲封巽木爲樹陽滿陰空爻必隔二相應葬內則坐空朝滿葬外則坐滿朝空巽爲高壤兌爲澤水葬以後高爲祖山以前澤爲明堂人死爲顚必死而

後葬爲取大過

(義理)喪期無數蓋生死之日不計也上世不葬其親舉而委之於壑故覆之以薪後世聖人不忍其尸暴露於是制爲棺衾封土植木以表其所此葬埋所由始也天下事皆懼其過惟送死爲當大事故葬親不嫌其過也彼夷俗火棺焚尸變俗剖棺檢骨裝入罈中使死者浮於戮尸之慘不孝之罪眞千古之大惡之尤也

(品物)有虞氏瓦棺夏后氏桐棺四寸而無槨至周君與上大夫棺八寸下大夫與士六寸君松椁大夫柏椁士雜木椁按禮檀弓有子曰夫子治於中都四寸之棺五寸之椁此蓋爲庶民之制故比士棺減薄焉桓司馬自爲石椁此即葬墓中甃石爲之又在木椁之外者也

(占應)天文有墳墓星

上古結繩而治後世聖人易之以書契百官以治萬民以察蓋取諸夬

(訓詁)書文字契合約察者熟視而詳審也

(象數)兌象上弦爲繩乾圓木果爲結因爲結繩而治後世聖人變易其象兌口爲言乾天爲文兌缺爲分乾圓爲合以文象言體合用分因爲書契兌爲附決分也故爲書契取夬

(義理)上古民風淳樸爲事無多恐有遺忘因結繩記數事大大結其繩事小小結其繩後世易爲書契予者執左取者執右以代結繩識事之驗聖人揭明取諸夬者兌說利物和義體乾剛健篤實正以決僞而戒欺也

(品物)書契者以事實載之木簡古無筆墨用刀刻爲文字既成自中剖之而各藏焉周官謂之劑猶符節以傳信也

右第二章

是故易者象也象也者像也彖者材也爻也者效天下之動者也是故吉凶生而悔吝著也

(訓詁)形容曰象肖似曰像彖曰材者合卦之才德而立其幹也爻效動者擬議萬殊究變化而窮其理也

(義理)非變易不能成象如乾在天爲龍在地則爲馬乾變坤爲牝馬因坤坼而又爲牛此皆以易爲象者也虎尾非人能履在腹豈人能入此又以象爲像擬議變化者也卦有小大因德而斷其材辭有險易即爻以察其動吉凶在事悔吝在心在心反曰著者悔吝本動於微自悔吝而分吉凶則微者顯焉正謂積中而形外也

(音句)阮元揅經室集謂象古讀若弛音近於才亦無纔音近

(攷證)釋文像孟京虞董姚唐石經初刻皆作像按像擬也當從象然古人以義訓名如孟子徹者徹也不嫌同文故並可作象

右第三章

陽卦多陰陰卦多陽其故何也陽卦奇陰卦耦其德行何也陽一君而二民君子之道也陰二君而一民小人之道也

(訓詁)數單曰奇數雙曰耦一者志專二者志分也

(義理)六子之卦奇爲陽耦爲陰陽卦一奇二耦合之數五亦奇陰卦一耦兩奇合之數四亦耦陽德專一聽命於陽則治陰德紛歧受役於陰則亂由是觀之正人君子謀定後行故令如山嶽難撼女子小人首鼠兩端往往旋言而旋悔焉書曰與治同事罔不興與亂同事罔不亡甚哉不可不親君子而遠小人也

右第四章

易曰憧憧往來朋從爾思子曰天下何思何慮天下同歸而殊途一致而百慮天下何思何慮

(訓詁)憧憧思者欲明也繹理曰思過思曰慮塗道路致推極也

(象數)爻象詳見咸四兌澤翕受爲同歸爲一致艮山支分爲殊塗爲百慮

(義理)道本一也散於萬殊無遠慮必有近憂有過慮反爲憧擾能知貞一之理貫之以誠正如山澤通氣感之自然何有容心於其間哉

(攷證)憧釋文本又作恒

日往則月來月往則日來日月相推而明生焉寒往則暑來暑往則寒來寒暑相推而歲成焉往者屈也來者信也屈信相感而利生焉

(訓詁)進移而順還曰推屈抑退信伸也

(義理)天地之化往過來續往者成功而退來者乘運而興日陽月陰君子小人不容並立也泰否之遞迭長迭消屈伸相感而利生者非有小人之亂不能顯君子之治也

(音句)信音伸

(攷證)屈亦作詘釋文信本又作伸按韋昭漢書音義信古伸字

尺蠖之屈以求信也龍蛇之蟄以存身也精義入神以致用也利用安身以崇德也過此以往未之或知也窮神知化德之盛也

(訓詁)尺蠖蟲名蟄潛也入神者思之專安身者行之審窮神知化謂能不思而得不勉而中合天運之自然也

(義理)龍蛇尺蠖俯仰伸屈氣感自然聖心物理一而已矣入神則心動天隨已極其妙若再窮神之神知化之化形容於無可形容亦惟贊其盛德而已

(攷證)伸諸家作信一作伸釋文蛇石經初作虵後改作蛇存身本又作全身

(品物)尺蠖草木上小青蟲也食葉似蠶能懸絲自垂亦能吐絲結窠欲有往必先屈縮猶人布指求尺一縮一伸也亦名蝍蠖又名蠖蝛晏子春秋外篇云尺蠖食黃則黃食蒼則蒼蓋因所食草木之葉而異色也龍詳乾卦蛇以目聽有水草木土四種其形色之異有百餘種居常苦飢得食稍飽輒復蛻皮冬則含土入蟄於穴中焉

(占應)東方有蒼龍之宿應爲龍北方玄武之宿虛危之星應爲蛇

易曰困于石據于蒺藜入于其宮不見其妻凶子曰非所困而困焉名必辱非所據而據焉身必危既辱且危死期將至妻其可得見邪

(訓詁)環迫曰困依持曰據蒺藜茨也汙恥曰辱危殆也

(象數)爻象詳見困三兌澤泥塗坎窞凶險爲危三變從風隕夬爲死

(義理)石勢嶬嶒我往敵彼如蚍蜉之撼大樹蒺藜多刺我往據依若小兒之玩蜂蠆辱危立致不待智者而知也昏迷若此豈能保其所有也耶

(攷證)藜石經亦作蔾一本作黎期陸作其

(品物)石即嘉石罷人所坐處蒺藜詳困爻

易曰公用射隼于高墉之上獲之无不利子曰隼者禽也弓矢者器也射之者人也君子藏器於身待時而動何不利之有動而不括是以出而有獲語成器而動者也

(訓詁)隼鷙鳥高墉崇墉也弓角弓矢箭也矢末與弦相會曰括不括射疾而

不留滯也成器備器也
(象數)爻象詳見解上坎爲弓輪爲矢震爲動矢動則離弓弦爲不括
(義理)弓矢張以射鷙鳥道德用以解悖亂彼無道德之器而欲誠奸雄之首鮮不反罹其禍焉藏器則素裕經綸待時則出非孟浪沉謀有獲彼新進躁妄者要不可同日語也
(攷證)古本獲下有何字
(品物)矢頭曰鏃矢末曰括太甲曰若虞機張往省括於度則釋鄭注云弩已張從機間視之與所射參相得乃後釋弦發矢動而不括言發矢者疾不待省視也

子曰小人不恥不仁不畏不義不見利不勸不威不懲小懲而大誡此小人之福也易曰屨校滅趾无咎此之謂也

(訓詁)羞慚曰耻怯懼曰畏勸奬勉懲創乂誡警戒也
(象數)爻象詳見噬嗑初九離赤色赧爲恥震恐懼爲畏離見大人爲利爲勸爲福震惕雷威爲懲爲誡
(義理)羞惡之心人皆有之但小人汨於私欲陷溺太深非淺淺勸導即能激發天良也必也懸利爲餌以威爲驅然後方能遵道遵行故君子深造小人之福也
(攷證)釋文懲古文作徵誡石經初刻作戒趾亦作止屨古本誤作履

善不積不足以成名惡不積不足以滅身小人以小善爲无益而弗爲也以小惡爲无傷而弗去也故惡積而不可掩罪大而不可解易曰荷校滅耳凶

(訓詁)美行曰善醜行曰惡積累增掩遮也罪犯法解釋也
(象數)爻象詳見噬嗑上九互艮敦仁爲善坎險爲惡惡加艮山之上爲積離明朗照爲不可掩坎主桎梏爲罪離麗爲不可解
(義理)涓涓之水不塞則成江河星星之火不撲則燎原野善象震陽上達惡爲離陰中萌雷出聲奮名所以成火滅烟消身所以滅未有惡積而不凶者也
(攷證)釋文掩亦作揜荷亦作何
(品物)校詳見前卦

子曰危者安其位者也亡者保其存者也亂者有其治者也是故君子安而不忘危存而不忘亡治而不忘亂是以身安而國家可保也易曰其亡其亡繫于包桑

(訓詁)位居位存謂固有土地人民治則紀綱法度也
(象數)爻象詳見否五坤陰爲危爲亡爲亂乾陽爲位爲存爲治
(義理)惟聖人能無外患而存內憂自非聖人狃於安者必危狃於存者必亡

狃於治者必亂危者安位監於危而知懼也亡者保存見其失而知守也亂者有治因其亂而知勉也否象上下不交心志離散所幸者天尊地卑綱紀秩然故仍可以轉亂爲治也
(攷證)包石經初刻作包後作廿作苞
(品物)苞桑詳見否爻

子曰德薄而位尊知小而謀大力少而任重鮮不及矣易曰鼎折足覆公餗其形渥凶言不勝其任也

(訓詁)勝克能任擔荷也
(象數)爻象詳見鼎四鼎象爲尊爲重爲大四不當位爲不勝其任
(義理)鼎重器也四居大臣與初相應變而成蠱不能爲治反而爲亂位不稱德離明虧損謀不量知巽柔承下艮山在上離變爲艮任不稱力勢必反傾其中所

有而盡覆之也

（音句）知音智去聲鮮仙善反勝音升

（攷證）釋文力小唐石經作力少北宋景祐亦作力少鮮本亦作尟饒馬作粥

按錢大昕養新錄及王引之經義述聞歷引後漢書三國志魏略晉書諸傳贊

荀子淮南王主術篇鹽鐵論等書皆引作力少

子曰知幾其神乎君子上交不諂下交不瀆其知幾乎幾者動之微吉之先見者也君子見幾而作不俟終日易曰介于石不終日貞吉介如石焉寧用終日斷可識矣君子知微知彰知柔知剛萬夫之望

（訓詁）佞言曰諂慢易曰瀆俟待也知記曰識望者人所瞻仰也

（象數）爻象詳見豫二震爲笑言因爲諂體剛爲不諂中互坎水爲瀆内明爲

識互艮山陵崇高爲望

（義理）二爲正士變陷坎中其身迫於危亂可知顧大象成解已苟不失操持則禍爲福倚未嘗不生於憂患也坎智内明二能知幾非若晤昧者拂亂心志介石則特立不拔變動不居微周公不能見爻吉之妙微孔子不能見幾微之神嗚乎易其至矣哉

（攷證）釋文介衆家作砎漢書吉之先見作吉凶之先見

子曰顔氏之子其殆庶幾乎有不善未嘗不知知之未嘗復行也易曰不遠復无祗悔

（訓詁）殆近也庶幾猶許可也

（象數）爻象詳見復初陽爲善陰爲不善震陽反生爲復

（義理）顔氏即顔回也復初在天爲乾元在人爲良知不遠復者當前即是所謂我欲仁斯仁至矣悔即良知之萌无祗悔者非知之貴行之爲貴也祗與只同顔子三月不違仁正能復見天地之心也

（攷證）未嘗不知古本下有也字

天地絪縕萬物化醇男女構精萬物化生易曰三人行則損一人一人行則得其友言致一也

（訓詁）絪縕天地之氣綿綿而交密也醲厚曰醇氣濁有質曰精致一專一而合之也

（象數）爻象詳見損三艮山兑澤山川出雲爲絪縕爲化醇艮男兑女象爲搆精爲化生山澤通氣爲致一

（義理）天地之間無非氣化彌綸昏旦之候天氣下降地氣上騰非烟非霧恍惚有精其絪縕醇厚之象人人可望而知也男女搆精陰陽摩盪合兩生一兩

化一神陽施爲損陰受爲得致一則陰陽之精合此生生所以續焉

（攷證）釋文絪縕本又作氤氳石經搆作構从木旁唐改初刻似從女旁作媾鄭作覯古本精下衍而字說文孟喜易作壹𡕖李氏集解同段玉裁說文注云今周易作絪縕他書作氤氳或作烟熅李鼎祚集解縕又作紜

子曰君子安其身而後動易其心而後語定其交而後求君子修此三者故全也危以動則民不與也懼以語則民不應也无交而求則民不與也莫之與則傷之者至矣易曰莫益之或擊之立心勿恆凶

（訓詁）安寧也易治也定正也危不安貌畏怯曰懼結納非素曰无交傷戕害也

（象數）爻象詳見益上巽順中互坤貞爲安爲易爲定震奮爲動笑言爲語索

紊爲求決躁爲危驚恐爲懼剛愎爲无交繫物爲傷

（義理）身安則居靜馭動心易則誠意後言交定則感孚有素三者正謂效天下之動而貞夫一立心之悔可知矣否則爲凶咸後十引卦爻悉天人之理性命之蘊以攖心始者以立心終此前後呼吸之相應也

右第五章

子曰乾坤其易之門邪乾陽物也坤陰物也陰陽合德而剛柔有體以體天地之撰以通神明之德

（訓詁）精氣爲物形立爲體撰造作也

（象數）乾闢戶坤闔戶兩戶闢闔爲門乾爲陽爲剛坤爲陰爲柔陰陽有形爲體乾易坤簡爲德

（義理）卯爲春門酉爲秋門陰陽闔闢即乾坤之消息也一奇一耦變化縱橫

六十四卦三百八十四爻皆從此出而天地之數神明之奇開物成務莫不惟妙惟肖非聖人不能語於斯焉

（攷證）釋文其易之門邪本又作門戶邪

其稱名也雜而不越於稽其類其衰世之意邪

（訓詁）名謂卦物之名和亂曰雜越踰也於安也衰時殷紂之時也

（義理）伏羲畫卦祗立八卦之名以演消息神農以來遞演遞密或因象以取義或假事以命名至周代遂大備焉何以見之丈人主師伏羲時無此事也革命取鼎伏羲時無此物也井畫於黃帝訟起於唐虞曰蹇曰睽曰困曰旅所稱諸名非衰世而何蓋重卦成於上古序卦演自周文名則或創或因代有損益不越理象而已

（攷證）雜而不越說文辵部作襍而不遖

夫易彰往而察來而微顯闡幽開而當名辨物正言斷辭則備矣

（訓詁）名卦名物謂爻象所取諸物正言即所繫之辭斷辭者吉凶之決也

（義理）神以知來智以藏往吉凶悔吝無不於變易彰焉因變易而鉤深致遠往如耒耜舟楫取離取渙以興民用來如十二萬年運會而知於未濟終焉顯如天象幽如鬼神當名如乾健坤順辨物如乾馬坤牛正言則剛柔四德斷辭則吉凶一言觸類引伸無不於易備焉

（音句）虞翻讀夫易彰往而察來句而微顯闡幽句開而當名句辨物正言斷辭則備矣句焦循韋句讀同朱子云而微顯當作微顯而闡幽開而之而疑有誤心易滸源云何氏以開而當爲句李氏以名字爲節何氏以名辨物正爲句言斷辭則備矣句甚據讀而微顯闡幽開而當名句按當讀夫易彰往而察句鶡冠子近迭篇

七該知來者察往以察字合往字讀來而微顯闡幽句曲禮云來而不往中庸云知微之顯揚子太玄文六幽闡積春秋左傳杜序其微顯闡幽是來而微顯閫幽可合讀句開而當名辨物句禮學記云開而勿逆文言疏諸卦及爻皆從乾坤而出故物作文言以開釋之故六字句

（攷證）虞氏義彰作章辨作辯

其稱名也小其取類也大其旨遠其辭文其言曲而中其事肆而隱因貳以濟民行以明失得之報

（訓詁）意有所指曰旨曲僻也肆極也貳疑也報復也

（義理）名如爻象之中植物稱杞瓜動物稱龜狐器物稱鼎盤皆天地間之小者也然瓜於純陽中見一陰之姤杞於純陰時通一陽之氣狐能調化水火幹濟陰陽龜爲先天之物乾坤雖毀獨能服氣生靈鼎象正位凝命盤肖天圓地方於稽其類所取不甚大邪陰陽原於太極世運推及貞元旨則遠矣飛龍牝

馬秘洩陰陽赤紱黃裳色配方位有條有理辭則文矣言曲則腹可入心可獲實皆中乎事理事肆則日見斗鬼載車象俱隱於卦爻而又一極備凶一極無凶災祥降自影響無非濟民歸於貞一者焉貳謂起念差也

(攷證)貳古文作式

右第六章

易之興也其於中古乎作易者其有憂患乎

(訓詁)興起也中古謂羲農之後殷周之交憂隱愁患外憂也

(義理)此節以下因憂患而敎人反身修德故三陳九卦以明之包羲畫象有卦無辭至商周戊午十有三祀文王演易於羑里操危慮深如利貞艱貞无往无利繫於六十四卦之彖情見乎辭周成王丙戌元年周公避位居東取易之三百八十四爻各繫以辭凶悔吝多於言吉憂患之心千秋如見顧繫彖出於

文王一人繫爻則周公取諸古昔卜繇而成觀帝乙高宗便知辭有所本蓋公之演易猶孔子作春秋或存或削非如揚雄擬玄全爲鑿空之文其或爻無古繇則以一字繫之若困蒙童蒙訟元吉之類義精辭確此周易所以長傳天地間也

是故履德之基也謙德之柄也復德之本也恆德之固也損德之修也益德之裕也困德之辨也井德之地也巽德之制也

(訓詁)根址曰基執權曰柄本始也固堅也修治也寬饒曰裕詳審曰辨地居地制法度也

(象數)人有禮則安無禮則危履禮也爲基謙能稱物平施權衡不爽爲柄復爲陽生之始爲本恆以立不易方爲固損以懲忿窒欲爲修益爲民說无疆爲裕困以致命遂志利義分明爲辨井則改邑不改井爲地巽能申命行事爲制

(義理)此節明九卦之德金爲水母金王然後開天乾兌德金以柔履剛以說應健有順天承時之象履故爲基土爲五行大宗土王然後成物坤艮德土天道下濟地道上行盈虛消息操於一陽謙故爲柄言有握成之權也一陽見天地之心平旦之氣葆於天和復故爲本天下惟有形質者壞雷風純任氣行二氣相薄久道化成恆故爲固山澤通陰陽之氣彌縫無隙損下益上與時偕行損故爲修風散雷動宣陽太和自上下下其道大光益故爲裕水本金生澤涸无水有常有變剛雖柔揜道自吉亨困故爲辨地球浮於水面吸水不遺一氣流行巽乎水而上水承下者實爲風焉井故爲地高明柔克沉潛能入剛巽中正而志行柔皆順剛而利往中命者無往不亨巽故爲制九德皆本卦體而觀象也

(攷證)釋文修馬氏作脩

履和而至謙尊而光復小而辨于物恆雜而不厭損先難而後

易益長裕而不設困窮而通井居其所而遷巽稱而隱

(訓詁)至達也尊撙也辨物謂辨於事物之理雜而不厭有條而不紊也易者難之反長裕而不設者謂能寬綽於中而不施露於外也通者窮之轉井居而遷變動不居也稱謂合其宜隱者晦定於中也

(象數)禮用以和爲貴履因爲和卑牧則尊譽必著謙因爲光陰生則晦陽生則明復因爲辨恆久不已爲不厭損剛益柔爲先難後易益日進无疆爲長裕困得其亨爲通井改邑不改井爲居所而遷巽中正志行爲稱隱

(義理)兌說乾健和而不流可謂至矣坤爲含宏艮爲輝光自撙尊人可謂光矣初陽生下羣陰就消可謂小而能辨矣雷風一氣相搏而聲各有常可謂雜而不厭矣山川出雲雲騰致雨復歸山澤先施後得可謂難而後易矣風雷純任氣機無所撰造可謂窮而後通矣水在井中井雖不改而泉脈常新可謂居

所而遷矣巽順其宜性又深入不露可謂稱物而隱矣然在人履禮以和爲貴謙卑而望反尊仁復天人自辨心恆雜感不搖懲忿窒慾久則非心潛化遷善改過長則固有自尤困歷險而道亨增益才智井深造而自得左右逢源巽則泛應咸宜機緘不露才亦繼德成而達矣

（攷證）雜古本上有先字雜而不厭說文辵部易曰雜而不逑今作越孟喜本作逑

履以和行謙以制禮復以自知恆以一德損以遠害益以興利困以寡怨井以辨義巽以行權

（訓詁）行施行制節制也自知者慎獨之功一德者公善之心遠害謂無友不如己者興利惠必及於民也寡少也義宜也權衡度也

（象數）履說而和爲和行謙以退讓明禮爲制禮復善生於平旦爲自知恆以久道化成爲一德損友爲害自修爲遠益則有孚惠心爲興利困戒尙口乃窮

爲寡怨井養不窮爲義巽柔順剛爲行權

（義理）履以和行金鎔則合也謙以制禮坤生萬物艮成終始也復以自知一陽潛萌天良夜覺也恆以一德震動於外而巽順其中也損以遠害外靜而內深也益以興利吹噓芸生鼓舞其機也困以寡怨外說而內誠也井以辨義多溫而夏寒坎孚而巽順也巽以行權八風入律順時而調也然在人明體達用三陳九卦無非操危慮深而有憂患之心也

（攷證）辨亦作辯

右第七章

易之爲書也不可遠爲道也屢遷變動不居周流六虛上下无常剛柔相易不可爲典要唯變所適

（訓詁）遠離也遷徙也居止也六虛六爻之位典常也要約也不可爲典要言陰陽上下其變无方也

（義理）此皆言爻變之妙通於神化也易隨爻變以取象用非若後世占卜泥定五行以爲生克板用九星以論吉凶蓋易道至神而取象極活如乾爲天在地則爲郊野在人則爲君父在動物則爲龍馬在植物則爲木果在用物則爲金玉也餘可類推

（攷證）屢虞作婁古無屢字

其出入以度外內使知懼又明於憂患與故无有師保如臨父母初率其辭而揆其方既有典常苟非其人道不虛行

（訓詁）度謂消息權衡知懼者吉凶影響而不容有作僞也故謂事故師保教我者父母生我者无有如臨喻易提撕警覺不可須臾離也率循也揆度也方時位然非神而明之道自道人自人也

（象數）乾陽主生爲出爲外坤陰主藏爲入爲內日月有常爻當特數爲度乾惕爲懼坤迷爲憂患陰陽老變爲故一陰一陽之謂道爲典常

（義理）易雖變化无方而陰陽消息各極自然不啻日月之合行度也聖人明於憂患之理見凶故當返而自省即見吉亦必惕然難長外而師保內而父母无有如臨常存警戒也此從不可典要中而又明其確有典常正非游騎之無歸焉

右第八章

易之爲書也原始要終以爲質也六爻相雜唯其時物也其初難知其上易知本末也初辭擬之卒成之終若夫雜物撰德辨是與非則非其中爻不備

（訓詁）推溯曰原約求曰要質正也成也時物即象取諸物得位乘時者本謂

下末謂終擬比度也雜物者謂物和亂未分撰具也中爻者爻中之互體備足也盡也

(義理)凡筮一卦必合觀六爻德位而後擬取物象再觀一爻之動而後擬取物時譬如乾象取龍初潛二見三惕四躍五飛上亢潛非其時亢過其時惟二五能合乎時三四雖及時而未能用一卦如斯六十四卦亦如斯推求原委擬議繇辭故曰原始要終而能知其本末者焉內卦統於二爻外卦統於五爻中爻爻中互體約象也如坎卦六爻二至四互震三至五約艮離卦六爻二至四互巽三至五約兌並中爻爲象一卦之用備焉

(音句)虞讀則非其中句爻不備句

(攷證)辨石經岳本作辯釋文撰鄭作筭

噫亦要存亡吉凶則居可知矣知者觀其彖辭則思過半矣

(訓詁)噫通作抑要求也居語辭過半强半也

(義理)要者總其理則存亡吉凶無不貫通於心即無不括於彖辭間焉上言變動不居六爻未定此言居可知者六爻既定也凡卦以彖爲綱爻爲目彖爲經爻爲權故觀彖則爻得焉

(音句)要平聲知者之知去聲音智虞翻讀噫亦要存亡句吉凶則居可知矣句諸家讀噫字句亦要存亡吉凶句按當從諸家讀句

(攷證)知者古本作智彖作象

二與四同功而異位其善不同二多譽四多懼近也柔之爲道不利遠者其要无咎其用柔中也三與五同功而異位三多凶五多功貴賤之等也其柔危其剛勝邪

(訓詁)功功用位爻位也令聞曰譽畏怯曰懼近者不利遠者无咎近則迫遠則舒也等級也危不勝勝能任也

(義理)二與四互成一卦三與五約成一卦其功同也二五中正三不中四不正其位異也三祗謙卦言吉四多言悔无咎非若二居士位浩然養志不可屈撓也三際出處柔恐不能勝任剛又慮其僨事其以剛邪其以柔邪疑而不定正待人隨事權宜也

(音句)要勝俱平聲頤齋經說當讀近也柔之爲道不利句遠者其要无咎句

(攷證)柔中古本作柔得中勝邪古本下有也字

右第九章

易之爲書也廣大悉備有天道焉有人道焉有地道焉兼三才而兩之故六六者非他也三才之道也道有變動故曰爻爻有等故曰物物相雜故曰文文不當故吉凶生焉

(訓詁)備盡也才謂精氣赴注之質等即爻位之貴賤也物事類文謂剛柔相錯不當者變易其位也

(義理)三極言理三才言用一神兩化兼三者天地人備於貞悔兩卦實不越於六爻也物即取象諸物縱橫變化不外剛柔之文不當者正謂顛倒錯亂不膠於一定之位焉

(攷證)才石經亦作材毛本同相雜足利本無相字

右第十章

易之興也其當殷之末世周之盛德邪當文王與紂之事邪是故其辭危危者使平易者使傾其道甚大百物不廢懼以終始其要无咎此之謂易之道也

(訓詁)危峻厲易平也傾敬懼廢舍也

（義理）前言伏羲故曰中古此言文王故曰殷末殷之末世箕子陳疇文王演易即包羲卦序釐而正之上應天文下通地理中合人事洪範寓天道於人事周易以人事聽天道也危乎者當危中而平其心則應事不至張皇易傾者當易中而惕其志則處事不至怠惰懼以終始正翼翼小心愫然於憂患生安樂死之意也

右第十一章

夫乾天下之至健也德行恆易以知險夫坤天下之至順也德行恆簡以知阻能說諸心能研諸侯之慮定天下之吉凶成天下之亹亹者

（訓詁）險陷也阻隔也侯候也謂諸侯衆環伺已者能研諸侯之慮謂能窮周伺者之險阻也亹亹進德不已也

（義理）乾以易知坤以簡能乾坤本無險阻然乾之坤中成坎爲險坤之乾中成離爲麗譬如我本大公而與人接不能保其皆无私也顧欲周知人之情僞以我良知良能持平權衡正如虛堂懸鏡以待照者則妍媸無不判焉險阻既知吉凶如告而天下之人不敢萌其邪志者皆亹亹進於德焉

（攷證）朱子本義疑侯之二字衍惠氏亹亹作娓娓按侯斥候也與侯字義通周禮侯人道路迎送賓客之官孫奕示兒編斥候謂檢行險阻伺候盜賊俗作堠能研諸侯之慮謂能察人乘我之隙而生險阻之心也

是故變化云爲吉事有祥象事知器占事知來天地設位聖人成能人謀鬼謀百姓與能

（訓詁）有應而言曰云治造曰爲祥瑞徵能道藝也

（義理）云爲即上篇以言以動象占即以制器以卜筮也吉事有祥如景星甘露白魚赤烏之類占事知來如管輅以卜筮射覆諸術天無言聖人作易代言凶吉故曰成能謀即洪範云卿士庶人卜筮也

八卦以象告爻彖以情言剛柔雜居而吉凶可見矣變動以利言吉凶以情遷是故愛惡相攻而吉凶生遠近相取而悔吝生情僞相感而利害生凡易之情近而不相得則凶或害之悔且吝

（訓詁）陰陽之性孚感曰情利宜也遷徙也攻治也取趣也慮詐曰僞禍患曰害近暱近或疑也

（義理）卦以立象象立而後因材取宜所謂情者譬如山澤合卦艮在兌下情則相親而氣則相感艮在兌上情不相親則因而相損此即卦德以明爻象也若即剛柔而明變動否終何喜乾健變爲兌說也復終何凶震動於下而艮止

於上也故曰愛惡相攻而吉凶生遠如蒙之遠實近如隨從小子丈夫情僞如咸與歸妹利害如益與損焉近而不相得如小畜之夫妻反目或害之悔且吝如立心勿恆凶觸類引伸六十四卦三百八十四爻一言以蔽之曰情而已矣

（攷證）古本無情僞相感而利害生八字

將叛者其辭慚中心疑者其辭枝吉人之辭寡躁人之辭多誣善之人其辭游失其守者其辭屈

（訓詁）叛背也慙媿也疑惑也枝歧也寡少也多煩也游移也屈曲也

（象數）離象中有陰私爲叛赧然色赤爲慚坎陽迷陷陰中爲疑水性散溢爲枝敦艮安仁爲吉人山靜生慮爲辭寡震驚剛愎爲躁人啞啞笑言爲辭多兌口毀折爲誣善澤水洄漩爲游巽懦委靡爲失守進退不果爲屈

（義理）世之險阻無定人之情僞不同非聖人不能灼知其言非卦象不能窮

極其理乾坤爲剛柔純德故無淑慝之分至六子則具體者也德有未純故僞有各異聖人特明其象者正教人惕憂患而知閱歷也上繫明理下繫述義終闡乎辭以結繫辭之旨焉

右第十二章

副編

繫辭下

八卦成列節

（集解）虞翻曰象謂三才成八卦之象乾坤列東乾納甲坤納乙艮兌列南艮納丙兌納丁震巽列西震納庚巽納辛坎離在中坎納戊離納己故八卦成列則象在其中天垂象見吉凶聖人象之是也○朱子本義成列謂乾一兌二離三震四巽五坎六艮七坤八之類象謂卦之形體也因而重之謂各因一卦而以八卦次第加之爲六十四也

爻六爻也既重而有卦有六爻也○孔廣森曰重卦之說王輔嗣等以爲伏羲鄭君之徒以爲神農孫盛以爲夏禹史遷等以爲文王䇺言淆亂以近古者折之淮南子曰八卦可以識吉凶知禍福矣然而伏羲爲之六十四變周室增以六爻是可爲伏羲重卦之證○按史紀云伏羲作十字之教乾坤坎離震巽艮兌消息消息即十二辟卦是重卦作自伏羲矣

吉凶者貞勝者也節

（集解）荀爽曰離爲日日中之時正當離位然後明也月者坎也坎正位衝離衝爲十五日月當日衝正値坎位亦大圓明故曰日月之道貞明者也言日月正當其位乃大明也○惠棟云京氏筮法一爻變者爲九六九爲老陽六爲老陰三爻以上變者爲八少陽用陰故晉語重耳得貞屯悔豫皆八乃三爻變不稱屯之豫而稱八左傳襄九年穆姜遇艮之八乃五爻變不稱艮之隨而稱八皆是貞夫一之義也又左傳及蔡墨所稱屯之比昭七年乾之姤云云乃隨舉一爻之變猶言初九初六之類也

古者包犧氏節

（集解）陸績曰文謂朱鳥白虎蒼龍玄武四方二十八宿經緯之文○張衡靈憲云日者陽精之宗積而成烏象烏而有三趾陽之類其數奇月者陰精之宗積而成獸象兎而有四足陰之類其數耦也○張惠言易義別錄周易姚氏義注云連山氏得河圖夏人因之曰連山歸藏氏得河圖商人因之曰歸藏伏羲氏得河圖周人因之曰周易見漢上易傳馬融云伏羲得河圖而作易杜子春注周禮云連山伏羲歸藏黃帝山海經云伏羲得河圖夏后因之曰連山黃帝氏得河圖商人因之曰歸藏列山氏得河圖周人因之曰周易姚以周易出伏羲繫有明文神農號烈山氏列連聲近因於神農無疑故不從杜子春山海經之說

○按伏羲畫卦仰觀俯察旣通神明之德而類萬物之情及至神農黃帝作爲連山歸藏非另有所畫之卦象也不過因重而用所謂連山者卦首諸艮艮當寅位以値月日應卦氣之用事也故夏時建寅因之所謂歸藏者卦首諸坤坤乾之義世應納甲之象也地道无成而代有終故商時建丑因之所謂周易者卦首諸乾乾坤定位六爻之尊卑貴賤分明觀其變動以爲占驗故周時建子因之天開於子占應故用爻長地闢於丑取象故用納甲人生於寅作事故用卦氣孟京焦虞諸說實即連山歸藏遺義也其不同者序卦之次第占衍之䌛辭耳

神農氏沒節

（集解）周易折中云守舊則倦更新則不宜凡事之情也變其舊使民不倦者化也趨於新使民咸宜者神而化之也○頤齋經說俞氏羣經平議疑易窮則

變五句爲上文動則觀其變而玩其占後脫簡予思易服飾殊徽號一王廢興皆有天命自天祐之吉旡不利非謂窮而變者經更成法也

刳木爲舟節

(集解)任啓運云刳虛其中使可載剡薄其尾使可掉濟不通謂横而截流以渡致遠則或溯或沿自近以及遠也

服牛乘馬節

(集解)任啓運云牛性奔以繩繫其鼻則受制馬力散以繩四拘之背有輾腹有鞅前有靷後有紖則力完皆隨之象而牛馬隨人所使又隨之氣也

古之葬者節

(集解)王引之云春秋含文嘉曰天子墳高三仞樹以松諸侯半之樹以柏大夫八尺樹以欒士四尺樹以槐庶人無墳樹以楊柳

上古結繩而治節

(集解)陳澔曰此章言聖人制器尚象之義網罟耒耜以足民食舟車交易以通民財弓矢擊柝以防民患杵臼以利養衣裳以彰身宮室以安居棺椁以送死終之以書契防巧僞而禁民非此聖人之大業也始於離者人禽之判也終於夬者治亂之機也

天地絪緼節

(集解)管子曰天出其精地出其形合此以爲人和乃生即此義也

子曰乾坤其易之門邪節

(集解)荀爽曰陰陽相易出於乾坤故曰門陽物天陰物地也○九家易曰撰數也萬物形體皆受天地之數也謂九天數六地數也剛柔得以爲體矣隱藏謂之神著見謂之明陰陽交通乃謂之德

其稱名也節

(集解)九家易曰陰陽雜也名謂卦名陰陽雖錯而卦象各有次序不相踰越也○侯果曰於嗟也稽考也易象考其事類但以吉凶得失爲主則非淳古之時也故云衰世之意耳言邪示疑不欲切指也

是故履德之基也節

(默參)九德自內功言之補偏救弊則履兌一陰虛納天氣謙艮一陽中斂地精復則火氣歸原恆則心氣不動損則熱氣上升燥氣下降猶平旦之山澤益則火氣內靜風氣外宣是二至(夏至冬至)之風雷困則養金生水井則養水生木巽則養木滋榮然後柔者强愚者明焉

履和而至節

(集解)王引之曰小謂一身也辨讀曰徧古字辨徧通一物治而萬物不亂者以身爲本也○頤齋經說陽大陰小坤陰之下一陽來復充其平旦之養無微而不顯也故曰復小而辨於物

履以和行節

(集解)胡炳文曰上經自乾至履九卦下經自恆至損益亦九卦上經履至謙五卦下經益至困井亦五卦上經謙至復九卦下經井至巽又九卦上經自復而後八卦爲下經之恆下經自巽而未濟亦八卦而爲上經之乾上下經對待非偶然者

(默參)古聖人三陳九卦後世解者皆曰因憂患而反身修德也不知九卦正象人身履爲德基者乾爲首兌爲口兌澤爲腦海乾兌之中互離爲目互巽深入得坎半體聽聰爲耳首爲一身之綱故曰德基謙爲德柄者坤爲腹爲胃土艮爲脾土斟化調元腹爲一身之用故曰德柄復爲德本者坤腹之下一陽反

生應人腎宮故曰德本恆爲德固者恆從心從互震剛巽懦風雷激搏象人憧憧往來馳騖無定非固守不能養其平旦故曰德固損爲德修者艮山少陽在左手兌澤少陰在右足陰陽相會山澤通氣結穴在肺肺主憂恐人無遠慮必有近憂能養則恐懼致福故曰德修益爲德裕者巽風少陰在右手震雷少陽在左足風雷搏激結穴在肝肝主暴怒暴怒則失其中和性難容物能養則羣生位育休休有容故曰德裕困爲德辨井爲德地者困以兌金生水爲腎水之來源井以巽木耗水爲腎水之去路井困結穴在背當兩腎俞故曰爲辨爲地巽於人身爲股督脈自尻而起循背上達於首爲一身之綱紀故曰德制合九卦之象成人全體聖人默體於微息息與天相通以之修身養性正作聖內功之秘鑰也

附圖

人形正背式

正式

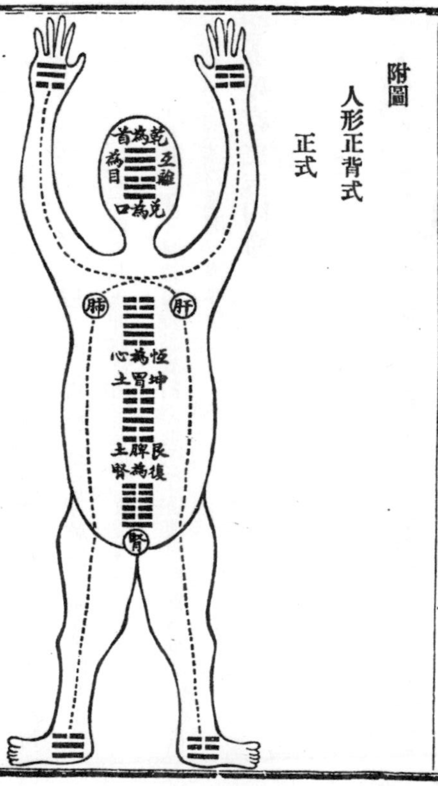

背式

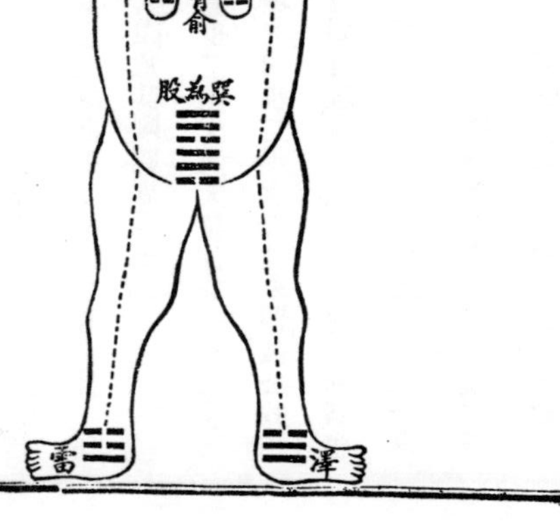

易之爲書也節

（集解）虞翻曰變易動行六虛六位也日月周流終則復始故周流六虛謂甲子之旬辰巳虛坎戊爲月離己爲日入在中宮其處空虛故稱六虛五甲如次者也（惠棟云虞氏謂甲子之旬辰巳爲虛者六甲孤虛法也裴駰曰甲子旬中無戌亥戌亥爲孤辰巳爲虛甲戌旬中無申酉申酉爲孤寅卯爲虛甲申旬中無申酉申酉爲孤寅卯爲虛甲申旬中無午未午未爲孤子丑爲虛甲午旬中無辰巳辰巳爲孤戌亥爲虛甲辰旬中無寅卯寅卯爲孤申酉爲虛甲寅旬中無子丑子丑爲孤午未爲虛）精義曰位未有爻曰虛卦雖六位而剛柔爻畫往來如寄故曰六虛〇朱子曰不可爲典要非若揚雄太玄排定三百五十四贊當晝三百五十四贊當夜晝底吉夜底凶吉凶中又自分輕重易卻不然有陽居陽爻而吉底又有凶底有陰居陰爻而凶底又有吉底有有應而吉底有有應而凶底是不可爲典要之書也

易之爲書也節

（集解）干寶曰一卦六爻則皆雜有八卦之氣若初九爲震爻（乾初九子震初九亦子）九

二爲坎爻也（乾九二寅初六亦寅坎）或若見辰戌言艮（艮內卦初爻辰外卦四爻戌）巳亥言兌也（兌內卦初爻巳外卦四爻亥）或若以甲壬名乾（乾內卦甲子甲寅甲辰外卦壬午壬申壬戌）以乙癸名坤也（坤內卦乙未乙巳乙卯外卦癸丑癸亥癸酉）或若以午位名離（離位正南午方）以子位名坎（坎位正北子方）或若德來爲好物刑來爲惡物王相爲興休廢爲衰○虞翻曰撰德謂乾辨別也是謂陽非爲陰也中正乾六爻二四上非正坤六爻初三五非正故雜物因而重之爻在其中故非其中則爻辭不備道有變動故曰爻也○任啓運曰撰猶轉也如禮記撰杖屨之撰蓋物雜則其德轉焉

噫亦要存亡吉凶節

(集解)王引之經義述聞噫亦要存亡吉凶則居可知矣（正義曰噫乎發歎釋文曰噫於其反王肅於力反辭也馬同引之謹案馬王注是也噫與抑通字或作意又作億小雅十月篇抑此皇父鄭箋抑之言噫釋文抑辭也徐音噫韓詩曰意也論語學而篇求之與抑與之與漢石經抑作意莊子外物篇曰噫其非知厚德之任與新序雜事篇曰噫將我追車而赴馬乎投石而趨距乎逐鹿而搏虎豹乎噫將使我出正辭而當諸侯乎決嫌疑而定猶豫乎韓詩外傳噫作意字並與抑同）噫亦即抑亦也大戴禮武王踐阼篇曰黃帝顓頊之道存乎意亦忽不可得見與荀子修身篇將以窮無窮逐無極與意亦有所止之與秦策曰誠病乎意亦思乎史記吳王濞傳願因時循理棄軀以除患害於天下億亦可乎漢書億作意字竝與抑亦同此噫與噫嘻之噫異義正義以爲噫乎發歎及釋文於其反之音皆失之噫亦二字連讀俗讀噫字爲句尤誤（又居字引詩日居月諸上帝居歟等說證爲語助之辭）○虞翻曰謂知存知亡要終者也居乾吉則存居坤凶則亡故曰居可知也○顧齋經說居謂六爻各居之位也○周易折中彖辭之繫文王蓋統觀六爻以立義者如屯則以初爲侯蒙則以二爲師師則以二爲將比則以五爲君其義皆先定於彖爻辭不過因之而隨爻細別耳其爻之合於卦義者吉不合於卦義者凶故彖辭爲綱領而爻其目也彖辭爲權衡而爻其物也總之於綱則目之先後可知審之於權衡則物之輕重可

睿川易義合編 繫辭下傳副編 三十四

見夫子彖傳既參錯六爻之義以釋辭示人卦爻之不相離矣於此又特指其要而切言之讀易之法莫先於此

二與四同功節

(集解)程迥曰易以六居五以九居二爲卦十有六雖爲時不同其十有五皆吉謂人君柔中虛己而任剛德之臣其臣亦以剛中應之也○韓康伯曰二處中和故多譽也四近於君故多懼也○侯果曰三五陽位陰柔處之則多凶危剛正居之則勝其任言邪者不定之辭也或有柔居而吉者居其時也剛居而凶者失其應也○周易折中多譽多懼以二四之位言不論剛柔居之皆多譽多懼也多凶多功以三五之位言亦不論剛柔居之皆多凶多功也下文言柔之爲道不利遠者則可見二雖多譽而九二尤善於六二四既多懼而九四尤甚於六四也又言其柔危其剛勝邪則可見三雖多凶而九三猶善於六三五雖多功而六五猶讓於九五也柔之爲道不利遠者爲六二言而九二在其中併六四九四皆在其中其柔危爲六三言而九三在其中併六五九五亦在其中此聖言之所以妙也○何楷曰章末復舉中爻所以略初上不言者蓋初上非用事之地故所重在時位中四爻用事之地故推重在德行也若夫卦主在初上者則不可以此例論○胡炳文曰其柔危其剛勝專爲三言

(德位)崔憬曰此重釋中四爻功位所宜也二主士大夫位佐於一國四主三孤三公牧伯之位佐於天子皆同有助理之功也二士大夫位卑四孤公牧伯位尊故有異也三諸侯之位五天子之位同有理人之功而君臣之位異者也三處下卦之極居上卦之下爲一國之君有威權之重而上承天子若无含章之美則必致凶五既居中不偏貴乘天位以道濟物廣被寰中故多功也○王希尹曰二柔四亦柔功同也二居內體四居外體位異也二中正四不中故曰

睿川易義合編 繫辭下傳副編 三十五

其善不同二不皆譽辭而譽多四不皆懼辭而懼多以四近於君勢分相逼故也柔之爲道近剛乃能有濟二遠於五宜不利矣而卒能无咎者以其柔得乎中也三剛五亦剛其爲功也同三在內卦上五在外卦中則位有尊卑之異三不必无功而凶每多五不必无功而功每多其故何也三人位賤也五君位貴也等級不同而凶與功亦異三五剛位其或以柔居之君弱臣庸危也以剛居之君明臣良國无不治有不勝邪○按二士遠君未仕者也進德修業樂道於畎畝之中五君折節下賢故二嘗多譽四則仕近於君身任天下之重靖共自矢夙夜惟寅故曰多懼二居下卦之中非剛健不能擔當道義故曰柔之爲道不利遠者四則居寵思危日在君側懼其近者人臣無將將則必誅也二與四同功而異位者隱居求志行義達道其功同也隱則不仕王侯高尚其志達則趨蹌廊廟翼翼小心其位異也三多凶者身居下卦之上位爲諸侯中爲四間

不能直接親君如季歷屢克西戎反爲文丁殺也（見竹書紀年）五多功者統大居正垂拱化成無爲而天下治功位既異故貴賤之等分焉貴者崇高賤者卑下所謂賤者義取卑下勿爲功高震主也

易之爲書也節

（集解）頤齋經說廣无不備大无不包廣大是統論其槪悉備是就廣大中細論其詳○陸績曰天道有晝夜日月之變地道有剛柔燥溼之變人道有行止動靜吉凶善惡之變聖人設爻以效三者之變動故謂之爻者也○干寶曰等羣也爻中之義羣物交集五星四氣六親九族福德刑殺衆形萬類皆來發於爻故總謂之物也又曰其辭爲文也動作云爲必考其事令與爻義相稱也事不稱義雖有吉凶則非今日之吉凶也故元亨利貞而穆姜以死黃裳元吉南蒯以敗是所謂文不當也故於經則有君子吉小人否於占則王相之氣君子以遷官小人以遇罪也○虞翻曰乾陽物坤陰物純乾純坤之時未有文章陽物入坤陰物入乾更相雜成六十四爻乃有文章故曰文

易之興也節

（集解）陸績曰文王在紂世有危亡之患故於易辭多趨危亡本自免濟建成王業故易爻辭危者使平以象其事否卦九五其亡其亡繫於包桑之屬是也易平易也紂安其位自謂平易而反傾覆故易爻辭易者使傾以象其事明夷上六初登于天後入于地之屬是也○頤齋經說傾敬也傾通作頃（西頃山名漢志作頃禹貢作傾詩周南不盈頃筐並通作傾）論法甄心動懼曰頃敏以敬愼曰頃訓頃爲敬懼正見於平易之中而不自弛敬愼也

夫乾天下之至健也節

（集解）虞翻曰乾二五之坤成離日坎月（乾成坎坤成離）則八卦象具八卦定吉凶故

能定天下之吉凶娓娓進也離爲龜乾爲蓍月生震初故成天下之娓娓者謂莫善蓍龜也○頤齋經說上峻下陷爲險前窒後窒爲阻

是故變化云爲節

（集解）頤齋經說云運動也管子戒篇天不動四時云下而萬物化注云運動貌蓋人意有所動而吉凶已隨嚮應言吉而凶已賅其中矣○何楷曰凡人事之與吉逢者其先必有祥兆天人相感志一之動氣也聖人作易正以迪人於吉故獨以吉事言之與吉之先見同義○崔憬曰言易擬天地設乾坤二位以明重卦之義所以成聖人伏羲文王之能事者也○朱仰之曰人謀謀及卿士鬼謀謀及卜筮也又謀及庶民故曰百姓與能也

將叛者節

（集解）虞翻曰坎爲隱伏將叛坎爲心故慚也離火枝分故枝疑也寡艮人之

辭也震爲決躁兌爲口舌誣乾乾爲善人也巽初陽入伏陰下故其辭詘

睿川易義合編

說卦傳

泰州 徐天璋睿川 演

（義理）說卦者總說卦數卦位卦德卦象之理而已

昔者聖人之作易也幽贊於神明而生蓍

（訓詁）蓍草也幽贊生蓍謂神明隱佐而生之也

（義理）聖人謂伏羲首畫八卦以洩陰陽之秘者德參化育治洽神明故靈秀鍾於草木而生蓍以爲蓍策則易道因之著焉昔者據今而稱上古也

（攷證）釋文贊本或作讚

（品物）蓍草色青形似蕭藺條直叢生秋後生花枝端紅紫如菊結子似艾實古云王道隆蓍莖長丈叢滿百莖上有雲氣覆之至千歲則三百莖同本故文從耆草之最壽者也王夫之周易稗疏蒿屬一名茵陳凡蒿莖皆冬枯死至春

別發新苗唯此蒿宿梗不死至春因其舊莖而發枝葉故名曰茵陳蓍從草耆舊高年之謂亦因陳之意宿莖不彫則枝葉長而堅韌因以爲蓍策焉

參天兩地而倚數

（訓詁）倚依倚數策數參天兩地而倚數五分策數乾得其三坤得其二也

（象數）大衍之數五十乾策三十有六得衍數五分之三爲參天坤策二十有四得衍數五分之二爲兩地齊語參都兩鄙注云五分其國都地得三鄙地得二與此適合

（義理）參即三也兩即二也演蓍揲數乾坤各有餘策陽數得其五分之三陰數得其五分之二合之正爲五十極其自然者也一神兩化天數强地數二分之一故曰參天地數弱天數三分之一故曰兩地同爲奇餘而强弱相殊故曰倚數天地分爲兩儀以三數乘陽三爻三三如九故用九以兩數乘陰三爻二三如六故用六用九用六其數亦從參兩生也參兩倚數即筭術也太極分爲兩儀合一生兩兩儀分爲四時

每時三月自兩合三則成十有二月十二月倍爲二十四氣用其兩數二十四氣分爲七十二候得其參數倍其七十二候合坤之策一百四十有四三其七十二候成乾之策二百一十有六總合乾坤之數迎日推策而三百六十日之歲周矣

(攷證)釋文天或作大者非兩說文引孟易作网倚蜀才作奇周禮鄭元注亦引作奇惠棟云倚古本奇字按據古說作奇足證參天兩地爲奇餘之數也

觀變於陰陽而立卦發揮於剛柔而生爻和順於道德而理於義窮理盡性以至於命

(訓詁)觀變觀其已著之象發揮發其將來之形和順道德謂易爲忠信者謀也理條理理於義者有條而不紊窮理謂究極事物之理命即造化之氣貫注於性者也

(義理)卦以立體爻以致用義以制宜陰陽天道也剛柔地道也道德人道也命賦於天理因於地性賦於人卦兼三才而兩之聖人因觀卦而能變化氣質

養成德性作易之極功可知卜筮非小道也

(攷證)釋文觀變一本作觀變化和順於道德而理於義此下古易有易所以和天道順地德理行義十二字注足利本同惟注理行義作理仁義也

右第一章

昔者聖人之作易也將以順性命之理是以立天之道曰陰與陽立地之道曰柔與剛立人之道曰仁與義兼三才而兩之故易六畫而成卦分陰分陽迭用柔剛故易六位而成章

(訓詁)將者未然欲然之辭兼三才而兩之合三極以爲道也互更曰迭章者物雜成文而表著也

(義理)陰陽以氣言剛柔以性言仁義以德言合之爲三才分之爲六畫卦成爲經爻成爲緯參伍錯綜文相雜而成章也

(攷證)古本之理下有也字釋文六位本又作六畫

右第二章

天地定位山澤通氣雷風相薄水火不相射八卦相錯

(訓詁)薄迫也射厭也錯交錯也

(象數)乾爲天坤爲地艮爲山兌爲澤震爲雷巽爲風坎爲水離爲火八卦剛柔交對爲相錯

(義理)聖人排八卦以象先天明明以造化之理示人天地向上下直看山澤向西北東南橫看雷風向東北西南斜看水火即日月也向東西環繞而看乾陽上升反而覆冒坤陰下降轉而仰承各得其性位爲定矣泉脈出山趨澤澤氣升山化雲氣爲通矣雷出地鳴風自天嘯衝激空中聲相薄矣火性炎上水性就下潮應月生火隨日見日月貞明不相厭矣合八卦觀之交錯縱橫日自

東而西月自西而東雷自下而上奮風自上而下吹山脈合而支分水源分而委合天在上而包環大地地在下而寄托天中其形體悉相對待故曰錯焉

(音句)射音斁夷益切按詩大雅無射亦保周頌無射於人斯注皆曰射厭也前漢律曆志九月律名無射言陽氣上升陰氣收藏終而復始絕無厭已水火不相射正日升月恆循環往復晝夜無已之象也

數往者順知來者逆是故易逆數也

(訓詁)往謂成迹來謂未然逆未至而迎之也

(義理)日自東升順震陽而往月自西出逆巽陰而來一順一逆正陰陽兩道之緯度也若自干支論之子與丑合寅與亥合一順一逆又如太陽太陰之合躔也易欲授陰幽之理以闡陽明之事一極爲凶一極爲吉觀往古之成敗即知後來之盛衰陰陽消息實天地循環之理也

右第三章

雷以動之風以散之雨以潤之日以晅之艮以止之兌以說之乾以君之坤以藏之

（訓詁）氣暖而盎溢曰晅君者羣之主也

（義理）雷動萬物萌生風散萬物搖落春秋分也雨潤制亢日烜克溼陰陽濟也艮止成質兌說遂性氣化和也乾坤兼包六子故以主宰爲乎成焉

（攷證）釋文晅本又作烜

右第四章

帝出乎震齊乎巽相見乎離致役乎坤說言乎兌戰乎乾勞乎坎成言乎艮

（訓詁）帝斗中帝星也

（義理）此即後天卦位文王所演者也天自左旋而右故八卦方位隨天道以運轉焉雷以春分出地斗指二月巽爲草木爲惠風春夏之交草木際天惠風和暢斗指四月離日永於夏至斗指五月坤王季夏土位中央斗指六月兌金王於西方斗指八月天道傾於西北斗指十月坎月朔會北方斗指十一月艮止也天運一周至丑止焉斗指十一月其卦位之精義孔子釋明於下節焉

萬物出乎震震東方也齊乎巽巽東南也齊也者言萬物之潔齊也離也者明也萬物皆相見南方之卦也聖人南面而聽天下嚮明而治蓋取諸此也坤也者地也萬物皆致養焉故曰致役乎坤兌正秋也萬物之所說也故曰說言乎兌戰乎乾乾西北之卦也言陰陽相薄也坎者水也正北方之卦也勞卦也萬物之所歸也故曰勞乎坎艮東北之卦也萬物之所成終而所成始也故曰成言乎艮

（訓詁）潔齊總絜而整齊也勞慰也勞乎坎謂時苦其倦至冬休息而賜慰也

（義理）震主東方其月建卯上應蒼龍之宿萬物出剖符甲其於十干爲甲乙也巽言潔齊律中姑洗去故就新莫不鮮明也離取嚮明而治卦配九宮位合明堂也坤獨言地土位中央分時寄王也兌言正秋四正之卦秋王於西也乾言西北中原大勢偏東天道自左旋右乾正當其極也坎言水者五行之運應天一而生也艮成終始日月五星度躔牽牛貞元之會合也總論八卦治曆明時協律辨方五行九宮无所不包各括一節以露端倪在人神而明之莫非後天之體用也

（音句）勞去聲郎到切

（攷證）巽東南也古本作巽東南方也役乎坤古本下有也字坎者水也古本

下無也字

右第五章

神也者妙萬物而爲言者也動萬物者莫疾乎雷撓萬物者莫疾乎風燥萬物者莫熯乎火說萬物者莫說乎澤潤萬物者莫潤乎水終萬物始萬物者莫盛乎艮故水火相逮雷風不相悖山澤通氣然後能變化成萬物也

（訓詁）帝者神之體神者帝之用妙者善能曲盡其微也擾亂曰撓氣炙曰熯滋培曰潤盛成也逮齊也悖背也既盡也

（義理）一神兩化神妙萬物者乾知大始也雷動風撓神妙於氣火燥澤說神妙於行水潤艮成神妙於質神所妙處即物所成處大化成化故以乾主六子之始而以坤作成物殿六子之終焉

(攷證)釋文妙王肅作眇亦作𠡍㦸徐本作𠤏故水火相逮亦作水火不相逮王引之經義述聞莫盛乎艮古字盛通作成

右第六章

乾健也坤順也震動也巽入也坎陷也離麗也艮止也兌說也

(訓詁)健勁也順馴也動作也入納也陷溺也麗附也止已也說懌也

(義理)颶風拔木急流潰隄有乾之健不憂無坤之順雷霆迅擊魍魅潛藏有震之動不憂無巽之入迷津沉溺道岸思登有坎之陷不憂無離之麗勞則思休逸則思樂有艮之止不憂無兌之說蓋乾爲君道父道坤爲子道臣道君父剛健精明臣子自不敢將故有乾之健必有神之順焉震陽君子巽陰小人君子既登庸於上小人必潛藏於下故有震之動必有巽之入焉人既陷於陰中莫不望陽援拯故有坎之陷即有離之麗焉久動思靜久靜思動故有艮之止即有兌之說焉凡性情分乎卦德者無不本自人情也

右第七章

乾爲馬坤爲牛震爲龍巽爲雞坎爲豕離爲雉艮爲狗兌爲羊

(訓詁)龍蒼龍即駹馬也

(義理)(象數)(品物)(占應)附 遠取諸物皆指專禀其氣也馬孕十二月而產周天之氣蹄象乾圓法天行健有肝無膽膽木之精爲乾金克也上應天駟四星○牛禀土氣土能克水故耳閉以鼻代聽蹄坼象坤行逐順風從陰類也○龍當爲駹禮月令孟春之月駕蒼龍注馬八尺以上曰龍色配東方木德上應蒼龍之宿○雞爲風精鳴應八風不失時氣兼伺潮信上應昴宿在西方匕宿之中卵粥十八日剖而成雛合巽一陰姤於二九之下也○豕宿水精性喜雨故天將久雨則進涉水波躁中濁外俯首而好卑穢象坎趨下之義四月而生上應營室在北方玄武之宿○雉禀火精羽采五色能認取雄黃預辟惡毒孟春震雊恆鳴於丑時之半應日出寅之氣也飛直而速中陰無主雌雄相隨桴粥多在郊野星應南方朱鳥之宿○狗犬之小者金屬性土上感斗精胎三月而生斗建行十三時日出故犬十三日而開目斗屈犬臥亦屈斗運四匝犬亦夜繞室中叩氣而吠止人合艮守之義上應婁宿○羊土屬而火性兌金主秋金伏夏至三庚氣寄坤土故也孕必百六十日而生外柔內剛性淫而很行悅其羣象兌和悅其辰在未其星主狼在南方七宿中

(攷證)龍虞氏作駹釋文豕京作彘惠棟九經古義周禮犬人職云凡幾珥沈辜用駹可也注云故書駹作龍鄭司農云龍讀爲駹○鄭本此章在後下章在前王弼本移此章於前

右第八章

乾爲首坤爲腹震爲足巽爲股坎爲耳離爲目艮爲手兌爲口

(訓詁)首元首乾爲首坤爲腹乾以君之坤以藏之也

(義理)首圓象天諸陽所會精明之府也故乾爲首自腰而下爲陰含宏化成象地德之厚重故坤爲腹足動象震陽上升股輔象巽陰柔順目明司視象離耳聰司聽象坎手能持物以象艮止口能出言以象兌說此皆八卦近取諸身也

(占應)五行傳云聽之不聰是謂不謀厥罰恆寒視之不明是謂不悊厥罰恆燠注曰聽曰水水主冬冬氣藏藏氣失故恆寒也視曰火火主夏夏氣長長氣失故恆燠也

右第九章

乾天也故稱乎父坤地也故稱乎母震一索而得男故謂之長

男巽一索而得女故謂之長女坎再索而得男故謂之中男離再索而得女故謂之中女艮三索而得男故謂之少男兌三索而得女故謂之少女

(訓詁)索交求也

(義理)天爲大生地爲廣生故乾坤爲大父母也人稟天地之氣以生得陽氣多者爲男得陰氣多者爲女一再三索悉視所得之氣爲厚薄也

右第十章

乾爲天爲圜爲君爲父爲玉爲金爲寒爲冰爲大赤爲良馬爲老馬爲瘠馬爲駁馬爲木果 荀九家乾爲龍爲直爲衣爲言

(訓詁)大赤旂名駁馬即駮馬赤色者木果果實之有堅核者也

(義理)(象數品物附)天象渾渾噩噩一氣彌綸地球吸中搏搏甚緊晝夜運行爲德至健天文家曰天有九重七政逐層附麗聖人憑理言象見天晝夜一周環旋規繞知其體爲圜焉故乾爲天爲圜因廣其象統大居正爲君冒育萬物爲父形質清明爲玉體質剛健爲金玉德粹金德純西北上應乾氣故于闐產玉西藏出金金玉性寒乾位西北天道寒冷爲寒天一生水寒則水凝爲冰天象分繪旂常爲大赤馬應周天之氣爲良馬老馬駁馬瘠馬者良善氣純老壽氣固瘠多骨最堅駁食虎豹其力最猛也木果圓象其核堅固上繫樹杪如天有列星爲木果

(攷證)釋文瘠京荀作柴駁李氏集解與正義並引作駮陸德明作䮽按王引之經義述聞謂駁駮古字通古人謂赤爲駁歷引駁爲赤色以證蓋駁馬黃赤色也漢三國時漢壽亭侯關公騎有赤馬最稱良健是其明證

(占應)戴氏爻辰補乾位戌方上值奎附星閣道石氏曰閣道六星主良旂也

睿川易義合編 說卦傳 八

一名紫宮旂故曰大赤王引之云開元占經馬休徵篇引禮斗威儀曰君乘火而王其政和平則南海輸駁馬注曰駁馬者黃赤色馬也廣雅釋馬屬有朱駁馬

坤爲地爲母爲布爲釜爲吝嗇爲均爲子母牛爲大輿爲文爲衆爲柄其於地也爲黑 荀九家坤爲牝爲迷爲方爲囊爲裳爲黃爲帛爲漿

(訓詁)陳列曰布吝嗇貪惜而滯積也柄權柄

(義理)(象數品物附)地托天中如瓜浮水面古人云天員而地方所云地方者蓋地之正中爲昆崙中原大勢偏東南隅剖圓而成弧角天爲員象地則成方象焉故孔子說卦於乾取爲天爲員於坤祗言爲地不言爲方誠以天地本員象也非獨孔子知之古今論天地者若王蕃等謂天如卵殼地如卵黃卵鳥卵也卵形非楕員而何坤既爲地地道廣生萬物咸育爲母縱橫經緯高下列陳爲布中虛有容仰承物化爲釜坤道其靜也翕凝聚不施爲吝嗇其動也闢萬物遂生爲均坤以厚德載物力馴致役爲牛其性慈愛相依爲子母牛任重駕物爲大輿坤道黃中通理爲文坤陰西南得朋爲衆地操生物之權爲柄地氣純陰其色爲黑

(攷證)釋文吝京作遴均或作旬柄俞作枘其于地一作于色

震爲雷爲龍爲玄黃爲旉爲大塗爲長子爲決躁爲蒼筤竹爲萑葦其于馬也爲善鳴爲馵足爲作足爲的顙其于稼也爲反生其究爲健爲蕃鮮 荀九家震爲玉爲鵠爲鼓

(訓詁)旉敷布決果決躁急也復反也究極也

(義理)(象數品物附)雷本金土之氣盛夏太陽用事火爍金流激而有聲萬物震動故孔子取象曰震爲雷雷於春分出地秋分入地龍乘陽氣上下春分出淵秋

睿川易義合編 說卦傳 九

分入淵因爲龍天玄地黃天一生水地二生火雷奮之時電火先見雨水繼施水色玄火色黃雷兼水火爲玄黃玄黃色和其色爲蒼雷動草木鬱蒸其氣敷布爲旉雷奮陽鬬萬物暢通爲大塗震本乾陽一索爲長子震性剛烈爲決躁蒼筤青色萑即荻葦即蘆萑細葦大竹與萑葦根堅横下象震一陽爲蒼筤竹爲萑葦其于馬也震動有聲爲善鳴左足白曰馵俗曰枯蹄作足兩足超起也俗云揚裝的顙白額也古謂的盧此皆傷人之馬騎之不祥象雷震驚傷物也反生者象雷從地出爲反生直氣勁達爲健自始至終不撓爲究健雷主春令草木新鮮爲蕃鮮

（攷證）釋文龍虞翻干寶作駹旉古本作專筤古作琅萑石經作雚馵京荀作朱的說文作馰反虞作阪按前八卦專取之象爲龍作爲駹此宜作龍蓋爲龍繼爲雷連類而及也若作駹必屬於其于馬也之下漢書禮樂志注云旉古敷

字専爲形似之譌洪頤煊讀書叢錄震爲蒼筤竹言其竹色之青似琅玕當从琅駻唐石經作馵的說文作馰

（占應）龍當震方上應蒼龍之宿朱漢上易震在昴上値房心房有三塗應爲大塗

巽爲木爲風爲長女爲繩直爲工爲白爲長爲高爲進退爲不果爲臭其于人也爲寡髮爲廣顙爲多白眼爲近利市三倍其究爲躁卦 荀九家巽爲楊爲鸛

（訓詁）不果華而不實不能果決有成也臭香氣寡疎散也

（義理）象數物附品　木冒地出从屮下象其根寸寸漸長上可干霄巽取象木者巽陰伏下象木植根在下也木氣鬱而成風現雲如檄欖色者其風必大地得風氣亦生草木故巽爲木爲風本坤一索爲長女柔木藤蔓象繩因爲繩木從繩則直爲繩直繩直主自匠師爲工木根陰色在土之下多白爲白木升爲長因長爲高木幹上升木根下入上下互長爲進退柔木而花香者恆多不實爲不果爲臭其于人也木形之人其髮必稀爲寡髮髮寡則額必闊爲廣顙因顙取象柔伏於內陽露於外爲白眼巽木爲材材木不可勝用爲利通材惠工爲利市古者立國前朝後市朝政君大夫治之市事后夫人理之巽長女應治市事爲近利市利必言三倍者鬻於市者工利得其一商賈利得其一治市之官斂布得其一也究竟也剛露爲躁震之躁在內巽之躁在外也故爲躁卦

（攷證）釋文白虞作帛一本作臼爲臭王肅作爲香臭或作嗅寡虞本作宣廣鄭元作黃按虞以宣爲白髮馬氏以宣爲寡髮釋文以爲黑白雜爲宣髮王引之經義述聞隸書寡字或作宣與宣字相似而誤朱芹十三經札記謂宣寡之義兩通頤齋經說若作宣髮爲黑白髮下亦當從鄭本爲黃顙若作廣顙此當

爲寡髮

坎爲水爲溝瀆爲隱伏爲矯輮爲弓輪其于人也爲加憂爲心病爲耳痛爲血卦爲赤其于馬也爲美脊爲亟心爲下首爲薄蹄爲曳其于輿也爲多眚爲通爲月爲盜其于木也爲堅多心 荀九家坎爲宮爲律爲可爲棟爲叢棘爲狐爲蒺藜爲桎梏

（訓詁）行水曰溝蓄水曰瀆矯使曲者直揉使直者曲也亟急也薄輕也曳頓也多心多刺也

（義理）象數物附品　水涵太一之中精坎中一陽故取象爲水地球浮於水中天周接四海之表浮於元氣之上則高甘而下鹹山泉甘者天氣接也海水鹹者地鹵淋也性迅而猛氣直而剛木石當衝皆能刷裂故必曲引河渠其流轉歸柔順故曰爲溝瀆爲矯輮水泉在山潛流在地發源之處皆不能窮其由來故曰

爲隱伏直流激射深流漩轉因激射象取爲弓因漩轉象取爲輪金在志則憂水在志則恐恐甚於憂爲加憂心虛則靈中塞爲疾耳虛則聽中塞爲痛坎陽中塞因爲心病爲耳痛血人身之水也坎水故爲血卦因血之色爲赤離日坎月馬孕月精故爲馬坎陽剛中外露爲美脊中直爲亟心直則心急故性多迅猛也坎上畫陰其首不揚爲下首坎下畫陰其蹄不勁爲薄蹄曳不前貌眚病勞意坎水漫衍就下爲曳因曳不進在輿爲眚因水流暢爲通水精上凝爲月故潮汐隨月盈虛因坎隱險爲盜因坎剛中爲堅多心其於木也如棘棗之類

（攷證）釋文撟一本作撟揉馬鄭王肅陸本作輮京作柔荀作撓輪姚信本作倫亟荀作極

（占應）水上應玄武婺女之宿

離爲火爲日爲電爲中女爲甲胄爲戈兵其于人也爲大腹爲乾卦爲鼈爲蟹爲蠃爲蚌爲龜其于木也爲科上槁 荀九家離爲牝牛

（訓詁）甲鎧衣胄兜鍪蠃螺屬科空坎也

（義理）象數品物附 火陽根陰故地二生火然火必有所麗故地中金石木水皆能生火金與金擊則火生金與石擊則火亦生以金鑽木則火生即水克火者亦能生之生於水者海中鹽氣鬱遏陰晦之氣化而爲陽波如燃火月出即不復見陰精有所洩也火精上凝爲日故炎日能爍金流火氣下凝爲硝磺燋石純陽之月煤礦之氣上升激而爲電本坤再索爲中女外堅爲甲胄火形尖銳爲戈兵甲衛身胄衛首戈平頭戟刃橫安也中虛能容爲大腹火炎而燥爲乾卦介屬鼈無耳而目精於明蟹無腸而肓黃於中蠃形銳而善麗蚌中柔而含珠龜甲之文具大衍之數此數物皆剛外柔中象人大腹者也木中空爲枯上焦爲槁

睿川易義合編　說卦傳　十二

（音句）乾音干古丹反蠃力禾反

（攷證）釋文乾董作幹鼈亦作鱉石經鼈字下半漫滅蠃京作螺姚作蠡蚌一本作蜯石經蚪字漫滅科虞作折槁鄭作槀干作熇閩本作稿

（占應）火上應心咮之宿咮爲鶉火心爲大火

艮爲山爲徑路爲小石爲門闕爲果蓏爲閽寺爲指爲狗爲鼠爲黔喙之屬其于木也爲堅多節 荀九家艮爲鼻爲狐爲虎

（訓詁）闕門觀也木實曰果草實曰蓏閽掌門寺掌宮者黔黑色黔喙之屬即狗鼠之類能嚙者也

（義理）象數品物附 土之所附其氣融結則峙而爲山山氣暮合而爲風精氣上凝爲列星通澤之氣爲雲雨精華中蘊爲金玉山外剛而內軟象艮一陽堅上也艮山夾峙爲徑路山陽剛露爲石因艮少小爲小石上畫連橫下畫對列猶之山谷石連下通行路爲門闕艮石虆虆附之於山猶之果蓏虆虆附於草木爲果蓏因門闕而守之爲閽寺閽守門止物不當入者寺守宮止物不當出者艮爲手因爲指指象山脈岐分也狗既取象於前此復言爲狗者當如爾雅釋獸熊虎醜其子狗取艮爲少男之義也鼠以齒嚙物利在牙喙爲狗爲鼠爲黔喙之屬皆取陽剛在首也其于木也堅圓如小石爲節

（音句）蓏音裸郎果切黔音箝其廉切

（攷證）釋文果蓏京作果墮閽寺亦作閽心寺亦作闇指晁氏李氏引鄭爲小指狗虞作拘云指屈伸制物爲拘黔鄭作黚爲堅多節一本无堅字古本多上有爲字

兌爲澤爲少女爲巫爲口舌爲毀折爲附決其于地也爲剛鹵爲妾爲羊 荀九家兌爲常爲輔頰

睿川易義合編　說卦傳　十三

(訓詁)潴水曰澤巫爲人祈祝者鹵鹹苦也
(義理)象數品物附 澤天地之潤液也通金之氣以生水在地則水草交厝爲澤江河湖海水源有本澤則因水滙潴小以成小大以成大精氣上騰轉化雲雨泯泯灝灝彌綸地天時有時無盈虛不測正如一陰寄托二陽之上也本坤三索爲少巫即俗之靈姑說文女能事無形以舞降神者也因少女能通誠於神爲巫因巫祈祝善於辭令爲口舌口主開闔舌主卷舒津液之生取其象澤之氣也兌主秋令草木黃落物全者毁物剛者折爲毁折柔則不決剛則能決外柔附剛爲附決兌陰在上下寒二陽水下鹹寒不能宣洩爲剛鹵少女義不敵長象爲娣媵爲妾内剛很而外柔說爲羊羊或作養厮養奴僕之賤者爲妾爲養連類而及也
(攷證)释文羊虞翻作羔鄭作陽古文作媖錢大昕臧墉謂當作養

右第十一章

副編

說卦

昔者節

(集解)荀爽曰幽隱也贊見也神者在天明者在地神以夜光明以晝照蓍者冊也謂陽爻之冊三十有六陰爻之冊二十有四二篇之策萬有一千五百二十上配列宿下副物數生蓍者謂蓍從爻中生也○干寶曰幽昧人所未見也贊求也言伏羲用明於昧冥之中以求萬物之性爾乃得自然之神物能通天地之精而管御百靈者始爲天下生用蓍之法者也○蘇軾曰介紹以傳命謂之贊天地鬼神不能與人接也故以蓍龜爲之介紹

參天兩地句

(集解)虞翻曰倚立參三也謂分天象爲三才以地兩之立六畫之數故倚數也崔憬大衍說同此注○孔穎達曰七九爲奇天數也六八爲耦地數也故取奇於天取耦於地而立七八九六之數也○朱子本義天圓地方圓者一而圍三三各一奇故參天而爲三方者一而圍四四合二耦故兩地而爲二數皆倚此而起故揲著三變之末其餘三奇則三三而九三耦則二二而六兩二一三則爲七兩三一二則爲八

昔者聖人節

(德位)六位成章初三五陽位二四上陰位故曰分陰分陽迭用柔剛若即八卦分位乾坎正位在五震在初艮在三坤離正位在二巽在四兌在上也

天地定位節數往節附

(集解)虞翻曰射厭也水火相通坎戊離己月三十日一會於壬故不相射也

數往謂坤消從午至亥上下故順知來謂乾息從子至巳下上故逆○來知德曰八卦相錯如天地定位一與八錯也乾一坤八山澤通氣二與七錯也兌二艮七雷風相薄四與五錯也震四巽五水火不相射三與六錯也離三坎六○頤齋經說此即先天八卦配洛書也洛書戴九履一左三右七二四爲肩六八爲足陽以逆來數爲乾九震八坎七艮六自父生長男中男少男陰以順往坤一巽二離三兌四自母生長女中女少女各就卦位觀之正合天地定位山澤通氣先天之象畫也○項安世曰乾坤六子雷風氣也山澤形也水火精也

雷以動之節

(集解)荀爽曰雷動建卯之月震卦用事天地和合萬物萌動也風散謂建巳之月萬物上達布散田野雨潤建子之月含育萌芽也日烜謂建午之月太陽欲長者艮止建丑之月消息畢止也兌說建酉之月萬物成熟乾君坤藏謂建

亥之月乾坤合居君臣位得也○張惠言虞氏義疏震巽一坎離二艮兌三乾坤臨之以生萬物六子與乾坤所以並列而俱名八卦也首節言對待之體此節言生物之用故變水火言雨日艮兌乾坤舉卦名也○朱子語類云雷以動之四句取象意多故以象言艮以止之四句取卦意多故以卦言○金賁亨曰三章以乾坤居首序尊卑也四章以乾坤居後總成功也前以體言後以功用言

帝出乎震節

（集解）崔憬曰帝者天之王氣也春分震王立夏巽王夏至離王立秋坤王秋分兌王立冬乾王冬至坎王立春艮王以其周王天下故謂之帝○頤齋經說邵子先天八卦方位云乾南坤北離東坎西震東北巽西南兌東南艮西北此節則爲後天方位不知此正先天變爲後天惜術家徒以五行說之淺乎測卦

象矣蓋天道南行傾於西北故西北位乾應北極之在亥也地道仰承順時而化土王季夏之中西南位坤應南極之在申也日出震且景極於南坎見庚方光滅於癸故變離位自東而南移坎位自西而北應日月之朔望也震雷始於驚蟄至春分而登天兌澤滙於東南驗潮信於止西故易東北之震於正東東南之兌於正西以明春秋之節氣也山則發脈西北而趨東北故艮易其位風則赤道之南自右而向左赤道之北自東而向西故巽自西南而次東南合先後卦位而觀明渾天之儀象也

萬物出乎震節

（集解）鄭樵云乾居西北父道也坤居西南母道也坎艮震方位次乎乾者父統三男也巽離兌方位次乎坤者母統三女也○張惠言曰離日晝中正南坎月夜中正北○頤齋經說此即後天八卦配河圖也河圖天一生水配坎天三生木配震地二生火配離地四生金配兌北方之水生東方震木東方之木生南方離火南方離火生中央坤土坤土寄位則在未申之間因生西方兌金西方兌金生北方坎水艮陰土助水生木巽陰木助木生火巽中兼値辰巳之位實爲金伏之鄉也乾陽金助兌生水曰戰乾者陰陽相薄見水爲天一生也乾爲爲天於數爲一

乾健也節

（集解）頤齋經說天行不息地道順承兩儀之德性也震動萬物暢生風隕萬物收斂故震爲動而巽爲入水性就深爲陷火性附木爲麗艮山終古不遷爲止兌澤活潑潑地爲說此六子之德性也

乾爲馬節

（集解）任啓運云馬性健其蹄圓起先前足臥先後足陽病則陰故馬疾則臥

牛性順其蹄坼起先後足臥先前足陰病則陽故牛病則立龍蟄於冬遇陽則奮雞唱於丑二陽之時至日入則伏豕內性剛而外受汙濁內陽外陰也雉內性退怯見人則頭縮而外著文明內陰外陽也狗外剛故能拒人而內柔故親媚於主羊外柔故无忤物而內剛很故喜在人先

乾爲首節

（默參）人稟渾元之氣而生首爲主宰之綱腹爲化成之府天地定位也足陽生下手陽生上震艮相綜也離目外明坎耳內聰水火既濟也兌口翕受巽股宣洩風澤中孚也精而求之首則三百六十五絲血絡統焉腹則腎水心火肝木肺金脾土棄焉足陽之脈上通乾元手氣之分中衍坤德夜靜耳聞尤遠應月之明天曉目視能精符日之出金旺生水故口溢津涎木鬱生風斯股遺噫氣目疾由於心燥耳聾本自腎衰頭眩者手足顛亂陰不繼陽致暈上也腹疼

者口腹吐瀉陽不繼陰致亂中也識乎此則八卦之象明人身無不治焉乾坤之中六子之象皆備離目坎耳艮鼻兌口震陽磐右爲齒巽風卷舒爲舌此六子統於乾首者也離心坎腎兌肺艮脾震巽木精膺肝膽此六子統於坤腹者也

乾天也節

(集解)吳澄曰萬物資始於天猶子之氣始於父也資生於地猶子之形資生於母也故乾稱父坤稱母索求而取之也坤交於乾求取乾之初畫中畫上畫而得長中少三男乾交於坤求取坤之初畫中畫上畫而得長中少三女一索謂交初再索謂交中三索謂交上以索之先後爲長中少之次也

(默參)二五構精妙合而凝男女賦氣於天猶六子各居一體不獨長少互異即壽夭亦因之分焉準此相人氣出丹田聲驚四座得之震也巽女則以柔和爲美焉神采外潤精氣內涵得之坎也離女則以外明內柔爲德焉外貌莊重內心敦厚得之艮也兌女則以和悅爲宜焉

乾爲天節

(集解)崔憬曰天體清明而剛故爲玉爲金乾主立冬已後冬至已前故爲寒爲冰也乾四月純陽之卦故取盛陽色爲大赤骨爲陽肉爲陰乾純陽爻骨多故爲瘠馬也○宋衷曰天有五行之色故爲駁馬也羣星著天似果實著木故爲木果○楊愼修曰明堂位商之大白周之大赤皆旂名周禮建大赤以朝皆是○按爾雅旂常屬於釋天正以旂多繪象天文也故聖人說卦屬之於乾

坤爲地節

(集解)崔憬曰徧布萬物於致養故坤爲布○俞越艮宦易說坤爲布乃貨布之布周官外府注曰布泉也其藏曰泉其行曰布是也○頤齋經說布帛也布

製衣以衣人釜煮食以養人故取象爲布爲釜○九家易曰萬物相雜故爲文也

震爲雷節

(集解)虞翻曰爲雷爲駹太陽火得水有聲故爲雷也駹蒼色震東方故爲駹(舊讀作龍上已爲龍非也)天玄地黃震天地之雜物故爲玄黃陽在初隱靜未出觸坤故專則乾靜也專延叔堅(名篤)以專爲旉大布非也○按說文旉布也虞氏以旉爲專惠棟姚配中均辨非是

巽爲木節

(集解)洪頤煊讀書叢錄白虞作帛詩六月白旆央央孫炎爾雅注作帛旆央央禮記玉藻大帛不緌鄭注帛當爲白聲之誤白帛古通字○頤齋經說白當爲皁字之譌左傳(昭七年)士臣皁服虔云皁造也造成事也上言爲工故繼言爲皁繫辭巽德之制也制造也古文白字作皁易皁字混爲白也乾爲木果艮爲蓏果巽爲不果巽柔木草卉也如蘭蕙之類皆不能實故爲不果爲臭本連類以取象也

坎爲水節

(集解)宋衷曰坎陽在中內光明有似於水曲者更直爲矯直者更曲爲揉水流爲曲直故爲矯揉○孫易宗曰欲行水者用溝所以爲潦之備欲停水者用瀆所以爲旱之備溝之一字從冓冓之爲言搆也去水之害如撤棄也瀆之一字從賣賣之爲言櫝也鍾水之利如韞櫝也○虞翻曰坎爲月月在于庚爲弓在甲象輪故弓輪也○俞樾羣經平議爲曳二字似宜在其于輿也之下其於輿也爲曳如睽六三見輿曳是也○頤齋經說劉熙釋名曰心纖也爾雅曰樕樸樸心詩凱風吹彼棘心禮記如松柏之有心也心當指木之尖刺而言焉

（默參）坤上六其血玄黃坎卦司冬正值十一月冬至陰陽會於子也牝坤生復子水含於黃中坎爲血卦者血藏心包中也坎水主腎開竅於耳腎傷則耳痛坎維心亨此曰心病者有孚則心亨作德心逸日休也加憂則心疾作僞心勞日拙也

離爲火節

（集解）頤齋經說其于人也爲大腹虞翻云象日常滿如妊身婦故爲大腹乾爲大也此說未允所謂人者合男女而言之也坎云其于人也爲加憂爲心病爲耳痛爲血卦皆指疾言此云其于人也爲大腹爲乾卦亦指疾言大腹如瘕脹膨脝之類集韻膨脝大腹乾如枯槁瘠瘦之類是皆屬於人也

艮爲山節

（集解）張晏曰有核曰果無核曰蓏○項安世曰震爲專爲蕃鮮草木之始艮

爲果蓏草木之終果蓏能終而亦能始故于艮象爲切○馬融曰黔喙肉食之獸謂豺狼鄭謂虎豹之屬貪冒之類

兌爲澤節

（集解）孫氏易宗東方曰斥西方曰鹵東方之斥在濕地而柔西方之鹵在燥地而剛兌下二陽剛也上一陰鹵也或云氣潤爲鹵然使下土不堅則鹽水慮漏而不可煎故鹵土必剛兌正西又金故爲剛鹵○錢大昕十駕齋養新錄爲羊虞作爲羔以兌爲羊已見上文引臧鏞堂云謂羔乃養字之誤鄭康成本作爲陽注云此陽謂養無家女行賃炊爨今時有之賤於妾也見漢上易傳然則羊當作養爲厮養也

睿川易義合編

序卦傳

泰州　徐天璋睿川　演

（義理）序次也敘陳此經之旨以明易卦錯綜之編次也

有天地然後萬物生焉盈天地之間者惟萬物故受之以屯屯者盈也屯者物之始生也物生必蒙故受之以蒙蒙者物之穉也物穉不可不養也故受之以需需者飲食之道也飲食必有訟故受之以訟訟必有衆起故受之以師師者衆也衆必有所比故受之以比比者比也比必有所畜故受之以小畜物畜然後有禮故受之以履履者禮也履而泰然後安故受之以泰

（訓詁）受承受穉幼弱也

（義理）原天地開闢之象以明治道之次第需以飲食養民比建國邑衛民殿

習禮教齊民乾君也坤后也屯蒙以下即六官也一部周禮皆從此出冢宰統百官均四海即屯以經綸利建侯也宗伯掌邦禮即蒙果行育德納婦吉子克家也司徒教稼樹藝即需以飲食也取諸訟則司寇聽民獄矣取諸師則司馬制六軍矣取諸比則司空掌邦土矣取諸小畜則周尙文矣取諸履則公制禮矣然後世運昌明天地交泰成康之世爲郁郁之大觀也若自氣運推之天開地闢盤古世也屯物始生三皇世也教蒙以制嫁娶太昊世也民食而需藝穀神農世也至黃帝則師訟興矣至堯舜則萬邦協和諸侯親矣至禹則水土平宮室馨矣至成周彬彬乎文秩秩乎禮天地遂交泰矣泰極而變成周衰爲春秋春秋降爲戰國否運不乘得乎

（攷證）釋文屯者物之始生也古本無也字物生必蒙郭京作始生必蒙蒙者蒙也郭本蒙者蒙昧也物之穉也或作稚比者比也郭本比者比親也比必有

所畜本一作蓄履而泰然後安虞本鄭本无泰然二字韓康伯注有履者禮也四字按孔廣森經學卮言四字當是經文混入注耳王氏畧例引雜卦曰履不處也又曰履者禮也釋文今雜卦無此句韓注有或傳寫者誤不知王所引正序卦也

泰者通也物不可以終通故受之以否物不可以終否故受之以同人與人同者物必歸焉故受之以大有有大者不可以盈故受之以謙有大而能謙必豫故受之以豫豫必有隨故受之以隨以喜隨人者必有事故受之以蠱蠱者事也

(訓詁)事奉也蠱者事也謂承奉而事之也

(義理)天人之運一治一亂治泰有迹治否無形以上皆治否也取諸同人賢奸別矣取諸大有舉措宜矣取諸謙上下均矣取諸豫人心悅矣然後中歷隨

蠱爲否泰一大轉機隨以嚮晦蠱以育德無非默養貞元也至若與人爲同應師衆物歸必大應比顯豫之樂應履之禮謙之和應小畜之文此皆上下消息之妙也

有事而後可大故受之以臨臨者大也物大然後可觀故受之以觀可觀而後有所合故受之以噬嗑嗑者合也物不可以苟合而已故受之以賁賁者飾也致飾然後亨則盡矣故受之以剝剝者剝也物不可以終盡剝窮上反下故受之以復

(訓詁)飾文飾也

(義理)尙教則治尙刑則亂此臨觀繼隨蠱運會噬嗑賁開剝復機緘也剝與否應復與泰應泰之前小畜以文履以禮剝之前噬嗑以法賁以刑又消息之遙通也

(攷證)有事而後可大荀爽宋衷皆作然後

復則不妄矣故受之以无妄有无妄然後可畜故受之以大畜物畜然後可養故受之以頤頤者養也不養則不可動故受之以大過物不可以終過故受之以坎坎者陷也陷必有所麗故受之以離離者麗也

(訓詁)陷沈溺也

(義理)剝復之後聖人默養貞元處以鎭靜若无妄若大畜若頤若大過皆靜鎭之功也天一生水至坎成矣地二生火至離定矣坎水承天屯蒙自雷山變始復後見天大畜无妄即以雷山變終飲食則需樂頤節物生則蒙稺過枯至此一大結束非天下之至精者孰能與於此邪剝前爲賁致飾者不誠復後无妄則勗之以誠矣賁之前噬嗑嗑者合也无妄之後大畜則勉合而尙賢矣噬

嗑之前爲觀大畜之後爲頤故曰觀我朶頤觀即求其養也觀前爲臨頤後大過臨之大又即過之大也上下銜接眞謂筆補造化而幾行鬼神至哉易乎

(攷證)古本故受之以坎坎上有習字

右上篇

有天地然後有萬物有萬物然後有男女有男女然後有夫婦有夫婦然後有父子有父子然後有君臣有君臣然後有上下有上下然後禮義有所措夫婦之道不可以不久也故受之以恆恆者久也物不可以久居其所故受之以遯遯者退也物不可以終遯故受之以大壯

(訓詁)措置也施也

(義理)天地氤氳萬物化醇男女構精萬物化生兩篇消息一以貫之在天屯

叒在人則遯矣在蒙言稱在大壯則戕矣天地乃大氣彌綸人則具體而微在
天地盈而不竭在人故遯而多傷也然上下篇有緊爲銜接者坎離以前爲頤
大過坎離以後爲咸恆有咸之感受即有大過之弱顛有頤之善養即有恆之
久長蓋咸恆之承正爲頤大過二五之變也且頤前之大畜山天易位即爲恆
後之遯旡妄易位又爲大壯之雷天能畜則精神剛健不畜則遯德俱形故大
畜以賢爲親而遯以小人爲遠旡妄以匪正有眚而大壯以非禮弗行息息相
通此又上下之呼吸也

（攷證）困學紀聞王昭素謂序卦云離者麗也麗必有所感故受之以咸咸者
感也十四字晁以道古易取此三句增入經文謂後人妄有上下經之辨吳仁
傑亦從王晁之說古本錯下有矣字物不可以久居其所集解作物不可以終
久於其所遯古作遂又作遁

物不可以終壯故受之以晉晉者進也進必有所傷故受之以
明夷夷者傷也傷於外者必反其家故受之以家人家道窮必
乖故受之以睽睽者乖也乖必有難故受之以蹇蹇者難也物
不可以終難故受之以解解者緩也緩必有所失故受之以損
損而不已必益故受之以益

（訓詁）背戾曰乖緩舒遲也

（義理）此即天降大任於斯人也必先苦其心志勞其筋骨動心忍性增益所
不能明夷見修身之難睽見齊家之難蹇見平天下之難然氣運有相倚伏者
取諸明夷殷有三仁而周之十亂已應晉矣取諸睽紂有九后妲己志不同行
而周之大任姒姜徽音濟美已應家人矣取諸蹇師會孟津而散財發粟已應
解矣而剛與柔錯需有宴樂之君子晉即有錫馬之康侯訟有違行之凶明夷
即有箕文之難下與上感有反目之夫妻即有相睽之男女有考祥之視履即
有大吉之家人內與外關睽錯蹇家人錯解治與亂應泰與否反損與益連馬
跡蛛絲雲連岡斷此皆循環之妙旨也

（音句）難去聲

（攷證）必反於家閩本反下空一字監本毛本於字作其乖必有難古本難上
有所字

益而不已必決故受之以夬夬者決也決必有所遇故受之以
姤姤者遇也

（訓詁）遇待接也

（義理）損益姤夬爲人事一大關節修之於己先損後益責之於人方夬即姤
與剝復消息遙應

（攷證）有所遇李鼎祚集解唐石經岳本宋本古本足利本皆無所字

物相遇而後聚故受之以萃萃者聚也聚而上者謂之升故受
之以升升而不已必困故受之以困困乎上者必反下故受之
以井井道不可不革故受之以革革物者莫若鼎故受之以鼎
主器者莫若長子故受之以震震者動也物不可以終動止之
故受之以艮艮者止也

（訓詁）鼎正位而凝命也

（義理）萃者聚也姤於其陰聚之易易人多則物竭窮高則立傾此萃升後受
以困井也堯曰四海困窮天祿永終困窮之日曆數必有所歸若革若鼎若震
若艮治亂接續尤爲顯告然上於隨蠱之後擊以臨觀下於夬姤之後次以萃
升臨之保民易位即爲萃聚觀之神道反移升用享岐困錯賁折獄有尙口之

窮井錯噬嗑明罰有勞勸之教又消息隱隱相通者也

(攷證)止之岳本古本足利本李鼎祚集解止之上有動必二字

物不可以終止故受之以漸漸者進也進必有所歸故受之以歸妹得其所歸者必大故受之以豐豐者大也窮大者必失其居故受之以旅

(訓詁)窮極也

(義理)三代之治富教爲先漸以禮歸妹則弛矣豐有財旅則喪矣治亂幾微之介此又自爲消息也漸歸妹與隨蠱遙應無非尙德豐旅與噬嗑賁易位皆以明刑上下之樞紐精且微矣

(攷證)失居古本居作君

旅而无所容故受之以巽巽者入也入而後說之故受之以兌

兌者說也說而後散之故受之以渙渙者離也物不可以終離故受之以節節而信之故受之以中孚有其信者必行之故受之以小過有過物者必濟故受之以既濟物不可窮也故受之以未濟終焉

(訓詁)物不可窮猶言不可極也

(義理)世運至此窮而後通若巽若兌若節若渙若中孚若小過皆謹小愼微與上篇之終同一靜養頤渙象錯豐盛即爲衰之應節卦錯旅窮乃行儉之宜至頤大過易位爲小過中孚坎離交易爲既濟未濟此又上下接續殿全易之大旨也末卦以未濟終者聖人憂世之心靡極何嘗一日忘天下耶

(攷證)節而信之古本作節而後信之

右下篇

副編

序卦傳

有天地節 上經

(集解)干寶曰物有先天地而生者矣今正取始於天地天地之先聖人弗之論也故其所法象者必自天地而還○江藩曰訟者爭也解黿不與而鄭國亂享羊不斟而宋人危飲食爭競遂至顚覆乾餱失德古人所以深戒也○九家易曰坤爲衆物坎爲衆水上下皆衆故曰師也凡制軍萬有二千五百人爲軍天子六軍大軍三軍次國二軍小國一軍軍有將皆命卿也二千五百人爲師師帥皆中大夫五百人爲旅旅帥皆下大夫也○頤齋經說非禮不敬非義不親父子無禮無義盜賊繁興君臣無禮無義篡亂靡定夫婦無禮無義禽獸聚行可知禮者治世之大本故履之後即次以泰焉

物不可以終通節

(集解)崔憬曰以欲從人人必歸己所以成大有富貴而自遺其咎故有大者不可盈當須謙退天之道也○九家易曰子行父事備物致用而天下治也備物致用立成器以爲天下利莫大於聖人子修聖道行父之事以臨天下無爲而治 此說隱指武王周公成文王之德

有事而後可大節

(集解)頤齋經說致飾然後亨則盡者不能以質而徒以文猶人徒工粉飾中無肫誠久之華鄙其僞勢必阨窮而不可行也

復則不妄矣節

(集解)頤齋經說上經首乾坤而終坎離者懸象著明莫大乎日月非坎離不能繼乾坤而立極也

有天地節 下經

（集解）干寶曰錯施也此詳言人道三綱六紀有自來也上經始於乾坤有生之本也下經始於咸恆人道之首也易之興也當殷之末世有妲己之禍當周之盛德有三母之功以言天下施地不生夫不施婦不成相須之至王教之端故詩以關雎爲國風之始而易於咸恆備論禮義所由生也○朱子語錄序卦中獨不言咸何也以夫婦之道即咸也亦如上經不言乾坤但言天地則乾坤可見○頤齋經說上序明治亂之機由於天運下序則以人事徵之夫婦夫子君臣正治亂一大關節而三綱之中必先言夫婦者蓋聖人觀於殷亡周興此中有微旨也

物不可以終壯節

（集解）韓康伯曰室家至親過在失節故家人之義唯嚴與敬樂勝則流禮勝

則離家人尚嚴其弊必乖者也○崔憬曰有罪緩死失之則僥倖有損於政刑故言緩必有所失受之以損

旅而无所容節

（集解）俞樾羣經平議韓康伯曰守信也既已有節則宜信以守之說文卪部卪瑞信也今經典相承皆以節爲之韓伯之意蓋謂節猶卪也卪象相合之形故曰既已有節則宜信而守之昔人猶知古義○頤齋經說水澤節澤之大者莫如海坎爲水爲月潮汐應月不失其期此節所以爲信也

菁川易義合編

雜卦傳

泰州　徐天璋菁川　演

（義理）繫辭云雜物撰德非其中爻不備又曰其稱名也雜而不越此篇則對列其卦而辨其中爻自二至五互成卦德各有倫序而不相乖越也

乾剛坤柔比樂師憂臨觀之義或與或求

（訓詁）健勁曰剛和順曰柔暢悅曰樂隱慮曰憂惠施助求乞索也

（義理）乾坤陰陽之宗也乾體純陽爲剛坤體純陰爲柔比樂者一陽息於坤五得位居尊上下皆應師憂者陽盈陰中位卑職重仰承天寵兵爲不得已而用焉臨謂臨下何以聚人曰財非有實惠施助不能容保其民臨之二陽在下百姓足也觀謂觀化下觀上化觀以四陰進消乾陽匪我求童蒙童蒙求我也

（音句）柔憂求三字叶韻

屯見而不失其居蒙雜而著

（訓詁）居居位著表著也

（義理）屯自復中長一陽元德在五綜即爲蒙屯作之君蒙作之師蓋屯見而不失其居者屏藩之義各建侯封蒙雜而著技藝工師之傳皆能名世故周禮攷工一冊必分官以教之也

（音句）著直餘切音除與居字叶韻按爾雅釋天太歲在戊曰著雍釋草味荎著並讀音除錢坫柴氏謂魚通虞尤（叶讀西北有高樓句 擬古詩日出東南隅）是居著二字兼可叶

上柔憂求爲韻

（攷證）雜郭本作稚

震起也艮止也損益盛衰之始也

（訓詁）起興起止已止盛充滿衰陵夷也

(義理)震屬二陽之卦綜即爲艮損益三陽三陰之卦起即時行則行正即時止則止盛即治衰即亂也震奮爲起艮終爲止損言盛而益言衰猶孟子云生於憂患死於安樂也

(音句)起止相韻

(攷證)盛衰虞鄭作衰盛

大畜時也无妄災也

(訓詁)時善也災天禍也

(義理)大畜通臨爲時行之始无妄通觀應亢窮之災大畜蓄德以待時无妄遇災而修省也

(音句)災作菑叶子之切按史記龜筴傳十有二月日至爲期聖人徹焉身乃無災災叶音甾與時相韻

萃聚而升不來也謙輕而豫怠也

(訓詁)會日聚歸日來不來猶言不歸附也輕疾也怠緩也

(義理)萃升二陽四陰謙豫五陰一陽萃五剛中而應陰來應陽升二剛中而應陽往應陰故日萃聚而升不來也三多凶謙陽失勢虛己聽人四多懼豫雖爲一陽盈卦小人衆而君子少於事尙宜緩圖也

(音句)此韻三叶一讀怠音臺叶上來字並叶災字爲韻荀子堯問篇孰無失行獻無怠忠信無倦而天下自來越語范蠡曰得時無怠時不再來均叶堂來切 一讀來音賚與怠字相韻孟子放勳曰勞之來之集韻來洛代切 一讀來音離詩邶風莫往莫來悠悠我思素問恬淡虛無眞氣從之精神守內病安從來來叶鄰奚切 讀怠音怡史記始皇紀視聽不怠劉歆列女贊言行不怠怠並盈之切 並與上時災叶韻

(攷證)古本聚下輕下並有也字釋文怠京作治虞作怡按怠通讀怡

噬嗑食也賁无色也兌見而巽伏也隨无故也蠱則飭也

(訓詁)食蝕也无色暗不明貌故舊也无故猶革故也飭飾也

(義理)食即日食月食之義本无妄四陽中爲陰蝕綜即大畜陰生於中爲賁賁之无色正以陰掩陽光故兩卦取象一以明罰勑法一以明庶政无敢折獄合於日食伐鼓之旨焉陽自地生陰自天降兌陰上露爲見巽陰下潛爲伏見爲陽生之始伏爲陰極之終也卦氣隨二月蠱四月周之二月夏正建丑周之四月夏正建卯故事也隨无故者正即月令云是月也日窮於次月窮於紀星回於天數將幾終歲且更始專而農民毋有所使故象曰君子以嚮晦宴息蠱則飭者正即上丁命樂正習舞釋菜仲丁命樂正入學習樂天子乃帥三公九卿諸侯大夫親往視之故象曰君子以振民育德无故者革其舊則飭者勉其新也

(音句)伏叶讀音壁賈誼鵩賦禍兮福所倚福兮禍所伏憂喜聚門兮吉凶同域伏必歷切 與食色飭相韻

(攷證)釋文則飭鄭本王肅本作飾石經亦作飾郭作節按易坤注裳下之飾也釋文飾或作飭樂記合情飭貌者釋文飭本作飾又復亂以飭歸史記樂書作復亂以飾歸飭飾古通字也

剝爛也復反也

(訓詁)爛燦爛反反生也

(義理)剝復爲小父母以下十有八卦悉以人事應天運焉剝陽窮上窮極必反綜即一陽動於坤下爲復剝爲爛者爛明也陽耀於上如小人之道的然日亡復爲反者反身修德翻然自悔即君子之道闇然日章也

(音句)反音販與爛相韻按集韻反音販方願切詩小雅威儀反反叶韻古通願翰

(攷證)古本反下無也字石經此三字漫滅以字數計之當有也字

晉晝也明夷誅也井通而困相遇也

（訓詁）晝明揚誅罰也相遇猶相阨也

（義理）晉爲日出地上陽德宣著綜即日入地下明夷以蒙其難羣陰錮蔽陽德晦傷晉爲康侯晝接蓋人臣朝君多在明旦明夷誅爲蒙難凡大臣被戮均在旬師屋內隱幽處也井曰通困曰遇者通即泉流四達遇即狹路相阨也

（音句）韻補晝叶株遇切（張衡西京賦衛尉八屯警夜巡晝植鍛懸瞰用戒不虞虞讀去聲）誅叶株遇切（蔡邕釋誨下獲熏胥之辜高受滅家之誅前車已覆襲軌而鶩誅叶鶩韻）讀株去聲是晝誅並與遇字叶韻

（攷證）誅孫作昧

咸速也恆久也渙離也節止也

（訓詁）速疾也久遲也離散去止停息也

（義理）咸於卦象訓感此訓速者天下情旣孚感未有化應不速也久者遲遲之義離即渙散止即節制人事變遷無常勢合則留不合則離渙則水爲風加蕩漾無定有離散之象節則水趨於澤瀦而不行有限節之意焉

（音句）久韻補讀音几（詩邶風何其久也必有以也詩小雅吉甫燕喜既多受祉來歸自鎬我行永久並叶舉里切）離音邐（集韻離鄰余切）是久離止並相爲韻

睿川易義合編 雜卦傳 四

解緩也蹇難也

（訓詁）緩舒遲難艱阻也

（義理）天下事急則生變遲則徐俟自轉此解所以取其緩焉蹇則險阻在前非遲遲可以能解此所以獨爲難焉

（音句）難音羅與緩相韻按緩上聲難去聲古韻上去多通旱韻中斷散等字並收翰韻是其明證

睽外也家人內也否泰反其類也大壯則止遯則退也

（訓詁）外疏斥止足也

（義理）人相睽勢必疏遠遠則爲外人相親勢必相合合則一家爲內泰否則往來相反至大壯則四陽長足綜即遯退知滿而止知難而退此聖人之明識也

（音句）內類退三字相韻按類韻四紙止韻四紙內退韻並十一隊古通韻

大有衆也同人親也革去故也鼎取新也小過過也中孚信也

（訓詁）衆多也過越失也

（義理）自比以下陽息於中變化至蠱生生不窮顧有陽不能無陰大有消中錯通於比一陰之元德也綜即同人一陰虛中鼎自姤進陰消於五二陰之元德也綜即爲革小過卦無綜象故錯中孚截此補彼各得三陰此即裁成之義也統一爲衆情聯爲親祛弊則去故正位則維新行戒其過言取其孚各隨卦德而立義焉

（音句）信音申與親新相韻按集韻正韻信然升人切與伸同繫辭往者屈也來者信也（詩于嗟洵兮不我信兮）信讀爲伸

（攷證）釋文衆荀作終

睿川易義合編 雜卦傳 五

豐多故也親寡旅也離上而坎下也小畜寡也履不處也

（訓詁）故舊曰故事故變故亦曰故寡少也不處不遑安處也

（義理）人必先富而後親戚友朋爭相比附人必自剪其手足枝葉而後成爲獨夫此聖人釋豐旅之深意故訓多故於豐後而言親寡於旅先焉離上坎下者火炎上水就下也小畜一陰虛卦其勢寡弱履爲五陽盈卦其勢將傾故岌岌不遑安處也

（音句）下音戶（韻補詩召南宗室牖下下叶後五切）與旅處相韻（戶韻七麌旅處韻六語古通）按豐多故衆

家以此絕句荀本豊多故親絕句中無也字寡旅也句或讀旅寡親也以親字叶上親新信爲韻

需不進也訟不親也

(訓詁)不進遲有待也

(義理)需錯晉旁通明夷晉進故需不進親愛也訟錯明夷旁通晉明夷旣誅故訟違行而不相愛此前後消息相承之義也

(音句)此韻兩叶一進音津揚子太玄陽引而進物出溱溱進叶資辛切與親相韻一進讀去聲親亦讀去聲左傳桓二年庶人工商各有分親廣韻親家也集韻婚姻相謂爲親正韻親寸遴切讀七去聲並韻十二震

大過顚也姤遇也柔遇剛也漸女歸待男行也頤養正也旣濟定也歸妹女之終也未濟男之窮也夬決也剛決柔也君子道長小人道消也

(訓詁)限越曰顚安止曰定決判絕消湮滅也

(義理)大過四陽充盛於中而反顚限者上下皆陰莫能承載也姤以一陰而遇五陽能獲乎上故曰遇剛漸待男行者本遯觀三上相交遯變成咸觀變成漸咸曰取女吉漸曰女歸吉正以坤變爲艮必待陽來始成婚配也無君子莫養小人頤以四陰主於二陽故曰養正旣濟定者陰陽之位各正也未濟爲男之窮水陷火飛陰陽胥失其制而以夬終之者決去一陰化成純乾正聖人冀世勵精圖治屛羣邪而遠之也旨深哉

(音句)行音杭寒岡切與剛相韻正與定韻正在敬韻定在徑韻古通終與窮韻消音修司馬相如大人賦煥然霧除霍然雲消邪絕少陽而登太陰兮與眞人乎相求消叶思留切與柔相韻

(攷證)姤古本作遘鄭本同石經作媾小人道憂也足利本此下有君子以決小人長其道小人見決云爲深憂也十八字注按嚴可均云唐石經校文監本毛本仿岳本遘作姤金石文字記云姤誤作遘說文有遘無姤新附始有姤字薛氏云鄭全經作遘足利本漢上易俞氏集說皆作遘不誤

副編

雜卦

(集解)韓康伯曰雜卦者雜糅衆卦錯綜其義或以同相類或以異相明矣○王希尹曰序卦流行之易也雜卦對待之易也

比樂句

(集解)頤齋經說比位皇極一陽位五統大居正建萬國親諸侯樂民之樂也師毒天下鑿凶門而坎陷在下爲凶出必也臨事而懼好謀而成憂民之憂也

臨觀二句

(集解)荀爽曰臨者教思无窮故爲與觀者觀民設教故爲求也○俞樾艮宦

易說韓注曰以我臨物故曰與物來觀我故曰求是以與屬臨言求屬觀言此說非也或與或求不當分屬凡陰陽皆互有與求男帥女女從男此夫婦之互爲與求也忠信重祿則士之報禮重此君臣之互爲與求也民以君爲心君以民爲體此君民之互爲與求也故曰臨觀之義或與或求○頤齋經說與謂天下歸心求謂求民之瘼

屯見二句

(集解)虞翻曰陰出初震故見盤桓利居貞故不失其居蒙二陽在陰位故雜初雜爲交故著○錢大昕潛研堂集謂說文屯從中貫一一陽也屮草木初生也草木初出地上故有見義古書蒙與龎通詩狐裘蒙戎春秋作狐裘龎茸蒙伐有苑鄭箋亦訓蒙爲龎三國志魏文帝注或以雜文爲蒙故蒙有雜義也○頤齋經說左傳昭十二年若不廢君命則固有著矣注著位次也前漢五行志

朝內列位有定處所謂表著也蒙陽當二上兩爻所居失位故曰蒙雜而著

損益句

（集解）虞翻曰損泰初益上衰之始益否上益初盛之始○李兆蓉曰損下益上小民出賦稅以供上也損上益下大賚羯租君王賑貸下也損爲盛而益爲衰者征取於民豐年之常經賑貸自上凶荒之變故故損爲盛而益爲衰○按此言盛衰即序卦云損而不已必益益而不已必決也下繫云損德之修也益德之裕也惟修故德日盛惟裕故德日衰

大畜二句

（集解）王引之經義述聞時當讀爲待古字時與待通大畜待也者天災將至大畜積以待之也○焦循易通釋左傳宣十五年伯宗云天反時爲災雜卦傳以大畜爲時以无妄爲災而相反矣乃无妄爲災而傳稱其茂對時大畜爲時而傳稱曰不犯災則災與時亦視其所行何如耳變通既爲趣時則反時爲災者以其不能變通也○頤齋經說時蒔同謂種殖也災菑也書舜典播時百穀鄭注時讀曰蒔說文菑不耕田也爾雅釋地田一歲曰菑始反草也人之學問不殖將落蒔字正與菑字一氣貫注

噬嗑二句

（集解）俞樾古書疑義舉例无色之无爲其字之譌其古文作亓噬嗑食也賁其色也蓋以食色相對成文加其字以足句也其从古文作亓學者不識遂改作无字

兌見句

（集解）俞樾羣經平議冬至之日一陽自地而升夏至之日一陰自天而降此陽升陰降之定理也故雜卦傳有震起艮止兌見巽伏之說震所以爲起者陽

始於下也艮所以爲止者陽極於上也此學者所知也兌所以爲見者陰始於上巽所以爲伏者陰極於下此學者所未知也請以否泰二卦明之三陽在上三陰在下則陽已升陰已降而不復交矣聖人因明之曰否三陰在上三陽在下則陽升陰降而交矣聖人因名之曰泰可見陰陽之理矣不然天位乎上地位乎下豈非天地之正位何以爲否乎

隨无二句

（集解）王引之曰故事也隨之爲道動靜由人而已無事故曰隨无故也蠱則有事矣有事則當整治故曰蠱則飭也玩則字文義與上句正相呼應明隨無事而蠱則有事也蠱之爲言猶故也

睽外二句

（集解）虞翻曰離女在上故外也家人女正乎內故內者也

革去二句

（集解）王希尹曰革以火鎔金去其積弊鼎以木鑽火成與維新

大過顛也節

（集解）來知德從蔡氏易義改云大過顛也頤養正也既濟定也未濟男之窮也歸妹女之終也漸女歸待男行也姤遇也柔遇剛也夬決也剛決柔也君子道長小人道憂也○嚴元照娛親雅言鄭注云自此以下卦旨不協似錯亂失正以韻協之又似非誤未詳何義元照按大過與頤姤與夬漸與歸妹既濟與未濟皆相反對特參互其文耳○胡炳文云此節爲指中四爻互體言蓋先天圖之左互復頤既濟家人歸妹睽夬乾八卦右互姤大過未濟解漸蹇剝坤八卦此則於右取姤大過未濟漸四卦於左取頤既濟歸妹夬四卦各舉其半可以兼其餘矣始於乾終於夬夬之一陰決盡則爲乾矣此說可並存焉

睿川易義合編

緒言目錄

睿川易義合編

周易緒言上

泰州　徐天璋睿川　演

象詮上

乾體無外坤位宅中乾陽也陽動而陰天一故生水焉坤陰也陰動而陽地二故生火焉火炎上其精爲日明必麗乎天水就下其精爲月景必涵於地風生於火本乎天而吹下撓萬物也恆陽雷遏於水出乎地而鳴上鼓萬物也恆陰山澤者其陰陽之大塊乎（大塊一作形體）

右第一章

太極者天地之中也天地之高深不可以測畫之以一兩儀定焉天位乎上地位乎下人位乎中乾之畫三才之象也孤陰不

生獨陽不長故奇者必有耦耦合虛中以生萬象坤之畫六合之象也陽動於陰出地爲雷陰動於陽撓物爲風日陽精也陽體爲陰離之象畫取中虛月陰精也陰體爲陽坎之象畫取中滿陽凝陰上山嶽峙焉艮爲山陰浮陽上泉流匯焉兌爲澤

右第二章

天包乎地萬象彙焉乾之德圓以神地在天中百物生焉坤之德方以化天地定位文明見焉離坎用事乾坤無爲震日新也兌日受也巽日養也艮日蓄也大明終始品物流行

右第三章

雷奮於春草木暢茂一陽之始出也風盛於秋草木隕落一陰之始搆也水溢於夏匯於東南火閉於冬蓄於西北金爲水母

進兌於夏風爲火子退巽於秋離坎者晝夜之日月乾坤者一氣之陰陽

右第四章

八卦之易所以見天地之流形也月生於西而滅於癸坎流北也日生於東景長至離流南也雷伏於艮盛德在卯震流東也兌澤也澤之大者莫如海潮汐之所生也信止於酉兌流西也赤道之南風旋而左崑崙之北山委於東乾天也天左旋而右傾於西北坤地也得朋西南上承天也

右第五章

天一生水地六成之水盈坎坎爲月取水者於月地二生火天七成之火明離離爲日取火者於日天三生木地八成之木爲

水子資土之氣地四生金天九成之金爲土子受日之精天數五地數十五位相得土生其中土也者水火金木之大宗也而變化出焉

右第六章

月生於庚長於丁盈於甲泉源於西匯於南洩於海山川奠定洛書之則也彝倫攸敘大禹其法易之坎乎日潛於北著明於南火烈於南氣斂於北明堂之治居北南嚮王者蓄道德而化光也周人其法易之離乎

右第七章

乾清而浮爲天坤濁而凝爲地火木之華也日生於東水金之液也月生於西兌孚月而盈艮應日而昃雷風之氣木也木榮於春雷感而上葉隕於秋風感而下

右第八章

易之爲道也受命乎震儲材於巽顯譽乎離斂盈於坤蒙難乎兌困立於乾造福乎坎成德於艮震振起也巽溫恭也離光大也坤坦蕩也兌嚴毅也乾果決也坎深沉也艮厚重也故君子立志於震修文於巽執權於離避盛於坤懲惡於兌改過於乾愼幾於坎復性於艮

右第九章

日生於東月生於西離坎之體也體靜則聖人無爲而治日行乎上月行乎下離坎之用也用時則聖人垂化而成

右第十章

貞明天也貞誠地也貞明貞誠聖也天地之大德曰生有坤无乾陰陽之生生息焉生生息天地滅聖法乾坤天地之心見焉

右第十一章

象詮下

地倚天空如心肺之屬繫焉山澤蘊其精水火蒸其氣風雷鼓其機日月五星麗天而著飛潛動植麗地而生中夏者地東南隅也乾位西北當天極也乾爲天爲寒爲冰北高而南下近天者寒也天冒乎上地承乎下火自地出景涵於天爲日水繞地流光反射映爲月水火成象日月著明陰陽激搏風雷有聲山澤通氣萬物成體

右第一章

天有六氣地有五行五六中合三十爲紀六十而周六氣之運
貞元在中五行之藏爻象各備

右第二章

懸象著明莫大乎日月日月變化八卦盈虛陽息於震初三載
生明陰消於巽十六載生魄是故四時之氣流於坎天地之象
寓於離

右第三章

天地運行如環帶拽絡輪焉上者左旋而右下者右旋而左其
實拽而行者皆左旋也麗乎上者左麗乎下者右上者進則下
者退焉旋者氣不旋者體體有小大大者靜小者動大者氣藏
體中小者體養氣內故曰數往者順知來者逆

右第四章

坎正北也陽動之坤水流溼離正南也陰動之乾火就燥水上
於天雲從龍震東方也爲龍火流於西風從虎風出於火而從
兌也金資土以藏離坤寄王於際水資土以生木艮成功於中
木鑽改火萬物潔齊乎巽金寒生水陰陽戰薄乎乾

右第五章

爻以氣表象以辰分知爻而不知氣樂失其和知象而不知辰
時失其序故鐘以三成律生五音陽生於子生極於巳易曰三
人行則損一人損生下也一人行則得其友益生上也二五元
吉以損益之應中孚也易有四象天有四時時以三成數極九
十三乘其四十有二辰乾坤六爻各當其位

右第六章

乾之數周天之數也周天三萬六千五百有奇八分其數兌減
其一離減其二震減其三巽坤當乾之半焉坎得其三艮得其
二坤見者九千一百有奇藏者九千一百有奇

右第七章

易者人事之徵所以闡陰陽之理而行鬼神之機也八卦而小
成因而重之大成之象也擬議變化非中爻不備屯利建侯震
元子也坎五行之元運也艮山也坤國邑也元子承運於內山
水輔國於外建侯之利也

右第八章

八卦爲宮也蓋有拱照之曜焉火天大有動於上而日生東故

曰自天祐之吉无不利雷水解而利西南九二貞吉得坤以爲
吉也日窮於戌而生於寅澤火革而遇山焉黃牛之革所以次
星紀也山澤之損火化於中所以損疾有喜也渙初之吉金水
之氣合也

右第九章

月水也屬於土而利於火利於土是以比顯位吉師承天寵也
日火也屬於水而利於金利於水是以曳輪貞吉禴祭受福也
屬於土而助於火蹇動於初是以來譽也屬於水而助於金革
悔於四所以改命吉也（利土利金喜有制 助火助金喜有配）

右第十章

乾坤其藏於縠乎縠閉於冬長於春壯於夏成於秋一縠奇數

也其仁必耦含一以生兩乾坤位乎其中焉
右第十一章
離入於地坎明於天資土之化水火互根木得水火之華金得
水火之實
右第十二章
天地之體靜也體靜而氣動渾渾噩噩含之爲太極分之爲兩
儀離根陰也坎根陽也坎爲水爲月氣斂而寒離爲火爲日氣
暘而暖乾陽也坤陰也陽靜陽動而陰從之其靜也嚴凝之氣
盛於西北其動也溫煦之氣盛於東南
右第十三章
一者道之所由生也終於一始於一畫之定天極中措之爲天

下式本一畫規而圓之萬象渾包天極包地地極包人人極包
天天包地地包人德也人包天道也
右第十四章
貞元爲命貞命爲心心貞見性性貞復天天人貞德大道生焉
右第十五章

周易緒言中

序緯上

泰州　徐天璋睿川　演

昔者伏羲氏之畫卦也奇以象陽耦以象陰太陽太陰因而加
之少陽少陰配而成之陰陽具而三才判焉乾純陽也坤純陰
也陽亢則悔陰極則戰陰陽相凌日月交食當食之象玄黃之
眞見而變化生焉乾坤之化也陽動於地水生於天草昧造而
雷雨滿盈故次之以屯陽動而見山嶽峙焉陰動而伏泉流瀦
焉故次之以蒙蒙者山水之氣也氣蒸而升則雲上於天陽陷
待濟則利涉大川故次之以需雲行而雨施焉天轉乎西水注
乎東天與水違行故次之以訟水潤下地中有水滌陰氣之積
穢也伏險於順故次之以師險設而民輔焉水與地相輔田坼

乎下雨興乎上故次之以比天地之氣畜極爲雨不極爲風水
輔地而風應天故次之以小畜有畜必有施陰乘陽氣則飄揚
爲雲而升陽利陰翔則孚感爲雨而降上天下澤故次之以履
履踐也實踐而說天地交泰萬物繁生故次之以泰泰極必反
陽往就消陰來方盛上下自爲陰陽隔而人道衰焉故次之以
否否必有所濟炎上而濟陽者莫若火文明而辨天火合性故
次之以同人物同必大充實而有光輝火在天上下應之一陰
居尊虛中而受故次之以大有滿而不溢卑而難踰下濟而光
明上行而不伐故次之以謙謙尊而光響聞著焉雷出地奮憂
而後樂順時不失故次之以豫有動者必有隨雷動乎下澤應
乎上上天而下澤故次之以隨雷雨作而風生山下有風盪天

地之屬也故次之以蠱風行澤地羣生含光澤淵而地博剛浸
而長故次之以臨助陽者爲風風周地物旋於外而未入焉故
次之以觀風陽也火子也陽應乎中火輔於外動而明雷電合
而章故次之以噬嗑火明於天雷電作焉火明於山木石麗焉
故次之以賁賁者文也文的必亡物脫於外精貞乎中山附於
地故次之以剝剝果不食平旦之氣存焉陽來而陰含之貞元
之交也故次之以復復其見天地之心乎雷動於下一陽復焉
天運於上純陽應焉天地合德故次之以无妄蘊乾之德者莫
如山誠形著明寶藏興焉天在山中故次之以大畜物畜日滋
滋養也雷隱於山有養德之象焉故次之以頤養於山者惟木
澤潤木木壯澤竭澤滅木木弱澤傾雨露霜雪無非澤也陽壯

而陰莫能乘載木失其養則枯故次之以大過爲澤莫如水水
行地中泉流溉焉水行天上雨露滋焉潮月有孚故次之以坎
孤陰不生獨陽不長水火濟而百穀成焉故次之以離坎離者
寒暑之運陰陽之交代乾坤而化成天下然後人道立焉

序緯下

陰陽之化也在天成象在地成形天地合而萬物生男女感而
生生續說其感者莫若少焉故繫之以咸柔應乎下剛應乎上
二氣感而雷風相薄久於其道者化成故次之以恆陰翕者陽
必退焉山止於下天升而上天山懸絕故次之以遯遯者陽之
退也退於上者復生於下剛動而建故次之以大壯物壯然後
生焉日出於地漸進而明上故次之以晉外明爲陽內明爲陰

陽動而陰傷之故次之以明夷貞其夷者莫若順焉柔順者家
人明於內而化於外風自火出男女之正天地之義也故次之
以家人得其正者必治失其義者必乖同居而異趣故次之以
睽志睽則險阻乘焉水在山而山背之陰凝於陽故次之以蹇
蹇必有所解雷上於天雨降於地陽奮而陰懾焉故次之以解
解必裁陰而節陽也盈忿虛慾損澤之深益山之高故次之以
損自下益上謂之損自上益下謂之益天施地生下固上寧故
次之以益水益必溢人益必驕滿而不溢決而能施故次之以
夬自滿者陰必乘焉陽盛於前陰乘於後女壯則男弱故次之
以姤陰壯者生繁水澤之地動植彙焉廟宮之間子姓趨焉順
從而化鬼神祐憑故次之以萃天與之人歸之陽明之氣蒸而

上升地中有木日進之象也故次之以升惟升不可以久也澤
涸而水伏焉庶物之生皆失其潤故次之以困困極必求其潤
養生而不竭者莫如井掘地求水巽乎水而上水也故次之以
井井淘水新木鑽火改火燃水乾水決火滅水火相息故次之
以革革去故也鼎取新也告新於帝主器於君木上有火柔進
而上行故次之以鼎承鼎卽以承祀長子者國人之瞻春王之
義也故次之以震震作也作新民者必止於至善時止則止故
次之以艮居德山也善俗風也止而後化關雎之義也故次之
以漸漸歸來也歸妹往也女嫁之終男生之始窮而有家說而
難貞故次之以歸妹歸斯聚聚必大明足以照動足以爲雷電
之威莫之能禦故次之以豐盛者衰之所伏也知侈而不知節

知蕩而不知返山止於下火炎於上去其居而不處故次之以旅旅而求容性必柔焉下柔則順上柔則愼陽化陰潛故次之以巽巽語之言人必說焉說斯和和斯流說而忘勞義而忘死陽感陰和故次之以兌氣鬱則凝氣說則散散則各居其居各祖其祖氣行水上故次之以渙渙離也離而能親散而能制情生於說禮止於安澤容水而不踰故次之以節節止也當位以節中正以通坎水止於其所風行澤而水受焉故次之以中孚虛中則孚剛中則過交臂而不相向過時而知悔故次之以小過悔而後濟存養密焉水火相交剛柔相間明而能防故次之以既濟交則濟不交則否水陷而火飛男女不相就故終之以未濟未濟貞吉日月交而變化出焉

卦序變應附

尊卑定位乾坤首焉長子乘乾天畀治焉屯蒙之義索三男焉泰否天地之正交也師比陽正中也同人大有陰中正也小畜履內外比於陰也謙豫三四窮於陽也坎離者其代陰陽之化而成乾坤之功乎應之以雷風山澤頤大過咸恆應之以山雷无妄大畜遯大壯應之以山雷風澤噬嗑賁家人睽應之以風澤山雷臨觀蹇解乾坤感於天也咸恆感於人也天之泰否人之損益也風雷山澤輔乾坤水火而成變化者也山雷合坤風澤合乾剝復變爲姤夬也山雷合乾風澤合坤大畜无妄變爲萃升也山雷合火風澤合水噬嗑賁變爲困井也天水合德地火同性需訟之變晉明夷也三男化女屯蒙之變革鼎也漸歸妹反隨蠱也豐旅渙節山澤風雷化合水火者也小過中孚頤大過之易位也既濟未濟終坎離之功而復有事於乾坤也

右序卦變應參用來氏知德圖說想見古聖畫卦皆有精義存焉

時訓上

太極混混兩儀分焉兩儀中分四象陳焉四象各成八卦列焉八卦定列人物生焉坎爲天精消息始焉體震見庚受以屯焉自西升東受以蒙焉體乾盈甲受以需焉月退天度受以訟焉納乙於坤受以師焉地蔽而食受以比焉受之小畜月弦上焉受之以履月弦下焉天一盈虛變化具焉

右第一節

自泰而否地道見焉夏至陰生離日伏焉有若同人日道北焉

有若大有日道南焉過艮出地斯爲謙焉出卯乘震斯爲豫焉出震入兌斯爲隨焉出辰値巽景長至焉艮成終始蠱樞紐焉離漸乘權臨剛長焉離日外洩觀顯若焉離震當陽噬嗑章焉離日短至山火賁焉日月著明四時行焉

右第二節

剝萌夏至陰來消焉雷入地中陽返下焉天雷无妄萬象靜焉山天大畜陽氣溢焉陽洩上下頤象時焉陰莫乘載盛夏過焉天生地成坎離終焉

右第三節

時訓下

天地變化日月繫焉山澤通氣人物生焉胚胎漸成艮鼻始焉

鼻口呼吸感爲咸焉上宣下洩巽成股焉股動足隨震陽升焉
自恆而遯手足具焉艮乎乾首人成像焉筋骨應氣膚革壯焉
百神備坤斯爲晉焉子出坤腹目斯見焉用晦而明曈斯豁焉
氣一周天人斯定焉

右第一節

形成踐性氣稟異焉家人與睽索三女焉有若蹇解索三男焉
補偏救弊損與益焉

右第二節

男女各正動植彙焉夬覓姤杞一陰茲焉剝牲以萃兌令肅焉
享帝以升木氣達焉澤水是慾物迺困焉井養不窮木資培焉

右第三節

出御萬物聖王興焉治歷明時斯爲革焉逆數在鼎春夏交焉
當春而王震乘木焉春冬之際艮終始焉渴隨天行漸應蠱焉
天地閉塞爲歸妹焉秋收而豐物斯聚焉大火西流旅陽衰焉
巽陰內伏兌外乘焉

右第四節

因時而治王政授焉渙散其志節斂精焉中孚小過上下察焉
裁成輔相屈伸順焉三陽各正水火濟焉三陽失位未濟終焉
火飛水陷天地毀焉貞元在中無極而太極焉

右第五節

周易緒言下

泰州　徐天璋睿川　演

典禮

乾坤禮之本也君子觀於乾坤而知夫婦之禮焉乾體無外坤
位宅中故夫爲乾綱而妻主中饋參天兩地而則其宜故男子
三十而娶女子二十而嫁兩儀分而中合極故聯兩姓之好而
爲婚姻天崇下俯地卑上承故男下女而先親迎孤陰不生獨
陽不長故氣和合巹而體親共牢以似以續大生廣生也夫死
不嫁無二天也死則同穴陰陽之義無終分也

乾坤禮之本也君子觀於乾坤而知父子之禮焉天覆地載故
父道下慈而子道順承乾退西北坤進西南故父示高嚴而子
代力役乾以易知坤以簡能故父示其志而子率其行凡人子

之孝親也飲氣養陽食氣養陰順生生之序也寒煖覜節答化
育之仁也天缺西北地陷東南故有終身之慕而無終身之養
也於親之愛敬無不愛無不敬者廣天仁於地厚也生順祭敬
順敬之義地道也故君子無終身之養而有終身之慕也

乾坤禮之本也君子觀於乾坤而知君臣之禮焉乾君也坤后
也六子分職以佐君也冢宰統百官均四海屯利建侯也宗伯
掌邦禮蒙納婦吉子克家也司徒教稼樹藝需以飲食也取諸
訟司寇聽民獄矣取諸師司馬制六軍矣取諸比司空建邦國
矣取諸小畜懿文德焉取諸履制典禮焉乾屈坤下取諸泰故
君先乎臣君自高而臣自遠世運之否故上下不交君下民者
也以貴下賤故大得乎民君建極者必有元善貞正之德然後

顯位中吉而上下應焉
乾坤禮之本也君子觀於乾坤而知長幼之禮焉乾坤定位六子率從坎先乎離以中德也震先乎艮巽先乎兌同德者尙長也六爻之義五尊二卑上貴而下賤也屯作之君蒙作之師乾坤之後治於陽也同人得位大有得尊泰否之後理於陰也陽大也陰小也故陽治於前而陰理於後屯利建侯家人利女貞故女貞乎內而男正乎外家人終吉下率教也坤血玄黃凌上者傷也震德長也坎德中也震男主器以長不以德也
乾坤禮之本也君子觀於乾坤而知朋友之禮焉易曰水就溼火就燥雲從龍風從虎夫水火無情也無情而相就雨潤而日烜風雲無心也無心而相從龍嘯而虎嘯水就成海火就成日

雲從寸合風從竅感言得朋也坤曰西南得朋乃與類行東北喪朋乃終有慶其喪其得惟暗惟明故君子之於友也或出或處或默或語出其言善則千里之外應之不善則千里之外違之夫友不可不慎也枯木生菌陰雨膏之蒼蒼者色玄黃化之螟蛉之子祝氣變之其就其從其易之謂乎
或問
或問周易何謂也曰日月爲易乾坤升降而爲坎離離爲日坎爲月日有長短月有盈虛故君子尙消息盈虛周者範圍天地而不過也
或問河出圖洛出書聖人則之何謂也曰昔者包犧氏之御天下也仰以觀文於天俯以察理於地於是始畫八卦以尙消息盈虛包犧氏沒周文王作法河圖而繫彖德周公繼之則洛書以繫爻辭
或問河圖之義何謂也曰則陰陽之序而定五行之位也一氣中分天位乎上地位乎下周易所以首乾坤也兩儀既定地氣上升天氣下降周易所以用坎離也上下變化天爲大生地爲廣生周易所以用九六也九六之用大衍之數行而四時之歷數均焉
或問洛書之義何謂也曰法五行之數而定卦德之位也陽極於九乾位乎南陰含於一坤位乎北陰以順往陽以逆來
或問圖列河洛何謂也曰道家陰竊內經之旨以修身也金匱眞言論篇帝曰五藏應四時各有收受乎岐伯曰東青通肝應

時數八南赤通心應時數七中黃通脾應時數五西白通肺應時數九北黑通腎應時數六故河圖北配一六東配三八南配二七西配四九中配五十以應四時之方位焉六微旨大論篇帝曰願聞地理之應六節氣位何如岐伯曰顯明之右（卯地氣應春分）君火之位也（自卯正至於巳正）君火之右退行一步（自建巳正至建未中氣）相火治之復行一步土氣治之（自未至酉中）復行一步金氣治之（自建酉至亥中）復行一步水氣治之（自建亥至丑中）復行一步木氣治之（自建丑至卯中）復行一步君火治之（仍復春分之氣）相火之下水氣承之水位之下土氣承之土位之下風氣承之（風氣木也）風位之下金氣承之金位之下火氣承之君火之下陰精承之（陰精金也）故河圖順生而遞治洛書逆克而旋承河洛祖自內經非伏羲之所準實文王周公之所則

也
或問易首乾坤何謂也曰天先乎地君先乎臣夫先乎妻所以
叙彝倫也爻五獨尊所以建皇極也二應中正所以遵王道也
吉善也利也凶陷也一極備凶一極無凶所以繫吉凶也
或問太極何謂也曰皇極者九疇之中太極者兩儀之中也一
神兩化太極分爲兩儀含兩生一兩儀合成太極
或問元亨利貞何謂也曰元者陰陽之長次第之首德也亨者
卽始以推行窮極而後通相錯而亨陰陽之闔闢也利者咸恆
損益偕行之宜貞者同人師中遞承之正也四德另有圖說
或問用九用六何謂也曰天成終九地成始六用之者所以原
始而要終也坤之比乾之大有變用九六貞一也比之乾大有

之坤動而觀靜用七八也
或問己日乃革何謂也曰朞三百六旬有六日積六甲子三百
有六旬也己日乃革奇有六日自甲至於己自子至於巳而後
周天之數合焉
或問先庚先甲何謂也曰厤紀三甲秋伏三庚甲仁也庚義也
陽伏於下星回於天萬物樂其長蠱則飭也陰伏於夏火流於
西萬物肅其氣巽斯伏焉
或問无悔悔亡何謂也曰无悔戒盈於先悔亡愼失於後也
或問三陳九卦何謂也曰履首也謙腹也恆心也復腎也損肺
而益肝也困井腎命也巽股也近取諸身人成所以象天地也
或問玄黃何謂也曰乾爲大赤動爲離爲黃坤爲黑動爲坎爲

玄天玄而地黃合德而化也夫玄坤戶也黃坤田也龍戰於野
其血玄黃雲行雨施陷陽德於陰中也
類稽
易蘊三才而貢之也泰之前有水無火天一純其精也否之後
有火無水地二宣其氣也水生而火毁乾坤闢於屯盈天地毁
於離火
天運於上物生於下萃山川之秀而爲人繼乾坤而立極者故
首之以咸
天地摩盪日月搆精雷山孕於坎也風澤孕於離也先坎後離
先天而後地也
損益元吉以其氤氳之氣爲中孚也

雷火也而生於水故雷動而雨盈乎天風爲火子澤爲水母故
風澤中孚而卦始其氣
人天地之靈也夫婦陰陽之和也陰凝則戰振恆凶也人之夬
姤其天之剝復乎剝於上卽復於下乎旦之氣純於天也夬於
陽卽姤於陰私欲之擾潏於人也
泰之前洪水之害多矣否之後刑法之政擾焉損利於上下不
堪也上下元吉者其惠孚之益乎
晉賞也明夷誅也先賞後誅忌明盛也豐多故親寡旅豐者久
自無親也家人不可以睽也睽則蹇難乘之故保其大有者承
之以謙也
馬陽也坤元亨利牝馬之貞坤陰而孕乾陽也牛陰也離曰畜

牝牛吉再索而得女少坤德於乾中也
丈長也丈人吉而後夫凶師長中吉比道窮也男正位乎外女
正位乎內家人之義旁通屯也
包瓜象天渾也碩果存貞仁也枯楊稊華通其義於咸恆也豐
致刑深惡而痛懲也旅慎刑得情而哀矜也
訟者如水火也九五元吉動而不交也
原始要終君子尙消息盈虛泰曰城復于隍豐曰闚其戶闃其
无人有國家者盛不可極也否終則喜睽終則遇蹇終則利困
終則吉君子可以知治亂也
蠱用甲巽用庚者民惑則育之以仁民懦則振之以義也
龍神物也乘氣上下變化六虛見至陰生亢龍有悔

龍馬負圖而出於河震爲龍爲馬坎爲河屯利建侯受圖治也
以貴下賤若侯起於畎畝有德者興也
革曰大人虎變君子豹變夫九五之德君也虎當位而變龍焉
湯武以之豹廉而隱者也遯荒於野夷齊以之小人革面順民
式化天下之民歸心焉
田獲三狐色去內也高墉射隼惡去外也惟色先遠於內然後
悖可解於外也
天開地闢陽治於龍水附火飛陰惑於狐無聲無臭天地毀而
不死者其惟頤養之鎮乎

廣象
乾爲郊（需象取）爲野（同人象取）爲大川（同人大畜象取）爲田（本卦象取）
坤爲陸（泰象取）爲床（剝象取）
震爲隼（解象取）爲缶（屯象取）
巽爲月（孚得坎體）爲鴻（漸象取）爲鮒（井象取）爲魚爲羸豕（姤象並取）
坎爲雲爲穴（需象並取）爲雨爲泉（蒙象並取）爲矢（解象取）
離爲侯爲明（晉象並取）爲雉（鼎象取）爲公（本卦象取）爲碩鼠（晉象取）
艮爲邱園（賁象取）爲童（蒙象取）
兌爲月（孚得坎體）爲鶴（中孚象取）爲虎（咸象取）

睿川易義合編

圖說目錄

睿川易義合編

周易圖說

泰州 徐天璋睿川 演

靜天定位圖

說卦傳曰天地定位山澤通氣雷風相薄水火不能射八卦相錯

動天流形圖

說卦傳曰帝出乎震齊乎巽相見乎離致役乎坤說言乎兌戰乎乾勞乎坎成言乎艮

渾天成象圖

說卦傳曰雷以動之
風以散之雨以潤之
日以暄之艮以止之
兑以説之乾以君之
坤以藏之

六十四卦錯綜成列圖

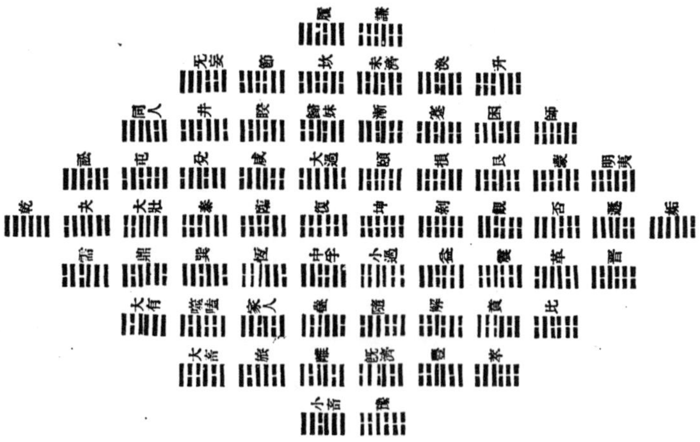

乾首也坤腹也乾建極坤協極也太極動而生陽陽動而生爲復爲臨爲泰爲大
壯爲夬六極動而生陰陰動而伏爲姤爲遯爲否爲觀爲剝乾位乎上天一故生
水焉毀之以需訟水生而火濟毀之以大有同人天三生木毀之以无妄大畜木
生而金克毀之以小畜睽焉明夷晉本地而生火也火生而濟水承之以師比萃
升生金也謙豫成木也天地定位左右綜而上下錯焉天地之內水火蘊精日生
乎東月生乎西離悔外而旋上爲旅爲噬嗑爲鼎離貞內而旋下爲既濟爲豐爲
賁爲革坎悔外而旋上爲節爲井爲屯坎貞內而旋下爲未濟爲渙爲困爲蒙水
火不相射上下綜而左右錯焉雷風山澤者四奇之卦也齊乎泰者夾之以風澤
齊乎臨者夾之以咸恆輔之以家人睽齊乎觀者夾之以山雷齊乎剝者夾之以
損益輔之以蹇解左右綜而上下錯焉齊乎復者夾之以中孚大過輔之以蠱歸
妹齊乎坤者夾之以頤小過輔之以漸隨上下錯而天地之心見焉天地之內水

火也水火之內雷也風也山也澤也乾元首出坤王中央剝復消息自中行也方
其靜也圓其動也乾坤其易之門乎

元德圖

元者善之長也有陽德之元有陰德之元屬於陽者乾比屯隨損无妄臨革故彖傳皆曰大亨貞大亨以正屬於陰者坤大有鼎蠱升故彖傳皆曰中應蓋元爲善長自一畫長至於四旁行通錯必得二五相應以中正爲位育也

一陽元德圖

比以一陽息於坤五象曰元永貞貞中起元陽氣萌於黃宮也下與大有相錯

剝自比推陽極於上爲道窮故无元

再推成復无元

再推成師无元

再推成謙无元

再推成豫无元

一陰元德圖

大有以一陰來消乾五柔居尊位而上下應之象故繫元上與比錯

夬自大有陰推迷上无元

再推成姤无元

再推成同人无元

再推成履无元

再推成小畜无元以上陰陽皆錯

二陽元德圖

屯自復二陽分長龍德當尊象故繫元下與鼎錯

蒙自屯推五陽窮上无元

再推成明夷无元

再推成解无元

再推成蹇无元

再推成晉至晉道窮故四德皆无

二陰元德圖

鼎自姤長爲二陰上與屯錯故屯爲陽元鼎爲陰元

革自鼎推繫元者自五陽悔成二陰也

再推成訟无元

再推成家人无元

再推成睽无元

再推成需无元以上陰陽皆錯

三陽元德圖

隨自萃益爲三陽雜氣之卦元德在初下與蠱錯

渙自隨推无元

再推成賁无元

再推成歸妹无元

再推成井无元

再推成旅无元

三陰元德圖

蠱自大畜消爲三陰與隨相錯故隨繫陽元蠱繫陰元

豐自蠱推无元

再推成困无元

再推成漸无元

再推成噬嗑无元

再推成節无元以上陰陽皆錯

四陽元德圖

无妄自否遯爲四陽元德在初下與升卦相錯

中孚自无妄推行无元

再推成大畜无元

再推成大壯无元

再推成大過无元

再推成遯无元以上皆與下陰陽相錯

四陰元德圖

升自泰臨爲四陰元德在初上與无妄相錯

小過自升推行无元

再推成萃无元

再推成觀无元

再推成頤无元

再推成臨繫元者四陰推窮轉爲二陽也惟其臨自陰推故聖人警曰八月有凶

純陽元德圖

乾爲純陽故繫元德下與坤錯

震自乾爻初索无元

坎自乾爻再索无元

艮自乾爻三索无元

純陰元德圖

坤爲純陰故繫元德上與乾錯

巽自坤爻初索无元

離自坤爻再索无元

艮自坤爻三索无元以上陰陽皆錯

陰陽合成元德圖

損自臨長爲三陽故繫曰元吉

泰自損推无元

再推成恒无元

再推成咸无元自咸後皆與前錯

再推成否无元

再推成益无元

陰陽交錯旡元圖

既濟陰陽定位德非始長故不繫元

未濟陰陽失位故旡元德

亨德圖

亨者嘉之會也會即陰陽遇合本始亨推而行之道極則窮窮而後通通則亨

通者即陰陽相遇而相錯也

一陰亨德圖

同人柔得中位正應五陽本於乾行故爲亨始

自同人推至履亨

再推成小畜亨

再推成大有亨

再推成夬陰窮於上故旡亨

再推成姤承夬旡亨者其道窮也

亨會一陽圖

一陰道窮窮則變變則通姤陰錯復轉變一陽故繫亨德

自復推而至師陽陷險中旡亨

再推成謙謙亨厲於五陰極至於師變通同人

再推成豫旡亨

再推成比旡亨

再推成剝旡亨

二陽並亨圖

臨曰大亨以正二陽浸長之始

自臨推自升亨

再推成小過亨

再推成萃亨

再推成觀陽窮於上旡亨

再推成頤承小過旡亨

亨會二陰圖

大過錯頤頤窮反亨

自大過推成遯亨

再推成旡妄亨

再推成中孚旡亨大過內卦陽窮上也

再推成大畜旡亨

再推成大壯旡亨

二陽分亨圖

屯爲二陽分亨之始

自屯推成蒙亨

再推成明夷陽德夷下旡亨

再推成解旡亨

再推成蹇旡亨

再推成晉旡亨

亨會二陰圖

需錯晉晉窮反亨

需推成鼎故亨

再推成革亨

再推成遯无亨需卦內陽窮上也

再推成家人无亨

再推成睽无亨

三陽連亨圖

泰交爲三陽亨始

自泰推成恆亨

再推成咸亨

再推成否上下不交无亨以否錯泰不繫亨者其道窮也

再推成益承否无亨

再推成損无亨

三陰分亨圖

旅小亨爲三陰之始

自旅推成隨亨

再推成渙亨

再推成賁亨

再推成歸妹无亨旅之內卦陰窮上也

再推成井无亨

亨會三陽圖

噬嗑錯井井窮反亨

自噬嗑推成節亨

再推成蠱亨

再推成豐亨

再推成困亨

再推成漸无亨者噬嗑內卦陽窮上也

三陰三陽中亨圖

旣濟中亨陰陽各正

推成未濟剛柔相錯故亨

純陰純陽亨德圖

乾主陽亨

坤主陰亨

三男亨德圖

震本乾陽爲亨之始

推而至坎其亨在二五之中故曰維心亨

再推成艮陽窮於上敵剛无亨

亨會三女圖

兌與艮錯艮窮反亨所謂窮則變變則通也

巽本兌推柔進得位故亨

再推成離二五亨中

利德圖

利者義之和也所謂和者盈虛消息與時偕行上下往來剛柔相應陽爲君子陰爲小人本自乾坤六爻變化愛惡相攻情僞相感旁通發揮凡爲利不利者蓋昭昭焉

乾坤利德圖

乾 利在純陽○元亨利貞
坤 利在純陰○利牝馬之貞先迷後得主利

乾坤中通

同人 坤五降乾二中柔來應剛有利者陰位得正所觀悉君子也○利涉大川利君子貞
比 乾二升坤五中剛往應柔无利者陽得尊位所近悉小人也
訟 坤二升乾五中剛皆應柔无利者柔得尊位一陰在上君子無權也
師 乾五降坤二中柔皆應剛无利者陽陷險中小人黨盛也

再自中通

離 同人變離有利者柔麗中正所近悉君子也○利貞按陽升陰降離自同人變化陽降陰升離自大有變化離既利貞當自同人變麗中正也
坎 比變坎无利者剛陷重險所比悉小人也○按師亦變坎今玩卦德坎屬二陽當自比來

一陰一陽旁通利德圖

睿川易義合編 周易圖說 十

剝 无利者羣陽之卦變盡一陰小人道長也
復 有利者羣陰之卦變息一陽君子道長也○利有攸往
姤 无利者羣陽之卦變消一陰小人道長也
豫 有利者羣陰之卦變益一陽君子道長也○利建侯行師

再變二五中通

家人 有利者柔來應剛二變當位也○利女貞
屯 有利者剛往應柔五變當位也○利貞利建侯
解 有利者剛來應柔其卦屬二陽也○利西南
鼎 无利者柔往應剛其卦屬二陰也

再自初四旁通

震 豫變成震无利者陽卦多陰外比皆小人也

巽 姤變成巽有利者陰卦多陽外比皆君子也○利有攸往利見大人

再自三上旁通

中孚 小畜變成中孚有利者柔來順剛所比皆君子也○利涉大川利貞
頤 復變成頤无利者剛來從柔所比皆小人也

二陰二陽旁通利德圖

大畜 有利者自小畜變虛五中剛柔相應也○利貞利涉大川
臨 有利者自復變息二中陽德浸長剛柔相應也○利貞
遯 有利者自姤變消二中剛柔相應也○小利貞
萃 有利者自豫變盈五中剛柔相應也○利貞利有攸往

再變二五中通 進爲三陰三陽

賁 无利者自大畜變爲柔中二五失應也○小利有攸往古本作不利有攸往

睿川易義合編 周易圖說 十一

節 无利者自臨變爲剛中二五失應也
旅 无利者自遯變爲柔中二五失應也
困 无利者自萃變爲剛中二五失應也

再自初四旁通 進爲三陰三陽

蠱 大畜變蠱有利者中正相應柔來順剛也○利涉大川
隨 萃變成隨有利者中正相應剛來當位也○利貞

再自三上旁通

損 臨變成損有利者中正相應長爲三陽也○利有攸往
咸 萃變成咸有利者中正相應長爲三陽也○利貞

三陰三陽旁通利德圖

泰 自乾坤旁通一息三陽一虛三陰剛柔相應上下相交獨无利者陽屈陰下尊卑失序也

否 否自乾坤旁通一盈三陽一消三陰剛柔雖應上下不交故无利○不利君子貞

變自二五中通 進爲四陰四陽

需 五自泰變剛中失應有利者坎位天位與乾合德也○利涉大川

明夷 二自泰變柔中失應有利者離位得中與坤合德也○利艱貞

訟 二自否變剛中失應有利者陰悔爲陽也不利者剛陷險中也○利見大人不利君子貞

晉 五自否變柔中失應无利者陽悔爲陰位尊而不當也

再自二五中通 仍爲三陰三陽

既濟 自需二變自明夷五變互成既濟剛柔相應陰陽各正故有利○利貞

未濟 自訟五變自晉二變互成未濟无利者剛柔雖應六爻失位也○无攸利

四陰四陽旁通利德圖

大壯 有利者中正相應息成四陽君子道長也○利貞

升 无利者中正雖應虛爲四陰小人道長也

无妄 有利者中正相應盈爲四陽君子道長也不利有攸往者陽動於下位居民庶也○利貞不利有攸往

觀 无利者中正雖應消成四陰小人道長也

再變二五中通 悔爲三陰三陽

渙 二變剛中失應有利者觀爲四陰消卦中悔爲陽也○利涉大川利貞

噬嗑 五變柔中失應有利者无妄爲四陽盈卦中悔爲剛既虛且明不自滿假也○利用獄

井 五變剛中失應故无利

豐 二變柔中失應故无利

再自初四旁通 悔爲三陰三陽

益 无妄變益有利者中正相應長女來匹長男也○利有攸往利涉大川

恆 升初變恆有利者中正相應長男來匹長女也○利貞利有攸往

再自三上旁通 悔爲三陰三陽

漸 觀三變漸有利者陰悔爲陽中正相應也○利貞

歸妹 大壯變爲歸妹无利者中正雖應陽悔爲陰也○无攸利

五陰五陽旁通利德圖

五陰五陽之卦轉自一陰一陽主之

夬 剛中失應故不利即戎息成五陽將成純乾故利有攸往○不利即戎利有攸往

謙 柔中失應虛成五陰故无利

履 剛中失應有利者盈爲五陽也○苟本有利貞二字

剝 柔中失應消爲五陰故无利

變自二五中通 悔爲二陰二陽

革 有利者二悔得中柔來應剛離陰當位也○利貞

蹇 有利者五悔得中剛來應柔坎陽當位也○利西南不利東北

睽 无利者剛柔雖應其卦變屬陰也

蒙 有利者剛柔相應其卦變屬陽也○利貞

再自初四旁通

大過 剛中失應有利者柔悔順剛也○利有攸往

小過 柔中失應有利者陰悔爲陽也○利涉大川利貞

再自三上旁通

艮 剝變成艮无利者陽卦多陰內比皆小人也

兌 履變成兌有利者陰卦多陽內比皆君子也○利貞

貞德圖

貞正也貞者事之幹也盖貞在二五之中猶人以心爲主故曰利貞者性情也

陽利應陰陰利應陽本中正遞相承守道在進退變化而不失焉

乾坤貞德合演圖 此圖皆自二中應五得貞

乾 二五剛貞　坤 二五柔貞

豫 承震无貞　大過 承恆有貞　履 荀本有利貞二字

震 承豐无貞　恆 承小過變得剛貞　兌 承困有貞

豐 喪革剛貞　小過 承旅柔貞　井 承大過无貞　困 承萃復得剛貞

革 承同人有貞　旅 承遯陰變合柔貞　獸 承咸變喪柔貞　萃 承咸有貞

同人 二中變得柔貞　遯 承同人貞　咸 承遯有貞　大畜 承損有貞

師 變得剛貞　臨 承師有貞　損 承臨有貞　賁 石經利下旁添貞字

蒙 承師有貞　節 承臨有貞　頤 承損變得柔貞　艮 承賁无貞

渙 承蒙變得剛貞　中孚 承節有貞　蠱 承頤變陽中无剛貞　謙 承艮无貞

巽 巽爲陰卦剛中非宜故无貞　益 承中孚變喪剛貞

訟 承巽无貞　觀 承益无貞

睿川易義合編　周易圖說　十四

再自乾坤貞德合演圖 此圖皆自五中應二或得貞或喪貞

解 承歸妹无貞　泰 承升无貞

歸妹 承暌无貞　升 承蠱无貞　姤 承訟无貞

暌 承大有无貞　蠱 承鼎无貞　訟 承未濟无貞

夬 五喪剛貞　鼎 承大有无貞　未濟 承鼎无貞　晉 承未濟无貞　剝 承晉无貞

比 五得剛貞　屯 承比剛貞　既濟 承屯中貞　需 承既濟有貞　因 承需无貞一陰乘上也

蹇 承比剛貞　隨 承屯有貞　明夷 承既濟有貞

漸 承蹇有貞　无妄 承隨有貞　復 承明夷變復无貞

家人 承漸有貞　否 承无妄變爲不交无貞

乾坤再自中貞圖

離 自同人再變有貞

坎 自師再變无貞

四德說附

夫元何爲者也蓋陰陽交錯迭相消息而生生也貞中起元自乾坤來者爲比爲大有自復姤來者爲屯爲鼎自大畜萃來者爲隨爲蠱自泰否來者爲无妄爲升升四陰也推行至終反爲二陽浸長之臨自臨而息爲損自夬而悔爲革革者四陽而二陰也推行而終於鼎故鼎爲消而革爲悔也凡相錯者推行盡利無不錯也消息生生無不生也故曰一陰一陽之謂道遞生遞長之謂元

夫亨何爲者也自臨推而行之陽盡於萃而窮於頤窮而後通大過錯焉大過之錯陰也无妄則盡大壯終也自屯推而行之

睿川易義合編　周易圖說　十五

陽盡於蒙而窮於晉錯乎晉者需也需盡於革而睽終焉泰始也推盡於咸而終於損旅小亨也至賁則盡井則窮焉錯夫井者其噬嗑乎噬嗑之盡困也困盡而漸終焉始於同人者盡於大有與姤通者復焉始於謙者終於師通乎師者同人著焉既濟未濟兩亨中也六子始震而終離艮則窮兌則通乾坤者亨道之大宗也

夫利何爲者也往來屈信變通而相感也有若乾坤爲同人比爲大有師爲離坎有若小畜復姤豫爲家人屯爲解鼎爲震巽爲中孚頤有若大畜臨遯萃爲賁節爲旅困爲蠱隨爲損咸有若泰否爲需明夷爲訟晉爲既濟未濟有若大壯升无妄觀爲豐井爲噬嗑渙爲歸妹爲恆爲益爲漸有若夬謙履剝爲

革蹇爲睽蒙爲大過小過爲艮兌凡曰利貞得中正也曰利涉利往卦相能也曰不利无攸利失其所親親也
夫貞何爲者也二五之中正也利爲情貞爲性性自乾而貞者爲同人爲遯爲咸爲萃消從陰也爲比爲屯爲既濟爲需息從陽也夬則失其守爲同人之貞革也失其守者爲豐爲震爲豫遯之貞旅也小過也恆大壯也咸則大過與井喪其守焉萃之貞困也兌也至履則喪其守焉既濟之貞蹇也漸也家人也屯之貞隨也无妄也否也需之貞明夷也復則喪其守焉自坤而貞者有若師臨損大畜自師有若蒙渙自臨有若節中孚自損有若頤也餘則悉喪之焉離自同人而麗中正者也坎則亡焉乾道多貞坤道寡貞坤剛而能立陰柔不能強也一信一屈陰陽之義也

序卦配時

䷀ 乾陽息自十一月冬至長至五月夏至

䷁ 坤陰姤自五月夏至消至十一月冬至乾坤一氣之消息陰陽剝復之循環也此

䷂ 屯○君子尚消息盈虛懸象著明莫大乎日月天一生水變自坎始屯象以坎體震應月見明於庚每爻各主六日值氣始於初三止於初八在卦一爻當天

十度自屯至屯至履四十八爻積算成四百八十度以三百六十五日分之每日法實得十四度有奇正合月行每日退十度有奇之數焉

䷃ 蒙○爻應初九至交十四象以艮合坎正應十四日月出東北當艮之位

䷄ 需○需象以坎體乾月光盈甲內三爻值氣十五十六十七三日外三爻應十八十九二十三日故六十四消陰

䷅ 訟○至訟乾陽在上月退天度象應二十一至二十六旦明消丙

䷆ 師○月入地下坤陰納乙爻應二十七至初三月光滅癸此一月之盈虛也

䷇ 比○坎月在上地球之景承下絕無陽明透納月蝕之象也月食在上日行在下中間地球日與月必同道貞中起元屯所以爲一陽元長之卦也

䷈ 小畜○一陰下受乾陽其光射照象月上弦上爻日值初八占爲幾望

䷉ 履○一陰上受乾陽其光射照象月下弦上爻旋吉值氣在二十六後至交初三消息至此坎象變化終矣

䷊ 泰○泰爲天地正交遞合用事陽主奇月陰主偶月其氣始於冬至止於夏至

䷋ 否○否爲天地不交陽氣上騰陰氣下降其氣始於夏至止於冬至

䷌ 同人○一月盈虛以月候氣一年消息以日爲衡天地交否夏至陰生也地二生火變自離始以年準月法加一倍每爻各主六日同人值氣自夏至中歷小

暑六大暑第六日離下乾上象夏至日當赤道之北

䷍ 大有○大有亦一陰之卦用事自大暑第七日中歷立秋交處暑第十二日離至乾南之象立秋後日移赤道之南漸問黃道

䷎ 謙○處暑後羣陰用事謙卦五陰氣值白露秋分交寒露第三日斯時日見卯初必自艮宮過位出地也

䷏ 豫○豫亦五陽值氣自寒露第四日中歷霜降交立冬第九日斯時日出卯正適當震位象曰先王以作樂崇德殷薦之上帝以配祖考正應月令季秋命樂

正入學習吹合諸侯制百縣大饗帝習五戎焉

䷐ 隨○隨繇歷泰否運會之中隨主立冬第十日中歷小雪大雪交冬至節氣晦宴息法天地閉塞而成冬也日景出卯入酉位當震兌王享西山取雷藏澤

下祀帝圜邱之義焉

䷑ 蠱○至蠱轉泰天道南行象曰先甲三日後甲三日正以冬至夜半為歷元也値氣自冬至歷小寒交大寒第六日艮為成始成終故象曰終則有始天行也內値巽宮日景出辰適當其位外卦値艮艮止也日短而止至此轉長故下以臨陽浸長次之

䷒ 臨○臨自大寒第七日用事中歷立春交雨水第十二日二陽浸長象孟春之節氣也

䷓ 觀○觀卦用事自雨水第十三日中歷驚蟄春分交清明第三日坤承巽下木氣向榮故陽氣浮於外焉象曰觀先王以省方設教正應歲二月東巡狩焉

䷔ 噬嗑○噬嗑為三陽之卦木火通明雷電得令値氣自清明第四日中歷穀雨交立夏第九日象曰噬嗑先王以明罰敕法正應孟夏斷薄刑決小罪出輕繫也斯時日出卯初

䷕ 賁○賁卦用事自立夏第十日中歷小滿芒種氣交夏至斯時日出寅正位屬艮宮日晷之長短天道之盈虛至此變化極矣故象曰觀乎天文以察時變觀乎人文以化成天下

䷖ 剝○自剝以下貞元會合當以四時配氣每爻各主十日卦自夏至用事中歷小暑大暑立秋交處暑値六十日陰剝陽盡而臨亦至此凶焉

䷗ 復○雷向復秋分雷入於地也用事歷白露秋分寒露至交霜降節氣蟄蟲墐戶先王以之閉關百工休入商旅因之不行此正季秋之政典也若至仲冬雖房室必重閉矣先儒皆指復為冬至之卦以一陽生於子也不知雷在地中為見天地之心者心中也正指秋分氣得其中斯時雷正入地自上而反下也至日非冬至之日猶日至於是日也或曰復象二義秋分雷向地復冬至陽自下復可並存以論卦象也

䷘ 无妄○无妄用事歷立冬小雪大寒交冬至節氣象言茂對時指天道南行育萬物以蟄蟲在下不發天地之房也

䷙ 大畜○卦氣用事歷小寒大寒立春交雨水節氣所謂日新其德也乾陽充溢艮宮故曰大畜

䷚ 頤○頤之用事歷驚蟄春分清明交穀雨節氣龜於冬日服氣生蟄驚蟄春分之後乃求口實故初日含爾靈龜觀我朵頤

䷛ 大過○大過言枯楊生稊生華應穀雨之後立夏之間楊花滿路也氣値立夏小滿芒種至交夏至上九陰乘也

䷜ 坎○彖言習坎有孚上應天月下應潮汐也

䷝ 離○彖言畜牝牛吉上應天道南行冬至之月子與丑合星紀直牽牛也

右上卦

䷞ 咸○上言天道消息下言人道變化咸恆諸卦以人應天者也艮為鼻成形始鼻兌為口有鼻而後口通其氣呼吸相感故曰咸

䷟ 恆○巽為股應口通氣於下有股斷後成足震為足少陽上升

䷠ 遯○艮為手手與震足上下遙應人身手足既具則乾首三陽已固法天行健胎動腹中矣

䷡ 大壯○爻氣各主十日至大壯歷二十四爻計候八月筋骨腑革畢成人形為全具矣

䷢ 晉○至晉胎足十月坤為腹臟腑百神皆備離為目明出地上喻人出胎而見天日也

䷣ 明夷○凡人初產必出胎六十日目成瞳子見人始笑象為用晦而明運合天道一周也參觀互論咸恆男女構精遯則陰陽分矣大壯胎動於腹晉則子離母矣宜男本在少者成多言吉長則天行已過恆必言凶固志之時遯莫能脫係屬之後疾慮俱形大壯胎觸欲出晉產母先愁如甚至失得勿恤俱以分娩為慶不幸在中則夷於左股入于左腹必欲獲明夷之心於出門庭非聖人不能明消息也

䷤ 家人○以上成形以下踐性坤道三索皆女卦應夏至陰生火性主禮木性主仁二氣感孚占為大吉

䷥ 睽○金性內躁火性外矜志不同行應秋分陰陽分也聖人原始反終知死生之故躁矜者多天象故取載鬼一車

䷦ 蹇○女主齊家男主治國蹇解三索皆乾男也艮山合以坎水山水之間其性寒冷値氣立冬冬至之間象因取蹇

䷧ 解○震氣上揚坎性下趨其象為解君子以赦過宥罪者正與天下更新應孟春行慶施惠以遂其性也

䷨ 損○卦氣値春艮土墳起兌澤汎濫忿慾橫生聖人養性使復中和入學習樂其忿慾矣容止必戒其慾窒矣二盈之享兌為羊金生土內為麥食麥與羊順氣踐性損道所以與時偕行也若自內聖之法言之兌燥氣抑之使下艮熱氣引之使上此即平旦之山澤也

䷩ 益○氣値夏令木道乃行民性暢遂與時宜洩於是大雱帝用盛樂聖人輔成者大矣內功則雷伏於下火氣无妄巽權於上風氣悉宜此即二至之風雷也

䷪ 夬○以上成人以下成物王者準之順時序之宜焉夬為五陽之卦莧應夏至陰生夬上一陰乘之夬夬者即薙氏夏日至而夷之之義然後中行无咎也

䷫ 姤○彖魚動物杞瓜植物悉應陰象爻氣各主十日合貞元之運會焉姤五用事已至寒露第五日植物故隕自天

䷬ 萃○霜降後萬物告成王者致獸戮禽聚物享廟利用大牲正順動物之性也卦象金王土上應主獻殺之義

䷭ 升○至升用事自小寒至交雨水木從地升六四氣應立春天子以元日祈穀上帝享於岐山者周人郊天配以后稷岐為發祥之地也

䷮ 困○自驚蟄以至穀雨春水初生時雨未降運會雖亨而猶寫也而株木蕤蕤葛藟斯時方盛困故悉以取象

䷯ 井○立夏之後大雨時行泉源畢發水則養而不窮所謂井象不專指洶泉之井乃井田之溝洫也改邑二字是為明證初六无禽溝洫因冬日乾涸至春猶未生也九仁射鮒魚苗蝦蟆已於四月生焉六四井甃正農功之慎隄防九五寒泉應井水適當夏冷逐一求之其爻皆應候也濂溉之器多用瓶甕汲必以橘夏用水車今之桔槹水確古之遺法也月令孟夏之月天子勞農勸民故象曰君子以勞民勸相

䷰ 革○人物各應天行聖人因之迎日推策以定歷時易曰數往者順知來者逆歷時知來者也當從夏至逆數之中歷芒種小滿退至立夏第十日斯為鳥獸之毛希革故應豹變虎變占爻氣每畫各主六日之

鼎○鼎自立夏第九日中曆穀雨退至清明第四日斯時飛鳥孳卵故取雉雊不食之象

震○震氣自清明第三日逆退春分驚蟄至雨水十三日正木德王卯之候也

艮○艮自雨水第十二日中曆立春退至大寒第七日正萬物成終成始故象曰時止則止時行則行

漸○漸自大寒第六日中曆小寒退至冬至正與蠱卦遙應故蹇易位則爲漸也斯時鴻漸南方上應天行六爻因之取象

歸妹○歸妹自冬至中曆大雪小雪退至立冬第十日斯時天地閉塞成冬象故曰天地不交而萬物不興也

豐○豐自立冬第九日中曆霜降退至寒露第四日象故取以折獄致刑順霜降肅殺之令也卦名豐者萬物西成有豐享之象焉

旅○旅自寒露第三日中曆秋分白露退至處暑第十三日斯時大火西流象因名旅

巽○巽自處暑第十二日中曆立秋退至大暑第七日象一陰之內伏也先庚三日應氣秋伏夏至三庚後庚三日處暑在立秋之後庚主西方値巽陰之令

也

兌○兌自大暑第六日中曆小暑退至夏至象一陰之乘外也九五兌主故有孚剝之占

渙○因時授政王者所以奉天也以下六卦値氣亦準夏至爻主十日用事自仲夏姤焉享帝立廟即大旁帝之義合之爻旨用拯馬壯故班馬政而縶騰駒

其躬志外故居高明而遠眺望齊機則齋戒以定心氣正位則發號以居明堂此政典準易著令爻象又觀發而成也

節○卦氣應白露交霜降象謂剛柔分者準秋分陰陽平也象以制度數者水在澤冬涸夏汎惟秋有節王政所由成也

中孚○卦氣應立冬交至象言豚魚吉者澤水日堅魚得潛下爻言翰音凶者寒夜雞聲比戶吽且小雪之後宰削者多馬取不詰占爲匹亡鶴鳴順時霹

孚其氣又皆因象變而擬議焉

小過○位育在下魚躍於淵位育在天鷇飛戾天卦氣自小寒交雨水飛鳥遺晉不宜上季冬鷙鳥厲也宜下孟春毋覆巢也王爲順養於下鷙乃逆殺於上

弋取彼在穴即方相氏時儺之義仰觀俯察蠢人所以能類萬物之情也

既濟○値氣應驚蟄交穀雨狐涉聽冰至春冰解涉濡尾矣以太牢祠於高禖殺其牛矣狐善調化水火人能生生陰陽坎離定位故以既濟終焉

未濟○三陽失位龍德必亢正應夏令用事也未濟而求其濟闕化水火旋轉乾坤以龍開天以狐終象旨深哉

右下卦

序卦錯綜圖

上經十八卦錯綜圖

下經十八卦錯綜圖

乾 乾與坤錯乾綜

坤 仍乾坤綜仍坤

屯 … 蒙 屯蒙相綜

需 … 訟 需訟相綜

師 … 比 師比相綜

小畜 … 履 小畜履相綜

泰 … 否 泰否相綜

同人 … 大有 同人大有相綜

謙 … 豫 謙豫相綜

隨 … 蠱 隨蠱相綜

臨 … 觀 臨觀相綜

咸 … 恆 咸恆相綜

遯 … 大壯 遯大壯相綜

晉 … 明夷 晉明夷相綜

家人 … 睽 家人睽相綜

蹇 … 解 蹇解相綜

損 … 益 損益相綜

夬 … 姤 夬姤相綜

萃 … 升 萃升相綜

困 … 井 困井相綜

革 … 鼎 革鼎相綜

震 … 艮 震艮相綜

噬嗑 … 賁 噬嗑賁相綜

剝 … 復 剝復相綜

无妄 … 大畜 无妄大畜相綜

頤 頤與大過相錯

大過 兩卦各自相綜

坎 坎與離兩相錯

離 卦各自相綜

漸 … 歸妹 漸歸妹相綜

豐 … 旅 豐旅相綜

巽 … 兌 巽兌相綜

渙 … 節 渙節相綜

中孚 中孚小過相綜

小過 兩卦各自相綜

既濟 … 未濟 既濟未濟相綜

按錯者兩卦對列陰陽相錯也綜者上下顚倒一卦成爲兩卦也周易象義集成陳洪冠輯云上經三十卦下經三十四卦究其實各十八卦並無多寡以數言之上經陽爻五十二下經陰爻亦五十二上經陰爻五十六下經陽爻亦五十六一百八數各符一百八爻此易之妙也予玩邵康節云天根月窟閒來往三十六宮俱是春上經十八綜卦下經十八綜卦陰陽消息上下往來合之三十六宮也

雜卦配時

乾䷀ 乾爲純陽之卦陽剛至極性轉嚴寒故乾爲天爲寒爲冰用事時值冬至

比䷇ 比爲一陽息於陰中值氣應爲小寒

臨䷒ 臨爲二陽浸長草木根滋土內值氣應在大寒

屯䷂ 屯象草木萌芽值氣應爲立春

震䷲ 震雷發聲應在雨水至驚蟄之時

損䷨ 古者祭祀春禴秋嘗禴薄祭也損爲二簋用享薄祭可知值氣應在驚蟄之後時交春分

大畜䷙ 大畜陽氣充溢輝光日新值氣應春分後至於清明

萃䷬ 萃聚也萬物薈萃應清明後至穀雨草木暢茂

坤䷁ 坤爲純陰之卦陽以極爲用事陰以始爲用事值氣時應夏至

師䷆ 師爲一陽盈於陰中值氣應爲小暑

觀䷓ 觀爲四陰消卦二陽旅寄於上值氣應爲大暑

蒙䷃ 蒙爲陰開之象值氣應爲立秋

艮䷳ 艮爲時止則止陽旅陰上值氣應爲處暑

益䷩ 益曰天施地生象爲百穀告成值氣應交白露至於秋分

无妄䷘ 无妄災也萬物罹其刼運值氣在秋分後至於寒露

升䷭ 升爲四陰用事風霜凜冽木葉脫枝根轉生下值氣應寒露至於霜降

謙䷎ 陽亢則悔三當內卦之上謙尊而光值氣應爲立夏

噬嗑䷔ 雷電合章曰噬嗑陰陽交爭值氣應爲小滿

兌䷹ 兌說也陽過雖升陰已乘外值氣應小滿後至於芒種

隨䷐ 隨爲嚮晦宴息背陽嚮陰值氣應芒種後夏至陰生

豫䷏ 豫利建侯行師令行肅殺值氣應霜降後至於立冬

賁䷕ 離火賁於山中陽氣過於陰內值氣應爲小雪

巽䷸ 巽爲風以風鳴多陰氣橫厲值氣應小雪後至於大雪

蠱䷑ 蠱曰先甲三日後甲三日終則有始天行也值氣應冬至日星回於天

右乾坤爲大父母所統二十四卦分配四時二十四氣

剝䷖ 剝爲一陽亢上陽亢有悔值氣在交夏至至小暑五日月令曰君子齊戒處必掩身毋躁止聲色毋或進易故有剝床剝膚貫魚以宮人寵之戒

晉䷢ 晉爲柔進上行值氣在小暑六日至交大暑十日月令曰是月

復䷗ 復爲一陽反下值氣在交冬至至小寒五日月令曰君子齊戒處必掩身身欲寧去聲色禁嗜欲安形性事欲靜以待陰陽之所定易故有出入无疾无祇悔休復頻復獨復敦復迷復之戒

明夷䷣ 明夷曰利艱貞值氣在小寒後六日至交大寒十日月令曰征

睿川易義合編　周易圖說　二十二

也命四監大合百縣之秩芻以養犧牲晉故曰用錫馬蕃庶

井䷯ 井爲水養不窮值氣在大暑十有一日至交立秋之終月令曰季夏之月大雨時行孟秋之月命百官以備水潦故易曰巽乎水而上水也

咸䷞ 咸爲二氣感應值氣自交處暑至白露五日是月也昏牽牛中故易曰取女吉也

渙䷺ 渙爲柔得位外值氣在白露六日至秋分十日月令曰上帝其饗故易曰王假有廟

解䷧ 解爲得中之卦值氣在秋分十有一日至寒露之終月令曰豺祭獸戮禽故易爻有獲狐射隼之占象曰雷雨作百穀草木皆甲拆百穀草木有甲拆於春者亦有甲拆於秋者草木苗青曰解草木黃落亦曰解也

睽䷥ 睽爲柔進上行得中應剛值氣在交霜降至立冬五日是月也班馬政天子乃厲飾執弓挾矢以獵故易爻取喪馬勿逐見豕張弧之象

否䷋ 否爲天地不交值氣自立冬六日至小雪十日是月也命有司曰天氣上騰地氣下降天地不通閉塞而成冬故象曰萬物不通天下無邦小人道長君子道消也

大壯䷡ 大壯曰剛以動故壯值氣在小雪十有一日至大雪終月令曰冰益壯故易爻戒剛之動有微凶用罔羸角觸藩諸占大雪之後即交冬至也

鳥厲疾故易爻取象于飛垂翼南狩得其大首

困䷮ 困爲剛揜之象值氣在大寒十有一日至交立春之終季冬之月水澤腹堅孟春之月東風解凍故易曰困而不失其所亨

恆䷟ 恆爲剛上柔下值氣自交雨水至驚蟄五日是月也毋竭川澤毋漉陂池毋焚山林故易爻曰田无禽

節䷻ 節爲中正以通值氣在驚蟄六日至春分十日是月也同度量鈞衡石角斗甬正權概故易曰節以制度不傷財不害民

蹇䷦ 蹇爲得中之卦值氣在春分十有一日至清明之終月令曰天子布德行惠命有司發倉廩賜貧窮振乏絕開府庫出幣帛周天下勉諸侯聘名士禮賢者故象曰利見大人往有功也當位貞吉以正邦也蹇之時用大矣哉

家人䷤ 家人男女得正值氣在交穀雨至立夏五日是月也天子布德行惠后妃齊戒躬桑命太尉行爵出祿必當其位禁婦女稱絲分繭各效其功象故曰男正位外女正位內

泰䷊ 泰爲天地正交值氣自立夏六日至小滿十日是月也天氣下降地氣上騰故象曰萬物通也象曰天地交泰后以裁成天地之道輔象天地之宜以左右民

遯䷠ 遯剛當位而應時行值氣在小滿十有一日至芒種終是月也挺重囚益其食故爻曰執之用黃牛之革莫之勝說挺則脫其執用牛革异囚遂其生長之氣也

右剝復爲小父母所統十有八卦每卦值氣四候與月令政典實息息相輔者

睿川易義合編　周易圖說　二十三

焉

大有 大有一陰柔麗中正值氣在交夏至小暑五日故象曰其德剛健文明應天時行

革 革爲五陽悔卦值氣在小暑六日至交大暑十日革象故曰悔亡時將立秋也

小過 小過柔得中而時行值氣在大暑十有一日至交立秋之終故象曰剛失位也

中孚 中孚柔在內而剛得中值氣自交處暑至白露五日立秋之後氣猶有暑者正以剛在中也

豐 豐曰天道盈虛與時消息值氣在白露六日至秋分十日斯時百穀告成有豐年之象故象曰豐大也王假之尙大也勿憂宜日中

同人 同人爲柔得位得中應乾值氣在交冬至至小寒五日

鼎 鼎爲柔進上行值氣在小寒六日至大寒十日雜卦言取新者時將立春也

綜 小過綜亦小過值氣在大寒十有一日至交立春之終故象曰小者過而亨也

綜 中孚綜亦中孚值氣自交雨水至驚蟄五日時至雨水驚蟄萬物萌動故象曰說而巽孚乃化邦也

旅 旅曰柔得中而順剛值氣在驚蟄六日至春分十日斯時雉在鳴求牡故爻五取象射雉譽命

睿川易義合編　周易圖說　二十四

離 離爲柔麗中正值氣在秋分十有一日至寒露之終是月也命正王者假于祖廟宜于冢社也

坎 坎爲剛中心亨值氣在交霜降至立冬五日是月也乃趣獄刑宰祝循行犧牲具按芻豢瞻肥瘠故象曰祝畜牝牛吉

小畜 小畜柔得位而上下應之值氣自立冬六日至小雪十日是月毋留有罪故象曰維心亨

需 需爲坎位天位之卦值氣在小雪十有一日至大雪終將交冬也水冰地凍天氣慘澹故象取密雲不雨之象至是月也天子命有司祈祀四海大川名源淵澤井泉故象曰利涉大川往有功也

綜 離綜仍離值氣在春分十有一日至清明之終是月桐華萍生勾者畢出萌者盡達故象曰百穀草木麗乎土

綜 坎綜仍坎值氣在交穀雨至立夏五日是月也命有司曰時雨將降下水上騰故象曰水流而不盈象曰水洊至

履 履剛中正說而應乾值氣自立夏六日至小滿十日是月也天子飲酎用禮樂故序卦曰物畜然後有禮故受之以履履者禮也

訟 訟爲剛來得中之卦值氣在小滿有一日至芒種之終是月也斷薄刑決小罪出輕繫故象曰訟有孚窒惕中吉命有司爲民祈祀山川百源象言不利涉大川者是時水潦方盛川源充滿不比仲冬永涸也

右乾坤二十四卦主自陽變剝復十八卦主自陰陽迭變大有同人十四卦主自陰變十四卦中小過中孚離坎四卦自綜一卦實爲兩卦合之仍爲十有八卦分配四時其象悉吻合焉

大過 大過陽宼於中上下莫能乘載值氣應夏至小暑大暑

姤 姤爲一陰用事值氣應立秋處暑白露

漸 漸卦陰陽均平值氣應秋分寒露霜降韓詩外傳荀子大略篇云古者霜降逆女冰泮殺止象曰女歸吉爻曰鴻漸者秋分寒露霜降之候鴻雁南徵婚禮奠雁正取象於時禽也

頤 頤以靜養爲主天地閉塞成冬值氣應立冬小雪大雪

既濟 既濟者終也濟者齊也天運一周日月五星躔於星紀值氣應在冬至小寒大寒

歸妹 歸妹爲女之終男有室女有家也詩曰士如歸妻迨冰未泮周官媒人仲春之月令會男女周之仲春夏令十有二月也時冰未泮值氣應在立春雨水驚蟄故爻曰歸妹愆期遲歸有時

睿川易義合編　周易圖說　二十五

未濟 未濟曰男之窮者蓋謂水咯火飛值氣正應春分清明穀雨陽氣發洩無餘不能自養精華也

夬 夬卦五陽充盛值氣在立夏小滿芒種至交夏至

右大過八卦分配四時每卦値三氣焉

雜卦撰德

乾 坤 乾爲純陽坤爲純陰陽剛陰柔錯則剛柔相濟故雜卦觀中爻焉

比 師 比爲一陽息坤五中師爲一陽盈坤二中比樂者陽息得位師憂者陽盈不當位也

臨 觀 臨爲二陽息卦觀爲四陰消卦天施地生陽息與陰性客嗇浸消爲求

屯 蒙 屯自陽息五中蒙自剝陽盈二中屯陽得位爲見而不失其居蒙陽雖盈過在二中爲雜而著

震 艮 震艮六子陽卦震陽動下爲起艮陽窮上爲止

損 益 損自二陽之臨息成三陽爲盛益自无妄四陽消變三陰爲衰

大畜 无妄 大畜自小畜虛爲二陰虛則變動不居爲時无妄自否益爲四陽盈則在下而動勳爲災

睿川易義合編 周易圖說 二十六

萃 升 萃自一陽之豫盈爲二陽爲聚升自三陽之泰變虛爲陰爲不來泰爲小往大來變陰則大不來也

謙 豫 謙自升虛爲五陰陽居凶賤之位賤則失勢爲輕豫自坤盈爲一陽爻居多懼之地懼則提悤爲怠

噬嗑 賁 噬嗑自无妄五中消陰賁自大畜二中虛陰五中二中陽爲陰掩變而成離猶天日食之象光暗而无色也

兌 巽 兌巽六子陰卦兌陰在上爲見巽陰在內爲伏

隨 蠱 隨自萃下益一陽蠱自大畜下虛一陰初陰在下庶民之位變而從陽革面自新隨无故者即書曰作新民也蠱初自陽變陰治極而將亂初在下位伏而未彰道在消弭無形整飭其治法焉

剝 復 剝自乾變消五陰陽亢於外陰潰於中爲爛復自坤變息一陽七日來復體震反生爲反

晉 明夷 晉自否五中消陰變爲離日明照地上爲晝明夷自泰二中消陰變爲離日明入地中爲誅虞註陸註並云誅傷也正言離日有虧傷之象

井 困 井自升五中陽息巽乎水而上水爲通困自萃二中陽益剛被五揜爲遇

咸 恒 咸自遯上消爲陰二氣感應曰速速正爲感召也恆自升四息爲陽雷風相薄久道化成爲久

渙 節 渙自觀陽盈二中陰有離散之象爲離節自臨陽息五中陽得附從之象爲止止者居其所也

解 蹇 解自豫二中陽盈蹇自謙五中陽息解爲緩蹇爲難者解得二士中正者助己蹇過五君陰健者治己也

睽 家人 睽自履五中消陰家人自小畜二中虛陰睽爲外家人爲內者睽柔居外卦之中家人居內卦之中也

否 泰 否爲三陰消卦泰爲三陽息卦陽息則陰虛陰消則陽盈往來顛倒故曰反類

大壯 遯 大壯自泰息成四陽遯自姤消成二陰陽息至四則止知足也陰消至二則退知變也

大有 同人 大有自乾中消一陰同人自乾中虛一陰柔居尊故能得衆柔在野故人樂親也

革 鼎 革自夬二中虛陰鼎自姤二中消陰革去故鼎取新者革爲剛決有悔鼎爲柔進上行也

小過 中孚 小過自謙四息爲陽中孚自履四消爲陰小過過中孚信者小過二陽相背中孚二陰相親也

豐 旅 豐自大壯中虛爲陰旅自遯中消爲陰豐多故旅親寡者離日在下澤雷在上陰繇之象正世運之多故也離日在上柔外順剛不在親其內而親其外正以在內爲寡親也

離 坎 離自同人五中虛陰柔進上行坎自比二中息陽剛來下降故曰離上而坎下也以離曰坎月論之日恆當晝爲上月恆當夜爲下

睿川易義合編 周易圖說 二十七

小畜 履 小畜自乾虛爲一陰履自坤盈爲五陽小畜一陰不敵五陽爲寡履五陽盈滿將傾勢不可以安居故曰不處

需 訟 需自泰五中陽息訟自否二中陽盈需陽息五其位極尊再無加於五尊者故曰不進訟陽盈二上與五剛不能相應故曰不親

大過 大過自姤上消一陰乾陽上下失勢上則天命潛移下則民心渙散岌岌不可終日故曰大過顛也

姤 姤自乾下消一陰乾坤旁通乾爲姤而坤爲豫豫有建侯之利故曰姤遇也

漸 漸自觀三盈一陽巽爲長女變得艮男故曰漸女歸待男行也

頤 頤自復上息一陽坤陰上下者得其實有天與民歸之象故曰頤養正也

既濟 既濟本泰二五自交三陽得位三陰和從故曰既濟定也

歸妹 歸妹自大壯三虛爲陰以少女而從長男是爲娣媵之象故曰女之終也

未濟 未濟自否二五自交三陽失位故曰男之窮也

夬 夬自坤息爲五陽以剛決柔治近純乾世運極盛故曰君子道長小人道消也孔子曰唐虞之際於斯爲盛雜卦終於夬者聖人望治也夫

按韓康伯曰雜卦者雜揉衆卦錯綜其義或以同相類或以異相明也虞翻云雜卦者雜六十四卦以爲義其于序卦之外別言也聖人因時而作隨其時宜不必皆相因襲當有損益之義也胡炳文云本義謂自大過以下卦不反對或疑其錯簡以韻協之疑其非誤竊以爲雜物撰德非其中爻不備此皆指中四爻互體而言先天圖之左互復頤既濟家人歸妹睽夬乾八卦右互姤大過未濟解漸蹇剝坤八卦此則於右取姤大過未濟漸四卦於左取頤既濟歸妹夬四卦各舉其半可兼其餘矣始於乾終於夬夬之一陰決盡則爲乾也周易象義集成云雜卦以乾坤爲體既濟未濟爲用自乾坤以下陽卦二十有八則以所互之剝復漸歸妹解蹇爲次自井困以下陰卦二十有八則以所互之睽家人姤夬大過頤爲次其大過以下八卦則以所互乾坤既濟未濟爲次予玩胡炳文說取象先天圖左圖右互卦舉半兼餘何以不舉乾坤剝復而舉頤大過漸歸妹是胡氏所云非的解也象義集成云自乾以下陽卦二十有八然觀升

兌巽晉明夷皆屬陰卦不得謂陽卦也兌巽中互家人睽剝復中皆互坤不盡合六卦剝復漸歸妹解蹇之次也自井以下陰卦二十有八然觀解蹇坎大壯需訟皆屬陽卦不得謂陰卦也解蹇睽家人中互既濟未濟不盡合六卦睽家人姤夬大過頤之次也大過以下中互三乾一坤兩既濟未濟而既濟未濟與坤又雜互於前陽卦陰卦之中象義集成之說亦非的解也茲即韓氏虞氏所云繹明其義推尋中爻之德以明剛柔樂憂之理則六十四卦昭若發蒙故不取互象以爲解也

消息盈虛

易曰君子尙消息盈虛陽息於坤爲復爲臨爲泰爲大壯爲夬乾則虛而爲小畜爲大畜並爲泰爲升爲謙陰消於乾爲姤爲遯爲否爲觀爲剝坤則盈而爲豫爲萃並爲否爲无妄爲履陽息坤中爲比爲坎乾則虛而爲同人錯爲離陰消乾中爲大有爲離坤則盈而爲師錯爲坎故曰六爻發揮旁通情也

乾虛自道而息於坤圖

小畜 大畜 虛泰 升 謙

復 臨 息泰 大壯 夬

小畜履

本乾四爻之陽息之坤初乾虛坤長故小畜曰志行復曰天行

大畜臨

本小畜五中息之復二故臨曰天道大畜曰應天

泰

本大畜之上與臨三旁通並成爲泰故泰曰小往大來小往謂臨三之陰往大畜之上大來指大畜之上來降臨三

升大壯

本兩泰初四往來一成大壯一成升故大壯曰剛動升曰剛應

謙夬

本升大壯二五志行故謙言有終曰謙尊而光夬言長終曰其危乃光

坤盈自道而消於乾圖

姤 遯 消否 觀 剝

䷏豫 ䷬萃 ䷋否 ䷘無妄 ䷉履

姤豫

本坤四爻之陰下消乾初坤轉爲一陽盈卦故姤曰遇剛豫曰剛應

遯萃

本姤豫二五再交故遯曰剛當位而應萃曰剛中而應

否

本乾坤內外三交故否曰大往小來

觀无妄

本兩否初四往來故觀曰中正无妄曰大正

剝履

本觀无妄二五往來故剝曰天行履曰應乾應乾即應天也

乾虛自道而息坤中圖

䷌同人 ䷝離錯 ䷇比 ䷜坎

同人比 坎離錯

本乾二中上息坤五故同人曰中正而應比曰上下應也再自同人比二五往來故坎曰重險離曰重明坤盈自道而消乾中圖

䷍大有 ䷝離 ䷆師 ䷜坎錯

大有師 離錯坎

本坤二中上消乾五故大有曰文明應天師曰剛中而應再自大有師二五往來故離麗中正坎維心亨心即二五之中也

有若小畜復爲家人爲屯有若大畜臨爲賁爲節有若泰交爲明夷爲需有若升大壯爲井爲豐有若謙夬爲蹇爲革有若姤豫爲鼎爲解有若萃遯爲旅爲困有若否交爲晉爲訟有若无妄觀爲渙爲噬嗑有若剝履爲蒙爲睽斯皆二五中交旁通自道者也

乾坤虛息既定復自中旁通圖

䷤家人 ䷕賁 ䷣明夷 ䷯井 ䷦蹇

䷂屯 ䷻節 ䷄需 ䷶豐 ䷰革

家人屯

本小畜復自中再交小畜成家人復成屯一利女貞一利建侯故家人曰男正位乎外女正位乎內也

賁節

大畜與臨陰陽偏於二四自中再交大畜成賁臨成節各得三陰三陽故皆曰剛柔分也

明夷需

本兩泰自中再交一成明夷一成需明夷曰艱貞需曰光亨需之坎月實受明夷之日光也故需曰位乎天位明夷曰明入地中

井豐

井曰往來井井豐曰天地盈虛與時消息蓋自天地交泰再成升與大壯今大壯自中而悔成豐升悔成井故井之往來即豐之盈虛消息也日戾月食井之坎月體巽豐之離日出震兼兩卦而通之也

蹇革

本謙夬自中而悔謙成蹇夬成革故革之六二征吉即蹇之九五朋來凡卦象

不言悔亡而革獨言悔亡者誠以陽息至夬已不勝亢盈之勢也

乾坤盈消既定復自中旁通圖

鼎 旅 晉 渙 蒙

解 困 訟 噬嗑 睽

鼎解

本姤豫自中再交姤成鼎豫成解故皆曰得中

旅困

本遯萃自中再交遯成旅萃成困故困曰剛中旅曰柔中順剛

晉訟

本兩否自中再交一成晉一成訟故晉曰柔進訟曰剛來

渙噬嗑

本觀无妄自中而悔觀成渙无妄成噬嗑陰陽偏於二四者仍返三陰三陽故觀爲盥薦有孚渙即享帝立廟无妄匪正有眚噬嗑即罰法敕明

蒙睽

本剝履自中而悔剝成蒙履成睽故蒙曰志應睽曰志通蒙之時中即睽之時用

再若小畜謙斯爲巽小過再若大畜升斯爲蠱恆再若復夬斯爲頤兌再若臨大壯斯爲損歸妹再若泰交斯爲既濟再若姤剝斯爲大過艮再若遯觀斯爲咸漸再若豫履斯爲震中孚再若萃无妄斯爲隨益再若否兼斯爲未濟故曰六爻發揮旁通情也又曰變動不居周流六虛其斯之謂乎

乾坤虛息既定復自上下旁剛剛柔不能皆應圖

巽 蠱 既濟 恆 小過

頤 損 既濟 歸妹 兌

巽小過

本小畜謙初四相交小畜成巽謙成小過小畜曰志行故巽亦曰志行謙曰盈故小過曰過

蠱恆

本大畜升初四相交升成恆大畜成蠱故皆曰剛上而柔下終則有始也

既濟

本兩泰二五自交

頤兌

本復夬三上相交復成頤夬成兌故頤之朶頤口實正通兌口飲食也

損歸妹

本臨大壯三上相交臨成損大壯成歸妹故孔子於歸妹曰天地不交萬物不興於損曰天地絪緼萬物化醇男女媾精萬物化生正以二卦旁通也

乾坤盈消既定復自上下旁通剛柔不能皆應圖

大過 咸 未濟 漸 艮

震 隨 未濟 益 中孚

大過艮

本姤剝三上相交剝成艮姤成大過故艮曰上下敵應大過曰本末弱也

咸漸

本遯觀三上相交遯成咸觀成漸故咸曰娶女吉漸亦曰歸女吉

未濟

本兩否二五自交

震中孚

本豫履初四相交豫成震履成中孚豫曰建侯故震曰主鬯履曰應乾故中孚

曰應天

隨益

本萃无妄初四相交萃成隨无妄成益故隨曰隨時益曰與時偕行

尚書句解考正

（清）徐天璋 撰

《尚書句解考正》，清徐天璋撰，據南京圖書館藏民國間雲麓山館刻本影印。

徐天璋（約一八五二——一九三六），字睿川，號曦伯。清泰州人。諸生。年八十餘卒。葬於揚州平山堂。湛深經學，於十三經均有著作。主要著作有《禹貢傳注圖考》《尚書句解考正》《毛詩傳箋考正》等。

《尚書句解考正》作於光緒二十七年（一九〇一），時值清末，西学繁盛，有人提倡廢除漢學，『士競維新，高談西學，幾於人誹堯舜，世薄湯武』。徐天璋提出，《尚書》爲政治之基礎，中學爲政，並非遜於西學。由於年代久遠，《尚書》文辭詰屈聱牙，徐天璋考證時代，玩味文辭，息心探索，專志研求，著成《尚書句解考正》。本書分小段考證，小段下有注解，標有出處；注解後有句解，考前人句讀之得失；句讀後有考正，詳細考證了《尚書》中各人名、地名、讀音、曆律等。本書體例完備，旁徵博引，疏通文意，議論精深，於細微之處著眼，詳陳各家得失，兼以作者本人之説。如考證放勳是否爲堯的真實名字，徐天璋認爲放勳乃是『推極功勳』之義，只是讚美堯之語，而後世孟子不敢直言堯，故稱爲放勳，司馬遷作《史記》，因循這一稱呼爲堯之名，乃有謬誤。此説可留爲考證之資，亦可見徐天璋質疑古人，尋根究底之勇氣。徐天璋於民族危亡之際，求索於古人，闡明經義，尋爲政强國之道，今日觀之，其可取之處亦多矣。

（高　典）

尚書句解攷正 陳延韡署

韓紫石先生鑒定

尚書句解攷正

陳延韡敬署

雲麓山館藏板

韓紫石 張惟明 合刻
胡箏汇 朱韐臣

尚書句解攷正序

五大洲中聖人首出惟中華爲震旦爲盤古世渺荒遠難稽三皇代遷生民渾噩五帝作而政迺聿興黃帝以前文字無迹堯舜以後典冊斯彰孔子集羣聖大成據古史之可法者編爲尚書上自唐虞下迄周秦典謨訓誥誓命之文足以垂世立教者約爲百篇秦火之後散佚蕩然壁經未出伏生口傳祗二十八篇堯典皋陶謨禹貢甘誓湯誓盤庚高宗彤日西伯戡黎微子牧誓洪範金縢大誥康誥酒誥梓材召誥洛誥多方多士立政無逸君奭顧命呂刑文侯之命費誓秦誓迨及古文既出增多二十五篇大禹謨五子之歌胤征仲虺之誥湯誥伊訓太甲三篇咸有一德說命三篇泰誓三篇武成旅獒微子之命蔡仲之命周官君陳畢命君牙冏命合爲五十八篇堯典分爲舜典皋陶謨分爲益稷盤庚分多中下二篇顧命分爲康王之誥二帝三王道德良臣賢佐謀猷燦然大備有若堯典天文曆數也有若洪範五行格致也有若禹貢輿地生殖也有若周官朝廷政治也他若戰陳步伐詳於牧誓刑名法律詳於呂刑度地營都詳於洛誥招攜撫貳詳於多方無不囊括古今包羅治亂爲後世所取法焉論者今文艱澀古文僞託不知晁錯齊人受尚書於伏生之女語多與穎川音異錯不知者十有二三畧

以其意屬句古文出自孔壁漢時蝌蚪文廢已久安國據所聞伏生之書考論文字定其可知者寫以隸古增多之篇實非臆造疑者永嘉之亂伏孔之本並亡今之古文實爲魏晉人作頤齋經說云亂後尚有諸生苦非三代事實文能徵信絕無不立廢也予迺執兩用中求同於異攷其時代度其事情玩其文辭辨其句讀息心探索專志研求著爲尚書句解攷正昇聖王經世宏規如日月著明胥漢庶學者不致苦其詰屈聱牙也且斯時士競維新高談西學幾於人誹堯舜世薄湯武謂中學無補於治不若西學進於富强焉知平地成天內安外攘尚書實政治之基礎西學之淵泉五大洲中所學無一不自我中華始哉

時在辛丑冬月徐天璋䓤川自識於羊城穗華書屋

尚書篇目

虞書

堯典　舜典　大禹謨　皋陶謨　益稷

夏書

禹貢　甘誓　五子之歌　胤征

商書

湯誓　仲虺之誥　湯誥　伊訓　太甲上中下　咸
有一德　盤庚上中下　說命上中下　高宗肜日　西
伯戡黎　微子

一

周書上

泰誓上中下　牧誓　武成　洪範　旅獒　金縢
大誥　微子之命　康誥

周書中

酒誥　梓材　召誥　洛誥　多士　無逸　君奭
蔡仲之命　多方

周書下

立政　周官　君陳　顧命　康王之誥　畢命
君牙　冏命　呂刑　文侯之命　費誓　秦誓

尚書句解攷正

泰州　徐天璋睿川　著

虞書

堯典

典法也稱堯典者帝堯功德爲世法式故虞書錄於
簡冊奉爲典則也

曰若稽古帝堯句曰句放勳句欽明文句思安安句允
恭克讓光被四表格于上下

曰若發語辭稽考也古故事堯唐帝名帝嚳之子姓伊祁氏皇甫

虞書　一

謐云堯初生時其母在三阿之南寄於伊長孺之家故從母所居爲姓也○孔穎達疏譙周以堯爲謚路史發揮曰書傳雖云謚出黃帝然實出周公古者生無爵死無謚死謚周道也穀梁子亦曰周公制謚法堯曰咨汝舜舜曰咨汝契舜契是皆名也若以爲謚則棄契垂益夔龍一皆爲謚而後言有鯀在下曰虞舜是豈鯀而在下已有謚乎須知堯舜禹皆名也稱古帝者帝堯殂落史臣
考其德行事功措廟立主曲禮下措之廟立之主曰帝尊以爲帝
也曰史臣云大功曰勳放勳推極功勳所至唯天爲
大唯堯則之文天文欽明文欽若昊天治曆明時敬
授民也思安安修己安人以安百姓允恭克讓誠中
形外德化彌光也四表日表所測之地即嵎銕南交

昧谷幽都感通曰格格于上下德及天地甘露降蓂
莢生也孝經援神契云德及于天斗極明日月光甘露降德及于地嘉禾生蓂莢起秬鬯出堯時甘露降蓂莢生是皆明徵
句解古讀曰若稽古句又讀曰若稽古帝堯句予攷武穆解云粵若稽古昭天之道鬼谷子捭闔篇
云粵若稽古聖人之在天地間也又太平御覽八十一引考河命云若稽古帝舜曰重華欽翼皇象詩殷
武疏引契握云若稽古王湯既受命興由七十里起詩譜引摘洛云若稽古周公旦以古比例兩讀均可
然孔安國傳蔡沈傳並讀曰若稽古帝堯句玩之文義當從之○馬融云威儀表備謂之欽照臨四方謂
之明經緯天地謂之文道德純備謂之思因讀欽明文思爲句尙書考靈曜曰放勳欽明文思安安作兩
句讀蔡傳讀欽明文思安安句予攷放勳欽明文五字卽論語曰巍巍乎其有成功也煥乎其有文章當

虞書　二

讀放勳句欽明文句皋陶曰思曰贊贊襄哉益稷云予思日孜孜詩邶風云言思晏晏思字皆合下文當讀思安安句
攷正曰若蔡傳云曰粵越通古文作粵○放勳馬融曰堯名史記索隱放勳名孟子趙岐注放勳堯
號朱子集注放勳本史臣贊堯之辭孟子因以爲堯號也予攷書云帝乃殂落孟子云放勳乃殂落周代
制謚以爲飾名之典檀弓云卒哭而諱左傳云周人以諱事神孟子生於周季不敢直言堯諱迺以虞書
襃堯功者放勳代稱司馬遷作史因見孟子云放勳徂落遂目爲堯名也
克明俊德以親九族九族既睦平章百姓百姓昭明協
和萬邦黎民六字合讀句
俊德賢智出衆之士克明俊德帝能明揚而用之也

九族高祖以下之族四曾祖以下之族三祖以下之
族二同在五服之親別子爲祖以成族者也百姓世
族大家受賜姓於君者五帝本紀黃帝二十五子其得姓者十四人楚語觀射父曰王公之子弟之職能言能聽徹其官者而物賜之姓以監其官是謂百姓足徵百姓非庶民也萬
邦諸侯之國執玉帛者黎衆也協和萬邦黎民帝摯
之時民失其和至堯時化於親睦也
句解諸儒皆讀協和萬邦句黎民於變時雍句予攷益稷云至于海隅蒼生萬邦黎獻此節宜讀協和萬邦黎民句於變時雍當移合乃命羲和節
攷正九族馬融鄭玄云上自高祖下至玄孫凡九族孔傳蔡傳從之夏侯勝夏侯健歐陽生歐陽高

虞書　三

云父族四母族三妻族二許慎五經異義主其說予
攷堯爲帝嚳之子玄囂之孫黃帝曾孫少典玄孫堯
卽位時少典黃帝玄囂帝嚳賓天久矣堯何能上親
自高祖也況古昔皇帝皆享大年稽諸史冊少典神
農時諸侯黃帝在位百年崩後其子玄囂少昊氏在
位八十四年崩後其弟昌意之子顓頊高陽氏在位
七十八年崩後其帝嚳高辛氏在位七十年崩後其
子摯嗣位九年然後堯乃卽位總計帝紀已有三百
四十一年堯祗百一十七歲彼云上親高曾已屬不
能何得再下親曾玄其說不攻自破也且以三十年
爲世計之九世必二百七十年以二十年爲世計之
九世必百八十年馬鄭之說絕無其理者也爾雅釋
親凡屬父系者謂之宗族故曰父之從祖晜弟爲族
父族父之子相謂爲族晜弟父之從祖祖父爲族曾
王父凡屬母系者謂之母黨凡屬妻系者謂之妻黨
母之父祖稱曰外王父外曾王父晜弟稱之曰舅妻
之父曰外舅晜弟曰甥不聞兩黨稱爲族者白虎通
云族者湊也聚也古者稱同姓爲族異姓爲親故天

子諸侯稱同姓曰伯父叔父異姓曰伯舅叔舅若必引兩黨婚親目以爲族謂他人父謂他人昆瀆姓亂宗甚矣彼云母黨三妻黨二合父黨四爲九族者其說亦不攻自破也然則九族謂何蓋古者諸侯不祖天子大夫不祖諸侯別子爲祖繼別爲宗凡有爵位必有宗廟所以聯族屬也六世親屬竭矣堯親世祖免殺同姓也大傳曰四世而緦服窮五九族實自高祖以下別子爲宗者也

附九族圖

高祖 — 曾祖 — 祖父 — 父親 — 身兄弟
高祖 — 伯叔曾祖 — 從伯叔祖 — 再從伯叔 — 三從兄弟
曾祖 — 伯叔祖 — 從伯叔父 — 再從兄弟
祖父 — 伯叔父 — 從兄弟

虞書　四

於變時雍乃命羲和欽若昊天曆象日月星辰敬授人古本作民時

羲和司天官名顓頊之時重黎主之重黎既死時序壅慦堯命重黎之後羲和使復其官楚語觀射父對昭王曰顓頊命南正重司天以屬神火正黎司地以屬民堯育重黎之後不忘舊職使復典之昊天元氣廣大之象欽若昊天敬順天道也曆謂迎日推策以紀其候曆謂推步周天三百六十五度四分之一以算日月五星會躔行度遲速歲差之法定爲四時象謂仰觀天文以齊其政象卽斗杓所指辰宿日月水火之精麗天而明陰陽互根化成四時者淮南子火氣之精者爲日水氣之精者爲月星卽五星列宿星有經緯星二十八宿爲經五星爲緯二十八宿東方角亢氐房心尾箕北方斗牛女虛危室壁西方奎婁胃昴畢觜參南方井鬼柳星張翼軫五星水火木金土辰謂次舍會躔辰卽日月會躔之定位也子曰玄枵丑曰星紀寅曰析木卯曰大火辰曰壽星巳曰鶉尾午曰鶉火未曰鶉首申曰實沈酉曰大梁戌曰降婁亥曰娵訾人時大傳所云布令於民也大傳云主春者張昏中可以種稷主夏者火昏中可以種黍主秋者虛昏中可以種麥主冬者昴昏中可以收斂也

句解於變時雍古今合上黎民讀句子攷四字當爲此節首句於發聲乃者繼事之辭上言於變時雍下言敬授民時正與中三句文義一氣貫注○於央居切

分命羲仲宅嵎銕古作嵎銕曰暘谷寅賓出日平秩東作日

虞書　五

中星鳥以殷仲春厥民析鳥獸孳尾

羲仲司春官名分命卽羲和分授其職也宅居也嵎銕朝鮮遼河開地在鐵嶺南突出海濱者也暘谷嵎銕山谷說文暘暘山在遼西一曰嵎鐵暘谷也寅賓出日迎日致敬其禮而儐導也平秩東作農率均田之令詳夏小正分散曰析冬日民皆入保至春勤於農功遂散處田野之廬舍也中謂春分中氣星鳥柳宿爾雅釋天鳥咮謂之柳史記天官書南方朱鳥正義柳八星爲朱鳥咮堯典中星不言星爲中星而言星鳥宿度盈縮不齊也劉歆三統術推昏旦中星二月節昏井二十二度中春分昏柳五度中三月節昏張二度中日中星鳥春分

日行黃赤二道交中（開元占經引張衡渾儀注云春分秋分日出黃赤二道之交中去極俱九十一度少強出卯入酉晝行地上夜行地下俱一百八十二度半強）初昏柳值南方正中也乳化曰孳交接曰尾春日載陽鳥獸競生育也

孜正（孫星衍尚書今古文注疏臧墉拜經日記並云禺銕在遼西予孜嵎銕在遼西者實今奉天府鐵背山脈一名鐵嶺突出於海濱者也童世亨世界輿圖鐵嶺之左遼東灣有迎日津正與柳谷在哈密者緯度相均足證嵎谷迎日是在遼河鐵嶺老鐵山嘴今大連灣旅順口迤北山島之中故島夷萊夷字皆爲夷獨嵎夷古文作嵎銕也銕古鐵字讀音天入聲不當讀音夷凡云嵎夷在登州海寧者皆非）

申命羲叔宅南交平秩南訛敬致日永星火以正仲夏

虞書　六

厥民因鳥獸希革

申重也羲叔司夏官名南交南方交阯也訛化也平秩南訛即周官草人掌土化之灋以物地相其宜而爲之種也（土化之法獨詳夏者夏日百卉俱生始能辨土地燥溼之性見草木蔬穀種殖之宜也）敬至日測景而致其敬（周官馮相氏冬夏致日春秋致月以辨四時之敘鄭玄曰冬至日在牽牛景丈三尺夏至日在東井景尺五寸此長短之極極則氣至冬無愆陽夏無伏陰）永長也（夏日晝長日在東井出寅入戌凡十二時日占其八故極長也）火心宿（左傳襄九年云古之火正或食於心是故心爲大火）日永星火蓋夏至之日晝時刻漏爲極長也（馬融曰日長晝漏六十刻夜漏四十刻）初昏火值南方

正中因茵也（茵䩞通字釋名釋車䩞因也轉注因即爲茵）草席夏日酷炎席地幕天民皆藉草席爲依止也鳥獸之皮曰革希革毛羽零落而稀疏也

句解（鄭玄曰夏不言曰明都三字磨滅也蔡傳南交下當有曰明都三字王引之經義述聞宅南交當以宅南爲句交上南下有曰大二字宅南猶言宅西宅朔方也曰大交猶言曰暘谷曰昧谷曰幽都也通鑑前編引尚書大傳中祀大交與秋祀柳谷冬祀幽都對文大戴記曰朔方幽都來服南撫交阯皆言交阯而不言明都則極南之地無所謂明都者矣若禹貢被孟豬史記作明都是豫州之藪非極南之地也○洪頤煊讀書叢錄宅嵎夷曰暘谷是一地二名宅西宅朔方統言之必實舉其地之所在曰幽都曰昧谷宅南交謂居南方交阯之地文義已著不必有曰明都三字○予孜黃帝紀云南至于交阯大傳云

虞書　七

堯南撫交阯大戴記墨子皆云堯南撫交阯大交即交阯漢曰交州今廣西梧州蒼梧縣堯典曰宅南交蓋以帝都平陽與交州測日之表經綫直對正當黃赤二道交中故曰南交）

分命和仲宅西曰昧谷（古作柳谷）寅餞納日平秩西成宵中星虛以殷仲秋厥民夷鳥獸毛毨

和仲司秋官名昧谷隴西柳谷今哈密天山東南麓柳谷水也（元和志柔遠縣柳谷水有東西二源出縣東北天山困學紀聞魏明帝時張掖柳谷口水溢涌寶石負圖即其地也予孜柳谷水漢時地屬張掖郡治唐名柔遠縣隸於伊州今名哈密在燉煌玉門關西北天山之委南麓也隸於新疆伊犂近時王蓮溪地理志云伊犂地土高燥四時多風春間尤甚風至則拔木揚沙天昏地黑人畜難行氣象愁慘想見柳谷一名昧谷古稱所由來也）餞送

也納入也夷安悅春夏民皆勞於農事至秋百穀告
成家給人足故於歲晚務閒相處爲樂也宵昏也春
曰日中秋曰宵中春秋晝夜平陰陽分也前漢律曆志春爲陽
中萬物以生秋爲陰中萬物以成虛北方玄武宿名宵中星虛昏時
虛見正南也毨毛鮮潔貌
申命和叔宅朔方曰幽都平在朔易日短星昴以正仲
冬厥民隩鳥獸氄毛
和叔司冬官名朔方北方幽都山名在雁門北山海經海
內經云北海之內有山名曰幽都之山在察也易改也仲冬之日貞中

起元陽氣萌動萬物復生故察物而知改革也昴西
方宿名昏中見於正南夏日言永冬日言短夏至日
行赤道之北冬至日行黃道之間晝時爲極短也夏至
日出寅正入戌初冬至日出辰初入申正故晝四十刻夜六十刻隩與奧同聚也釋文
隩亦作奧周語野無奧草韋昭注奧積聚也詩云曰爲改歲入此室處民
皆墐戶而聚居也氄毛毛厚密貌
帝曰咨汝羲暨和朞三百有六旬有六日以閏月定四
時成歲允釐百工庶績咸熙
咨謀也暨及也朞周也帝因謀於羲和欲以中星鳥火

虛昴會纏釐定日月四時置閏成歲爲民時之準則焉
古人卽列宿之昭著者分天爲三百六十五度四分
之一范蔚宗曰在天成度在曆成日○胡方平曰四分度之一者天行每一歲計九百四十分分爲
四分則計四箇二百三十五分也天繞地旋常一日一周而過一度
日行少遲每一日繞地一周視天爲不及一度積三
百六十五日九百四十分日之二百三十五陳師凱曰九百
四十分者曆家額設一日細數也二百三十五者卽四分日之一也○胡方平曰天一度有九百四十分
歲一日亦有九百四十分均以四分分之每分計二百三十五分是天與日所行之餘分也而與
天會是一歲日行之數也月麗天而行尤遲每一日

常不及天十三度十九分度之七胡方平曰十九分度之七者以九百
四十分分爲十九分每分計四十九分四釐七毫三絲六忽八秒十九分內中取七分總爲三百四十六
分三釐一毫五絲七忽六秒此月行一日不及天與日常數之餘分也○禮記月令正義引曆家之說云
月一日至於四日最疾日行十四度餘自五日至八日次疾日行十三度餘自九日至十九日則遲日行
十二度餘自二十日至二十三日又小疾日行十二度餘自二十四日至晦又最疾日行十四度餘此月
行之大率也茲言月行每日十三度十九分度之七與曆家說異者蓋細覈之月行實有遲疾通其遲疾
而大判言之則每日行十三度十九分度之七也積二十九日九百四十分
日之四百九十九而與日會朱子曰天無體只二十八宿便是體且如日月
皆從角起日則一日一周依舊只在角上天則一周了卽過角一度日日累上去則一年便與日會○予

攷日言九百四十分月言四百九十九者月行周天每月二十九日半強半日應天半度曆家設言四百九十九者正爲半日強數也十二會得全日三百四十八陳師凱曰十二箇二十九日也餘分之積五千九百八十八陳師凱曰十二箇四百九十九也○予攷十二箇四百九十九卽每月月行二十九日半強計餘半日強數月如日法之每日九百四十分當得六日六日合爲五千六百四十分通計得日三百五十四陳師凱曰有全日三百四十八並餘分之積得六日也不盡之數尚有三百四十八故爲小餘予攷餘積五千九百八十八除去六日五千六百四十分尚餘三百四十八分是一歲月行之數也歲有十二月月有三十日三百六十者一歲之常數也陳師凱曰曆家設此爲常額多於此者爲

虞書　十

盈少於此者爲虛故日與天會而多五日九百四十分日之二百三十五者二百三十五卽四分之一爲氣盈胡方平曰氣則二十四氣自今年冬至至來年冬至前一日計三百六十五日二百三十五分是於三百六十日外多五日二百三十五分者氣盈月與日會而少五日九百四十分日之五百九十二者爲朔虛胡方平曰朔則十二月朔自今年十一月初一至來年十一月初一前一日計三百五十四日三百四十八分是於三百六十日內少五日五百九十二分者是爲朔虛○予攷每日九百四十分今小餘祇三百四十分故於五日外仍少五百九十二分合氣朔盈虛而閏生焉金燧曰閏所以消其盈而息其虛也故一歲閏率則十日九百四十分日之八百二十七黃瑞節曰將日行所多五日又二百三十五分合月

行所少五日又五百九十二分通得十日又八百二十七分一歲之閏率也三歲一閏則三十二日九百四十分日之八百二十七黃瑞節曰將日行所多五日又二百三十五分合月行所少五日又五百九十二分通得十日又八百二十七分一歲之閏率也三歲一閏則三十二日九百四十分日之六百單一五歲再閏則五十四日九百四十分日之三百七十五胡方平曰三歲一閏積氣朔之數三箇十日八百二十七分計三十二日六百單一分五歲再閏積五箇十日八百二十七分計五十四日一百七十五分但五歲內無再閏而易繫乃有五歲再閏之文者蓋以氣盈六日朔虛六日而再閏在五歲內者舉成數也在六歲內者舉本數也十有九歲七閏則氣朔分齊是爲一章也黃瑞節曰十九歲七閏合十九歲日

虞書　十一

行所多月行所少通得整日一百九十每歲餘分八百二十七以十九乘之得一萬五千七百一十三以日法九百四十分而一除之得十六日猶餘六百七十三分並一百九十日通計二百單六日又六百七十三分也今爲七閏月每二十九日通計二百單三日每月餘分四百九十九分以七乘之得三千九百四十二以日法九百四十分而一除之得三日猶餘六百七十三分並二百單三日通二百單六日又六百七十三分也所謂氣朔分齊者十九年合氣朔盈虛得二百單六日不盡六百七十三分七閏月亦二百單六日不盡六百七十三分氣之分與朔之分至十九年而皆齊此所謂氣朔分齊而爲一章也定正也四時卽二分春分秋分二至夏至冬至節氣之中成歲日月周天五星纏次由日至推至千歲皆能不越其準則也允用也詳見經義述聞釐賜也允釐百工庶績咸熙蓋

帝以朔頒於諸侯茂時育物民衆皆欣樂也

攷正 羲和馬融曰羲氏掌天官和氏掌地官四子掌四時鄭玄曰高辛氏之世命重爲南正司天黎爲火正司地堯育重黎之後使羲氏和氏之子賢者使掌舊職孔安國傳重黎之後羲氏和氏世掌天地四時之官蔡沈傳羲氏和氏主曆象授時之官予攷呂氏春秋云羲和占日常娥占月晉志云黃帝使羲和占日尚儀占月車區占星羲和之名本爲一人非爲二氏其分二氏者後世子孫各以一字也堯時治曆明時欽天之職一人總司故曰乃命羲和四時測日遂以子弟分授其職故曰羲仲羲叔和仲和叔黃帝時羲和人名堯時羲和族氏欽天授時則又因族氏名官以致莫衷一是也

帝曰疇咨若時登庸放齊曰胤子朱啟明帝曰吁嚚訟可乎

虞書 · 十二

疇咨類相籌謀也若時順時登庸升進而庸也放齊臣名朱胤國之君子爵與放齊相與朋比者啟明謂其知識開通飾非曰嚚爭辯曰訟可乎帝疑齊言爲不然也

攷正 胤子朱孔傳胤國子爵朱名蔡傳胤子朱堯之嗣子丹朱也予攷馬融鄭玄並云帝之胤子曰朱也故蔡氏從之然堯詢登庸臣工非詢嗣位放齊何能以丹朱薦進尚書古今文注疏胤字皆引作允左傳昭九年云允姓之姦居于瓜州瓜州地近三危想見下云竄三苗于三危正竄放齊胤子朱諸人若朱爲堯之子竹書紀年云帝堯五十八年使后稷放朱于丹水帝舜之世何又再竄三危乎據是而觀則胤子朱非堯子明甚

帝曰疇咨若予采驩兜曰都共工方鳩僝功帝曰吁靜言庸違象恭滔天

采事也驩兜臣名都歎美辭共工治水之官鳩聚也僝見也言共工方且鳩聚其衆見其功吁歎其爲不然者靜言用違所言不能施行於事象共滔天貌爲靖共其職實仍洪水滔天也竹書紀年帝堯十九年命共工治水六十一年命崇伯鯀共工治水四十一年無功故帝云云

帝曰咨四岳湯湯洪水方割蕩蕩懷山襄陵浩浩滔天下民其咨有能俾乂句 僉曰句 於鯀哉句 帝曰吁咈哉

虞書 十三

方命圮族岳曰異哉試可乃已帝曰往欽哉九載績用弗成

共工治水無功方岳羣朝帝因詢謀於衆湯湯水揚貌洪大也方割四溢散流而爲害也蕩蕩排盪貌懷包也襄駕也民咨憂嗟俾乂使治僉衆也於代也爾雅釋詁於鯀哉衆言在鯀可代也吁歎辭咈違也方命圮族帝言鯀方獻策命築坊墉以衛民族曾拂其計而不用也異已也四岳薦鯀聞堯短之遂驚愕而止其不用之意試可乃已勸帝先爲驗試不可而後再止

也鯀崇伯名往謂命其治水績功也九載績用不成
鯀於帝堯六十一年治水至六十九年而黜職也
句解孔傳於音烏蔡傳於歎美辭是讀於字爲句予攷釋詁於代也廣韻央居切四岳薦鯀以代共
工治水當讀於鯀哉三字爲句
攷正方命圮族孔傳圮毀族類馬融云方放也蔡傳方命猶今言廢用詔令圮族圮敗族類也予攷
祭法云鯀障洪水而殛死圮字从土从已象爲障水防壅國語太子晉曰共工壅防百川墮高堙卑以害
天下崇伯鯀稱遂共工之過足徵圮族是築防壅以衛民族不事疏導故帝吁咈之也方命當如詩曰方
命厥后之義若其顯違詔令圮毀族類四岳何必請試其可與
帝曰咨四岳朕在位七十載汝能庸命巽朕位岳曰否

虞書　十四

德忝帝位曰明明揚側陋師錫帝曰有鰥在下曰虞舜
帝曰俞予聞如何岳曰瞽子父頑母嚚象傲克諧以孝
烝烝乂不格姦帝曰我其試哉女于時觀厥型于二女
釐降二女于媯汭嬪于虞帝曰欽哉
朕我也巽讓也汝指許由許爲太岳之裔故堯欲以
天下讓之見高士傳岳曰否德言其德不稱位而反辱也
明察也揚舉也明明察其貴戚之顯者揚側陋舉其
疏遠隱匿者五帝紀堯曰悉舉貴戚及疏遠隱匿者師錫衆與之意鰥
匹夫也虞氏舜名俞然辭予聞帝言我嘗聞也如何

詢舜德行所著瞽樂官名舜之先世虞幕能協其樂
至舜父世服其官故舜稱瞽子也鄭語虞幕能聽協風以成樂物生者
也左傳云自幕至於瞽叟無違命心不則德義之經曰頑口不道忠
信之言曰嚚象舜弟傲倨慢諧和也克諧以孝瞽叟
厎豫天下感神也烝衆也烝烝乂不格姦衆進於治
不變不善以至於善試謂徵庸女于時徵庸之時堯
見厥舜遂許二女爲舜妻也觀示也觀型二女迨及
二女歸舜教于宗宮示女爲婦之法韻會觀示也漢宣帝紀觀以珍
寶師古曰觀示也二女娥皇女英也釐耦也字典引博雅降下也

虞書　十五

帝之二女下嫁虞舜故曰釐降虞虞鄉今蒲州府虞鄉縣媯
汭二水名出歷山下水經注歷山媯汭二水出焉南曰媯水北曰汭水嬪于
虞謂修婦禮以見舅姑也汪中述學云既嫁見于舅姑然後婦道成故曰嬪
句解明明揚側陋孔傳明舉明人在側陋者是以五字合讀爲句蔡傳明明上明謂明顯之下明謂
已在顯位者揚舉也側陋微賤之人也則以明明斷句揚側陋斷句予攷當以明明爲讀合揚側陋爲句
與五帝紀堯云悉舉貴戚及疏遠隱匿者方合○經義述聞讀父頑母嚚句象傲克諧句以孝烝烝句乂
不格姦句尚書今古文注疏讀克諧以孝烝烝句乂不格姦句予攷當從孔蔡二傳以瞽子爲讀合父頑
母嚚爲句象傲爲讀合克諧以孝爲句烝烝乂句不格姦句
攷正帝曰汝能庸命巽朕位集韻韻會並云汝者對我之稱是當日堯欲巽位者明明四岳中自其

人也高士傳云堯欲讓天下於許由許由不受論者
許由與巢父同爲耕夫野老堯何輕以帝位讓之說
不可信予攷舜耕歷山陶河濱漁雷澤何嘗不是耕
夫野老與況許爲太岳之裔書言汝能庸命巽朕位
其指許由明焉○二女妻舜正義云世本堯是黃帝
玄孫舜是黃帝八代之孫計堯女於舜之曾祖爲四
從姊妹以之爲妻於義不可予攷路史餘論呂梁碑
中敍記虞帝之世云舜祖幕生窮蟬窮蟬生敬康敬
康生喬牛喬牛生瞽叟瞽叟生舜命禹行水道呂梁
此節完備爲可攷質之於傳惟無句望且不言出自
黃帝據此足證堯
女非舜從祖姑也

堯典全文補義帝曰欽哉下宜接

祗載見瞽叟夔夔齊栗瞽叟亦允若並見大禹謨孟子萬章上愼
徽五典五典克從納于百揆百揆時敍賓于四門四

門穆穆納于大麓烈風雷雨弗迷帝曰咨汝舜詢事
考言乃言底可績三載汝陟帝位舜讓于德弗嗣帝
曰咨汝舜天之曆數在爾躬允執其中四海困窮天
禄永終見論語堯日篇月正元日受終于文祖在璇璣玉衡
以齊七政肆類于上帝禋于六宗望于山川徧于羣
神輯五瑞既月乃日覲四岳羣牧班瑞于羣后歲二
月東巡狩至于岱宗柴望秩于山川肆覲東后協時
月正日同律度量衡修五禮五玉三帛二生一死贄
如五器卒乃復五月南巡狩至于南岳如岱禮八月

西巡守至于西岳如初十有一月朔巡狩至于北岳
如西禮歸格于藝祖用特五載一巡狩羣后四朝敷
奏以言明試以功車服以庸肇十有二州封十有二
山濬川象以典刑流宥五刑鞭作官刑扑作教刑金
作贖刑眚災肆赦怙終賊刑欽哉欽哉惟刑之恤哉
流共工于幽洲放驩兜于崇山竄三苗于三危殛鯀
于羽山四罪而天下咸服二十有八載帝乃殂落三
載四海遏密八音以上所補之義全爲堯典

攷正帝曰欽哉下補祗載三句舜承堯命遂偕二女敬見瞽叟瞽叟見之底豫然後舜任堯職愼典

納揆賓門納麓無往不宜也○舜讓于德弗嗣下補帝曰咨汝舜天之曆數在爾躬五句者舜旣讓德必因帝堯再命然後受終文祖也

舜典

舜虞帝繼唐堯爲君者也德行言事足爲法於天下
史臣錄於簡策故曰舜典

曰若稽古帝舜曰重華協于帝濬哲文明溫恭允塞玄
德升聞乃命以位此節無論眞僞上下文意橫隔不接旣名舜典宜列四海遏密八音之下月正元日之上
重華協帝舜與日月合明帝堯合德也濬深也哲智

也文明德之著於外者溫和也恭敬也允塞德之充
於中者玄德幽潛之德升聞誠中形外闇然日章帝
堯聞遂徵庸命位命其居攝也
攷正孔傳正義曰東晉之初梅賾上孔氏傳猶闕舜
典自此乃命以位以上二十八字世所不傳多
用王范之注補之而皆以慎徽以下為舜典之初至
齊蕭鸞建武四年吳興姚方興於大航頭得孔氏傳
古文舜典亦類太康中書乃表上之至隋開皇初購
求遺典始得之○陸德明經典釋文曰若稽古帝舜
曰重華協于帝此十二字是姚方興所上孔氏傳本
無阮孝緒七錄亦云然方興本或此下更有濬哲文
明溫恭允塞玄德升聞乃命以位凡二十八字○臧
琳經義雜記釋文序錄云江左中興元帝時豫章內
史梅賾奏上孔傳古文尚書亡舜典一篇購不能得
乃取王肅注堯典從慎徽五典以下分為舜典篇以

虞書　十八

續之學徒遂盛後范甯變為今文集注俗間或取舜
典篇以續孔氏○王鳴盛尚書後案慎徽五典與帝
曰欽哉緊相承接本係一篇直至陟方乃死皆堯典
也此伏生本而孔安國所得眞古文與之合安國於
堯典之外又別有舜典如論語天之曆數孟子祗載
見瞽叟皆舜典文但逸書不立學官藏在祕府人不
得見永嘉之亂伏孔之本並亡好事者別撰二十五
篇即今本也東晉梅賾獻之遂行於世○予攷諸說
舜典首節二十八字其僞顯然若後案云至陟方乃
死皆堯典也予未敢信蓋自曰若稽古帝堯至四海
遏密八音是為堯典自月正元日舜格于文祖至陟
方乃死是為舜典惟舜典月正元日以上脫去簡冊
後人遂以為舜典篇亡不知月正元日以下咨牧咨
岳明明是舜典也若非舜典何以舜格文祖之後繼
無一字言堯之事與且堯典中亦有脫簡二女嬪虞
帝曰往欽哉下其脫當為祗載見瞽叟數句舜讓于
德弗嗣下其脫當為堯曰天之曆數在爾躬數句若
無此數句則舜方讓德弗嗣何以忽接正月上日受

終于文祖與四海遏密八音下當引尚書考河命曰
曰若稽古帝舜曰重華欽翼皇象以冠月正元日舜
格于文祖上如此則堯典舜
典顯分為二誰能議其非與
慎徽五典五典克從納于百揆百揆時敘賓于四門四
門穆穆納于大麓烈風雷雨弗迷自此節至四海遏
密八音皆堯典文
慎謹也徽和也五典五常之教父義母慈兄友弟恭
子孝從順也納致也揆度也百揆百官百官時敘言
皆得其秩序賓儐也四門諸侯朝於總章接見之位
明堂位天子負斧扆南嚮而立三公中階之前北面
東上諸侯之位阼階之東西面北上諸伯之國西階
之西東面北上諸子之國門東北面東上諸男之國
門西北面東上九夷之國東門之外西面北上八蠻

虞書　十九

之國南門之外北面東上六戎之國西門之外東面
南上五狄之國北門之外南面東上九采之國應門
之外北面東上明堂雖為周制然確肇於神農堯有
天下名曰總章古者以賓禮親邦國諸侯賓於四門
見諸侯於
總章也
穆穆敬也大麓泰壇所在山麓之地堯將
遜位於舜故使攝祭祀之禮烈風雷雨弗迷雨暘時
若薦天而天享之也尚書大傳堯推尊舜屬諸侯致
天下於大麓之野祭法燔柴于
泰壇祭天也瘞埋于泰圻祭地也用牲犢埋少牢于
泰昭祭時也大古通泰大麓當讀泰麓古者壇壝之
地必擇山麓納于大麓堯老舜攝使之主祭也烈風
雷雨弗迷風雨和甘時無錯亂正孟子云薦天而天
享
也
帝曰格汝舜詢事考言乃言底可績三載汝陟帝位舜

讓于德弗嗣

格來也詢謀也考稽也謂舉舜總百揆事言無不致功也三載考績之期陟升也帝位堯位嗣繼也

正月上日受終于文祖

上日朔日終成也受終言舜允承受成文祖帝顓頊也祭法云有虞氏禘黃帝而郊嚳祖顓頊而宗堯顓頊堯之祖也未去壇墠皆月祭之舉正月則四時可該古者大事必告祖禰受終告廟文祖實顓頊也五帝紀顓頊載時以象天易曰仰以觀於天文記曰天事象文斯皆顓頊廟號文祖之明徵也

在璿璣玉衡以齊七政

在察也璇璣及衡皆北斗星名運斗樞云第一天樞第二璇第三璣第四權第五衡第六開陽第七瑤光斗指四時璇璣北極斗魁所主之處北極即北辰斗魁即北斗方杓玉衡斗杓柄也說文杓斗柄也前漢天文志一至四爲魁五至七爲杓舜乃製玉爲器以象天儀蓋北極者天體左旋之機斗魁者恆星右旋之主尙書集注音疏蓋北極者天體左旋之機斗之言主北斗爲恆星之主恆星隨之而運二萬五千四百一十一年有餘而右旋一周者也則斗魁爲恆星右旋之機故北極斗魁皆爲旋機也天星有經有緯北斗三垣列宿經也不動者也日月五星緯也歲時移易者也斗雖

名指四時實則魁杓參首柄指角亢麗天而轉周見十二辰位非指中星也天官書云杓攜龍角衡殷南斗魁枕參首集解龍角東方七宿攜連也衡斗之中央殷中也魁斗第一星也予攷夏小正正月云初昏參中斗柄懸在下日入爲昏參西方白虎宿也孟春之月昏時見於南方之中杓斗杓也南爲上北爲下初昏之時斗杓北指昏後始漸移指寅也據是而觀龍角直亢星上正月之昏龍角加寅南斗加亥參首加午斗魁南上枕於午斗衡在中當於亥斗柄北下攜於寅矣參值西南申方角值東南辰方參既歷未加午角故歷卯加寅午在正南寅在東北觀小正云斗柄懸在下者周天三百六十五度有奇二十八宿半隱半見四時仰觀人惟能見十有四宿平分天度當爲一百八十二度有奇自參至角中距一百一十二度試以一紙畫成圓圖平分十有二辰每辰再分十有五度自正南數至正北度適爲百零五度是斗首上加參首移在南方午者

斗杓下攜龍角名雖加寅昏時正在北也七政日月五星所謂齊者自玉衡窺其纏次治歷明時頒朔諸侯布德行令也

攷正　璿璣玉衡孔傳璿美玉璣衡玉者正天文之器可運轉者。正義馬融云渾天儀可旋轉故曰璣衡其橫簫所以視星宿也以璿爲璣以玉爲衡蓋貴天象也蔡邕云玉衡長八尺孔徑一寸下端望之以視星辰蓋懸璣以象天而衡望轉璣窺衡以知星宿。蔡傳美珠謂之璿璣機也以璿飾璣所以象天體之轉運也衡横也謂衡簫也以玉爲管横而設之所窺璣而齊七政之運行猶今之渾天儀也。予攷之諸家言璿璣玉衡大旨略同獨尙書集注音疏云北極與斗魁皆爲旋機斗柄爲玉衡言玉者取其色白而晶瑩也力辨俗儒謬解以旋機爲渾天儀以玉衡爲其中横管所以闚儀者不知諸家皆有根據非鑿空也璣衡本北斗中星名古人制器向象卽肖北斗機衡製璿爲璣製玉爲衡從衡管窺測七政分辨天度故曰在璿璣玉衡以齊七政若非在王管窺之則北斗七星人皆仰見焉能細辨天度爲在某辰與予故合兩說爲之注焉。七政孔傳日月五星。馬融注北斗七星各有所主第一曰主日法天第二曰主月法地第三曰命火謂熒惑也第四曰煞土謂填星也第五曰伐水謂辰星也第六曰危木謂歲星也第七曰罰金謂太白也日月五星各異政故名曰七政也。尚書大傳云七政謂春夏秋冬天文地理人道。予攷七政曰齊所謂齊者必因行度有不齊也日一歲周天不及天一度月每行一日不及天十三度十九分度之七積二十九日九百四十分日之四百九十九而與日會木星十二歲周天火星二歲周天土星二十九歲有奇周天金星二百二十餘日周天水星八十八日周天所謂齊者正觀辰舍躔次治曆明時以授民也當從孔傳爲允

肆類于上帝禋于六宗望于山川徧于羣神

肆遂也祭天曰類上帝昊天之神最尊者馬融注上帝太乙神在紫微宮天之最尊者六宗方明也宗衆也六合之中神有功德者衆遂以玉作六器以禮天地四方周禮大宗伯云以蒼璧禮天以黃琮禮地以青圭禮東方以赤璋禮南方以白琥禮西方以玄璜禮北方敖繼公曰此謂禮方明之玉也故天子覲見羣侯設方明於宮壇之上禮祀以爲禮也儀禮覲禮諸侯覲于天子爲宮方三百步四門壇十有二尋深四尺加方明于其上方明者木也方四尺設六色東方青南方赤西方白北方黑上玄下黃設六玉上圭下璧南方璋西方琥北方璜東方圭遂祭曰望山川名山大川五嶽四瀆也咸秩曰徧羣神天地之閒凡有功德於民者也

攷正六宗之說古十有四近又有六以爲寒暑日月星辰者孔安國也本於祭法見於孔叢子家語因而王充蘇軾蔡沈皆從之以爲天地四時者伏勝馬融也以爲天地四方中央恍惚無神有神者夏侯建歐陽和伯也以爲星辰司中司命風師雨師者鄭玄也以爲乾坤六子者劉歆晁錯孔光王莽王肅顏師古也以爲天皇大帝五帝之神者後魏孝文之說則杜佑季翰取之以爲六爲地數說主祭地晉虞喜也則劉昭取之謂爲天宗三日月北辰地宗三岱山河海古尚書說也許慎賈逵取之謂爲天宗者日月星辰寒暑之屬地宗社稷五祀之屬四方之宗四時五帝之屬司馬彪也張髦則以爲三昭三穆張迪則以爲六代帝王劉邵以爲太極冲和之氣孟康以爲天地之遊神宋儒羅泌以爲天宗地宗岱宗河宗幽宗雩宗近儒惠士奇云六宗六帝也蒼帝赤帝黃帝白帝黑帝並北辰爲六方以智云五方實有六神曰句芒曰祝融曰蓐收曰玄冥曰后土杭世駿以爲天地四嶽之神沈彤以爲六府水火金木土穀全祖望

以爲六物歲時日月星辰諸說紛紜莫衷一是予攷六宗實方明也古者巡守方岳覲見諸侯必祀方明大宗伯云作六器以禮天地四方其說六玉與祀方明同其徵一也舜典於禋宗之下卽云乃日覲四岳羣牧其徵二也方明之祀上天下地旁爲四方以應四時故曰六宗其徵三也竹書紀年帝堯七十四年虞舜初巡狩方岳舜時攝位與大宗伯云凡祀大神若王不與祭則攝位禮同其徵四也得此四徵六宗爲祀方明又何疑與

輯五瑞既月乃日覲四嶽羣牧班瑞于羣后

輯斂也瑞圭璧五瑞五等諸侯所執者公執桓圭侯執信圭伯執躬圭子執穀璧男執蒲璧天子執瑁輯五瑞以瑁驗合圭璧以爲信也周禮天子執瑁以朝諸侯鄭玄注名玉以

珇以德覆冒天下也諸侯始受命天子錫以圭圭頭斜銳其珇下斜刻小大長短廣狹如之諸侯來朝天子以刻處冒其圭頭有不同者則辨其僞也 既盡也諸侯北面而拜曰覲

既月乃日覲四岳羣牧言盡正月之終分日接見諸侯也四岳四方之伯羣牧十二州之長頒瑞既覲之後仍以圭璧還羣后也

歲二月東巡守至于岱宗柴望秩于山川肆覲東后協時月正日同律度量衡修五禮五玉三帛二生一死贄如五器卒乃復五月南巡守至于南岳如岱禮八月西巡守至于西岳如初十有一月朔巡守至于北岳如西

禮歸格于藝祖用特

四時得正曰歲周禮大司徒正月注 二月斗指卯也巡守天子巡行諸侯所守之地岱宗東嶽在今山東泰安府境 柴燔柴祭天之禮覲禮云祭天燔柴敖繼公注祭物牲幣之屬置之於積柴之上而燔之 望遙祭秩秩序山川之祭或升或沉或後或先必分秩序也王制云天子祭名山大川五嶽視三公四瀆視諸侯學記云三王之祭川也皆先河而後海禮器云晉人將有事於河必先有事於惡池齊人將有事於泰山必先有事於配林覲禮云祭山邱陵升祭川沉也東后東方諸侯覲謂羣見方岳北面再拜稽首也時謂四時節氣協時月正日蓋言日與天會月與日會齊其氣盈朔虛置閏以定節氣[illegible]躔式於中星也詳前

堯典律律呂度丈尺量斗斛衡兩斤同齊一也蔡傳律謂十二律黃鐘太簇姑洗蕤賓夷則無射大呂夾鐘仲呂林鐘南呂應鐘也六爲律六爲呂凡十二管皆徑三分有奇空圍九分而黃鐘之長九寸大呂以下律呂相間以次而短至應鐘而極焉以之制樂而節聲音則長者聲下短者聲高下者則重濁而舒遲上者則輕清而剽疾以之審度而度長短則九十分黃鐘之長一爲一分而十分爲寸十寸爲尺十尺爲丈十丈爲引以之審量而量多少則黃鐘之管其容子穀秬黍中者一千二百以爲龠兩龠爲合十龠爲升十升爲斗十斗爲斛以之平衡而權輕重則黃鐘之龠所容千二百黍其重十二銖兩龠則二十四銖爲兩十六兩爲斤三十斤爲鈞四鈞爲石此黃鐘所以爲萬事根本諸侯之國其有不一者則審而同之也 五禮吉凶軍賓嘉修敬行也

五禮之修祭祀賜胙頒燔凶喪賙委賵賻師役則犒禬福事則慶賀禍災則哀弔賓則饗燕 五玉五等諸侯之玉幣覲禮諸侯奠圭再拜稽首後享皆束帛加璧鄭玄注小行人合六幣圭以馬璋以皮璧以帛琮以錦琥以繡璜以黼六幣所以享也五等諸侯享天子用璧享后用琮其大各如其瑞子男享用琥璜予攷公侯伯享用璧琮者降圭一等子男享用琥璜者降璧一等五玉實非五瑞玉也 三帛世子執纁說文淺絳也 公孤執玄附庸執黃二生卿執羔小羊大夫執雁一死士執雉也贄執見之禮器車服也後漢來歙傳鄭興傳張綱傳荀爽傳注並云器車服也 五器五等諸侯車服卒謂終事復報也如五器卒乃復蓋言天子賜侯氏車服必待覲見終事乃賜侯氏述命加書也賜車

服詳見觀禮南嶽衡山在今湖南衡州府治西岳吳岳在今陜西鳳翔府隴州
北岳恆山在今山西大同府治歸格返告廟也藝祖黃帝廟號
用特殺牛祭也
句解蔡傳云五玉三帛二生一死贄此九字當在肆覲東后之下協時月正日之上誤脫在此言東后之覲皆報贄也予攷舜典所云與史紀五帝紀同實非脫簡
攷正五玉孔傳五等諸侯執其玉蔡傳五玉卽五瑞也漢書郊祀志作五樂予攷五帝紀封禪書皆作五玉五玉亦非五瑞玉實爲享君后之璧琮琥璜也○五器孔傳蔡傳皆云五瑞羣經平議謂爲五兵經義述聞云器爲五等諸侯所用則謂之五器亦猶典命國家宮室車旗衣服禮儀上公以九爲節侯伯以七爲節子男以五爲節而謂之諸侯之五儀耳五玉三帛二生一死五器皆朝聘所用也故類言之予

虞書 二六

攷五器指車服言上云執贄覲君下云卒乃復者正覲君禮畢天子賜侯氏以車服也○西岳孔傳華山蔡傳同予攷周禮職方氏云河南曰豫州其山鎭曰華山正西曰雍州其山鎭曰嶽山爾雅釋山云河南華河西嶽是殷周皆以吳嶽爲西岳也唐虞之世幅員視殷周廣測日在柳谷竄三苗在三危稷之封國在豳則巡守方岳必在吳嶽也其以華山爲西岳者必在周室東遷之後岐西之地全棄也故五嶽之祀以華山爲西岳耳孔蔡均未深思也○藝祖孔傳告至文祖之廟藝文也蔡傳藝祖疑卽文祖或曰文祖藝祖之所自出未有所考也予攷藝多材能呂氏春秋抱朴子五帝外紀等所載天文曆律醫藥占卜宮室舟車衣服烹穀無一不作自黃帝五帝紀云黃帝東至于海登丸山西至于崆峒登雞頭南至于江登熊湘北逐葷粥合符釜山據是而觀藝祖之爲黃帝明甚
五載一巡守羣后四朝敷奏以言明試以功車服以庸

五載之中帝乃一巡方岳羣侯四朝帝都奏言嘉謨
入告試功衆績考成車服以庸登進賢才而表顯也
攷正五載一巡守舜典與王制同王夫之尚書稗疏出云巡守不可一年而徧謂王制云一歲四巡於漢儒爲不足信予攷竹書紀年云帝堯五年初巡狩四岳七十三年春正月舜受終于文祖七十四年虞舜初巡狩四岳夏禹五年巡狩會諸侯于塗山尚書大傳云堯致天下于舜惟元祀巡守四岳八伯合前後參考足徵五載巡守是定制在一年中也○羣后四朝馬融云四面朝於方岳之下鄭玄云四朝四季朝京師也孔傳各會朝于方岳之下凡四處故曰四朝蔡傳蓋巡守之明年則東方諸侯來朝於天子之國又明年則南方諸侯來朝又明年則西方之諸侯來朝又明年則北方之諸侯來朝又明年則天子復巡守予攷羣后卽四岳十二牧也舜巡守歸四方岳牧悉朝帝都奏陳諸侯卿士賢與不肖舜因旌別

虞書 二七

淑慝舉十六族車服以庸去四凶流放竄殛至云東方春朝南方夏朝西方秋朝北方冬朝以及分四年朝虞夏殷周之制或損或因各有其義不必泥解舜典也
肇十有二州封十有二山濬川
肇與兆同尚書大傳云兆十有二州爲之定界域也史記集解鄭玄曰更爲之定界禹治水時畫爲九州舜析冀爲并州幽州青爲營州陸德明釋文云十有二州謂冀兗青徐荆揚豫梁雍并幽營也時舜以冀青地廣始分衞水西北爲并州燕以北爲幽州青州東北跨海爲營州分畫營域祭星土也尚書大傳鄭玄注兆域也爲營域以祭十二州之分星也積土增高曰封封山名山爲州鎭者封土以表識也周禮職方氏云正北曰并州其山鎭曰恆山東北曰幽州其山

鎮日醫無閭營州雖無鎮山可攷以今輿圖觀之當爲長白山深決曰濬封山濬川

制其畿疆而溝封之增固山麓疏通溝澮也

句解經云肇十有二州封十有二山濬川尚書大傳云封十有二山兆十有二州兩句顛倒濬川句無史記五帝紀肇十有二州決川封十有二山句無予攷職方氏先言州次言山又次言川絕無只言山不言川祇言川不言山者當從今本爲允

攷正封十有二山孔傳封大也蔡傳封表也予攷字典云大司徒之職凡造都鄙制其地域而溝之注封起土界也土在溝上謂之封封上樹木以爲固也因憶李瑞亭云吾邑當淮揚下流患水之故實緣洪澤湖以上諸山爲人開墾土面虛鬆經雨沖刷流沙下淤以致湖底墊高受水量淺轉而潰堤東注也己亥予舘粵東興甯縣署夏苦滛雨城浸水中惟官署地高無患問與官紳談求水利傳文莽云非封山扒沙不可因詢其法封實封禁其山不準開墾並植樹木護之扒沙即疏濬川渠遂悟肇州封山連類而記者舜因巡守四方深知治水之術與周禮溝封之法同也

虞書　二八

象以典刑流宥句五刑句鞭作官刑扑作教刑金作贖

刑眚災肆赦怙終賊刑欽哉欽哉惟刑之恤哉

典刑墨劓剕宮大辟自古有之象以典刑流宥蓋閔

實其罪而情有可宥馬融曰流放宥寬也一曰幼少二曰老耄三曰蠢愚鄭玄曰一曰弗識二曰過失三曰遺忘也放之使遠肖罪畫服慎子曰有虞氏之誅以幪巾當墨以草纓當劓以剕履當刖以艾韠當宮以布衣無領當大辟此有虞之誅也尚書大傳唐虞上刑赭衣不純中刑雜履下刑墨幪又曰犯墨者蒙皁巾犯劓者赭其衣犯臏者以墨蒙其臏處而畫之犯大辟者

布衣無領以示與民區別也舜乃即五刑變易其法鞭以

韋條爲之官府執以笞人朴以榎楚爲之學校警不

率教金罰鍰以贖罪詳後呂刑眚災爲人作患害者肆緩

也肆赦置之叢棘不令遽釋俾其悔過自新也怙終

恃惡終不改者賊殺也孔傳賊殺也欽敬也恤慎也

句解古今本讀象以典刑句流宥五刑句鄭園札記云當讀象以典刑流宥句五刑句五刑即下云鞭刑扑刑贖刑赦肆爲拘禁緩赦即桎梏坐於嘉石俾役苦工也賊刑大辟予攷其說甚有理解此五刑爲舜制者蓋視典刑爲輕象刑爲重損益得中也

流共工于幽洲放驩兜于崇山竄三苗于三危殛鯀于

虞書　二九

羽山四罪而天下咸服

幽洲雁門以北沙漠地也山海經云北海之有山名曰幽都之山洲即在山旁

崇山在越裳北楊慎引沈佺期長流驩州時嘗按九眞國至越裳四十里故詩云朝發崇山下暮坐越裳陰西從杉谷渡北上竹谿深王夫之四書稗疏崇山在唐驩州境牂牁江亦曰驩水皆以驩兜得名則驩兜所放之崇在交廣閒泗城南也三危山名今燉煌境後漢西羌傳舜流四凶徙之三危河關之西南羌是也注三危山在今沙州燉煌縣東南上有三峰曰三危也羽

山海濱蓬萊東也閻若璩四書釋地又續孔安國言在海中似確今登州府蓬萊有羽山北直沙門島寰宇記在縣東十五里即殛鯀處有鯀城在縣南六十里以近殛鯀地而名此與傳云在海中者合四罪之中三苗即放齊胤子朱也詳見堯典長遺曰

流廢置曰放遠禁曰竄拘囚曰殛天下咸服謂典刑之施當也

攷正 共工驩兜三苗鯀左傳文十八年云少昊氏有不才子謂之窮奇杜預注即共工帝鴻氏有不才子謂之渾敦注即驩兜顓頊氏有不才子謂之檮杌注即鯀縉雲氏有不才子謂之饕餮注縉雲黃帝時官名非帝子孫故以比三凶不言何人孔傳三苗國名縉雲氏後爲諸侯號饕餮亦不指何人予攷舜流四凶驩兜以薦共工獲罪鯀以治水無功獲罪絕無放齊亂子朱帝堯吁歎嚚訟者而不護罪也三危之竄實亂子朱與放齊皆爲三苗之裔縉雲氏子也何以證之左傳昭九年云允姓之姦居于瓜州瓜州今三危一地古亂字後皆作允不曰亂子朱曰三苗者所竄非一人也。幽洲崇山三危羽山注有兩說幽州史記正義引括地志云故龔城在檀州燕樂縣界故老傳云舜流共工于幽州居此城崇山孟子趙岐

虞書　三十

注在今澧州慈利縣通典澧州澧陽郡澧陽縣本漢零陽縣地有崇山即放驩兜之所宋則在慈利縣路史以爲今有驩兜墓是三危禹貢鄭玄注引地記書曰三危之山在鳥鼠之西南當岷山則在積石之西南孔穎達云地記未必可信後漢書西羌傳云舜流四凶徙之三危河關之西南羌是也注三危山在今沙州燉煌縣東南山有三峯曰三危也孫星衍云案章懷注與漢書本文不相應河關之西即鄭注所云三危在岷山之西南非沙州之三危也羽山漢書地理志在東海祝其縣南今漢祝其故城在贛榆縣西山即在縣之西北說者以爲舜殛鯀處羽山下有羽潭即左氏云其神化爲黃熊入于羽淵者也予攷兩說皆是度以情理帝堯七十四年虞舜巡守七十五年司空禹治河八十六年司空禹治河告成入覲贄用玄圭堯舜不得不因禹滅鯀之罪從邊裔徙之內境然四凶同爲放流竄殛既徙鯀於祝其因之共工驩兜三苗亦徙內境邊壤故驩兜之墓葬於慈利黃熊之神入於羽淵也密雲有共工龔城河關多險戎

苗裔是皆明證

二十有八載帝乃殂落百姓如喪考妣三載四海遏密八音

二十八載舜攝帝位年也帝堯在位百年而陟魂升曰殂魄降曰落百姓世臣大家如喪考妣百姓爲帝服也四海諸侯之國八音金石絲竹匏土革木遏密者海內侯國皆撤樂懸也

攷正 百姓如喪考妣孔傳考妣父母言百官感德思慕蔡傳四海之民思慕之深至於如此也予攷儀禮喪服云斬衰子爲父服諸侯爲天子服臣爲君服疏衰三年子爲母服繐衰諸侯之大夫爲天子服

虞書　三一

圻內之民爲天子齊疏三月圻外之民無服百姓如喪考妣當從孔傳爲百官也絕非庶民。四海遏密八音予攷八音非諸侯有樂懸者不備王制天子賜諸侯樂則以祝將之賜子男樂則以鼗將之士君子之樂絕無祝鼗金奏足徵遏密八音是諸侯皆撤樂懸也

月正元日舜格于文祖詢于四岳闢四門明四目達四聰

元日朔日文祖顓頊廟號格告也月正元日格于文祖舜告即位改元也四岳諸侯之長詢于四岳因朝覲而咨謀也四門諸侯班列之位（詳前堯典）闢四門者廣接見也明目達聰言其見聞者廣四方治亂皆無壅

塞之契也
攷正 月正元日以下諸節全爲舜典
咨十有二牧曰食哉惟時句柔遠能邇惇德允元而難
任人蠻夷率服
牧十二州治民之長食勸也方言食勸也廣雅釋詁同時民時食
哉惟時舜咨州牧勸民宜在敬授人時蓋以帝堯之
初即命羲和欽若昊天已攝政時首察璣衡以齊七
政牧民之長務在三時不害也柔安也能善也柔遠
能邇近者悅遠者來也惇德崇德允元信善而難任

虞書 三

人凡爲僉王堯皆阻而不用所以蠻夷慕德渠搜來
賓帝堯十九年僬僥入貢也帝堯二十九年
句解 孔傳蔡傳皆讀食哉惟時句孫星衍尚書今古文注疏讀食哉句惟時柔遠能邇句予攷顧命文侯之命皆曰柔遠能邇此宜從孔蔡讀是經云食哉惟時食字當訓爲勸時字指授民時與舜總咨曰欽哉惟時亮天工一氣銜接
舜曰咨四岳有能奮庸熙帝之載使宅百揆亮采惠疇
僉曰伯禹作司空帝曰俞咨禹汝平水土惟時懋哉禹
拜稽首讓于稷契暨臯陶帝曰俞汝往哉
格廟咨岳首書舜曰繼書帝曰別其爲帝堯也奮庸
讀紹有功爾雅釋鳥雉絕有力奮熙興也載年也有能奮庸熙
帝之載舜詢紹有功者興在帝堯之年使居百揆之
職示天下爲大公也亮采輔相其事廣雅釋言亮相也惠疇
順惟其人僉眾也伯禹鯀子姒姓司空官名治水土
者竹書紀年帝堯七十五年司空禹治河七十六年司空伐曹魏之戎克之八十六年司空入覲贊用玄圭僉然辭平治也懋勉也稽首首俯舒遲至地兩手
下衡以致敬也稷契臯陶皆唐虞臣名暨及也帝雖
然其所舉而獨不聽其讓命曰汝往嘉其舊績勉其
新功也

虞書 三

攷正 稷契皆高辛氏帝嚳之子帝嚳陟後帝摯立九年而廢帝堯在位百年而陟帝舜即位斯時稷契年皆期頤外矣禹視稷契實爲晚進舜將使禹職居百揆位加稷契之上難于遽命故先咨四岳謀紹有功于帝堯之年者隱示四岳舉禹也禹讓稷契於臯陶上加暨字者臯陶年齒與禹相等舜陟後禹即位二年臯陶遂薨竹書紀年可資考證也
帝曰棄黎民阻飢汝后稷播時百穀
棄帝嚳之子周本紀云其母有邰氏女曰姜嫄黎民阻飢謂眾民阨
於洪水致艱食也后主也稷農官封國於邰括地志故邰國一名武功在雍州西南二十二里時主稷事故曰后稷散揚曰播時
時也史記集解鄭玄云時讀曰時播時分布其種而蒔殖之百穀

穀穜之總辭也說文通信

帝曰契百姓不親五品不遜汝作司徒敬敷五教在寬

契帝嚳之子殷本紀其母曰簡狄有娀氏之女親睦也五品父母兄弟與子尊卑之序遜順也司徒官名掌邦國之政教者敷布也五教即父義母慈兄友弟恭子孝寬謂從容不迫涵育薰陶俾其漸化也

攷正 孔傳五品謂五常蔡傳五品父子君臣夫婦長幼朋友予攷左傳文十八年云布五教於四方父義母慈兄友弟恭子孝故馬融鄭玄皆云五品父母兄弟子也唐虞之後始以父子君臣夫婦長幼朋友爲教

虞書　三四

帝曰皋陶蠻夷猾夏寇賊姦宄汝作士五刑有服五服三就五流有宅五宅三居惟明克允

皋陶高陽氏裔字庭堅詳見左傳文十八年杜注蠻南蠻夷東夷猾亂也夏華夏蠻夷猾夏時在三苗逆命肅慎未賓竹書紀年虞帝二十五年息慎來朝貢弓矢足證舜即位初未賓服也遂爲擾亂中夏也掠人曰寇殺人曰賊在外曰姦在內曰宄士理官掌刑罰者五刑墨劓剕宮大辟也三服罪人所服之衣三就上刑就頳衣中刑就雜屨下刑就墨幪流放也宅度也三居上罪投之四裔中罪屏之遠方下罪移之郊遂明者察之詳允者斷之當也

攷正 五刑有服五服三就孔傳服從也言得輕重之中也既從五刑謂服罪也行刑當就三處大罪於原野大夫於朝士於市蔡傳惟大辟棄之於市宮辟則下蠶室餘刑亦就屏處蓋非死刑不欲使風中其瘡誤而至死聖人之仁也予攷大傳云上刑頳衣不純中刑雜屨下刑墨幪五刑之服三就即大傳所云也何以證之益稷篇曰皋陶方祗厥敘方施象刑惟明足見唐虞之世皋陶所制之刑是象刑非肉刑也國語臧文仲云大刑用甲兵其次用斧鉞中刑用刀鋸其次用鑽笮薄刑用鞭支以威民也此言三王肉刑故孝經緯云三皇無文五帝畫象三王肉刑畫象者區別服屨使民知恥而反禮也孔氏蔡氏所言皆三王刑服非帝世刑服也

虞書　三五

帝曰疇若予工僉曰垂哉帝曰俞咨垂汝共工垂拜稽首讓于殳斨暨伯與帝曰俞往哉汝諧

工造作器用之官疇誰也垂臣名堯舜時巧工爲竹矢銚耨耒耜者顧命云垂之竹矢世本云垂作銚作耨說文古者垂作耒耜山海經云南方不距之山巧倕葬其西郭璞傳云垂堯巧工也殳兵器似戟而無援胡者斨方銎斧二人各以能製之器爲名伯與伯余之裔善製衣者尚書稗疏世本伯余作衣此伯與疑即其苗裔諧偕也往哉汝諧命三人爲垂佐也

句解 武億經讀考異孔傳殳斨伯與二臣名則殳斨連文爲讀據吳斗南兩漢刊誤補遺云垂遜于殳斨伯與益遜于朱虎熊羆若均爲二臣史無異辭可也今于殳斨伯與加暨字于其間而朱虎熊羆則

不然者蓋有謂也殳斨爲二人伯與爲一人故加暨
字以別之如遜于稷契暨皋陶也是殳斨爲二人則
殳爲一讀斨爲一
讀合暨伯與爲句

帝曰疇若予上下草木鳥獸僉曰益哉帝曰俞咨益汝
作朕虞益拜稽首讓于朱虎熊羆帝曰俞往哉汝諧

益大費也佐禹平治水土者當堯之時洪水未平草
木繁殖禽獸逼人益舉烈火而焚之禽獸逃匿舜嘉
其功賜姓嬴氏是爲柏翳虞主山澤之官上下指山
澤也朱虎熊羆四人皆虞帝臣佐益治山澤者也

攷正 秦本紀云大費與禹平水土已成帝錫玄圭禹
受曰非予能成亦大費爲輔帝舜曰咨爾費贊

禹功其賜爾皁游爾後嗣將大出乃妻之姚姓之玉
女大費拜受佐舜調馴鳥獸鳥獸多馴服是爲柏翳
索隱云嬴姓之先一名伯翳尚書謂之伯益系本漢
書謂之伯益是也尋繹史記上下諸文伯翳與伯益
是一人不疑漢書地理志秦之先曰伯益出自帝顓
頊堯時佐禹治水爲舜朕虞養育鳥獸賜姓嬴歷夏
殷爲諸侯水經注卷十九偃師九山有百蟲將軍顯
靈碑云將軍姓伊氏諱益字隤敳帝高陽之第二子
伯益者也金仁山通鑑前編曰伯益即伯翳秦聲以
入爲去故謂益爲翳也予攷陳杞世家言伯翳伯益
至周平王時封爲秦垂益夔龍其後不知所封似以
柏翳伯益爲二人宋羅泌路史直以益翳爲二人又
以伯翳爲皋陶之子古今人表列隤敳伯益於上中
而不列柏翳合觀參攷憬然悟曰謂柏翳大費伯益
隤敳是爲一人佐禹治水者固是謂伯益是爲皋陶
之子亦是尚書堯子名朱胤子名朱朱虎熊羆亦名
朱秦祖大費名伯翳因聲近讀去爲入故名伯益皋
陶之子亦名益何以證之夏本紀云帝禹立而舉皋
陶薦之且授政焉而皋陶卒封皋陶之後於英六或
后舉益任之政十年帝禹東巡守至于會稽而崩以
天下授益三年之喪畢益讓帝禹之子啟而避居箕
山之陽禹之啟賢天下屬意焉及禹崩雖授益益之
佐禹日淺天下未洽故諸侯皆去益而朝啟曰吾君
帝禹之子也竹書紀年帝禹三年皋陶薨是爲大禹
居攝之年五年巡守會諸侯于塗山乃即帝位八年
春會諸侯于會稽禹陟又云禹薦益于天七年禹崩
三年喪畢天下歸啟又帝啟二年費侯伯益出就國
則伯益爲皋陶之子明甚左傳文五年云楚滅六又
滅蓼臧文仲聞六與蓼滅曰皋陶庭堅不祀忽諸德
之不建民之無後哀哉若伯益爲秦之柏翳文仲何
以云無後與惟解經者誤認伯翳伯益以爲即禹薦
天之伯益不知帝堯七十五年即命司空禹治河伯
翳即掌烈火焚其山澤至大禹陟時已近八十餘年
夏本紀何云益之佐禹日淺孟子何云禹薦益于天
七年且伯益既爲高陽氏才子隤敳至夏啟時則二
百有餘歲矣有是理乎蓋誤於不知前有伯益後有

伯益同名而異者也。朱虎熊羆孔傳朱虎熊羆二
臣名蔡傳朱虎熊羆四臣名也予攷正義云文十八
年左傳八元之內有伯虎仲熊尚書今古文注疏左
傳高辛氏才子八人有伯虎仲熊叔豹季貍古今人
表作伯虎仲熊叔豹季熊熊當爲羆字師古曰即左
傳所謂季貍者也吳仁傑兩漢刊誤補遺亦以朱虎
熊羆爲
四人

帝曰咨四岳有能典朕三禮僉曰伯夷帝曰俞咨伯汝
作秩宗夙夜惟寅直哉惟清伯拜稽首讓于夔龍帝曰
俞往欽哉

三禮天神地祇人鬼也伯夷姜姓秩宗禮官夙夜早
晚也寅敬也直與值同當也靜潔曰清言當行禮廟

宮之地身心貴靜潔也夔龍二臣名

攷正 帝咨四岳僉曰伯夷君前臣名也帝曰咨伯不稱名者尚書大傳八伯之中伯夷時爲陽伯齒爵皆尊故單稱爵不稱名也遂不呼夷敬老之義也

帝曰夔命汝典樂教冑子直而溫寬而栗剛而無虐簡而無傲詩言志歌永言聲依永律和聲八音克諧無相奪倫神人以和

夔舜臣名冑子帝子及羣后卿大夫元士適子國之俊秀陶成樂正備爲介冑之選者也王制云樂正崇四術立四教以造士王太子王子羣后之太子卿大夫元士之適子國之俊秀皆造焉直正直溫柔和寬寬弘栗縝密剛易失虐簡易失傲無虐無傲剛簡

虞書　三八

皆得中焉此備言樂奏之容在心爲志屬辭爲詩心聲爲言口詠爲歌音響爲聲協樂爲律此備言樂奏之德八音金石絲竹匏土革木諧和也倫理也和洽也

夔曰於予擊石拊石百獸率舞蔡傳夔曰以下蘇氏曰舜方命九官濟濟相讓無緣夔於此獨言其功此益稷之文簡編脫誤復見於此

攷正 此節當從蔡引蘇說爲益稷文錯簡

帝曰龍朕堲讒說殄行震驚朕師命汝作納言夙夜出納朕命惟允

龍舜臣名堲畏忌也林之奇曰史記曰朕畏忌讒說殄行畏忌者堲之謂也讒說蔽善之言殄病也震驚朕師駭亂衆聽之意納言官名出謂以帝言宣告於下納謂以臣言奏聞於上命令也允信也

帝曰咨汝二十有二人欽哉惟時亮天工

二十二人悉在四岳八伯九官七佐之中不曰二十八人者其中兼職伯禹予攷諸家注說皆云堯初四岳之事羲和主之厥後主樂事者驩兜共工放齊鮌四人而已及禹治水有功稱伯禹者斯時已在四岳中也伯夷伯夷許姓本爲四岳之一四岳之二伯夷契咎陶垂八伯之四尚書大傳云陽伯伯夷夏伯棄秋伯咎陶冬伯垂伯與稱伯是七佐中亦有居八伯職者故曰二十二人欽敬也欽哉惟時亮天工天工人代禮樂刑政無一非代天行治也

虞書　三九

攷正 二十二人孔傳禹益垂伯夷夔龍新命有職四岳十二牧凡二十二人特敕命之。孔疏鄭注爲二十二人數殳斨伯與朱虎熊羆四人不數四岳。蔡傳二十二人四岳九官十二牧也。王引之經義述聞以二字爲三字之譌四岳四人十二牧十二人禹等九官九人殳斨伯與三人朱虎熊羆四人合爲三十二人。予攷十二牧各主一州悉是外官前已總咨二十二人皆是內官分命授職故又合咨當爲四岳八伯九官七佐起去伯禹伯夷棄咎陶垂伯與六人計數正爲二十二人

三載考績三考黜陟幽明庶績咸熙分北三苗
載年也績功也三考合九年以計功績庶績咸熙謂
有功者皆興起也幽幽四明明揚黜者幽四陟者明
揚賞罰既當故衆皆勉於功也北與背同段玉裁曰古北背同
音通用吳語韋昭注北古之背字別也斯時三苗來格帝因分別其
舉錯也
句解武億經讀考異近讀黜陟幽明爲句夏本紀三考黜陟是以黜陟讀句予攷大傳云三歲考績
三考黜陟幽明當從今讀
舜生三十徵庸三十在位五十載陟方乃死

徵庸自側陋爲明揚也在位受終文祖舜攝帝位陟
方巡守四岳乃死帝居鳴條陟也竹書紀年虞帝四十九年居于鳴條
五十年帝陟
句解孔傳蔡傳並讀三十徵用句三十在位句鄭玄讀舜生三十句在位五十載句予攷經讀考異
引大戴記云三十以孝聞乎天下三十在位嗣帝所五十乃死嗣帝所連五十爲句是讀仍從孔傳蔡傳
爲長

大禹謨

禹夏王名姒姓謨謀也慮事畫計言行可以爲百王
法錄之史冊故曰大禹謨

曰若稽古大禹句曰文命敷于四海祗承于帝曰后克
艱厥后臣克艱厥臣政乃乂黎民敏德
稽古攷求古事稱禹爲大者以禹爲王也老子云域中有四大
道大天大地大王亦大大禹治水告成聲教訖于四海不敢自
以爲功乃引堯言告舜各勉其艱政無不治已能黽
勉敬承四海遂服聲教也乂治也敏德猶言達德
句解孔傳蔡傳均讀曰若稽古大禹句祗承于帝句曰字屬下節后克艱厥后予攷此謨爲左史記
事宜讀曰若稽古大禹句曰句文命敷于四海句祗承于帝曰句孔傳蔡傳分祗承于帝屬上節曰后克
艱厥后爲下節與三節帝曰俞上下文義不貫此與曰若稽古帝堯讀句同者皆爲左史記事體也

攷正夏本紀夏禹名曰文命集解云謚法受禪成功曰禹索隱云太史公皆以放勳重華文命爲名
予攷禹爲夏王之名非謚文命非名當從孔傳外布文德教命蔡傳文命敷于四海卽禹貢聲教訖于四
海名謚之辨詳前堯典攷正茲不再述
帝曰俞允若茲嘉言罔攸伏野無遺賢萬邦咸寧稽于
衆舍己從人不虐無告不廢困窮惟帝時克
俞然也允信也茲此也嘉言善言罔攸伏無所隱也
遺賢遯荒之士無遺賢者言皆在位萬邦諸侯之國
咸寧天下舉安稽攷也衆卽臣下舍己從人擇善而
服能自得師也無告窮民阨於天者困窮貧民窘於

財者虐暴虐廢舍棄不虐不廢言必矜憐而撫䘏也
帝時謂堯之時博施濟眾不偏愛人所以爲克也舜
本善與人同聞禹言而獨云堯爲能不自居其德也
益曰都帝德廣運乃聖乃神乃武乃文皇天眷命奄有
四海爲天下君
都歎美辭益聞舜稱堯德遂亦歎美其盛廣運唯天
爲大惟堯則之之象大而化之謂之聖聖不可知謂
之神武武功謂伐曹魏之戎克之詳見竹書紀年文文章堯
命羲和治曆授時皇天眷命帝摯立時其政微弱唐

虞書　四二

德日盛奄有四海爲天下君摯服其義乃率羣臣造
唐而致禪也五帝紀
禹曰惠迪吉從逆凶惟影響
迪道也反道曰逆天道福善禍淫順天者昌逆天者
亡若影隨形如響應聲須臾之不爽也御覽八十一卷引尸子曰舜云從道必吉反道必凶如影如響今書以爲禹言意者舜聞禹言而轉言之也
益曰吁戒哉儆戒無虞罔失法度罔遊于逸罔淫于樂
任賢勿貳去邪勿疑疑謀勿成百志惟熙罔違道以干
百姓之譽罔咈百姓以從己之欲無怠無荒四夷來王

吁歎辭先歎後戒欲使聽者精審也儆與警同虞憂
也能於無憂而存儆戒則自治之功益密法度禮義
準則之謂罔失戒其勿越也遊逸怠惰淫樂放恣罔
遊罔淫則逸樂自不歷於心矣賢賢才邪邪僻任賢
勿貳去邪勿疑心有主則舉措當焉疑謀眾謀未決
者勿成勿贊定也熙和樂譽名譽違道干譽戾民從
欲皆爲盛德之累故益預事儆戒怠荒弛廢之象無
怠無荒一日萬幾四夷莫敢不來王也
禹曰於帝念哉德惟善政政在養民水火金木土穀惟

虞書　四三

修正德利用厚生惟和九功惟敘九敘惟歌戒之用休
董之用威勸之以九歌俾勿壞
於帝念哉禹先歎美益言謂帝宜深念也德德行政
政事民民生以德行政則爲善政以政治民首在養
生水火穀厚生也金木土利用也古有水火木金土
五官又有后稷以主其穀必各有府以藏明爲所謂
修者鑽燧改火淘井易水藏冰頒冰出火內火皆不
失其時也木金區別其用土穀種合其宜正德者六
府既修民生攸賴食用足而後禮義興故民相和樂

也敘秩序歌詠歌九功六府三事之成績九歌府事
成績之樂辭周禮大司樂職九德之歌正義鄭衆曰九德之歌春秋傳所謂水火金木土穀謂之六府正德利用厚生謂之三事六府三事謂之九功九功之德皆可歌也謂之九歌休閒暇
戒之用休蓋於閒暇之日而申儆之民生在勤勤則
不匱威威儀董之用威蓋於公旬之期而整飭之有
威可畏有儀可象勸勉也壞廢也勸歌勿壞使其鼓
舞赴功不能已於事也
帝曰俞地平天成六府三事允治萬世永賴時乃功
地平山川奠定也天成九疇帝畀也貢賦輸自九州

聲教訖于四海六府三事治也洪水害消萬世永賴
也時是也乃汝也時乃功言皆爲禹功也
帝曰格汝禹朕宅帝位三十有三載耄期倦于勤汝惟
不怠總朕師
格告也朕我也八十九十曰耄時舜九十有三倦疲也勤勞
也怠懈也總統也師衆也舜居帝位其子商均不肖
心以天下爲公不以天下爲私故謀遜禹代己也
禹曰朕德罔克民不依皋陶邁種德德乃降黎民懷之
帝念哉念茲在茲釋茲在茲名言茲在茲允出茲在茲
惟帝念功
罔無也克能也依恃也禹言無德堪此民必不歸附
也皋陶庭堅邁勉也種布也降下也懷念也皋陶勉
行厥德澤下於民衆爲思慕帝宜念及茲也茲指皋
陶禹言念之而不忘固在皋陶舍之而他求亦在皋
陶言名於口固在皋陶深信於心亦在皋陶惟在帝
念其功也
帝曰皋陶惟茲臣庶罔或干予正汝作士明于五刑以
弼五教期于予治刑期于無刑民協于中時乃功懋哉

臣百官庶黎民干犯也正治也士理官明察也弼輔
也民協于中謂皆遵王之道遵王之路無偏黨也懋
美也訓見後漢書帝帝紀注
皋陶曰帝德罔愆臨下以簡御衆以寬罰弗及嗣賞延
于世宥過無大刑故無小罪疑惟輕功疑惟重與其殺
不辜寧失不經好生之德洽于民心茲用不犯于有司
愆失也臨撫也御統也不煩曰簡有容曰寬議罪曰
罰呂刑云五刑不簡正于五罰是五刑皆有罰也策功曰賞及嗣延世皆謂
子孫也過誤犯者必宥惟大過雖云誤犯必不宥免

故曰宥過無大今之刑律十惡大罪不赦若云大過誤犯必宥則殺人者似可不抵也
小過疑赦惟知必赦而故犯者雖小必刑故曰刑故
無小疑擬也禮記燕義疏罪疑惟輕刑見其仁功疑惟重
賞示其厚辜罪也不經踰出常法者好生體天地大
生廣生之義洽合也犯干也有司司刑罰者
帝曰俾予從欲以治四方風動惟乃之休
俾使也欲者心志所好刑期無刑本爲舜之心志今
自臯陶作士四方嚮化如風之偃草乃指臯陶休美
也

虞書　四六

帝曰來禹洚水儆予成允成功惟汝賢克勤于邦克儉
于家不自滿假惟汝賢汝惟不矜天下莫與汝爭能汝
惟不伐天下莫與汝爭功予懋乃德嘉乃丕績天之曆
數在汝躬汝終陟元后
洚水洪水也成允信能踐言成功治皆奏績勤謂勞
能儉謂省約克勤于邦禹治洪水三過其門不入也
克儉于家菲飲食惡衣服卑宮室也不矜不伐勤而
不德也左傳襄二十九年吳札見舞大夏云懋美也丕大也曆數天命
元后君也

人心惟危道心惟微惟精惟一允執厥中無稽之言勿
聽弗詢之謀勿庸可愛非君可畏非民衆非元后何戴
后非衆罔與守邦欽哉愼乃有位敬修其可願四海困
窮天祿永終惟口出好興戎朕言不再
人心利欲道心義理利欲之心日熾義理之心日消
故曰人心惟危危即利欲薰心道心惟微精密也一專也惟
精則洗退藏密惟一則專志不分呂坤云只有一毫麤疏處便認理不眞所以說惟精不然衆論淆之而必疑只有一毫二三心便守理不定所以說惟一不然利害臨之而必
變允執厥中謂其權衡兩端自信信人也稽考也詢

虞書　四七

咨也可者僅可未足之辭訓見論語注疏心慕曰愛心服曰
畏愛爲僅可不得遽謂爲君服爲僅可不得遽謂爲
民蓋言君民一體上下必以純誠固結民愛戴后后
樂字民然後邦國保守也有位現居之位可願各存
之心愼則謹敬修則勉治可願民好好之民惡惡之
也四海困窮天祿永終此堯命舜之辭洪水懷襄下
民昏墊既膺天命當爲永終是圖金滕云惟永終是圖永終者長保厥
終也舜因復命禹也惟口興戎出其言善則人從之出
其言不善則人違之違則禍亂生兵戎起焉朕言不

再徽告之義盡此不再瀆也
禹曰枚卜功臣惟吉之從帝曰禹官占惟先蔽志昆命
于元龜朕志先定詢謀僉同鬼神其依龜筮協從卜不
習吉禹拜稽首固辭帝曰毋惟汝諧
枚卜汎指默卜不明言其事也左傳昭十二年云南蒯枚筮之杜注枚筮
不指其事汎卜吉凶也功臣凡有勳勞於國者吉從卜得其吉
而命之也官占太史卜人之類蔽斷也小爾雅昆後也
元龜大龜周書云大寶龜朕志定謂帝命總師詢謀同即岳
舉百揆鬼神依河精授圖天錫玄圭龜筮從占卜無

不吉也何用再爲枚卜稽首臣見天子之禮詳前固辭
再三請求毋禁止辭汝諧惟汝宜爲君也
正月朔旦受命于神宗率百官若帝之初
朔旦元日神宗堯廟帝指舜言若帝之初言如虞舜
受終文祖也
攷正孔傳神宗文祖之廟言神尊之蔡傳神宗堯廟也予玩祭法云有虞氏禘黃帝而郊嚳祖顓頊
而宗堯益曰帝德廣運乃聖乃神今受命廟不曰文祖藝祖獨曰神宗其爲堯廟明甚
帝曰咨禹惟時有苗弗率汝徂征禹乃會羣后誓于師
曰濟濟有衆咸聽朕命蠢茲有苗昏迷不恭侮慢自賢

反道敗德君子在野小人在位民棄不保天降之咎肆
予以爾衆士奉辭罰罪爾尚一乃心力其克有勳
有苗三苗之國其君旣竄臣民負固不服徂征往征正
其罪也誓誓辭羣后旣會禹因宣布苗罪而告於衆
昏迷侮慢皆愚蠢暴虐之行在野在朝悉舉錯直枉
之失結怨於民自絕於天絕無往征而不克也爾指
羣后一乃心力禹勉衆同力同心也大功曰勳
三旬苗民逆命益贊于禹曰惟德動天無遠弗屆滿招
損謙受益時乃天道帝初于歷山往于田日號泣于旻

天于父母負罪引慝祗載見瞽瞍夔夔齋慄瞽亦允若
至諴感神矧茲有苗禹拜昌言曰俞班師振旅
十日曰旬贊襄也屆至也滿損謙益天道忌盈而福
謙也歷山舜所耕處在今蒲州府治號謼也無聲出
涕曰泣人窮反本勞苦倦極未嘗不呼天也疾痛慘
怛未嘗不呼父母也言舜怨慕之深故日呼天呼父
母也夔夔悚懼兩足並立之貌諴誠也昌言善言班
還也振整也班師振旅整軍而還旆也
帝乃誕敷文德舞干羽于兩階七旬有苗格

文德禮樂之化干羽軍舞也兩階廟宮之階征苗弗
服歸益明其教令治其軍旅三苗懼禹再征是以羣
嚮化也
攷正 孔傳干楯羽翳也皆舞者所執修闡文教舞文舞于賓主階間抑武事蔡傳同予玩樂有文舞武舞干羽武舞也古人用治軍旅左傳楚令尹子元欲蠱文夫人爲舘于其側而振萬焉夫人曰先君以是舞也習戎備也莊八年傳云治兵于廟禮也舞干羽于兩階禹班師後歸益明其制度治其軍旅文德武功並懋三苗懼而來格絕非祇敷文化不整軍容也

皋陶謨
皋陶字庭堅歷仕唐虞及夏職爲理官至禹王三年
虞書　五十
始堯
曰若稽古（句）皋陶曰允迪厥德謨明弼諧禹曰俞如何
曰若稽古古故也皋陶之言可以書爲故事以備稽
考迪正也開陳曰謨匡正曰弼明察也諧和也言人
君正德以臨百官則百官開陳者無不察於理匡正
者無不和於衆禹因然其言而復詢其旨也
句解 孔傳蔡傳均讀曰若稽古皋陶句正義鄭玄曰以皋陶下屬爲句則稽古之下無人名與上三篇不類甚矣予玩鄭所云者蓋見古有讀曰若稽古爲句武億引白虎通云何以言皋陶聖人也以自篇曰若稽古皋陶聖人而能爲舜陳道亦以曰若稽古句絕桓譚新論云秦延君能說堯典篇目兩字之說至十餘萬言但說曰若稽古三萬言則若稽古爲句漢時儒者所讀皆然

皋陶曰都愼厥身修思永惇庶九族庶明勵翼邇可遠
在茲禹拜昌言曰俞
都歎美辭愼謹也身修以禮淑躬思永長久不懈惇
篤厚敘秩次族宗族九族皆四世內緦服未盡者（見攷堯典）
庶衆也明尊也（禮運故君者所明也疏明猶尊也）庶明勵翼衆知
尊卑之序而勉其輔敬長老也邇近也茲此也自近
及遠不外此道昌言善言俞然也
皋陶曰都在知人在安民禹曰吁咸若是惟帝其難之
虞書　五一
知人則哲能官人安民則惠黎民懷之能哲而惠何憂
乎驩兜何遷乎有苗何畏乎巧言令色孔壬
都歎美辭吁歎辭咸皆也時是也惟雖也（說見經義述聞）帝
謂虞舜哲智也惠愛也驩兜有苗逆命於舜者故舜
爲憂而遷竄也巧言令色孔壬外爲論篤色莊內實
包藏禍志蓋指共工甚佞也（正義巧言令色共工之行也）
攷正 帝孔傳言帝堯亦以知人安民爲難蔡傳二者兼舉雖帝堯亦難之予玩禹吁歎者非帝堯實帝舜也何以徵之堯德如天四凶在朝悉在覆冒之中故懷德而不敢肆虐遂皆無異心也舜既登庸流放竄殛始萌惡感三苗逆命不得不以爲憂畏也帝指虞舜明甚

皐陶曰都亦行有九德亦言其人有德乃言曰載采采
禹曰何皐陶曰寬而栗柔而立愿而恭亂而敬擾而毅
直而溫簡而廉剛而塞彊而義彰厥有常吉哉
亦總也又也字典總言行德有九又言九德視人乃爲
繼事之辭載采采見人有德始再取行事也何疑問
之辭含宏曰寬寬而栗含宏而縝密也和順曰柔柔
而立和順而獨正也謹慤曰愿愿而恭謹慤而謙光
也治煩曰亂亂而敬治煩而齊莊也安訓曰擾擾而
毅安訓而能決也挺正曰直直而溫挺直而溫和也

虞書　五二

約要曰簡簡而廉約要而廉辨也堅勁曰剛剛而塞
堅勁而誠實也競勝曰彊彊而義競勝而和善也彰
昭著有常自強不息進德无彊所以爲協吉也書傳正義
云寬謂度量寬弘柔謂性行和柔擾謂事理擾順三者相類即洪範言柔克也愿謂容貌恭正亂謂剛柔
治理直謂身行正直三者相類即洪範云正直也簡謂器量疑簡剛謂事理剛斷彊謂性行堅强三者相
類即洪範云剛克也而九德之次從柔而至剛也惟擾而毅在愿亂之下洪範三德先人事而後天地與
此不同
日宣三德夙夜浚明有家日嚴祗敬六德亮采有邦翕
受敷施九德咸事俊乂在官百僚師師百工惟時撫于

五辰庶績其凝
布明日宣三德寬栗柔立愿恭也浚明猶言敬明揚子
方言梟浚敬也有家指大夫也可畏曰嚴六德亂敬擾毅直
溫簡廉剛塞彊義也亮采輔弼其事有邦指君國也
三德柔克故宜於家六德正直剛克故宜於國翕合
也敷布也咸徧也俊乂賢能之士超出千百人上者
授職曰官同官曰僚任事曰工師師衆資助理惟時
及時趨事也五辰禮運云播五行於四時卽明堂之
政順時布治上應天道者庶績衆功凝成也

虞書　五三

無教逸欲有邦兢兢業業一日二日萬幾無曠庶官天
工人其代之天敘有典敕我五典五惇哉天秩有禮自
我五禮有庸馬本作五庸哉同寅協恭和衷哉天命有德五
服五章哉天討有罪五刑五用哉政事懋哉懋哉
無禁止辭敎導也逸逸豫欲貪欲兢兢戒愼業業危
懼幾者事動之微先見也廢職曰曠天工人代人君
代天出治當盡人事而順天心也五典五常之典五
禮五等之禮吉凶軍賓嘉同寅同僚在官者協恭和衷一
德一心共治也五服冠裳之制五刑懲戒之法政事

禮樂刑罰懋懋勉勉也

天聰明自我民聰明天明畏自我民明威達于上下敬哉有土

聰明聽視明畏彰癉達通也上下君臣土謂有采地者也

攷正 天明畏古文作天明威予玩明郎顧諟天之明命威郎威用六極當從古文

皋陶曰朕言惠可底行禹曰俞乃言底可績皋陶曰予未有知 句 思日贊贊襄哉

惠順也所言皆順於道可以致之行事也績謂有功

虞書 五四

知知識思日贊贊襄哉言思贊助其治也

句解 武億經讀攷異此凡兩讀孔讀予未有知思句蔡傳思日之曰當作日字惟思日贊助于帝以成其治而已予攷益稷云予思日孜孜此當從蔡讀爲允

益稷

今文益稷合於皋陶謨古文析爲二者蓋自梅賾分也

帝曰來禹汝亦昌言禹拜曰都帝予何言予思日孜孜皋陶曰吁如何禹曰洪水滔天浩浩懷山襄陵下民昏墊予乘四載隨山刊木暨益奏庶鮮食予決九川距四海濬畎澮距川暨稷播 句 奏庶艱食鮮食 句 懋遷有無化居 句 烝民乃粒萬邦作乂皋陶曰俞師汝昌言

孜孜勉力不怠之意昏墊困於水災昏瞀墊溺也四載水行乘舟陸行乘車泥行乘橇山行乘檋刊木謂斫木以表道史記云行山表木 橋木以通途也管子斬木橋下以爲民利 奏庶鮮食禹暨益奏陳於帝水土未平民所食者惟鳥獸鱗介之肉奏庶艱食鮮食水土既平山澤既焚鱗介潛淵禽獸逃匿鮮食爲艱故暨稷播殖嘉穀交易其市以鮮食之所有易粒食之所無懋勉也化貨

虞書 五五

也 顧炎武日知錄懋遷有無化居化者貨也原注古化貨二字多通用 懋遷有無化居

鮮食粒食居山居澤者得遷徙互相爲貨故烝民皆得粒食萬邦所以治也昌言美言明當者

攷正 四載孔傳謂水乘舟陸乘車泥乘輴山乘樏蔡傳同夏本紀云陸行乘車水行乘船泥行乘橇山行乘檋河渠書云陸行載車水行載舟山行即橋泥行蹈橇溝洫志云泥行乘毳山行則梮尸子云山行乘樏泥行乘蕝說文木部欙字說云虞書曰山行乘欙澤行乘䡅予玩四載之說水行陸行無異山行有謂檋者橋者梮者欙者泥行有謂橇者蕝者䡅者輴者蓋檋字居玉切梮亦居玉切音相近也河渠書作橋尸子云欙名稱殊也橇本因蹺又音蕝輴音楯䡅亦因楯是橇蕝䡅輴皆以音近而字殊也求厥形狀史記集解孟康曰橇行如箕擿行泥上如淳曰撬音茅蕝之蕝謂以板置其泥上以通行路也正義云

橇行如船而短小兩頭微起人曲一腳泥上擿進用拾泥上之物今杭州溫州海邊有之也如淳曰欙車謂以鐵如椎頭長半寸施之履下以上山不蹉跌也正義張守節云輂者上山前齒短後齒長下山前齒長後齒短也應劭曰梮或作欙爲人所牽引也韋昭云梮木器也如今轝床人轝以行也合攷諸說泥行乘橇其形狀當如張守節云形如船而短小者山行乘欙亦當如張所云也其形卽今遊山之屐蓋多碎砂細石人行易滑若今遊山之屐履行之時屐有鐵釘如齒踏於砂石不致滑跌也

禹曰都帝愼乃在位帝曰俞

愼敬謹俞然也

禹曰安汝止惟幾惟康其弼直惟動丕應徯志以昭受上帝天其申命用休帝曰吁臣哉鄰哉鄰哉臣哉禹曰

俞

止卽止仁止敬幾微也康安也丕與不同徯志邪志一切經音義七引通俗文邪道曰徯禮月令塞徯徑疏徯徑細小狹路也禹言輔臣弼君閑邪存誠引君於道不引君於邪是以明昭上帝受天之祜也臣鄰左右輔弼再言臣哉鄰哉君臣交勉之意俞然也

帝曰臣作朕股肱耳目予欲左右有民汝翼予欲宣力四方汝爲予欲觀古人之象日月星辰山龍華蟲作會宗彝藻火粉米黼黻絺繡以五采彰施于五色作服汝明予欲聞六律五聲八音在治忽以出納五言汝聽

股肱四肢也股本曰股臂幹曰肱耳主聽目主見者左右勷助之意翼輔佐也功布四方曰宣作造曰爲亦曰助也象像也觀象效法之意衣裳取諸乾坤日月星三辰垂諸天者山著於地者龍春分出淵秋分入淵上下變化能興雲雨者華蟲雉具文采者會繢也宗彝宗廟虎彝蜼彝取其義盡孝養者周禮春官司尊彝有蜼彝爾雅注蜼似獮猴而大尾末有岐鼻向上雨卽自懸於樹以尾塞鼻或以兩指侯鯖錄云宗彝類獮猴出貴州思南有山曰甑峯形如甑故名山盤互數百里人不能到宗彝巢於樹老者居上子孫以次居

下老者不多出子孫居下者出得果卽傳遞至上上者食傳遞至下下者始食先儒謂先王用以繪於裳衣取其孝也藻水草蒼色有文者陸璣疏藻水草也生水底有二種其一種葉如雞蘇莖大如著長四五尺其一種莖大如釵股葉如蓬蒿謂之聚藻火四時改取化成萬物者粉米米之精白者黼形若斧取其能斷黻如兩弓相背阮元鐘鼎釋文謂黼與黻同爲畫繪之形黼形象斧明焉黻爲兩己相背何物耶蓋己本作亞乃兩弓相背非兩己相背也引漢書韋賢傳師古注黻畫爲亞亞古弗字也謂經傳中弼佛弗每相通取其弛張五采五色青黃赤白黑也衣曰繢裳曰繡衣用采絲會合織成本於天也裳用絺爲質地而以色絲鍼刺文采出自人也明察也六律黃鍾太

簇姑洗㽔賓夷則無射爲陽大呂夾鐘仲呂林鐘南
呂應鐘爲陰五聲宮商角徵羽八音金石絲竹匏土
革木在治忽察治亂也五言謂辨其聲音高下疾徐
合於五常（仁義禮智信）之德實應六律五聲八音以徵治
亂者聽聆也
攷正（宗彝孔傳宗廟彝樽鄭玄云宗彝虎也蔡傳宗彝虎蜼子攷周禮司尊彝云祼用雞彝鳥彝斝彝黃彝虎彝蜼彝易祓日成周治定功成兼用歷代禮器虎蜼爲虞彝雞爲夏彝斝爲殷彝黃目爲周彝禮書云虎義獸也蜼智獸自禰率而上之至於祖因合食焉義也及於祖之所自出義之至也審其昭穆尊卑使不紊焉智也皆升而合食乎其所出智之至也袞服所纘左右有兩尊彝當如蔡氏云宗彝虎蜼）

虞書　五八

也○在治忽鄭玄本作在治曶今文尚書作釆政忽史記作來始滑漢書律曆志作七始訓王應麟藝文志考作七始詠汗簡隸古文作來始詠數說音義絕相乖違子攷經義述聞云樂記曰治世之音安以樂其政和亂世之音怨以怒其政乖又曰宮亂則荒其君驕商亂則陂其官壞角亂則憂其民怨徵亂則哀其事勤羽亂則危其財匱蓋以此察之滑忽古同聲故字亦相通史記夏本紀故作滑
予違汝弼汝無面從退有後言欽四鄰庶頑讒說若不
在時侯以明之撻以記之書用識哉欲並生哉工以納
言時而颺之格則承之庸之否則威之
違戾也弼正也面從退言貌恭而腹誹也四鄰前疑
後丞左輔右弼（尚書大傳古者天子必有四鄰前曰疑後曰丞左曰輔右曰弼）匡君

於道者頑讒胥小之人若不在時謂獨越於正軌也
侯明射以觀德撻記責以示懲書識功則銘於竹帛
過則載於丹書欲並生者或勸或懲蓋欲同歸於道
也納言樂工以射德教導國子時是也颺謂道颺其
誼（尚書集註音疏工樂官也內言合語也合語之禮大樂正授數小樂正詔之颺謂道颺其誼若周禮大司樂以樂語教國子興道諷誦言語是也）格正也承進也庸用也申言
侯明率敎者也否謂不率敎者威即撻記朴作敎刑
也（學記云夏楚二物收其威也）
禹曰俞哉帝光天之下至于海隅蒼生萬邦黎獻共惟

虞書　五九

帝臣惟帝時舉（句）敷納以言明庶以功車服以庸誰敢
不讓敢不敬應帝不時（句）敷同日奏罔功
光天之下日月照臨處也海隅海陬蒼生青年之士
黎獻老成而賢者共惟帝臣詩曰率土之濱莫非王
臣時舉言其拔擢皆是敷陳也納入也敷納信諫明
功賞勳車服以應德懋懋官功懋懋賞也讓謙遜應
敬承不時猶言不是敷同日奏罔功所陳皆同帝不
信用賢奸並位舉措失宜故日進於無功也
無若丹朱傲惟慢遊是好傲虐是作罔晝夜頟頟罔水

行舟朋淫于家用殄絕世予創若時娶于塗山辛壬癸甲啟呱呱而泣予弗子惟荒度土功弼成五服至于五千州十有二師外薄四海咸建五長各迪有功苗頑弗即工帝其念哉史記無若丹朱傲上有帝曰二字

丹朱帝堯之子傲古作奡人名與朱比周者慢遊放佚遊遊罔無知貌額額不休意罔晝夜額額晨昏顛倒俾晝作夜也罔水行舟水土既平岐渠必多絕流之處丹朱徑欲由此達彼强使人爲推挽也放泆曰淫朋淫于家羣居聚處傲慢悉無禮度絕世謂不能

承帝堯之統也創懲也予創若時禹以丹朱爲戒塗山在今懷遠縣治安徽安慶府禹娶塗山氏女處辛壬癸甲四年也啟禹子名呱呱兒啼之聲子撫字荒大也荒度土功禹敷土奠高山大川受命治水遍及九州也五服甸候綏要荒弼輔也弼成五服至于五千對面開方各五百里合距五千里也四海東西朔南師即十有二牧五長五服之長迪功各進於治皆能有功也工官也苗頑弗即工苗民之長相率逆命弗就官職念思也帝其念哉謂帝宜思反身修德也

句解 史記夏本紀毋若丹朱傲上有帝曰二字孔廣森經學卮言云依史記此上有帝曰於義更協尚書今古文注疏云古文今文皆有帝曰二字僞傳脫之也史公有之蓋孔安國故如此漢書楚元王傳劉向上奏曰臣聞帝舜戒伯禹毋若丹朱傲論衡遣告篇云帝戒禹曰毋若丹朱敖又問孔篇云尚書毋若丹朱敖惟慢遊是好謂帝敕禹毋子不肖子也後漢書梁冀傳袁著上書曰昔舜禹相戒無若丹朱敖子攷孔氏孫氏皆以有帝曰二字爲信歷引漢書以證今文古文皆有當從之

攷正 丹朱傲孔傳傲字又作奡釋文引說文夰部奡嫚也讀若傲則奡傲古字通徐鍇曰今文尚書作傲則作奡者古文也子攷經學卮言兩漢刊誤補遺俞正燮癸巳類編孫志祖讀書叢錄均云丹朱奡爲二人故下云朋淫于家頤齋經說苗民逆命直至虞舜三十五年始來朝者堯讓天下於舜其子丹朱放于丹水放齊凡朱與奡爲丹朱朋黨竄居三危三人封國皆近苗地宜其不服帝舜而頑逆也禹既受

命神宗苗頑知舜亦讓非以天下爲私者因之來格非爲懾禹兵威也○辛壬癸甲孔傳辛日娶妻至甲日復佐治水蔡傳辛壬癸甲四日也夏本紀云禹曰予辛壬娶于塗山癸甲生啟索隱云豈有辛壬娶經二日生子不經之甚予玩頤齋經說云辛年娶于塗山壬年妊啟而生至甲年禹受帝命治水啟見禹行遂呱呱而泣考其年代甲辰帝堯命鯀治水九載績用弗成甲寅舜流四凶因命禹繼鯀功通鑑紀年可攷辛爲辛亥壬爲壬子癸爲癸丑甲爲甲寅以年計非以日計也

帝曰迪朕德時乃功惟敘皋陶方祗厥敘方施象刑惟明

迪啟迪敘比次時乃功惟敘蓋考求治水諸臣有功績者而進用也祗敬也治水有有功者亦有有過者

象刑即上罪中罪下罪之刑施於服履者詳見五刑有服明
明察也明猶上言作服汝明帝言敘功象刑寶答前節禹言惟
帝時舉也
夔曰戛擊句鳴球句搏拊句琴瑟以詠句祖考來格虞
賓在位羣后德讓此言堂上之樂也下管鼗鼓合止柷敔笙鏞
以閒鳥獸蹌蹌簫韶九成鳳皇來儀夔曰於予擊石拊
石百獸率舞庶尹允諧此言堂下樂舞也
戛擊手執檀板相拍也球玉磬拊以韋爲之其形如
鼓中實以糠聲不喧雜搏謂以手合拍琴瑟皆弦歌樂器統陰

虞書　六二

陽以爲聲也路史琴統陽瑟統陰以陰佐陽不可易也此皆堂上之樂以
詠歌合人聲也祖考藝祖文祖神宗皆是虞賓堯子
也羣后列邦之君管竹器形如笛併兩而橫吹之鼗
小鼓持其柄而搖者柷敔以木爲之柷以作樂敔以
止樂也爾雅釋樂云所以鼓柷謂之止所以鼓敔謂之籈郭璞注柷如漆桶方二尺四寸深一尺
八寸中有椎柄連氐搁之令左右擊止者其椎名也敔如伏虎背上有二十七鉏鋙刻以木長一尺櫟之
籈者其名也是言擊柷之椎名爲止戛敔之木名爲籈戛即櫟也笙匏器匏中置管管端施簧
即匏之旁開一總竅吹之以手按管孔出音說文云笙十二簧象鳳之身也笙正月之音物生故謂之笙
鏞大鐘閒迭奏也蹌蹌鳥獸舞鳴之聲簫韶舜樂名

九成九終鳳皇五德皆備之鳥來儀虞帝元年巢于
庭也詳見竹書紀年於歎美辭石磬也重擊曰擊經擊曰拊
擊石拊石頌磬之擊重編磬之擊輕也編磬二八十六枚懸在一
簴百獸率舞周禮夏官服不氏掌養猛獸而教擾之
凡祭祀供猛獸蓋即虞舜之遺制也夔言此者見帝
覡舞以樂皇尸已與庶尹助祭駿奔並率教擾之獸
而舞之也
句解戛擊鳴球搏拊琴瑟以詠人皆讀戛擊鳴球句搏拊琴瑟句以詠句或讀搏拊琴瑟以詠句李
惇羣經識小云琴瑟難言戛擊竊謂戛擊止貫下鳴球搏拊二者若讀至拊字句絕琴瑟連下以詠二字

虞書　六三

爲句則文義自明且與下笙鏞以閒句法正相類也
予攷戛擊是司樂者率眾入廟手執拍板互擊以戒
眾也鳴球樂舞入廟排列堂上擊玉磬也搏拊晉登
歌命奏擊拊也六字分三句讀琴瑟以詠四字讀句
攷正戛擊孔傳戛擊柷敔所以作止樂蔡傳戛擊考
擊也馬融曰戛櫟也鄭玄曰戛櫟也戛擊鳴球
三者皆總下樂櫟擊此四器也正義樂器惟敔當櫟
耳四器不櫟鄭言非也李惇云通節皆直指樂器未
有空言戛擊便可以爲柷敔者且柷以合樂敔以止
樂既首言及之下文不當復衍予攷戛擊非柷敔也
揚郡文廟樂舞爲甘泉徵君徐鼎彝創辨躬赴曲阜
聖宮訪求樂譜以及聲容器具回揚教演是年春祭
予特往觀見徵君與某員引樂舞入廟手執檀黎木
版二片長約尺餘濶約二寸餘厚約半寸行趨停立
眾皆視執版兩人拍擊爲節說者此即戛擊也。戛
擊楊雄長揚賦作拮隔韋昭注拮戛也古文隔爲擊
予攷古文隔爲擊者謂今文尙書隔字古文作擊隔
者擊之假借字也。擊石拊石孔傳石磬也蔡傳重

擊曰擊輕擊曰拊石磬也有大磬有編磬有歌聲者有大小故擊有重輕子攷上云笙鏞以間此云擊石拊石周官眡瞭云凡樂事播鼗擊頌磬笙磬鄭玄注磬在東方曰笙笙生也在西方曰頌頌或作庸庸功也不知庸卽鏞字夔曰擊石拊石對上云笙鏞以間也笙磬在東爲陽擊磬宜輕曰拊石庸磬在西爲陰擊宜重曰擊石而後儒不辨爲東西笙磬頌磬誤以爲大磬小磬殊非

帝庸作歌曰敕天之命惟時惟幾乃歌曰股肱喜哉元首起哉百工熙哉臯陶拜手稽首颺言曰念哉率作興事愼乃憲欽哉屢省乃成欽哉乃賡載歌曰元首明哉股肱良哉庶事康哉又歌曰元首叢脞哉股肱惰哉萬事墮哉帝拜曰兪往欽哉

虞書　　六四

敕陟也夏本紀云陟天之命陟天之命膺受天也股肱喩臣元首喩君百工凡有官職祿位者熙興也拜手稽首臣下見君之禮憲法也省察也賡歌續歌良善也康安也叢脞積滯惰懈怠墮廢墜帝拜曰兪往欽哉蓋然其說而勉之以敬也

尙書句解攷正

泰州　徐天璋睿川　著

夏書

禹貢

禹大禹夏王名貢獻也治水告成遂以州域山川材物貢賦彙爲一册獻於帝堯故曰禹貢子著有禹貢傳註圖攷此篇故撮其要

禹敷土隨山刊木奠高山大川

稱禹君前臣名也敷土分別土宜而布其治隨山尋

夏書　　一

其原委高下之勢審其治水後先刊木斫木以表道史記云行山表木橋木以通途見管子形勢解高山山嶽大川江河奠定也

冀州旣載壺口治梁及岐

冀州正北大州也列州皆以山河分界冀獨不言界者帝都統一萬方奄有九有也壺口山名在冀州西當河流洄漩之衝介於孟門龍門閒者旣載壺口治河從壺口始鑿山成渠畀河流自中洩也梁山在龍門南壺口北爲孟門南爲龍門峙河西岸岐卽岐山之脈行抵河

壖阻隘河流者治疏鑿也此治冀都平陽西偏河水經流
句解孔傳讀冀州既載句夏本紀漢書地理志周禮載師鄭注讀同毛晃禹貢指南讀既載壺口句蔡傳讀從之甚是
既修太原至于岳陽
太原太岳下之原野也岳陽帝都所在即平陽既修者
存鯀之功鯀在禹先治水九年自太原以至岳陽實疏太岳西
南諸水流注汾津入于西河也
覃懷厎績至于衡漳
覃懷地名在太行山南沁水介於太行之閒南流入

夏書　二

河厎績遵道遵行也漳水名濁漳出太行東谷迤邐
而東清漳自北入焉衡句也横也衡漳清濁合流望
若句衡入于東河也
厥土惟白壤
白土色壤土和而無塊者說文壤柔土也其種宜禾黍也詳職方氏及博物志
厥賦惟上上錯厥田惟中中
賦爲材物斂布之總名錯謂錯綜其數月分歲合以
十三載而平均之會計爲上上也九州先田後賦而

各有貢冀獨先賦後田不言貢者帝都之地一切治
於有司貢即在賦之中惟田主自農官分授於民者
中中田五等也
恆衛既從大陸既作
恆衞二水名漢書地理志恆水出常山上曲陽縣衞水出常山靈壽縣東北大陸地
名地理志鉅鹿郡鉅鹿縣注云禹貢大陸澤在北恆衞皆東南流大陸承恆
衞之衞既從導恆東北注滱東入于易滱易皆水名導衞
西南注于滹沱邐大陸西迤邐而南旋折而東北流
右入于河故大陸可耕藝也

夏書　三

島夷皮服馬本作鳥夷
水中有山曰島島夷東北海濱之地民居山島者皮
服製獸皮以爲裘服也
夾右碣石入于河
碣石山名山有大石特立者夾右碣石島夷民至冀
者自海望見碣石遂右溯而入于河也地理志碣石山在北平驪城縣西南
濟河惟兖州濟漢書作泲說文有沇字無兖字
沇泲也泲古文濟字沇史記作沇州漢書作兖州泲水一名沇水發源河

北王屋山中東流爲濟逾河爲滎東北流入于海兗九州之壖土也河至大伾循冀而東北流兗介濟河之間兗南濟水北河水偏傾東北者其東阻於泰岱山麓也

九河既道

九河河至大陸東北而分也極北曰徒駭次曰太史次曰胡蘇曰絜曰簡中流曰鬲津次曰鉤盤次曰覆釜極南曰馬頰悉在兗境之中迤邐而流東北分殺河勢導引而注于海者也

攷正 九河孔穎達疏徒駭在成平胡蘇在東光鬲津在鬲縣餘據爾雅九河之次謂太史馬頰覆釜在東光之北成平之南簡絜鉤盤在東光之南鬲縣之北陸德明經典釋文分簡絜爲二孟子朱注從之蔡傳以太史不知所在又合簡絜爲一其一則河之經流也通志云在南皮渠岸尚存徒駭在西北太史在古皮城南馬頰在城南覆鬴在東南胡蘇在西城下簡絜在城西鉤盤在西北鬲津在東南其一則河之經流也予攷導河水云至于大陸又北播爲九河於兗州云九河既道今以志乘輿圖古今疆邑審求形勢遂知河過大陸分爲兩派自交河流向東北者爲徒駭分爲太史自太史分爲胡蘇自胡蘇分者曰絜曰簡自交河南向阜城流至景州又分爲二一支流向東北曰鬲津次爲鉤盤一支流至德州合滏水東北流者曰覆釜又合篤馬水東北流者曰馬頰滏水篤馬水皆自西南流至德州遂合河水逕注東北並入于海九河命名之義各因所合河水而名徒駭因合滹沱也太史因合清河也胡蘇因地名也簡大地因合大連澱水絜潔也因合沙河之水鬲津因在有鬲氏國中鉤盤因河流一自馬谷山南環繞一

自馬谷山北環繞分入于海如鉤盤然非若李巡孫炎望文生義而解經也

雷夏既澤雍沮會同 雍沮史記漢書皆作雍沮晉人始改作灉沮故孔傳作雍蔡傳作灉 孔傳合二句爲一節蔡傳分二句爲兩節予攷當從孔傳爲允

澤水所鍾也雷澤在兗西南冬則水涸夏則水盈禹因澤盈而爲陂堰故曰雷夏既澤雍壅也漢書溝洫志集注沮水出雷澤西南雍沮會同雷澤既已夏盈故壅遏沮水止其流入也

桑土既蠶是降邱宅土

桑土桑間也地名今濮水上有桑間蠶蟲名食桑吐絲可以織帛者蠶性惡溼既蠶洪水去蠶利興也土高曰邱地平曰土降下也兗地卑下水害尤甚民多依邱而居九河既道雷澤既陂民皆降高居下廣種蠶桑也

厥土黑墳厥草惟繇厥木惟條

黑墳土膏脈起而黑潤也繇草莖生者條木挺生者言皆兗土所宜也

厥田惟中下厥賦貞作句十有三載乃同

中下田第六等其田既定其賦至終起者賦兼材物而言兗州承水之衝材物蕩然十年樹木非立時可

定之也貞終也作起也厥賦貞作治水告成之後乃
起兗賦所以爲下下也同合也乃同謂合九州之賦
列之爲九等也
句解孔傳蔡傳均讀厥賦貞句武億經讀攷異鄭康成以厥賦絕句貞字連下讀予攷易繫辭下云貞勝貞觀貞明貞一詩云與子偕作禮運云後聖有作論語云述而不作楚語云天時不作以及冀州云大陸既作此當讀厥賦貞作句
厥貢漆絲厥篚織文
賦爲邦國額定貢爲諸侯進獻漆爲器貢絲爲嬪貢
篚竹器織文服貢也悉詳周官太宰九貢分注
夏書　　六
浮于濟漯達于河五經文字云漯本作濕經典相承作漯說文作濕古又通濕皆漯字也
乘舟行水曰浮因水入水曰達濟在漯南其流北通
於漯兗境東南西南入貢之道由焉其在東北者九
河皆達于河不盡浮于濟漯也濟水出陶邱北又東至菏分爲二水一水東南流一水東北流至于聊城遂通漯水又東北至于茌平遂達于河
海岱惟青州
海天池說文岱泰嶽也青州左海右岱地當九州東北
兼逾海峽而有嵎銕者也禹貢治水時分畫九州各以山川爲界青州兼有營州境域者清高宗純皇帝聖諭云長白山發脈南行西貫海底過山東登青萊三州結爲泰山足徵禹貢云海岱惟青州奄有今時奉天府直至金州驪地勢由北轉東轉南三面抱海遂至旅順口西南與山東登州府城北三里丹崖山相對
嵎銕卽奉天境鐵背山谷也
嵎銕既略史記夏本紀作嵎銕古文尚書作嵎銕
嵎銕銕古鐵字鐵嶺東南一隅暘谷寅日之處卽今遼東
灣也略經略嵎銕既略以其在青東北逾海峽而有
之也詳前堯典宅嵎銕
濰淄其道濰淄漢書作惟甾其史記作既
岱嶽逦邐而東曰原山原山之陰淄水出焉原山之
東曰屋山屋山之下濰水出焉既道分導北流而入
夏書　　七
渤海也
厥土白墳海濱廣斥濱史記作頻俗加水旁斥夏本紀地理志並作潟古文尚書撰異云說文作庌隸省作斥今俗作斥
白墳土色白而脈起者斥鹵地海濱廣斥謂濱海鹵
地東西面積之寬也
厥田惟上下厥賦中上
上下田第三等中下賦第四等也
厥貢鹽絺海物惟錯
鹽散鹽鹽類有二凝結成片者爲鹽細碎散者爲鹽煮海水而淋灰鹵曬

日乾結者絺精葛錯雜也海物所產者多貢無定品
因時有以進獻也

岱畎絲枲鉛松怪石

岱畎岱嶽下山谷田野也畎古文甽尚書撰異釋名釋山篇曰山下根之受霤處曰畎畎吮也吮得山之肥潤也絲繭絲枲牡麻鉛黑錫可化胡粉者松林木可爲梁棟者怪石石有文采似玉者是皆九貢中嬪貢絲枲器貢鉛石材貢松木也

攷正怪石孔傳怪石好石似玉者蔡傳怪異之石也陸德明云碱砆之屬金履祥云今青州黑山紅絲石紅黃相參文如林木月暈山峯雲霞花卉即古怪石也名醫別錄白石瑛紫石瑛泰山所出甚瓌瑋有光采其即禹貢所謂怪石乎予攷怪石當從金氏之說爲允

萊夷作牧厥篚檿絲

萊夷萊境之民居近海濱山島者以鮮爲食不知樹藝畜牧禹治水而始教之也檿山桑檿絲野蠶之絲堅韌用製琴瑟之絃蓋進獻之至薄也

浮于汶達于濟

汶出原山之陽水西南流旋北而達于濟不言漯河者承前循兗貢道也

海岱及淮惟徐州

徐州在岱嶽南淮流之北東瀕於海者也

淮沂其乂

淮沂二水名淮出胎簪源自西而流東北沂出沂山一名雕崖山一名艾山自北而流西南乂治也

蒙羽其藝

蒙羽二山名蒙在沂水西北沂東曰洮羽在洮水之東淮水枝流之左藝種植也蒙山高四十里長六十九里俗以在東者爲東蒙中央爲雲蒙西爲龜蒙羽在祝其縣南

大野既豬

大野鉅野徐兗之間澤名在徐西北既豬謂築陂堰以防其溢也元和志大壄澤在鉅野縣東五里南北三百里東西百餘里予攷地理志山陽郡鉅壄大壄澤在北兗州藪參觀形勢大野在兗西南接徐西北地勢北高南下澤水利害悉爲徐州所關故經言大野既豬見施功當在徐州

東原厎平

東原大野之東平原也如彭城東山武原以及東陽東安原野之地厎平致治也淮沂其乂蒙羽其藝是治徐州東部大野既豬東原厎平是治徐州西部

攷正東原孔傳正義東原即今之東平郡也蔡傳漢之東平國今之鄆州也鄭玄曰東原地名今東

平郡即東原索隱張華博物志兗州東平郡即尚書之東原也予攷東平郡屬今泰安府治非徐境是尚兗境實接青境徐州之野何得越兗至青以東平爲東原也然則東原何指曰當在汶濟之南金鄉魚臺皆爲鉅野東偏晉桓溫傳太和四年悉衆北伐次金鄉時亢旱水道不通乃鑿鉅野三百餘里以通舟運既鑿三百餘里則地爲平原可知其次則爲豐沛下邳元和志云徐偃王北走武原東山下地理志屬徐郡者有東陽東安凡此之類皆可謂東原焉

厥土赤埴墳草木漸包漸一作蔪鄭作䔿陸氏釋文包或作苞說文引作蔪苞

埴黏膩也漸包積緻之貌草木叢生而豐茂也

厥田惟上中厥賦中中

田二等賦五等也

厥貢惟五色土

土出彭城之北頹土山中兼出姑幕縣山野厥貢首列五色土者天子取封諸侯之國各用其方土色苴以白茅爲社也

攷正寰宇記徐州歲貢五色土各一斗出彭城縣北頹土山水經注姑幕山有五色土予攷水經注姑幕縣有五色土禹貢錐指云姑幕漢屬琅邪郡其故城在今諸城縣西北今縣東南有琅邪山山上有琅邪臺徐州之北以岱嶽與青分界今琅邪在岱嶽東行山脈之南頻於海岸是姑幕亦在禹貢徐州境也

羽畎夏翟夏翟史記漢書皆作夏狄

羽畎羽山之谷也夏翟雉大尾長文采五色皆備可采爲翟舞者也

嶧陽孤桐

嶧葛嶧山也在下邳西孤桐特生高岡拔出衆木之上可以爲琴瑟也明焦竑曰嶧山有二在鄒縣者爲鄒嶧今隸兗州在邳州者爲葛嶧今隸徐州又名距山以與沂水相距也

泗濱浮磬

泗濱浮磬石生呂梁洪中可取以爲磬材泗水環包望之石若浮流也括地志泗水至彭城呂梁出磬石今徐州東南七十里有呂梁洪

淮夷蠙珠暨魚釋文蠙一作玭蜯也

淮夷夷民居近淮水者蠙珠蚌珠暨鱀也暨即鱀字假借

魚鯺屬其皮可飾器具也

攷正淮夷孔傳淮夷二水名正義知是二水名者淮即四瀆之淮夷蓋小水後來竭不復有其處耳王肅亦以淮夷爲水名蔡傳淮夷淮之夷也予攷鄭玄云淮水之夷淮夷猶之鳥夷萊夷夷指民言非水名也○暨魚孔傳蔡傳並云暨及也予攷說文無暨字爾雅釋魚鱀是鱁郭璞注鱀鯺屬長丈餘集韻鯺魚名本草云鮫魚皮即裝刀靶錯魚皮也據是而求鱀魚之皮正可以飾器具詩曰象弭魚服又曰簟茀魚服左傳云歸夫人魚軒淮夷所貢必鱀魚也夏本紀云蠙珠臮魚臮即臯字周禮樂師臯舞注臯之言號儀禮士喪禮曰臯某復三注臯長聲也爾雅鱀注能作聲是暨字當從夏本紀作臮魚明甚

厥篚玄纖縞

篚竹器玄色在緅緇之間赤而近黑者纖細綾縞薄絹染則爲玄不染則爲素也

攷正 玄纖縞孔傳玄黑繒縞白繒纖細也纖在中則二物皆當細蔡傳玄赤黑色幣也纖縞皆繒也鄭玄注白經赤緯曰縞黑經白緯曰纖曾皎曰玄赤而有黑色以之爲衮所以祭也以之爲端所以齊也以之爲冠以爲首服也黑經白緯曰纖纖也縞也皆去凶即吉之服也又曰先儒以黑經白緯爲纖徐州之篚玄也纖也縞也凡三物釋者以玄縞爲二物誤矣予攷黃氏韻會言徐州宜染玄纖用絲多密而厚縞用絲少疏而薄凡染繒者惟厚薄最難著色惟徐涷染得宜故取以爲祭服之貢也

浮于淮泗達于菏 說文河引作菏從水菏聲古俄切宜從之

河菏也菏澤在徐西北介於兗豫之間濟水分流而南也徐東南境溯淮而西達泗溯泗而北達菏徐西北境介于泗沂間者從泗逕達菏而通濟也

淮海惟揚州

揚在九州東南西界於荆北界於淮東南瀕於海三江環流於域中也

彭蠡既豬陽鳥攸居 豬夏本紀作都攸漢書作逌

彭蠡澤名在揚境西水歸蓄積曰豬水中有山曰島陽鳥陽島也 鳥島通字 即敷淺原地博陽山在水中者 博陽山一作傳陽山 近於彭蠡西北水既豬於彭蠡故陽島民可居也

攷正 陽鳥孔傳蔡傳均云隨陽之鳥林之奇曰此篇所敘治水詳見九州下者莫非地名上言彭蠡下言三江震澤獨於二句中言雁非惟文勢不稱攷之九州亦無此例也春秋左傳地名取鳥者如鳴雁死鳥安知陽鳥非地名乎俞樾羣經平議曰集韻島古作鳥鳥夷皮服史記作島夷鳥夷卉服漢書地理志作島夷正義水中山曰島呂氏春秋恃君覽有揚島豈禹貢陽鳥歟予攷林氏俞氏之說因悟史記夏本紀集解裴駰云國語曰敷淺一名博陽山在豫章孔傳敷淺原一名傳陽山在揚州豫章界蔡傳敷淺原地理志云豫章郡歷陵縣南有博易山古文以爲敷淺原今九江德安縣博陽山也其山甚小而庳豫章郡縣志傳陽山在九江德安縣南山原俱接彭蠡西北彭蠡既豬敷淺原水有所歸傳陽山在水中者亦出水外足證陽鳥爲敷淺原傳陽山島非是雁爲隨陽鳥也廣韻攸安也盤庚曰奠厥攸居攸居指民言不指雁言若指雁言則曰漸曰棲曰集矣

三江既入震澤厎定

震澤地名在太湖東 古名具區 環太湖者皆山也太湖之東常爲澤水所驚故曰震澤三江岷江 在太湖北 浙江 在太湖南 松江 在太湖東 既入謂四圍山洪之水滙於太湖大禹治水洩湖流南入浙江北入岷江東入松江分殺其勢不致氾濫橫流故震澤遂厎治焉

攷正 三江孔傳蔡傳以及史書志乘註疏解說辨論紛紜莫衷一是予攷三江岷江浙江松江也太

湖面積越絕書曰周三萬六千頃水經注引韋昭曰方五百里顏眞卿石柱記曰四萬八千頃王鏊姑蘇志曰東西二百餘里南北一百二十里合五湖爲一湖禹貢錐指曰太湖上流西北有宣歙金陵弋陽江諸水由常州之百瀆以下西南有苕溪諸水由湖州之七十二漊以入百瀆在宜興者七十四在武進者二十六七十二漊在在烏程者三十八在長興者三十四若如孔傳所云三江皆入震澤愈助滔天之勢經何云厎定乎蓋云入者非江入太湖實太湖之水洩入三江浙江在南太湖之水有從德清餘杭自餘不溪流入浙江者即水經酈注云南江支分歷烏程通餘杭則與浙江會云云也阮元浙江圖考云南江逕太湖吳江石門出仁和臨平半山之西南折而東而北由餘姚入海自北魏時石門仁和流塞唐初築海塘以捍潮其流始絕足徵太湖西南山洪之水滙注太湖經流從苕霅來者即有分支從東南入浙江注於海也岷江在北太湖之水有從荊溪宜興西北來者其分支從丹陽武進無錫常熟水皆北入岷江

夏書 十四

洩於海也太湖正東遂爲松江水經酈注云松江上承太湖東逕笠澤流七十里江水奇分謂之三江口松江古名笠澤據是而觀松江正三江之一三江實爲岷江浙江松江又何疑與

篠簜既敷厥草惟夭厥木惟喬厥土惟塗泥

篠細竹簜大竹爾雅釋草簜竹李巡曰竹節相去一丈曰簜竹譜篠出魯郡鄒山堪爲笙

敷分布引也夭少長喬高聳塗泥土淖溼也

厥田惟下下厥賦下上上錯

田九等賦七等也錯謂錯綜其數或贏或絀然後平均爲定也

厥貢惟金三品瑤琨篠簜齒革羽毛惟木史記漢書皆無惟木二字

三品金銀銅也瑤玉之美者琨美石似玉者篠細竹簜大竹齒象齒革犀牛革羽翠羽鷺羽翟羽皆是毛貔貅狼獾之屬木材也木材通訓周禮太宰飭化八材珠象玉石土金革羽禹貢云瑤琨篠簜齒革羽毛惟木言皆爲材物也

攷正 爾雅釋器黃金謂之盪其美者謂之鏐白金謂之銀其美者謂之鐐鉼金謂之鈑鉼金郎兼金古時謂銅也據此三品金銀銅也

島夷卉服厥篚織貝

島夷瀕海居於山島者卉服葛越吉貝之類織貝樹

夏書 十五

名其樹花絲可織爲布也

攷正 夏本紀漢地理作鳥夷裴駰集解引鄭注孔疏引鄭注王肅注皆作鳥孔傳作島夷古文尚書撰異曰此本作鳥孔讀爲島衞包徑改爲島字今作島淺人用天寶後石經尚書改之也予攷鳥島古爲通字例以冀州云鳥夷皮服似宜用衞包所改島字爲長○卉服孔傳草服葛越正義釋草云卉草舍人曰凡百草一名卉知卉服是草服葛越也蔡傳卉草也棉之屬史記集解東南之夷草服葛越焦竹之屬越即苧祁也徐文靖曰葛即葛藟越即蕉苧黃草之類予攷江淮間有布名草葛其色金黃人皆以爲夏日之衣竹郎織細竹枝以綫穿結爲竹衫者爾雅釋草云篠箭之竹是也○織貝孔傳織細紵貝水物蔡傳織貝錦名織爲貝文詩曰貝錦是也今南夷木綿之精好者蘇軾云島夷績草木爲服如今吉貝木棉之類唐書云婆利國有古貝草緝其花以爲布麤者名古貝細者名白氎予攷織貝實爲木棉唐書所云

古貝夏禹時其種尙未入中華也

厥包橘柚錫貢

橘柚木果之實小曰橘大曰柚貢非常經命貢始貢

也

沿于江海達于淮泗

順流曰沿達通也江卽三江通于海者揚州之貢非

沿江海不能達淮蓋禹時江淮未通至周末吳王夫

差始築邗溝以通水道也左傳哀九年吳城邗溝通江淮

荆及衡陽惟荆州

夏書　十六

荆南條荆山也自西迤邐而東與豫橫分江界者衡

衡嶽衡陽逾嶽而南接近五嶺之地州當九州正南

也五嶺曰大庾曰騎田曰龐都曰萌渚曰越城嶺南禹時五服要荒也

江漢朝宗于海

朝潮也說文淖字水朝宗于海也從水朝省聲徐鍇曰今俗作潮省聲宗本也江漢

江岷江漢沔漢無潮其有潮者本于海也

攷正朝宗孔傳二水經此州而入海有似於朝百川以海爲宗宗尊也蔡傳春見曰朝夏見曰宗朝宗諸侯見天子之名江漢合流于荆雖未至海而其勢已奔趨于海如諸侯之朝宗于王也段玉裁古文尙書撰異於荆州曰江漢朝宗于海言海潮上達直至荆州也今海潮上至安慶而止海淖上迎江漢之

水下赴如君臣一德一心呼吸相通與前此壅遏者異矣二州之文相爲表裏予攷孔蔡之傳旣非段氏之說猶未確實所云朝宗者江漢之潮本自於海也唐以前海潮直至荆州盧綸晚次鄂州詩云舟人夜語覺潮生是其明證許愼漢人朝宗引作淖宗徐鍇去唐未遠故註解從之孔安國生於北方不識荆州有潮蔡沈生於南宋唐時丹徒江闊四十里者宋時祇十七八里阻隘中流沙灘橫互故潮至安慶上而止不能至荆州也

九江孔殷孔殷史記作甚中

孔間也爾雅釋詁殷中也九江間於雲夢之中禹時治水

分江爲九川也水經云九江在長沙下雋西北今據

水經攷之高口侯臺龍穴青陽土塢烏黎練口白沙

夏書　七

本名蔑默聶口也

攷正九江孔傳九江潯陽地記云烏白江蚌江烏江嘉靡江畎江源江廩江提江箘江張須元緣江圖云三里江五州江嘉靡江烏土江白蚌江白烏江箘江沙提江廩江蔡傳九江今沅水漸水元水辰水敘水西水澧水資水湘水太康記楚地記外餘有諸儒辨說互相不同均非的解故不贅引予攷水經山水澤地篇云九江在長沙下雋縣西北江水篇云又東至華容縣又東當華容縣南又東至長沙下雋縣北澧水沅水資水合東流注之湘水從南來注之酈注於華容云又東通澧水此卽導江云又東至于澧也至澧後逕過九江酈注又云江水左會高口江浦也大江又東左得侯臺水口江浦也右得龍穴水口江浦右迤也又東得青陽土塢二口江浦也於下雋云又東逕烏黎口江浦也又東得合練口江浦也又東得白沙口本名蔑默口江浦也又東右得聶口江浦也漢時下雋今岳州之巴陵武昌之通城崇陽也

華容今岳州之華容荊州之石首監利也華容正在下雋西北酈注言口者數十獨此九口必言江浦不多一不少一明其爲九江也餘言夏浦澧浦狀浦檀浦流注於江入大江明其非九江也

沱潛既道

沱潛江漢枝流也岷江之北岐出東流而復入者曰沱漢水之西岐出而復入者曰潛道疏引也

攷正 沱潛孔傳沱江別名潛水名皆復其故道蔡傳爾雅曰水出自江爲沱自漢出爲潛凡水之出於江漢者皆有此名此則荊州江漢之出者也今南郡枝江縣有沱水然其流入江而非出於江也華容縣有夏水首出於江尾入於沔亦謂之沱若潛水則未有見也予攷寰宇記云百里洲首派別南爲外江北爲內江王晦叔云枝江縣百里洲來江沱二水之間其與江分處謂之上沱與江合處謂之下沱是荊

夏書　十八

州江沱之明證也胡渭禹貢錐指承天府志漢水自鍾祥縣北三十里分流爲蘆洑河經潛江東南復入于漢即古潛水也是荊州漢潛之明證也

雲土夢作乂

雲夢荊澤藪名跨江南北雲法也夢蒙也多水曰雲多草曰夢水草瀰漫曰雲夢土杜也乂治也多水者障之以陂堰多草者墾之爲田原地勢北高南下泛言曰南雲北夢其實南北皆雲夢也

攷正 孔傳雲夢之澤在江南其中有平土丘水去可爲耕作畎畝之治蔡傳雲夢澤名周官職方荊州其澤藪曰雲夢方八九百里跨江南北華容枝江江夏安陸皆其地也予攷左傳定四年云楚子涉沮濟江入于雲中奔鄖鄖實楚之鄖邑在今荊州枝江縣治東有古鄖城昭三年云楚子以鄭伯田江南之夢此雲夢在江南也宣四年云邧夫人棄子於夢中杜注夢澤名江夏安陸縣城東有雲夢城寰宇記雲夢縣西於菟村即生鬬於菟處此雲夢在江北也以古例今雲夢方八九百里跨江南北西抵枝江東抵蘄州北抵雲夢京山南抵巴邱青草也

厥土惟塗泥厥田惟下中厥賦上下

塗泥土汚溼也田第八等賦第三等者荊州之材物

良也

厥貢羽毛齒革惟金三品杶幹栝柏礪砥砮丹

揚貢先金荊貢先羽毛齒革者物產重材良也杶幹栝柏四者木名礪玄石能試金色優劣者砥石砂凡玉工雕琢玉與寶石必資其石之砂以爲砥礪磨琢砮石堅似鐵可爲箭鏃者丹辰州硃砂也

夏書　十九

惟箘簵楛 句 三邦厎貢 句 厥名包匭菁茅 句

箘簵黑色竹楛堅理木其材皆可爲箭者三邦三苗不言三苗而言三邦者舜時苗民逆命剷其國籍也聖明之世帝王之於蠻夷羈縻之而已故不責其重貢惟箘簵楛材貢至輕也菁茅香茅一莖三脊爲物尢輕然而其名最重王祭縮酒故列祀貢之首包茅

既裹復藏於匣畀香氣不外散也

句解孔傳讀三邦厎貢厥名句包句匭菁茅句予攷三邦厎貢厥名夏本紀云三邦厎貢其名馬融曰言箘簵楛三國所致貢其名善也孔疏云鄭玄以厥名下屬包匭菁茅又曰王肅云揚州厥包橘柚從省可知合三讀以觀例以厥土厥田厥賦厥貢厥篚當讀厥名包匭菁茅句菁茅居祀貢之首其名最貴重也

厥篚玄纁璣組九江納錫大龜

玄色象天赤隱於黑纁色象地黃隱於赤組綬類璣組綬穿珠以爲垂旒者惟荆州織工精細故與玄纁幣帛同貢於篚龜尺二寸曰大龜惟産於九江者爲

靈然非可以常有得之則畜池沼待其詔求而後貢焉故曰九江納錫大龜

浮于江沱潛漢逾于洛至于南河

江別爲沱漢別爲潛浮沱入江浮潛入漢浮江亦入于漢泝流而北然後越冢嶺地理志雒水出弘農上雒縣冢嶺山東北始至于洛洛曰逾者中有山嶺間之逾洛遂至于南河也胡渭禹貢錐指自漢逾洛之道黃文叔云舍舟陸運出汝葉金吉甫云自漢入丹河白水河卽逾山路入洛今按陸行出汝葉則必更天息女几嵩少轘轅諸山中崎嶇二三百里貢道必不由此丹河卽丹水白水河蓋淯水是兩道淯水出盧氏縣熊耳山泝此水而上亦可逾于洛然洛水在縣南五里淯源北去縣百五十里宋元嘉中伐魏龐季明柳元景皆從山谷中席軍出盧氏不聞有水道淯洛之間陸運百五十里殊費民力惟丹水爲自楚入秦之捷徑水多陸少逾洛從此無疑

荆河惟豫州

荆荆山河大河豫在華夏之中背河而面荆也

伊洛瀍澗既入于河

伊水在洛之南瀍澗在洛之北洛源讙擧而東至豫流逕洛陽澗遂流入于洛又東逕于偃師瀍水自北入焉伊出熊耳山麓迤邐而東逕于嵩縣斜流而北出于伊闕遂入于洛又東洛至鞏縣遂入于河

攷正伊孔傳伊出陸渾山蔡傳伊水山海經曰熊耳之山伊水出焉水經云伊水出南陽魯陽縣西蔓渠山酈注山海經曰蔓渠之山伊水出焉括地志伊水出盧氏縣東巒山一名悶頓嶺元和志伊水出鸞掌山疑卽巒山予攷禹貢錐指云伊水經陸渾山非出陸渾山蔓渠山卽熊耳之支峯古之熊耳盤基甚廣悶頓嶺巒山均包在熊耳山也○洛孔傳出上洛山蔡傳洛水出弘農郡上雒縣冢領山水經謂之讙擧山予攷畢沅山海經校正曰今方志云冢領卽讙擧或云卽地理志獲輿山字形相似沅案漢上洛今洛南縣界獲輿山在東北而洛水所出讙擧山則在西北不得爲一山明矣○瀍孔傳瀍出河南北山蔡傳出河南穀城縣朁亭北予攷地理志穀城注禹貢瀍水出朁亭北東南入洛師古曰朁音潛○澗孔傳澗出澠池山蔡傳地志云出弘農郡新安縣東南入于洛予攷地理今釋澗水出河南府澠池縣東北白石山至洛陽縣西南入洛

滎波既豬導菏澤被孟豬滎波馬融鄭玄本皆作滎播

伊洛瀍澗禹治豫西之水也滎波菏澤孟豬禹治豫東之水滎澤名在鞏穴地名東波播也泲自北入于河南溢爲滎其水散溢横流如播揚然既豬者蓋築陂堰畀水畜積也菏澤水名在豫東北介于兖徐之間孟豬藪名在豫東境正當菏澤東南導引導被及也

厥土惟壤下土墳壚

土和無塊曰壤土膏脉起曰墳土黑剛瘠而寡澤者壚也

夏書 三三

厥田惟中上厥賦錯上中

田四等賦二等也

厥貢漆枲絲紵

漆木名其汁可以髹物說文枲厤也絲蠶絲紵厤白而細者也

厥篚纖纊

纖縞帛之細者纊細綿也

錫貢磬錯

錯治磬材之石沙也

浮于洛達于河

浮洛達河豫境南部之貢其在洛水之陽則皆逕達河焉

華陽黑水惟梁州

梁在九州西南華陽太華山陽界梁東北黑水瀘水界梁西南也

岷嶓既藝沱潛既道

江出於岷漢出於嶓岷在嶓冢西南皆梁州西北山名藝種殖也沱潛江漢枝水別出而復入者夾於江

夏書 三三

漢之間悉從西北迤邐而東南流環界梁州之域也

岷嶓詳後導山

蔡蒙旅平和夷厎績

蔡蒙山名和夷水名皆在梁州西南中間峨嵋山名者也和和川出蒙山之麓而東南流夷古夷字江出越嶲蘇示音祈縣境而東北流二水合於峨嵋山東而注於江旅平開通道路厎績功用告成也

攷正蔡蒙孔傳蔡蒙二山名蔡傳蔡山在今雅州嚴道縣蒙山地志蜀郡青衣縣今雅州名山縣也胡渭禹貢錐指云孔疏蔡山不知所在而歐陽忞輿地廣記乃云在雅州嚴道縣葉少蘊則以縣東五里

周公山當之寰宇記云周公山在嚴道縣東南山勢屹然山有龍穴常多陰雲明一統志遂大書曰蔡山在雅州東五里又有地名旅平在州東十里禹治水功成旅蔡於此今俗呼爲落平此皆無稽之言也予攷徐州云淮沂其乂蒙羽其藝蒙羽二山名淮沂二水名梁州云岷嶓既藝沱潛既道岷嶓二山名沱潛二水名又云蔡蒙旅平和夷厎績蔡蒙當爲二山和夷當爲二水岷嶓二山在梁西北蔡蒙二山在梁西南沱潛二水江漢分支和既出於蒙山夷當出於蔡山地理志蘇亓注尼江在西北夷尼古字通也和川水出自蒙山西北流向東南至峨嵋山東入青衣江尼江出越嶲東南迤邐而東北流入大渡河流至峨嵋山東與青衣水合入岷江今攷輿圖越嶲正在梁州西南其東南山有西蘇角名蘇噶蘇角必古蘇亓治也川流正在其旁當爲古之尼江蘇角必古之蔡山也岷嶓沱潛梁境西北山水蔡蒙和夷梁境西南山川胡林翼直省輿圖童世亨世界區域圖班班可攷也

厥土青黎

青碧黑色黎小疏而沃壤也

厥田惟下上厥賦下中三錯

田第七等賦第八等下中三錯三參也賦有參差不齊合歷年而統計之得下中也

厥貢璆鐵銀鏤砮磬熊羆狐貍

璆馬融本作璆孔傳從之鄭玄作鏐韋昭漢書從之 美玉鏐紫磨金黃金之美者璆鐵銀鏤四者皆金璆鐵宜作鏐鐵 鐵黑金銀白金鏤精鐵百鍊純熟者砮鏃石可爲箭鏃者磬有石有玉

梁州貢磬越嶲會無之碧玉可爲特懸者也越嶲郡名會無縣名熊羆狀類狐貍貌同四物皆獸名也

織皮西傾因桓是來浮于潛逾于沔入于渭亂于河

織皮地名以罽者曰織以裘者曰皮因民俗多以罽裘爲業故取以名其地蓋即後世西戎罽賓國也西傾山名在梁州西北桓水名自西北而東南流者潛沔渭河四者水名浮潛逾沔入渭亂河皆言貢道之所經也

句解古讀以熊羆狐貍織皮六字爲句或以織皮二字屬下西傾因桓是來爲節予攷雍州云織皮崑崙析支渠搜織皮崑崙注爲地名此云織皮西傾亦當爲地名也宜以織皮二字合下西傾讀句

黑水西河惟雍州

雍在九州西北黑水在雍之西西河在雍之東也括地志黑水出伊州伊吾縣北東南流至鄯州又東南至河州入黃河予攷伊州伊吾縣即今新疆哈密鄯州今甘肅西甯府碾伯縣河州今甘肅蘭州府河州

弱水既西

弱水雍州西北水名既西流注于西也淮南子弱水出窮石山山在張掖郡刪丹縣

涇屬渭汭

涇謂水名渭自雍西鳥鼠山而東流者橫介雍境之
中涇自雍州西北汧頭山而東南流者至陽陵遂入
于渭屬注也水之隈曲曰汭言涇入渭之處兩水相
合其隈必曲也

漆沮既從

漆沮渭北水名漆出同官（西安府北縣名）東北高山沮出中
部（縣名在鄜州南）西北子午嶺中漆在沮水之東西南流合
於沮既合而東南流經流南入于渭枝流東合于洛
亦入于渭言沮漆不言洛者（洛有二水此出雍州東北者山海經云白於之

山洛水出於其陽東流注渭也）洛流弱漆沮流強故稱之漆沮水也

灃水攸同

灃渭南水名（源出鄠縣南山鄠谷）自西南而東北流遂入于渭
攸同流合也

荊岐既旅

荊岐渭北山名荊山在岐山東北既旅道路治也

終南惇物（史記作敦物）至于鳥鼠

終南惇物鳥鼠皆雍州南部山名東起終南西迄鳥
鼠也

攷正（地理志左扶風武功注垂山古文以爲敦物禹貢雖指武功太乙北峯也頤齋經說秦州麥積山予攷當爲麥積山注見禹貢傳注圖攷）

原隰厎績至于豬野

原隰卽豳隰原（詩公劉篇云度其隰原）豬野休屠澤也皆雍西
北地名厎績治功成也

三危既宅三苗丕敘

三危雍州西北山名（水經云三危山在燉煌縣南）三苗被舜流竄
於此者既宅丕敘禹治之俾得其所也

厥土惟黃壤

黃土色壤土和而無塊者也

厥田惟上上厥賦中下

田第一等賦六等也

厥貢惟球琳琅玕（史記作璆琳）

球與璆同球琳白玉之美者琅玕碧玉之美也

浮于積石至于龍門西河會于渭汭

積石雍西山名河流所經處也龍門西河之山旁郎
河津（汾河津）東達帝都也逆流曰會雍之貢道有二一在
西北者既至西河在西南者亦從渭汭逆流而至也

織皮崑崙析支渠搜西戎即敘

織皮西戎之地跨於雍梁者崑崙山名在酒泉郡（今甘肅肅州當金城郡臨羌西北）析支亦名賜支在河關西渠搜西戎國名即就也敘治也西戎即敘蓋部落散處西陲河套內者綿地千里實非一國故總以西戎括之也

導岍及岐至于荊山（以下導山）

岍岐雍州西南山名岍在岐西相接迤邐而東北行者荊山起祖豫州閿鄉（縣名）之間迤邐而西北行者至止也至于荊山岍岐山脈與荊相遇於潼關朝邑（縣名）

不能越荊而東也

逾于河壺口雷首至于太岳

逾河岐山之脈東阻於荊遂折而趨東北壺口雷首皆冀西南臨河山名接岐脈而起祖者太岳冀之鎮山脈自朔方而來至止也壺口雷首遇太岳而阻止也

厎柱析城至于王屋

厎柱岍岐逾河中流起祖者也析城在厎柱東北王屋太岳枝山在析城西北也

太行恒山至于碣石入于海

太行從岍岐逾河而東至河內再起祖也太行在冀南恒山接太行東北碣石山脈自陰山興安嶺來者者海渤海入于海岍岐之脈至碣石而止其委遂盡於渤海濱也

西傾朱圉鳥鼠至于太華

西傾梁雍西徼山名朱圉在西傾東鳥鼠在朱圉北迤邐而東接於岍岐者太華終南東北華嶽也終南在岍岐南（山脈詳後導渭）

熊耳外方桐柏至于陪尾

熊耳終南山脈東行者外方嵩山（熊耳山在陝西商州雒南縣外方即嵩嶽在河南登封縣方輿紀要終南脈起崑崙尾啣嵩岳）在熊耳東桐柏自熊耳迤邐而東南行者陪尾安陸（湖北郡名）橫尾山也（陪尾是南條荊山之脈）

導嶓冢至于荊山

嶓冢梁州北境山名荊山南條荊山在臨沮者（今河北襄陽府南漳縣）

內方至于大別

內方荊山東南山名大別漢南瀕江山也（今內方在荊門州東南一百八十里周迴百里接近鍾祥縣西也大別山在今湖北漢陽東北半里漢江西岸江水逕其南漢水從東來會之山之在卽沔口地說曰漢水東行觸大別之陂南與江水合是也）

岷山之陽至于衡山過九江至于敷淺原

岷山梁州西北山名衡山在荊東南九江荊州之中下雋（縣名）西北水名（詳前荊州九江孔殷注）敷淺原揚州地名（彭蠡湖西）在荊東北山澤也

導弱水至于合黎餘波入于流沙（以下導水）

弱水雍州西北水名合黎水在弱水之西流沙在合

夏書　三十

黎西北弱水至于合黎北入居延（澤名）故餘波入于流沙水無力曰弱流沙沙隨風行無所定也（合黎水因出合黎山得名）

導黑水至于三危入于南海

黑水出徼外西南之山（與水經云出張掖雞山者不同）其派有二一爲瀾滄江一爲怒江三危三崇山名（樊綽蠻經以麗水爲黑水曰羅些城北有山即三危山其水從羅些城三危山西南行羅些城在今雲南府北境又雲南大理府雲龍州州東二里即瀾滄江江西五里有三峯一名三崇山一名三危山山麓有黑水祠元人多謂是禹貢之三危）在瀾滄之西怒江之東南海越南之海也

導河積石至于龍門南至于華陰東至于厎柱又東至于孟津東過洛汭至于大伾北過降水至于大陸又北播爲九河同爲逆河入于海

積石龍門厎柱大伾山名華陰大陸地名孟津洛汭洚水九河水名積石在西南羌中（地理志金城郡河關縣）龍門在冀西南華陰在雍東南厎柱孟津洛汭界於冀豫之間大伾在冀東南洚水大陸冀兗分界者九河皆兗州地逆迎也海渤海青兗冀三州接壤處也

嶓冢導漾東流爲漢又東爲滄浪之水過三澨至于大別南入于江東匯澤爲彭蠡東爲北江入于海

夏書　三十一

漾漢皆水名漾水流涓涓貌出嶓冢山東漢水流散溢也滄浪洲名（湖北均州西北）漢流至此色判清澄故曰滄浪之水三澨在竟陵（縣名）界大別漢口山名彭蠡澤名（揚州西部）南連鄱陽北出湖口者水迴曰匯漢至湖口（地名）適值彭蠡水出南爲湖水中爲江水漢水因擠在北故曰東爲北江湖水流清江漢流濁漢入江可名爲江湖入江不能名江故有中江北江之名而無南江之名入海江漢入於東海也

岷山導江東別爲沱又東至于澧過九江至于東陵東迤北句會于匯句東爲中江入于海

岷山在嶓冢西南沱江水別流而復入者梁州有沱荆州有沱澧水名在荆州境九江江分九派者在下雋西北詳前荆州九江孔殷東陵陵名揚州西境廬江郡中匯水名古匯字通作淮會匯實陵陽山名淮水出蕪湖入於江者江流形勢正自東迤北迴流會合中江岷江經流也

句解古讀東迤北會于匯句予攷當讀東迤北句會于匯句

攷正東陵孔傳東陵地名蔡傳東陵巴陵也水經禹貢山水澤地所在云東陵在廬江金蘭縣西北

水經注江水又西北逕下雉縣江水又東右得蘭谿水口又東左得青林口江水左傍青林湖水出廬江郡之東陵鄉江夏有西陵縣故是言東矣尚書云江水過九江至于東陵者也予攷湖北黃州府黃岡縣即漢江夏郡西陵縣地江逕黃岡迤邐而東南流遂逕下雉即今湖北武昌府興國州地水經云右得蘭溪水口蘭溪屬今蘄水縣治在黃岡縣東興國州北又東遂至廬江郡東陵則東陵明明在黃岡之東矣若蔡傳云爲巴陵巴陵係在湖南岳州遠在黃岡西南絕無在西南者稱東陵在東北者稱西陵也漢書地志以及水經班班可攷則東陵在廬江郡明甚○會匯孔傳迤溢也東溢分流都共此匯爲彭蠡蔡傳匯中江見上章俞樾達齊書說引吳承志曰此匯字乃淮字假借字漢唐扶頌匯夷來降假匯爲淮卽其例也淮水在江北江自湖口以東折而北行合肥水而會于淮故云北會于淮吳云匯字乃淮字假借予攷淮字亦通作匯五帝本紀三苗在江淮荆州正義云淮讀曰匯水經丹陽郡陵陽下桑欽曰淮水出東南北入大江參觀輿圖陵陽山在今甯國府境漢曰丹陽淮出東南正從陵陽山流逕南陵左右之源有從青陽出口者有從銅陵出口者有從蕪湖出口者皆北入大江而蕪湖之水汪洋浩瀚足與北江漢水匹敵經云會于匯實指陵陽淮水出蕪湖口北入江也

導沇水東流爲濟入于河溢爲滎東出于陶邱北又東至于菏又東北會于汶又北東入于海

沇出王屋山北濟爲四瀆之一四瀆江河淮濟滎水名亦爲澤名在河之南陶邱邱名菏澤名汶水名出於萊蕪縣名原山之陽水西南流旋折而北至壽張縣名遂入于濟又東北入于滄海也濟入海處今青州樂安縣東北一百一十里有琅槐故城

漢縣屬千乘郡也

導淮自桐柏東會于泗沂東入于海

桐柏山名淮及泗沂皆水名也註詳徐州淮沂其乂浮于淮泗下

導渭自鳥鼠同穴東會于灃又東會于涇又過漆沮入于河

鳥鼠同穴雍西山名渭源所從出也灃水名出雍州南鄠谷中北流而注于渭涇雍西北水也出雍州西北涇陽汧頭山東南流而入于渭漆沮出雍東北悉南流以合于渭遂東流而入于河

導洛自熊耳東北會于澗瀍又東會于伊又東北入于
河
熊耳豫州西北山名在雍東南雒水所從出也澗瀍
在豫境北瀍東澗西故名先會澗而後會瀍伊在洛
水西南東北流而注於雒至鞏穴遂入于河
九州攸同四隩既宅九山刊旅九川滌源九澤既陂四
海會同（以下總敘）
州疇也九州畫土分疆區別人民而治者上古九州
包及海外中古始即震旦而分攸同胥嚮化也四隩
夏書　三四
嵎夷南交昧谷幽都宅居也九山九川九澤是皆在
九州境者旅開闢滌啟濬陂豬障四海東西朔南會
同王者統一萬方莫不執玉帛於上國也
六府孔修庶土交正厎慎財賦咸則三壤成賦中邦
六府水火金木土穀孔閒也（爾雅釋詁）孔修言其六府分
閒修治庶土眾土正定也財賦材物所斂之布厎慎
謹也咸皆也則謂品節三壤上中下三等各視土宜
為區別者中邦諸夏之國成賦不及四夷者要荒無
賦示寬仁也

錫土姓祗台德先不距朕行
土茅土賞功以封其國姓姓氏因生以昭其德錫賜
也祗敬也台我也祗台德先言其能敬我德以先天
下則天下自不違阻我行也
五百里甸服百里賦納總二百里納銍三百里納秸服
四百粟五百里米
甸服王畿千里東西相距各五百里南北相距亦五
百里王城之外近郊遠郊農分服其公田也總禾本
穗穀全者銍刈其禾穗及本半截者秸服五穀連穗
夏書　三五
者粟穀脫穗殼者米粟去其皮五穀之精美者也
五百里侯服百里采二百里男邦三百里諸侯（史記作甸服外五百里侯服）
侯候也斥候而服事者采卿大夫邑男畿內小侯也
諸侯五等封國
五百里綏服三百里揆文教二百里奮武衛（史記作侯服外五百里綏服）
安撫曰綏揆度也奮揚也文教文化武衛武功
五百里要服三百里夷二百里蔡（史記作綏服外五百里要服）

約信曰要夷謂民俗無文酋長猶之黎庶蔡謂流以
法刑流放罪人於此也
五百里荒服三百里蠻二百里流史記作要服外五百里荒服
荒謂草昧之地蕪穢未開闢者蠻野蠻愚蒙無知識
者流謂中國罪囚投竄於邊裔也
東漸于海西被于流沙朔南暨句聲教訖于四海禹錫
玄圭告厥成功
漸漸漬被遮覆暨及也海滄海流沙沙漠中有水者
四海蠻夷戎狄散居之處聲教訖于四海帝堯之德

光被四表也玄圭治水所用之圭錫進也告成洪水
既平禹因以玄圭進帝告厥成功也
句解朔南暨孔傳讀朔南暨聲教句蔡傳讀朔南暨句予攷史記禹本紀從暨字斷句當讀朔南暨句聲教訖于四海句

甘誓

書有六體典謨訓誥誓命誓其一也甘地名在有扈氏國南
郊今鄠縣也啟因扈不服命遂率六師以伐既戰王
乃誓衆明賞罰焉
攷正甘誓書序云啟與有扈氏戰于甘之野作甘誓夏本紀云有扈氏不服啟伐之大戰于甘將戰作甘誓竹書紀年帝啟二年王帥師伐有扈大戰于甘然有以為禹伐扈者墨子明鬼篇作禹誓引此文莊子內篇人間世云禹攻有扈國為虛厲呂氏春秋召類云禹攻曹魏屈驁有扈以行其教說苑正理篇云皆禹與有扈氏戰三陳而不服禹於是修教一年而有扈氏請服予攷有扈本强國也禹時不服而伐啟時不服又伐然皆不能以兵力勝必待反身修德而後來賓有扈非專恃强而不服德者也呂氏春秋先己云夏后伯啟與有扈戰於甘澤而不勝六卿請復之夏后伯啟曰不可吾地不淺吾民不寡戰而不勝是吾德薄而教不善也於是乎處不重席食不貳味琴瑟不張鐘鼓不修子女不飭親親長長尊賢使能期年而有扈氏服盧文弨注伯啟舊本作夏后相伯古多作柏後人疑為相因誤頤齋經說此篇列禹貢後五子歌前甘誓當為啟作也

大戰于甘乃召六卿王曰嗟六事之人予誓告汝

兩軍皆陳曰戰大戰六師齊向敵也甘扈國郊野近
於甘水之地六卿六軍之長即六官出典師旅者古者學校之教文事武備皆陶成於樂正也及為卿士故皆能典軍旅六事之人凡在六
師之中有職事者皆是王夏啟嗟歎辭約信曰誓予
誓告汝明其征伐之意也

有扈氏威侮五行怠棄三正天用勦絕其命今予惟恭
行天之罰

有扈姒氏與夏同姓之國五行金木水火土施於政
則為五常之敎仁義禮智信也威侮挾其勢力而輕

忽之三正天正建子地正建丑人正建寅朝覲巡狩
郊社享祀田獵農功各有所宜怠棄玩慢而廢置也
勦絶自中斷絶命謂天命恭行天罰王謂代天申討
也
孜正三正孔傳天地人之正道言治亂蔡傳子丑寅之正也夏正建寅子丑之建唐虞之前當己有之予孜通考云堯正建丑舜正建子而堯典以二分至四仲之月蓋欲敬授人時故用人統正所謂夏數得天百王所同也惟朝覲會同奉時王正朔耳怠棄者大傳云主春者張昏中可以種穀以及火中種黍虛中種麥昴中收斂彼皆棄若罔聞不爲民諾戒也
左不攻于左汝不恭命右不攻于右汝不恭命御非其

夏書　三八

馬之正汝不恭命用命賞于祖弗用命戮于社予則孥
戮汝
大戰之日雖未敗績亦不能勝王在軍中目見有不
用命者遂數其罪而告之也左車左右車右御車中
以範馳驅者攻擊刺古者車戰左主射右主刺御者
在中執轡以御馬也蔡傳古者車戰之法甲士三人一居左以主射一居右以主擊刺御者居中以主馬之馳驅也左傳宣公十二年楚許伯御樂伯攝叔爲右以致晉師樂伯曰吾聞致師者左射以菆是車左主射也攝叔曰吾聞致師者右入壘折馘執俘而還是車右主擊刺也御非其馬之正猶王良所謂詭遇也故各指其人以責其事汝指甲士在車者恭命猶言

劾忠竭力命王命賞祖賞于齋車遷祖之前孔傳天子親征必載遷廟之祖主行有功則賞祖主前示不專也戮社戮于所奉社主之右孔傳天子親征又載社主謂之社事不用命奔北者則戮之於社主前社主陰陰主殺親主嚴社之義
孥戮古者從軍卿大夫士莫不率子弟同在戎行既
不用命必有相從以坐者也
五子之歌
五子太康弟也詩以言志詩言能合於樂曰歌太康
荒滛失國五子作此以寄其哀怨焉
孜正夏本紀太康失國昆弟五人須于洛汭作五子之歌集解孔安國曰太康五弟與其母待太康

夏書　三九

于洛水之北怨其不反故作歌索隱皇甫謐云號五觀也春秋昭公元年左傳趙孟曰夏有觀扈觀與扈言是叛國也國語楚語士娓曰啟有五觀韋昭注五觀啟子太康昆弟也予孜五觀當爲武觀五武音同而譌非作歌之五子也竹書紀年帝啟十一年放王季子武觀于西河十五年武觀以西河叛彭伯壽帥師征西河武觀來歸武觀非賢子明甚今讀五子之歌述大禹之訓仁孝之心溢於言表五子中當有仲康在內也故羿距太康於河太康陟後遂立仲康是皆明證或問逸周書嘗麥解曰其在啟之五子忘伯禹之命假國無正用胥興作亂遂亡厥國皇天哀禹賜以彭壽思正夏略云云非指五子爲五觀乎答曰徐文靖竹書紀年箋云夏本紀五子述大禹之戒以作歌必皆爲啟之賢子竹書武觀明是一人之名不得爲五人矣其辯甚允
太康尸位以逸豫滅厥德黎民咸貳乃盤遊無度畋于

有洛之表十旬弗反有窮后羿因民弗忍距于河
太康帝啓之子尸主也位君位逸豫安樂滅德毀敗
黎民邦國黎庶貳閒攜也盤遊環行尋樂無度不時
也畋田獵洛表洛水之南十旬百日有窮河南窮谷
今鬲縣故城晉地記云河南有窮谷蓋本有窮氏所遷也蔣廷錫尚書地理今釋水經注云鬲縣故有窮后國也今山東濟南府德州北有鬲縣故城是其地羿有窮君帝嚳時
射官之後因民弗忍太康之時民不堪命羿遂因之
據都河北距太康於河南也齊召南尚書注疏攷證傳距太康于河不得入國遂廢之疏云羿猶立仲康不自立也按左傳言羿自鉏遷於窮石因夏民以代夏政虞箴之稱羿曰帝

夷羿則羿既距太康即據河北舊都羿號自立矣太康雖失河北尚有河南傳仲康至后相而始見滅于浞然則羿但距河亦不能遂越河南而廢太康以立仲康也傳疏所云皆非是
厥弟五人御其母以從徯于洛之汭五子咸怨述大禹
之戒以作歌
弟太康諸弟其母帝啓之后御御車也羿既據有國
都啓后五子皆不能安居宮室故率從奔于洛汭俟
太康來迎迓也怨謂怨其失國戒卽監于皇祖之訓
作歌同詠其事而寓哀怨於親親也
其一曰皇祖有訓民可近不可下民惟邦本本固邦寧
予視天下愚夫愚婦一能勝予一人三失怨豈在明不
見是圖予臨兆民懍乎若朽索之馭六馬爲人上者奈
何不敬
皇祖大禹訓敎導也近親近下賤下不親近而賤下視之民宜
近不宜下也得乎丘民爲天子失乎丘民爲匹夫故
曰民惟邦本本固邦寧蒙昧曰愚愚夫愚婦民無知
貌一能勝予彼雖無知而力可爲亂我卽弗能敵也
失過失三失謂過已成史記律書數始於一終於十成於三明察也怨
恨於心者在已易見在人難見不見是圖推己及人

自反而檢省也十萬曰億十億曰兆兆民天子之民
閔元年左傳卜偃曰天子兆民索繩索朽腐敗六馬天子駕車之馬
懍危懼貌上君上爲人上者奈何不敬君當翼翼小
心奈何使民怨己而不自敬愼也
其二曰訓有之內作色荒外作禽荒甘酒嗜音峻宇雕
牆有一于此未或不亡
色嬖寵禽田獵荒迷亂無節也甘酒旨酒禹飲旨酒
而疏夷狄曰後世必有以酒亡其國者嗜音謂耽滛
樂非韶雅也峻宇棟梁高大者雕牆刻畫精工者有

一謂不必全絕無不滅亡也

其三曰惟彼陶唐有此冀方今失厥道亂其紀綱乃厎滅亡

陶唐堯以唐侯堯始封于中山唐縣升爲天子都於平陽今山西平陽府舜攝位後堯遷陶邱也濟陰陶邱冀方冀州之域有此者自堯以來舜都蒲坂禹都安邑相距不二百里蒲坂平陽府蒲州安邑今解州安邑縣今指太康失道荒滛也分理爲紀總治爲綱亂紊亂滅亡覆宗絕祀也

句解左傳哀六年引夏書曰惟彼陶唐帥彼天常有此冀方今失其行亂其紀綱乃絕而亡句句用

夏書　韻　四二

其四曰明明我祖萬邦之君有典有則貽厥子孫關石和鈞王府則有荒墜厥緒覆宗絕祀

明明顯著也萬邦之君禹會塗山執玉帛者萬國典則政治禮法布在方策者貽遺也子孫嗣王百二十斤曰石三十斤曰鈞關石和鈞通斤斆平斗量也攷古之量衡銖與龠平均兩與合平均量自升爲斗爲斛爲石衡自斤爲鈞爲石爲鼓數各參差不齊權其輕重多寡夏后氏所以云關石和鈞也府府庫鈞石所藏之處墜緒失業覆宗絕祀自取滅亡宗廟不保鬼歎餒而也

其五曰嗚呼曷歸予懷之悲萬姓仇予予將疇依鬱陶乎予心顏厚有忸怩弗慎厥德雖悔可追

嗚呼歎辭曷歸言無歸也心痛曰悲人怨曰仇予我也疇誰也依依止喜樂曰陶鬱陶予心喜樂爲憂遏抑鬱塞不能伸也顏厚忸怩愐㥏慚愧貌德謂君德弗慎不謹也雖悔可追言太康若能幡然改悔猶可以救藥也

胤征

胤國名侯爵入爲夏王卿士掌治司馬軍旅者征謂奉辭伐罪也

夏書　四三

惟仲康肇位四海胤侯命掌六師

仲康太康之弟肇始也太康既陟仲康始卽君位六師天子之師王命胤侯總典之也

羲和廢厥職酒荒于厥邑胤侯承王命徂征

羲和欽天之官治曆明時者其後世居其職羲和人名黃帝時命占日者子孫因以爲氏堯時以氏名官仲康時羲和皆子孫也廢棄也邑采邑酒荒謂耽於酒而怠於職承奉也徂往也胤侯承王命徂征奉天子命往正罪也

告于眾曰嗟予有眾聖有謨訓明徵定保先王克謹天
戒臣人克有常憲百官修輔厥后惟明明每歲孟春遒
人以木鐸徇于路官師相規工執藝事以諫其或不恭
邦有常刑
告誥誡嗟歎辭予胤侯自稱眾六師之眾聖古先哲
王謨謀也訓教也聖有謨訓明徵定保言聖王嘉謨
懿訓明明定邦國保子孫也先王前王天戒日食之
類謹則減食去樂伐鼓於社以示修儆常憲治曆明
時象魏懸書百官小大臣工修輔家修廷獻也明明

明揚明德者孟春首春遒人國境宣令之官木鐸金
口木舌施政教時搖振以警眾也（鐸大鈴也以銅為之懸木於中以為舌）路道路徇巡行官師百官之長相規以道匡君也
工即司空屬官有執事於朝者藝事所治技藝諫謂
戒其淫巧毋蕩上心惟木從繩則正也恭靖共不恭
廢厥職也常刑邦國典刑
惟時羲和顛覆厥德沈亂于酒畔官離次俶擾天紀遐
棄厥司乃季秋月朔辰弗集于房瞽奏鼓嗇夫馳庶人
走羲和尸厥官罔聞知昏迷于天象以干先王之誅政
典曰先時者殺無赦不及時者殺無赦
顛覆反易沈亂醉迷畔背也離差也位官職次秩序
天紀日月星辰躔度俶始也擾亂也自羲和廢棄厥
司始紊亂也季秋月朔仲康五年九月庚戌朔日有
食之房謂房宿斯時日食在房宿北而羲和所推謂
日食在房及當食時瞽矇奏鼓嗇夫庶人馳走凡供
職役之人有目者見無目者聞羲和獨罔聞知則是
尸官昏迷以犯先王之法也政典刑書先時後時皆
言不能治曆明時法必殺之無赦也

攷正　孔傳辰日月所會房所舍之次集合也○蔡傳
辰日月會次之名房所舍之宿也集漢書作輯
集輯通用言日月會次不相和輯而掩蝕於房宿也
唐志日食在仲康五年○頤齋經說云閻若璩據皇
極經世十二仲康元年征羲和以授時時憲二曆推
算仲康即位歲在壬戌乃五月丁亥朔日食非季秋
月朔也食在東井亦非房宿在位十三年中惟四年
九月壬辰朔日有食之卻與經文鑿位四海不合且
食在氐末度亦非房度惟竹書紀年云五年秋九月
庚戌朔日有食之唐傳仁均新曆云五年九月庚戌
朔日食大衍曆議云新曆日食在仲康五年癸巳歲
九月庚戌朔房宿二度也○鄭園札記云劉歆三統
曆不載仲康日食有謂在仲康元年者虞劇也大同
曆也皇極經世也吳守一日食質疑仲康六年丁卯
九月辛巳朔日食以冬至日躔虛六度起算則是朔
食房二度八十五分將出食限所食甚微羲和未之
知也是季秋月朔仍當從竹書紀年大衍曆議云為
是○予攷尚書稗疏云竹書紀年之紀甲子精密而

不可易皇極經世以仲康元年爲壬戌歲上距堯元年丙子百九十九年下距宣王元年甲戌千三百三十三年今以劉炫一行郭守敬秝法參攷之仲康五年癸巳九月朔庚戌日食于房二度則知仲康元年歲在己丑上距堯元年丙子百九十四年下距周宣元年甲戌千一百二十六年而秝法所推正得九月朔日食于房是則竹書以堯元年爲丙子仲康元年爲己丑而記五年癸巳九月朔日食仲康始命胤侯徂征羲和非妄矣皇極經世以堯元年爲甲辰仲康元年爲壬戌推之無日食于房之事蓋堯用地正以甲辰爲曆元甲辰者堯所推日月合璧五星聯珠之元而非堯之元年也謂堯以甲辰爲元者猶顓頊曆以甲寅爲元周曆以甲子爲元年而顓頊元年歲在乙卯而非甲寅且以顓頊元年乙卯如竹書所紀歷百二十一年正得丙子又歷百九十四年正得己丑又四年而正得癸巳于法當以九月朔日食則其編年之有所本明矣虞邵之說漫無徵據徒延其年歲以合於宣王元年之甲戌耳觀乎武王克商歲在辛

卯竹書所紀與國語吻合皇極經世以爲己卯則與國語不合知三代以上之編年惟竹書爲可信耳由稗延觀之足徵通鑑前編用虞劘說爲仲康元年及大同曆皇極經世並云元年皆不若竹書紀年爲可信也經云惟仲康肇位四海胤侯命掌六師此元年事也當爲首節羲和廢厥職酒荒于厥邑胤侯承王命徂征此五年事也當爲次節與下數節相聯屬也

今予以爾有衆奉將天罰爾衆士同力王室尚弼予欽承天子威命

衆卽六師之衆奉將天罰承王命行天討也同力一德一心弼輔也欽敬也威命師旅之命天子仲康尚弼予欽承天子威命王既以兵權命予爾衆當敬謹輔予往正罪也

火炎崐岡玉石俱焚天吏逸德烈于猛火殲厥渠魁脅從罔治舊染汙俗咸與惟新

崑岡崑崙山脊玉石中之璞精美者焚火燬也天吏王朝之吏逸德放縱於德之外烈威赫猛剛暴也殄滅曰殲渠魁元惡之首脅從附隨之人罔治赦釋也汙俗風俗穢惡者染漸浼新則改過而從善也

嗚呼威克厥愛允濟愛克厥威允罔功其爾衆士懋戒哉

威嚴明愛寬厚威允濟愛罔功軍令主嚴治亂國用重典也懋戒勉勵之辭

尚書句解攷正 終

尚書句解攷正

泰州 徐天璋睿川 著

商書

湯誓

湯商君名履夏時諸侯見桀夏王無道興師征之與戰鳴條之野遂作湯誓

王曰格爾衆庶悉聽朕言非台小子敢行稱亂有夏多罪天命殛之音義台以之反音怡

王商王成湯也既伐夏歸遂即王位史因書稱王曰

格來也朕台我也小子謙稱以臣伐君爲亂稱舉也非台小子敢行稱亂蓋有不得已之義也多罪言非一事殛誅也天命旣誅朕所以舉兵而伐夏也

今爾有衆汝曰我后不恤我衆舍我穡事而割正夏予惟聞汝衆言夏氏有罪予畏上帝不敢不正

衆卽夏民也汝指衆庶我后夏桀正夏四月割害也舍我穡事而割正夏言當農功趨事桀爲瑤臺瓊室妨害農時也予成湯自謂旣聞衆言上畏天命下恤民生不敢不往征其罪也

攷正 正義孔傳正政也言奪民農功而爲割剝之政蔡傳毫邑之民安於湯之德政桀之虐焰所不及故不知夏氏之罪而憚伐桀之勞反謂湯不恤毫邑之衆舍我刈穫之事而斷正有夏史記殷本紀舍我穡事而割政據孔傳及殷本紀則夏字爲衍文據蔡傳云則夏爲有夏衆爲商民予攷傳云皆非也正指四月言詩曰四月維夏又曰正月繁霜註云四月正陽之月也夏正建寅四月建巳巳爲正陽之月春秋經傳以及詩三百篇無不以四月爲正夏也宋范成大詩曰鄉村四月閒人少纔了蠶桑又插田以及禽鳴割麥插禾悉在四月故誓云舍我穡事而割正夏正指桀爲瑤臺瓊室妨害農功也

今汝其曰夏罪其如台夏王率遏衆力率割夏邑有衆率怠弗協曰時日曷喪予及汝皆亡夏德若茲今朕必往

汝謂衆庶夏罪指桀如台猶言柰何率自也爾雅釋詁率遏衆力率割夏邑言桀遏阻農功而築臺榭是爲自絕其民兼害其邑也怠與殆同危也俞樾羣經平議怠讀爲殆古怠與殆通詩玄鳥篇受命不殆鄭箋曰受天命而行之不懈殆論語爲政篇思而不學則殆何晏注曰徒使人精神疲殆解殆與疲殆其字竝當作怠是怠殆通也此文怠字當讀爲危殆之殆有衆率怠弗協蓋言民衆自危與桀弗和曰時日曷喪予及汝皆亡日指夏桀嘗言吾有天下如天有日日亡吾乃亡耳民不知夏桀何時能喪遂偕逃亡去夏而歸於亳茲此也桀德若此今我所以必征其罪也

攷正如台江聲尙書集注音疏段玉材古文尙書撰異並引史記殷本紀云女其曰有罪其柰何此以柰何訓如台也高宗肜日篇乃曰其如台西伯戡黎篇今王其如台殷本紀亦皆作其柰何故云如台猶柰何也柰何是無可如何之詞。皆亡孔傳比桀於日曰是日何時喪我與汝俱亡欲殺身以喪桀蔡傳桀嘗言吾有天下如天之有日日亡吾乃亡耳故民因以日目之予攷王鳴盛尙書後案伏生大傳云夏人飲酒醉者持不醉者不醉者持醉者相和而歌曰盍歸乎亳盍歸乎亳亳亦大矣故伊尹退而閒居深聽樂聲更曰覺兮較兮大命假兮去不善而就善何樂兮伊尹入告于王曰大命之去有日矣王僩然歎啞然笑曰人之有日猶吾之有民也日亡則吾亦亡矣是以伊尹遂去夏適湯據尙書後案所引伏生大傳則皆亡是相率偕逃也非相率偕死明甚

爾尙輔予一人致天之罰予其大賚汝爾無不信朕不

食言爾不從誓言予則孥戮汝罔有攸赦

輔輔佐一人天子自稱致盡也天罰天討大賚蓋指爵賞言之食言言非其實既吐而復吞也朕不食言明己言無虛僞畀眾其爲聽信誓即湯所誓詞孥戮者古者寓兵於農凡所役者父兄子弟同在戎行不從誓言非獨己受其戮即爲子弟者亦並受戮絕無赦釋者也

仲虺之誥

仲虺夏車正奚仲之後時爲成湯左相因湯言有慙德故明其義而釋其疑爲湯告兼爲臣民喻曉也仲虺殷本紀云中𤳳作誥

成湯放桀于南巢惟有慙德曰予恐來世以台爲口實

台音怡我也

放謂驅逐而置於此南巢地名今廬江巢縣東北有居巢故城慙愧也來世後世口實謂藉口以臣伐君援予爲比例也

仲虺乃作誥曰嗚呼惟天生民有欲無主乃亂惟天生聰明時乂有夏昏德民墜塗炭天乃錫王勇智表正萬

邦纘予舊服茲率厥典奉若天命

民各有欲愛惡不同若無主以齊一則愛惡互淆勢必爭競也聰明聖智之人時乂乘時出治者昏德暴亂之行墜隕也塗泥塗炭煤炭民墜塗炭眾爲桀俗汚涜不能自昭潔白也錫與也勇智果決之智萬邦諸侯之國表正萬邦天命成湯爲表率也禹服五服之地甸服侯服綏服要服荒服纘禹舊服繼夏撫有四海茲此也率循也典法典奉若天命順天革命而征伐也

攷正禹服孔傳繼禹之功統其舊服蔡傳天錫湯以勇智者使其所以表正萬邦而繼禹舊所服行

也予攷益稷云禹荒度土功弼成五服茲言纘禹舊服正繼禹表正萬邦撫有五服之地非云舊所服行也

夏王有罪矯誣上天以布命于下帝用不臧式商受命用爽厥師

夏王桀也矯誣上天謂自比象於日布命於下桀云日亡吾乃亡也帝上天主宰之神臧善也帝用不臧言不善夏桀之行遂爲馮依考工記輿人注式謂人所馮依而式敬於商而使受命畀夏用失其衆也爽失也師衆也

攷正爽師孔傳爽明也蔡傳爽明師衆也朱芹十三經札記爽字當作失字解與殷之末喪師喪字

商書　五

正同予攷大學云道得衆則得國失衆則失國爽厥師失其衆也

簡賢附勢實繁有徒肇我邦于有夏若苗之有莠若粟之有秕小大戰戰罔不懼于非辜

簡略也附趨附勢權貴繁多也賢而無勢則略之不賢有勢則附之實繁有徒同惡相濟者衆肇與兆同詩烈祖篇肇域彼四海鄭箋肇當作兆生民篇后稷肇祀表記作后稷兆祀形也晉語君子之明兆於衰矣兆形也以我商與夏相形苗莠粟秕之分顯然小大在位臣工戰戰恐懼非辜無罪而陷刑網也

矧予之德言足聽聞惟王不邇聲色不殖貨利德懋懋官功懋懋賞用人惟己改過不吝克寬克仁彰信兆民

矧況也予德商德言足聽聞仲虺云我商之德世人無不滿知也王指成湯狎近曰邇聚斂曰殖貨利財貝懋美也勉也德美者勉之以官功美者勉之以賞用人惟己賢才簡在王心改過不吝有過立卽悔悟克能也寬宏大仁親愛彰信信德昭著兆民天子之民十億也十萬曰億十億曰兆

句解矧予二句孔傳蔡傳並屬上節罔不懼于非辜下予攷簡賢七句是數夏桀之罪矧予十句是稱成湯之賢當冠惟王不邇聲色句上

商書　六

乃葛伯仇餉初征自葛東征西夷怨南征北狄怨曰奚獨後予攸徂之民室家相慶曰徯予后后來其蘇民之戴商厥惟舊哉佑賢輔德顯忠遂良兼弱攻昧取亂侮亡推亡固存邦乃其昌

葛國名今河南歸德府寧陵縣西十里有葛城伯爵嬴姓夏時諸侯餉耕曰餉仇餉孟子云湯使亳衆往代葛耕葛伯反殺饁者而要奪酒食也成湯於是征葛殷本紀葛伯不祀湯始伐之夷狄皆要荒要服荒服國奚何也奚獨後予怨望未來之辭攸徂之民卽所往征國慶賀也

徯待也后謂成湯予后彼民皆以成湯爲君也復生
曰蘇仰奉曰戴戴商惟舊言非一朝一夕也賢有道
者德有行者忠盡心者艮盡職者佑輔顯遂升庸拔
擢也弱孱弱昧闇昧亂暴亂亡喪亡兼攻取侮征伐
覆滅也推亡因其勢亂而摧之固存見其能治而助
之邦乃其昌此商所以日熾盛也要平聲
句解王鳴盛尚書後案此節之語三見左傳宣十五年隨武子曰見可而進知難而退軍之善政也兼弱攻昧武之善經也子姑整軍而經武乎猶有弱而昧者何必楚仲虺有言曰取亂侮亡兼弱也汋曰於鑠王師遵養時晦耆昧也武曰無競惟烈撫弱耆昧以務烈所可也據此惟取亂侮亡一句爲仲虺語

兼弱攻昧爲古武經語故引書以明兼弱引詩以明耆昧又引詩以總明撫弱耆昧也若書辭果有兼弱攻昧取亂侮亡二句隨武子安得特分取亂侮亡句爲仲虺之言乎襄十四年中行獻子曰仲虺有言曰亡者侮之亂者取之推亡固存國之道也襄三十年子皮曰仲虺之志云亂者取之亡者侮之推亡固存國之利也皆僅有取亂侮亡無兼弱攻昧足以爲證予攷兼弱攻昧武經古語取亂侮亡是仲虺引伸武經之義隨武子既分別言之又曰取亂侮亡兼弱也足徵仲虺之誥當年並引武經古語而後案云僅有取亂侮亡無兼弱攻昧句是未善體會也
德日新萬邦惟懷志自滿九族乃離王懋昭大德建中
于民以義制事以禮制心垂裕後昆予聞曰能自得師
者王謂人莫已若者亡好問則裕自用則小

德新聖敬日躋萬邦舉遠以見近懷歸也志滿驕盈
狹隘九族舉親以見疏離散也大德盛德明著曰昭
中即天下正道建立也義爲裁事之方禮爲宅心之
準寬綽曰裕後昆後裔予仲虺自謂聞即聞於古訓
能自得師舍己從人故能居尊以臨天下謂莫已若
自多上人所以矜滿反速滅亡好問則集思廣益自
用乃識趣隘卑此皆古聖之格言也
嗚呼愼厥終惟其始殖有禮覆昏暴欽崇天道永保天
命

嗚呼歎辭終竟也始初也有禮率循不越昏暴放縱
自如曰殖曰覆栽者培之傾者覆之也欽崇天道曰
明曰旦對越不失敬尊正自祈天永命也

湯誥

湯於景亳之會誓衆起師既克夏桀歸至亳都是時
諸侯之國三千來朝者千八百國遂即帝位大誥諸
侯畀知奉天承命也
王歸自克夏至于亳誕告萬方
克夏戰于鳴條夏師敗績獲桀焦門放之南巢也亳

商所都誕告大誥萬方五服諸侯國也

攷正　亳蔡傳亳湯所都在宋州穀熟縣○王夫之尙書稗疏亳有三北亳考城也南亳亳州也西亳偃師也春秋會楚子于亳爲南亳以在孟與鹿上之南也考城在亳州之北爲北亳若湯所都則西亳也○蔣廷錫尙書地理今釋漢志河南郡偃師注尸鄉殷湯所都又山陽薄縣注云湯所都皇甫謐曰孟子稱湯居亳與葛爲鄰葛伯不祀湯使亳衆爲之耕即今梁國甯陵之葛鄉也若湯居偃師去甯陵八百餘里豈當使民爲之耕乎亳今梁國穀熟縣後漢改山陽郡亳縣爲穀熟屬梁國亳與薄義同字異也皇甫謐主穀熟爲湯都是不知偃師亦湯都也張守節史記正義曰湯即位都南亳後徙西亳通典云河南偃師亦古亳邑商有三亳成湯居西亳此即一也○予攷此篇王歸至亳非景亳非偃師實成湯所居宋州亳都也何以徵之竹紀年年夏桀二十八年商會諸侯于景亳征韋征顧韋顧皆在東郡景亳亦在

商書　九

東郡古者諸侯盟會誓誥絶無在國都與諸侯相會之理必出國都至于別邑湯所以會諸侯于景亳也景亳今爲河南考城地與山東曹縣相近曹縣東南即爲景山水經注黃河枝溝自已氏又北即景山東故詩云景山與京又云陟彼景山左傳云湯有景亳之命且云湯伐韋顧也三十一年湯自陑征夏克昆吾戰鳴條夏師敗績桀奔三朡戰郕獲桀焦門放之南巢克夏歸亳勢必返自亳都郊天告廟飮至策勳絶非在偃師景亳也書序云湯既黜夏命復歸于亳作湯誥玩一復字則歸亳爲宋州亳都明甚若在偃師景亳何必云復歸也

王曰嗟爾萬方有衆明聽予一人誥惟皇上帝降衷于下民若有恆性克綏厥猷惟后

嗟歎辭衆即萬國臣民一人天子自稱皇天上帝昊天主宰之神也中心曰衷人稟天地中氣以生成性存存皆天所賦故曰降衷若順也恆性人生固有天畀綏安也猷謀也克綏厥猷惟后能順導民中正仁義俾各安其天性從其謨猷所以爲君也

夏王滅德作威以敷虐于爾萬方百姓爾萬方百姓罹其凶害弗忍荼毒並告無辜于上下神祇天道福善禍淫降災于夏以彰厥罪

棄其秉彜曰滅德逞其勢力曰作威虐苛虐敷布也百姓世臣大家凶害殘酷罹受也弗忍不堪容忍荼

商書　十

毒苦螫極也天曰神地曰祇並告無辜于上下神祇民衆籲天呼地競告已無罪也天道天理福善禍淫鬼神顯爲彰癉降災于夏地震伊洛竭瞿山崩聆遂災鳴條之戰夏師敗績遂獲桀于焦門放之南巢也

肆台小子將天命明威不敢赦敢用玄牡敢昭告于上天神后請罪有夏聿求元聖與之戮力以與爾有衆請命

肆今也台我也小子成湯自稱蔡卞曰以天子告萬方故稱予一人對上帝而言故稱台小子奉承曰將天命天降災祲之象明威代天

討伐也果決曰敢釋宥曰赦不敢赦桀罪貫盈不敢
從輕綏也玄牲黑牲上天神后昊天主宰之帝昭告
請罪祈天明示殛罰聿遂也元聖伊尹之德元善長
人故曰元聖戮與勠同戮力併力衆指萬方百姓請
命祈其更生之命也
上天孚佑下民罪人黜伏天命弗僭賁若草木兆民允
殖
孚佑感孚而保佑也貶放曰黜屈服曰伏僭差也弗
僭天道無差沸起曰賁注見穀梁僖十年傳賁若草木譬天油
然作雲浡然下雨則苗勃然興起民獲更生信如卉
木暢殖也
俾予一人輯寧爾邦家茲朕未知獲戾于上下慄慄危
懼若將隕于深淵
俾使也輯和治寧安定邦諸侯國家卿大夫家茲此
也茲朕未知獲戾于上下湯言興師伐夏可能順天
應人而于上下神祇無違背乎慄慄戰懼貌淵水深
不測處隕墜也若將豫防之意
凡我造邦無從匪彝無即滔淫各守爾典以承天休

造邦甫創之國待其經營法度者匪彝非法滔淫漫
游典謂天秩常經守保持而率循也善美曰休天休
天命伐夏而有天下必用承而謹奉也
爾有善朕弗敢蔽罪當朕躬弗敢自赦惟簡在上帝之
心其爾萬方有罪在予一人予一人有罪無以爾萬方
善謂人之賢德蔽遮掩罪謂已之過愆赦宥寬兩言
弗敢在人則拔擢升庸在已則惕勵懲創一以上帝
之心監視爲主不敢稍涉自私也萬方之罪在予予
罪無以萬方蓋天既以天下付予民罪實予所爲予
罪非民所致責人薄責已厚也
嗚呼尚克時忱乃亦有終
嗚呼歎辭尚庶幾也忱誠信尚克時忱庶能時時誠
信厥心自必善承厥終也
伊訓
教導曰訓伊尹時爲冢宰成湯既没故作訓以戒嗣
王
惟元祀十有二月乙丑伊尹祠于先王奉嗣王祗見厥
祖侯甸羣后咸在百官總已以聽冢宰伊尹乃明言烈

祖之成德以訓于王

商年曰祀唐虞曰載夏曰歲商曰祀周曰年　元祀嗣位改元也夏正建寅商正建丑書曰元祀十有二月乙丑示民爰革夏正也乙丑嗣位吉日伊尹名摯潘士遴曰孔傳據孫子及呂覽云名摯蔡傳因以尹爲字　先王外丙仲壬太甲居仲壬之喪王制喪三年不祭伊尹時爲冢宰百官總已故代太甲祠于先王祗敬也祖成湯羣后侯甸諸侯助祭者蓋伊尹奉太甲南郊祀天祀天必在子月於商爲十有二月　越紼行事遂見諸侯於明堂宗祀成湯以配上帝兼告新君嗣王也

太甲湯之嫡孫烈祖成湯廟號訓告戒此節史官書事之辭

攷正　孔傳此湯崩踰月太甲即位奠殯而告予攷孟子云外丙二年仲壬四年史記殷本紀云湯崩太子太丁未立而卒於是迺立太丁之弟外丙是爲帝外丙帝外丙即位二年崩立外丙之弟仲壬是爲帝中壬竹書紀年外丙元年乙亥即位居亳命卿士伊尹二年陟仲壬元年丁丑王即位居亳命卿士伊尹四年陟合觀三書並出一轍則孔傳之誤明焉○蔡傳元祀太甲即位之元年十二月者商以建丑爲正故以十二月爲正也乙丑日也不繫以朔者非朔日也三代雖正朔不同然皆以寅月起數蓋朝覲會同頒曆授時則以正朔行事至於紀月之數則皆以寅月爲首也予攷改朔之說諸家聚訟紛紜惟萬斯大說實獲我心萬云易革象曰湯武革命象曰治曆明時惟革命故治曆於革而言治曆明時則革寅而

建丑革丑而建子可知矣書咸有一德曰爰革夏正夫夏正寅也而商革之則商之正月建丑可知矣左傳昭十七年申須曰火出于夏爲三月于商爲四月于周爲五月火心星也心必辰月始昏見商見四月則正月建丑益可知矣

曰嗚呼古有夏先后方懋厥德罔有天災山川鬼神亦莫不寧曁鳥獸魚鼈咸若于其子孫弗率皇天降災假手于我有命造攻自鳴條朕哉自亳

先后夏世賢聖之君禹啟少康皆是天災帝廑之時十日並出帝癸之時星隕如雨也山川鬼神能興雲雨以利民生者寧安也鳥獸魚鼈能供宗廟以薦時

食者若順也弗率弗循其道降災山崩川竭聆遂災也我指商湯假手于我有命蓋言天假成湯伐桀而有天下造進也鳴條在安邑北括地志安南涯原在安邑縣北三十里南阪口即鳴條陌也　朕伊尹自稱朕哉自亳伊尹五就桀五就湯至斯始佐湯自亳興師以伐夏也

惟我商王布昭聖武代虐以寬兆民允懷

此言商湯之德布昭敷著也聖武神武不殺者虐酷虐寬恩寬代虐以寬革除夏之苛暴而行商之慈仁也歸慕曰懷允信也

今王嗣厥德罔不在初立愛惟親立敬惟長始于家邦
終于四海
今王太甲嗣德謂繼成湯之德初即位始立樹立立
愛自親教民睦也立敬自長教民悌也家卿大夫家
邦諸侯國四海要荒之外親親長長愛敬之道由近
及遠至于化成天下也
嗚呼先王肇修人紀從諫弗咈先民時若居上克明爲
下克忠與人不求備檢身若不及以至于有萬邦茲惟
艱哉

商書 十五

先王成湯修治也人紀綱常法度咈逆也先民成湯
時民若順也明明察忠忠正與人不求備世無全材
故不求備一人檢身若不及過難周知故必時加警
惕從七十里而王天下兢兢業業其慎其難也
敷求哲人俾輔于爾後嗣制官刑儆于有位曰敢有恆
舞于宮酣歌于室時謂巫風敢有殉于貨色恆于遊畋
時謂淫風敢有侮聖言逆忠直遠耆德比頑童時謂亂
風惟茲三風十愆卿士有一于身家必喪邦君有一于
身國必亡臣下不匡其刑墨具訓于蒙士

敷徧也哲人賢智之士爾指太甲後嗣後世嗣王官
刑官府之法制戒在位者舞籥舞歌弦歌恆舞酣歌
則卿士邦君必怠於政治而溺於聲容類於巫覡事
事於此而不能增進於道德故謂巫風貨財貨色女
色遊遊戲畋畋獵殉求也恆常也四者喪身敗德皆
進於荒亂之象故謂淫風聖言道德之言忠直中正
之士耆德老成有聲望者頑童變倖恃恩寵者侮慢
也逆違也遠疏也比親也四者皆昏迷之行故謂亂
風愆過也喪謂失位褫職亡謂滅國絕祀臣下卿大

商書 十六

夫士匡謂弼諫蒙士墨幪之官士爲之掌刺額涅墨
者詳見鄭園扎記訓教告也
嗚呼嗣王祗厥身念哉聖謨洋洋嘉言孔彰惟上帝不
常作善降之百祥作不善降之百殃爾惟德罔小萬邦
惟慶爾惟不德罔大墜厥宗
嗚呼歎辭祗敬也常思曰念謀定曰謨說文洋洋廣盛
貌嘉言美善語孔彰顯著也祥休徵殃禍咎慶嘉祥
墜覆敗墜厥宗國亡祀絕也
太甲上

太甲三篇訓體不言訓者承上伊訓連類記也

惟嗣王不惠于阿衡伊尹作書曰先王顧諟天之明命以承上下神祇社稷宗廟罔不祗肅天監厥德用集大命撫綏萬方惟尹躬克左右厥辟宅師肆嗣王丕承基緒

嗣王太甲阿保傅阿衡猶言保衡商時冢宰之官諟是也明命即天作善降祥不善降殃以用也奉承也宗廟社稷王者立國左宗廟而右社稷祗肅敬恭監視察德謂成湯聖武寬仁用集大命俾湯伐桀而有天下也慰勉曰撫安止曰綏惟尹躬克左右厥辟宅師謂已能輔湯及外丙仲壬居偃師也肆今也丕大也基緒基業統緒今王奉承大統者由於先王顧諟天命也

商書　七

攷正 阿衡孔傳阿倚衡平蔡傳阿倚衡平也予攷爾雅釋地大陸曰阜大阜曰陵大陵曰阿阿爲高出阜陵之上象冢宰之總百官又釋邱云偏高阿邱詩載馳篇陟彼阿邱毛傳偏高曰阿邱自伊尹言躬爲保傅自太甲視之權位偏高此王不惠之所由來史官稱尹阿衡眞化工筆也○宅師孔傳居集天下之衆蔡傳又身能左右成湯以居民衆予攷師京師宅師居偃師也武有天下周召遂營河洛湯有天下建都因定偃師伊尹左右成湯宅師是居偃師也史記殷本紀湯崩注偃師縣東六里有湯冢近桐宮此訓云營于桐宮密邇先王其訓尤爲明證

惟尹躬先見于西邑夏自周有終相亦惟終其後嗣王罔克有終相亦罔終嗣王戒哉祗爾厥辟辟不辟忝厥祖

夏都安邑在商偃師之西故稱西邑周信也言夏先君行事自信有終其相遂從厥終嗣王不能有終其相遂罔克終戒警戒冀太甲以爲炯鑒祗敬也辟不辟卽君不君忝辱也

攷正 孔傳周忠信也言身先見夏君臣用忠信有終蔡傳周忠信也國語曰忠信爲周○王栢曰周

商書　六

字之義費先儒詞解終不明白不應伊尹前後許多言語如此分曉獨於此下一艱深字愚意只是一箇君字籀體與周字相似傳寫之誤也○金履祥曰周當作君古文君寫作商與周字相似故誤○予攷穀梁傳成十七年云公不周乎伐鄭也范甯注周信也自周有終蓋君自信有終則相必從有終如單訓周爲信則文義明白曉暢矣

王惟庸罔念聞伊尹乃言曰先王昧爽丕顯坐以待旦旁求俊彥啓迪後人無越厥命以自覆愼乃儉德惟懷永圖若虞機張往省括于度則釋欽厥止率乃祖攸行惟朕以懌萬世有辭

庸常也罔無也念思也念耳聽曰聞先王成湯昧爽

黎明丕顯平旦之初人心淸明如赤子無僞善必知
之不善必知之豁然開明而無蒙蔽也成湯急起直
追正謂雞鳴而起孳孳爲善者俊賢才彥美士旁求
廣求啟廸開導越踰佚覆顚墜儉德收其放心約之
於禮永圖謀善厥終計長久也虞山澤之官掌田獵
者機弩牙括矢括若虞機張往省括于度則釋蓋當
張射鳥獸之時必待虞人省視弩矢合度而後發也
欽敬也止謂所處君位率循也乃祖成湯攸行所行
法度朕伊尹自謂懌悅也萬世有辭聲譽垂於後世

商書　十九

歎美無窮也
王未克變伊尹曰茲乃不義習與性成予弗狎于弗順
營于桐宮密邇先王其訓無俾世迷
王未克變誨爾諄諄聽我藐藐未能翻然悔悟也不
義放乎理法之外習與性成孟子云物交物則引之
賈誼云少成若天性習慣成自然狎近也弗順不馴
謀度曰營桐宮成湯離宮鄭玄曰地名也有王離宮焉在今偃師
西北密邇比近也其指先王湯訓多在桐宮俾太甲
觀而效法迷惑也無俾世迷無使永遠而不悟也

攷正　桐宮孔傳經營桐墓立宮令太甲居蔡傳於是營宮于桐使親近成湯之墓予攷後漢郡國志
梁國虞縣有空桐地有桐地有桐亭晉太康地道紀
偃師尸鄉南有亳坂東有城太甲所放處也括地志
洺州偃師縣東六里有湯冢近桐宮山西絳州聞喜
縣志舊名桐鄉即伊尹放太甲之地合觀志乘以及
太甲中云伊尹以冕服奉嗣王
歸于亳放桐之處當在偃師也
王徂桐宮居憂克終允德
徂往也居憂日在憂慮之中悔過遷善遂能終信成
湯之德也

太甲中

惟三祀十有二月朔伊尹以冕服奉嗣王歸于亳

商書　二十

三祀居桐之期十二月朔月朔之吉殷爲子月冕服袞冕
玄衣纁裳伊尹以冕服奉嗣王歸亳者蓋見太甲悔
過遂自桐宮迎歸亳都將於四祀元月臨朝正覲見
諸侯卿大夫士也元月商正建丑

攷正　三祀孔傳湯以元年十一月崩至此二十六月三年服闋蔡傳太甲終喪明年之正朔也○顧
炎武日知錄惟元祀十有二月乙丑元祀者太甲之
元年十有二月者建子之月蓋湯之崩必以前年十
二月也殷練而祔伊尹祠于先王奉嗣王祗見厥祖
祔湯于廟也先君祔廟而後嗣子即位故成之爲王
而伊尹乃明言烈祖之成德以訓于王也若之桐歸
亳以三祀之十二月者則適當其時而非有所取爾
○王鳴盛尚書後案如僞書及傳則是自湯崩太甲
立不率教即被放後改悔復迎歸復位其事皆在此

二十六月之內也悖謬極矣放君大變之事伊尹豈
輕有是舉不明則訓之冀其改悔不改則又誠之至
再至三猶不改然後不得已而放之計始立至被放
必不在一二年之內即放後亦必令其動心忍性徐
徐熟察實見其能改方始迎歸必不作放作迎如置
碁然也史記殷本紀載帝太甲既立三年不明暴虐
于是伊尹放之于桐宮三年伊尹攝行政帝太甲居
桐宮三年悔過自責反善于是伊尹迺迎帝太甲而
授之政首三年字指初即位後下三年字指被放後
蓋前後共六年最爲明白書序云太甲既立不明伊
尹放諸桐三年復歸于亳既之爲言可該久遠不必
在一二年內古文簡略省首三年字耳與史記不乖
刺也孟子太甲顚覆湯之典刑伊尹放之于桐三年
太甲悔過自怨自艾于桐處仁遷義三年以聽伊尹
之訓己也復歸于亳據文似在桐有六年之久奈何
作僞書者竟謂太甲即位未久即被放廢放後未幾
又即復位伊尹之無人臣禮一至于此僞傳與經同
出一手遑臆妄造湯教害義大有關係不可不辨○

予攷殷本紀竹書紀年孟子皆云成湯陟後外丙二
年仲壬四年經云三祀伊尹以冕服奉嗣王歸亳絕
非孔傳云湯崩服闋也亦非蔡傳云終喪明年之正
月朔也何以證之君薨天子諒闇百官聽命于冢宰
三年殷制也君喪未終嗣王必不即位改元其改元
祀必在三年喪闋律以堯崩舜避堯子舜崩禹避舜
子即位皆在三年之後非若後世踰年改元明甚惟
王氏云在桐六年又非殷本紀云帝太甲既立三年
不明暴虐于是伊尹放之于桐所謂既立三年是在
未改元前聽于冢宰三年候也太甲放桐祗有三年
處仁遷義即在此三年中孟子兩云三年一指放一
指歸說殷紀據事實書之故曰惟三祀放時當在
元祀之初歸時恰在三祀之終也○冕服孔傳冕冠
也踰月即吉服蔡傳冕冠也天子六冕此蓋衮冕之
服予攷孔穎達曰周禮天子六冕備物盡文惟衮冕
耳此蓋衮冕之服林之奇曰周官司服王之吉服祀
昊天上帝則服大裘而冕祀五帝亦如之享先王則
衮冠享先公饗射則鷩冕祀四望山川則毳冕祭社

五祀則希冕祭羣小祀則玄冕六冕皆有服其服皆玄衣纁裳

作書曰民非后罔克胥匡以生后非民罔以辟四方皇
天眷佑有商俾嗣王克終厥德實萬世無疆之休

救正曰匡明法曰辟眷顧視佑佐助終德謂悔悟自
新無疆之休萬世無窮之美也

王拜手稽首曰予小子不明于德自底不類欲敗度縱
敗禮以速戾于厥躬天作孼猶可違自作孼不可逭既
往背師保之訓弗克于厥初尙賴匡救之德圖惟厥終

拜手稽首拜時頭俯至手乃復申首下至於地也諸

侯於天子稽首太甲於伊尹稽首者敬師保也德謂
君德不類猶言不肖度法度禮禮儀敗壞也速召致
戾愆尤孼災害違避也逭逃也背拂戾賴依恃弗克
厥初圖惟厥終言不能謹謀於始故圖補救將來趙
岐曰天孼可違高宗雊雉宋景守心可修德弭自孼
難逭帝乙慢神射天旋遭雷震也

伊尹拜手稽首曰修厥身允德協于下惟明后先王子
惠困窮民服厥命罔有不悅並有其邦厥鄰乃曰徯我
后后來無罰

修厥身動心忍性增益不能允德卽太甲克終允德
協合也下謂臣民后言太甲不失爲明聖之君先
王成湯困窮民無告者悅謂服其教令人莫不欣喜
也鄰臣鄰並其有邦厥鄰凡爲他國臣民皆欣戴已
爲君徯湯來以免罰也
王懋乃德視乃烈祖無時豫怠奉先思孝接下思恭視
遠惟明聽德惟聰朕承王之休無斁
烈祖成湯廟號豫逸豫怠惰怠孝則愛敬日將恭則
威儀不懈明則不蔽於視聽則不壅於聞朕伊尹自
商書　三
稱王指太甲休美也無斁無終極也
太甲下
伊尹申誥于王曰嗚呼惟天無親克敬惟親民罔常懷
懷于有仁鬼神無常享享于克誠天位艱哉
申誥重誡也愛近曰親肅恭曰敬人君能於天人之
際肅恭將事則天亦愛敬其君而眷顧也歸慕曰懷
仁爲元善長人之德享歆享誠篤敬而純實也位艱
蓋言其難其愼不易爲王也
德惟治否德亂與治同道罔不興與亂同事罔不亡終

始愼厥與惟明明后
德卽上言天民鬼神親懷享者治亂興亡皆在人君
同道同事各視所與愼則親君子遠小人明兩作離
故聖王化成天下也
先王惟時懋敬厥德克配上帝今王嗣有令緒尙監茲
哉
先王成湯配帝宗祀成湯於明堂以配上帝今王太
甲令緒善事監茲視此也
若升高必自下若陟遐必自邇
商書　三四
登高自卑行遠自邇皆言循序進德不可躐等求功
也
無輕民事惟艱無安厥位惟危愼終于始
輕易也安樂也易則戒之以難樂則儆之以危始終
不忽者道在自愼而已
有言逆于汝心必求諸道有言遜于汝志必求諸非道
逆拂也遜順也道與非道邪正之分不可不深思而
明辨也
嗚呼弗慮胡獲弗爲胡成一人元良萬邦以貞

嗚呼歎辭慮謀思爲造作獲謂有得成謂有功一人
天子自稱元良君有元善長人之德者貞定也一人
元良萬邦以貞王者統一萬方天下皆率其化也
君罔以辯言亂舊政臣罔以寵利居成功邦其永孚于
休
辯言亂政信用佞說以禍國家寵利居功竊據要津
以要名譽罔無也君臣若無二者之弊上下交儆則
邦家自孚於休美也
咸有一德
商書　三五
一德君臣純一之德也伊尹復政告歸故作此以訓
嗣王
伊尹既復政厥辟將告歸乃陳戒于德
復政厥辟還政其君也告歸伊尹致仕將歸莘野德
爲治亂所關戒德明人君當勗勉也
曰嗚呼天難諶命靡常常厥德保厥位厥德靡常九有
以亡
諶信也命天命常久也德君德保守也位君位九有
九州諸侯土地人民亡失也有德則命位常保無德
則九有皆亡也
夏王弗克庸德慢神虐民皇天弗保監于萬方啟迪有
命眷求一德俾作神主惟尹躬暨湯咸有一德克享天
心受天明命以有九有之師爰革夏正
此言夏桀之亡商湯之興皇天眷求在德使主百神
之享也慢虐怠暴啟迪開導眷顧也一德純一之德
君臣戮力同心明命天與人歸師衆也夏正建寅爰
革夏正湯有天下易建寅爲建丑也
非天私我有商惟天佑于一德非商求于下民惟民歸
商書　三六
于一德德惟一動罔不吉德二三動罔不凶惟吉凶不
僭在人惟天降災祥在德
偏愛曰私保右曰佑下民羣黎百姓也二三疑慮不
定之意僭差忒吉凶災祥天道福善禍淫皆視君德
爲影響也
今嗣王新服厥命惟新厥德終始惟一時乃日新
新服厥命始受天命爲君也厥德君德惟新惟一湯
盤銘曰苟日新日日新又日新始終不怠聖敬日躋
也

任官惟賢才左右惟其人臣爲上爲德爲下爲民其難其愼惟和惟一

賢有德者才有能者左右輔弼者賢才則任之官左右必取其德此言爲君之道也至於爲臣上弼君德下治民心翼翼小心無時或怠道在和衷共濟故曰其難其愼惟和惟一

德無常師主善爲師善無常主協于克一俾萬姓咸曰大哉王言又曰一哉王心克綏先王之祿永底烝民之生

德者善之總稱善者德之實行德有變通善無專一君人者擇兩用中因時宜以爲揆度也王言政令所施王心仁澤所感先王成湯祿謂天命所歸烝衆也克綏先王之祿永底烝民之生天與人歸心口之所感召者時和年豐家給人足也

嗚呼七世之廟可以觀德萬夫之長可以觀政后非民罔使民非后罔事無自廣以狹人匹夫匹婦不獲自盡民主罔與成厥功

王制天子七廟三昭三穆與太祖之廟而七觀德者昭穆之廟世盡則祧惟有德者世雖盡別立世室享之故曰觀德萬夫之長卿士掌軍帥者故曰觀政使謂使下事謂事上自廣狹人謂人莫己若者匹夫匹婦不獲自盡言民不肯盡力事上故君亦難自成其功也

攷正七廟孔傳蔡傳並云天子七廟有德之主其廟不毀故曰觀德王鳴盛尚書後案王制云天子七廟三昭三穆與太祖之廟而七鄭玄云此周制七者太祖及文王武王之祧與親四太祖后稷殷制則六廟契及湯與二昭二穆夏則五廟無太祖禹與二昭二穆而已鄭據禮緯稽命徵及鉤命決云唐虞五廟親廟四與始祖五禹四廟至子孫五殷五廟至子孫六周六廟至子孫七故七廟獨周制爲然蓋禹之

時祇有高祖以下四親廟至子孫則並禹則五矣湯之時祇有契及四親至子孫並湯則六矣周文武之廟不毀以爲二祧始祖之廟亦不毀則爲七矣此不易之論也予攷鄭氏云商代契及四親至子孫並湯則六不知經云七廟者太甲之時成湯廟外增有外丙仲壬二君之廟惟外丙仲壬係爲兄弟兄弟同昭同穆二君當合一廟連契四親成湯數之則爲七廟故經曰七世之廟

盤庚上

商有三亳穀熟南亳今河南歸德府商邱偃師西亳今河南偃師府北蒙景亳即北亳郡國志梁國蒙縣即今考城左傳宋萬弒閔公於蒙澤杜注宋地梁國有蒙縣廣輿記在考城莊周產此商於夏世遷殷竹書紀年帝芒三十年商侯遷于殷上甲微崛然興起百有餘年殷侯復歸商邱在夏帝孔甲九年至

成湯遂有天下盟諸侯于景亳定都于偃師三亳偃
成倚犄之勢握南北之形勝焉至仲丁去亳遷囂殷本
紀仲丁遷于隞宲隱曰隞本作囂今鄭州滎澤西南祖乙遷耿山西平陽府皮氏縣東南有耿
鄉復遷于邢史記祖乙遷于邢皇極經世祖乙圯于耿徙居邢竹書紀年圯耿遷庇當爲一
地南庚遷奄郡國志魯即奄地盤庚自奄遷于北蒙曰殷王
畿千里強半爲上甲微殷墟故地括地志宋州北五十里大蒙城爲景
亳皇甫謐曰蒙爲北亳在曹縣東南四十里當遷之日大家世族以及小
民感於利害胥動浮言盤庚乃誥羣臣百姓明其利
民用遷今文一篇古文分爲三篇

商書　二九

盤庚遷于殷民不適有居率籲眾慼出矢言
殷夏時商侯所遷之國其後商都五遷至盤庚復遷
於此悅往曰適有又也有居言又居此籲呼也眾慼
貴戚之臣與王同休戚者說文率籲眾戚段玉材古文尚書撰異戚古字衛包
改戚爲慼俗字也矢陳也率籲眾戚出矢言蓋民率呼貴戚
出陳告也
攷正遷殷竹書紀年夏帝芒三十三年商侯遷于殷徐文靖箋商侯遷于殷上距商侯冥死于河八
十有二年此遷殷蓋玄冥之子子亥也世本相土居商邱冥往河治水子亥遷殷孔甲復歸商邱則此遷
殷者正殷侯子亥也孔甲乃上甲之譌國語所謂上甲微能率契者玄冥之孫子亥之子也予攷竹書箋

云商侯遷殷爲玄冥之子子亥又云孔甲乃上甲之
譌均非也竹書云帝泄十二年殷侯子亥賓于有易
有易殺而放之上溯玄冥之死在帝杼十有三年十
七年杼陟中歷帝芬四十四年帝芒五十八年至帝
泄十二年子亥見殺計其百二十一年絕無子亥能
爲遷殷之理史書商侯遷殷必玄冥之子子亥之父
也帝泄十六年殷侯微以河伯之師伐有易殺其君
綿臣二十五年泄陟中歷帝不降五十九年帝扃十
八年帝廑八年帝孔甲九年殷侯復歸于商邱中歷
一百零四年復歸商邱必非上甲微也據殷本紀觀
之微之子報丁丁子報乙乙子報丙丙子主壬壬子
主癸癸子天乙天乙即爲成湯歸商邱者當爲上甲
微之孫也
曰我王來既爰宅于茲重我民無盡劉不能胥匡以生
卜稽曰其如台音怡

商書　三十

我王指盤庚言爰宅易處也小爾雅釋詁爰易也茲此也劉留
通字淮南原道注劉讀留連之留爾雅釋鳥鶹劉疾釋文字或作畱謂我王既易遷
處正愛我民無使盡畱舊地也然不能相救以生曷
不以卜考之曰其爲我何此節述臣民所告之意
先王有服恪謹天命茲猶不常寧不常厥邑于今五邦
今不承于古罔知天之斷命矧曰其克從先王之烈若
顛木之有由蘖天其永我命于茲新邑紹復先王之大
邑底綏四方
先王上甲微郭璞曰上甲微古之賢王及成湯也服制也有服言

有先王之制恪謹天命無不敬慎以卜也茲此也不
常寧不常邑屢有遷國之事五邦嚻相耿邢奄（詳見前注）
今古沿承實不知天之斷決也矧況也烈功也顛木
木伐仆於野者由蘖木既斬伐而旁生芽枿也新邑
指殷紹復先王之大邑底綏四方國語曰上甲微能
帥契者也故殷人報焉蓋上甲微中興於殷其後殷
侯復歸商邱成湯都此曰亳兼有景亳偃師仲丁自
亳遷嚻河亶甲遷相則殷都已顛覆矣今復遷殷是
猶顛木之生由蘖而思紹復先王之功業安撫四方

商書　三

也
盤庚斅于民由乃在位以常舊服正法度曰無或敢伏
小人之攸箴
此盤庚分告臣民也教民覺悟曰斅在位牧民之官
有職位於朝者由從也由乃在位戒民毋得籲陳宜
聽從在位者使令也以用也舊服舊制正定也以常
舊服正法度蓋用先王舊制定明法度者訓戒在位
曰國遷之事當詢萬民（周官小司寇職云掌外朝之政以致萬民而詢焉一曰詢國危二曰詢國遷三曰詢立君是遷國當詢衆庶也）凡小人之有箴規無得爲
隱匿也
句解（舊以盤庚斅于民由乃在位以常舊服正法度讀爲一氣曰無或敢伏小人之攸箴讀句予攷當讀盤庚斅于民由乃在位二句一氣此斅民毋亂陳言以常舊服正法度曰無或敢伏小人之攸箴二句一氣此戒臣工毋抑民情義雖雙方訓告實則主告在位也讀下數節即知）
王命衆悉至于庭王若曰格汝衆予告汝訓汝猷黜乃
心無傲從康古我先王亦惟圖任舊人共政王播告之
修不匿厥指王用丕欽罔有逸言民用丕變今汝聒聒
起信險膚予弗知乃所訟
衆卽在位臣工庭外朝王庭命來曰格圖謀曰猷王

商書　三

乃告曰汝謀當去私心毋得傲從康樂也從康從遷
樂土先王指上遷國之君舊人老成之人先王圖謀
倚任共事者播布也告謂命令修謂修飾播告之修
臣必代王損益潤飾然後發號施令也不匿厥指王
用丕欽獻可替否絕無隱匿于心而不以直告者故
王用大敬其臣罔有逸言民用丕變奉令宣猷絕無
過失之言而淆惑衆聽者故民用大從其化聒聒刺
耳之聲言不中正爲險謀無遠略爲膚爭言曰訟今
汝聒聒起信險膚謂反以邪淺之說而與老成謀國

者爭辯也

非予自荒茲德惟汝含德不惕予一人予若觀火予亦拙謀作乃逸

荒大也（書云惟荒度土功詩云太王荒之荒皆訓大）含銜也（廣韻含銜也史記外戚世家索隱銜猶恨也）惕敬也（說文）茲德指遷殷言非予自大遷殷之功惟汝銜恨不敬從予也一人天子自稱觀火言見之明拙屈不用也（釋名拙屈也使物否屈不爲用也）作爲也凡謀爲汝逸者予亦屈之使不爲用也

若網在綱有條而不紊若農服田力穡乃亦有秋汝克

黜乃心施實德于民

網者綱之分目綱者網之總繩條絮理處紊亂也網舉則目張故曰若網在綱有條而不紊農耕農穀種斂穫曰穡有秋豐年克能也黜去也汝能去其私心從君之令畀民致力田畝誠即施其實德也

至于婚友丕乃敢大言汝有積德乃不畏戎毒于遠邇惰農自安不昬作勞不服田畝越其罔有黍稷汝不和吉言于百姓惟汝自生毒乃敗禍姦宄以自災于厥身乃既先惡于民乃奉其恫汝悔身何及

婚姻婭友友朋丕奉也（前漢郊祀志丕天之大律注丕奉也）大言夸張之言至于汝之婚友皆奉汝令遂敢夸張汝德也戎戎狄商時都奄（詳前）陽甲（盤庚兄）之世嘗征丹山之戎戎毒遠邇邇戎如徐戎己氏之戎（費誓淮夷徐戎並興春秋書隱公會戎于潛盟戎于唐戎爲己氏戎也）遠戎如茅戎丹山之戎（見竹書）不畏晏安酖毒不畏戎害也惰農怠於耕作者詩曰晝爾于茅宵爾索綯亟其乘屋其始播百穀惰農自安不昬作勞蓋效戎習驅騁田獵不肯從事勤勞昬則宴息晝則嬉荒以理度之必無黍稷也越度也（說文）和倡和

吉善言百姓世臣大家（詳堯典）盤庚遷殷世臣大家必有預其謀者今出矢言之衆不獨不從其君兼不和從百姓故曰惟汝自生毒毀壞曰敗災殃曰禍凡亂由外爲姦起內爲宄汝今反以姦宄爲信是取災于其身也先惡先自取惡（惡烏故切）奉養也恫痛也奉恫猶言養癰遺患悔身何及弗愼厥德雖悔難追也

攷正（戎昬孔傳蔡傳並云戎大昬強予攷戎爲戎狄昬爲昬夜盤庚自奄遷殷所謂戎毒實即徐戎己氏之戎逼近肘腋實爲商患也昬正字通同昏說文從昏省徐本從昏省晁補之云因唐諱民改從氏則昬非俗字據晁氏云昬非音敏訓強當音昏訓爲昏夜也）

相時憸民猶胥顧于箴言其發有逸口矧予制乃短長之命汝曷弗告朕而胥動以浮言恐沈于眾若火之燎于原不可嚮邇其猶可撲滅則惟爾眾自作弗靖非予有咎

憸民險詖不正者箴言規戒之言能砭人過胥顧相畏忌也逸口浮言無稽者矧況也制命臣下之命操之於君有以言生者有以言死者死則短生則長發口不可不慎也汝指至庭之臣胥動浮言蓋以王遷于殷跨有河濟眾憂潰決沈溺國必化而為澤也庭

臣不能審慎入告遽輕信之一倡百和若火燎揚不知殷為商君故都潰沈絕無其害浮言無根譬之原火易熄嚮邇不可撲滅其可猶謀也今汝不謀撲滅是汝自作不典引起其禍非予之愆過也

遲任有言曰人惟求舊器非求舊惟新古我先王暨乃祖乃父胥及逸勤予敢動用非罰世選爾勞予不掩爾善茲予大享于先王爾祖其從與享之作福作災予亦不敢動用非德

遲任商賢史也（林之奇曰遲任鄭玄曰古之賢史）人舊則老成器舊則敗壞先王指河亶甲祖乙言之乃祖乃父蓋謂彭伯韋伯巫咸巫賢之類（予攷河亶甲元年自囂遷相三年彭伯克邳五年侁人入于班方彭伯韋伯伐班方侁人來賓九年河亶甲陟祖乙元年自相遷耿命彭伯韋伯二年圮耿遷庇三年命卿士巫賢賢巫咸子十九年祖乙陟子祖辛立十四年陟弟開甲立開甲一作沃甲五年陟祖辛之子祖丁立九年陟沃甲之子南庚立三年遷奄六年陟祖丁之子陽甲立四年弟盤庚立十四年自奄遷殷自河亶甲數至盤庚遷殷計八十年足徵乃祖乃父是彭伯韋伯巫氏諸臣也　逸超逸逸）勤皆有大功於王室者予敢動用非罰言不敢輕以罰加汝也世選爾勞古者世祿世官凡有善必不蔽棄食德報功故爾祖皆從享也作福在君作威在君

非德謂賞罰妄施予亦不敢遽自用也

予告汝于難若射之有志汝無侮老成人無弱孤有幼各長于厥居勉出乃力聽予一人之作猷

難謂費其審慎之詳若射之有志蓋射者進退周旋必合於禮內志正外體直然後持弓矢審固持弓矢審固然後可以言中志謂期其必中也（左傳定八年顏息射人中眉退曰我無勇吾志其目也）為政若射政令之出期人必從弱侮皆輕忽之義老成年之高者孤幼年之稚者今視利用遷民老安少懷王政一視同仁故曰各長厥居勉

力聽猷勗其從君謀也
無有遠邇用罪伐厥死用德彰厥善邦之臧惟汝衆邦
之不臧惟予一人有佚罰
遠謂邊鄙邇荒近謂都邑朝野用罪用德悉視善惡
以爲彰癉天命天討王者悉無私也臧善也過失曰
佚遷殷而善衆共其休遷殷不善予任其過此卽朕
躬有罪無以萬方萬方有罪罪在朕躬之義也
凡爾衆其惟致告自今至于後日各恭爾事齊乃位度
乃口罰及爾身弗可悔

爾衆在庭臣工致告誠告予以誠心告爾爾當以予
之言致告民也今今日後異日恭事敬事齊位一德
一心宣力王室度口審度而言合於法制者罰指不
能從者悔懊恨也

盤庚中

盤庚作惟涉河以民遷乃話民之弗率誕告用亶亶讀作壇
其有衆咸造勿褻在王庭盤庚乃登句 進厥民曰明聽
朕言毋荒失朕命
作興起也涉河般都在河之南襟山帶河王畿千里

民有居於河北弗樂從君遷殷都者盤庚因涉河往
諭其衆話合會而告也誕告大告亶當讀壇孔傳云亶馬本
作單顧齋經說古字竟爲境或爲域此亶字當爲亶吳語王乃之壇注在野所以講列士衆誓告之處誕
告用亶蓋築壇大告民也予攷亶馬本作單經說作壇詩東門之壇序釋文壇本作墠足徵亶單二字卽
爲壇墠古字故亶宜作壇其期也春秋邾庶其漢書地理志作期易繫辭死其將至矣釋文其本
作期預戒告衆之期造至也勿雜帛建之所以趣民者
說文勿州里所建旗象其柄有三游雜帛幅半異故遽稱勿勿周官司常云雜帛爲物褻近也
王庭壇上之堂登升也盤庚見勿引民近庭乃升壇
位也進民使民前進而告之故明察也明聽朕言謂

聽言當察其義毋荒失朕命毋荒棄而放失也

攷正盤庚涉河遷民孔傳爲此南渡河之法用民徙蔡傳殷在河南故涉河殷本紀盤庚之時殷已
都河北盤庚渡河南復居城湯之故居予攷竹書紀年盤庚十四年自奄遷于北蒙今以輿圖攷之鄴圖
志魯國卽奄國地括地志宋州北五十里大蒙城爲景亳皇甫謐曰蒙爲北亳在曹縣東南四十里盤庚
遷殷是自兗州遷於北蒙從東北以遷西南地當濟水之南大河東南並不涉河也故上篇云盤庚遷于
殷中篇云盤庚作惟涉河以民遷蓋王畿千里十四年遷于北蒙曰殷十五年營殷邑邑既營成遂以河
右河北之民遷實殷都上篇所告者在奄臣民中篇所告者河右河北臣民如此解經則節節皆通矣且
盤庚遷殷非盡命舊都臣民悉至新邑其所遷者皆所選世族大家與國同休戚者惟其世族大家安土
重遷不欲徙者甚衆故盤庚一再誥誡躬自涉河往諭也

嗚呼古我前后罔不惟民之承保句后胥慼鮮句以不浮于天時殷降大虐先王不懷厥攸作視民利用遷鮮平聲

嗚呼歎辭前后上甲微以下諸君承受也保養也慼本慼字親也鮮善也玉篇皇天以民付之於君君承受而保養之民感其德故羣后皆爲民親善也浮孚也釋名釋言語般中也爾雅釋言以不浮于天時殷降大虐蓋因水旱不時中遇大禍祖乙圮耿圮于河以及遷邢遷奄皆有災害也不懷言不能安此土厥攸作視民利

商書　三九

用遷先王之所興起而遷者悉視民生財用以立國也

句解 孔傳蔡傳並讀罔不惟民之承句保后胥慼句鮮以不浮于天時江聲尚書集注音疏上文以承保絕句下當讀至鮮字絕句予攷洛誥云承保乃文祖受命民是以承保二字連文上句既讀罔不惟民之承保下句當讀后胥慼鮮猶之惠鮮二字連文江氏讀優於孔蔡也惟江氏據漢石經慼作高因讀后胥高鮮引小山別大山爲鮮言前后相度高山之處而徙居之俞樾云其說甚鑿予曰不如訓慼鮮爲親善也

汝曷弗念我古后之聞承汝俾汝惟喜康共非汝有咎比于罰閩音問去聲

曷何也念思也聞聲聞古后之聞前王遷國令聞施於民者承受也俾益也說文承汝俾汝惟喜康共言先王受天命而保養之熙熙然如登春臺莫不共遂其生非以汝有其過比于罰也比于罰人有罪則必遠投遐荒遷竄邊裔今遷于殷居近王畿實非放流絕域也此盤庚反復譬喻之辭

予若籲懷茲新邑亦惟汝故以丕從厥志今予將試以汝遷安定厥邦

若乃也籲呼也懷安也茲此也新邑殷都盤庚十五

商書　四一

年所營予乃呼安此邑者誠爲利汝之故以用也丕奉也以丕從厥志汝用當奉其志不可不從予也將試待行之意遷謂遷般安定厥邦遷定樂得其所也

汝不憂朕心之攸困乃咸大不宣乃心欽念以忱動予一人爾惟自鞠自苦若乘舟汝弗濟臭厥載爾忱不屬惟胥以沈不其或稽自怒曷瘳

上節告從遷者此節告不從遷者困抑鬱汝不憂朕心之攸困蓋言遷般之謀苦慮焦思汝不爲朕思慮也咸皆也宣明也欽憂也爾雅釋詁忱通作沈動搖也欽

念以忱卽浮言恐沈于衆斯時必有對盤庚言者鮮
其動聽盤庚乃斥不明於心爾惟自求窮苦也鞫窮
也乘舟濟河之舟殷都具以待民遷者臭朽敗廣雅釋器
朽臭也轉訓臭卽爲朽孔傳訓臭爲敗 臭厥載言汝不遷任舟在河朽
敗不獨爾不欲濟勢必民衆觀望胥恐沈溺也忱信
也屬向也後漢朱輝傳注爾忱不屬言爾中心不向民衆必
爲觀望其期也或疑也稽考也不其或稽爾於此不
加考察則自恚何時能愈也
攷正爾忱不屬俞樾羣經平議屬釋文引馬云獨也屬之訓獨蓋以聲訓荀子成相篇剄而獨鹿弃

之江瑒注曰獨鹿與屬鏤同本或作屬鏤然則屬字
與獨古通用也爾忱不獨意不可解疑忱字馬本作
沈爾沈不獨惟胥以沈予致爾忱不屬忱信也屬向
也當從原讀欽念以忱忱當作沈古字忱湛諶沈互
通書大誥天棐忱辭漢書孔光傳作天棐諶辭左傳
襄二十九年裨諶釋文古今人表並作裨湛詩抑篇
荒湛于酒漢書五行志作荒沈于酒是皆明證據古
字通論欽念以忱當爲憂念及沈卽浮言恐沈于衆
也
汝不謀長以思乃災汝誕勸憂今其有今罔後汝何生
在上
長謂長久之計災謂不遷之害誕信也廣雅汝誕勸憂
卽信浮言恐沈于衆之勸而不欲遷殷也罔無也今
其有今罔後祗顧目前不顧日後不知天何生汝使
在民上也此節盤庚責不遷者之辭
今予命汝一無起穢以自臭恐人倚乃身迂乃心予迓
續乃命于天予豈汝威用奉畜汝衆
一謂與君一德一心穢田中雜草蕪惡者汝旣莠言
自口人將依恃汝身邪僻汝心勢必流蕩而不返也
迓迎也續命更生之意威謂刑法不以刑罰加汝者
用汝仍畜其衆也此節盤庚勸勉開導之辭
予念我先神后之勞爾先予丕克羞爾用懷爾句然失

于政陳于茲高后丕乃崇降罪疾曰曷虐朕民
神后祖乙也勞謂有功爾先指彭伯韋伯巫咸巫賢
等言之羞養也懷安也予大克養爾用安爾者以爾
先佐我先有大勳勞也失縱也陳久也然失于政陳
于茲蓋謂陽甲之世殷衰比九世亂諸侯莫朝殷本紀云
陽甲之時殷衰自仲丁以來廢嫡而更立諸弟子弟子或爭相代立比九世亂諸侯莫朝 高后陟
降在天乃降罪疾大徵于君曰曷虐朕民罪疾水旱
不時國多凶祲致民湯析離居也高祖指成湯言
句解孔傳蔡傳均讀予丕克羞爾句用懷爾然句予玩然字宜連下失于政陳于茲讀句上讀予丕

克羞爾用懷爾句如此則文法貫注一氣若如孔蔡讀句則參差不齊矣惟以然字連下讀句則高后丕乃崇降罪疾曰曷虐朕民與上予念我先之勞爾先予丕克羞爾用懷爾轉承方為合法也

攷正 孔傳以神后為湯下高后先后與此神后一也蔡傳神后先王也高后湯也予攷神后之勞爾先指祖乙言之祖乙元年自相遷耿二年耿圮遷庇命彭伯韋伯命卿士巫賢皆在其世是勞爾先之明徵也湯有天下之君其廟百世不遷故稱高祖天子七廟祖乙之主斯時在七廟中故稱神后先后總合廟主言之非無分別者也

汝萬民乃不生生暨予一人猷同心先后丕降與汝罪疾曰曷不暨朕幼孫有比故有爽德自上其罰汝汝罔能迪

商書 三

萬民諸侯之民汝萬民殷之世臣受地視諸侯者也臣既遷民必從遷今不欲遷是心不謀生生與君同也先后總合祖乙以下諸君言之勢必大降罪疾於汝曰何不與朕孫比合而獨有爽德也爽貳也爽德一三其德罰過迪正上帝既降其罰汝無由能救正也

古我先后既勞乃祖乃父汝共作我畜民汝有戕則在乃心我先后綏乃祖乃父乃祖乃父乃斷棄汝不救乃死

先后祖乙以下諸君也既勞乃祖乃父申言世德作求作為句畜養也汝共作我畜民言宜佐君養民戕害也則法也汝有戕則在乃心今汝有害法之心不肯從遷我先后必於乃祖乃父之前撫綏以告乃祖乃父必斷棄汝雖死亦不救也斷絕也棄廢也此節即先后乃祖乃父以示儆戒之義

茲予有亂政（句）同位（句）具乃貝玉乃祖乃父丕乃告（句）我高后曰作丕刑于朕孫迪高后丕乃崇降弗祥

茲此也不治曰亂同位同為商君者謂祖辛以下沃

商書 四

甲祖丁南庚陽甲諸君爭立相亂致諸侯頻具貝玉具供也貝介屬甲有文采古用以為貨貝玉圭璋執之以為朝聘乃祖乃父乃以商亂奉告我高后曰作丕刑于朕孫丕刑大刑死亡之禍故享國不能永也迪正也丕大也崇重也正我高后因乃祖乃父之言重降弗祥災祲旱澇頻於死亡之禍致國今為蕩析離居也上節責罰在臣此節責罰在君與前一節曷虐朕民汝罔能迪兩兩同旨

句解 孔傳蔡傳均讀茲予有亂政同位句丕乃告我高后句俞樾羣經平議予有亂政當於政字絕

句昭六年左傳曰夏有亂政而作禹刑商有亂政而作湯刑周有亂政而作九刑兹予有亂政義與彼同校勘記引段玉材云當讀乃祖乃父丕乃告句予敎㒳讀當從俞段爲允亂政即殷本紀云比九世亂諸侯莫朝同位亦指殷君非指臣工兩字宜讀爲句

嗚呼今予告汝不易永敬大恤無胥絶遠汝分猷念以相從各設中于乃心乃有不吉不迪顚越不恭暫遇姦宄我乃劓殄滅之無遺育無俾易種于兹新邑往哉生生今予將試以汝遷永建乃家

嗚呼歎辭不易難也恤謂憂民之憂永敬大恤無胥絶遠言予丕憂其民汝當永爲敬念無胥背道而馳

商書　四五

也明辨曰分猷念謀思從從遷中正也不吉不迪不善不正者顚越隕墜不恭不奉上命也暫須臾無恆常者遇驚遻互觸逆者爾雅釋詁遇遻也集韻遻相遇驚也馬融長笛賦注遻觸也凡亂在外爲姦在內爲宄截割曰劓盡絶曰殄滅役也不盡曰遺育生也相染曰易易種則善種爲惡種所染化也新邑殷都涉河曰往生生繁滋也試遷用遷永建乃家子子孫孫享立無窮之業也

盤庚下

盤庚旣遷奠厥攸居乃正厥位綏爰有衆曰無戲怠懋建大命今予其敷心腹腎腸歷告爾百姓于朕志罔罪爾衆爾無共怒協比讒言予一人

旣遷衆涉河而遷于殷奠定也正位正其宗廟社稷朝市之位綏安也爰于也有衆兼世族大家言之戲怠嬉荒也無戲怠勉其趨事赴功懋勉也建立也大命天命懋建大命開國承家顧諟天之明命也敷布也心腹腎腸歷告百姓竭誠相布絶無隱匿不以示人也予罔爾罪爾無怒讒開其自新之路勉其忠上之忱我無爾詐爾無我虞則上下猜疑俱釋也

商書　四六

古我先王將多于前功適于山用降我凶德嘉績于朕邦降平聲

先王指成湯言多勝也前功上甲微之功上甲微能興殷室成湯能有天下故曰多于前功山桑山適往也降伏也適于山用降我凶德嘉績于朕邦成湯之世七歲旱災湯乃素車白馬適于桑山予攷淮南修武訓湯禱于桑山之林殷本紀曰湯旣放桀後大旱七年以身禱于桑林之野祝曰無以予一人之不敏傷民之命以六事自責曰政不節與民失職與宮室崇與女謁盛與苞苴行與讒夫昌與言未已大雨方數千里尸子曰湯之救旱也素車白馬布衣身嬰白茅以身爲牲六事自責雨沛于里而凶

德降消嘉績遂著也

今我民用蕩析離居罔有定極爾謂朕曷震動萬民以遷肆上帝將復我高祖之德亂越我家朕及篤敬恭承民命用永地于新邑

蕩析離居蓋居奄而有水澇之害民無定處也春秋之世魯書大水以及築微是皆明證震驚也震動萬民以遷盤庚遷殷而欲民眾從隨以從羣臣爲之震動也肆今也上帝天帝高祖成湯復者反本之謂德即成湯之德亂治也越於也亂越我家治於我家也及至也篤信也朕及篤恭言我心至信敬恭承民命長治久安居此邑也

商書　四七

肆予沖人非廢厥謀弔由靈各句○予攷各當是格字之脫偏旁易云兼三才而兩之學記引作三材詩云威儀反反潛夫論引作板板此云靈各當讀靈格靈即元龜各即格人非敢違卜用宏茲賁嗚呼邦伯師長百執事之人尚皆隱哉

幼小在位曰沖人廢棄也厥謀臣下止遷之謀弔善也靈靈龜各格人卜龜兆賁美也廣雅釋詁蓋言其謀我非敢廢惟卜于龜得吉故曰弔由靈格我今決意遷者實非違卜成此美功蓋言奉承民命無不篤敬上帝高祖而卜行也嗚呼歎辭邦伯四輔之類伯長也

內諸侯輔相王者師長六卿之長分長師旅者百執事羣臣有職位者隱占也爾雅釋言尚皆隱哉古者家不藏龜龜筮之卜惟天子諸侯用之故卿大夫士見天子諸侯之卜隱以口言古度凶吉也

句解孔傳蔡傳均讀非廢厥謀句弔由靈句各非敢違卜句用宏茲賁句予玩靈各二字即古云格人元龜弔由靈格當讀爲句惟前人不知各字爲格之譌讀句則參差不齊所以詰屈聱牙也

予其懋簡相爾念敬我眾朕不肩好貨敢恭生生鞠人謀人之保居敘欽

懋勉也簡閱求予其懋簡相爾言勉求爾以爲輔弼

商書　四八

爾當敬保我黎民也肩任也敢者冒昧之辭朕不肩好貨敢恭生生朕不任好貨之臣冒昧取財以供生殖也鞠窮也謀計也敘謂馭以爵祿欽謂致其禮貌蓋謂計利之臣令人窮困貪人貨財以爲自養自安凡此朕皆不以祿位馭之禮貌敬之也

句解舊讀朕不肩好貨敢恭生生句鞠人謀人之保居敘欽句予攷十八字當一氣讀句蓋言我不任好貨者以供生殖窮計自保者遂敘功而敬禮也

今我既羞告爾于朕志若否罔有弗欽無總于貨寶生生自庸式敷一德永肩一心

羞進也否不也若爾不爲鞠人謀人以自利則朕無
弗欽敬也貨寶財賄聚合曰總庸用也無總貨寶生
生自庸戒其爲聚斂也式用也敷布也民爲邦本本
固邦寧式敷民德正奠安社稷於磐石也一心上下
一德永肩長計久安不忘其所任也

說命上

說命三篇上篇記君命說爲相之由中篇記說進戒
下篇說與王論學焉

王宅憂亮陰三祀既免喪其爲弗言羣臣咸諫于王曰

商書　四九

嗚呼知之曰明哲明哲實作則天子惟君萬邦百官承
式王言惟作命不言臣下罔攸稟命

王殷王武丁廟號高宗宅憂居喪倚廬也儀禮喪服四制剪屛柱楣鄭氏
注柱楣所謂梁闇也倚廬古曰梁闇言其黑闇亦曰亮陰亮或作諒言居
者在內恭默思親免喪三年喪盡也武丁居父小乙三年之喪弗
言發號施令王無表示諫誚獻可替否臣有直言以
告君者咸皆也明哲謂其聰明睿智則法也天子萬
邦之主君主也漢書西域傳上而塞王南君罽賓註君者謂爲之主也承式奉
法稟令敬受命也方言六稟敬也孔傳稟受也

王庸作書以誥曰以台正于四方惟恐德弗類茲故弗
言恭默思道夢帝賚予良弼其代予言

庸用也作書王以文字代言誥謂告曉韻會告上曰告發下曰誥
台我也正治也四方東西朔南德謂聖王道德恐德
弗類懼其不能比善前王弗言爲此故也恭默默識
而敬於心道謂三才萬物治理思念慮也神有所覿
謂之夢賚予也良弼賢輔代替也

乃審厥象俾以形旁求于天下說築傅巖之野惟肖

審詳也象卽所夢說狀體容使繪以形旁求廣求傅

商書　五十

巖在今山西平陸縣境山西平陽府平陽縣東北二十五里一名隱賢說築
傅巖之野惟肖斯時說爲胥靡築于傅險殷本紀云得說于傅
險中是時說爲胥靡築于傅險卽傅巖也胥靡晉灼漢書注胥相也靡隨也古者相隨坐輕刑之名也
其容狀與帝夢賚良弼似也

爰立作相王置諸其左右命之曰朝夕納誨以輔台德
若金用汝作礪若濟巨川用汝作舟楫若歲大旱用汝
作霖雨

說既得于傅巖武丁見與之語遂以爲相左右輔弼
也日出曰朝日入曰夕入告曰納教示曰誨輔德佐

助君德也磨金之石曰礪用汝作礪砥礪己也巨川
大川舟船也人乘之以濟水者楫櫓類櫂舟搖以行
水之木濟渡也雨三月為霖大旱天久不雨用作霖
雨膏澤下施深慰民望也
啟乃心沃朕心若藥弗瞑眩厥疾弗瘳若跣弗視地厥
足用傷
啟明也乃指傳說灌溉曰沃言必汝心克明然後灌
溉我心則我遂深受其益譬之用藥非辛苦不能愈
疾然服辛苦之藥人多瞑眩若弗瞑眩則疾必難速

瘳也方言云凡飲藥而毒東齊海岱之間或謂之瞑或謂之眩○毒藥草之辛苦者目昏不
明曰瞑目視動搖曰眩瘳愈也赤足履地曰跣弗視
逕行不察其足必見傷也
惟暨乃僚罔不同心以匡乃辟俾率先王迪我高后以
康兆民
暨率也同官曰僚同心一德匡正也辟君也俾使也
遵行曰率先王前王進蹈曰迪廣韻高后成湯兆民天
子之民康安樂也
嗚呼欽予時命其惟有終

欽敬也時是也有終敬予之命自始以至終也
說復于王曰惟木從繩則正后從諫則聖后克聖臣不
命其承疇敢不祗若王之休命
復白也麻絲合絞曰繩匠氏豎木欲求其正必懸繩
絲直垂以為準式猶人君欲求通明必賴良臣諫諍
匡弼后指高宗臣傳說自稱后能明聖臣雖不命同
僚敬承又誰敢不敬我王休命也鄭圜札記臣不命其承其字指同僚
言針對上節君言惟暨乃僚罔不同心云也
說命中

惟說命總百官乃進于王曰嗚呼明王奉若天道建邦
設都樹后王君公承以大夫師長不惟逸豫惟以亂民
說總百官高宗命傅說為冢宰也進王進告于王嗚
呼歎辭明王聖明之主天道即天象日月星辰時行
物生之理奉若天道承順天行賞以春秋刑以秋冬
也邦邦國都都邑后王天子君公諸侯建設樹皆立
也大夫佐政治者師長治軍民者承奉也放失曰逸
悅樂曰豫亂治也
惟天聰明惟聖時憲惟臣欽若惟民從乂

上天無臭無聲耳似無聽目似無明然不聞不睹之
中凡人思念甫萌日明日旦昊天無不灼知故曰惟
天聰明憲法也時憲春生秋殺聖王法天道以爲刑
賞故曰惟聖時憲欽若敬順也君有法令臣奉承之
而布於民君子德風小人德草草尙之風必偃故曰
惟臣欽若惟民從乂乂治也
惟口起羞惟甲胄起戎惟衣裳在笥惟干戈省厥躬王
惟戒玆允玆克明乃罔不休
惟口起羞戒愼言也言身之文不愼則辱生焉惟甲
商書　五三
胄起戎戒愼色也甲鎧胄兜鍪甲胄則有不可犯之
色不愼則戎興焉衣上服裳下服笥方竹器盛衣服
以遺人者惟衣裳在笥戒愼命也干盾也戈戟也干
戈以討有罪惟干戈省厥躬戒愼討也省厥躬者度
德量力知己知彼百戰百勝玆此也誠於此能明其
理乃無不休美也
惟治亂在庶官官不及私昵惟其能爵罔及惡德惟其
賢
庶官衆任職事者官賢則治不賢則亂私昵嬖倖之
人能謂有才任官有功然後命爵爵謂天子卿士受
命爲諸侯者惡德貪鄙暴虐賢謂俊傑才能此節言
用人之法也
有其善喪厥善矜其能喪厥功惟事事乃其有備有備
無患
有自多矜自伐善能皆言行事優美喪亡失備豫防
患害也
無啓寵納侮無恥過作非惟厥攸居政事惟醇
啓開也毋啓寵而受人侮女子小人近則不遜也恥
商書　五四
羞也毋恥過而遂己非飾智驚愚易羞爲怒也居謂
所處之位惟厥攸居居止而安之義政國政事家事
人能時加戒愼以益其德則治化自進醇厚也
黷于祭祀時謂弗欽禮煩則亂事神則難
祭祀所以敬鬼神也祭煩則黷禮煩則荒商人尙鬼
時必有濫祀者故傅說以此規焉昔虞帝命伯夷典
禮曰夙夜惟寅直哉惟清祭祀在敬與清不在煩黷
煩黷則鬼神絕不爲歆饗也
王曰旨哉說乃言惟服乃不良于言予罔聞于行

旨美也從行曰服良善也聞行行服其言王云若非
　汝有其言予行罔知其善也
說拜稽首曰非知之艱行之惟艱王忱不艱允協于先
　王成德惟說不言有厥咎
艱難也知非爲難行恰爲難王心誠信不難則必身
　體力行允合于先王盛德也先王指成湯以下賢聖
　之君行之在王言之在說說如不言則是不能以道
　匡君實爲自獲其過也
說命下
商書　　　　　　　　五五
王曰來汝說台小子舊學于甘盤旣乃遯于荒野入宅
　于河自河徂亳暨厥終罔顯
甘盤殷時賢臣武丁嘗從學者武丁帝小乙之子盤庚小辛之姪也盤庚
　陟弟小辛立辛陟弟小乙立乙陟子武丁卽位小辛之世殷道復衰甘盤去
　位故曰旣乃遯于荒野及小乙立遂命世子武丁居
　于河學于甘盤故曰入宅于河說詳竹書紀年古者國學九
　年大成武丁學甫五年而卽入卽帝位故曰自河徂
　亳暨厥終罔顯亳殷都顯昭著謂學未大成也竹書紀年
　小乙六年命世子武丁居于河學于甘盤十年帝陟武丁元年王卽位居殷命卿士甘盤

爾惟訓于朕志若作酒醴爾惟麴糵若作和羹爾惟鹽
　梅爾交修予罔予棄予惟克邁乃訓
教導曰訓心慕曰志酒淸酒醴甜酒麴酒母說文糵芽
　米說文又釋名云糵缺也積麥覆之使生芽開缺也和味調羹肉涪鹽性鹹
　梅性酸酒非麴糵不成羹非鹽梅不和麴多則酒苦
　糵多則酒甘麴糵中則酒醴精良鹽多則羹鹹梅多
　則羹酸鹽梅中則和羹得味交修者臣之於君獻可
　替否濟猛以寬左右輔弼以成其德故曰爾交修予
　是不予棄邁力行也春秋緯麥陰也黍陽也先積麴而投黍是陰陽得而沸故以麴
商書　　　　　　　　五六
　釀黍爲酒
說曰王人求多聞時惟建事學于古訓乃有獲事不師
　古以克永世匪說攸聞
多聞集思廣益建事出治宣猷古訓昔之明王謀猷
　經濟也獲謂有得於己師謂效法乎人永世長治久
　安事不師古以克永世匪說攸聞蓋言反古之道而
　欲永保邦國者無此理也
惟學遜志務時敏厥修乃來允懷于茲道積于厥躬
　謙whole益曰遜專力曰務遜志則虛以受人時敏則功崇

在己來勤也(爾雅釋文)允懷于茲念茲在茲之意道積厥躬君子積小以高大也

惟斆學半念終始典于學厥德修罔覺監于先王成憲其永無愆

斆教也惟斆學半教學相長學者功半教者功半也典主也覺悟也念終始典于學厥德修罔覺言終始專主于學而不求教者啟迪終無所獲正謂學而不思則罔也成憲先王大經大法監察也永長也無愆言無過也

商書　五七

惟說式克欽承旁招俊乂列于庶位

式法也克能也敬奉王命曰欽承俊乂賢才旁招廣求庶位百官有司列序也

王曰嗚呼說四海之內咸仰朕德時乃風股肱惟人良臣惟聖昔先正保衡作我先王乃曰予弗克俾厥后惟堯舜其心愧恥若撻于市一夫不獲則曰時予之辜佑我烈祖格于皇天爾尚明保予罔俾阿衡專美有商

風風化言四海仰于德者皆由說治得宜也惟思也股肱惟人良臣惟聖君思得人輔佐臣思遇事聖明保衡伊尹官名堯舜唐虞聖君愧恥羞慚貌撻扑刑市朝市獲謂得所辜罪也烈祖成湯格感格皇天昊天俾使也專美獨擅其善也

惟后非賢不乂惟賢非后不食其爾克紹乃辟于先王永綏民

后君也賢有德者乂治也食祿也非賢不乂非后不食君臣交相為需其期也紹繼也先王成湯以下賢聖諸君綏民安撫其民也

說拜稽首曰敢對揚天子之休命

商書　五八

稽首臣致敬其君之禮敢進取也(說文)對答也揚稱也休命美命敢對揚天子之休命奉承惟謹明已不敢忘也

高宗肜日

肜日祭之明日再祭饗尸也(殷曰肜周曰繹夏曰復胙)武丁之時祭于祖廟有雉登鼎耳而雊(殷本紀帝武丁祭成湯明日有飛雉登鼎耳而雊竹書紀年武丁二十九年肜祭太廟有雉來)武丁懼而修德殷道復興及武丁陟(五十九年帝陟)子祖庚立嘉以祥雉為德遂立高宗之廟(高宗武丁廟號)祖已作訓名曰高宗肜日

高宗肜日越有雊雉

高宗殷王武丁也古者王立七廟太祖之廟不毀昭穆之廟三昭三穆既祧則毀稱曰高宗七廟之外崇德報功別立高廟後世不毀者也肜日武丁在位祭於太廟明日繹祭賓尸適有雉登鼎耳而雊越於也

祖已曰惟先格王正厥事

祖已殷賢臣格假也漢書成帝紀五行志中之下孔光傳外戚傳下皆作惟先假王先假王指高宗言禮云告喪曰天王登假既葬立之主而措諸廟高宗既有廟號故稱曰先假王事祭祀

商書　兊

古者祭祀皆稱有事正厥事言雊雉正當其肜祭也

乃訓于王曰惟天監下民典厥義降年有永有不永

王謂祖庚訓王祖已訓祖庚也視祭曰監下民率土之民典主也義宜也永長也降年有永有不永禍福之降惟義是主義則永不義則不永天監本無私也

攷正大傳云武丁祭成湯有雉飛升鼎耳而雊武丁問諸祖已祖已曰雉者野鳥也不當升鼎今升鼎者欲為用也无則遠方將為來朝者乎故武丁內返諸己以思先王之道三年編髮重譯來朝者六國孔子曰吾于高宗肜日見德之有報之疾也予攷大傳所載是武丁時事此篇訓王是訓祖庚立高宗廟義各不同

非天夭民民中絕命民有不若德不聽罪天既孚命正厥德乃曰其如台

短折曰天民中絕命猶言半途而死蓋指開甲五年陟祖丁九年陟南庚六年陟陽甲四年陟小辛三年陟等言之言民不言君者天生民而立之君自天視之君絕即民絕也故上古之君稱曰先民坊記注先民謂上古之君也祖已對曰不敢直言君中絕命而言民中絕命也若順也聽服也不若德不聽罪剛愎自用不肯順服也孚通附付殷本紀作附漢書孔先傳並作付孚命言天付命正定也德有善

商書　卆

德有惡德言既見天付命正厥善惡至此悔之已晚乃曰其奈何也

嗚呼王司敬民罔非天胤典祀無豐于昵

嗚呼歎辭王司敬民罔非天胤蓋謂賢聖之君能主敬民者無非繼天立極為天子也典典禮祀祭祀豐厚也昵近也典祀無豐于昵明指祖庚立高宗廟祇知有近不知有遠太戊盤庚皆可立廟而未立廟欲王引以為鑑也

西伯戡黎

西伯周武王發戡勝也黎國名在上黨壺關之地事

在商紂四十四年武王卽位二年也

攷正 殷本紀及西伯伐飢國滅之紂之臣祖伊聞之而咎周恐奔告紂曰天旣訖我殷命假人元龜無敢知吉云云集解徐廣曰飢亦作阢又作耆周本紀紂乃赦西伯賜之弓矢斧鉞使西伯得征伐明年伐犬戎明年伐密須明年敗耆國殷之祖伊聞之懼以告帝紂紂曰不有天命乎是何能爲正義耆卽黎國也鄒誕生云本或作黎大傳云文王二年伐邘三年伐密須四年伐犬夷五年伐耆韓非子難二云文王侵孟克莒舉豐予攷竹書紀年帝辛四年大蒐于黎三十三年王錫命西伯得專征伐三十四年周師取耆及邘遂伐崇四十一年春三月西伯昌薨四十三年西伯發受丹書于呂尙四十四年西伯發伐黎史有明文當從竹書爲允殷紀云伐飢當爲饑國左傳僖二十九年祝鮀云分康叔以殷民七族有饑氏

商書　六一

周紀云敗耆古有伊耆氏飢耆皆殷周之際小國不得云卽黎也說文䚷殷諸侯國在上黨東北商書西伯戡䚷

西伯旣戡黎祖伊恐奔告于王

祖伊殷賢臣見周西伯伐黎而勝因爲恐懼乃奔走告于紂也

曰天子天旣訖我殷命格人元龜罔敢知吉

曰發語辭天子君爲昊天之子也白虎通王者父天母地曰天子旣訖猶言終止殷命天命殷之曆數格假通字格人卜筮之人元龜大龜格人元龜罔敢知吉紂時災異繁

多七十卜而皆凶也論衡卜筮云紂至惡之君也當時災異繁多七十卜而皆凶

非先王不相我後人惟王淫戲用自絕故天棄我不有

康食不虞天性不迪率典

先王殷之前王相佑也後人指紂淫嬉荒淫嬉戲自絕謂自暴自棄不能修德行仁以逆天休也棄廢棄康食豐年樂食天性秉彝之德率典循行法度不有

康食天降饑饉也左傳僖十九年云周饑克殷而年豐足徵紂政暴虐坏克盈庭四方饑饉也不虞天性汨没性眞也不迪率典放棄典型也

虞安也迪正也紂所以爲天棄也

商書　六二

今我民罔弗欲喪曰天曷不降威大命不摯今王其如台

喪亡也威謂震怒言民無不欲紂之亡遂曰天何不爲震怒而加懲創也摯固曰摯大命不摯民爲邦本本固邦寧民心若此殷命必難堅固今王其如台蓋祖伊問王其奈何也

王曰嗚呼我生不有命在天

嗚呼歎辭紂言有命在天恃其已爲天子也

祖伊反曰嗚呼乃罪多參在上乃能責命于天殷之卽

喪指乃功不無戮于爾邦

反謂祖伊反於國邑乃指商紂乃罪多參在上紂惡
貫盈纍纍昭列於上責問也即就也乃不自知返已
荷欲責命于天不知命即傾喪也事成曰功指紂所
行之事得無免於戮與

微子

微國名子爵帝乙之子名啟紂庶兄也見殷將亡謀
於箕子比干遂先遯去史錄其問答之辭故以微子
名篇

商書　六三

微子若曰父師少師殷其弗或亂正四方我祖底遂陳
于上我用沈酗于酒用亂敗厥德于下

父師三公箕子少師孤卿比干其通作期或有也亂
治也正定也殷其弗或亂正四方言殷四方之亂期
其弗有治定者也我祖成湯底致也遂成也陳謂功
業布列上下猶言前後沈酗指紂以酒為凶使男女
長夜飲於其中敗毀厥德不言紂而言我者善則稱
君過則稱己也

殷罔不小大好草竊姦宄卿士師師非度凡有辜罪乃
罔恆獲小民方興相為敵讎今殷其淪喪若涉大水其
無津涯殷遂喪越至于今

小謂民庶大謂臣工以蔘亂苗曰草竊（呂氏春秋辯土篇弗除則蕪除之則虛則草竊之也）在外曰奸在內曰宄殷罔不小大好草
竊姦宄謂朝野以僞亂真善惡雜處也卿士師師非
度百僚皆放禮法之外大罪曰辜小辜曰罪獲謂刑
罰得當乃罔恆獲凡有辜罪者絕無常法之中理也
方並也小民方興相為敵讎言小民並覘上如寇讎
爭起與敵淪沉淪喪失亡若涉大水其無津涯蓋言

商書　六四

大水漫溢涉無竟際也越歷也（呂覽長攻越十七既注越歷也）殷遂
喪越至于今紂安其亡而利其災歷至今日也

曰父師少師我其發出狂吾家耄遜于荒今爾無指告
予顛隮若之何其

再云父師少師情急而直呼也其期也發周武王名
出謂出師戡黎（見上）狂狂暴（顯齋經說狂爲狂暴首陽歌曰以暴易暴兮是爲明
證）我其發出狂期其武王戡黎之後必伐殷也耄耄
老吾家耄遜于荒殷之大夫辛甲內史向摯皆出奔
周周在西岐當殷荒服之地微子斯時求生不得求

死不能故欲箕比明示其旨顯墜也隮升也今爾無指告予顛隮若之何其生死究何居也

句解孔傳蔡傳均讀今爾無指句告予顛隮句江聲尚書集注音疏王引之經義述聞段玉裁古文尚書撰異均讀今爾無指告句予顛隮句予玩今爾無指告予顛隮入字當一氣讀句若之何其句其助語詞

父師若曰王子天毒降災荒殷邦方興沈酗于酒乃罔畏畏咈其耇長舊有位人

王子微子帝乙之子毒與篤同段玉裁古文尚書撰異毒宋世家作篤二字同訓厚也災荒禍害饑饉降下也天毒降災荒殷邦

商書　六五

商紂無道災荒薦至不言紂而言天者諱君惡也沈酗紂爲長夜之飲乃罔畏畏不畏于天不畏于民咈其耇長舊有位人播棄黎老賊虐諫輔也

今殷民句乃攘竊神祇之犧牷牲用句以容將食句無災

今民紂時民也物來因取曰攘暗往攫物曰竊天曰神地曰祇毛純曰犧體完曰牷牛羊豕曰牲黍稷粢盛籩豆之實曰用容禮容奉進曰將以容將食猶孟子曰以禮食也言民攘竊神祇祭品奉進於上上遂不加民罪泰誓曰犧牲粢盛既于凶盜正數紂惡爲天下逋逃主也

句解朱芹十三經札記孔傳器實曰用孔疏犧牲牷皆爲俎實則用當爲簠簋之實謂黍稷稻粱息齋余氏曰周禮小宗伯掌五禮之禁令與其用等注云用等牲器尊卑之差是牲與器皆可謂之用也然則所謂犧牷牲用乃一物而異名耳蔡氏以用字屬下句使兩句皆不成文何邪芹按此卽泰誓所謂犧牲粢盛既于凶盜者是也用字指粢盛言當從孔傳爲是

降監殷民用乂讎斂召敵讎不怠罪合于一多瘠罔詔

降下也降監殷民下視其民也乂相也爾雅釋詁讎斂謂其斂怨詩曰斂怨以爲德用乂讎斂以怨報怨互相敵對也

商書　六六

怠解也紂見民相報怨於是降詔於民若敵讎不解無論曲直是非一律以治其罪多瘠罔詔民多瘐斃於獄瘐斃卽病瘠之貌飢寒死於獄中絕無詔免之也

商今其有災我興受其敗商其淪喪我罔爲臣僕

天禍曰災我興受敗言願請命於天以身當死也淪喪謂亡家國罔爲臣僕誓以一死報之不爲他國俘虜往爲臣僕也

詔王子出迪我舊云刻子王子弗出我乃顛隮隮校勘記古本作隕當從隕爲是

贊勉曰詔王子微子出謂出亡迪正也刻責也後漢中曆
劉傳注刻猶責也　詔告也詔王子出迪言紂無道告子當以
去國爲正若見紂亡郎自抱器歸周以存宗祀舊云
刻子我曾以此事責子也王子弗出言不先自出亡
勢必殷喪之日噬臍莫及國破家亡我與子必顛隕
也
自靖人自獻于先王我不顧行遯
靖思也揚子方言靖思也東齊海岱之閒曰靖　獻致也先王指帝乙言
眘念曰顧行遯謂去國隱於郊野置治亂於不問也
商書　　六七
人自獻于先王我不顧行遯忠君各有其道行遯則
明哲保身我爲先王宗臣君國一體國亡身死故不
願行遯也

尚書句解攷正

泰州　徐天璋睿川　著

周書上

泰誓上

泰大也武王伐紂大會諸侯孟津史因錄其誓師之
辭上篇未渡河作中篇將渡河作下篇已渡河作也

惟十有三年春大會于孟津

惟十有三年春歲在辛卯武王郎位十有二年時在
商紂五十一祀冬十有二月也商正建丑周正建子商正子月爲季冬故
改爲周正子月爲孟春也周既克商史從周正書之曰惟十有三
年春孟津河南地名逾河而北亦孟津地春秋所謂
向盟是也故孟津亦稱盟津一統志孟縣在懷慶府城南六十里周武王會
諸侯于孟津郎此

攷正　王夫之尚書稗疏唐僧一行禪師大衍曆據國
語武王伐殷歲在鶉火月在天駟日在析木之
津辰在斗柄星在天黿上推千歲相合不爽建亥之
月戊子日在箕十度晨初月在房四度郎天駟建子
月朔日庚寅日月會南斗一度辰星夕見斗二十度
惟辛卯歲爲然大會孟津實辛卯歲夏正十一月二
十九日戊午郎殷正十二月二十九日戊午也周正
建子故移十二年殷正季冬爲周正十三年孟春攷
之國語與大衍曆
所推無不吻合

周書上　　一

王曰嗟我友邦冢君越我御事庶士明聽誓
王武王嗟歎也友邦諸侯相親之國冢君大君越及
也明聽誓謂當察其所言之理而信其約戒也
惟天地萬物父母惟人萬物之靈亶聰明作元后元后
作民父母
天地媾精萬物化醇人物皆稟天地之氣以生故曰
天地萬物父母天地以雜氣生物清明之氣生人故
曰人爲萬物之靈亶誠也耳司聽目司明易曰離爲
目坎爲耳離坎之中得乾坤之正故曰亶聰明作元

后元后天子也昊天子天子天子子天下故曰元后
作民父母
今商王受弗敬上天降災下民沈湎冒色敢行暴虐罪
人以族官人以世惟宮室臺榭陂池侈服以殘害于爾
萬姓焚炙忠良刳剔孕婦皇天震怒命我文考肅將天
威大勳未集肆予小子發以爾友邦冢君觀政于商
受商王名上天天監在上弗敬不畏也下民民居在
下降災罹禍也目被酒困曰沉飲酒變色曰湎冒色
貪亂荒淫爲女色所蔽也暴猝疾虐殘酷罪族株連

宮世濫用土高砌石曰臺臺屋有欄曰榭土窪畜水
曰陂陂旁砌石曰池侈服華美之服萬姓萬國世族
大家也火燒曰焚火炕曰炙忠良臣下諫紂者淮南淑眞
訓逆至殷紂燔生人辜諫者爲炮烙鑄銅柱剖判曰刳解骨曰剔孕婦婦
妊有子者皇天昊天震怒赫然動威而憤之象如雨土于
亳嶢山崩以及夷羊見二日並出示儆也文考生曰父死曰考文王時死武王之父肅
將敬奉也天威震怒之威大勳未集言文王時天下
三分有二以服事殷也肆故也發武王名小子謙稱
觀政武王十年與八百諸侯師會孟津皆曰紂可伐

矣武王曰汝未知天命未可也斯時復追述之
惟受罔有悛心乃夷居弗事上帝神祇遺厥先宗廟弗
祀犧牲粢盛旣于凶盜乃曰吾有民有命罔懲其侮
悛改也罔有悛心紂無改悔之意夷居蹲踞上天昊
天主宰之神神祇天曰神地曰祇也宗廟先君之廟
弗祀不祭犧牛羊豕體粢盛黍稷在器者旣于凶盜
盡爲凶惡之人盜取自利也乃曰吾有民有命蓋紂
自恃下有人民上有天命絕無人敢懲創於己者也
天佑下民作之君作之師惟其克相上帝寵綏四方有

罪無罪予曷敢有越厥志
佑佐助作興起君治民者師教民者相贊導寵尊榮
綏安撫惟其能相上帝以行政教天因尊寵爲君爲
師以安四方之民也越踰越有罪則誅無罪則赦代
天行討一秉至公予何敢存私意於其間也
同力度德同德度義受有臣億萬惟億萬心予有臣三
千惟一心商罪貫盈天命誅之予弗順天厥罪惟鈞
力勢力度量也德德行義義理同齊等也十萬曰億
臣億萬惟億萬心離心離德也臣三千惟一心同心

周書上　四

同德也罪惡滿積曰貫盈命謂天命順從也天命誅
紂予若弗從其罪必與紂等也
予小子夙夜祗懼受命文考類于上帝宜于冢土以爾
有衆厎天之罰
夙夜朝夕祗懼敬畏受命文考武王伐紂載文王之
主於齋車也祭天曰類祭社曰宜上帝昊天主宰之
神冢土太王時立大社有衆即友邦冢君御事庶士
厎致也天罰天討有罪之刑罰也
天矜于民民之所欲天必從之爾尚弼予一人永清四
海時哉弗可失
矜哀憐天矜于民言民罹紂暴虐天甚哀憐之也民
欲謂紂罔弗欲喪天從命周肅將天威也弼輔相一
人周王自稱永清四海紂惡既除四海澄清時弗可
失乘此諸侯會集宜往征其罪也

泰誓中

惟戊午王次于河朔羣后以師畢會王乃徇師而誓
戊午周正辛卯正月戊午日也次止舍左傳云凡師一宿爲舍再宿爲信過信爲次河朔孟縣在河之北諸侯畢會曰羣后徇

周書上　五

師巡行其師而誥誡也
孜正竹書紀年紂於己亥祀即位改元至庚寅五十二祀戊子月周師伐殷周既孜朔則庚寅十有二月即爲周正辛卯年之元月也二十八日戊午王夫之尚書稗疏孜作建子之月二十九日蓋三統以爲小建斯月辛卯朔戊午値二十八日大衍曆以爲大建斯月庚寅朔戊午値二十九日也
曰嗚呼西土有衆咸聽朕言我聞吉人爲善惟日不足
凶人爲不善亦惟日不足
岐周在華夏之西羣后從周伐商西方之國居多故
曰西土有衆朕我也吉善也凶惡也不足不滿之意
也

今商王受力行無度播棄犁老昵比罪人淫酗肆虐臣
下化之朋家作仇脅權相滅無辜籲天穢德彰聞
度法度力行無度紂所行者惟力是視罔知從禮法
也犁黎通字校勘記古本犁作黎注同播棄犁老咈其耇長舊有
位人昵近也罪人有過惡者放逸曰淫醉怒曰酗肆
虐殘酷不仁也臣下化之飛廉惡來崇侯虎之類同
類曰朋敵怨曰仇威迫曰脅勢重曰權朋家作仇脅
權相滅蓋言同類殘害互相剪滅也無辜無罪之人
籲呼也汙惡曰穢彰聞紂惡暴著其罪上通於天也

周書上　六

惟天惠民惟辟奉天有夏桀弗克若天流毒下國天乃
佑命成湯降黜夏命惟受罪浮于桀剝喪元良賊虐諫
輔謂已有天命謂敬不足行謂祭無益謂暴無傷厥監
惟不遠在彼夏王
惠愛也辟君也奉承也克能也若順也流毒淫播其
禍惡也佑助也黜革也浮過也桀夏桀裂解曰剝剝
喪元良賊虐諫輔指紂剖視比干之心也謂已有天
命紂告祖伊之言謂祭謂敬謂暴墨子曾引其語墨子
非命下篇紂所常言者監卽監於夏桀不遠言不日卽見

亡也
天其以予乂民朕夢協朕卜襲于休祥戎商必克
乂治也夢卽武王夢錫九齡禮記文王世子卜卜龜說苑武王伐紂
卜而龜熸散宜生諫曰此其妖與武王曰不利以禱祀利以擊眾依祥魚躍王舟火
流王屋也古文泰誓太子發升舟中流白魚入王舟王跪取出涘以燎之羣公咸曰休哉至于
五日有火自上復于下至于王屋流之爲鵰其色赤其聲魄五至以穀俱來武王喜諸大夫皆喜周公曰
茂哉茂哉戎兵也戎商必克以兵伐商必能勝也
受有億兆夷人離心離德予有亂臣十人同心同德雖
有周親不如仁人

周書上　七

十萬曰億十億曰兆夷悅也爾雅釋言言紂雖有億兆相
悅之人莫不貌合神離心不相附亂治也十人謂太
公周公召公畢公榮公太顚閎夭散宜生南宮括其
一人則爲膠鬲雖仕於殷其心仍與武王相親周至
也周親紂之至親辛甲微子之類或逕奔周或先去
國仁人如太公等佐武王弔民伐罪也
天視自我民視天聽自我民聽百姓有過在予一人今
朕必往我武惟揚侵于之疆取彼凶殘我伐用張于湯
有光

目見曰視耳聞曰聽天視天聽皆寄耳目於民也百
姓世族大家過責也民苦紂虐而無所告於是世族
大家皆責任周望其除暴以安天下今朕所以必往
也揚謂武威發越疆即殷之王畿凶殘指獨夫紂湯
成湯我伐用張于湯有光今我會諸侯伐紂視湯伐
桀尤有烈光也

勗哉夫子罔或無畏寧執非敵

勗勉也夫子將士罔或無畏蜂蠆有毒勉將士不可
輕敵戒其臨事而懼也執謂執獲寧執非敵言戰時

所執獲者宜安撫之曰寧爾也非敵百姓也

百姓懍懍若崩厥角

百姓即賫玄黃之幣以迎周師者懍懍敬懼貌若順
也紂師敗績曰崩若崩厥角言見紂師崩潰無不順
爲稽首而拜以額向地如麋鹿解角而不能觸也

嗚呼乃一德一心立定厥功惟克永世

嗚呼歎辭武王見百姓傾嚮於周因勉軍士同心立
功自能長世以安民也

泰誓下

時厥明王乃大巡六師明誓衆士

厥明戊午之明日也六師武王之師太公周公等所
帥者大巡明誓聚合士卒而誥誡也

王曰嗚呼我西土君子天有顯道厥類惟彰今商王受
狎侮五常荒怠弗敬自絕于天結怨于民斮朝涉之脛
剖賢人之心作威殺戮毒痛四海崇信姦回放黜師保
屏棄典刑囚奴正士郊社不修宗廟不享作奇技淫巧
以悅婦人上帝弗順祝降時喪爾其孜孜奉予一人恭
行天罰

西土岐周也君子有德位者顯道天敘天秩之經類
謂善惡彰則禍福分明也狎侮狎褻侮慢五常父義
母慈兄友弟恭子孝荒怠弗敬廢亂懈惰不以爲禮
也絕截斷結縛聯脛膝下足上之長骨斮斬視也孔疏紂冬月見朝涉水者謂其脛耐寒疑其骨髓有異斬而視之
剖破解賢人比干殷本紀云比干乃強諫紂怒曰吾聞聖人心有七竅遂剖比干觀其心斬首曰殺陳尸曰
戮毒痛四海甚言禍惡所流者廣俾生民皆病獘也
崇信寵任姦回邪辟之人放黜屏逐師保公孤之職
典刑刑法合於常經者屏棄廢置而不用也拘禁曰

因罰役曰奴正士箕子時爲卿士佯狂爲奴也（殷本紀箕
子懼乃佯狂爲奴紂又囚之）郊社壇墠宗廟祖禰不修不享犧牲
粢盛既于凶盜也（微子云今殷民乃攘竊之犧牷牲用以容將食無災）奇技
異技能淫巧過度工巧以悅婦人紂作炮烙之刑藉
博妲己之笑也（列女傳曰膏銅柱下加之炭令有罪者行焉輒墮炭中妲己笑名曰炮烙
之刑）順從也祝始也上帝弗從紂惡始降喪禍於天爾
其孜孜奉予一人言汝當汲汲奉承予命代天致討
以行天罰也

古人有言曰撫我則后虐我則讎獨夫受洪惟作威乃

周書上　十

汝世讎樹德務滋除惡務本肆予小子誕以爾衆士殄
殲乃讎爾衆士其尙迪果毅以登乃辟功多有厚賞不
迪有顯戮

撫安也虐苛也后君也讎敵也獨夫言紂衆叛親離
洪大也洪威淫威世讎深讎樹植也滋長（上聲）也除去
也本根也肆予誕爾殄讎令予大用爾衆滅除商暴
迪進也殺敵爲果致果爲毅以登乃辟用成汝功也
賞爵賞戮誅戮厚賞顯戮酬庸之典既重罰罪之法
並嚴也

嗚呼惟我文考若日月之照臨光于四方顯于西土惟
我有周誕受多方予克受非予武惟朕文考無罪受克
予非朕文考有罪惟予小子無良

文考文王也光顯日月著明之象四方東西朔南誕
受多方文王以服事殷三分天下已有其二克勝也
勝言文考不勝言朕武王伐紂奉文王之主於齋車
善則歸親過則歸己故曰惟朕文考無罪惟予小子
無良也

牧誓

周書上　十一

牧地名在朝歌南既渡孟津陳師於野將戰而誓其
衆也

時甲子昧爽王朝至于商郊牧野乃誓王左杖黃鉞右
秉白旄以麾曰逖矣西土之人

甲子周正二月五日也（是月庚申朔）昧爽天色黎明朝謂
朝見羣臣牧野商都郊野之地（爾雅釋地郊外謂之牧）鉞斧也
黃鉞銅斧（金有三品三品金銀銅也赤金金也白金銀也黃金銅也黃鉞當爲銅斧）斧用
以斬斷者莫不右手執之今王左杖意取其斷神武
而不殺也白旄大白之旌以帛爲之執以指揮軍旅

者逖遠也西土之人岐周及庸蜀諸將士也
王曰嗟我友邦冢君御事司徒司馬司空亞旅師氏千
夫長百夫長及庸蜀羌髳微盧彭濮人稱爾戈比爾干
立爾矛予其誓
友邦冢君諸侯相親愛者御事治事之臣司徒主民
司馬主兵司空主土周禮大司徒職云大軍旅大田役以旗致萬民而治其徒庶之亞
政令大司馬職云以九伐之灋正邦國大司空卽冬官凡弓矢輪輿皆屬部治故行軍旅必從焉
旅副帥上大夫職左傳文十三年華耦來盟公與之宴辭請承命於亞旅杜預注亞旅
上大夫也師氏以媺同美詔王以兵守衛者中大夫職地官師氏

中大夫職掌以媺詔王居虎門之左司王朝凡軍旅王舉則從千夫長旅帥下大夫
職夏官序官二千五百人爲師師帥皆中大夫五百人爲旅旅帥皆下大夫千夫長當爲旅帥百
夫長上士也夏官序官百人爲卒卒長皆上士庸蜀羌髳微盧彭濮
皆西南蠻夷羌戎小國稱人者殷世未有封爵不能
列於友邦之國也稱舉也戈短戟人執以舉之故曰
稱爾戈比並也干櫓楯人擁以扞敵故曰比爾干立
樹也矛長鋋人持以直樹故曰立爾矛此言軍容之
整武王因以申誥誡也
攷正庸左傳文十六年云庸人率羣蠻以叛楚又云楚師滅庸杜預注今上庸縣屬楚小國王夫之

尙書稗疏在今鄖陽府竹溪縣西○蜀華陽國志蜀
之爲國肇於人皇與巴同囿至黃帝爲其子昌意娶
蜀山氏之女生子高陽是爲帝嚳封其支庶於蜀世
爲侯伯歷夏商周武王伐紂蜀與焉其地東接於巴
南接於越北與秦分西奄峨嶓○羌說文羌西戎牧
羊人也詩殷武自彼氐羌鄭玄箋云羌夷狄國在西
方者王氏稗疏羌者麥狼白馬之羌漢爲成都之羌
道今文縣千戶所也蘇傳云羌爲先零枹罕者誤○
髳孫星衍尙書今古文注疏髳者後漢書西羌傳武
王克商羌髳率師會牧野王氏稗疏說文云漢令有
髳長大縣曰令小縣曰長漢郡國志無髳縣惟蜀郡
蜀國有旄牛縣華陽國志旄地也在黎州安撫司王
鳴盛尙書後案詩小雅角弓云如蠻如髦毛傳髦夷
髦也鄭箋髦西夷別名武王伐紂其等有八國從焉
武王伐紂八國從之其中有髳彼髦此髦音義同也
○微華陽國志上庸郡之微陽縣也王氏稗疏云當
在竹山房縣之間○盧蔣廷錫尙書地理今釋盧戎
國今湖廣襄陽府南漳縣東北中盧故城是文十六

年左傳楚伐庸自廬以往杜預注盧楚邑今中盧縣
水經注云沔水過中盧縣東縣卽春秋盧戎之國也
○彭王氏稗疏云蘇氏以爲武陽之彭亡聚一統志
以爲成都之彭縣皆非也春秋傳云伐絞之役楚師
分涉於彭杜預注彭水在新城昌魏縣昌魏在房縣
北則彭國濱於彭水當在上津縣之南○濮孫氏古
今文注疏濮者周書王會解正南之國有百濮鄭語
史伯曰叔熊逃難于濮而蠻又楚蚡冒始啟濮注云濮南
陽之國爾雅云南至于濮鉛杜預春秋釋例云建寧
郡南有濮夷無君長總統各以邑落自聚故稱百濮
蔣氏地理今釋建寧故城在今湖廣荊州府石首縣
其地要在石首之南也○予攷庸微盧彭濮皆在漢
南蜀在岐周西南羌髳在岐周西括地志云岷洮等
州以西爲古羌國以南爲古髳國今疊宕以西松當
慈靜以南
皆是也
王曰古人有言曰牝雞無晨牝雞之晨惟家之索今商

王受惟婦言是用昏棄厥肆祀弗答昏棄厥遺王父母
弟不迪乃惟四方之多罪逋逃是崇是長是信是使是
以為大夫卿士俾暴虐于百姓以姦宄于商邑
牝雞雌雞司晨天將旦雞必先鳴以報曉也索蕭索
物散盡象雄雞戒旦本應陽以助其治牝雞司晨則
是陽衰陰盛之兆故曰惟家之索婦言是用列女傳
云妲己所與言者貴之妲己所憎者誅之肆陳也答
當也昏棄厥肆祀弗答犧牲粢盛既于凶盜也遺遺
獻迪道也昏棄厥遺王父母弟不迪咈其耉長舊有

周書上 十四

位人紂皆棄而不用也（史記云遺其王父母弟不用）播遷曰逋避
亡曰逃崇尊崇長長養信信崇使使用大夫卿士皆
朝廷之顯秩也威烈曰暴殘酷曰虐在外曰姦在內
曰宄商邑殷京師也
今予發惟恭行天之罰今日之事不愆于六步七步乃
止齊焉夫子勗哉不愆于四伐五伐六伐七伐乃止齊
焉勗哉夫子
發武王名恭行天罰肅將天威也差爽曰愆六尺四
寸曰步（禮王制云古者以周尺八寸為步今以周尺六尺四寸為步正義曰古者八寸為尺周尺

八寸為步則一步六尺四寸準周制也）六步七步相距四五丈間卽仍
止齊兵法尚整不亂戒行也相勉曰勗一擊一刺曰
伐四伐五伐六伐七伐止齊既戒貪殺兼養氣力也
蓋古者步卒夾車而行動止互相為用車不失馳步
不失動止齊則進退舒張好整以暇古為節制之師
也
尚桓桓如虎如貔如熊如羆于商郊弗迓克奔以役西
土勗哉夫子爾所弗勗其于爾躬有戮
桓桓武健貌虎貔熊羆四獸皆猛摯而有力者于往

周書上 十五

也迓古作御（古本迓作御考見校勘記）弗御克奔言雖弗御車馬
而能神速疾走與車馬並馳服從教訓也勗哉夫子
勉將帥訓練士卒以役西土之眾弗勗有戮指不用
命者言也
攷正（弗迓克奔校勘記云匡謬正俗引此經迓作御
又稱徐仙民音禦是徐本亦御疏云王肅讀御
為禦則孔氏所據本亦作御蓋作御者古文也作迓
者今文也釋文云馬融本作禦史記同予攷御車曰
御御馬曰御古之戰陣步卒夾車騎而行行兵皆不
乘車馬而能追車馬止齊合度見其訓練有方三軍
用命也太公六韜武車士云武王問太公曰選車士
奈何太公曰選車士之法取年四十以下長七尺五
寸以上走能逐奔馬及馳而乘據太公所云此為訓
練車士明甚故下文曰勗哉夫子爾所弗勗其於爾）

躬有戮○虎酉陽雜俎虎交而月暈春秋緯三九二
十七者陽氣成故虎七月而生陽立於七故虎首尾
七尺般般文者陰陽雜也○貔說文貔豹屬○熊說
文熊似豕山居冬蟄○羆說文通訓羆即熊類之大
而猛者能拔樹木俗謂之人熊易通訓驗小雪陰寒
熊羆入穴史記正義冬至入穴而蟄迨春而出稗雅
羆似熊而大直目能緣能立遇人則
擘而攫之俗云熊羆從目惡人橫目

武成

武王勝商告祭天地山川社稷宗廟策功飲至史書
於策曰武成

惟一月壬辰旁死魄越翼日癸巳王朝句步句自周于
征伐商

周書上　　　　十六

一月建子之月殷庚寅祀冬十二月周辛卯歲春正
月也是月戊子朔日辛卯翼日壬辰月晦不見曰死
魄旁近也月於三日始生明故於二日旁死魄癸巳
是月三日朝謂朝見羣臣輦行曰步〔韻會世稱輦車曰步輦謂人荷〕
而行不駕馬也竹書紀年帝癸十三年初作輦周鎬京于往也王朝步自周
于征伐商武王既朝羣臣遂登輦自周往伐商也〔商都在今河南朝歌〕

厥四月哉生明王來自商至于豐乃偃武修文歸馬于
華山之陽放牛于桃林之野示天下弗服

四月辛卯月也生明三日哉始也豐文王舊都在鎬
京西〔今陝西西安府鄠縣〕偃武休兵修文講學華山華陽之山
〔今商州雒南縣東北〕桃林桃林之塞〔今陝州靈寶縣西至潼關處〕南北相望
壤地相接曰歸曰放俾牛馬畜牧其地休息蕃滋弗
再乘駕也

丁未祀于周廟邦甸侯衞駿奔走執豆籩越三日庚戌
柴望大告武成

丁未四月十有九日周廟太王王季文王廟也庚戌
二十有二日近而邦甸遠而采衞皆疾奔走執豆籩

周書上　　　　十七

者蓋知武王獻俘告廟飲至策勳必頒爵賞也柴祭
天望祭山川大告武成頒詔天下以及荒遠之國也

既生魄庶邦冢君暨百工受命于周王若曰嗚呼羣后
惟先王建邦啟土公劉克篤前烈至于太王肇基王迹
王季其勤王家我文考文王克成厥勳誕膺天命以撫
方夏大邦畏其力小邦懷其德惟九年大統未集予小
子其承厥志

既盡也既生魄言月已盡生魄蓋在四月之杪庶邦
眾邦暨及也受命承受周王之命共聽其誥誡也公

劉后稷會孫夏時諸侯前烈謂后稷也事詳周本紀太王古公亶父去邠遷岐殷武乙時命爲周公賜以岐邑故曰肇基王迹王季太王之子嗣爲周公朝殷王賜其地武乙三十四祀賜地三十里文丁之世伐無余之戎克之殷命周爲牧師故曰其勤王家文王王季子也商王錫命西伯得專征伐商紂三十三祀故曰克成厥勳天命休祥之命鸑鷟鳴岐赤烏集社以及丹書演易五星聚房故曰誕膺天命方夏諸夏大邦畏力𡧛崇降服小邦懷德虞芮質成惟九年大統未集自文王受命爲西

伯至于薨曰三分天下有其二以服事殷未能統一萬方也自商紂三十三祀錫命爲方伯至四十一年薨中歷九年也其期也丞奉也志謂文王之志故武王伐紂載文王之主於齋車也

厎商之罪告于皇天后土所過名山大川曰惟有道會孫周王發將有大正于商今商王受無道暴殄天物害虐烝民爲天下逋逃主萃淵藪予小子旣獲仁人敢祗承上帝以遏亂略華夏蠻貊罔不率俾恭天成命肆予東征綏厥士女惟其士女篚厥玄黃昭我周王天休震動用附我大邑周惟爾有神尙克相予以濟兆民無作神羞

厎致也商罪紂惡告于皇天后土周師伐殷類于上帝宜于冢土也名山鎭山大川巨川有道自道不失曾孫王者祀天之稱發武王名正定也受商紂名殄絕也天物天所生物烝民衆民逋逃有罪而逃亡者水深曰淵澤有水草曰藪仁人太公召公畢公之類祗承敬奉也上帝昊天主宰之神遏止也亂略亂政之大要者華夏太華以東諸夏之地蠻貊要荒以外

率循也俾使也恭天成命奉行天討也肆故也東征商都在周之東綏安撫也篚竹器廣韻竹器方曰筐員曰篚禮圖云篚以竹爲之長三尺廣一尺深六寸足高三寸上有蓋也玄黃幣帛玄色法天黃色法地篚厥玄黃盛置玄黃之帛於篚中也篚厥玄黃謂諸侯執玄三纁二之帛者禮云諸侯世子執纁公之孤執玄附庸之君執黃皆帛也昭明也休嘉也震動赫怒昭我周王天休震動如大風折旆風霧而乘以大雨之類說苑武王伐紂至于有戎之隧大風折旆散宜生諫曰此其妖與武王曰非也天落兵也風霧而乘以大雨散宜生又諫曰此其妖與曰非也天灑兵也明周王弔民伐罪天嘉其行師也天子之都曰大邑斯時周

有天下歸附者衆故曰大邑周爾神統指山川神祇
輔佐曰相拯救曰濟毋作神羞神既助予毋俾我敗
反貽神恥也
既戊午師逾孟津癸亥陳于商郊俟天休命甲子昧爽
受率其旅若林會于牧野罔有敵于我師前徒倒戈攻
于後以北血流漂杵一戎衣天下大定
戊午周正辛卯歲正月二十有八日也孟津在河之
北癸亥二月四日商郊近於牧野之地俟天休命蓋
戰禱之時卜得其吉也甲子五日昧爽天色黎明受
周書上　二
率其旅如林殷紂之師其衆會合戰也我師武王之
師罔敵言無敢抗者戈鉤孑戟反向曰倒戈北敗走
也杵木杵一曰鹵楯漂流浮也武王神武不殺前途
倒戈攻于後以北血流漂杵蓋紂七十萬衆離心離
德周本紀帝紂聞武王來亦發兵七十萬人距武王凡黨紂者乃惟四方之
多罪逋逃紂必使之後衛故前途深衛其衆反攻尤
力也且癸亥之陳甲子之戰大雨甫止行潦橫流倒
戈之血以致能漂其杵也帝王世紀云紂使膠鬲候周師見王問曰西伯將焉
之曰將之殷膠鬲曰何日至王曰以甲子日膠鬲去而報命于紂而雨甚軍卒皆諫王曰卒病請休之王

曰吾已令膠鬲以甲子日報其主矣吾雨而行所以
救膠鬲之死也遂行甲子至于商郊周語云王以二
月癸亥夜陳未畢而雨是雨至畢陳也想見血流漂
杵雨後行潦橫流血濺其中以致漂杵孟子曰以至
仁伐至不仁何其血流漂杵也蓋不知血流之處兼有雨潦也戎衣甲冑之衣定治
也一戎衣天下大定言一着戎衣而天下平也
乃反商政政由舊釋箕子囚封比干墓式商容閭散鹿
臺之財發鉅橋之粟大賚于四海而萬姓悅服
乃反商政除商紂虐政復先王德政也箕子殷之太
師爲紂所囚比干殷之忠臣爲紂所殺商容殷之賢
臣爲紂所黜釋放也封崇也式憑車前橫木以致敬
周書上　三
也鹿臺南單之臺紂藏金寶泉貝者水經注南單之臺即鹿臺之異
名也劉向新序鹿臺其大三里高千尺臣瓚曰今在朝歌城中竹書紀年帝紂五祀夏築鉅橋倉
廩所在古稱鉅橋倉也尙書地理今釋在今直隸廣平府曲周縣東北通典云紂
巨橋倉在此施予曰賚四海九州外薄之所萬姓萬國諸
侯之世族大家悅服心悅而誠服也
列爵惟五分土惟三建官惟事位事惟能重民五教惟
食喪祭惇信明義崇德報功垂拱而天下治
五爵公侯伯子男三土公侯百里伯七十里子男五
十里賢有德者能有才者五教五常之教父嚴母慈

兄友弟恭子孝列爵分土封建諸侯也建官位事旁求俊乂也重民五教陶成風化也食以養生喪以送死祭以報本惇信明義崇德報功則食無濫竽喪無越禮祭無淫祀垂旒端拱而天下治也

附欽定書經攷定武成

惟一月壬辰旁死魄越翼日癸巳王朝步自周于征伐商底商之罪告于皇天后土所過名山大川曰惟有道曾孫周王發將有大正于商今商王受無道暴殄天物害虐烝民爲天下逋逃主萃淵藪予小子既

獲仁人敢祗承上帝以遏亂略華夏蠻貊罔不率俾惟爾有神尚克相予以濟兆民無作神羞既戊午師逾孟津癸亥陳于商郊俟天休命甲子昧爽受率其旅若林會于牧野罔有敵于我師前途倒戈攻于後以北血流漂杵一戎衣天下大定乃反商政政由舊釋箕子囚封比干墓式商戎閭散鹿臺之財發鉅橋之粟大賚于四海而萬姓悅服厥四月哉生明王來自商至于豐乃偃武修文歸馬于華山之陽放牛于桃林之野示天下弗服既生魄庶邦冢君暨百工受

命于周丁未祀于周廟邦甸侯衛駿奔走執豆籩越三日庚戌柴望大告武成王若曰嗚呼羣后惟先王建邦啟土公劉克篤前烈至于太王肇基王迹王季其勤王家我文考文王克成厥勳誕膺天命以撫方夏大邦畏其力小邦懷其德惟九年大統未集予小子其承厥志恭天成命肆予東征綏厥士女惟其士女篚厥玄黃昭我周王天休震動用附我大邑周列爵惟五分土惟三建官惟賢位事惟能重民五教惟食喪祭惇信明義崇德報功垂拱而天下治

攷正 武成原文惟一月節書周伐商厥四月節克商至豐丁未節告廟郊天此史冊總提三大綱也既生魄三節歷敘其事乃反商政二節終言其治文法有條不紊若改定武成文義順下反不若原文得體也

洪範

洪大也範法也禹治洪水天錫九疇禹因悟九疇之數以知五行生克之用施於政事之間惟箕子獨得其傳吉凶之道默契於心武王克商訪求其治箕子遂以九疇告焉

惟十有三祀王訪于箕子

殷曰祀周曰年洪範曰惟十有三祀武王克商既釋箕子之囚遂就問其治道時在殷都尚未自商至豐武成云厥四月哉生明王來自商至于豐改易正朔故史書曰惟十有三祀或問泰誓何以書惟十有三年春此何以書惟十有三祀曰泰誓周史也武王伐殷本在十二年冬十二月因改周正遂書爲十三年春洪範出於殷史不列於周本紀列於宋微子世家故書曰惟十有三祀箕國名子爵畿內諸侯名胥餘太原陽邑有箕城在今山西遼州榆社縣東南三十里史記索隱司馬彪曰箕子名胥餘王訪箕子武王就箕子問天道也

攷正書序武王勝殷殺受立武庚以箕子歸作洪範○尚書大傳武王勝殷繼公子祿父釋箕子囚

箕子不忍周之釋走之朝鮮武王聞之因以朝鮮封之箕子既受周之封不得無臣禮故於十三祀來朝○宋微子世家武王克殷訪問箕子又曰於是武王乃封箕子於朝鮮○周本紀武王已克殷後二年問箕子殷所以亡箕子不忍言殷惡以存亡國宜告武王亦醜故問以天道○竹書紀年周武王十六年箕子來賓○子攷記載互異以理度之洪範之訪當在十三年釋箕子囚時箕子殷太師也釋囚之後武王待以賓禮訪以天道箕子所陳必非立時能盡其說武王因載歸周歸周之後箕子終不肯臣遂之朝鮮武王命以朝鮮封之所謂封者授之以土而非命之以爵故箕子於十六年始爲來賓洪範云惟十有三祀王訪于箕子原其始也周本紀所載記其中也竹書所紀要其終也其實三記異而同也

王乃言曰嗚呼惟天陰騭下民相協厥居我不知其彝倫攸敘

乃言因訪而有言也嗚呼歎辭騭升也惟天陰騭下民天覆于上民生于下天道隱佑其民以遂其生也孔傳馬融云陰覆也騭升也升猶舉也舉猶生也相輔也協和也居處也彝倫天地之道事物之理皆有常經不止人倫而已敘謂各得其正其道甚大其理甚微其治亂迭相倚伏故武王不知天道於穆之理也

箕子乃言曰我聞在昔鯀陻洪水汨陳其五行帝乃震怒不畀洪範九疇彝倫攸斁鯀則殛死禹乃嗣興天乃錫禹洪範九疇彝倫攸敘

鯀崇伯名治水失道陻塞汨亂以致洪水爲災五行錯逆也竹書紀年帝堯六十一年命崇伯治河六十九年黜崇伯震怒赫然威怒畀從也不畀洪範九疇史記宋微子世家作不從洪範九疇畀宜訓從九疇玄龜背文堯祭洛時所見玩其數以知其理可爲治水之法鯀既汨陳五行故帝堯怒其不從龜文也尚書中候帝堯修壇河洛昧爽禮備榮光出河休氣四塞又東沉璧于洛日稷光起玄龜負書背甲赤文成字竹書紀年五十三年帝堯祭洛彝倫天地事物之理斁壞也禹崇伯鯀子嗣興堯命繼鯀治水竹書紀年帝堯七十五年司空禹治河天因命河精授禹河圖水經注禹理水觀于河見白面長人魚身出曰吾河精也授禹河圖而還于淵尚書

孔傳曰天與禹洛出書神龜負文而出列于背有數至九禹遂因而第之以成九類一統志龜巢在河南府永寧縣西洛水北岸玄扈水濱乃夏禹治水洛書呈瑞處禹因敘而治之故水皆順道也

攷正 鄭玄引春秋緯云河以通乾出天苞洛以流坤吐地符河龍圖發洛龜書成河圖有九篇洛書有六篇○正義引漢書五行志劉歆以為伏羲繫天而王河出圖則而畫之八卦是也禹治洪水錫洛書洪範是也○予攷春秋緯五行志水經注孔傳一統志尚書中候云云洛龜於堯時已見負書背甲赤文成字不過隱以點畫示意耳堯畀鯀閱鯀不能悟其意故帝堯怒鯀不從及禹治水天又使河精授禹河圖既名曰圖必有山川形狀隱約可分禹因則之奠高山大川質之洛書若合符節禹又從洛書悟出五行體用施於政治贊化調元衍成九疇天地人融為一氣惟箕子能得其傳故武王從而訪焉蓋河圖洛

書代各有出伏羲時龍馬負圖出河黃帝時龍圖出河龜書作洛赤文篆字以授軒轅堯時五十三年洛龜出七十年龍馬啣甲吐圖夏禹時河精授圖周成王時有事于河青龍臨壇啣元甲之圖禮洛玄龜止壇背甲刻書赤文成字惟大禹從洛書闡明五行生克之理箕子又因禹說衍為洪範武王不得不訪箕子不得不傳其訪其傳皆為參贊化育燮理陰陽以治事也

初一曰五行次二曰敬用五事次三曰農用八政次四曰協用五紀次五曰建用皇極次六曰乂用三德次七曰明用稽疑次八曰念用庶徵次九曰嚮用五福威用六極

五行氣化默運於天者五事體用發見於人者八政人物所以為治者五紀四時所以為敘者皇極天生人而立之君臣民所以為效法者三德性情相濟而成者稽疑吉凶示人決斷者庶徵妖祥休咎預告者五福六極氣數升沉默定者此皆九疇之綱也

攷正 孔傳馬融云從五行以下至六極洛書文也漢書五行志以初一以下皆洛書文也○正義傳言此禹所第敘不知洛書本有幾字五行志悉載此一章乃云凡此六十五字皆洛書本文計天言簡要必無次第之數上傳云禹因而第之則孔以第是禹之所為初一曰等二十七字必是禹加之也其敬用農用等三十八字劉向及顧氏以為龜背先有劉歆以為敬用等亦禹所第敘其龜文惟有二十字○予攷二十七字乃初一曰次二曰九句二十八字乃五行敬用五事十句自初次曰五行五事至六極

句止六十五字總全節言也不知洛龜背文不過現出點畫符一二三四五六七八九數禹因悟出體用制為六府三事箕子從而演成九疇作為洪範猶之伏羲畫卦初為十字之教至神農重之為六十四卦文王繫元亨利貞四德兼作篆經周公作為大象六爻孔子贊以十翼遞演遞多據是而論凡云二十字二十七字三十八字六十五字均可知所源流焉

一五行一曰水二曰火三曰木四曰金五曰土水曰潤下火曰炎上木曰曲直金曰從革土爰稼穡潤下作鹹炎上作苦曲直作酸從革作辛稼穡作甘

五行水火木金土也潤下炎上曲直從革稼穡五行生成之性鹹苦酸辛甘五行生成之味爰易也左傳僖十

五年云晉於是乎作爰田服氏注爰易也土之性質不同穀種各因時地而易故曰土爰稼穡穀種曰稼穀斂曰穡土生萬物不僅稼穡惟稼穡養民之生故舉殖生之最多者言之傳曰天生五材民並用之易曰水流溼火就燥曲直者弦木為弧剡木為矢從革則銷鎔而鼓鑄也其在月令冬日盛德在水其日壬癸其數六其味鹹夏日盛德在火其日丙丁其數七其味苦春日盛德在木其日甲乙其數八其味酸秋日盛德在金其日庚辛其數九其味辛中央土其日戊己其數五其味甘聖王乘時布政悉法五行以為治也洪範五行

周書上　二八

一二三四五指生數言月令六七八九指成數言土云中央九疇無十也

二五事一曰貌二曰言三曰視四曰聽五曰思貌曰恭言曰從視曰明聽曰聰思曰睿恭作肅從作乂明作哲聰作謀睿作聖

事形接所行為也貌言視聽思五者本天賦人之性而敬用之貌為德容現外恭則莊言為修辭立誠從乃踐視所以刖賢愚聽所以知誠偽曰明曰聰則耳目均無壅蔽通明曰睿思則翼翼小心隱微洞徹也肅嚴正乂治理大智曰哲周咨曰謀聖則無所不通作為也五事皆先言體次言用終言德也

攷正正義五行傳曰貌屬木言屬金視屬火聽屬水思屬土五行傳伏生之書也又云木有華葉之容故貌屬木言之決斷若金之斬割故言屬金火外光故視屬火水內明故聽屬水土安靜而萬物生心思慮而萬事成故思屬土○蔡傳貌澤水也言揚火也視散木也聽收金也思通土也○予攷孔氏所引五行體也蔡氏所言五行用也何以徵之伏生尚書大傳云一曰貌貌之不恭是謂不肅厥罰常雨維金沴木次二事曰言言之不從是謂不艾厥罰常陽維火沴金次三事曰視視之不明是謂不悊厥罰常奧維水沴火次四事曰聽聽之不聰是謂不謀厥罰常寒維土沴水次五事曰思心思之不容是謂不聖厥罰常風維木金水火沴土蓋貌屬木也木為水生貌之不敬則有水禍故曰厥罰恆雨言屬金也金生寄伏火中言之不敬則有火禍故曰厥罰恆暘視屬火也火生於木視之不敬則有木禍故曰厥罰恆奧聽

周書上　二九

屬水也水生於金聽之不敬則有金禍故曰厥罰恆寒水為太陰為雨火為太陽為暘木體少陽性奧金體少陰性寒土寄王於五行中央風無竅而不入四時皆應其氣思之不敬故曰厥罰恆風體者成也用者生也孔氏之說從體言蔡氏之說從用言伏氏之傳維金沴木維火沴金五句是從五行相克言其實皆異而同也○按維火沴金維土沴水大傳作維木沴金維火沴水字誤今據周禮疾醫太祝疏引本改正

三八政一曰食二曰貨三曰祀四曰司空五曰司徒六曰司寇七曰賓八曰師

八政皆官主之食為民天農官主之貨賓財用卽周官掌金帛司府庫者祀典鬼神卽秩宗司空掌邦土畫井分疆辨分正位司徒掌教

民以三物教萬民司寇詰奸先賓主朝聘周官大行人師治軍旅

三代之治或分或合殷之八政周之六官損益因時

其義一也大傳云夏六卿者后稷司徒秩宗司馬作士共工也殷制則曲禮云天子建天官先六太日太宰太宗太史太祝太士太卜典司六典天子之五官日司徒司馬司空司士司寇典司五典周則設爲六官冢宰司徒宗伯司馬司寇司空洪範八政非以官敘實權其先後緩急以食居首以師殿終者民無食則死師者聖王不得已而用之也

四五紀一曰歲二曰月三曰日四曰星辰五曰曆數

紀識也歲紀分至啟閉春分秋分夏至冬至立春立夏爲啟立秋立冬爲閉歲總四時八節而言日月周天三百六十五度四分之一也月紀朔望晦弦初一爲朔十五

周書上　卅

爲望月終爲晦大月三十小月二十九朔望中爲弦上弦初七八下弦廿二三日紀晝夜長短日出爲晝日入爲夜晝夜百刻夏至晝六十刻夜四十刻冬至晝四十刻夜六十刻春秋分晝夜平各五十刻星辰紀遲速會躔星有經星緯星三垣二十八宿麗天不動各有次舍緯星水火木金土麗天而行各有遲速水星八十八日周天火星二歲周天木星十二歲周天金星二百二十餘日周天土星二十九歲有奇周天辰即無星之處分以方位應斗杓所指以測會躔子曰玄枵丑日星紀寅日析木卯日大火辰日壽星巳日鶉尾午日鶉火未日鶉首申日實沈酉日大梁戌日降婁亥日娵訾會躔鄭玄注月令云孟春日月會於娵訾仲春日月會於降婁餘皆以此類推曆數紀歲差月閏歲差日月在天必假恆星以識其躔舍而恆星約六十九年有餘而右移一度故日發斂一終而成歲冬至起乎此仍復其所而星稍移是謂歲差月閏則三歲一閏五歲再閏十有九歲七

閏則氣朔分齊是謂一章分象命官合爲民時之授者也

五皇極皇建其有極斂時五福用敷錫厥庶民惟時厥庶民于汝極錫汝保極

皇君也正中曰極皇建其有極王者大居正也收聚曰斂運行曰時五福即五事貌恭言從視明聽聰思睿而得合其時宜成爲肅乂哲謀聖者正義五福生於五事五事得中則福報之斂是五福之道指其敬用五事也斂之在上布之在民民爲邦本本固邦寧惟時民求中正互相則效民治而天下乂安君得食民之福故曰惟時厥庶民于汝極錫

周書上　三

汝保極于求也爾雅釋言錫與也

凡厥庶民無有淫朋人無有比德惟皇作極

庶民眾民淫朋邪黨人謂臣工比德私相比附自矜其德無有臣民皆爲大公惟皇作極君者臣民之表表正絕無景邪者也

凡厥庶民有猷有爲有守汝則念之不協于極不罹于咎皇則受之而康而色曰予攸好德汝則錫之福時人斯其惟皇之極

猷謀猷爲作爲守操守念思念也協極合於道罹咎

陷於過不協于極不罹于咎中人可與爲善者皇大也容納曰受皇受君當大度包容因材而篤也而乃也而康而色臣民乃樂形於色知所好德王當與之爵祿是人盡期協從皇極也時是也斯盡也其期也無虐煢獨而畏高明人之有能有爲使羞其行而邦其昌凡厥正人既富方穀汝弗能使有好于而家時人斯其辜于其無好德汝雖錫之福其作汝用咎

無兄弟曰煢無子曰獨位尊曰高顯赫曰明無虐煢獨而畏高明凡不協于極者王能以法懲之不侮鰥

周書上　三

寡不畏強禦也能有才者爲有用者羞進也凡有能爲之人畀其才用進施國必大治故曰使羞其行而邦其昌正長也正人庶官之長經義述聞富祿也方比也穀善也凡厥正人既富方穀既以祿養其廉故必比方其善頤齋經說方如子貢比方人物方穀即虞廷三年考績善則予之不善則奪之汝弗能使有好于而家蓋謂教之不改王無法使乃歸于中正是人盡甘暴棄自取厥辜也既有其辜必無好德汝雖與之爵祿不能感恩行義反而作奸犯科其所爲者皆由於汝用之過也

句解于其無好德江聲尙書集注音疏僞孔本于好下增德字而于汝字屬下讀史記無德字據鄭注則鄭本亦無德字而以汝字屬上讀正合史記茲從之○王引之經義述聞于其無好德經文好下本無德字且好字讀上聲不讀去聲史記宋世家于其毋好女雖錫之福其作女用咎集解引鄭氏尙書注曰無好于女家家之人雖錫之以爵祿其動作爲女用惡鄭讀于其無好女非也○予攷孔傳唐石經蔡傳悉有德字求其文義當讀于其無好德句

無偏無陂舊本作頗遵王之義無有作好遵王之道無有作惡去聲遵王之路無偏無黨王道蕩蕩無黨無偏王道平平婢綿反無反無側王道正直會其有極歸其有極

不正曰偏不平曰陂王者之義至平且正故曰無偏

周書上　三

無陂遵王之義遵循也義宜也好好也惡惡也好惡悉遵於王無有私存於己故曰遵王之道遵王之路道路人皆遵行者君子羣而不黨正而不偏既無其黨又無其偏故曰王道蕩蕩王道平平翻復曰反邪欹曰側無反無側故曰王道正直聚合曰會來嚮曰歸其會其歸悉以皇極爲法則也

句解校勘記陸德明曰陂音秘舊本作頗音普多反唐書藝文志開元十四年玄宗以洪範無頗聲不協詔改爲無偏無陂困學紀聞宣和六年詔洪範復從舊文以陂爲頗然監本未嘗復舊也顧炎武曰呂氏春秋引此正作頗而下文有人用側頗僻之語況以古音求之作頗爲協予攷頗正韻普禾切音坡

韻補古義字皆音俄周官註亦音俄故古文尚書本作無偏無頗遵王之義以叶俄音唐明皇以義字今音爲又改頗爲陂以從今音古音遂湮滅矣

曰皇極之敷言是彝是訓于帝其訓凡厥庶民極之敷言是訓是行以近天子之光曰天子作民父母以爲天下王

敷布也彝常也訓誥誡帝上帝王者法天蓋皇極敷陳之道卽天垂象示訓於人者也凡民當順極言互相訓勉助成王化在民則近天子寵光在君則可爲天下王也

六三德一曰正直二曰剛克三曰柔克平康正直彊弗友剛克燮友柔克沈潛剛克高明柔克此節錯簡宜在惟辟作福節後辨詳下解

中立不倚曰直惟木從繩則正正直質直者以義相繩也論語云質直而好義剛健强柔和順剛柔相克寬猛相濟也和易曰平安靜曰康爾雅釋詁平康正直勉進於德義而使之卓立也彊强梁弗友弗相親愛者彊弗友剛克以剛克剛治亂國用重典使彼畏其威也燮和協友親愛燮友柔克以柔克柔撫弱國以慈祥使彼懷其德也沈潛陰謀之深者剛克則摘奸發伏陰深者不敢匿其情高明英華之露者柔克則虛受謙撝英露者無從傲其志剛柔相化盛德之至王者之道成也

惟辟作福惟辟作威惟辟玉食臣無有作福作威玉食臣之有作福作威玉食其害于而家凶于而國人用側頗僻民用僭忒

辟君也作福作威言操賞罰之權玉食周官玉府云王齋則供食玉故曰惟辟玉食非謂每食王有珍饈

也家卿大夫家國諸侯國人謂羣臣側不正頗不平僻不公僭陵上忒遠差

句解王夫之尚書稗疏五皇極言作君之治六三德言作師之教惟辟作福蓋錯簡也當在以爲天下王之下皇極一章凡兩用曰字皆引伸上義而廣之也曰皇極之敷言云云者言凡皇極之彝訓君上承于天則順于天民上承于君則順于君君承天君弗敢違訓民承君民弗敢違訓則無有僭忒而近于天子之光也曰天子作民父母爲天下王惟辟作福云云者言君履道居尊秉權而無所可假故直當以王天下之任自重而作民父母非以偏私于臣則威福玉食弗有疑畏而以讓于臣也臣者民之所視人用側頗僻則民亦不順于君而僭忒矣兩段文字皆以曰字起義中衍上凡厥庶民惟皇作極凡厥正人歸其有極之義子攷王氏之說明晰宜從

攷正 玉食周禮玉府王齋則供食玉鄭司農云王齋當食玉屑鄭康成云玉是陽精之純者食之以禦水氣惟天子之齋則有之王氏稗疏云山海經西山經峚山其中多白玉是有玉膏其源沸沸湯湯黃帝是食是饗食玉之法從古有之然所食者是玉膏也蓋即今之鍾乳之類○峚音密

七稽疑擇建立卜筮人乃命卜筮曰雨曰霽曰蒙曰驛曰克曰貞曰悔凡七卜五占用二衍忒立時人作卜筮三人占則從二人之言 微子世家霽作濟蒙作涕驛作霧校勘記口蒙曰繹經文作雺圛

稽考也心有所疑不知所決故必詢之卜筮卜用龜筮用蓍以蓍草為策卜筮之人能通神明之理灼龜以觀

周書上　三六

其兆揲蓍以知其數雨水兆也霽火兆也蒙木兆也驛金兆也克土兆也雨者如雨霽者開朗蒙者陰闇驛者絡繹不連屬克者交錯相勝此五者灼龜之象也爻變曰悔不變曰貞此二者揲蓍之用也占用二者觀其悔則用老陽老陰觀其貞則用少陽少陰老用九六少用七八也衍忒彼如卜吉筮凶或筮吉卜凶互相差忒再立善于卜筮者合占卜筮差忒以決從違故曰三人占則從二人之言三人卜人筮人時人也爾雅釋詁下時是也句解鄭玄云卜五占用謂雨霽蒙驛克也二衍忒謂貞悔也斷用字屬上為句二衍忒為句王肅云

卜五筮短龜長故卜多而筮小占用二者以貞悔占六爻衍忒者當推爻義以極其意是王以卜五為句占用二為句解經者皆以鄭讀為是王讀為非並引宋微子世家卜五占之用為證予攷史云凡七卜五占之用二衍忒凡七總計雨霽蒙繹克貞悔也卜五分指雨霽蒙繹克為卜兆之五占之用二指貞悔為筮之二易繫辭云是故君子居則觀其象而玩其辭動則觀其變而玩其占又曰辭也者各指其所之之訓為變以此證之占之用二正言占變用貞用悔也故蔡傳從王讀句不從鄭讀句且以句法論凡七卜五占用二皆以數目字煞句若從鄭讀則句反參差不合矣

攷正 雨霽蒙驛克○雨孔傳龜兆形有似雨者蔡傳雨者如雨其兆為水予攷雲騰致雨雨兆為水灼龜坼文宛如水雲魚鱗或如波紋瀲灩也○霽宋微子世家作濟孔傳有似雨止者蔡傳霽者開霽其兆為火段玉材古文尚書撰異孔本作霽裴駰引尚書鄭注云濟者如雨止之雲氣在上者也周禮太卜

周書上　三七

正義引鄭注曰濟者兆之光明爾雅曰濟謂之霽濟者雨止也予攷火兆龜墨灼坼其象如雲散天空也○蒙宋世家作霧集解引徐廣曰一作被漢五行志作霧周禮太卜注引作蝱孔穎達正義引作雺說文作霿孔傳蒙陰闇蔡傳蒙者蒙昧其兆為木予攷蒙者草昧之象其兆如草木之生萌芽軋茁也○驛宋世家作涕徐廣曰亦作涣裴駰曰尚書作圛惠棟九經古義古文作悌今文作圛孔傳氣絡繹不連屬蔡傳驛者絡繹不屬其兆為金予攷說文圛回行也引逸周書圛圛升雲半有半無徐鍇曰洪範卜五曰雨曰霽曰蒙曰圛曰克圛者象氣絡繹不絕也蓋圛兆為金金有從革之象若離若即若斷若續故卜稱曰驛古者驛遞正為往來不絕與圛字異而義同也○克孔傳兆相交錯蔡傳克者交錯有相勝之意其兆為土予攷俞樾羣經平議云正義引鄭注曰克者如雨氣相侵入史記集解引鄭注曰克者如祲氣之色相犯也兩文不同而皆從侵克取義今按說文克部克肩也象屋下刻木之形重文㕁曰古文夫克既訓

肩何以又取象刻木疑古文作枽者乃尙書洪範曰克之本字壁中古文也其上從占以其爲占之用也其下作氺象其形也○曰蒙曰驛王鳴盛尙書後案五兆之名宋世家及周禮太卜注而皆以驛在蒙之前孫志祖讀書脞錄經傳作蒙驛疏作雺圛蓋衛包所改而疏本單行尙存古字予攷爾雅音義曰雺亡公亡侯二反廣韻正韻皋莫紅反集韻韻會雺謨蓬反玉篇雺本作霧廣韻雺同霿或作霧據此則蒙作雺作霿作霧皆音義之相同也圛驛音義相近郎作涕宋世家索隱涕音亦尙書作驛是涕與圛音近而字異也

汝則有大疑謀及乃心謀及卿士謀及庶人謀及卜筮

汝則從龜從筮從卿士從庶民從是之謂大同身其康

彊子孫其逢吉汝則從龜從筮從卿士逆庶民逆吉卿

周書上　三八

士從龜從筮從汝則逆庶民逆吉庶民從龜從筮從汝

則逆卿士逆吉汝則從龜從筮逆卿士逆庶民逆作內

吉作外凶龜筮共違于人用靜吉用作凶

大疑國之大事而難決者國危國遷立君則必先與公卿謀于內朝次與萬民謀于外朝而後決定于龜筮也從順也逆違也內爲家事外爲國事靜止而作行吉善而凶惡也

八庶徵曰雨曰暘曰燠曰寒曰風曰時五者來備各以其敍庶草蕃廡一極備凶一極無凶

雨水也暘火也燠木也木能生火其性燠寒金也金能生水其性寒風生隧谷被拂郊野與土同功含噓草木時四時五者來備茂時育物草木蕃滋蕪豐也極備言其過多極無言其太盡五者過中失正所以皆凶徵驗也

曰休徵曰肅時雨若曰乂時暘若曰哲時燠若曰謀時寒若曰聖時風若

休美也王者法天君治乎下天應乎上肅乂哲謀聖詳見前二五事節王者事之極至雨暘燠寒風天氣感召之

周書上　三九

休和若順也

曰咎徵曰狂恆雨若曰僭恆暘若曰豫恆燠若曰急恆寒若曰蒙恆風若

咎失也狂則不敬僭則不治豫則不欲深慮急則不暇遠謀蒙則不能通明五事之失其應于天則有恆雨恆暘恆燠恆寒恆風之咎徵也

曰王省惟歲卿士惟月師尹惟日歲月日時無易百穀用成乂用明俊民用章家用平康日月歲時既易百穀用不成乂用昏不明俊民用微家用不寧

省郎省其五事王者照臨百官卿士佐王治理師尹牧民之官日省謂察其百工有司之能否也師尹以所治績上之卿士卿士則月攷之故曰卿士惟月歲則卿士以攷其成者上之於王故曰王省惟歲改變曰易歲月日時無易君臣之治若網在綱有條不紊天下乂安登進賢良則必世泰時和家給人足也若其有易則饑饉洊臻上下交亂天地閉賢人隱出則道路相目入則勃谿之聲起於家室也

庶民惟星星有好風星有好雨日月之行則有冬有夏

周書上　四

月之從星則以風雨

日君象星民象箕星好風畢星好雨（孔傳月經于箕則多風離于畢則多雨）日月之行則有冬有夏江氏聲曰日有中道月有九行中道者黃道一曰光道（正義云天體圓如彈丸北高南下北極出地上三十六度南極入地下三十六度南極去北極直徑一百二十二度弱其依天體隆曲南極去北極一百八十二度彊正當天之中央南北二極中等之處謂之赤道去南北極各九十一度春分日行赤道從此漸北夏至赤道之北二十四度去北極六十七度去南極一百一十五度日行黑道從夏至日以後日漸南至秋分還行赤道與春分同冬至行赤道之南二十四度去南極六十七度去北極一百一十五度其日之行處謂之黃道）日冬則南夏則北冬至于牽牛夏至于東井（牽牛東井宿名）日之所行爲中道冬至日南極晷長南不極則溫爲害夏至日北極晷短北不極則寒爲害月有九行者黃道一黑道二出黃道北絲道二（即赤道）出黃道南白道二出黃道西青道二出黃道東立春春分月東從青道立秋秋分西從白道立冬冬至北從黑道立夏夏至南從絲道然用之一決房中道故曰日月之行則有冬有夏月之從星從由也月去中道迻而東北入箕箕木宿月水精經箕則水生木故多風月迻而西入畢畢金宿離畢則金生水故多雨

周書上　四

詩曰月離于畢俾滂沱矣春秋緯曰月離于箕則風揚沙不言日者日之從星不可見也

九五福一曰壽二曰富三曰康寧四曰攸好德五曰考終命六極一曰凶短折二曰疾三曰憂四曰貧五曰惡六曰弱

壽高年富餌祿（周官冢宰云祿以馭富）康寧安樂攸好德性天仁慈考終命壽終正寢此五者皆福徵也不得其死曰凶橫妖曰短折疾病苦憂愁悶貧困窮惡剛暴弱懦孱此六者皆極至也左傳（成十三年）劉子曰民受天地

之中以生所謂命也能者養之以福不能者敗以取
禍命之吉凶雖曰天數然亦有人事存焉君子修德
行仁五福六極順守其正而已

旅獒

旅西域國名獒犬之異者武王克商旅遂以獒貢獻
故召公作訓誡焉

惟克商遂通道于九夷八蠻西旅厎貢厥獒

通道遣使通達開導夷蠻種族甚多九夷八蠻蓋武
王克商之日臣服於周者之數旅國名犬高四尺曰

獒厎致獻也

攷正
夷蠻曲禮云其在東夷西戎南蠻北狄○爾雅
釋地云九夷八狄七戎六蠻○職方云掌四夷
八蠻七閩九貉五戎六狄之人○後漢東夷傳夷有
九種曰畎夷于夷方夷黃夷白夷赤夷元夷風夷陽
夷○論語皇侃疏南有八蠻一天竺二咳首三僬僥
四跂踵五穿胸六儋耳七狗軹八旁舂○予攷經傳
所載夷蠻之名堯典有嵎夷禹貢有萊夷島夷費誓
有淮夷汲冢書有良夷左傳云杞人伐夷又云庸人
率羣蠻以叛楚王制云南方曰蠻雕題交趾今經云
通道于九夷八蠻西旅厎貢厥獒其國明在西不
在東亦不在南孟子云文王生于岐周西夷之人也
旅當爲西夷國名○旅獒孔傳西戎遠國貢大犬○
馬融云獒作豪酋豪也○正義鄭玄云獒讀曰豪西
戎無君名强大有政者爲酋豪國人遣其酋豪來獻
見於周○予攷江聲尚書集注音疏閻若璩尚書古
文疏證馮景解春集惠棟古文尚書攷皆是馬鄭而
非孔傳不知孔傳不誤馬鄭誤也經云西旅致貢厥
獒明云貢獻方物也獒爲方物故召公所諫一則曰
無有遠邇畢獻方物再曰人不易物惟德其物終曰
不貴異物賤用物民乃足犬馬非其土性不畜明指
獒爲犬也若讀獒爲豪訓豪爲酋豪則與經旨不合
矣左傳晉靈公有犬謂之獒釋畜未成豪狗釋文豪
爲長毛西旅所貢之獒必爲長毛大狗也旅爲國名
絕非酋長周制五等諸侯各有其國若小國不足五
十里者附於諸侯曰附庸今史策明書西旅
厎貢豈有酋豪之長而反大於附庸君與

太保乃作旅獒用訓于王曰嗚呼明王愼德四夷咸賓
無有遠邇畢獻方物惟服食器用王乃昭德之致于異
姓之邦無替厥服分寶玉于伯叔之國時庸展親

太保召公奭也訓謂誥誡嗚呼歎辭明王賢聖之君

愼謹也四夷四方夷狄之國咸賓盡服也遠邇遐近
方物土地所生者服謂幣帛皮弁食謂橘柚菁茅器
用羽毛齒革瑤琨篠簜杶幹栝柏礪砥砮丹皆禹貢
之所納者王乃昭德之致于異姓之邦無替厥服如
肅愼來賓貢其楛矢王乃分頒於陳分寶玉于伯叔
之國時庸展親如魯有夏父之璜封父之繁弱晉有
密須之鼓闕鞏之甲諸侯之有親疏故分物之有貴
賤德之所致謂遠夷之貢以分異姓使無廢其職以
寶玉分同姓者俾識爲親親也

人不易物惟德其物德盛不狎侮狎侮君子罔以盡人
心狎侮小人罔以盡其力
昜變也同一物也無德者以物獻人則人拒之有德
者以物獻人則人重之充滿曰盛褻近曰狎傲慢曰
侮罔無也盡竭也君子在朝者小人在野者王能以
虛受人則人盡其心以悅使民則民盡其力反是則
君子小人皆不爲之用焉
不役耳目百度惟貞玩人喪德玩物喪志志以道寧言
以道接不作無益害有益功乃成不貴異物賤用物民
周書上　四四
乃足犬馬非其土性不畜珍禽奇獸不育于國不寶遠
物則遠人格所寶惟賢則邇人安
耳司聽目司視耳目之役皆爲聲色耽也百度百事
貞正也戲弄曰玩玩人則嬖幸必多是害其德玩物
則珍奇是好必害其志志在於心言發於意皆當以
道爲本志道則心正而意誠所言皆義理也無益遊
觀之樂有益道德之修功成則天下乂安異物珍禽
奇獸用物車服器皿民足則室家充實犬馬則各有
土宜土性非其宜者不服其用豢養必敗也珍奇不

育無益於用者遠物指旅獒言格來也賢謂良臣能
治邦國者安康樂遠格邇安天下必大治也
嗚呼夙夜罔或不勤不矜細行終累大德爲山九仞功
虧一簣允迪茲生民保厥居惟乃世王
夙夜朝夕勤勞也憐惜曰矜細行小節緣坐曰累大
德盛德八尺曰仞損耗曰虧簣竹器盛土者一簣雖
微虧則山終不成也誠信曰允啟開曰迪茲此也生
民生殖之民居王居生民保厥居民爲邦本本固邦
寧世王代有天下也
周書上　四五
金縢
金縢冊書所藏之匱也武王有疾四方未安周公禱
天請將身代遂以祝冊藏納匱中其後天彰公德王
迺啟書感泣史錄其事故名曰金縢
旣克商二年王有疾弗豫二公曰我其爲王穆卜周公
曰未可以戚我先王
克商二年武王十有四年也詳秦誓十有三年春注攷病急曰疾
舒悅曰豫二公太公召公穆卜誠敬卜也親近曰戚
未可以戚我先王言二公卜于先王不若我親近也

攷正穆卜孔傳穆敬蔡傳穆者敬而有和意穆卜猶言共卜也魯周公世家集解鄭玄曰二公欲就文王廟卜子攷下云其勿穆卜穆卜是言敬卜非指在文王廟也宜從孔蔡傳說

公乃自以爲功爲三壇同墠爲壇于南方北面周公立焉植璧秉珪乃告太王王季文王

公自爲功周公乃自以請命爲已事也除地曰墠封土曰壇三壇太王王季文王主皆南嚮爲壇南方壇在三壇之前周公北面立處璧圓玉圭長玉爾雅釋器肉倍好謂之璧註肉邊也好孔也其製外圓而中有孔圭首尖削植璧拱手奠璧置神前秉珪兩手拱執而立壇上太王王季文王周有

天下追王三代故古公季歷皆稱王也

史乃冊祝曰惟爾元孫某遘厲虐疾若爾三王是有丕子之責于天以旦代某之身

史掌冊祝之官元孫某武王發也父前子名上告三王祝辭必當稱發諱發爲某成王之世武王已崩周人諱以事神也遘厲虐疾遇罹危暴之病若發語辭是當讀寔泰誓是能容之學作寔能容之大丕奉也漢書郊祀志下集註丕奉也是有丕子之責于天謂三王寔欲其子奉養于天請以予身爲代旦周公名代替也

攷正丕子孔傳太子之責謂疾不可救于天蔡傳若爾三王是有元子之責于天蓋武王爲天元子三王當任其保護之責于天朱子曰有丕子之責于天只有晁以道說得好宅解丕子之責如史傳中責其侍子之責蓋云上帝責三王之侍子侍子指武王也上帝責其來服事左右故周公乞代其死予攷丕奉也丕子卽奉侍之意禮檀弓下陳子車死其妻與家大夫謀殉告子亢曰夫子疾莫養於下今三王陟降在天故曰是有丕子之責于天

予仁若考能多材多藝能事鬼神乃元孫不若旦多材多藝不能事鬼神乃命于帝庭敷佑四方用能定爾子孫于下地四方之民罔不祗畏嗚呼無墜天之降寶命我先王亦永有依歸

仁親也考謂三王材藝末也多材多藝非公自矜實

公自抑蓋言予所能者材藝之末故能事鬼神供奉養也若元孫受命帝庭徧佑下土用能保爾子孫黎民四方之民罔不敬懼何暇奉爾三王也帝庭上帝之庭下地天覆於上地承乎下故曰下地嗚呼歎辭墜隕也降下也自上命下天降寶命白魚入舟赤烏銜穀之類依歸宗廟世室之享社稷明堂之配也

今我卽命于元龜爾之許我我其以璧與珪歸俟爾命爾不許我我乃屛璧與珪

卽就也元龜大龜卽命元龜謂就卜筮以觀凶吉許

我卜得其吉不許卜得其凶俟命謂歸時待王疾愈以用也以璧與珪蓋焚燔珪璧藉答神庥屏藏也屏璧與珪既不焚燔惟有藏諸匱櫝埋于兩階之間也江聲尚書集注音疏禮記曾子問篇孔子曰天子諸侯將出必以幣帛皮幣告于祖禰遂奉以出反必告設奠卒斂幣玉藏諸兩階之間然則以玉禮神事畢必藏其傳故訓屏爲藏也

乃卜三句龜一習吉啟籥見書乃并是吉公曰體王其罔害予小子新命于三王惟永終是圖茲攸俟能句念予一人

卜三太卜掌三兆之灋周公卜時卽一龜而三灼之

以視其兆龜一習吉其兆吉同籥管籥書繇辭乃并是吉見其所占之兆與古繇辭合也體龜兆之體君卜占體周官占人云凡卜簭君占體大夫占色史占墨卜人占坼體吉故王無害小子周公自稱新初也新命于三王謂甫卜三王之前得其吉也永長也圖謀也懸危曰攸左氏昭十三年傳滅乎悠乎杜注攸懸危之貌病善曰能荀子勸學篇非能水也注能善茲攸俟能言此病狀懸危俟其安善也一人天子之稱古者人子思親曰念我二人今周公以臣念君遂曰念予一人句解孔傳習因也以三王之龜卜一相因而吉○蔡傳卜筮必立三人以相參考三龜者三人所卜之龜也○江聲尚書集注音疏周禮太卜掌三兆之法是一龜而用三兆占之非三兆必占三龜也士喪禮卜筮日占者三人鄭注謂三人掌玉兆瓦兆原兆者是三兆占一龜之明證○頤齋經說太卜三兆祇言玉兆瓦兆原兆之名不言何以爲原兆瓦兆玉兆之法段文鳳云卜龜之法先分龜甲爲四春占左後足夏占左前足秋占右前足冬占右後足龜腹下殼平如原野塗墨灼之故曰原兆龜背上殼穹窿如瓦塗墨灼之故曰瓦兆龜殼內白其色如玉塗墨灼之故曰玉兆乃卜三者公卜三王之前同一元龜卜師開甲占者三人定墨灼兆各取其殼分爲三兆故曰卜三予玩諸說當讀乃卜三句龜一習吉句○茲攸俟能念予一人孔傳言武王愈此所以待能念我天子事成周道蔡傳茲攸俟者卽上文所謂歸俟也一人武王也予玩攸者懸危能善也茲攸俟能言此懸危之疾當俟其瘳當讀茲攸俟能句念予一人句

公歸乃納冊于金縢之匱中王翼日乃瘳

公歸自壇歸也冊祝辭書於簡者金縢史藏簡策之匱翼日明日瘳病愈也

武王既喪管叔及其羣弟乃流言于國曰公將不利於孺子

武王之疾既瘳越三年冬十有二月王崩時爲武王十七年詳竹書紀年管叔名鮮羣弟蔡叔度霍叔處流言如水之流浮而無定者國王畿之內京師公指周公孺子成王時在髫齡故稱孺子也

周公乃告二公曰我之弗辟我無以告我先王周公居

東二年則罪人斯得于後公乃爲詩以貽王名之曰鴟
鴞王亦未敢誚公
二公太公召公辟避也先王太王王季文武居東公
居國境東山也豳風曰我徂東山東山楚山也在成周近郊二年成王二
年罪人斯得武庚以殷叛周遂知管叔陰爲主也詩
豳風鴟鴞之篇貽贈也誚讓曰誚蓋管叔監殷實爲
周公所使周官曰舉能其官惟爾之能稱匪其人惟
爾不任王見公貽鴟鴞之詩故亦未敢誚讓公也
秋大熟未穫天大雷電以風禾盡偃大木斯拔邦人大
周書上　五十
恐王與大夫盡弁以啟金縢之書乃得周公所自以爲
功代武王之說二公及王乃問諸史與百執事對曰信
噫公命讀我勿敢言句
熟穀熟穫收穫雷電陰陽之氣激搏而有聲光者爲聲雷光爲電風爲天地怒氣元命包陰陽怒而爲風生自隧谷盪自林
木故爲大風偃仆伏拔根起離地恐疑惶弁驚懼漢前嚴延年傳吏皆股弁注弁戰懼狀王莽傳子甚弁焉注言驚懼也王與大夫盡弁皆
戰懼也以用也啟開也王與二公敬天之怒遂啟金
縢之書將爲穆卜及啟乃得周公祝冊乃問諸史諸
史占卜之官執事從事壇墠之人誠然曰信歎息曰
噫公命我勿敢言謂奉周公之命使其勿道我故勿
敢告人也
王執書以泣曰其勿穆卜昔公勤勞王家惟予沖人弗
及知今天動威以彰周公之德惟朕小子其新逆我國
家禮亦宜之
執書成王手執周公冊祝也無聲出涕曰泣其勿穆
卜止其敬卜天威之怒勤勞王家言公盡瘁事國也
童稚無知曰沖人動威彰德即天大雷風啟見金縢
周書上　五一
之祝小子成王自稱新謂悔過自新逆謂迎逆周公
稽之典禮我國家誠爲合於法也
王出郊天乃雨反風禾則盡起二公命邦人凡大木所
偃盡起而築之歲則大熟
國外百里曰郊王出郊往迎公也雨爲陰陽和氣風
轉曰反禾起舒立也木偃不能自植二公因命國人
扶助木起以土覆根築之使堅實也大熟年豐
大誥
武王既崩成王二年武庚以殷叛周秋天大雷電以

貳王迎周公返國命其東征將征之日首述三叔助
逆次述起復周公遂約其旨大誥天下也
王若曰猷大誥爾多邦越爾御事弗弔天降割于我家
不少延洪惟我幼沖人嗣無疆大曆服弗造哲迪民康
矧曰其有能格知天命
王曰君臣直接言也王若曰奉君命以語人也事略
曰猷猷與猶由古今通字凡官呈詳上憲挈要提綱另具一稟名之日由與此同旨猷大誥
爾多邦蓋總挈大旨以告天下御事治事之人弔善
也割害也須臾曰少引長曰延天降割于我家不少

周書上　五二

延寧王甫崩四國卽叛天所以降害我家者不為須
臾之緩爾御事應以為弗善也洪代也惟思也沖人
天子年幼之稱嗣繼也曆天之曆數服周之九服哲
聖哲康安樂斯時周公居東人代為王計曰王年既
幼所嗣者大已弗能就聖哲治民安樂況曰能承天
命也與此節引眾為已謀思之意隱悔不用周公也
句解孔傳讀不少句又云馬融本讀弗少延句正義云不少言叛逆者多此害延長寬大是以延洪二字連文予玩釋文云馬讀弗少延為句鄭王皆以延上屬為句武億經讀考異多方云洪惟圖天之命據是讀之當以弗少延讀句洪惟連文屬下讀句

已予惟小子若涉淵水予惟往求朕攸濟敷賁敷前人
受命茲不忘大功予不敢閉于天降威用賁方問切音糞
已發端歎辭小子成王對臣工謙稱淵水深處求朕
攸濟往求其濟之人也布陳曰敷覆敗曰賁敷賁布
告悔用三叔致武庚畔敷前人受命茲不忘大功布
陳起用周公由於天大雷風以彰公德予何敢閉掩
而不用也
寧王遺我大寶龜紹天明卽命曰有大艱于西土西土
人亦不靜越茲蠢殷小腆誕敢紀其敘天降威知我國

周書上　五三

有疵民不康曰予復句反鄙我周邦今蠢今翼
寧王武王寶龜十朋之龜易損五云或益之十朋之龜弗克違元吉益二云或益之十朋之龜弗克違永貞吉天明武王伐商擒紂遂分天之明也
竹書紀年箋云分天之明天尚未明也卽命曰有大艱于西土葢寶龜
預知禍福卜年卜世卽示其象占人見其龜熸作為
繇辭載於策命者不靜不寧越於也於此果然蠢動
腆主也正義王肅云腆主也小腆指殷武庚誕大也紀理也敘
緒也誕敢紀其敘言武庚競敢理其殷之餘緒威卽
天降雷風之怒疵瑕釁康樂安彼見天示其威知我

國有瑕𡡆民失安樂乘時而動遂曰予復殷商反而鄙視我邦今蠢今翼正言西土之人不靜蠢無知者爭輔助也

句解 孔傳蔡傳均讀今蠢今翼日句俞樾羣經平議傳日今天下蠢動今之明日義不可通疑今蠢今翼兩義相對予攷下云予翼益稷篇云汝翼皆讀翼字絕句此讀句當從俞氏云今蠢今翼爲句

日民獻有十夫句予翼句以于敉寧武圖功我有大事休朕卜幷吉肆予告我友邦君越尹氏庶士御事曰予得吉卜予惟以爾庶邦于伐殷逋播臣

日往日民獻民之賢者十夫言其以智帥人皆有輔

相之德日民獻有十夫予翼往日之賢皆來爲予輔佐以用也于往也敉撫也寧安也武武王圖功謂謀以勞定國大事戎事左傳云國之大事在祀與戎休美也卜吉龜兆卜得其吉肆今也我友邦君指諸侯相親者言尹正也尹氏百官之長庶士衆士御事治事之人吉卜龜兆之吉于伐殷逋播臣往伐殷之逃亡遷謫者也

句解 孔傳蔡傳均讀民獻有十夫句俞樾羣經平議云日字屬下爲義左傳文七年日衞不睦襄二十六年日其過此也昭七年日君以夫公孫段爲能任其事十六年日起請夫環茲與此日字同蓋左氏正因尙書有此文法而循用之耳日民獻有十夫予翼謂近日民之賢者十夫來翼佐我也予攷日民獻有十夫句予翼二字讀句

攷正 十夫孔疏十人史無姓名陳櫟曰十夫馬融以爲十亂非也周公在中不應自言又有婦人也亦不得稱十夫予攷朱芹十三經札記此十夫卽所謂智過十人者也猶曰百夫之特也云爾不必限定十人亦不必限定智過十人

爾庶邦君越庶士御事罔不反曰艱大民不靜亦惟在王宮邦君室越予小子考翼不可征王害不違卜

庶衆也罔無也無不反曰此事大難民今不寧者非在殷之武庚實在王之家室父死曰考越予小子考翼蓋言三叔悉爲予之王考輔佐不可征伐者王曷

不違卜用也

肆予冲人永思艱曰嗚呼允蠢句鰥寡哀哉句予造天役遺大投艱于朕身越予冲人不卬自恤義爾邦君越爾多士尹氏御事綏予曰無毖于恤不可不成乃寧考圖功

肆今也冲人天子年幼之稱永長也思艱慮難嗚呼歎辭允蠢謂信殷頑蠢動羣叛于周鰥寡哀哉斯時武王旣崩邑姜正寡成王幼鰥寡婦孤兒豈不大可哀與堯典云有鰥在下曰虞舜舜時年未三十而謂之鰥鰥者無妻之名不拘老幼也惟老者鰥不

能娶謂之天民之窮造爲也予造天役予今爲天役使以至大至難之事遺投我身越於也卬我也恤憂也義宜也綏撫也毖勞也於予沖人不待自憂宜爾君士尹御斷其時宜撫安予曰不可不成乃寧考之功也此節誥衆純以眞情冀感也

句解古讀允蠢鰥寡句予攷允蠢是信蠢動之言勸王違卜不征者鰥寡非指人民是成王自言毋子當讀允蠢句鰥寡哀哉句

已予惟小子不敢替上帝命天休于寧王興我小邦周寧王惟卜用克綏受茲命今天其相民矧亦惟卜用嗚

周書上　兲

呼天明畏弼我丕丕基

已發端歎辭小子成王自稱替廢也上帝上天主宰之神休美也寧王武王興興起卜用伐紂之時卜而龜熸知利擊衆說苑武王伐紂卜而龜熸散宜生曰此其妖與武王曰不利以禱祀利以擊衆遂克殷而膺天命也今天相民卜用蓋成王將討武庚卜得其吉卽上云我有大事休朕卜并吉嗚呼歎辭天明威天大雷風以示其儆弼我丕丕基天明使予起復周公輔相我周再成基業也爾雅云山一成曰坯又云再成曰坯丕丕基蓋文王時已有一成武王時並有再成丕字當與坯字同

王曰爾惟舊人爾克遠省爾知寧王若勤哉天閟毖我成功所予不敢不極卒寧王圖事肆予大化誘我友邦君天棐忱辭其考我民予曷其不于前寧人圖功攸終天亦惟用勤毖我民若有疾予曷敢不于前寧人攸受休畢爾丕克遠省經句脫一丕字

上言王若曰此言王曰上爲大誥天下詔命遠方臣下述王之辭此語近臣王親命之舊人臣事武王者爾丕克遠省言爾大能記憶也寧王武王若汝也汝曾勤事武王閟深也毖勞也天閟毖我成功所蓋言

周書上　毛

天降大任於人必爲先有憂患玉人於成予何敢不亟謀武王之功也肆今也化者化其固滯誘者誘其順從今予化誘親我諸邦明天輔相周者言由衷出非虛語也考稽也其考我民民獻皆爲予助前人有功予何能不圖終也天用勤勞我民譬之有疾予當治愈爲美前寧人旣治之使美予何敢不畢其休受承也休美也

王曰若昔朕其逝朕言艱日思若考作室旣厎法厥子乃弗肯堂矧肯構厥父菑厥子乃弗肯播矧肯穫厥考

翼其肯曰予有後弗棄基肆予曷敢不越卬寧王大命
昔逝已往也往者不追今言國難日爲思想若考作
室旣厎法法謂匠人營國水地以懸置槷視景廟社
朝市經緯修廣諸術厎致也厎法謂成基礎其子乃
弗肯堂矧肯構堂𣐊也室之衺柱嚴元照娛親雅言堂宜讀爲𣐊𣐊衺
柱也作室之初交互設衺柱所以防傾欹也構謂榱桷結構嚴云構益也杜林以爲椽
桷宇室旣蓋覆椽桷皆其物也此始易而終難者故以爲喻厥父菑厥子乃弗
肯播矧肯穫菑謂耕地反草布種曰播刈耕曰穫此
皆反復譬明其理父死曰考武王創業垂統化家爲

周書上　五六

國故曰若考作室旣厎法生我曰父伯父叔父亦曰
父周公成文武之德嘗作豳風無逸以勸明農故曰
厥父菑爽輔曰翼周召分陝而治皆爲寧王舊臣故
曰厥考翼子如弗能象賢二公必不輔相其國其肯
曰予有後弗棄基蓋言二公見子尙有作爲庶可不
墜基業也肆今也曷何也越於也卬我也敉安撫今
予何敢棄寧王之命而不於我身安撫其衆以竟寧
王之功也
若兄考乃有友伐厥子民養其勸弗救王曰嗚呼肆哉

爾庶邦君越爾御事爽邦由哲
若譬辭兄考先兄之稱以喻武王友伐以喻四國養
長也民養以喻邦君御事弗救卽勸成王違卜而不
討三叔武庚者嗚呼歎辭肆今也爽失也今開爾庶
邦君御事之言我周失邦明由汝知而不救也
亦惟十人迪知上帝命越天棐忱爾時罔敢易法矧今
天降戾于周邦惟大艱人誕鄰胥伐于厥室爾亦不知
天命不易
十人卽武王曰予有亂臣十人與民獻十夫不同迪

周書上　五七

知上帝命正知天命在周誠信是輔爾指邦君御事
爾時罔敢易法言爾彼時不敢輕法矧今天降大戾
管叔以殷叛惟大艱人令人爲大難也誕大也誕鄰
胥伐于厥室武庚旣叛奄徐淮夷悉從爾爲不欲征
者不識天命之所在也
予永念曰天惟喪殷若穡夫予曷敢不終朕畝天亦惟
休于前寧人予曷其極卜敢弗于從率寧人有指疆土
矧今卜幷吉肆朕誕以爾東征天命不僭卜陳惟若茲
永念長思也喪殷亡商穡夫農夫若穡夫者左傳云

爲國家者見惡如農夫之務去草焉芟夷蘊崇之絕
其本根勿使能殖是終畎畝之義也步百爲畝一畝
之間廣尺深尺爲畎休美也極卜亟卜于從往從前
人竟事也疆土邦國界土東征往伐武庚奄徐諸國
不僭不差忒也卜陳卜其戰陳得吉茲此也

微子之命

微子名啟武乙之子紂庶兄殷時食采於微（寰宇記微子城在潞東北今山西潞安府潞城縣東北十五里有微子鎮郎故城也）子爵也武庚既滅
成王因封微子於宋位列上公以奉商祀

周書上　卒

王若曰猷殷王元子惟稽古崇德象賢統承先王修其
禮物作賓于王家與國咸休永世無窮
王成王事略曰猷殷王武乙元子長子稽考也稽古
考之古昔惟尊崇其德肖法其賢者始能承其先王
統緒也禮物玉帛貢獻賓王來朝於周三恪之君（陳虞後杞夏後宋殷後名爲三恪）周皆以賓禮接之故曰與國咸休休
美也永世無窮子子孫孫勿替寵光之錫無窮極也
嗚呼乃祖成湯克齊聖廣淵皇天眷佑誕受厥命撫民
以寬除其邪虐功加于時德垂後裔
成湯商有天下之君克能也齊肅敬聖通明廣博大
淵深沈皇天昊天皇天眷佑誕受厥命天監厥德用
集大命也撫綏安寬舍弘除去也邪虐夏桀淫酷功
事功加尙也時卽成湯之世德德行垂被也後裔成
湯子孫繼世者也
爾惟踐修厥猷舊有令聞恪愼克孝肅恭神人予嘉乃
德曰篤不忘上帝時歆下民祗協庸建爾于上公尹茲
東夏
猷謀猷踐修厥猷履行其道也令聞美譽舊有令聞

周書上　六

美譽久爲昭著恪愼敬謹克孝能順親心不與帝辛
爭立爲嗣也肅恭神人職守祭器享祀不忒嘉尙也
篤信也予嘉乃德曰篤不忘予爲嘉慕汝德念念不
忘也上帝上天主宰之神下民草野之民歆饗也祗
協敬和上公三恪之位東夏商邱（河南在華夏之中商邱在河南東故曰東夏）尹正也
欽哉往敷乃訓愼乃服命率由典常以蕃王室弘乃烈
祖律乃有民永綏厥位毗予一人世世享德萬邦作式
俾我有周無斁嗚呼往哉惟休無替朕命

欽敬也敷布也服謂九旒九章命謂九命典常綱紀法度率由凡車旗獻享之節遵行不失也藩屏藩王室周京弘闡揚烈祖成湯律法律律乃有民以法律治厥民也永長也綏安也位三恪之位厚輔曰毗予一人成王自謂世世子子孫孫享受其德萬邦作式天下諸侯皆以宋爲法式無斁無厭也嗚呼歎辭往謂微子適宋休美也替廢也無替朕命勿以予言爲廢棄也

康誥

武王崩成王立周公以天子諒陰總制百官是循商制居攝也惟成王時有流言公避居東内政全付召公迨三年秋雷風示儆王迎周公返國再攝朝政直至七年公始復辟康誥之作當在成王五年公營成周以殷故墟改封康叔也康之故城在今潁川（路史國名紀云康叔故城在潁川）迺徙封衛左傳（定公四年）云封畛土略自武父以南及圃田之北境命以康誥而封以殷墟（地理志云河内本殷之舊都周既滅殷分其畿内爲三國詩國風邶鄘衛是也邶以封紂子武庚鄘管叔尹之衛蔡叔尹之以監殷民爲之三監武王崩三監叛周公誅之盡以其地封康叔號曰孟侯以夾輔周室遷邶鄘之民於洛邑）又曰武王之母弟八人周公爲太宰康叔爲司寇故篇中所誥諄諄以臬事刑殺誡也

惟三月哉生魄周公初基作新大邑于東國洛四方民大和會侯甸男邦采衛百工句播民和見士于周句周公咸勤乃洪大誥治

周正建子三月寅月哉始也（爾雅釋詁）魄月暗下弦之象洛今河南洛陽武庚既滅周遂營洛以爲朝會諸侯之所故四方民大和會也侯甸男邦采衛百工九服諸侯（九服侯甸男采衛蠻夷鎮藩）百執事之官播民遷民薦達曰

見播民和見士于周蓋諸侯百工因致遷民于洛遂薦多士于王國也咸勤公皆一一接見（韓詩外傳周公一沐三握髮一飯三吐哺起以待士猶恐失天下賢人）洪代也（正義鄭玄云洪代也）乃洪大誥治公代王以治道大誥天下也

句解（孔傳蔡傳讀百工播民和句江聲尚書集注音疏讀百工播句民和士見于周句予攷播遷也侯甸男邦采衛百工因致遷民于洛遂薦多士成周當讀侯甸男邦采衛百工句播民和見士于周句）

王若曰孟侯朕其弟小子封惟乃丕顯考文王克明德愼罰不敢侮鰥寡庸庸祗祗威威句顯民句用肇造我區夏句越我一二邦句以修我西土句惟時怙冒聞于

上帝句帝休句天乃大命文王殪戎殷誕受厥命越厥
邦厥民惟時敘乃寡兄勗肆汝小子封在茲東土
孟長也孟侯指康叔言呂覽正名齊湣王周室之孟侯也高注孟長也朕周
公自稱王若曰孟侯朕其弟公述成王之命康叔非
他是朕幼弟令我推親愛而教導也封康叔名稱小
子封者君前臣名之義乃汝也丕奉也父死曰考顯
考指文王言惟乃丕顯考文王言康叔能奉文王之
道也克能也明德崇賢慎罰懲惡侮慢也鰥寡男無
妻女無夫者不敢侮心矜哀也庸庸用所用祗祗敬

周書上　㕜

所敬威威畏所畏顯民文王之德昭著於民用以也
肇始也化成曰造區夏國之區域修敬也魯語吾冀而朝夕修
我註修敬也越我一二邦以修我西土虞芮質成莫不用
敬西岐也怙冒怙恃被覆聞于上帝其德感格于天
休嘉美殪斃也戎殷大殷誕受厥命帝乃命周斃商
而有天下也越於也厥其也越厥邦厥民惟時敘其
邦其民於時皆分秩序寡兄指武王言勗勉也惟武
王能勉其德今汝小子故得受國殷墟也
句解孔傳讀越我一二邦以修句我西土惟時怙句冒聞于上帝句蔡傳讀越我一二邦句以修句

我西土惟時怙冒句孫星衍尚書今古文注疏讀越我一二邦句以修我西土句王引之經義述聞讀惟
時怙冒句予玩讀句當從孫氏王氏爲長
王曰嗚呼封汝念哉今民將在祗遹乃文考紹聞衣德
言往敷求于殷先哲王用保乂民汝丕遠惟商耇成人
宅心知訓別求聞由古先哲王用康保民弘于天若德
裕乃身不廢在王命
嗚呼歎辭念思也祗敬也遹述也紹繼也衣依也紹
聞衣德言汝當繼述文王凡有所聞必依德言而行
也周書世俘解云古朕聞文考修商人典是文王嘗聞商先王之德言而依行之敷求徧求

周書上　盇

往敷求于殷先哲王蓋衞國在殷故墟安治其民汝
當仍從殷法也耇老也商耇成人殷之遺獻宅度也
宅心知訓舉凡殷先哲王商遺耇老可爲效法者一
一度之於心即知其訓民也分辨曰別由從也古聖
哲王夏殷以來賢聖之君能爲養民安樂者汝皆從
而用之寬廓曰弘優饒曰裕弘于天若德裕乃身蓋
言民吾同胞性天一體寬廓在民猶之饒裕在身庶
不負王使牧民之命也
王曰嗚呼小子封恫瘝乃身句敬哉天畏句棐忱句民

情大可見小人難保往盡乃心無康好逸豫乃其乂治
我聞曰怨不在大亦不在小惠不惠懋不懋已汝惟小
子乃服惟宏句王應保殷民句亦惟助王宅天命作新
民
嗚呼歎辭恫痛也瘝病也恫瘝在身民飢己飢民溺
己溺視民如傷之意敬哉天畏曰明曰旦敬天之威
也棐輔也忱信也民情大可見小人難保得道者多
助失道者寡助信則民從不信則民叛也無毋也康
好以樂爲耽逸豫以怠爲悅能盡其心自無康好逸
周書上　夳
豫乃正所以治民也我聞公嘗聞於人者怨恚恨大
小重輕不在大不在小均不可致人怨也惠謂貨財
懋謂爵賞惠不惠懋不懋須賜旣失其宜在下者莫
肯用勸已發端歎辭小子康叔服侯服弘寬廣乃服
惟弘言其衞國封地獨大王應保殷民言王旣受天
命即當保養殷民亦惟助王宅天命作新民今王分
七族之民于衞陶氏施氏繁氏錡氏樊氏饑氏終葵氏見定公四年左傳汝當助
王保養其民改行厥德舊染汙俗咸與惟新也
句解孔傳讀敬哉句天畏棐忱句又讀乃服惟弘王句蔡傳從之予攷周頌云敬之敬之天惟顯思

此節宜讀敬哉天畏句棐忱二字讀句言民情能輔君者在誠信也昭八年左傳子旗曰周書惠不惠懋
不懋康叔所以服宏大也不連王字此宜讀乃服惟弘句上言王用保乂民此當讀王應保殷民句
王曰嗚呼封敬明乃罰人有小罪非眚乃惟終自作不
典式爾有厥罪小乃不可不殺乃有大罪非終乃惟眚
災適爾旣道極厥辜時乃不可殺
罰刑罪之小者敬明乃罰恤刑之意也犯法曰罪有
過曰眚小罪非眚言所犯法非大過也終謂犯法不
改典法也自作不典如胥吏舞文之類式爾猷法以
爲常者不可不殺臯陶曰刑過無小怙終賊刑也大
周書上　七
罪犯法之大者非終乃惟眚災適爾非是怙惡不悛
乃其偶爾罹罪旣道極厥辜盡情直吐深願立自改
悔時乃不可殺臯陶曰宥過無大也時謂當時不殺
者以觀後效若再蹈之絶無不殺也
王曰嗚呼封有敘時乃大明服惟民其勑懋和若有疾
惟民其畢棄咎若保赤子惟民其康乂非汝封刑人殺
人句無或句或與惑通刑人殺人句非汝封又曰又復判決劓刵
人句無或句劓刵人句
敘秩序時是也明者明其法服者服其辜時乃大明

服其法既明是民無不大服故悉勉於修和也民有惡譬身有疾今除其惡以安其良若有疾者悉去其咎若保赤子悉樂其天刑人殺人司寇代天敕法也非汝即能刑人殺人或與惑同疑也無或則情眞律當然後從而刑殺之也又復也王制云成獄辭史以獄成告于正正聽之正以獄成告于大司寇司寇聽之棘木之下汝若復爲判決更重爲輕改刑殺以爲劓刵亦必無疑而後劓刵非汝封能更輕也

句解 孔傳讀有敘句時乃大明服句蔡傳引左氏曰乃大明服句予玩時字一讀合乃大明服爲句

故左傳曰乃大明服上文曰時乃不可殺此句仍當讀從孔傳○俞樾羣經平議釋此經者皆以刑人殺人舉劓刵人爲對文又曰二字遂不可解夫劓刵人即刑人也本非對舉之辭當讀非汝封刑人殺人爲句無或刑人殺人非汝封爲句非汝封手自刑人手自殺人也然凡刑人殺人無非汝封爲政不可不慎也又曰之又即讀爲有有曰劓刵人無或劓刵人者言人告汝此人當劓此人當刵則有之矣然劓之刵之仍由汝封他人無得而劓之無得而刵之也刑人如此殺人從可知舉輕以見重正申明無或刑人殺人非汝封之意予攷詩傳又復也劓刵較刑殺爲輕以王制成獄云云是至司寇聽後從輕減改刑殺以爲劓刵然雖更輕亦必無疑而後定讞刑殺人劓刵人仍是對舉之文俞氏之說雖新仍當從古讀句

王曰外事汝陳時臬司 句 師茲殷罰有倫又曰要囚服念五六日至于旬時丕蔽要囚

外事外朝棘木聽獄之事 王制大司寇聽之棘木之下注棘木外朝之卿位 臬法也司事也 朱彬經傳攷証說文司字下臣司事於外者是司猶事也 康叔時爲司寇故曰汝陳時臬司效法曰師師茲殷罰有倫蓋言商之刑罰輕重皆當不可不效法也 荀子正名篇後王之成名刑名從商爵名從周楊倞注云後之王者有數定成就之名謂舊可法效者商之刑法未聞康誥曰殷罰有倫言殷刑之允當也 又復也又曰要囚蓋正以獄成告于司寇要囚謂爲元惡大憝司寇復之汝當明慎哀矜會求獄書劾實其罪 周禮秋官鄉士異其死刑之罪而要之疏要劾實也 十日爲旬三月爲時服念五六日至于旬時然後從而大

斷之誠以死者不可復生斷者不可復續三木之下何求不得故諄諄誥康叔爲盡心焉

句解 汝陳時臬孔傳讀句蔡傳從之予攷朱彬經傳考証彬謂臬司句絕說文司字下臣司事於外者是司猶事與下文汝陳時臬事正同

王曰汝陳時臬事罰蔽殷彝用其義刑義殺勿庸以次汝封乃汝盡遜曰時敘惟曰未有遜事已汝惟小子未其有若汝封之心朕心朕德惟乃知

臬事刑法之事斷決曰蔽罰蔽殷彝謂斷殷人訟獄仍用殷人常法義刑義殺是合羣議而斷其宜也庸

功也次謂不前不精說文勿庸以次汝封折獄不可不
愼而遂恣意也謙抑曰遜乃汝盡遜虛衷以聽舍已
從人之意時敘是合時宜惟曰未有遜事仍恐其有
不順於法已語畢歎辭惟思也汝惟小子未其有若
汝封之心王言汝當思我雖無若有汝心明允然朕
心朕德舍汝無能知我欽恤之衷也
凡民自得罪寇攘姦宄殺越人于貨暋不畏死罔弗憝
民罪有公有私自得皆私罪也用兵曰寇竊物曰攘
外行巧術曰奸內用計謀曰宄以刃戕人曰殺撲人
周書上　七十
顚墜曰越于求也爾雅釋言貨財物暋強也畏懼也憝怨
恨暋不畏死罔弗憝言此強惡之人無不怨恨也
王曰封元惡大憝矧惟不孝不友子弗祗服厥父事大
傷厥考心父不能字厥子乃疾厥子于弟弗念天顯乃
弗克恭厥兄兄亦不念鞠子哀大不友于弟惟弔茲不
于我政人得罪天惟與民彝大泯亂曰乃其速由文王
作罰刑茲無赦
元惡首凶憝怨恨大惡人且怨恨況爲不孝于親不
友兄弟者乎祗敬也服伏也父死曰考生不能事其

父父死其心猶傷是子爲不孝之尤愛養曰字既不
能養又不能愛而反深嫉其子是父爲不慈之甚天
顯天倫明著者敬事曰恭弟弗克恭厥兄是弟弗念
天倫也鞠子稚子閔愛曰哀善兄弟曰友既弗念是
弗善也弔傷也茲此也政人治民之官言此不孝不
慈不友不弟雖不於我政人獲罪實與天倫民彝有
傷乃速從文王刑典以治其罰絕無宥釋者也此節
指庶民言
不率大戛矧惟外庶子訓人惟厥正人越小臣諸節乃
周書上　七
別播敷造民大譽弗念弗庸瘝厥君時乃引惡惟朕憝
已汝乃其速由茲義率殺
率循也戛禮也爾雅釋言不率大戛言此人放乎禮法之
外實與民彝泯亂故必置之刑典也況外庶子卽周
禮夏官諸子掌國子之倅掌其戒令與其敎治辨其
等正其位者文王世子云庶子也以政敎諸子故爲
訓人或曰訓方氏掌道四方之政事與其上下之志
誦四方之傳道者正人宮正黨正縣正諸職皆掌敎
令之官小臣士有職事者節節制惟厥正人越小臣

諸節蓋謂侵越其職鉏鋙政化乃別播敷造民大譽
飾智欺愚沽名流俗任其不孝不友養癰為患豈非
不體上心不用上令而病其君乎引惡謂引而入於
不孝不友之地此朕最怨恨者汝速由茲義以率殺
也此節指有司言
亦惟君惟長不能厥家人越厥小臣外正惟威惟虐大
放王命乃非德用乂汝亦罔不克敬典乃由裕民惟文
王之敬忌乃裕民曰我惟有及則予一人以懌
惟君惟長君指諸侯長指牧伯家者國之本也不能

厥家人越厥小臣外正蓋言不能自齊其家而反越
俎責有司以治其國逞其勢威肆其暴虐放棄其王
命皆非以德治民也不言刑殺君長勳貴有邦國者
故王誥戒及之汝指康叔敬典敬從典法此節指君
長言乃由裕民下總指君道裕導也方言三裕道也廣雅釋詁三裕
道也文王敬忌蓋言賢才敬而用之不孝不友忌而殺
之賞罰並施道民至於休和也今汝道民乃曰我思
有及予則為悅懌也及逮也一人成王自稱
王曰封爽惟民迪吉康我時其惟殷先哲王德用康乂

民作求矧今民罔迪不適不迪則罔政在厥邦
爽貳也迪啟迪吉善也民有差貳能以其善開導則
安樂也我時當我之時惟思殷先賢王之德安治其
民為之匹敵作為也求與逑同匹也矧況也況今之
民無有善導而不悅者若其不迪是為邦無善教故
曰則罔政在厥邦
王曰封予惟不可不監告汝德之說于罰之行今惟民
不靜未戾厥心屢迪未同句爽句惟天其罰殛我我其
不怨惟厥罪無在大亦無在多矧曰其尚顯聞于天

監謂監民治亂德道德罰刑罰德說罰行恩威兼施
之意今民殷之頑民戾定也詩桑柔篇民之未戾傳戾定也爽貳也
民心未定屢為教導不能和同彼心所以貳者為天
罰殛我我何怨與厥其也其罪不在大多言雖微細
天尚罰殛矧曰獲罪於天彰明顯著者乎
王若曰嗚呼封敬哉無作怨勿用非謀非彝蔽時忱丕
則敏德用康乃心顧乃德遠乃猷裕乃以民寧不汝瑕
殄
敬慎也作怨身為怨府非謀所謀不臧非彝所法不

善蔽斷也忱信也勿用非謀非彝蔽時忱戒用幾心
爲不信也丕奉也則法也敏德仁義順時者周官師二曰敏
德注丕則敏德奉法仁義順時爲治用以也康心心逸
日休顧德德修日進遠猷謀爲宏遠裕寧民樂寬和
瑕疵也殄病也不汝瑕殄能依所言諸事汝又何咎
之有
王曰嗚呼肆汝小子封惟命不于常汝念哉無我殄享
句明乃服命高乃聽用康乂民
肆今也惟命不于常皇天無親惟德是輔懷思曰念
周書上　七四
殄享絕世無我殄享謂無廢棄吾命自取國亡世絕
也明察也服命侯服之命高乃聽尊崇其聽用康乂
民道以安樂爲治也
句解孔傳讀無我殄句蔡傳讀無我殄享句予玩末節云乃以殷民世享此當讀無我殄享句
王若曰往哉封勿替敬典聽朕告汝乃以殷民世享
往謂康叔受命至衞替廢也勿替敬典當以典法爲
敬不可廢棄也聽朕丁寧誥誡之意乃以殷民世享
謂分七族之民詳前汝當與其休戚子子孫孫永能承
保也

尙書句解攷正

泰州　徐天璋睿川　著

周書中

酒誥

妹土殷紂故都紂因長夜飲酒致亡其國康叔封此
王命遂諄諄以酒誥焉
王若曰明大命于妹邦乃穆考文王肇國在西土厥誥
毖庶邦庶士越少正御事朝夕曰祀茲酒
妹邦沬鄉商紂舊都康叔就封之篇也穆考文王西
周書中　一
土岐豐之地戒愼曰毖庶邦歸服文王之國庶士衆
士少正黨正縣正之類御事治事諸臣朝夕夙夜祀
茲酒言必助祭于此始相飲酒也
惟天降命肇我民惟元祀
天無言天降命天子下命也肇謂開端之始元祀商
辛元年商日祀紂命周侯竹書紀年帝辛元祀命九侯周侯邪侯降命此
年教民飲酒亦惟此年也
攷正孔傳惟天下教命始令我民知作酒者惟爲祭祀予攷元祀非大祭祀也爾雅釋天夏日歲商日祀周日年殷本紀云帝辛以酒爲池使民爲長夜之飲足徵紂命諸侯令民飲者必自元祀始也

天降威我民用大亂喪德亦罔非酒惟行越小大邦用
喪亦罔非酒惟辜
威謂暴虐喪德喪邦殷本紀云紂爲長夜之飲百姓
怨望而諸侯背畔也
文王誥教小子有正有事無彝酒越庶國飲句惟祀句
德將無醉惟曰我民迪小子惟土物愛厥心臧聰聽祖
考之彝訓越小大德小子惟一
小子國君及卿大夫子孫正朝正事祭祀古者祭祀皆曰有事
彝常也凡有朝正祭祀獻酬有酒非朝正祭祀無常

周書中　二

酒也越於也庶國衆國越庶國飲蓋諸侯朝聘文王
者皆有燕饗有燕饗必有祭祀將承奉也德將無醉
大饗之禮藉以觀德爵虛不飲故無醉也我民西岐
之民迪啟迪小子民之子孫土物百穀爲土生者愛
惜也臧善也祖考彝訓高曾法守之矩矱小德大德
善政以保民者惟一專一而不變也
妹土嗣爾股肱純其藝黍稷奔走事厥考厥長肇牽車
牛遠服賈用句孝養厥父母厥父母慶自洗腆致用酒
妹土沬邦嗣習也詩子衿傳股肱四肢四肢不勤不能藝

其黍稷純專也沬土在大河北周禮職方氏云河內
曰冀州其穀宜黍稷奔走事厥考厥長勤四體以養
親者肇牽車牛遠服賈用蓋言牽挽車牛賈售用物
亟自經營貿遷有無也孝養兼農人商賈言之慶謂
喜賀周禮大行人云賀慶以贊諸侯之喜洗洗爵以爲獻酬之禮者腆
多也說文自洗腆致用酒言自餕飲親餘致用所多之
酒也此節言家慶飲酒禮下節言鄉賓飲酒禮
句解孔傳蔡傳均讀遠服賈句孫星衍尚書今古文注疏俞樾羣經平議均讀遠服賈用句俞云邢昺論語疏於爲政篇大車無輗引酒誥車牛遠服賈用則以用字連賈字讀詩谷風篇賈用不售注疏皆

周書中　三

不明說用字之義或亦以賈用連文古語有然乎予攷賈用賈售用物也當從詩句賈用不售讀遠服賈用爲句
庶士有正越庶伯君子其爾典聽朕教爾大克羞耇惟
君爾乃飲食醉飽丕惟曰爾能永觀省作稽中去聲德爾
尚克羞饋祀爾乃自介用逸茲乃允惟王正事之臣茲
亦惟天若元德永不忘在王家
庶士衆士正謂黨正司正庶伯君子致仕之羣老也
典聽朕教言當常聽我教羞耇養老之禮君羣也古
者鄉飲酒禮黨正主之羣老皆至爾尚克羞耇惟君

爾乃飲食醉飽獻酬之後衆賓辯有酺醢見鄉飲酒禮主人獻
衆賓節 脫履升坐乃羞無算爵也見鄉飲酒禮無算爵節 丕奉也
丕惟曰爾克永觀省作稽中德作使也鄉飲酒禮主
人作相爲司正司正升相旅曰某子受酬受酬者降
席司正退立序端東面受酬者自介右衆受酬者受
自左拜興飲皆如賓酬主人之禮辯卒受者以觶降
坐奠于篚司正降復位觀省中德正觀賓主及介旅
酬以習禮也爾尙克羞饋祀爾乃自介用逸饋祀謂
賓主祭畢饋肉飲賓之後乃息司正無介不殺薦脯

醢羞惟所有徵惟所欲以告于先生君子賓介不與
鄉樂惟欲所謂克羞饋祀自介用逸也茲乃允惟王
正事之臣蓋言卿大夫士射必先行鄉飲酒禮見射義首
節 鄉飲以射選士悉爲幼壯孝弟耆耋好禮耄期稱
道不亂者絕無賁軍之將亡國大夫與爲人後者也
元德以善長人之德茲亦惟天若元德永不忘在王
家此皆順從天道而有天德者其心永忠王室也
王曰封我西土棐徂句 邦君御事小子尙克用文王敎
不腆于酒故我至于今克受殷之命

西土岐周棐輔也徂存也爾雅釋詁言我西土輔治之人
尙有存者邦君歸服文王之國御事治事之臣小子
卿大夫子克能也尙能用文王之敎不多飲酒故我
今受殷命而有天下也
王曰封我聞惟曰在昔殷先哲王句 迪畏天顯小民句
經德秉哲句 自成湯咸至于帝乙句 成王畏相惟御事
厥棐有恭不敢自暇自逸矧曰其敢崇飲越在外服侯
甸男衛邦伯越在內服百僚庶尹惟亞惟服宗工越百
姓里居罔敢湎于酒不惟不敢亦不暇惟助成王德顯

越讀 尹人祇辟句
哲王賢聖之君迪啟迪畏畏懼天顯天道顯著者小
民下民戴君者迪畏上懼天命靡常下懼民情難保
也經行也秉執也經德則行已不失秉哲則用人克
明成湯商有天下之祖帝乙殷之後代賢君咸感也
成王畏相言皆弼成王德畏威而輔助也御事治事
之臣厥棐有恭其輔皆肅恭自將不敢自爲暇逸況
曰其敢崇飲乎崇充也崇飲飲足而醉也外服藩服
侯甸男衛邦伯王畿之外甸男采侯衛邦伯諸侯之長 內服王畿百僚

庶尹惟亞惟服宗工同官曰寮伊正也亞亞旅服司服宗工宗正也百姓世族大家里居致仕居里而無職事者湎酒沈酣於酒醉形於色也罔敢不敢非但不敢實皆無暇助佐也成成德顯越顯揚尹人牧正之長祇辟敬法也

句解孔傳讀惟助成王德顯句越尹人祇辟句予攷爾雅釋言越揚也顯越正言顯揚當讀顯越二字連文故蔡傳云上以助成君德而使之昭著下以助尹人祇辟而使之益不怠耳以合十一字讀句顯越二字爲讀

我聞亦惟曰在今後嗣王酣身厥命罔顯于民祇保越

周書中　六

怨不易句誕惟厥縱句淫泆于非彝句用燕喪威儀民罔不盡傷心惟荒腆于酒不惟自息乃逸厥心疾狠不克畏死辜在商邑越殷國滅無罹弗惟德馨香祀登聞于天誕惟民怨庶羣自酒腥聞在上故天降喪于殷惟逸天非虐惟民自速辜

嗣王商辛也酣身沈湎于酒命詔令厥命罔顯于民言無德音昭著也祇適也保養也祇保越怨不易謂已但安於怨終不肯變誕妄誕縱放縱淫泆于非彝蓋言紂使民爲長夜之飲男女倮體相逐泆出常理之外燕飲喪其威儀絶無禮容民罔不盡傷心男女傷痛於心深怨入骨也史記殷本紀云紂大最樂戲於沙邱以酒爲池懸肉爲林使男女倮體相逐其閒爲長夜之飲傷痛曰盡說文荒大也腆多也惟荒腆于酒紂嘗以酒爲池迴船糟邱而牛飲者三千餘人殷本紀以酒爲池注正義括地志云酒池在衞州衞縣西二十三里太公六韜云紂爲酒池迴船糟邱而牛飲者三千餘人爲樂池既大酒亦多也不惟自息乃逸酒飲長夜時無休息自乃以爲逸豫其心疾很不克畏死絶無恤民之心不畏致衆死也辜罪也辜在商邑指朝歌沙邱言之紂罪貫盈絶不憂及殷滅無罹無

周書中　七

憂也郅治馨香感於神明商辛放棄不祀故曰弗惟德馨香祀厚賦稅以實鹿臺之財而盈鉅橋之粟臺高千丈臨望雲煙新序紂爲鹿臺七年而成其大三里高千丈臨望雲煙故曰登聞于天誕惟民怨既爲酒池並爲肉林男女裸聚日夜荒淫故曰庶羣自酒腥聞在上天降喪殷所以絶無愛惜惟紂爲耽逸也上行下效天下化之天既亡殷民亦不能無罪故曰天非虐惟民自速辜

句解孔傳蔡傳均讀誕惟厥縱淫泆句予攷書洪範傳使無縱莊子齊物論注蓬橫而極縱此當讀誕惟厥縱句淫泆于非彝句

王曰封予不惟若兹多誥古人有言曰人無於水監當
於民監今惟殷墜厥命我其可不大監撫于時予惟曰
汝劼毖殷獻臣侯甸男衛矧太史友內史友越獻臣百
宗工矧惟爾事服休服采矧惟若疇句圻父薄違句農
夫若保句宏父定辟句矧汝剛制于酒厥或告曰羣飲句
汝勿佚盡執拘以歸于周予其殺又惟殷之迪諸臣句
惟工乃湎于酒句勿庸殺之姑惟教之有斯明享乃不
用我教辭惟我一人句弗恤弗蠲乃事句時同于殺
多誥不憚煩言也水監人見妍媸民監君知治亂殷

以滛泆而失民心既墜厥命我周當爲炯監及時安
撫其民也劼慎也毖誥也廣韻殷獻遺賢太史掌六典
灋則者內史掌八柄之灋以詔王治者並詳周禮春官友親
近獻臣賢臣百宗工世族大家爲宗正者爾事指康
叔從事之臣美善曰休服休師儒之官素所服從者
擇取曰采服采才能之職常爲服用者疇類也圻父
政官司馬也主追逐違命者薄迫也農父教官司徒
也主順保萬民者若順也宏父事官司空也主制畫
經界之法者辟法也汝指康叔矧汝剛制于酒言康

叔時爲司寇非用猛政不能禁人之飲剛制用重典
也誥告也其或既告而仍羣飲汝當勿使佚逃盡拘
執以歸於周予當置彼於法殺之迪啟迪工技能諸
臣殷士臣服周者惟工乃湎于酒因爲技能議從寬
典不遽罪故曰勿庸殺之姑惟教之有斯明享若恃
其技能而遂明目張膽爲聚飲者乃不遵用我之教
辭則我一人絕不愛此不滌除舊染之俗者時惟同
殺之也相愛曰恤蠲除也
句解圻父農父宏父武億經讀攷異舊讀圻父絕句農父絕句宏父絕句朱子曰矧惟若疇至定辟

古注從父字絕句荆公從違保辟絕句夏出諸儒之表則蔡傳較優也予攷康叔時爲司寇經云矧惟若疇若汝也況與汝同官者司馬司徒司空各掌政治乎經明以若疇讀句則下當讀圻父薄違句農父若保句宏父定辟句詩桑柔弗求弗迪句書牧誓昏棄厥遺王父母弟不迪句此當讀又惟殷之迪句

王曰封汝典聽朕毖句勿辯乃司民湎于酒
典常也主也毖誥也典聽朕毖汝常主聽我誥勉治
所司民湎于酒也勿勉也禮祭義勿勿乎其欲饗之也註猶勉勉也辯治
也說文判也治也乃猶汝也王語康叔禁民湎酒必先勉治
乃司始也

梓材

梓滋也（淮南本經林無柘梓注）王朝培養人民猶之梓材滋生
史故取以名篇玩其意旨成王兩誥於前此篇康叔
答告王也

王曰封以厥庶民暨厥臣達大家以厥臣達王惟邦君

封康叔名庶民衆民暨與也臣家臣達薦進大家世
卿之家有采邑者以厥庶民暨厥臣達大家蓋言論
秀書升薦達由於世家也（論語憲問篇公叔文子之臣大夫僎與文子同升諸公之類）以厥臣達王惟邦君臣謂諸侯之臣古者諸侯
貢士王國如成湯進伊尹於夏岐周進膠鬲於殷也

此節首述成王命己治衞進賢之意

汝若恆越曰我有師師司徒司馬司空尹旅曰予罔厲
殺人

越發聞也（國語晉語使越於諸侯注越發聞也）汝指康叔王使常爲通
達諸侯告以欽恤之意師師百官助理者司徒掌教
民者司馬掌軍旅者司空掌邦土者尹旅庶官之正
罔無也曰予罔厲殺人言皆不敢殺戮無辜也（逸周書謚法解殺戮無辜曰厲）康叔時爲司寇故王勉常通達諸侯述王
命己恤刑之意也

亦厥君先敬勞（句）肆徂厥敬勞（句）肆往（句）姦宄殺人（句）
歷人宥（句）肆亦見厥君事（句）戕敗人宥

亦者兩相須意厥其也勞憂也其或諸侯敬憂以疑
獄上於司寇司寇則必使人往治其獄周官訝士云
掌四方之獄訟諭罪刑于邦國（鄭衆注四方諸侯之訟獄也鄭玄注諭罪刑者告曉以麗罪及制刑之本意）凡四方之有治于士者造焉（鄭玄注謂讞疑辨事先來詣乃通之於士也即此云亦厥君先敬勞意）四方有亂獄則往而
成之（即此云肆徂厥敬勞意）故曰亦厥君先敬勞肆徂厥敬勞
肆遂也徂往也敬勞欽恤之意肆往遂使其士往察

其情在外曰姦在內曰宄殺人賊害人者歷次也（禮記月令命宰歷卿大夫注歷猶次也）歷人宥原情定罪凡姦宄殺人次
犯當宥者則以獄辭上之於君侯君三刺斷中（三刺一曰訊羣臣二曰訊羣吏三訊曰萬民斷中謂準合法理宥罪）議定其事故曰肆亦見
厥君事戕敗人宥謂以杖擊傷人之肢體輕於殺人
致死者不待請事於君而即宥也

王啟監厥亂爲民曰無胥戕無胥虐至于敬寡至于屬
婦合由以容王其效邦君越御事厥命曷以引養引恬
自古王若茲監罔攸辟

官信曰啟見御覽五百二十五王啟監迪天子寄語命已監於
諸侯之國亂治也傷殘曰戕暴害曰虐其治爲民無
相殘暴也敬與矜同江聲尚書集注音疏呂刑哀矜折獄僞孔本作哀敬以彼況此則此敬字當作矜字讀敬寡矜寡屬婦妾婦容禮容合由以容
皆當以禮待接也其與期同釋見前盤庚中王其朝王迪職
之期效考也邦君諸侯御事治事之臣虞書曰三年
考績天子寄語於監者言當朝王之期必考實國君
及御事之治也引養能長養民者引恬能靜安民者
其命何以蓋以養民安民爲考績之法監無自遠於

周書中　十二

法也攸遠也辟法也
惟曰若稽田既勤敷菑惟其陳修爲厥疆畎若作室家
既勤垣墉惟其塗塈茨若作梓材既勤樸斲惟其塗丹
雘
稽考也譬若考求治田既已發土廣去草萊正待陳
列修治畫疆分畎也爾雅釋地田一歲曰菑註今江東呼初耕地反草爲菑說文疆畺界畎本作作水小流也益稷篇濬畎澮距川傳一畝之間廣尺深尺曰畎塗塈污墁也
茨謂以茅蓋屋梓材梓人治材爲器者樸斲樸治斲
削塗油漆也丹朱色雘青色蓋言王既爲之於前臣

當竟功於後也塗塈上脫作造爲也室家宮室居處垣墉四圍牆壁卑曰垣高曰墉五句
今王惟曰先王既勤用明德句懷爲夾庶邦享句作兄
弟方來句亦既用明德句后式典集句庶邦丕享句皇
天既付中國民句越厥疆土于先王句肆王惟德用句
和懌先後迷民句用懌先王受命句已句若茲句監惟
曰句欲至于萬年惟王子子孫孫永保命
今王指成王言先王文武明德賢才德行顯著者先
王既勤用明德蓋言文武之世勤於求賢十亂興周
唐虞際盛也懷思念夾挾持庶邦諸侯之國致貢曰

周書中　十三

享作使也方並也來謂來朝兄弟兼同姓異姓言之
后羣后式法也集會集丕奉也亦既用明德指王用
召公等后式典集庶邦丕享莫敢不來王莫敢不來
享也皇天上天越踰越皇天既付中國民越厥疆土
于先王文王受命于天三分天下有其二武王克商
而有天下成王之世肅慎來朝越裳來朝疆土視先
王踰遠也肆今也肆王惟德用今以雷風之變新逆
周公滅殷伐奄遷殷民于洛邑遂營成周四方民大
和會故曰和懌先後迷民用懌先王受命懌悅也迷

民頑民嚮化受命諸侯來朝王初涖阼視政也已語
畢歎辭茲此也監康叔自謂欲至于萬年惟王子子
孫孫永保命猶召詔云欲王受天永保供王祈天永
命語畢之頌辭也

句解 懷爲夾庶邦享孔傳讀懷爲夾句庶邦享句蔡傳讀同予攷多方云爾曷不夾介乂我周王享天之命以此比例當讀懷爲夾庶邦享句言思夾持諸侯致貢獻也○作兄弟方來孔傳眾國朝享于王言友愛也泰誓曰友邦冢君方來者並同而來也予攷俞樾羣經平議云作兄弟句方來句甚爲不辭當以作兄弟方來五字爲句作者使也方者並也言使兄弟之國並來朝享也○后式典集孔傳君天下能用常法則和集眾國大來朝享是以后式典讀句集

庶邦丕享讀句予攷詩小旻云是用不集大明云天命既集漢書禮樂志陰而不集荆燕吳傳贊云天下未集均以集字絕句此當讀后式典集句言羣后用法會集也下句故云庶邦丕享○肆王惟德用孔傳讀越厥先王肆句蔡傳讀肆王惟德用句武億經讀攷異肆字屬爲句非是肆字在句首者于書最多如梓材前文肆徂厥敬勞肆亦見厥君事舜典肆類于上帝湯誥肆台小子並可與証予攷當讀肆王惟德用句

召誥

洛居天下之中風雨和甘山河表裏武王嘗欲建都
於此周公召公踵成其志史名召誥者營洛之役公
獨經營也

惟二月既望越六日乙未王朝句步讀自周則至于豐
二月成王七年春二月也竹書紀年成王七年春二月王如豐朔日乙
亥漢書律曆志日月相望謂之望既望十有六日乙未二
十有一日也朝謂朝見羣臣輦行曰步韻會世稱輦車日步輦謂人荷而行不駕馬也周鎬京豐在鎬西召公所治之處召公與周公分陝而治文王廟宮在焉周鎬京地泰爲杜縣漢置長安縣今在陝西西安府治史記索隱卷十云豐文王所作邑在鄠縣東臨豐水去鎬二十五里後武王都鎬于豐立文王廟是也

句解至于豐孔傳蔡傳讀王朝步自周句予攷下云太保朝至于洛周公朝至于洛此當讀王朝句步字單讀自周則至于豐句

惟太保先周公相宅越若來三月惟丙午朏越三日戊
申太保朝句至于洛句卜宅句厥既得卜句則經營
太保召公名奭相宅謂營洛以爲東都越於也若順
也越若來太保於是順從王來至于鎬京三月寅月
朔日甲辰漢書律曆志月未盛明曰朏丙午三日戊申五
日朝謂召公朝王洛洛邑卜宅宅將營而先卜凶吉
得吉休徵之象經營制度云爲也
越三日庚戌太保乃以庶殷攻位于洛汭越五日甲寅
位成

庚戌三月七日庶殷殷之遺獻黎民遷移於洛者位謂殷庶宗廟社稷攻位變置鬼神之位用幣以告知伐鼓然而聲請也周官太祝掌六祝之辭以事鬼神示祈福祥求永貞掌六祈以同鬼神示五日攻六日說正義攻如其鳴鼓然項安世曰六祝所以祈福六同所以禳禍御案云攻如救日伐鼓以兵之類說謂以辭責之如變置社稷必責以辭洛汭洛水汭曲之中殷之社稷神示既遷洛汭周之社稷神示因定洛中故曰越五日甲寅位成甲寅月十一日位謂左祖右社面朝後市成謂規畫就緒也

若翼日乙卯周公朝句至于洛則達觀于新邑營越三

日丁巳用牲于郊牛二越翼日戊午乃社于新邑牛一羊一豕一

翼日乙卯甲寅之明日也朝謂周公朝王新邑洛都達通也營治也丁巳月十四日戊午月十五日用牲于郊牛二郊祭天祀天以后稷配天牛一稷牛一也社于新邑牛一羊一豕一社祭地祀地以句龍配地用太牢牛一句龍用少牢羊一豕一也郊特牲帝牛不吉以爲稷牛帝牛必在滌三月稷牛惟具所以別事天神與人鬼也足徵郊天祀稷各以一牛郊用特牛者禮以少爲貴無羊豕也王制云天子社稷皆太牢太牢牛一羊一豕一子攷特牲者獨享也太牢者其享也祭地之牛地示享之而配享之句龍可以餕餘祭句龍之羊豕亦必先奉地示分言之則牛爲祀地羊豕爲祀句龍合言之則牛羊豕均爲祀社也

越七日甲子周公乃朝句用書命庶殷侯甸男邦伯句厥既命殷庶庶殷丕作

甲子三月二十有一日也朝周公朝見諸侯于明堂朝禮詳見禮記明堂位書國書儀禮覲禮天子賜侯氏以車服太史加書于服上侯氏受此書代成王賜命即書之命辭庶殷侯甸男邦伯皆殷商諸侯臣服于周者周公一一慰勞故庶殷奉書興起也丕奉也

攷正周制九服一曰侯二曰甸三曰男四曰采五曰衞六曰蠻七曰夷八曰鎮九曰藩侯甸男卽其近王畿者言伯長也邦伯卽九州之長

太保乃以庶邦冢君出句取幣句乃復入句錫周公句曰句拜手稽首句旅王句若公誥告庶殷句越自乃御事句嗚呼皇天上帝改厥元子茲大國殷之命惟王受命無疆惟休亦無疆惟恤嗚呼曷其奈何弗敬

冢君大君諸侯有土地者出謂出於明堂門外取幣取其覲王之玉帛也入謂復入明堂門內錫與也錫周公曰拜手稽首旅王蓋召公贊詔諸侯行覲見之

禮請周公以玉帛代陳王也旅陳也若公誥庶殷越
自乃御事召公申述周公命書之意嗚呼歎辭皇天
上帝改厥元子商亡而周興者天命不常歸於有德
也休美也恤憂也無疆猶言無竟嗚呼歎辭曷其奈
何弗敬言受天命者如何弗爲心敬也
句解孔傳讀乃以庶邦冢君出取幣句乃復入句錫周公曰句拜手稽首句旅王若公句誥告庶殷越自乃御事句蔡傳一氣解說不分句讀予攷當讀太保乃以庶邦冢君出句取幣句乃復入句錫周公句曰句拜手稽首句旅王句若公誥告庶殷句越自乃御事句義悉詳見註解
天既遐終大邦殷之命茲殷多先哲王在天越厥後王

後民茲服厥命厥終智藏瘝在夫知保抱攜持厥婦子
以哀籲天徂厥亡出執嗚呼天亦哀于四方民其眷命
用懋王其疾敬德
遐永也夏之曆數視唐虞爲永殷之曆數視夏尤永
其所以永長至此者因殷多先哲王在天也殷自成
湯至于武丁賢聖之君六七作成湯太甲太戊祖乙盤庚武丁太甲之子沃丁亦殷賢君惟無功烈顯著或數之或不數之故孟子渾言曰六七作也越厥後王後
民蓋指武丁以下至于帝乙茲此也茲服厥命時以
商受爲君厥終智藏瘝在瘝病也智藏微子去殷商

容避位瘝在飛廉惡來病民用事也夫民夫之在公
者知見也呂覽自知篇知於顏色注知猶見也言民夫見紂無道百姓
怨望莫不保抱攜持厥婦子以哀籲天徂阻也莊子則陽篇已死不可徂釋文徂本作阻
阻其逃亡出被拘執進退維谷無地
自容言苦虐政之甚也嗚呼歎辭天遂眷顧于周用
命文武誕膺天命今王其謀急敬德也
相古先民有夏天迪從子保面稽天若今時既墜厥命
今相有殷天迪格保面稽天若今時既墜厥命今沖子
嗣則無遺壽耇曰其稽我古人之德矧曰其有能稽謀

自天
先民先世也有夏謂夏后氏天迪從子保啟賢能敬
承禹之道故天易唐虞之禪而爲夏后繼也面尙也
儀禮鄉射禮面鏃注面猶尙也面稽天若尙攷當年從子保者今則
夏亡而命絕也有殷指成湯言格謂格王格王詳前高宗肜日
殷多賢聖之君陟帝左右天又從而保之尙攷天道
今則商亦墜厥命也沖子年幼之稱指成王言壽耇
謂老成人曰其稽我古人之德蓋勉王以古來聖君
爲監也矧況也矧曰其有能稽謀自天況曰以天道

省厥躬與言能以天道自省再無加於其上也
嗚呼有王雖小元子哉其丕能諴于小民今休王不敢
後用顧畏于民碞
王指成王以善長人曰元元子天子也其與期同其
丕能諴于小民期能大和於民雖微賤而皆誠感休
美也今休今見治功告成德化休美王不敢後謂王
以急民為務不敢落於前王後也回視曰顧碞險也
用顧畏于民碞民情大可見小人難保故宜慄慄為
危懼也

周書中　廿

王來紹上帝自服于土中旦曰其作大邑其自時配皇
天毖祀于上下其自時中乂王厥有成命治民今休
王來成王自周來洛繼承曰紹王來紹上帝王者繼
天出治也土中洛邑自服于土中禹貢五服甸侯綏要荒
周制九服侯甸男采衛蠻夷鎮藩王都定於洛邑正當九服之
中旦周公名公自稱旦曰者斯時周公復辟從臣稱
名尊王之義也其作大邑言此以為東都其自時配
皇天毖祀于上下言此以立明堂郊社郊以后稷配
明堂以文王配其自時中乂言王者統大居正宅中
而治以此為朝會諸侯之所成命詩周頌曰昊天有
成命言文武膺受天命至成王始成厥功治民休美
此下皆周公言也
王先服殷御事比介于我有周御事節性惟日其邁王
敬作所不可不敬德
服用也比介輔助言王當先服殷之治事輔助我周
治事制其驕佚之性約於禮義之中日為勇往力行
也所居所王敬作所不可不敬德敬以直內居王之
位不可不聖敬日躋也

周書中　二一

我不可不監于有夏亦不可不監于有殷我不敢知曰
有夏服天命惟有歷年我不敢知曰不其延惟不敬厥
德乃早墜厥命我不敢知曰有殷受天命惟有歷年我
不敢知曰不其延惟不敬厥德乃早墜厥命今王嗣受
厥命我亦惟茲二國命嗣若功
監夏監殷當以夏殷為炯監也服服事天命天之曆
數不敢知言不敢料不其延不敬厥德指桀紂斫喪
天命也今王成王嗣命繼文武受天之命蓋不可不
以夏殷為監而竟文武之功也

王乃初服嗚呼若生子罔不在厥初生自貽哲命今天其命哲命吉凶命歷年知今我初服宅新邑肆惟王其疾敬德王其德之用祈天永命其惟王勿以小民淫用非彝亦敢殄戮用乂民若有功其惟王位在德元小民乃惟刑用于天下越王顯

初服周公致政成王在周服衮冕以朝諸侯也譬若生子赤子之心本善自貽哲命人之初生之天天既命人以哲又命吉凶歷年者天命旣賦於人有習善者有習惡者習善則吉習惡則凶命數短長隨之故

周書中　三

曰今天其命哲命吉凶命歷年今我初於新邑以朝諸侯四方之人於此觀治王惟疾敬其德祈天永命耳小民田野之民淫用非彝稅斂煩苛征役不已殄戮用乂專以刑威爲治也雖有刑威民則不順民所順者必以恩惠相結絕非淫用非彝故曰民若有功德元者王者之仁德也易曰何以守位曰仁其惟王位在德元勉王以仁治天下也刑法也王者以仁爲治小民以仁爲法故於王德愈顯著也

上下勤恤其曰我受天命丕若有夏歷年式勿替有殷歷年欲王以小民受天永命

勤勞也恤憂也上下勤恤朝野交儆我受天命卽皇天上帝改厥元子之命其期也丕奉也式用也替止也丕若有夏歷年式勿替有殷歷年蓋言奉合夏殷曆數用承而勿廢也小民田野之民欲王以小民受天永命得乎邱民爲天子民爲邦本本固邦寧也

拜手稽首曰予小臣敢以王之讎民百君子越友民保受王威命明德王末有成命王亦顯我非敢勤惟恭奉幣用供王能祈天永命

周書中　三

拜手稽首周公言畢而致其敬也小臣自謙之辭讎民殷之頑民百君子現有爵位官職者友民不仕王侯高尚其志如箕子作賓王家之類保受王威命明德無不服王德威也末終也王末有成命王亦顯斯時成王幼冲愼厥始惟厥終則王德威昭著於天下也勤勞也我今覲拜於王非敢自以爲勞實恭代諸侯致幣以供王祈天永命也

洛誥

周公往營成周與召公大相東土兼營瀍水之東以

爲下邑遣使以圖及卜獻王故曰洛誥
惟三月哉生魄周公初基作新大邑于東國洛四方
民大和會侯甸男邦采衞百工播民和見士于周周
公咸勤乃洪大誥治
攷正 蔡傳蘇氏曰此上有脫簡在康誥自惟三月哉生魄至洪大誥治四十八字○欽定書經傳說彙纂陳氏櫟曰此篇首章九句脫簡在康誥之首○予攷召誥云若翼日乙卯周公朝至于洛中歷丁巳戊午至于甲子爲三月二十一日康誥首節云惟三月哉生魄是三月二十二三據日求之則康誥首節是與洛誥同時非錯簡也○此節註前康誥
周公拜手稽首曰朕復子明辟王如弗敢及天基命定

周書中　二四

命予乃胤保大相東土其基作民明辟
拜手稽首臣下敬君之禮復白也子者成德之稱 顏師古曰子者人之嘉稱故凡成德謂之君子 辟治也朕復子明辟成王七年
周公復政于王 詳見竹書紀年 故告王自明其治也如謀也
爾雅釋詁 與謀曰及 宣七年左傳 基命所以成始定命所以成
終天謂天命王如弗敢及天基命定命蓋武王克商
曰我南望三塗北望嶽鄙顧瞻有河粤瞻雒伊毋遠
天室營雒本武王之命故成王弗敢與謀也作雒解
逸周書篇名 曰周公將致政乃作大邑 乃作大邑成周于土中立城方千七

百二十丈郛方七十里 南繫於洛水北因於郟山故曰我乃胤
保大相東土胤繼也其基作民明辟洛邑既成中天
下以定四海實爲鼓舞其民俾明其治也
予惟乙卯朝 朝字單句 至于洛師我卜河朔黎水我乃卜澗
水東瀍水西惟洛食我又卜瀍水東亦惟洛食伻來以
圖及獻卜
乙卯三月八日也 成王七年詳見召誥 洛師王城黎水在河之
北故曰河朔黎水澗東 水經云澗水出新安縣南白石山東南入于洛今在河南西四十里周書所謂我卜澗水東者是也 瀍西 水經云瀍水出河南穀城縣北山東與千金渠合注云書曰我卜瀍水西謂斯水也

周書中　二五

惟洛食又瀍東亦惟洛食食采食也
古者諸侯分封王畿之內皆有食采故公卜洛師餘
地以爲食邑 周官司徒凡建邦國以土圭土其地而制其域諸公之地封疆方五百里其食者半諸侯之地封疆方四百里其食者參之一諸伯之地封疆方三百里其食者參之一諸子之地封疆方二百里其食者四之一諸男之地封疆方百里其食者四之一韓詩外傳古者受封必有采百里諸侯采三十里七十里諸侯采二十里五十里諸侯采十里 伻使也伻來以圖及獻卜
公命使之鎬京獻其晝分洛邑地圖兼及卜吉之兆
龜也
攷正 王城召公所卜以爲周東都者今河南縣是也地理志河南郡河南縣故郟鄏地周武王遷九

鼎周公致太平營以爲都是爲王城周公至洛則洛邑宗廟社稷朝市已經召公營成故周公惟有用牲郊社耳今洛誥云我卜㵎東瀍西惟洛食又卜瀍東亦惟洛食者蓋召公營王城時兼營成周惟王城成周食朵之地尚未經營留待周公來卜以示和衷共濟及周公至洛卜得㵎東瀍西惟洛食王城之食朵也又卜瀍東亦惟洛食者成周之食朵也成周在王城東今洛陽縣相距祇三十里○黎水尚書稗疏蘇氏謂爲黎陽亦太遠涉蓋二公之所卜者其他皆相密邇故三日而訖卜以踐武王三塗嶽鄙之命其河之南岸則㵎瀍之交在河之北岸者黎水之涯上黨爲故黎國沁水之源發自沁州沁地屬上黨則沁自黎來在商周或因其出自上黨之黎而爲黎水也予攷河朔黎水在㵎瀍之東參觀今古輿圖據稗疏所言實今懷慶府河內濟源孟縣溫縣四邑質之左傳桓王奪鄭之邑與鄭之邑悉在此間皆爲當年食朵也○洛食孔傳卜先墨畫龜然後灼之兆順食墨蔡傳史先定墨而灼龜之兆正食其墨也王鳴盛尙書

後案鄭以爲惟洛食爲居民服田相食俞樾羣經平議易井初云井泥不食李氏集解引虞注曰食用也言卜洛食者卜洛爲用也予攷諸家所解皆非當從周官封疆云云作食朵解古者諸侯朝見天子王畿之內必有湯沐之邑湯沐即外侯食朵周公召公既作大邑於東國洛絕無不爲內諸侯外諸經營食朵也

王拜手稽首曰公不敢不敬天之休來相宅其作周匹休公既定宅伻來來視予卜休恒吉我二人共貞公其以予萬億年敬天之休拜手稽首誨言

拜手稽首王敬公爲叔父也公不敢不敬天休明見天命之當然而不得不然答其基命之語相宅匹休言卜河洛以爲東都與周豐鎬匹美定宅謂公達觀新邑卜定宗廟朝廷社稷之位以及卜爲成周洛食之地視示也陳櫟曰視示古通用恒常也二人王與周公貞定也譯名釋言語伻來來視予卜休恒吉我二人共貞言公遣使致示卜吉取決於我其定也其期也公期予萬億年敬天之休答其定命之意休無窮極拜手稽首誨言王拜謝公云萬億年休美也

周公曰王肇稱殷禮祀于新邑咸秩無文予齊百工伻從王于周予惟曰庶有事今王即命曰記功宗以功作

元祀惟命曰汝受命篤弼丕視功載乃汝其悉自敎工孺子其朋孺子其朋其往無若火始燄燄厥攸灼敘弗其絕句厥若彝及撫事句如予讀惟以在周工往新邑句伻嚮即有僚明作有功惇大成裕汝永有辭

肇始也稱舉也殷盛也秩秩序物相雜曰文易繫辭今王始祀新邑舉行盛典咸有秩序而無紊雜此美王祀於洛也予周公自稱齊整也百工有職事者伻使也有事祭祀予齊百工伻從王于周予惟曰庶有事此述新邑既成公使百工助祭於周也今王命記公

宗作元祀祭法曰聖王之制祭祀也法施於民則祀之以死勤事則祀之以勞定國則祀之能禦大災則祀之能捍大患則祀之凡有功於國者莫不祭於大烝此成王聞周公有事之言卽命紀録功宗首先祭祀也殁者功祀大烝生者功書載籍惟命曰汝受命篤弼丕視功載乃汝其悉自教工此言成王申命周公令其誠於輔相繼續奉視功載詳教百工也朋與倗同（俞越羣經平議兩朋字當讀為倗）猶言委託（六書故朋委也託也朋同類故可託）孺子其朋孺子其朋再言王以此事委託者自今以

往無若火始燄燄厥攸灼敘弗其絶燄燄火微之象灼火盛貌此公言予既復辟王當自親其事不可再有委託曰見其盛也彝尊彝古者彝書約劑以昭信守（禮書彝之為器凡邦國之約劑書於此司約大約劑書於宗彝）兼識武功（左傳襄十九年云且夫大伐小取其所得以作彝器）而作分器（書序武王既勝殷諸侯頒宗彝作分器）陳列各分時位（周官司尊彝掌六彝六尊之位春祠夏禴祼用雞彝鳥彝秋嘗冬烝祼用稼彝黃彝四時祀享祼用虎彝蜼彝厥若彝正指陳列之時各因所宜而變易也）故取用彝為治事譬因時而慰勉人也周工在周百官新邑洛邑伻使也嚮向也卽就也有僚有職位者作謂鼓舞興

起此公語王以周京舊臣使為新邑表率明作有功惇大成裕正於振勵激勸之中而寓優容寬大之意則王者之休問亦永有辭於世也

句解（孔傳蔡傳均讀厥若彝及撫事如予句予攷當讀厥若彝及撫事句此承上王祀新邑咸秩無文因事取譬也如予惟以在周工往新邑此公語王當效已法用周人為表率也）

攷正（欽定書經傳說彙纂陳櫟曰此篇大可疑者惟有公告王宅洛行祀出命之辭而不載王至洛之事且孺子其朋等處聱牙難通予攷葉適曰此篇當與召誥參看蓋非一時之言林之奇曰召誥洛誥二篇辭雖不同而其意相為終始左氏之作傳以釋經有先經以始事者有後經以終義者召誥之篇是先經以始事之類也洛誥之篇是後經以終義之類也據葉林云云召誥曰王來紹上帝自服于土中是

明言成王至洛與此誥曰王肇稱殷禮祀于新邑云云義相表裏史從省文故此篇不再書王來洛也予齊百工數語是追溯告王之時今王卽命曰數語是王來洛面令之辭孺子其朋數語是公推誘之辭厥若彝及撫事數語是公告王易人之辭如此分解則經文何嘗聱牙與）

公曰已汝惟沖子惟終汝其敬識百辟享亦識其有不享享多儀不及物惟曰不享惟不役志于享凡民惟曰不享惟事其爽侮（享多儀儀不及物句中脫一儀字）

已發端歎辭沖幼也沖子猶言孺子終謂當竟文武之功百辟諸侯貢獻曰享儀禮儀多儀進退揖讓之容物謂朝覲聘幣役服也儀不及物既無恪敬之心

即非心志所服享如不享其事爲失慢也爽失也侮
慢也
乃惟孺子頒朕不暇聽朕教汝于棐民彝汝乃是不蘉
乃時惟不永哉篤敘乃正父罔不若予不敢廢乃命汝
往敬哉茲予其明農哉彼裕我民無遠用戾
頒分也朕周公自稱頒朕不暇蓋周公勤於政治夜
以繼日坐以待旦沐握吐哺以見厥士致政于王正
欲分已不暇兼施以政教王輔導民之倫常也蘉晉
省聲王鳴盛尚書後案此字說文所無徐邈讀若從晉省聲從侵則無義說文晉目不明也芒目
周書中　三十
不明象與瞢同義錢大昕十駕齋養新錄戰國策有芒卯淮南子作孟卯是孟芒同音
釋文蘉莫剛反蘉即孟審矣蘉從侵無義疑即瞢字汝乃是不蘉公正教王識
其享與不享不致不明于民彝也永長也乃時惟不
永哉周公時欲明農不能常教成王其時能有幾何
不能永久在茲正父召公篤敘謂當以召公爲法不
曰召公曰正父者正長也天子稱同姓曰伯父叔父
召公時與周公分陝而治正爲伯長召公之治無不
若予必不敢放棄不教汝當往敬之也茲予退政明
農彼必能裕我民汝不可遠彼而用遷也

王若曰公明保予沖子公稱丕顯德以予小子揚文武
烈奉答天命和恒四方民居師惇宗將禮稱秩元祀咸
秩無文
沖子天子年幼之稱稱舉也丕奉也公稱丕顯德言
公舉行奉承者皆爲顯德昭著挾持曰以以予小子
揚文武烈文文王武武王烈光也奉承也答對也恒
固也師洛都上能奉承天命下能和固其民畀長治
久安作新大邑于東國洛四方民大和會也惇厚也
惇宗將禮謂奉文王於明堂武王於世室以及郊祀
周書中　三
后稷配天追王太王王季文王太伯王季虞公伯邑
考皆以列升並見史書周本紀與汲冢周書世俘解故曰稱秩元祀咸
秩無文
惟公德句明讀光于上下句勤讀施于四方句旁作
穆句迓衡不迷文武句勤教予小子句夙夜毖祀
公德周公之德明光上下勤施四方高下遠邇無不
覆冒也穆穆天子之容旁作穆穆迓衡不迷文武蓋
諸侯助祭于周而退見文武尸者莫不磬折玉音金
聲玉色在廟中者伋然淵其志和其情愀然若復見

文武之身也大傳云太廟之中繽乎其猶模繡也天下諸侯之悉來進受命于周而退見文
武之尸者千七百七十三諸侯皆莫不磬折玉音金聲玉色諸侯在廟中者伋然淵其志和其情愀然若
復見文武之身然後曰嗟子乎此蓋吾先君文武之風也夫及執俎抗鼎執刀執匕者負牆而歌憤於其
情發於中而樂節文故周人追祖文王而宗武王也側助曰旁興起曰作迓迎
也眉目之間曰衡後漢蔡邕傳注謂文武形狀儼然迎見眉
宇之間不迷惑也勤教予小子夙夜毖祀即周頌曰
念茲皇祖陟降庭止維予小子夙夜敬止於乎皇王
繼序思不忘以及抗世子之法於伯禽教其恪恭朝
夕也

王曰公功棐迪篤罔不若時
成王再言周公輔導之功正厚無不順時而治也
王曰公予小子其退即辟于周命公後
退謂王歸周京即辟就治王親政也命公後成王嘉
周公之功待命伯禽為後於魯錫之山川土田附庸
命公後王必歸周者爵賞行於祖廟也魯頌云克咸厥功王曰叔
父建爾元子俾侯于魯大啟爾宇為周室輔乃命魯公俾侯于東錫之山川土田附庸足徵命公後是成
王命伯禽為魯侯也
攷正命公後孔傳命立公後公當留佐我正義至洛邑當命公後立公之世子為國君公當留輔我

也蔡傳此下成王留周公治洛也謂之後者猶後世紹後之義先儒謂封伯禽以為魯後者非是考之費
誓東郊不開乃在周公東征之時伯禽就國蓋已久矣宋芹十二經札記孔蔡兩說予向疑之而未敢定
今細考之則孔傳是也左傳定四年子魚曰昔武王克商成王定之選建明德以蕃屏周分魯公以殷民
六族因商奄之民命以伯禽而封于少皞之虛分康叔以殷民七族命以康誥而封於殷虛皆啟以商政
疆以周索則伯禽康叔之封並在一時孔傳所云無疑也予攷魯封自在武王之世至成王世命公後者
魯頌曰大啟爾宇為周室輔是命伯禽為侯益以山川土田兼分殷民六族因周公受封之舊而廓增也
四方迪亂未定于宗禮亦未克敉公功迪將其後監我
士師工
迪進也亂治也四方迪亂商奄既平四方正進於治

宗禮宗子之禮古者諸侯不祖天子成王以周公有
大勳勞賜魯重祭故文王子孫皆以魯為宗國魯得
明堂郊祀者王正為敉公功也將奉也迪將其後王
命伯禽為後於魯兼為諸姬之宗監我士師工士卿
士師官師工百工魯侯皆得監視也
誕保文武受命亂為四輔王曰公定句予往已句公功
肅將祗歡公無困哉蔡傳吳氏曰前漢書兩引公無困哉皆以哉作我當以我為正予攷吳氏當是異檢
我惟無斁句其康事公勿替刑四方其世享
誕大也保守也文文王武武王受命受天之命亂治

也爲助也四輔周公太公召公史佚分爲道充弼承
常在成王前後左右輔相其治也定安止公定王語
周公安止在洛予往已自謂欲歸周京已語助詞公
功肅將祗歡王稱周公之功鎮撫洛邑我正肅而奉
之敬而悅之有疑則問應之不窮公無言去困我我
實歡奉無厭也其康事公勿替刑公當安於其事勿
廢治洛之法則四方諸侯必世世來享獻也
句解江聲尚書集注音疏予往至祗歡九字作一句讀焦循尚書補疏讀已一字爲句謂歎辭也孔傳蔡傳讀我惟無斁其康事爲句予攷當讀公定句予往已句太甲篇朕承王之休無斁詩葛覃服之無斁此當讀我惟無斁句

周書中 三四

攻正四輔孔傳大安文武所受之民治爲我四維之輔明當依倚公蔡傳大保文武所受於天之民而治爲宗周之四輔也漢三輔蓋本諸此予攷孫星衍尚書今古文注疏文王世子云虞夏商周有師保有疑丞疏引尚書大傳云天子必有四鄰前曰疑後曰丞左曰輔右曰弼天子問有而無以對責疑可志而不志責丞可正而不正責輔可揚而不揚責弼大戴保傳篇云明堂之位曰篤仁而好學多聞而道慎天子疑則問應之不窮者謂之道道者導天子以道者也常立於前是周公也誠立而敢斷輔善而相義者謂之充充者充天子之志也常立於左是太公也絜廉而切直匡過而諫邪者謂之弼弼者拂天子之過者也常立於右是召公也博聞彊識接給而善對者謂之丞丞者承天子之遺忘者也常立於後是史佚也成王中立聽四聖維之是以慮無失計而舉無過事漢書谷永傳四輔既備成王靡有過事注師古曰輔弼疑丞引洛誥此文據孫氏所云四輔爲周尚召史也○困哉尚書集注音疏開元本作哉非也漢書元后傳及杜欽傳皆引作我予攷蔡傳引吳氏云哉爲我正合是時公爲四輔公去則成王疑無可問故曰困我

周公拜手稽首曰王命予來承保乃文祖受命民越乃
光烈考武王弘朕恭
拜手稽首公承王命遂自致其敬君之禮也王命予
來謂成王命已來相東土承奉也保安也乃指成王
承保乃文祖受命民言文王受命于天而有之民命
已承保也越於也光烈言其武王德盛詩周頌載見篇休有烈光

周書中 三五

率見昭考以孝以享傳云昭考武王子玩光烈猶言烈光父死曰考越乃光烈考
武王斯時成王之父武王已崩也弘大也朕周公自
稱恭敬也宏朕恭公謂王以任大責重命我不懈于
位也
孺子來相宅其大惇典殷獻民亂爲四方新辟作周恭
先曰其自時中乂萬邦咸休惟王有成績
孺子成王年幼之稱相宅王至洛邑遍視宗廟社稷
朝市惇厚也典典章惇典猶言布德行惠獻民殷士
賢者亂治也新辟新君政治作周恭先人君恭以接

下致敬讓爲天下倡也曰語辭其自時中乂時謂乘
時布德中謂宅中圖治乂治也萬邦咸休周營洛邑
本謂朝覲諸侯會同之所休美也惟王有成績文王
營豐武王營鎬惟成王時遂營洛也
予旦以多子越御事篤前人成烈答其師作周孚先考
朕昭子刑乃單文祖德
予旦周公自名多子周公之子凡蔣邢茅胙祭之類
以用也越發揚御事治事惇信曰篤前人成烈謂文
武功烈答對也師衆也予用諸子發揚治事克篤前

周書中　　三六

人成烈對衆爲天下倡者正欲以誠信感孚明已無
私祖也考稽也朕周公自稱昭子周公之子文爲穆
考武爲昭考周公與武王同昭其子則曰昭子刑典
法單殫也考朕昭子刑乃單文祖德公言稽考我之
多子克守典法乃盡文祖之德化也此節公言用不
失親之義
伻來毖殷句乃命寧句予以秬鬯二卣曰明禋句拜手
稽首休享予不敢宿則禋于文王武王惠篤敘無有遘
自疾萬年厭乃德殷乃引考王伻殷乃承敘萬年其永

觀朕子懷德
伻來王使來也前節王曰予小子其退卽辟于周命
公後又曰公定予往已斯時王歸宗周鎬京故復遣使
來也毖誥也廣韻寧安也伻來毖殷乃命寧王分殷民
六族於魯遣使誥殷獻民乃命公安撫也予賚也秬
黍黑黍一稃二米鬯鬱鬯黑黍釀酒而以鬱金香草
漉之故曰秬鬯卣中樽古者禋祀昊天上帝大宗伯云禋祀昊天上帝則必殺牲燔燎王曰明禋灌酌鬱鬯以獻而不
殺牲也拜手稽首重其爲鬱鬯之酒休嘉也享獻也

周書中　　三七

宿謂進爵顧命三宿三祭三咤孔傳王三進爵三祭酒三奠爵王制云諸侯賜
圭瓚然後爲鬯未賜圭瓚則資鬯於天子予不敢宿
王賜秬鬯未賜圭瓚公既致政不敢以圭瓚宿酒也
明堂位云灌用玉瓚大圭注灌酌鬱鬯以獻也大祀天地曰禋祀文武亦曰禋
者周人明堂祀天以文王配祀帝以武王配公不敢
執圭瓚禋天公能執璋瓚禋文武也惠神惠篤厚也
敘次序厥飫也惠篤敘無有遘自疾萬年厭乃德大
戴記盛德篇云聖王之盛德人民不疾此公禋祀文武
祝嘏之辭猶言身其康疆子孫其逢吉世世勿替引

之殷乃引考遞及殷民終承其福也王伻殷乃承敘萬年其永觀朕子懷德殷即殷氏觀示也朕子伯禽諸人公對伻言王使分民於魯魯當承保萬年昭示子孫承懷王德也

句解 朱芹十三經扎記孔傳以寧字句連上文讀蔡傳以寧字句連下文讀謂以祀神之禮事周公也說本蘇氏毛西河謂古無寧禮至訛之謂活祭周公則蔡傳之非不待言矣江聲尚書集注音疏鄭康成以寧爲寧王周公謂文王爲寧王成王謂武王爲寧王聲謂此寧王當爲武王予攷寧安也非指文王武王成王分殷民六族於魯遣使來誥乃命周公安撫當讀伻來毖殷句乃命寧句文侯之命曰用賚爾秬鬯一卣爾雅釋詁賚予也轉訓予即爲賚此節當讀予以秬鬯二卣句曰明禋句

周書中　三八

攷正 宿孔傳則絜告文武不經宿蔡傳宿與顧命三宿之宿同予攷蔡傳是也明禋是祀皇天上帝祭禮之極大者禋祀文王武王與祀天相等古者致祭必散齋七日致齋三日絕無拜受秬鬯不待經宿而即立禋文王武王恩遽將祀也宿謂用圭祼祭王制云諸侯賜圭瓚然後爲鬯未賜圭瓚則資鬯于天子王以秬鬯二卣曰明禋周公禋祀文武賚鬯天子故曰予不敢宿宿謂縮酒以圭瓚祼鬯也

戊辰王在新邑句烝句祭歲句文王騂牛一武王騂牛一王命作册逸祝册惟告周公其後

戊辰十有二月十二日也冬祭曰烝祭謂祭祀歲謂每歲成王即政朝見諸侯明堂每歲必祭文武世室各用騂牛一也騂牛毛色赤祝册祭告之文逸史官名惟告周公其後王以周公治洛告于文王武王也

句解 馬融曰王在新邑絕句鄭玄讀王在新邑烝句孔傳蔡傳並以烝祭二字解義予攷王在新邑句烝句祭歲言每逢朝覲明堂烝祭之年文武世室騂牛各一也

攷正 王夫之尚書稗疏此以月日統記上文之事也烝祭于文武前所謂祀于新邑者自一事也王命作册逸祝册惟告周公其後乃王歸西周以後伻來至洛又一事也王賓殺禋咸格王入太室祼又記烝祭之禮王命周公後之作册逸誥在十有二月又記伻來至洛命周公其後之時其文錯出係史家雜敘之言或古史前記言後記事不可一律拘也然烝祭與誥作册不同時則所謂戊辰者非十有二月之日也而孔氏以爲月晦誤已是年三月丙午朏則甲辰朔見于召誥計建亥之晦日非庚子則辛丑即三月爲建寅之月亦不過戊戌己亥而止安得有戊辰晦之理則戊辰之烝自建子月之終而作册逸誥在十

周書中　三九

有二月者建丑之月也蓋王祭畢歸周又遲一月而始遣伻命公也前以吉烝知其爲仲冬故戊辰不繫後言在十有二月乃終言一歲之事與下文惟七年相合成文其不言日者義不繫于日也

王賓殺禋咸格王入太室祼王命周公後作册逸誥在十有二月惟周公誕保文武受命惟七年

王賓周官大宗伯云以賓禮親邦國蓋王烝之日諸侯助祭不純以臣禮使之而以賓禮待之示相親也殺禋郊特云大饗諸侯爲賓灌用鬱鬯又曰周人尚臭既灌然後迎牲蕭合黍稷臭陽達於牆屋故既奠然後焫蕭合羶薌又曰取膟膋膟音律血祭肉也膋音聊腸間脂也燔

燎升首報陽也蕭合黍稷膟膋燔燎是爲殺禋格來
也咸格諸侯悉來助祭大烝之日王入太室祼是在
明堂中央禋祀皇天上帝配以后稷以酒灌地而降
神也王命周公後爵賞行於祖廟册爲封國命辭逸
卽史佚一作史逸作册逸誥史奉王命述其封魯之意以
誥周公伯禽也韻會云告上曰告發下曰誥故士云
王命作册逸祝册惟告周公其後此云王命周公後
作册逸誥蓋有上下之分也在終也在十有二月記
其烝祭之時誕保文武受命惟七年合紀周公攝政

歲月以書功也

多士

周定洛都兼營瀍澗以爲食采乃徙殷遺附居其地
告稱多士者彼衆曾爲殷商臣也

惟三月周公初于新邑洛用告商王士

三月成王七年三月也于往也新邑洛東都下邑周
公所營者在昔四民異處士必居於庠序今商王士
蓋在官者上士中士下士曾爲商王之臣也竹書紀年成王七年三月甲子周文公誥多士于成周

王若曰爾殷遺多士弗弔旻天大降喪于殷我有周佑
命將天明威致王罰勑殷命終于帝

多士卽商王士弔善也弗弔旻天猶詩云昊天不弔
喪亡也大降喪于殷天監于殷不以爲善故使殷亡
其國也佑助也將奉也致傳也勑誡也終盡也謂我
周佐助天命奉行天討致商王之罰誡告殷商之命
已盡終於上帝也

肆爾多士非我小國敢弋殷命惟天不畀允罔固亂弼
我我其敢求位惟帝不畀惟我下民秉爲惟天明畏

肆今也肆爾多士公呼多士而進告之文王之國百
里大國地也言小國者對殷王畿千里言之掩取曰
弋畀予也允信也罔誣罔固亂怙亂薛季宣書古文訓固古文作怙
非我敢有取殷之心惟天不與殷紂信用誣罔怙冒
禍亂也弼輔相弼我我其敢求位言文王率商叛以
服事殷帝謂武王曲禮曰天王升遐措之廟立之主
曰帝斯時武王已崩措之周廟祀于世室故稱曰帝
惟帝不畀卽孟津誓師歷數紂罪武王曰商罪貫盈
天命誅之予弗順天厥罪惟鈞八百諸侯皆曰可伐

也惟我下民秉爲武王伐紂商之臣民簞食壺漿以
迎王師惟天明威伐紂之時大風折旃風霧而乘以
大雨也
我聞曰上帝引逸有夏不適逸句則惟帝降格嚮于時
夏句弗克庸帝句大淫泆有辭惟時天罔念聞厥惟廢
元命降致罰
上帝上天主宰之神引導也逸安也上帝引逸天垂
象聖人則之不言而化故人君無爲而治天下乂安
也適悅也有夏不適逸夏桀鑿山穿陵疲勞其衆傾

宮璇室取怨於民格變格帝降格者五星錯行三日
並出並見竹書紀年孝經緯作兩日並出天垂變格之象以示儆也嚮
時猶言曩時弗庸言不用信大淫泆有辭蓋桀嘗言
吾有天下如天之有日日亡吾乃亡耳絕不信從天
象惟時天亦置若罔聞惟有廢棄夏命降致其大罰
也
句解孔傳蔡傳讀上帝引逸句有夏不適逸句嚮于時夏句弗克庸帝句馬融本讀嚮于時句江聲尚書集注音疏讀有夏不適佚則句嚮于時句夏弗克庸帝句焦循尚書補疏讀弗克庸帝句予攷下云惟我事不貳適惟爾王家我適以兩適字絕句爲比例讀從兩逸字絕句周頌云陳常于時夏此當讀嚮于時夏句弗克庸帝句弗克庸帝猶多方云不克終日勸于帝之迪也
乃命爾先祖成湯革夏俊民甸四方自成湯至于帝乙
罔不明德恤祀亦惟天丕建保乂有殷殷王亦罔敢失
帝罔不配天其澤
成湯商有天下之祖革夏征伐夏桀爰革夏正也俊
民美才出衆過於千人者如伊尹萊朱之類甸治也
帝乙殷之賢君明德恤祀郅治馨香感於神明率皆
奉天建國保乂殷商故能賢聖代作常有天下無敢
失帝也澤恩澤罔不配天其澤膏澤下民如天無不

覆幬也
在今後嗣王誕罔顯于天矧曰其有聽念于先王勤家
誕淫厥泆罔顧于天顯民祗惟時上帝不保降若茲大
喪惟天不畀不明厥德凡四方小大邦喪罔非有辭于
罰
嗣王殷紂誕放誕罔誣罔顯著也矧況也言紂穢德
彰聞于天矧肯聽念先王之勤勞乎耳聞曰聽心思
曰念先王商世賢聖之君勤家事事勿懈也淫浸淫
泆放佚天顯天道彰明可畏者民祗下民敬恭以待

者罔顧置若罔見也上帝上天主宰之神不保不愛
護也降下也茲此也大喪謂國亡身隕惟天不畀不
明厥德言天既不與殷紂猶淫昏不能克明其德以
致東西朔南凡四方小大邦喪罔非有辭于罰四方
之國離心離德自紂身而皆失去故會于孟津之日
皆曰紂可以伐無非有辭于致天之罰也
王若曰爾殷多士今惟我周王丕靈承帝事有命曰割
殷告勑于帝惟我事不貳適惟爾王家我適予其曰惟
爾洪無度我不爾動自乃邑予亦念天卽于殷大戾肆

周書中　四四

不正
周王武王丕奉也靈指文王在天之靈丕靈承帝事
武王伐紂奉文王木主於齋車敬承帝事也截斷曰
割有命曰割殷告勑于帝天既降黜殷命武王勝商
大告武成也適與敵同（注見禮燕儀莫敢適之義也雜記大夫赴於同國敵者江
聲尚書集注音疏適當讀爲敵）惟我事不貳適敵惠敵怨不在後人
勝商之後卽封武庚以承殷祀惟爾王家我適武庚
商奄羣起叛周予周公自謂洪大也度度量惟爾洪
無度爾今太無度量非我動難於爾是旨汝邑先犯

難也戾定也（周語晉語可以戾矣注戾定也）予亦念天卽于殷大戾
言今殷叛天已命予大定予遂肆赦而不殺汝周官
大司馬云賊殺其親則正之正之者執而治其罪肆
不正不治多士之罪也
王曰猷告爾多士予惟時其遷居西爾非我一人奉德
不康寧時惟天命無違朕不敢有（句）後無我怨
事略曰猷予惟時其遷居西爾予惟乘殷定時遷多
士於西者其故在爾不在我也一人成王自稱奉德
秉德康寧安定時惟天命蓋因卜得其吉非我欲遷

周書中　四五

多士也無違告無違卜有宥也（釋文有通作宥）言我順奉天
道違者當誅不敢爲汝宥免後無我怨卽防風後至
禹戮之義也（易比卦云後夫凶後無我怨不及時者殺無赦也）
句解（孔傳蔡傳皆讀朕不敢有後句孔廣森經學卮言有字絕句與直而弗有之有意相似言今遷
爾者惟奉順天命朕不自居有其事也爾亦惟安於天命後日無以我爲怨予攷孔傳汝無違命我亦不
敢有後誅汝無怨我校勘記唐石經後下本有誅字後磨改據誅字而求朕不敢有當爲朕不敢宥後至
者誅爾無我怨也）
惟爾知惟殷先人有册有典殷革夏命今爾又曰夏迪
簡在王庭有服在百僚予一人惟聽用德肆予敢求爾

于天邑商予惟率肆矜爾非予罪時惟天命
爾指多士知謂知其故事先人殷先王也册簡書典
載籍有册有典殷革夏命稽之册典凡成湯革夏之
命不難一覽而知又有也又有通字迪正也簡擇也服從
也今爾有曰夏之正士殷王擇而用之進在朝廷之
上以及服從之士安置百僚之中一人成王自謂聽
從也惟聽用德予遂求爾商邑遵從肆赦不加譴責
遷汝居西非予汝罪也予與也時是也時惟天命是
我奉行天命也

周書中　四六

王曰多士昔朕來自奄予大降爾四國民命我乃明致
天罰移爾遐逖比事臣我宗多遜
奄商奄成王元年武庚以殷叛二年奄人徐人及淮
夷入于邶以叛三年王師滅殷殺武庚祿父遷殷民
于衞遂伐奄滅蒲姑四國殷奄徐淮也降下也命令
也予大降爾四國民命蓋言王下詔命於四國之民
曾爲明致天罰也遐遠也逖與遏同移爾遐逖謂分
魯以殷民六族春秋左傳云六族條氏徐氏蕭氏索氏長勺氏尾勺氏使之職事於魯是
也分康叔殷民七族定四年左傳云陶氏施氏繁氏錡氏樊氏饑氏終葵氏是也

魯衞皆周宗國故曰比事臣我宗遜順也多遜莫不
競順服從也
王曰告爾殷多士今予惟不爾殺予惟時命有申今朕
作大邑于茲洛予惟四方罔攸賓亦惟爾多士攸服奔
走臣我多遜
王成王告爾殷多士今予惟不爾殺言行赦典時命
有申再告也賓謂諸侯來賓予惟四方罔攸賓成王
時如東都諸侯來朝竹書紀年成王七年三月甲子周文公誥多士于成周遂城東
都王如東都諸侯來朝無遠弗屆王皆接無擯卻亦惟爾多士

周書中　四七

攸服奔走臣我多遜亦思爾殷多士臣服我周駿奔
疾走莫不恭順聽命也攸所也惟思也
爾乃尚有爾土爾乃尚寧幹止爾克敬天惟畀矜爾爾
不克敬爾不啻不有爾土予亦致天之罰于爾躬
土田里幹事也止居也爾乃尚有爾土爾乃尚寧幹
止言爾今從遷洛不失其田里事業居處克敬謂能
翼翼小心天畀矜爾爾自逢吉不克敬予不獨收其
田邑里居尚欲致罰於爾躬也
今爾惟時宅爾邑繼爾居爾厥有幹有年于茲洛爾小

子乃興從爾遷

今爾惟時時哉不可失也勉其及時遷洛之意宅爾邑授其田里繼爾居傳業子孫有幹有年謂相安居樂業小子商士子弟從隨者興興起遷移也

王曰又宥通作曰時予乃或言爾攸居

又與宥同王制云王三又注又當作宥王曰又指王言今予惟不爾殺曰時指王言今惟時宅爾邑云云或有也廣雅釋詁一小爾雅廣言易恒或承之羞大禹謨周或干予正攷工記梓人毋或若汝不寧侯俱訓或爲有予乃或言爾攸居蓋周公丁寧勸告多士宜居洛也

周書中　四八

無逸

民生在勤君者民之表率周公致政作無逸以爲王戒其旨深其意遠焉

周公曰嗚呼君子所其無逸先知稼穡之艱難乃逸則知小人之依相小人厥父母勤勞稼穡厥子乃不知稼穡之艱難乃逸乃諺既誕否則侮厥父母曰昔之人無聞知

嗚呼歎辭君子有德位者其期也其期通字詳前君子所其無逸言君子之所期者無自安佚也種布曰稼斂之曰穡先知稼穡之艱難乃逸則知小人之依周自后稷開基教民稼穡終歲勤動至於務閒遂得相依爲樂相視也小人耕農在野者父母勤勞稼穡乃子不知艱難蓋耕農之子不耐勞苦乃爲縱逸叛諺孔傳諺叛諺不恭集韻韻會並云誕諺自矜放誕既成則必訕侮其親自以爲智故蔡傳曰昔劉裕奮農畝而取江左一再傳後其子孫見其服用反笑曰田舍翁得此亦過矣此正謂侮昔人無聞知也使成王非聞周公之訓安知不以公劉后稷爲田舍翁乎

周書中　四九

周公曰嗚呼我聞曰昔在殷王中宗嚴恭寅畏天命自度治民祗懼不敢荒寧肆中宗之享國七十有五年其在高宗時舊勞于外爰暨小人作其即位乃或亮陰三年不言其惟不言言乃雍不敢荒寧嘉靖殷邦至于小大無時或怨肆高宗之享國五十有九年其在祖甲不義爲王舊爲小人作其即位爰知小人之依能保惠于庶民不敢侮鰥寡肆祖甲之享國三十有三年自時厥後立王生則逸生則逸不知稼穡之艱難不聞小人之勞惟耽樂之從去聲自時厥後亦罔或克壽或十年或七

八年或五六年或四三年

中宗商王太戊也威重曰嚴謙抑曰恭欽敬曰寅戒懼曰畏天命自度顧諟天之命明不敢爲怠安也肆故也爾雅釋言享國身自御宇七十有五年言長久也竹書紀年帝七十五年陟高宗商王武丁也勞外武丁居河學于甘盤竹書紀年小乙六年命世子居于河學于甘盤小人田野之民居河曰與接近故曰爰暨小人暨及也興起曰作作其即位小乙既陟武丁起即天子之位小乙十年陟亮陰天子居喪倚廬古者君薨嗣王亮陰冢宰攝治君事百官聽命

周書中　五十

故嗣王三年不言也言謂發號施令雍和也荒廢怠寧逸安嘉靖文理密察蓋言武丁治事禮樂教化蔚然興起小大皆無尤怨也五十九年亦言其久武丁五十九年陟祖甲武丁之子祖庚之弟也武丁欲廢祖庚而立祖甲甲因逃而避立故曰不義惟王孔傳正義鄭玄云祖甲武丁子帝甲也有兄祖庚賢武丁欲廢兄立弟祖甲以此爲不義逃於人間舊久也舊爲小人言其逃于民間十有一年之久祖庚在位十一年作興起也即位謂即殷君之位爰知小人能保惠民不侮鰥寡皆言深悉民情也三十三年亦言久也古者三十年爲一世三十三年已逾一世時是也自時厥後總計祖甲之後凡立爲君者生逸則不知艱難惟知耽樂生於宮闈之中長於保姆之手嗜好既深年亦不永曆數之短歷歷有明徵焉外壬小乙皆十年仲丁河亶甲祖丁帝乙皆九年庚丁八年南庚六年開甲五年陽甲馮辛皆四年小辛三年故周公總言其大概也

攷正殷本祀帝祖庚崩弟祖甲立帝甲淫亂殷復衰國語曰帝甲亂之七代而隕孔傳湯孫太甲爲王不義久爲小人之行伊尹放之桐正義王肅亦以祖甲爲太甲蔡傳據鄭玄說高宗欲廢祖庚立祖甲以爲不義逃於民間故云不義爲王予攷祖甲當爲高宗之子非太甲也史記魯世家索隱曰紀年太甲唯得十二年此云祖甲享國三十三年知祖甲明是帝甲也其證一太甲廟號太宗經云中宗高宗繼云

周書中　五一

祖甲不云太宗明見祖甲非太宗也其證二竹書紀年祖甲元祀丁巳王即位居殷十二祀征西戎冬王返自西戎十三祀西戎來賓命邠侯組紺二十四祀重作湯刑二十七祀命王子囂王子良三十三祀陟末云王舊在野及即位知小人之依能保惠庶民不侮鰥寡迨其末也繁刑以攜遠殷道復衰與殷本紀國語周語無不吻合其證三據此三證則祖甲實武丁之子祖庚之弟明焉

周公曰嗚呼厥亦惟我周太王王季克自抑畏文王卑服即康功田功徽柔懿恭懷保小民惠鮮鰥寡自朝至于日中昃不遑暇食用咸和萬民文王不敢盤于遊田以庶邦惟正之供文王受命惟中身厥享國五十年

太王古公亶父王季季歷文王太王之孫季歷之子

也抑謙愼畏敬懼服從也卽就也康與穅同孫星衍尚書今古文注疏說文有穅字云屋穅貧也是康同穅爲居屋也康功治屋之事田功治稼之事昔古公陶復陶穴嘗事康功后稷教稼明農嘗事田功文王卑以自牧從事而行凡就近者無不徽柔懿恭接見和霩小民無不懷保鰥寡無不惠鮮保養也鮮善也日旦曰朝日昳曰昃同仄不遑暇食文王勤於政治志在咸和萬民古者田獵一曰乾豆二曰賓客三曰充君之庖盤遊則驅騁無度外作禽荒文王懼以爲戒正供則庶邦朝聘祭饗燕食先王制

周書中　五二

有常經受命中身文王九十七而薨蓋卽位之時四十有七故享國五十年也

周公曰嗚呼繼自今嗣王則其無淫于觀于逸于遊于田以萬民惟正之供無皇曰今日耽樂乃非民攸訓非天攸若時人丕則有愆無若殷王受之迷亂酗于酒德哉

嗣王成王淫浸淫廣瞻曰觀安閒曰逸周流曰遊弋獵曰田此四者公戒王無浸淫也以用也正供侯甸之所貢獻萬民之所輸將者皇遑遠貌無皇曰今日耽樂此公戒王當知稼穡艱難小民勤動勞苦不可遽爲享受也民訓民性順從天若天時順應丕奉也此言時和世泰家給年豐時人之所奉獻取之可以無愆若非天民所順時人之所奉者不以其道取之必有其殃也殷王商紂受名也迷昏迷亂錯亂酗于酒德沉湎以爲樂無若者周公欲王以殷爲監也

周公曰嗚呼我聞曰古之人猶胥訓告胥保惠胥教誨民無或胥譸張爲幻此厥不聽人乃訓之乃變亂先王之正刑至于小大民否則厥心違怨否則厥口詛祝

周書中　五三

嗚呼歎辭以事相命曰訓告以德相愛曰保惠以義相導曰教誨三者古人無非爲民也絕無以譸張爲幻者譸張爲幻誑惑不定之義聽從也此厥不聽言其不從訓告保惠教誨人乃順從變亂先王正刑訓順也正政也刑典也至于小事大事民見變亂民字單讀否則心有怨恨否則口有詈詛違怨不從教令詛祝祈禱神明也

周公曰嗚呼自殷王中宗及高宗及祖甲及我周文王茲四人迪哲厥或告之曰小人怨汝詈汝則皇自敬德

厥愆曰朕之愆允若時不啻不敢含怒此厥不聽人乃或譸張爲幻曰小人怨汝詈汝則信之則若時不永念厥辟不寬綽厥心亂罰無罪殺無辜怨有同是叢于厥身

中宗高宗祖甲文王皆前所言者怨怨恨詈詬詈皇自敬德竦然起敬也厥愆朕愆自引爲過允若時信若此也含怒銜恨之意不啻不敢含怒蓋即禹拜昌言也此厥不聽謂不聽其忠告人因誑惑欺曰小人怨恨汝恚怒汝也汝則信之若此不永念厥辟不自

周書中　五四

思索求治不寬綽厥心中心時存蘊結因之無罪者恆受其罰無辜者恆被其殺是怨愈斂過愈積日見叢聚於身也

周公曰嗚呼嗣王其監于茲

嗣王成王監茲欲以爲炯戒也

君奭

武王既崩成王年幼周公攝政南面而朝諸侯召公所以不悅者天下未定國賴長君習見商家故事兄終弟及宜趁此時即膺大統而欲奉一孺子戡定四方其勢難既欲奉一孺子已又南面以朝諸侯究不知公意何居及聞周公歷稱湯時伊尹諸臣召公憬悟周公此言蓋在將致政於成王也

周公若曰君奭弗弔天降喪于殷殷既墜厥命我有周既受我不敢知曰厥基永孚于休若天棐忱我亦不敢知曰其終出于不祥

奭召公名稱君者召公時掌百官之令春秋繁露君也者掌令者也弔善也弗弔天降喪殷作不善者降至百殃殷既墜厥命謂紂身亡國滅也我周既受武王伐紂而有

周書中　五五

天下孚休火流王屋白魚躍舟輔忱師陳牧野天落兵天洒兵風霧而乘以大雨也詳見說苑不祥武王崩三叔以武庚叛不敢知者休咎無定公故反復爲思念也

嗚呼君已曰時我我亦不敢寧于上帝命弗永遠念天威越我民罔尤違惟人句在我後嗣子孫句大弗克恭上下句遏佚前人光在家不知天命不易天難諶乃其墜命弗克經歷嗣前人恭明德

嗚呼歎辭此節述召公命己爲君反復申明不可之

意時我蓋言召公勸已乘時即位己何敢即安帝命而不念及天威民情也天威即天大雷電以風尤違邦人有信流言者惟思也惟人言念人格在我爲文王之子王季之孫太王之後嗣今若膺承大統上弗能恭事三王下弗能恭待孺子遏佚前人之光遏遮也佚失也前人光謂武王伐殷而有天下四海仰其光烈也家家庭在家武王爲我之兄孺子爲我之姪易改也諶信也墜隕也經歷涉歷在家不知天命未改天道難信乃隕武王託孤之命弗克涉歷艱難上

紹文謨武烈是我不能嗣前人明德也

句解江聲尚書集注音疏僞孔以惟人在屬下讀漢書王莽傳引此下文我嗣子孫云云不聯引此惟人在則漢人於在字讀絕也予攷下云在家不知天命不易在今予小子旦此當讀在我後嗣子孫爲句

在今予小子旦非克有正廸惟前人光施于我沖子又曰天不可信我道惟寧王德延天不庸釋于文王受命予周公自稱克能也正定也天下實由前人之德施及于成王也又有也寧王武王人有言不可過信天者我道周有天下因爲武王之德能延天命故天不使捨文王受命也道言也庸使也廣雅釋詁一釋捨也此節周公再告以寅畏天心之義

攷正寧王孔傳正義言寧王者即文王也蔡傳惟以延長武王之德使天不容捨文王所受之命也江聲尚書集注音疏鄭玄注洛誥云周公謂文王爲寧王此是周公之言故云寧王文王也下文割申勸寧王云云引見禮記正注亦以寧王爲文王予攷大誥數言寧王明明指爲武王非爲文王此云寧王正爲武王也

公曰君奭我聞在昔成湯既受命時則有若伊尹格于皇天在太甲時則有若保衡在太戊時則有若伊陟臣扈格于上帝巫咸乂王家在祖乙時則有若巫賢在武

丁時則有若甘盤率惟茲有陳保乂有殷故殷禮陟配天多歷年所天惟純佑命則商實句百姓王人句罔不秉德句明恤小臣句屏侯甸句矧咸奔走句惟茲惟德稱用乂厥辟故一人有事于四方若卜筮罔不是孚

在昔夏商之際也成湯商有天下之祖受命謂受天命伊姓尹名湯時聖臣皇天昊天太甲成湯之孫保衡伊尹官名太戊太甲之孫殷本紀太戊湯五世孫伊陟伊尹之子臣扈有扈氏之裔竹書紀年太戊元年命卿士伊陟臣扈格感格上帝昊天主宰之神巫氏咸名太戊時賢臣十一年太戊命

巫咸禱于山川掌卜筮者巫賢巫咸子也祖乙時卿士祖乙三年命卿士巫賢甘盤武丁嘗從學者小乙六年命世子武丁居于河學于甘盤卽位時命爲卿士武丁元年率循也陳敷陳率惟茲有陳言能相循於此敷陳其善有殷所以保治也殷之典禮生則稱王陟則稱帝凡有功德於民者則皆稱宗漢書劉歆廟議云云禮陟配天多歷年所正指太宗太甲中宗太戊高宗武丁也純大也佑助也實充也不信仁賢則國空虛商殷賢聖代作則國實也百姓世族大家異姓之臣王人王之族人同姓之臣有職事者秉德秉持殷王

周書中 五八

之德憂愛曰恤明恤小臣謂能洞見小臣勞苦侯甸畿內諸侯屏侯甸悉以甸侯爲屏藩也奔走服勞役者茲此也稱均也乂治也辟政也一人指天子言有事四方巡狩征伐之類若卜筮罔不是孚卜占兆筮衍𥌓孚響應也

句解孔傳讀則商實百姓句王人合罔不明恤讀句蔡傳讀則商實句予攷當讀則商實句百姓王人句罔不秉德明恤小臣屏侯甸一氣直接爲義

公曰君奭天壽平格保乂有殷有殷嗣天滅威今汝永念則有固命厥亂明我新造邦

平和也格正也言有平和中正之治天必使永其年而保乂之故殷多歷年所嗣繼也威德也王引之經義述聞讀雅曰威德也滅威無威可畏言紂纘承大統滅其德威殷所以爲喪亡也汝指君奭永念常以殷之興亡爲念固命保守天命而堅固之亂治也新造邦謂周始有天下也

公曰君奭在昔上帝句割申勸寧王之德其集大命于厥躬惟文王尚克修和有夏亦惟有若虢叔有若閎夭有若散宜生有若泰顛有若南宮括又曰無能往來茲

周書中 五九

迪彝教文王蔑德降于國人亦惟純佑秉德迪知天威乃惟時昭文王迪見冒聞于上帝惟時受有殷命哉武王惟茲四人尚迪有祿後暨武王誕將天威咸劉厥敵惟茲四人昭武王惟冒丕單稱德

在昔往時也上帝上天主宰之神割與害同盍也廣韻割害也書堯典洪水方割大誥天降割于我家割皆訓害爾雅釋言害盍也註害何不也或作害與曷盍通詩周南害澣害否註害何也書大誥王害不違卜註害作曷申重也助勉曰勸公言上帝何以助勉武王膺集大命正由文王修和有夏桀有虢叔閎夭散宜生泰顛南宮括晉語文王卽位詢於八虞

而咨於二虢度於閎天而謀於南宮史記周本紀文王爲西伯時宜生與泰顚閎夭鬻子辛甲之徒往歸
之又武王及紂宮散宜生太顚閎夭皆執劍以衛武王爲之輔佐也又曰繼事
之辭往來謂文王囚於羑里五臣爲之奔走計畫營
脫文王而歸若無五臣往來則文王不能迪進彝敎
德降國人也純全也佑助也亦惟五人全助文王之
德導畏天威天威指天怒也如地震周境以及周大
饑之類惟五臣時助文王克勉進德怙冒下民聞于
上帝以致受有殷命也文王五臣至武王時稱四人
者虢叔薨也虢叔文王之弟左傳僖五年云虢仲虢叔王季之穆也

叔雖薨其四人尚能迪保天祿助成武王之功大將
天威伐殷誅紂憝國黨惡無咸劉逸周書世俘解云武王征伐四方凡
憝國九十有九孟子曰滅國者五十驅飛廉於海隅而戮之劉殺也惟茲四人昭
武王惟冒丕單稱德言助成武王怙冒天下者無不
稱此四人之功茲此也昭著也丕奉也單盡也稱副
也
句解孔傳乃惟時昭文王句迪見冒句予攷下云昭武王惟冒此當讀乃惟時昭文王迪見冒句
今在予小子旦若遊大川予往暨汝奭其濟小子同未
在位句誕讀無我責句收讀罔勗不及句耇造德不降

我則鳴鳥不聞矧曰其有能格
予小子旦周公謙稱浮行曰游大川巨川往謂往日
暨及也濟渡也若游大川予往暨汝奭其濟言往日
游大川中予不能濟得汝始能濟也位謂居攝君位
小子同未在位言雖攝政猶未攝政大言曰誕漢書郊祀
志上注誕大言也責任也誕無我責云無以大言冀我承任
收取也左傳襄二十七年我其收之注不及不逮收罔勗不及云無
以取位匡我不逮耇造老成鄭玄註德降文王時伯夷
太公來歸武王時向摯奔周箕子來賓鳴鳥文王時

鳳集岐山赤烏集社武王時赤烏銜穀我攝政時皆
未有此祥應矧曰其能格於皇天乎
公曰嗚呼君肆其監于茲我受命無疆惟休亦大惟艱
告君乃猷裕我不以後人迷
嗚呼歎辭肆今也茲此也受命謂受武王之命無疆
惟休公以冢宰兼攝君政亦大惟艱三叔流言多方
不靖也猷謀也寬綽曰裕後人指成王言迷惑也告
君乃猷裕我不以後人迷公告君奭我所以致政明
農謀處於安閒者不欲令嗣君爲疑惑也

公曰前人敷乃心句乃悉命汝句作汝民極句曰汝明
勖句偶王在亶句乘茲大命句惟文王德句丕承無疆
之恤
公周公前人武王汝指召公敷布也悉盡也武王盡
以心腹布陳寄命於汝也興起曰作極正也作汝民
極令汝興起其民使適於正曰於也魏風鄭箋於汝明勖
戒其自勉偶對也亶誠也偶王在亶望其對王忠誠
乘守也大命君命惟思也恤憂也乘茲大命惟文王
德丕承無疆之恤蓋言文王翼翼小心汝當奉承其

德覗國有無竟之憂也
句解孔傳汝以前人法度明勉配王在於誠信行此大命而已蔡傳汝當明勉輔孺子如耕之有偶也在於相信如車之有馭也併力一心以戴天命均以汝明勖偶王在亶為句以日字單讀為句予攷曰字訓於當讀作汝民極句曰汝明勖句偶王在亶句作汝句指使民言於汝句指召公言偶王句指事王言屬次明晰句法整齊正非詰屈聱牙也○江聲尚書集注音疏讀惟文王德丕承句不從孔傳蔡傳舊讀惟文王德句予攷惟文王德一讀下合丕承無疆之恤為句如此方能貫接也
公曰君讀告汝句朕允保奭句其汝克敬句以予監于
殷喪大否句肆念我天威句予不允惟若茲誥句予惟
曰襄我二人汝有合哉言曰在時二人天休滋至惟時

二人弗戡其汝克敬明德明我俊民在讓後人于丕時
君告汝公呼召公而告也朕我也信允也陳善閉邪
謂之敬孟子公語奭云我所以信汝者能陳善閉邪敬
事其君也大否大亂天威天大雷風以予監于殷喪
大否肆念我天威予不允惟若茲誥公言奭因三叔
監殷武庚商奄淮徐並叛王感雷風迎己今亂既平
以為天命遂歸冀予正位予不信汝惟在此誥茲此
也誥告也襄舉也予惟曰襄我二人汝有合哉公語
奭云輔弼成王分陝而治汝亦有功未嘗不合舉汝

為君言我也爾雅釋詁天休海不揚波越裳貢雉三苗同
根之類言曰在時二人天休滋時惟時二人弗堪此
公追溯當日之事與召公語戡與堪同言此無德堪
此也其期也敬德敬行其德俊民才德出眾者明明
揚其汝克敬德明我俊民在讓後人于丕時公勉召
公冀其敬君舉賢畀成王奉行天道乘時為治也丕
奉也
句解孔傳讀君告汝朕允句保奭其汝克敬句予攷下云予不允惟若茲誥此當讀朕允保奭句其汝克敬句兩兩互說此言朕信汝敬惟朕不信汝誥也

嗚呼篤棐句時二人句我式克至于今日休句我咸成
文王功于不怠句丕冒句海隅出日罔不率俾
篤棐惇信輔君時是也時二人惟時二人分陝而治
式敬也休息也我式克至于今日休公二公己欲致政
之意咸則也春秋保乾圖天皇于是斟元陳極以立易咸注我咸成文王功
于不怠文王自朝至于日中昃不遑暇食周公則之
一沐三握髮一飯三吐哺勤以見士故曰不怠丕冒
即文王武王怙冒之義海隅出日罔不率俾周公分
治陝東封國在魯詩曰泰山巖巖魯邦所瞻奄有龜

周書中 六四

蒙遂荒大東至于海邦淮夷來同莫不率從也
公曰君句予不惠若茲多誥句予惟用閔于天越民
君呼召公惠愛也予不惠若茲多誥公言予不感汝
愛吾一再勸我爲君子惟以閔天及民於周求治爲
心也
句解孔傳蔡傳均讀君子不惠句若茲多誥句子攻上二云予不允惟若茲誥此二云予不惠若茲多誥
句法相同七字讀句
公曰嗚呼君惟乃知民德亦罔不能厥初惟其終祇若
茲往敬用治

再誥召公勵精求治當思民德爲主也乃知民德公
謂召公素平知之已審不知民初嚮化繼有叛亂者
非謂民之無良實在己不能敬也故曰祇若茲往敬
用治

蔡仲之命
蔡仲蔡叔度子名胡蔡叔既囚胡能率德改行周公
攝政遂以胡爲卿士此篇封蔡冊命也
惟周公位冢宰正百工羣叔流言乃致辟管叔于商囚
蔡叔于郭鄰以車七乘降霍叔于庶人三年不齒蔡仲

周書中 六五

克庸祇德周公以爲卿士叔卒乃命諸王邦之蔡
冢宰百官之長百工百官有職事者周公時位冢宰
武王崩成王幼百官總己以聽羣叔管叔鮮蔡叔度
霍叔處流言謂公不利孺子也致辟指戮管叔商即
武庚叛國郭鄰地名孔傳郭鄰中國之外地名蔡傳蘇氏曰郭號也子攻爵莊公二
十四年書郭公公羊穀梁並以爲國郭鄰即郭國地春秋曰郭亡即其地也以
車七乘兵制七乘一旅大夫以車七乘蓋用一旅節
兵監之庶人擯奪爵祿無官職名三年不齒不與爲
弟以禮接也蔡上蔡在汝南府叔卒乃命諸王邦之蔡諸

語詞之適也蔡叔卒乃命胡從王邦適蔡以續封國
也
王若曰小子胡惟爾率德改行克愼厥猷肆予命爾侯
于東土往卽乃封敬哉爾尙蓋前人之愆惟忠惟孝爾
乃邁迹自身克勤無怠以垂憲乃後率乃祖文王之彝
訓無若爾考之違王命皇天無親惟德是輔民心無常
惟惠之懷爲善不同同歸于治爲惡不同同歸于亂爾
其戒哉愼厥初惟厥終終以不困不惟厥終終以困窮
懋乃攸績睦乃四鄰以蕃王室以和兄弟康濟小民率
周書中　六十六
自中無作聰明亂舊章詳乃視聽罔以側言改厥度則
予一人汝嘉
胡蔡仲名稱小子者周公爲蔡仲伯父攝政代王封
誥故曰小子胡率德遵行文祖之德改行改其父度
之行命策命東土今河南上蔡縣也封謂封國卽就
也愆過也前人之愆指蔡叔度言忠忠君孝孝親邁
迹謂自身超越前人也克勤則有功無怠則日進憲
法也文王懿訓文王之政布在方策者爾考之違王
命父死曰考叔度從管叔叛也皇天上帝親愛也皇

天無所爲愛無所爲不愛惟有德者輔之懷思念也
民心無所爲思念無所爲不思念惟有恩惠者懷之
善則治惡則亂善惡不同其終治亂則同爾指蔡仲
戒戒愼也愼不在初惟在厥終終則不困不終則終
必窮焉懋勉也成功曰績和親曰睦四鄰四境諸侯
接壤之國蕃屛藩王室周邦和親愛兄弟同姓諸侯
小民草野之民康濟使小民皆安樂也中正道率自
中自禮而行皆不越於正軌也耳聽曰聽目視曰明
作爲也亂紊也舊章禮義法度之所制詳則視聽皆
周書中　六十七
適其宜側言邪辟之言改變也罔以側言改厥度不
以邪辟之言變亂先王型典也一人成王自謂嘉尙
也
王曰嗚呼小子胡汝往哉無荒失朕命
嗚呼歎辭稱小子者亦周公代述王命往謂就國荒
失廢棄朕命公代成王册命也
多方
商奄再叛周公奉王親征旣定而歸遂作誥爲多方
告

惟五月丁亥王來自奄至于宗周周公曰王若曰猷告
爾四國多方惟爾殷侯尹民我惟大降爾命爾罔不知
五月成王五年夏五月也正月王在奄遷其君于蒲
姑故五月自奄歸于宗周詳見竹書紀年宗周鎬京周公曰
王若曰猷斯時公猶攝政遂代王誥四國多方約舉
其事略也四國殷奄淮徐詳前多士殷侯殷之諸侯尹士
治民之官降下也命命令我惟大降爾命爾罔不知
言我前告多士之命自上頒下爾衆無不知也
攷正周本紀云周公行政七年成王長周公反政成王北面就羣臣之位成王在豐使召公復營洛邑如武王之意周公復卜申視卒營築居九鼎焉曰此天下之中道里均作召誥洛誥成王旣遷殷遺民周公以王命告作多士無佚召公爲保周公爲師東伐淮夷殘奄遷其君蒲姑成王自奄歸在宗周作多方竹書紀年成王七年周公復政于王春二月王如豐三月召康公如洛度邑甲子周文公誥多士于成周遂城東都王如東都諸侯來朝冬王歸自東都八年春正月王初涖阼親政合觀史紀多方之作當在周公誥多士前今攷多士後者錯簡也何以證之五月丁亥明指成王五年與曆書合其證一王來自奄與竹書合其證二天惟五年須暇之子孫誕作民主罔可念聽明自成王初年武庚以殷叛二年奄人徐人及淮夷入于邶以叛若在七年四國之叛久定何必再告多方其證三予故曰爲錯簡也孔傳蔡傳均云歸政之明年實誤
洪惟圖天之命諸本皆有圖字獨孔傳無圖字弗永寅念于祀惟帝降

格于夏有夏誕厥逸不肯慼言于民乃大淫昬不克終
日勸于帝之迪乃爾攸聞
洪發語辭江聲尚書集注音言凡圖謀天命當以祭祀敬念
爲主弗永寅念于祀蓋言夏孔甲時好方鬼神肆行
淫亂夏本紀帝孔甲立好方鬼神事淫亂夏后氏德衰諸侯畔之於是帝遂降格
于夏帝上帝格拒也誕放誕慼憂慼不肯慼言于民
言不以憂民爲心也淫昬荒淫昬亂不克終日勸于
帝之迪勸勉迪正帝迪夏桀之世五星錯行三
日竝出竹書紀年帝癸十年五星錯行夜中星隕如雨地震伊洛竭二十九年三日竝出三十年瞿山崩冬聆隧災天垂象以示儆夏桀視若罔知絕不自勉
於正是乃爾所聞也
厥圖帝之命不克開于民之麗乃大降罰崇亂有夏因
甲于內亂不克靈承于旅罔丕惟進之恭洪舒于民亦
惟有夏之民叨懫日欽劓割夏邑
圖謀也帝命天命克能也啟發曰開麗附也厥圖帝
之命不克開于民之麗夏桀謀承天命不能啟發民
心附從於己崇重也天乃大降其罰使夏重亂甲狎
也內亂桀伐岷山岷山之君以二女歸桀棄妹喜詳見

竹書紀年傳箋 妹喜因與伊尹比而亡夏 國語曰妹喜以靈 伊尹比而亡夏
善也旅謂諸侯旅見天子不克靈承于旅蓋言成湯
來朝夏桀囚湯夏臺也罔無也丕與不通進謂財用
恭供也舒本作荼苦也 孫星衍尚書今古文注疏釋言云罔無也丕與不通進者
史記呂不韋傳云進用不饒索隱引小爾雅云財也
漢書高帝紀云蕭何主進注師古曰進字本作賮恭
與供通釋詁云具也舒者困學紀聞曰古作荼此宋
次道家古文予攷左氏襄十年傳秦丕茲釋文一本
作秦不知老子注非唯恭其乏而已釋文恭本作供
此昔字通明證翁元圻困學紀聞註洪舒于民古文
作洪茶薛季宣古文訓曰大爲民荼苦也 罔丕惟進之恭無不思以財供
上苛斂於民也惟思也 說文 進賮也 集韻賮或从盡作贐亦作進 舒

周書中 十七

茶古爲通字 左傳襄二十三年晉魏舒史記魏世家索隱引世本作荼詩閟宮荊舒是懲史
記建元以來侯者年表作荊荼是徵儒林傳董仲舒
弟子呂步舒徐廣曰舒亦作荼是舒與荼古爲通字
夏民夏桀時民叨貪叨懫忿懫欽憂也 爾雅釋詁 桀任干
一作于 辛等臣凌轢諸侯以及兆民 並見墨子韓非子呂氏春秋愼大篇
故有夏之民日代爲憂競恐劓割夏邑劓割截斷也
攷正 王鳴盛尚書後案歷引史記龜策傳云桀有諛
臣名曰趙梁教爲無道勸以貪很繫湯夏臺殺
關龍逄韓非子說疑篇桀有侯侈亡國之臣也墨子
所染篇桀染于干辛推哆呂氏春秋當染篇夏桀染
于羊辛歧踵戎又愼大篇桀爲無道暴戾貪頑天下
顫恐而患之干辛任威凌轢諸侯以及兆民漢書古
今人表序云桀龍逄微與爲善則誅于莘與爲惡則
行是爲下愚子攷經云亦惟有夏之民叨懫日欽劓

割夏邑是代夏桀爲憂非爲咒詛劓
割夏邑也故下節爲多方義民稱
天惟時求民主乃大降顯休命于成湯刑殄有夏
民主能以天下王者休命謂湯沉璧于洛獲黃魚黑
玉之瑞 竹書紀年湯乃東至于洛觀帝堯之壇沉璧退立黃魚雙躍黑鳥隨之化爲黑玉箋按魚
衆典略曰湯東觀洛沉璧黃魚雙躍出于壇
帝王世紀曰湯沉璧于洛獲黃魚黑玉之瑞 龜呈赤
文 竹書云赤文成字言夏桀無道湯當伐之 檮杌之神見于邳山之類 周語
湯之與也檮杌次于邳山 以及諸侯賓商故商頌曰受小球大球
爲下國綴旒荷天之休刑殄有夏湯以兵戈伐夏滅
絕夏社稷也

周書中 七一

惟天不畀 句 純乃惟以爾多方之義民 句 不克永于多
享 句 惟夏之恭 句 多士 句 大不克明 句 保享于民 句 乃
胥惟虐于民 句 至于百爲 句 大不克開 ○爲民所保享乃反爲虐于民
○殷墟文第五頁大不克開下有此二句
畀與也純全也天所以不與夏者純以汝多方良善
之民不能長久貢獻也恭供也自下供上曰恭 周書諡法
解敬事供上曰恭 多士指桀所用諸臣不能明其義理保養
其民祇知責民貢獻胥肆其虐至於百端誅求不能
諫諍其君有所開導通達民之困苦俾能喘息也

句解孔傳蔡傳均讀惟天不畀純句乃惟以爾多方之義民句予攷多士云惟天不畀惟帝不畀又日惟天不畀此當讀惟天不畀句詩曰純亦不已又日純嘏爾常矣惟南原道云純德獨有覽冥云純溫以淪墜形云純方千里純皆爲句首之字洪範云禹乃嗣興天乃錫禹洪範九疇費誓云敿乃干傰乃弓矢鍛乃干矛礪乃鋒刃乃皆爲句第二字以此比例當讀純乃惟以爾多方之義民句

攷正韓公紫石函云多方之大不克明保享于民乃前人之誤讀其上下文句今正讀之如下郭沫若中國古代社會研究殷墟之發掘第五頁天惟時求民主句乃大降顯休命於成湯句刑殄有夏句惟天丕畀純句乃惟以爾多方之義民丕克永于多享句惟夏之恭句多士句大不克明句保享于民句乃胥惟虐於民至于百爲句大不克開句爲民所保享句乃反爲虐于民句注云自天惟時求民主至乃惟以爾多方之義民不克永于多享言成湯之得天眷自惟夏之恭至大不克開言有夏之士昏瞶恭指供

職守者大不克明與大不克開爲對文決非明保享三字連讀予攷爲民所保享乃反爲虐于民二句殷墟發掘實補多享之缺當讀惟天不畀句純乃以爾多方之義民不克永于多享此言天所以不畀夏者全以多方義民不能常爲供奉也惟夏之供句多士讀大不克明保享于民乃胥惟虐于民此言多士不明保享于民之理也至于百爲句大不克開爲民所保享乃反爲虐于民爲助也言多士助夏爲虐不能開導其君爲民陳苦乃反爲君助虐如此讀句文義俱明焉○不丕古本通字

乃惟成湯克以爾多方簡代夏作民主愼厥麗乃勸厥民刑用勸以至于帝乙罔不明德愼罰亦克用勸要囚殄戮多罪亦克用勸開釋無辜亦克用勸今至于爾辟弗克以爾多方享天之命

簡釋也天視自我民視天聽自我民聽乃惟成湯克以爾多方簡湯爲民衆所歸天因命其代夏爲民主也麗附也勸勉也刑罰也凡民附於湯者莫不勸勉即爲湯所罰者亦莫不勸勉蓋指成湯綱開三面四方聞之皆曰湯德至矣恩及禽獸何況民乎帝乙商君高宗也明德愼罰亦皆用勸武丁修政行德天下咸驩殷道復興要劾實也要囚即周官鄉士云異其死刑而要之疏云要劾實也多罪屢犯法者無辜爲寃抑者殄戮多罪元慾必懲衆無不畏其威開釋無辜眚災

肆赦民無不懷其德即武丁之世言之克鬼方滅大彭征韋豕所俘獲者滅則爲殄戮克而不滅則爲開釋故人皆知勸焉今辟指商紂言弗克以爾多方享天之命身亡國滅也

嗚呼王若曰誥告爾多方孔傳誥爾多方士蔡傳誥告爾多方非天庸釋有夏非天庸釋有殷乃惟爾辟以爾多方大淫圖天之命屑有辭顧齋經說蔡傳此章之上當有闕文不知多士云嚮于時夏弗克庸帝大淫泆有辭馬本泆作屑此節當讀乃惟爾辟以爾多方圖天之命大淫屑有辭

嗚呼歎辭王若曰誥告爾多方周公將述王命故先

發端以歎也庸用也棄捨曰釋非天庸釋有夏非天
庸釋有殷言夏殷所以喪亡者非天棄捨恰因嗣君
不恤多方大爲放恣圖謀天命淫泆有辭也屑泆義
同大淫屑有辭卽祖伊奔告於王曰非先王不相我
後人惟王淫戲用自絕王曰嗚呼我生不有命在天
也
乃惟有夏圖厥政不集于享天降時喪有邦間之乃惟
爾商後王逸厥逸圖厥政不蠲烝天惟降時喪惟聖罔
念作狂惟狂克念作聖天惟五年須暇之子孫誕作民

周書中　七四

主罔可念聽
有夏指桀圖謀也集合也圖政不集于享言其謀政
之道不合享國之理天因降亂畀夏喪國成湯因起
代之間代也爾雅釋詁商後王指紂蠲潔也烝謂冬祭圖
厥政不蠲烝犧牲粢盛旣于凶盜紂不求祭祀之禮
潔進天因畀紂喪國也聖上智狂下愚念思慮不思
慮則爲狂人能思慮則爲聖人五年紂滅之後至武
庚畔也武王十三年滅紂十七年崩成王元年武庚畔周子孫指武庚言故
曰天惟五年須暇之子孫誕作民主罔可念聽須待

也暇假也誕妄也言武庚誕妄不可信也
天惟求爾多方大動以威開厥顧天惟爾多方罔堪顧
之惟我周王靈承于旅克堪用德惟典神天天惟式教
我用休簡畀殷命尹爾多方
求責也大動以威卽天大雷電以風示成王迎周公
歸以討武庚及諸國叛也啟發曰開回視曰顧惟爾
多方罔堪顧之言不知畏天之威而猶從武庚叛也
靈善也旅眾也惟我周王善承其眾用德化以主神
天天因憑依我周使我式商受命行其德政畀民休

周書中　七五

息以治爾多方也
今我曷敢多誥我惟大降爾四國民命爾曷不忱裕之
于爾多方爾曷不夾介乂我周王享天之命今爾尚宅
爾宅畋爾田爾曷不惠王熙天之命爾乃迪屢不靜爾
心未愛爾乃不大宅天命爾乃屑播天命爾乃自作不
典圖忱于正我惟時其教告之我惟時其戰要囚之至
于再至于三乃有不用我降爾命我乃其大罰殛之非
我有周秉德不康寧乃惟爾自速辜
我周公自言大降民命大下命令於四國也忱誠信

裕寬優輔佐曰夾中正曰介乂相也享受也蓋言爾何不誠信佐助我周永膺天命也宅居宅田田里順愛曰惠和樂曰熙爾曷不惠王熙天之命言何不熙熙然順樂王命也迪屢不靜成王元年武庚以殷叛二年奄徐淮夷以邶叛爾心未愛不肯以周爲親善也爾乃不大宅天命四國不以天命爲安爾乃屑播天命多方競起流言輕以天命放棄爾乃自作不典圖忱于正自爲叛亂不法而乃信從其謀以爲反正也我惟時其教告之卽多方詔命諄諄告戒我惟時

其戰要囚之卽戰獲時所執殷俘遷于衛魯民族至于再至于三三年王師滅殷四年王伐淮夷五年王在奄遷其君于蒲姑民于洛邑乃有不用我命我乃其大罰殛之謂王師滅殷殺武庚祿父以及殺管叔而囚蔡叔征熊盈十有七國俘維九邑非謂我周秉德不康寧蓋言周封祿父以承商祀本爲殷圖安寧今四國叛是乃自速其辜以取滅亡也

王曰嗚呼猷告爾有方多士暨殷多士今爾奔走臣我監五祀越惟有胥伯小大多正爾罔不克臬自作不和爾惟和哉爾室不睦爾惟和哉爾邑克明爾惟克勤乃事爾尚不忌于凶德亦則以穆穆在乃位克閱于乃邑謀介爾乃自時洛邑尚永力畋爾田天惟畀矜爾我有周惟其大介俞樾羣經平議並古書疑義舉例云我有周惟其大介賚爾枚傳因大介連文而以大大賜汝釋之不辭甚矣說文大部夰大也从大介聲讀若蓋凡經傳訓大之介皆其假字也比經疑用本字其文曰我有周惟其夰賚爾夰賚卽大賚也後人罕見夰字遂誤分大介爲二字賚爾迪簡在王庭尚爾事有服在大僚

此節誥殷士民旣臣服周不從武庚四國叛者方正也有方指有道德者多士兼卿士官士言之暨及也

暨殷多士商士臣事于周悉駿奔走執豆籩以助其祭監卽方伯監守其國五祀自武王十有三年至成王元年也武王十有三年伐殷誅紂立武庚命三叔監殷十七年武王崩成王元年武庚叛胥伯教民禮樂之官胥有閭胥胥師大胥小胥象胥伯有大宗伯小宗伯宮伯其職分詳周禮多正縣正黨正之類臬法也爾罔不克臬言凡小大在位者不肯從亂無不謹守奉法也自作不和身心爲之疑惑爾惟和哉言能降伏身心不違搖動爾室不睦弟舅中有從違爾惟和哉言能勸勉弟舅安於義命邑謂邑人爾邑克明下觀而化莫不明於

義理知爾能勤於事專一而不惑也畏憚曰忌凶德
指叛亂者亦則有言實則後漢竇融傳注亦猶實也穆穆敬深之
貌閟簡閱介助也克閱于乃邑謀介我周見爾穆穆
在位於是謀爾相助見爾之在洛邑尙力畋田不從
叛亂卽逸書曰俘殷獻民遷于九畢九畢洛邑之地
此蓋指殷獻民也畀與也矜憐愛大介賚爾實云周
乔賚爾迪簡拔擢之義王庭周王之庭事職事服從
也言能服勤周家自必升庸顯秩也
王曰嗚呼多士爾不克勸忱我命爾亦則惟不克享凡
周書中　七八
民惟曰不享爾乃惟逸惟頗大遠王命則惟爾多方探
天之威我則致天之罰離逖爾土
此節誥殷士民既服于周復從武庚四國叛者不克
不能也勸勉也忱信也言享受爾不能勉信我命爾
實則不能享受此土也凡爲不欲享受此土爾故放
逸邪頗自遠詔命是爾多方採試天威惟致天罰我
遷爾遠地勿欲爾居洛也
王曰我不惟多誥我惟祗告爾命又當作有曰時惟爾初
不克敬于和則無我怨

不惟多誥不欲頻告之義祗告爾命惟今但告爾知
者又與有同易繫辭上又以尙賢也釋文鄭本作有言有人云時惟爾
之初心不能敬和則是爾忱不屬於我既不屬我既
當離逖爾土遷之遠方收其田里則無於我怨也此
節承上節言
周書中　七九

尚書句解攷正

泰州　徐天璋睿川　著

周書下

立政

成王七年周公復辟八年王迺涖阼親政公引左右職掌以爲規戒史遂錄以名篇

周公若曰拜手稽首告嗣天子王矣用咸戒于王曰王左右常伯常任準人綴衣虎賁周公曰嗚呼休茲知恤鮮哉

周公若曰以下皆史述周公致政之時事與辭也拜手稽首臣見天子之禮嗣王成王告嗣天子王矣成王涖阼公指王爲眾告也咸皆也用咸戒王公指左右常伯常任準人綴衣虎賁一一以爲王告左右記事記言之史玉藻云動則左史書之言則右史書之常伯三公之職常任六卿之官詳見孔傳與王制注疏準法也準人蓋爲朝廷司禮儀者孔傳準人平法爲士官予攷周禮大行人掌大賓之禮小行人掌使適四方協賓客之禮其職屬於大司寇士官之內準人當爲王庭司禮儀者綴衣侍從帷幄傳達王命者詳見攷正虎賁武士衛王宮者下大夫職嗚呼歎辭休美也茲此也相愛曰恤鮮善也此公將有所言故先歎美欲君臣互相恤愛勉進於善也

攷正常伯揚雄侍中箴云光光常伯漢官儀云侍中周成王常伯任侍中殿下稱制然則常伯即漢侍中而漢百官表侍中中常侍皆加官亡員多至數十人得入禁中應劭曰入侍天子故曰侍中與孔氏三公之說絕異此官漢魏以下或用士人或用宦官胡廣侍中箴亦云惟文王克慎左右常伯常任實爲政首箴中備引籍孺閎孺鄧通石顯宏恭董賢爲戒據此則並常任亦爲侍中之職予攷孔傳云常伯三公常任六卿與漢云侍中官制名異而實同也周官三公云官不必備惟其人與漢制侍中皆加官亡員無異周公以冢宰兼太傅召公以卿職兼太保太公以尚父兼太師目三公爲常伯可稱常任爲三公爲六卿以及爲侍中亦無不可其以宦官與士爲加銜者此漢世衰亂之命不足據以爲典法也○綴衣孔

傳掌衣服蔡傳掌服器者曰綴衣江聲尚書集注音疏綴衣則未有見葢侍帷幄之臣也王夫之尚書稗疏綴衣非司服縫人之類顧命稱狄設綴衣則帟幕之類供之者幕人設之者狄狄乃賤者不得與虎賁同科蓋綴衣張于王座此言綴衣者非司綴衣之官而侍于王之左右在綴衣之內者予攷孔云掌衣服蔡云掌服器王云幕人皆非也周禮天官序官掌舍下士四人幕人下士一人掌次下士二人其職分司服器帷幕等物今綴衣序列虎賁之上虎賁下大夫職綴衣必當爲大夫故江氏王氏疑爲帷幄侍王左右者頤齋經說綴衣即王朝諸侯當宁立處所設帷幄因侍臣隨從庭中遂以綴衣名官

古之人迪惟有夏乃有室大競籲俊尊上帝迪知忱恂于九德之行乃敢告教厥后曰拜手稽首后矣曰宅乃事宅乃牧宅乃準茲惟后矣謀面用丕訓德則乃宅人

茲乃三宅無義民桀德惟乃弗作往任是惟暴德罔後
此節引夏政爲監迪正也有夏夏后氏世有室卿大
夫家競謂競爽籲俊呼招賢者尊尊崇上帝上天主
帝之神忱恂誠信也九德皐陶謨云寬而栗柔而立
願而恭亂而敬擾而毅直而温簡而廉剛而塞彊而
義行由也告教厥后后爲夏禹拜手稽首將言而致
敬其禮也事謂事天事神牧謂牧民準爲立法宅擇
也宅乃事宅乃牧宅乃準言其治事牧民立法三者
必審擇而後任使面與勔同勉也謀面用丕訓德凡

周書下　三

有謀畫必先勔勵其人奉順其德然後始用之也茲
今也義宜也茲乃三宅無義民言今用爲乃事乃牧
乃準者皆非能宜於民由於夏桀弗爲往任也往任
謂先王之法擇賢任使暴德惡德是指夏桀是惟暴
德罔後蓋言夏桀廢棄成法是以至滅亡也
亦越成湯陟丕釐上帝之耿命乃用三有宅克即宅曰
三有俊克即俊嚴惟丕式克用三宅三俊其在商邑用
協于厥邑其在四方用丕式見德嗚呼其在受德暋惟
羞刑暴德之人同于厥邦乃惟庶習逸德之人同于厥

政帝欽罰之乃伻我有夏式商受命奄甸萬姓
此節引商政爲監亦越繼前之辭成湯商王名履陟
升也丕奉也釐治也耿儆也詩衛風耿耿不寐毛傳耿耿猶儆儆也成
湯由諸侯升爲天子實奉上帝治命以爲儆戒乃用
三宅之人克居其位稱爲三俊能副其選也嚴惟丕
式敬謹奉法用協厥邑用丕式德皆言能用三宅三
俊之效嗚呼歎辭受商紂名暋昏暴羞進也惟羞刑
暴德之人同于厥邦言紂所用者皆進於淫刑殘暴
也邦謂王畿逸德自放於禮法之外者政謂朝政欽

周書下　四

憂也上帝以桀爲憂於是大降其罰乃使我有諸夏
法商爰革夏政奄甸萬姓奄覆也說文甸治也尚書今古文注
疏
亦越文王武王克知三有宅心灼見三有俊心以敬事
上帝立民長伯立政任人準夫牧作三事虎賁綴衣趣
馬小尹左右攜僕百司庶府大都小伯藝人表臣百司
太史尹伯庶長吉士司徒司馬司空亞旅夷微盧烝三
亳阪尹文王惟克厥宅心乃克立茲常事司牧人以克
俊有德文王罔攸兼于庶言句庶獄庶慎句惟有司之

牧夫是訓用違句庶獄庶愼文王罔敢知于茲亦越武王率惟敉功不敢替厥義德率惟謀從容德以竝受此丕丕基

此節引周政爲監亦越繼事之辭文王武王周文武也克知三有宅心能知三宅居官供職之意克知三有俊心能知三俊任官稱事之才以用也以敬事上帝謂能敬體上天之德爲治立民長伯王制云五國以爲屬屬有長二百一十國以爲州州有伯也立政猶言行政（呂覽貴因注立猶行也）任人常任準夫準人牧州牧

事即三職之事虎賁守衛王宮者綴衣侍從帷幄傳達王命者悉下大夫職趣馬校人屬官下士之職小尹內小臣之長左右近侍之臣攜僕攜持僕御之人百司司會司書等職庶府玉府內府外府大都都宗人都司馬之類小伯宮伯藝人卜祝巫匠執技以事上者表臣外臣也（以上諸職分見周官蔡傳大都小伯謂大都之伯小都之伯大都言都不言伯小伯言伯不言都互見之也藝人卜祝巫匠執技以事上者表臣百司表對裏之詞上文百司蓋內百司若內府內司服之屬所謂裏臣也此百司皆外百司若外府外司服之屬所謂表臣也）太史下大夫職副貳太宰掌建邦之六典者尹伯長官

周禮每官各有長若太史爲史官長大司樂爲樂官長庶常吉士悉朝廷宮掖供職小臣司徒掌治民者司馬掌治兵者司空掌治土地者亞旅爲佐治次卿夷九夷微微陽盧盧戎皆漢南小國臣附周者烝君也三三塗亳商都西亳阪關阪一名阪道皆周京險要之道尹官名文王惟能度其心故能立其官並能用其才能與德庶言衆言文王罔攸兼于庶言左右諸大夫之言勿聽聽之必察也庶獄庶愼有司牧夫之職文王惟時訓戒不可用違其法至于小大獄察

夙夜事謹文王既訓司牧不暇越俎再與知也亦越繼事之辭率循也敉安也武王率循其道安定天下不敢廢厥文王之義惟謀長厚寬大以治其民光有天下並受此無疆之基業也

句解（文王罔攸兼于庶言孔傳蔡傳均以此句讀合庶獄庶愼爲義江聲尚書集註音疏俞樾羣經平議均讀至庶言絕句予攷庶言當屬上文王惟克厥宅心三句爲義明文王用人在已不信左右之言毀譽也至於庶獄庶愼無有司牧夫之事文王惟訓戒不違其法絕不越俎與聞其事故下云庶獄庶愼不與庶言並提顯以庶言爲屬上也）

攷正（夷微盧烝孔傳蠻夷微盧之衆帥蔡傳此王宮之監于四夷者也微盧見經王夫之尚書稗疏）

夷烝與微盧同舉必為國名以夷為蠻夷之統名烝為衆者失之夷非城父烝非臨蒸春秋傳紀人伐夷杜預注夷國在城陽壯武縣漢東海有承縣故音蒸在今繹縣微盧紀西夷烝紀東皆屬夷之國也予攷孔蔡傳註既離明晰王氏穉延亦非的解文王之時三分有二若云夷烝在兖即為文王附屬無此情理也秦策云楚包九夷魏策云楚破南陽九夷內沛許鄢陵危以今輿圖考之九夷正在湖北襄陽隕陽河南南陽與華陽國志云微即上庸郡之微陽穉延云當在竹山房縣之間蔣廷錫尚書地理今釋盧戎國今湖廣襄陽府南漳縣東北中盧故城同為漢濱小國臣附于周者爾雅釋詁烝君也據是而求夷微盧烝正為三國之君也○三亳阪尹孔傳亳人之歸文王者三所為之立監及阪地之尹長皆用賢蔡傳亳見史三亳縈為北亳穀熟為南亳偃師為西亳鄭玄云三亳阪尹共為一事云湯舊都之民服文王者分為三邑其長居險故為阪尹蓋東成皐南轘轅西降谷也字典及俞樾羣經平議阪尹二地名昭二十三

周書下　七

年左傳云單子從阪道劉子從尹道伐尹明是二地名予攷文王之時南亳北亳均屬商紂王畿內地文王何能立尹為監西亳亦為商有惟西亳之西通道於西岐者文王得立尹長以控險要三為三塗左傳昭四年云四嶽三塗陽城太室九州之險春秋大事表三塗山在今河南嵩縣南水經注曰伊水歷崖口山翼崖深高壁立如闕伊水穿峽北流即古之三塗山武王所謂南望三塗是也金志嵩縣有三塗山服虔以三塗為道觀春秋晉伐陸渾之戎有事於三塗即是山明矣亳指西亳之西自岐通道於偃師者阪為關阪史記范雎傳右隴蜀左關阪說文坡者曰阪蒲阪縣地理志曰秦始皇東巡見有長阪故曰蒲阪據是而觀三塗在周東南亳都在周正東長阪在周東北皆山川險要水陸通衢立官置尹必先深知其人心與才德然後方為授事任職也

嗚呼孺子王矣繼自今我其立政立事準人牧夫我其克灼知厥若句丕乃俾亂句相我受民和我庶獄庶慎時則勿有間之自一話一言我則末惟成德之彥以乂我受民

此節戒勉成王孺子成王也立政國之大綱立事政之分體準人執法之官牧夫治民之長厥其也若善也爾雅釋詁丕奉也乃汝也亂治也我其克灼知厥若我能明知其善丕乃俾亂彼必奉汝使治之意輔我受民相助為理並能和同庶獄庶慎時無罅隙可尋雖聽話言之頃我終以為成德美士用治我受民也間

周書下　八

罅隙末終也彥美士以用也

嗚呼予旦已受人之徽言咸告孺子王矣繼自今文子文孫其勿誤于庶獄庶慎惟正是乂之自古商人亦越我周文王立政立事牧夫準人則克宅之克由繹之茲乃俾乂國則罔有立政用憸人不訓于德是罔顯在厥世繼自今立政其勿以憸人其惟吉士用勱相我國家

嗚呼歎辭予旦周公自稱徽言美言予旦已受人之徽言謂已受聞古訓者悉皆告王無隱也今謂當時文子康叔之類文孫指成王蔡仲伯禽等言誤錯誤

正正人乂治也商人成湯以下賢聖諸君文王西伯
也立建置政大綱事分體牧夫治民者準人司法者
克能也宅度擇繹布陳茲乃俾乂此迺使治也罔有
無有憸人居心邪佞者邪佞之人心不務德故無能
顯于世今王立政邪佞之人宜拒不用其惟以美彥
之士有才德者勉其輔相我周邦也
今文子文孫孺子王矣其勿誤于庶獄惟有司之牧夫
其克詰爾戎兵以陟禹之迹方行天下至于海表罔有
不服以覲文王之耿光以揚武王之大烈嗚呼繼自今

後王立政其惟克用常人
文子文孫概指文王子孫在官者言孺子王指成王
以告其衆獄訟獄庶獄有司之牧夫事王者當務大
體勿以折獄為明允也詰治也戎兵征伐四方弗庭
者禹迹禹治水時天下無不行有其迹方放也海表
四裔方行天下至于海表無有不居言其罔不賓服
箕子越裳並來朝也公告成王首以戎兵之詰諄諄
為語者蓋王涖阼之年唐侯正叛肅慎未賓周室將
搖動也故是年十月王師滅唐遷其民于社九年春

肅慎來朝耿明也大盛也常人老成之人以法為準
則者也
周公若曰太史司寇蘇公式敬爾由獄以長我王國茲
式有慎以列用中罰
太史史佚蘇公蘇忿生武王時曾為司寇之官至成
王時猶用之者式敬爾由獄以長我王國周公致敬
蘇公者以其用法持平能致天下為刑措永能保我
子孫黎民也中罰無過不及茲式有慎以列用中罰
慎謹之至民無不慶其生也

周官
周禮亦名周官六卿分職其屬令為三百六十此篇
成王約舉周官之法以戒臣工史因名篇
惟周王撫萬邦巡侯甸四征弗庭綏厥兆民六服羣辟
罔不承德歸于宗周董正治官
周王成王萬邦諸侯之國撫安綏也侯甸王畿之外
侯服甸服四征弗庭成王涖阼武庚叛後淮夷徐戎
商奄蒲姑鄁唐迭叛遂皆興師伐之竝詳竹書紀年十萬曰
兆兆民天子之民也周制九服六服侯甸男采衛蠻

王化之所及者其外夷服鎭服藩服皆在九州之外
王者羈縻之而已羣辟諸侯承德謂奉周王之德歸
附也董督也宗周鎬京羣侯旣承德歸周故周得命
官分職以治其國也
王曰若昔大猷制治于未亂保邦于未危曰唐虞稽古
建官惟百內有百揆四岳外有州牧侯伯庶政惟和萬
國咸寧夏商官倍亦克用乂明王立政不惟其官惟其
人
猷謀也治有失則亂邦不安則危制治則有其法保

邦則有其經唐虞堯舜之世百揆總治百官者四岳
掌治四方時事州牧九州牧民之長侯伯諸侯之長
和和輯寧安也夏商禹湯國號官臣僚倍加倍乂治
也明王君王聖明者政政典不惟其官惟其人其人
賢則官治不賢則反害民也
今予小子祗勤于德夙夜不逮仰惟前代時若訓迪厥
官立太師太傅太保茲惟三公論道經邦燮理陰陽官
不必備惟其人少師少傅少保曰三孤貳公弘化寅亮
天地弼予一人冢宰掌邦治統百官均四海司徒掌邦
教敷五典擾兆民宗伯掌邦禮治神人和上下司馬掌
邦政統六師平邦國司寇掌邦禁詰姦慝刑暴亂司空
掌邦土居四民時地利六卿分職各率其屬以倡九牧
阜成兆民
小子成王自稱德謂君德祗勤于德夙夜不逮言已
敬勉於德夙夜如不及也前代唐虞夏商仰惟前代
時若仰順前代而治莫不因時制宜訓迪其官也三
公成王時太公爲太師周公爲太傅召公爲太保三
孤商制有太師少師周有太師太傅太保必有少師

少傅少保蓋爲四命孤卿位在六卿上者易曰一陰
一陽之謂道論道卽論陰陽爲治之理燮和也燮卽
調和陰陽之氣賞以春夏刑以秋冬準月令布德行
政也天運於上地承於下化爲天地運行而無迹者
貳副也充廓曰弘貳公弘化寅亮天地調元贊化輔
相裁成克敬其職也一人天子自稱冢宰司徒宗伯
司馬司寇司空悉周禮六官分職者邦治邦教邦禮邦政邦禁邦土
分詳六官職內五典五常之教六師天子六軍四民士農工
商九牧九州之長阜大也成定也十萬曰兆阜成兆

民大定天下之民也
六年五服一朝又六年王乃時巡考制度于四岳諸侯
各朝于方岳大明黜陟
五服侯甸男采衛也朝謂朝于天子又六年王乃時
巡虞書五載一巡狩成王巡狩時歷十有二年者竹
書紀年云七年周公復政于王十九年王巡狩侯甸
方岳召康公從歸于宗周遂正百官四岳東嶽岱南
嶽衡西岳吳北嶽恆方岳四岳之境各有天子駐蹕
之所如泰山之有明堂黜陟賞罰也王巡方岳黜豐

侯是其明著詳見竹書紀年
攷正　孔傳五服侯甸男采衛六年一朝會京師周制
蔡傳說同孔疏周禮大行人云侯服歲一見其貢祀
物甸服二歲一見其貢嬪物男服三歲一見其貢器
物采服四歲一見其貢服物衛服五歲一見其貢材
物要服六歲一見其貢貨物先儒說周禮者皆云見
謂來朝也必如所言則周之諸侯各以服數來朝無
六年一朝之事昭十三年左傳叔向云明王之制使
諸侯歲聘以志業閒朝以講禮再朝而會以示威再
會而盟以顯昭明自古以來未之或失也存亡之道
恆由是興說左傳者以爲三年一朝六年一會十二
年而盟事與周禮不同謂之前代明王之法先儒未
嘗一措意不知異之所由計彼六年一會與此六年五
服一朝事相當也再會而盟與此十二年王乃時巡
諸侯各朝于方岳亦相當也王鳴盛尚書後案今僞
周官說傳記無攷惟叔向之說似與相合故孔疏援
以爲據但叔向云明王之制又云自古以來明非周
制且大行人所云見者與十二年一巡狩之文緊相
承接明係朝之正禮今欲伸僞周官而强指爲因貢
而見之變禮大宗伯所云會同即大行人之所謂時
會殷同明係在朝宗覲遇之外今欲牽合僞周官而
遂指爲朝之常法皆非也予攷竹書紀年成王七年
周公致政于王十九年王巡狩侯甸方岳召康公從
歸于宗周遂正百官此十二年巡狩之明證也二十
五年王大會諸侯于東都四夷來賓此六年一朝之
明證也三十三年王遊于曲阿召康公從歸于宗周
此又十二年王再巡狩因巡狩而遊曲阿之明證也
周禮爲周公著而未行之書若必據周禮以駁周官
之僞何以周官之說與叔向說合與竹書紀年並合
也竹書紀年晚出後儒力辨其僞不知竹書紀年實
爲古史所紀之事與
詩書符合者多也
王曰嗚呼凡我有官君子欽乃攸司慎乃出令令出惟

行弗惟反以公滅私民其允懷學古入官議事以制政
乃不迷其爾典常作之師無以利口亂厥官蓄疑敗謀
怠忽荒政不學牆面蒞事惟煩戒爾卿士功崇惟志業
廣惟勤惟克果斷乃罔後艱位不期驕祿不期侈恭儉
惟德無載爾僞作德心逸日休作僞心勞日拙居寵思
危罔不惟畏弗畏入畏推賢讓能庶官乃和不和政厖
舉能其官惟爾之能稱匪其人惟爾不任
嗚呼歎辭凡我有官君子總稱卿大夫士欽敬也乃
汝也攸司所司之事慎謹也令謂所施之命反者令

不能行勢必收回其命背私爲公反公爲私以公滅
私心既公正廉明私欲必消除克盡民無不信懷也
古古訓事政事制裁度迷惑亂典法典常綱常師資
法也利口便佞之人官守若信便佞之人爲治勢
必亂其典常也明決則謀成疑存則謀敗勤謹則政
治疏忽則政荒學則以古鑑今盤錯悉理不學則面
牆而立治絲必棼戒訓也卿士六官佐治者功功勳
事事業有志則功日加能勤則業日擴克能也果果
敢斷決斷人能果斷有爲則盤錯盡解絕無後患者

爲位尊則驕祿厚則侈驕侈自速其亡恭儉正善保
守位祿者也德與僞反載飾也恭儉存心謂之德恭
儉飾外謂之僞作爲也作德則心安而休作僞則心
苦而拙寵貴寵危傾覆居寵貴而能慄慄爲懼正善
保守寵貴者也弗畏入畏漢霍光禍中驂乘是其明
著賢有德者能有才者推賢則同官愛戴讓能則羣
士附從庶官無不一德一心羣策羣力不和則政出
多門衆皆掣肘絕無不厖雜也設官所以治事舉者
必知其能否才德若有不勝未能操刀而使割錦傷

者必多故曰稱匪其人惟爾不任也
王曰嗚呼三事暨大夫敬爾有官亂而有政以佑乃辟
永康兆民萬邦惟無斁
三事卽立政三事前詳暨及也大夫有職位者官卽所
居之職政卽所行之事敬慎也亂治也佑助也辟君
也兆民天子之民萬邦諸侯之國永康長治久安無
斁不懈怠也
君陳
君陳周公之子伯禽之弟鄭玄論語注君陳周公之子焦氏筆乘王伯厚以君

陳爲周公之子伯禽之弟見坊記注平公也名陳稱君者以其爲都邑
之尹羣牧之長也
王若曰君陳惟爾令德孝恭惟孝友于兄弟克施有政
命汝尹茲東郊敬哉
成王十有一年王命君陳以治東都見竹書紀年令德善
德孝恭事親孝行己恭也善愛曰友克施有政言能
推行於政事之閒東郊洛邑在王城東近郊五十里
中敬祗肅也
昔周公師保萬民民懷其德往慎乃司茲率厥常懋昭

周公之訓惟民其乂

旹往日周公時已致政居豐師保教養兼盡之謂旹
周公師保萬民蓋言王留公後治東都也萬民邑民
總數之稱懷思念德卽周公化民之政乃汝也往愼
乃司至邑當愼所尹之事茲率厥常言循此治民常
法也懋勉也昭著也懋昭周公之訓勉守公訓而光
大之其民自治也

我聞曰至治馨香感于神明黍稷非馨明德惟馨爾尙
式時周公之猷訓惟日孜孜無敢逸豫

周書下　七

聞謂聞于古訓至治極美之治馨香休和之氣精誠
上達感格神明者黍粱類稷秫也黍稷五穀之實祭
祀薦饗神明者黍稷非馨明德惟馨神明所饗在德
不在食也式法也時是也懿訓美德之訓孜孜汲汲
勤勉之意無毋同逸豫怠惰也

凡人未見聖若不克見既見聖亦不克由聖爾其戒哉
爾惟風下民惟草圖厥政莫或不艱有廢有興出入自
爾師虞庶言同則繹爾有嘉謨嘉猷則入告爾后于內
爾乃順之于外曰斯謨斯猷惟我后之德嗚呼臣人咸
若時惟良顯哉

德造其極曰聖凡未見時人每歎不能見迨及已見
復不能從其行則見爲虛見也爾指君陳戒卽以不
能從聖爲戒風風化君子德風小人德草草上之風
必偃絕無上有德化而下不從者圖謀也政政治艱
難也廢謂弊政當去興謂善政當行出謂財有當施
入謂賦有當斂師衆也虞度也出入自爾師虞出入
之際必經衆度後行庶言旣同亦必已爲繹思也嘉
謨善謨嘉猷善道入告爾后當先以善告君也入告

周書下　六

而君從令已復順承於外曰斯謨斯猷惟我后之德
善則歸君不敢自矜其美臣人皆能若是則休聲日
顯著也

王曰君陳爾惟弘周公丕訓無依勢作威無倚法以削
寬而有制殷民在辟予曰辟爾惟勿辟予曰宥爾惟勿
宥惟厥中有弗若于汝政弗化于汝訓辟以止辟乃辟
狃于姦宄敗常亂俗三細不宥爾無忿疾于頑無求備
于一夫必有忍其乃有濟有容德乃大簡厥修亦簡其
或不修進厥良以率其或不良惟民生厚因物有遷違

上所命從厥攸好爾克敬典在德時乃罔不變允升于
大猷惟予一人膺受多福其爾之休終有辭於永世
王曰君陳再呼而告戒也丕訓大訓充廓曰宏勢權
勢威威嚴法典則削侵削寬寬廣制制度從容則不
迫和易則近人倚勢作威依法以削居高位者恆爲
如斯戒之曰無則寬而有制從容以和斯爲大臣之
度量焉辟刑法五罪墨劓剕宮大辟殷民在辟民有
罪者當刑爾惟勿辟罪疑惟輕也予曰宥薄罪肆赦
者爾惟勿宥小人之過不畏不懲小懲而大戒也中

即輕重之中若順也觀其德行而從之化弗順弗化
是頑民不式其教者法在以刑加之辟以止辟乃辟
殺一而儆百也狃習也由內曰姦起外曰宄敗壞也
亂桼也常典常俗風俗細微也三者雖微絕不赦釋
者星火不撲則燎于原涓滴不塞則成巨川杜漸防
微之義也頑梗頑忿疾恨怒之象爾無忿疾于頑其
德乃爲有容備全備人各有能有不能無求備于一
夫其事乃爲有濟忍以心言容以量言忿疾求備小
不忍則亂大謀其志不能休休有容必不能成其爲

大德也修職業士方有志於學者良材能士已陶成
於德者簡揀擇進登用簡厥修亦簡不修進厥良以
率不良蓋使之互相勸勉絕無棄材者也民黎民三
代之民直道而行故曰惟民生厚遷遷移物遷孟子
曰物交物則引之而已習俗既久醇厚之風變爲澆
薄則必違上教令而徇世俗之風化也詩曰不怒不
忘率由舊章敬典則不違令罔變則無從好升進也
大猷謀合於正道者一人成王自謂膺受承當之義
多福受天百祿休美也惟予一人膺受多福其爾之

休終有辭于永世蓋言君得賢能者治功紀旂常臣
雖沒世國家必不能忘也

顧命

顧回首也成王有疾彌留之際託孤召公畢公史錄
其言及二公經營王喪遂曰顧命

惟四月哉生魄王不懌甲子王乃洮頮水相被冕服憑
玉几乃同召太保奭芮伯彤伯畢公衛侯毛公師氏虎
臣百尹御事

四月成王三十七年四月也哉始也魄與霸同（詳見攷正）

哉生魄四月三日王崩十有六日天子有疾曰不豫不懌不豫也洮頮盥濯古者王被冕服必先沐浴以致其潔不曰沐浴曰洮頮者王因有疾故用手近水微致其意也扶持左右曰相冕玄冕攷見尚書後案尚書今古文注疏服袞服被加也相被冕服太僕掌王服位遂以冕服加王身也周禮太僕云掌正王之服位檀弓云卜人師扶右卜掌爲僕卜人師卽太僕也依倚曰憑玉几几有飾玉王見羣臣所當憑者太保奭卽召康公芮伯周之同姓孔傳國在馮翊臨晉縣中卽縣之芮鄉彤伯姒姓正義王肅云彤姒姓之國畢公名高周之同姓

衛侯康叔名封毛公名鄭謚曰懿公竹書紀年一名聃文王庶子孔傳太保畢毛稱公則三公矣此先後六卿次第冢宰第一召公領之司徒第二芮伯爲之宗伯第三彤伯爲之司馬第四畢公司寇第五衛侯司空第六毛公王召太保等爵皆封國之君入爲天子公卿者師氏中大夫職掌以媺詔王以三德教國子者虎臣下大夫職卽虎賁氏掌護衛王及守宮門者百尹百官之長御事治事之臣也

攷正哉生魄孔傳成王崩年之四月始生魄月十六日蔡傳始生魄十六日孔穎達疏漢書律曆志云成王卽位三十年四月庚戌朔十五日甲子哉生魄卽引此顧命之文以爲成王卽位三十年而崩此是劉歆說也孔傳以甲子爲十六日則不得與劉歆同鄭玄云此成王二十八年傳惟言成王崩未知成王卽位幾年崩也志又云死魄朔也生魄望也明始魄生從望爲始故始生魄爲月十六日卽是望之日也江聲尚書集注音疏成王在位年數史記無文劉歆三統云成王元年正月己巳朔此命伯禽俾侯于魯之歲也後三十年四月庚戌朔十五日甲子哉生霸故顧命曰維四月哉生霸云云是則謂成王卽位二十年而崩也鄭君不從之者蓋三統曆牽引尚書年月皆牽意妄說全不可信生霸爲月之十五日尤大謬也鄭君焉肯據之哉又案竹書紀年成王三十七年陟是以武王崩之明年爲成王元年統周公居東二年攝政七年凡九年故三十七年若除此九年則適二十八年正合鄭說但紀年出于晉束晳詭語汲冢固是僞書且非鄭君所及見不得以爲鄭說證也意當時別有傳記可攷周初年分者鄭君得據而知之今則無以說矣予攷禮記鄉飲酒義云月三日而成魄孔穎達曰魄謂明生旁有微光也字與魄古文霸說文月始生霸然也承大月二日承小月三日从月䨣聲前漢律曆志四月己丑朔死霸死霸朔也

生霸望也足徵月於朔日其體全黑故曰死霸月於望日其光大明故曰生霸月至初三體震見庚影有微光故曰始生魄是也生魄爲四月三日非四月十六日也成王於三日有疾至十六日迺託孤寄命故經云哉生魄王不懌繼云疾大漸病日臻明明中隔十有餘日若云十六日有病十七日卽崩何必云病日臻與至竹書人疑其僞予觀竹書所載事實與詩書符合者多足補史記缺文何僞之有

王曰嗚呼疾大漸 句 惟幾 讀 病日臻 句 既彌留 句 恐不獲誓言嗣 句 茲予審訓命汝昔君文王武王宣重光 句 奠麗陳教則肄 句 肄不違 句 用克達殷集大命在後之侗敬迓天威嗣守文武大訓無敢昏逾今天降疾殆弗興弗悟爾尚明時朕言用敬保元子釗弘濟于艱難柔

遠能邇安勸小大庶邦思夫人自亂于威儀爾無以釗
冒貢于非幾
嗚呼歎辭漸進也疾大漸言疾日甚一日危殆曰幾
惟幾近危殆也久疾曰病疾日臻疾加無已既終也
彌留淹淹一息之狀恐不獲誓言嗣懼不得命嗣王
之事也茲此也茲予詳審告汝者當以昔日文武爲
法布顯曰宣宣重光謂如唐虞重華協帝如天行日
月代明奠定也麗依也陳戰陣教教令則法也肄習
也易曰日月麗乎天百穀草木麗乎土重明以麗乎

中正乃化成天下言文武之德比光日月仰觀俯察
並能奠定三才而演陳教令人爲法習也陳教武王
問太公曰凡用兵爲天陳地陳人陳奈何太公曰日
月星辰斗柄一左一右一向一背此謂天陳邱陵水
泉亦有前後左右之利此謂地陳用車用馬用文用
武此謂人陳三陳詳見六韜習既不違步伐止齊上下一德
一戎衣而有天下所以達殷集大命也童蒙曰侗成
王自謂迓迎也天威即天大雷電以風敬迓畏天之
威于時保之大訓文武之政布在方策者嗣守文武

大訓無敢昏逾不敢亂越其法也今疾弗興弗悟言
疾至于大漸彌留爾指太保諸人爾尚明時朕言時
當盻我之意勿以爲怨也釗康王名元子適長之稱
艱難險阻弘濟艱難羣起共濟時艱也柔懷柔柔遠
能邇近者悅遠者來安安寧勸勸導小大諸邦五等
諸侯之國亂治也威者有威可畏儀者有儀可象人
必自治而後人敬故曰思夫人自亂于威儀貢進也
非幾不善之地爾無以釗冒貢于非幾言當輔嗣王
以德慎勿冒昧導於不德也

茲既受命還出綴衣于庭越翼日乙丑王崩太保命仲
桓南宮毛俾爰齊侯呂伋以二干戈虎賁百人逆子釗
於南門之外延入翼室恤宅宗
成王既誓告後遂還入於內也綴衣帷幕幄帟在旁曰帷在上曰幙幕或在地展陳於上帷幕皆以布爲之四合象宮室曰幄王所居之帳也帟上在幕若屋中座上承塵幄帟皆以繒爲之凡四物者以綬連繫焉之類以綬連繫設於宁以
朝諸侯故曰綴衣庭中庭古者王覲諸侯於明堂立
當黼扆朝諸侯於庭宁立當帷幄今王因疾彌留命
於寢室既被冕服遂設帷幕幄帟命畢故出綴衣于

庭也翼日明日天子登遐曰崩太保召公桓毛王臣
二人爲虎賁氏長斯時召公居冢宰攝政故皆聽其
命也呂伋太公望子南門王宮應門逆子釗於南門
之外齊侯往迓必執干戈率虎賁百人者明其釗爲
元子入即喪位儆戒無虞也引進曰延翼室東房夾
室恤憂也宅居也恤宅宗言自憂居爲喪主也
丁卯命作冊度越七日癸酉伯相命士須材
丁卯四月十有八日冊度冊之制度也冊祝以祭成
王冊書以命康王度各不同故曰命作冊度癸酉二

周書下　三五

十四日伯相召公時爲冢宰兼攝相事士羣士命士
須材喪用器物必悉備而無遺命士各盡其職也
狄設黼扆綴衣牖間南嚮敷重篾席黼純華玉仍几西
序東嚮敷重底席綴準文貝仍几東序西嚮敷重豐席
畫純雕玉仍几西夾南嚮敷重筍席玄粉純漆仍几越
玉五重陳寶赤刀大訓弘璧琬琰在西序大玉夷玉天
球河圖在東序胤之舞衣大貝鼖鼓在西房兌之戈和
之弓垂之竹矢在東房大路在賓階面綴輅在阼階面
先輅在左塾之前次路在右塾之前

狄狄人供其喪紀鋪陳之役喪大紀云狄人設階黼扆如屏風
然扆繡斧文黑白相間斧刃白近銎處黑故以白黑彩絲繡之說文銎斤斧穿也
韻會銎五恭切故曰黼扆設當王位之後綴衣帷幄幕帟之
類詳前設當王次之處牖間戶牖之間覲禮天子設斧依于戶牖之間
南嚮當扆之前敷布也周官司几筵云王位設黼依
依前南嚮設莞筵紛純莞小蒲筵竹席莞筵織細蒲爲席純席邊緣也粉純以白
繒緣於席邊加藻席畫純藻席削蒲蒻展之編以五采若今合歡矣畫謂雲氣也加
次席黼純次席桃枝席有次列成文黼斧文也今曰敷重篾席黼純是
王崩後不用生時席也篾席纖蒻竹席重謂重席純

周書下　三六

席緣也黼謂黑白相間王席三重所異者上重之席
生用次崩用篾也華王彩玉仍因也仍几改席不改
几此見羣臣覲諸侯大夫士也孔傳此見羣臣覲諸侯之坐西序
堂之西牆東嚮背西而面乎東底席以青蒲爲席綴
純雜彩緣也貝甲蟲文貝甲有文彩可飾器具猶今
几座飾以螺蛳者山海經陰山濁浴之水南流注於蕃澤其中多文貝相貝經云貝至
盈尺則寶也狀如赤電黑雲謂之紫貝赤質紅章謂之朱貝青地綠文謂之綬貝黑文黃畫謂之霞貝云
云此旦夕聽事之坐也孔傳東序堂之東牆西嚮背東
而面乎西豐席莞席畫純以彩色畫爲緣也雕玉刻

錢之玉此養國老饗羣臣之坐也孔傳豐莞正義釋草云莞苻蘺郭璞
曰今之西方人呼蒲爲莞用之爲席也又云草鼠莞
樊光曰詩云下莞上蕈郭璞曰似莞而纖細今蜀中
所出莞席是也王肅亦云豐席莞鄭玄云豐席刮凍
竹席予攷莞蒲本爲一物莞爲蒲中之莖直生而纖
蒲爲莞旁直生之葉視莞莖爲大王篇豐大也豐席是以莞葉織編爲序西夾西偏夾室
南嚮背北而面乎南筍席蒻竹爲席玄紛純黑綫爲
席緣者漆木汁可以髹音休又音次物此親屬私宴之坐
也孔傳段玉裁古文尚書撰異孔云筍蒻竹蒻字从艸誤當作弱竹弱竹謂箬竹也越於也
五伍也越玉五重陳寶言比玉重陳其寶物者赤刀
公劉時鞞琫容刀大訓文王彝訓弘璧大璧其長十

有二寸法天十有二時三禮義宗琬琰美玉之名周禮春
官典瑞云琬圭以治德以結好琰圭以易行以除慝
皆執之以爲瑞節者或云汲冢周書桀伐岷山得女二人曰琬曰琰桀受二女斲其
名于苕華之上苕是琬華似琰也西序堂室之間西壁也大玉武乙
所賜王季之玉竹書紀年武乙三十四年周公季歷來朝王賜玉十瑴夷玉東
夷美玉即珣玗琪肅愼來賓之所貢者天球帝堯在
位聖德光治河洛之濱得玉版方尺圖天地之形後
爲文王得之竹書紀年帝辛十四年王使膠鬲求玉于周箋云王嘉拾遺記帝堯在位聖德
光治河洛之濱得玉版方尺圖天地之形韓非子曰周有玉版紂令膠鬲索之文王不與費仲來求因與

之則天球爲玉版明甚紂亡後復爲周寶也河圖成王觀于河洛沉璧禮
河青龍臨壇啣元甲之圖禮洛元龜止於壇背甲列
書赤文成字周公援筆寫之書成文銷龜墮甲而去
此皆希世之寶也東序堂室之間東壁也王崩治喪
之時必陳寶玉者周禮天府云凡國之玉鎮大寶器
藏焉若有大祭大喪則出而陳之旣事藏之胤國名
夏時諸侯舞衣胤國之所製者大貝文王時散宜生
得之江淮之浦入獻于紂紂亡復歸於周大如車渠
者也鼖鼓大鼓鼓長八尺而兩面詩曰鼖鼓維鏞又曰鼉鼓

逢逢文王之所遺者西房路寢西偏房也兌和皆古
巧工垂舜時共工之官戈平頭戟弓矢張射物東房
路寢東偏房也大路玉輅綴路金路賓階西階阼階
東階先路象路次路木路左塾右塾畢門左右之堂
北嚮者也
攷正大路大戴禮云古之爲路車也蓋圓以象天二十八橑以象列星軫方以象地三十輻以象月
前視則覩鸞和之聲側聽則觀四時之運荀子禮論
天子大路越席以養體側載睪芷以養鼻前有錯衡
以養目和鸞之聲步中象武趨中韶護以養耳龍旗
九斿以養信寢兕持虎蛟韅絲末彌龍以養威明堂
位大路殷輅也郊特牲疏大路殷祭天車也用以祭
天故曰大路五采一成曰就天質慤故止一就禮書

周官馭王路者謂之大馭則王路謂之大路獨周爲
然故禮書又云王之祀天自國至大次則乘玉路○
綴路禮書綴路金路齊右注齊車金輅以王自整齊之
車也巾車云金路鉤樊纓九就建大旂以賓同姓以
封大旂畫交龍者覲禮天子賜侯氏以車服賜車者
同姓金路異姓象路禮書又云諸侯之大路則金路
也蓋金路書名綴路者以其綴於王路也一名大路
者在天子爲綴路在諸侯爲大路也○先路禮書先
路象路也以其行道之所先故也郊特牲云先路三
就巾車云象路朱繁纓七就建大赤以朝異姓以封
○次路巾車云木路前樊鵠纓建大麾以田以封蕃
國禮器云次路革纓七就郊特牲次路五就禮書次
路革路木路也以其次於象路故也予攷大路爲天
子玉路綴路爲金路孔傳云先輅象次輅木金玉象
皆以飾車木則無飾蔡傳云先輅木路也次輅象路
革輅也兩傳互異證以周官巾車王之五路一曰玉
路鍚樊纓十有再就建大常十有二斿以祀金路鉤
樊纓九就建大旂以賓同姓以封象路朱樊纓七就

周書下　元

建大赤以朝異姓以封革路龍勒條纓五就建大白
以即戎以封四衛木路前樊鵠纓建大麾以田以封
藩國成王時崩旣治喪事卽停治戎事先路當爲象
路次路當爲木路孔傳優於蔡傳也○玉金象之飾
當在較式之兩端以其在上而爲手所馮則貴也較
爲車旁輢木式爲車前憑木鍚馬面當盧刻金爲之
所謂鏤鍚也樊讀如鞶帶之鞶今馬大帶也纓今馬
鞅王路之樊及纓皆以五采罽飾之十二就就成也
太常九旗之畫日月者正幅爲縿斿則屬焉鉤婁頷
之鉤也詩云鉤膺鏤鍚鉤連言膺明鉤在膺前是馬
婁頷也金路無鍚有鉤亦以金爲之其樊及纓以五
采罽飾之而九成大旂九旗之畫交龍者象路無鉤
以朱飾勒而已其樊及纓以五采罽飾之而七成大
赤九旂之通帛革路鞔以革而漆之無他飾龍駹也
以白黑飾韋雜色爲勒條讀爲條其樊及纓以條絲
飾之而五成不言樊字蓋脫耳以此言條知玉路金
路象路飾樊纓皆不用玉金象矣木路不鞔以革漆
之而已前讀爲緇翦之翦翦淺黑色木路無龍勒以

淺黑飾韋爲樊鵠飾韋爲纓不言就飾與革路同也

二人雀弁執惠立于畢門之內四人綦弁執戈上刃夾
兩階戺一人冕執劉立于東堂一人冕執鉞立于西堂
一人冕執戣立于東垂一人冕執瞿立于西垂一人冕
執鋭立于側階

士戴弁大夫戴冕雀弁韋弁色赤而微黑如雀頭之
毛羽然故曰雀弁惠三隅矛畢門路寢前之門也綦
弁以文鹿子皮爲弁其色青黑相夾戈勾子戟階戺
兩階之戺也冕玄冕劉鉞屬戣瞿戟屬東堂中堂之

周書下　三十

東西堂中堂之西東垂西垂堂前東西箱下近階處
也鋭矛屬側階路寢東房堂北之階通於內寢出入
者也非當路寢堂北之中故曰側階

攷正　惠孔傳三隅矛鄭注惠狀蓋邪刃宜芟刈俞樾羣經平議惠爲兵器必假借而未有得其本字者說文惠部惠篆下有重文𢡱曰古文惠疑此卽執惠之本字其字从屮者象三隅之形从惠者其聲也壁中古文本作𢡱孔安國以今文讀之作惠予攷周禮冢宰屬官掌舍云爲壇壝宮則棘門棘卽戟字孔傳云惠爲三隅矛正與戟形相似顧命執惠蓋卽方言云三刃枝南楚宛郢謂之匽戟也且以今日聖宮比例欞星門卽天子應門戟門卽天子畢門二人雀弁執惠立于畢門之內則惠爲匽戟明焉

王麻冕黼裳由賓階隮卿士邦君麻冕蟻裳入卽位太

保太史太宗皆麻冕彤裳太保承介圭上宗奉同瑁由
阼階隮太史秉書由賓階隮
麻冕喪服之冕裳下服黼裳黑白相間畫爲黼文者
賓階西階升登曰隮邦君諸侯卿士六卿之長蟻裳
色玄皆侍從王者入謂入於喪室即位各就班列之
位太保召公太史史佚太宗畢公時居大宗伯職彤
裳絳色一曰纁裳介圭鎮圭尺有二寸承奉也同祼
瓚奉祭祀者瑁天子執玉所以冒諸侯圭首齊瑞信
信者上宗小宗伯二八一奉同一奉瑁隨太宗由阼

階升也書冊書秉拱執賓階西階也
御王冊命曰皇后憑玉几道揚末命命汝嗣訓臨君周
邦率循大卞燮和天下用答揚文武之光訓
皇后皇天后土也成王既崩史美與天地合德故曰
皇后玉几成王顧命時所憑者末終也道揚末命成
王臨終所命訓言臨君周邦謂嗣大寶之位繼爲天
子大卞大法率循大卞猶曰率由典章遵守先王之
法也燮和調燮治道光訓文謨武烈答揚顯越也
王再拜興答曰渺渺予小子其能而亂四方以敬忌天

威
再拜叩首興起也答謂王對太史御王冊命渺渺微
細義予小子康王謙稱其期也而汝也亂治也其能
而亂四方言期汝等能治四方敬戒天威匡予不逮
也
乃受同瑁句 王三宿三祭三咤句 上宗曰饗句 太保受
同句 降句 盥以異同句 秉璋以酢句 授宗人同句 拜句
王答拜句 太保受同句 祭嚌句 宅受宗人同句 拜句 王
答拜句 太保降句 收句 諸侯出句 廟門俟

受承也宿縮酒禮祭束茅加于祼圭而灌鬯酒也祭
灌地所以降神咤與詫同說文詫奠爵酒三宿三祭
三咤康王於成王靈几行三奠酒之禮上宗曰饗讚
王飲福酒也太保受同降謂受祼瓚下堂反置於篚
太保代神賜王福酒不敢用王祼瓚遂另取同灌洗
故曰盥以異同王之同柄以圭太保同柄以璋爲同
則一爲柄則殊故曰秉璋以酢祭統云君執圭瓚祼
尸太宗執璋瓚亞祼此雖無尸其爲祼祭亞祭之禮
同也亞祭之後即取斯同代神酌王授宗人畀王飲

福拜太保拜王也王答拜答太保賜福飲也王飲福
後即以其同賜太保飲福太保受同不敢遽嚌遂先
祭地而後嚌嘗嚌謂飲酒以至齒略爲試嘗之義然
後再以福酒度授宗人正謂君餕神餘臣餕君餘然
後諸宗人再餕其餘福飲既畢宗人悉拜王賜王因
徧答其拜也禮畢太保降收璋瓚反之於篚諸侯遂
各由畢門出東行至廟門俟凡諸侯覲見天子前期
皆受舍於朝將覲必釋於禰斯時既即喪位諸侯將
布乘黃朱覲見天子故出畢門之後悉集於廟門外

侯也

攷正
正義云王受冊命之時立於西階上少東北面
太史於柩西南東面讀冊書讀冊既訖王再拜
上宗於王西南北面奉同瑁以授王王一手受同一
手受瑁王又以瑁授宗人王乃執爵於兩楹之間酌
酒乃於殯東西面立三進於神座前祭神如前祭几
前祭酒酹地而奠爵訖復位再王又於樽所別以同
酌酒祭神如前復三祭
故云王三宿三祭三咤

康王之誥

康王既即喪位祭訖遂以玄服臨朝接見諸侯故曰

康王之誥

王出在應門之內太保率西方諸侯入應門左畢公率

東方諸侯入應門右皆布乘黃朱賓稱奉圭兼幣曰一
二臣衛敢執壤奠皆再拜稽首王義嗣德句答拜
出謂王出畢門之外應門治朝之門應門之內治朝
之前中庭西方諸侯入應門左東方諸侯入應門右
左謂東嚮右謂西嚮古之朝儀與覲禮不同覲禮天
子南面諸侯北面朝儀則東西班立面左右嚮覲禮
在廟朝儀在朝此在喪服之中權宜行事以朝代覲
也入行面則北嚮既入則西方諸侯面東東方諸侯
面西布陳也四馬曰乘黃朱黃馬朱鬣圭介圭奉圭

兼幣知幣爲馬者周官小行人云合六幣圭以馬璋
以皮璧以帛琮以錦琥以繡璜以黼此六物者以和
諸侯之好也臣衛爲王蕃位之稱敢執壤奠言以壤
地所出爲奠贄也再拜稽首諸侯覲天子之禮王義
嗣德義宜也諸侯因拜獻言冀王嗣昭先王明德也
答拜蓋古者當喪未君不敢以君自居必踰年即位
改元始敢以君禮接見臣下成王崩未踰旬居喪之
中諸侯覲見則王與諸侯仍以敵體行之故不敢純
以覲禮接見諸侯而遂不答拜也王夫之尚書稗疏黃朱者黃間朱之

色所謂騂也大路乘騂此充庭實者必齊其色故曰黃朱
太保奭暨芮伯咸進相揖皆再拜稽首曰敢敬告天子皇天改大邦殷之命惟周文武誕受羑若克恤西土惟新陟王畢協賞罰戡定厥功用敷遺後人休今王敬之哉張皇六師無壞我高祖寡命
暨及也咸皆也相揖太保芮伯引手相推爲禮皆再拜稽首兩公致敬於君也天子指康王言皇天上天改殷之命周受命興也進善曰羑說文誕受羑若文武聞有進善之言則必順從聽受也憐愛曰恤克恤西

土言能憐愛岐周之民陟升也殷商帝崩曰陟成王甫崩未葬未諡未立主而措之廟故稱曰新陟王畢盡也賞謂賞功罰謂罰罪畢協賞罰悉無不合於理戡戡亂戡定厥功謂伐淮徐商奄諸國其功告成賁遺後人休美也今王康王六師天子之軍六鄉六遂見周官張大也皇正也張皇六師擴張而整正也廢棄曰壞高祖古公太王周本紀云古公曰我世當有興者其在昌乎寡謂言少易曰吉人之辭寡寡命即太王云當興一言也

王若曰庶邦侯甸男衛惟予一人釗句報告句昔君文武丕平富不務咎底至齊信句用昭明于天下則亦有熊羆之士不二心之臣保乂王家用端命于上帝皇天用訓厥道付畀四方乃命建侯樹屏在我後之人今予一二伯父尙胥暨顧綏爾先公之臣服于先王雖爾身在外乃心罔不在王室用奉恤厥若無遺鞠子羞
庶邦諸侯之國侯甸男衛近於王畿之服一人天子自稱報告答告惟予一人釗報告王稱名者以在喪服時未即位也文文王武武王丕大也丕平富天下

以平萬民以富咎微過不務咎眚災肆赦不追既往不逆將來也底致也至達也齊齊一信信從底至齊信致人達於中信之道也用昭明于天下言其德爲顯著熊羆猛鷙之獸士戰士熊羆之士武臣剛猛者二與貳同疑也不二心之臣忠貞事君者保護也乂治也王家周王之國端凝也端命正位凝命上帝皇天主宰之神用訓厥道付畀四方蓋天監文武治順其道遂畀天命以正四方也建封建屏屏藩建侯樹屏王者封建諸侯廣立屏藩正爲後人保乂計也伯

父同姓諸侯一二伯父指召公畢公芮伯等言胥皆
也暨及也顧卽顧命綏繼也王引之經義述聞綏讀爲綏繼也尙胥
暨顧綏爾先公之臣服于先王如伯禽爲周公之子
呂伋爲太公之子當繼先公臣服于文武也在外芮
伯衞侯本各在國自外而召至者王室宗周愛憐曰
恤厥其也若善也用奉恤厥若無遺鞠子羞言其互
相親愛以致其善承受遺命不令我稚子遺羞於世
也
句解孔傳引馬融讀厎至齊句信用昭明於天下句蔡傳讀厎至齊信句用昭明于天下句予攷下

周書下　三七

云用端命于上帝用奉恤厥若以彼例此當讀厎至齊信句用昭明于天下句
羣公旣皆聽命相揖趨出王釋冕反喪服
羣公太保畢公芮伯暨庶邦諸侯也旣盡也揖引手
相推爲禮趨出疾行出應門外朝臣各就其次諸侯
適館而返國也冕玄冕喪服麻冕黼裳反喪服復居
喪次也

畢命

東都宗周保障也周公致政成王遂命君陳成王十一年命
今康王命畢公者蓋君陳爲謝世也計成王十一年至康王十二年中歷三十九年也
惟十有二年六月庚午朏越三日壬申王朝句步句自
宗周至于豐以成周之衆命畢公保釐東郊
十有二年康王卽位十二年也庚午六月三日朏月
光未甚明象壬申自庚午數至壬申時爲三日朝謂
朝見羣臣輦行曰步豐在鎬京之西成周宗周東都
衆卽人民畢公名高命畢公必至豐者爵賞於祖廟
也保安也釐理也東郊東都之郊洛邑也
王若曰嗚呼父師惟文王武王敷大德于天下用克受

周書下　三八

殷命惟周公左右先王綏定厥家毖殷頑民遷于洛邑
密邇王室式化厥訓旣歷三紀世變風移四方無虞予
一人以寧道有升降政由俗革不臧厥臧民罔攸勸惟
公懋德克勤小物弼亮四世正色率下罔不祗師言嘉
績多于先王予小子垂拱仰成
父師太師畢公時爲太師居三公之位敷布也綏定
也毖愼也邇近也式法也十二年曰紀成王十有一
年會命君陳今康王十有二年適命畢公中歷三十
九年故曰旣歷三紀世變風移四方無虞言爲敎化

之興殷民綱纂天下底定君上所以得安寧也道有升降禮云張而不弛非文武之道弛而不張非文武之道一張一弛文武之道也政由俗革因時制宜善則因之不善則以法御之不臧厥臧言若不善不懲有善不因民無以爲勸慕也公指畢公懋勉也勤勞也小物小事能勤小物事必躬親雖小亦謹慎也弼亮輔佐四世晉語云文王詢于八虞訪于辛尹重之以周召畢榮是畢公於文王時已爲大臣歷武王成王康王爲四世也正色容無疎慢率下躬爲表儀時

公職居太師無人不敬其言也績功業多重也嘉績多于先王言公豐功偉績在先王時已爲倚重今予小子垂拱仰成無爲而治也垂垂旒拱拱手仰成謂仰畢公之績也

王曰嗚呼父師今予祗命公以周公之事往哉旌別淑慝表厥宅里彰善癉惡樹之風聲弗率訓典殊厥井疆俾克畏慕申畫郊圻愼固封守以康四海政貴有恆辭尚體要不惟好異商俗靡靡利口惟賢餘風未殄公其念哉

父師畢公祗命敬命往適東都淑善也慝惡也旌別淑慝明識善惡而區別之表異居里不使混淆其處也彰顯也癉勞也彰善則升庸癉惡則罰役風聲克樹令民知所式從率循也典法也弗率訓典教之不改者移郊移棘不使惡者與善者共居疆邑俾惡者有所畏善者有所慕也井井田疆疆界距國百里曰郊千里曰圻封境域守險要申畫甲明而規畫也四海王者無外惟天子始能有之康安寧政以禮義爲常辭以體實爲要好異反乎常經異於先王者非君

子之所貴尚也靡靡怠緩悅隨之意利口便佞以爲賢也商俗伊尹之世以辯言亂政戒君盤庚之時以度乃口警民餘風未殄言其積弊已久風俗至今猶存故王告公愼念之也

我聞曰世祿之家鮮克由禮以蕩陵德實悖天道敝化奢麗萬世同流茲殷庶士席寵惟舊怙侈滅義服美于人驕淫矜侉將由惡終雖收放心閑之惟艱資富能訓惟以永年惟德惟義時乃大訓不由古訓于何其訓

世祿之家先世有功於國君賜采邑得以田祿遺子

孫者鮮罕也克能也率行曰由禮禮義世祿之人大
都逸居無教放蕩侮陵滅視其德實與天道相悖也
弊弊俗化風化奢侈奢麗華美積習相沿今古同轍
茲此也庶士殷之卿大夫子弟席寵怙侈服美紈褲
之行言非一朝一夕也驕矜誇淫放佚收斂攝閑防
閑蓋言怙惡不悛者縱能斂之暫時不能防之終身
也古者祿以馭富又曰富歲子弟多賴資富能訓惟
以永年王命畢公因其世祿而加教誨庶殷士克保
其家也其訓惟何首在德義是從若不從德義爲訓

又將何以訓哉

王曰父師邦之安危惟茲殷士不剛不柔厥德允修惟
周公克慎厥始惟君陳克和厥中惟公克成厥終三后
協心同底于道道洽政治澤潤生民四夷左衽罔不咸
賴予小子永膺多福公其惟是成周建無窮之基亦有
無窮之問子孫訓其成式句惟乂

治邦之道安危繫於人心殷頑蠢動大都士列其間
故周告多方先告多士惟茲殷士治之以剛則有恚
怒治之以柔則無懼畏道在剛柔相濟庶幾操縱合

宜懷德畏威其道惟在修己也周公慎始成王七年
作新大邑東都王命周公治洛君陳和中成王十一
年王命君陳治于東都公成厥終今康王命畢公也
三后周公君陳畢公協合也底致也洽和也澤仁恩
潤浸滋四夷東夷西戎南蠻北狄衽衣衿左衽四夷
之俗衽皆在衣左也賴依倚膺當也福休祥成周東
都基基業無窮言無限量聞令聞訓順也式法也乂
治也

嗚呼罔曰弗克惟既厥心罔曰民寡惟慎厥事欽若先

王成烈以休于前政

罔無也克能也既盡也厥其也寡少也慎謹也欽若
敬順之義成烈先王功德在民者休美意前政前人
已往之政治也

君牙

君牙臣名稱君司徒爲治民之長職在六卿牙承先
世有封國者也

王若曰嗚呼君牙惟乃祖乃父世篤忠貞服勞王家厥
有成績紀于太常

王穆王書序穆王命君牙爲大司徒君牙周之世臣乃祖乃父指
先代言忠貞中正也服勞盡力成績功勳太常旂名
旌旂中畫日月凡臣有功於王室者皆識其名於上
也
放正君牙孔傳君牙或作君雅蔡傳君牙臣名穆王命君牙爲大司徒王夫之尚書稗疏舊說穆王
命君牙爲大司徒今按史無穆王命君牙之事竹書
紀年昭王六年錫郇伯命王會解記成周之會唐叔
郇叔周公在左則郇叔固翼戴成王之宗臣與此言
世篤忠貞服勞王家者吻合然則君牙者郇伯之名
而命之者昭王也予攷禮記檀弓云幼名冠字五十
以伯仲死謚周道也牙既稱名年必未至五十若王
會解記稱郇叔昭王錫命郇伯此稱君牙明非爲一
人也顧命云乃同召太保奭芮伯孔傳六卿次第冢

周書下　四三

宰第一召公領之司徒第二芮伯爲之穆王即位距成王陟時近五十年君牙繼爲司徒實爲芮伯孫也
惟予小子嗣守文武成康遺緒亦惟先正之臣克左右
亂四方心之憂危若蹈虎尾涉于春冰今命爾予翼作
股肱心膂纘乃舊服無忝祖考弘敷五典式和民則爾
身克正罔敢弗正民心罔中惟爾之中夏暑雨小民惟
曰怨咨冬祁寒小民亦惟曰怨咨厥惟艱哉思其艱以
圖其易民乃寧
予小子穆王謙稱緒業也先正前朝正直之臣左右
輔弼亂治也憂憂懼危危險履踐曰蹈行水曰涉說文

涉徒行厲水也若蹈虎尾虎行在前懼其反噬若涉春冰冰
將釋時畏其陷溺翼輔助股肱髀臂心膂中脊纘繼
也纘乃舊服言祖考嘗爲司徒無忝無愧辱也弘洪
大敷布陳五典司徒之教切於人倫者式和民則用
諧民法也正謂正己率人中謂會歸其極爾身民心
道在中正而已暑雨熱雨祈寒坼寒怨咨怨歎咨嗟
言民怨其過中失正也厥惟艱哉蓋王者布德行令
夏之德暑暑不信其土不肥土不肥則長遂不精冬
之德寒寒不信其地不剛地不剛則凍閉不開說見呂氏

周書下　四四

春秋合於寒暑之德反不能合於民情之宜思艱圖易
道在致中和以爲位育盡其教養之職使民相安而
無怨也
嗚呼丕顯哉文王謨丕承哉武王烈啟佑我後人咸以
正罔缺爾惟敬明乃訓用奉若于先王對揚文武之光
命追配于前人
丕大也顯著也謨謀猷承繼也烈功勳後人今之來
者咸以正罔缺言皆用奉歸之於正無遺漏也訓即
司徒訓於民者奉若承順先王指爲文武光命謨烈

所顯昭者前人君牙祖父追配與匹敵也
王若曰君牙乃惟由先正舊典時式民之治亂在茲率
乃祖考之攸行昭乃辟之有乂
先正先朝賢良舊典方策所載時是也式法也茲此
也式則治不式則亂故曰民之治亂在茲乃祖君牙
祖考曾爲司徒者攸行所行昭著也辟法也乂治也
冏命
太僕正中大夫職伯冏臣名穆王時欲周行天下皆
有車轍馬跡故特簡擇才能鄭重告戒聖人刪書特

周書下　　　　　　　　　四五

存其命者以其上能薰陶君德下能表率羣僚實與
政治有裨益也
王若曰伯冏惟予弗克于德嗣先人宅丕后怵惕惟厲
中夜以興思免厥愆
伯長也冏爲大正故曰伯冏克能也宅居也丕后大
后怵惕悚懼厲危也穆王謙言己不能德而嗣先人
大位悚懼爲危中夜興起思免其過明其求治之心
甚迫也
昔在文武聰明齊聖小大之臣咸懷忠良其侍御僕從
罔非正人以旦夕承弼厥辟出入起居罔有不欽發號
施令罔有不臧下民祗若萬邦咸休
文文王武武王聰明指耳目言齊聖同爲聖也小臣
有司大臣卿長忠良忠直循良侍御僕從悉太僕以
下諸官罔非正人無非中正之人也旦夕朝暮承弼
奉承輔佐辟君也出外出入内入起興起居止居欽
敬也號令號召命令臧善也祗若敬順咸休皆美也
惟予一人無良實賴左右前後有位之士匡其不及繩
愆糾謬格其非心俾克紹先烈

周書下　　　　　　　　　四六

予一人穆王自稱良善也左右前後輔弼凝丞有職
位於朝者匡正也及逮也愆過也謬誤也繩愆引從
正直糾謬舉刺瑕疵格感化非心邪僻之心先烈前
王有功烈者紹繼也
今予命汝作大正正于羣僕侍御之臣懋乃后德交修
不逮愼簡乃僚無以巧言令色便辟側媚其惟吉士僕
臣正厥后克正僕臣諛厥后自聖后德惟臣不德惟臣
大正太僕正也太僕下大夫職大正太僕之長中大
夫也故曰大正羣僕祭僕中士六人御僕下士十二人等士侍

御府史胥徒之屬懋勉也懋乃后德交修不逮古者
侍御僕從皆得進諫於王選擇曰簡僚同官也巧言
辭善令色色莊便辟口佞側媚諛從皆貌似端人而
脂韋悅隨者無以毋用也吉士善士僕臣大正以下
諸官正正直諛邪佞厥后克正由於僕臣匡輔厥后
自聖由於僕臣諛揚故曰后德惟臣不德惟臣
爾無昵于憸人充耳目之官迪上以非先王之典非人
其吉惟貨其吉若時瘝厥官惟爾大弗克祗厥辟惟予
汝辜

親近曰昵佞諂曰憸充耳目之官進用諂佞者主聽
聞也迪啟迪典法也迪上以非先王之典謂以邪辟
導王不善非人其吉惟貨其吉進不以賢而以其貨
專以財物爲進身之階不善甚矣時是也瘝病也若
是以貨爲病害賢是爾大弗敬君在予惟有罪汝而
已祗敬也辟君也辜罪也
王曰嗚呼欽哉永弼乃后于彝憲
嗚呼歎辭欽敬也弼輔相乃后穆王自謂彝憲常法
永久長也

呂刑
呂刑甫侯作也時爲司寇兼列三公穆王享國百年
呂因命王恤刑大赦史遂以呂刑名篇
惟呂命王 句 享國百年 句 耄荒 句 度作刑以詰四方
呂甫侯 竹書紀年穆王五十一年作呂刑命甫侯于豐故呂刑亦曰甫刑 命王言于
王也 史記周本紀甫侯言于王作修刑辟足徵王字當合上三字讀句 享國當國時
王在位五十一年百年言其歲也八十九十曰耄荒
大也耄荒言其耄老近于期頤大年甫侯因命穆王
施恩於民大赦天下擇其疑者未減俾罰其鍰故曰

度作刑以詰四方詰治也王篇
句解 孔傳蔡傳讀惟呂命句言呂侯見命爲卿也孫星衍尚書今古文注疏讀惟呂命王句予攷史記周本紀云甫侯言于王作修刑辟據此宜讀惟呂命王句享國百年句
王曰若古有訓蚩尤惟始作亂延及于平民罔不寇賊
鴟義 句 姦宄奪攘 句 矯虔苗民 句 弗用靈 句 制以刑惟
作五虐之刑 句 曰法 句 殺戮無辜爰始淫爲劓刵椓黥
句 越茲麗刑並制 句 罔差有辭民興胥漸泯泯棼棼罔
中于信以覆詛盟虐威庶戮方告無辜于上上帝監民
罔有馨香德刑發聞惟腥

蚩尤炎帝末霸天下者不治曰亂蔓滋曰延平民齊民攻劫曰寇殺害曰賊鴟義狀如鴟梟行不義以爲義也由內爲姦起外爲宄强取曰奪因竊曰攘矯妄也類篇虔殺也廣雅釋詁一苗民九黎國民靈神靈矯虔苗民弗用靈言苗君妄殺其民弗以古俗神道爲治也用靈周禮司約云凡大約劑書于宗彝小約劑書于丹圖若有訟者則珥而辟藏珥讀曰衈謂殺雞取血釁其戶其不信者服墨刑司盟云凡邦國有疑會同則掌其盟約之載及其禮儀北面詔明神既盟則貳之盟萬民之犯

命者詛其不信者亦如之凡民之有約劑者其貳在司盟貳副也有訟獄則使之盟詛用靈謂聖王神道設敎禁民爲邪辟也制造也以用也五虐之刑劓刵椓黥大辟施加人身者古之五刑皆爲畫象上罪墨蒙頩衣雜屨中罪頩衣雜屨下罪雜屨犯大辟者布衣無領苗君始爲五虐民實受其災也越於也茲此也麗附也越茲麗刑並制言麗罪者悉置於法雖有直辭聽獄不加考察絕無區別故曰罔差有辭興興起漸漸化泯泯昏也棼棼亂也民見治爲不善遂漸其化同興于亂反覆背詛其盟絕無能中於信者也上古神道設敎民罔弗從世風既變人情險阻遂置盟信不顧而苗民胥漸於僞昏亂尤甚聽者虐威無辜逞其殺戮方並也方告無辜于上民皆以無罪呼告上天上帝因監于下凡九黎所爲者絕無馨香之治惟有穢德彰聞故曰罔有馨香德刑發聞惟腥腥臊穢也

句解孔傳蔡傳均讀罔不寇賊鴟義句姦宄奪攘矯虔句苗民弗用靈句王鳴盛尚書後案孫星衍尚書今古文注疏讀罔不寇賊句鴟義姦宄句奪攘矯虔句子攷王符潛夫論述赦篇云古者惟始受命

之君承大亂之後被前王之惡其民乃並爲敵讎罔不寇賊消義姦宄奪攘是引此經讀爲罔不寇賊鴟義句姦宄奪攘句矯虔苗民句矯虔苗民實云妄殺苗民故下言弗用靈制以刑惟作五虐之刑曰法

攷正鴟義孔傳爲鴟梟之義蔡傳鴟義者以鴟張跋扈爲義馬融曰鴟輕也義本亦作誼正義引鄭玄云盜賊狀如鴟梟鈔掠良善陳壽祺左海經辨潛夫論述赦篇其民乃罔不寇賊消義即引此經而鴟義作消義案大戴禮孔子三朝記千乘篇言民之不刑有八事作於財賄六畜五穀曰盜誘居室家有君子曰義誘居室家有君子即費誓云誘臣妾也予攷鴟梟食母不孝鳥也誘居室家有君子不義行也曰鴟曰義正爲兩事蓋假行義之名以爲不義之事與鴟梟之行無異也

皇帝哀矜庶戮之不辜報虐以威遏絕苗民無世在下乃命重黎絕地天通罔有降格羣后之逮在下明明棐

常鰥寡無蓋

皇帝顓頊也哀矜憂憐庶戮衆爲所殺者不辜無罪報虐以威謂顓頊用威平亂大加創懲遏絶苗民無世在下廢滅九黎之國不得世有苗民以爲君也楚語顓頊命南正重司天以屬神火正黎司地以屬民絶地天通不使神人相擾各得其序罔有降格無有神降巫史之家民爲烝享無度也羣后重黎逮及也楚語昭王問於觀射父曰周書所謂重黎實使天地不通者何也若無然民將能登天乎對曰非此之謂也少昊之衰也九黎亂德民神雜糅不可方物夫人作享家爲巫史無有要質民匱于祀而不知其福烝

享無度民神同位民瀆齊盟無有嚴威神狎民則不蠲其爲嘉生不降無物以享禍災薦臻莫盡其氣顓頊受之乃令南正重司天以屬神命火正黎司地以屬民使復舊常無相浸瀆是謂絶地天通其後三苗復九黎之德堯復育重黎之後不忘舊物使復典之以至于夏商故重黎氏世敘天地而別其分土也在下佐重黎治者明明察也棐輔也常典法老而無妻曰鰥老而無夫曰寡蓋害也明明棐常鰥寡無害重黎以下佐治明察皆奉典法故窮民得無害也此節述顓頊之治

皇帝清問下民句鰥寡有辭句于苗句德威惟威德明惟明孫星衍尚書今古文注疏墨翟書引羣后之逮在下十四字在有辭于苗之下德威惟威之止乃

命三后恤功于民伯夷降典折民惟刑禹平水土主名山川稷降播種農殖嘉穀三后成功惟殷于民

皇帝唐堯也清問明察審問下民在下鰥寡窮無告者有辭嘖有煩言也于苗德威惟威德明惟明帝聞鰥寡之言遂於三苗明罰敕法三后伯夷禹稷恤功憂民之憂敬民之事也典典法折折獄伯夷降典折民惟刑明刑弼教也水土平民安其宅嘉穀殖民養其身成功謂有成績殷民憂民之憂也此節述唐堯之治

攷正段玉裁古文尚書撰異困學紀聞曰皇帝始見呂刑趙岐注孟子引甫刑帝清問下民無皇字玉裁按伯厚未曉今文尚書名甫刑者無皇字古文尚書名呂刑者則有皇也予攷當從今文帝清問下民爲是其加皇字者因上文皇帝哀矜庶戮之不辜而遂加之不知上言皇帝指顓頊此單言帝指帝堯也

士制百姓于刑之中以教祗德穆穆在上明明在下灼于四方罔不惟德之勤故乃明于刑之中率乂于民棐彝

士理官主刑法以治民者堯舜之時皐陶爲士帝曰刑期無刑民協于中又曰好生之德洽于民心用刑

正爲教敬德也穆穆敬謹明明顯著上謂君下爲臣明見曰灼四方東西朔南罔不惟德之勤君臣交儆也刑中無過不及率乂于民棐彝循道以治輔成五常之典法也此節言制刑之善

典獄句非訖于威句惟訖于富句敬忌句罔有擇言句在身句惟克天德句自作元命句配享在下

典獄主刑之官訖止也威畏也富福也郊特牲曰富也者福也詩大雅何神不富毛傳富福也非訖于威惟訖于富非以威畏民惟以福佑民忌戒也敬忌敬戒擇失也呂覽審應其自藏之與在于土奚擇注擇失也擇言失言罔有擇言不失口於人也身躬也克能也在身惟克天德臯陶謨曰無曠庶官天工人其代之天討有罪五刑五庸哉身既典獄則天德卽在身也元者仁善之義自作元命配享在下謂能造福生民卽能配享烝祭言非有功德者不能列祀典也

句解在身孔傳蔡傳以及禮表記均讀罔有擇言在身句予攷孝經卿大夫章口無擇言身無擇行此節當讀罔有擇言句在身二字句與上典獄敬忌各以二字句冒起下文正合

王曰嗟句四方司政句典獄非爾句惟作天牧句今爾

何監句非時伯夷播刑之迪其句今爾何懲句惟時苗民匪察于獄之麗句罔擇吉人句觀于五刑之中句惟時庶威奪貨斷制五刑以亂無辜上帝不蠲降咎于苗苗民無辭于罰乃絶厥世

嗟歎辭四方司政指諸侯言典獄非爾大司寇掌建邦三典以佐王刑邦國詰四方本非諸侯之職也惟作天牧諸侯代天子牧民實有監視用刑之義時是也播布也迪進也其期也其期古字相通今爾何監非是布刑進期伯夷畫象也畫象詳前懲恐也廣雅釋言麗附也今爾何懲惟是察獄恐如苗民麗法也伯夷播刑失於慈苗民察獄過於酷二者皆非刑法之中擇失也吉人善人觀示也韻會所觀也示也易觀卦大觀在上朱註觀者有以中正示人而爲人觀也五刑墨劓剕宮大辟中者無過不及惟吉人乃能明允如得其情則哀矜勿喜今則罔擇吉人示天下刑法爲用惟是斷獄訟者暴虐以威劫奪以貨强斷力制妄戮無辜蠲潔也不蠲不潔上天以爲苗民穢惡大降厥咎苗民不敢與天辭辯惟有受天之罰乃絶其世身亡國滅也

句解孔傳蔡傳均讀四方司政典獄句非爾惟作天牧句今爾何監句非時伯夷播刑之迪句其今爾何懲句予攷當讀四方司政句典獄非爾何惟作天牧句今爾何監句非時伯夷播刑之迪其句其讀作期今爾何懲句惟時苗民匪察于獄之麗句今爾何監今爾何懲句法相對爲文非時伯夷播刑之迪其惟時苗民匪察于獄之麗辭句反復爲義

王曰嗚呼念之哉伯父伯兄仲叔季弟幼子童孫皆聽朕言庶有格命今爾罔不由慰日勤爾罔或戒不勤天齊于民俾我一日非終惟終在人爾尚敬逆天命以奉我一人雖畏弗畏雖休勿休惟敬五刑以成三德一人有慶兆民賴之其寧惟永

周書下　五五

嗚呼歎辭念之思以伯夷爲法苗民爲戒伯仲叔季子孫皆王宗族有封土者朕我也格命奉命以爲法式禮緇衣篇言有物而行有格也註格法式也慰安慰勤勤勞戒戒勉日勤不勤言皆視人爲之慰戒齊整齊終終事逆迎迎奉奉承勿畏勿以行事爲艱勿休勿以畢事爲止惟敬五刑明允欽恤無非成天地好生之德也三德剛克柔克正直孔傳蔡傳並云五刑之用以成剛柔正直之德一人天子自稱兆民天子之民賴依倚其寧惟永長治久安也

王曰吁來有邦有土告爾祥刑在今爾安百姓何擇非人何敬非刑何度非及兩造具備師聽五辭五辭簡孚正于五刑五刑不簡正于五罰五罰不服正于五過五過之疵惟官惟反惟內惟貨惟來其罪惟均其審克之

吁歎聲來穆王命衆至前有邦有土邦諸侯封國土卿大夫民社刑凶器今曰祥刑穆王在位百年將行大赦刑期無刑祥莫大焉在今指今時言爾謂司寇安撫綏百姓世臣大家擇選擇人謂賢才敬欽恤刑謂法典度審愼及謂逮累曰何曰非問答以發其意以明三者不可不盡心也兩造爭訟獄者具備謂案

周書下　五六

牘證佐齊集師士師五辭所爭五刑獄辭核實曰簡五辭簡孚遂以五刑比例以正其獄自士師上之司寇也五刑不簡司寇再加核實五辭不合正于五刑卽以五罰比例以正其獄五罰至輕而猶有不服者兩造所爭既無當科之罪兼無應罰之金惟有從五過赦免以正其獄也過謂過誤不知五過之中亦有弊端或因同在官位或因反報私恩或因內爲親戚或因暗通貨財或因有來求請此皆五過之疵因疵而科其罪一律同治再爲核實故曰其審克之克核

也漢書刑法志元帝詔曰書不云乎其審核之
攷正反孔傳或詐反囚辭疏云詎諱實情不承服也蔡傳反報德怨也予攷正于五過皆從輕減訛
非詳反囚辭亦非私報其怨當爲私報其德也○內孔傳或內親用事蔡傳內女謁也予攷禮記大學外
本內未疏內親也此謂內者因蓋主獄之官妻妾內親也○來孔傳或舊相往來蔡傳來干請也釋文云
來馬融云來作求有求請賕也予攷來非有求請賕惠棟云漢律有受賕之條即此經惟貨也有聽請即
此惟求也來即徇情請求
五刑之疑有赦五罰之疑有赦其審克之簡孚有眾惟
貌有稽無簡不聽具嚴天威
　疑擬也五刑五罰倘有所疑從而輕減在可赦之例
周書下　五七
　然非苟爲赦宥也必經審愼察核方能赦之簡孚有
　眾惟貌有稽有眾即小司寇云以三刺斷庶民訟獄
　之中一訊羣臣二訊羣吏三訊萬民貌稽小司寇云
　以五聲聽獄訟求民情一曰辭聽二曰色聽三曰氣
　聽四曰耳聽五曰目聽故皆屬稽於貌無簡不聽言
　無誠實可核者不聽遂終不赦俾知天威可畏不得
　幸逃法網也
墨辟疑赦其罰百鍰閱實其罪劓辟疑赦其罰惟倍閱
實其罪剕辟疑赦其罰倍差閱實其罪宮辟疑赦其罰

六百鍰閱實其罪大辟疑赦其罰千鍰閱實其罪墨罰
之屬千劓罰之屬千剕罰之屬五百宮罰之屬三百大
辟之罰其屬二百五刑之屬三千
　刺額而涅曰墨割鼻曰劓刖足曰剕男子去勢婦人
　閉幽曰宮死罪曰大辟疑赦者因疑擬輕五刑中有
　比合於罪尚在可原宥者遂以五罰治之罰即罰鍰
　黃銅六兩曰鍰百鍰其重六百兩倍千二百兩倍差
　爲五百鍰其重爲三千兩六百鍰三千六百兩也千
　鍰重六千兩墨罰千劓罰千剕罰五百宮罰三百大
周書下　五八
　辟二百其其三千禮經云曲禮三百威儀三千威儀
　即刑罰也
上下比罪句 無僭亂辭句 勿用不行句 惟察惟法其審
克之上刑適輕下服下刑適重上服輕重諸法有權刑
罰世輕世重惟齊非齊有倫有要罰懲非死人極于病
非佞折獄惟良折獄罔非在中察辭于差非從惟從哀
矜折獄明啟刑書胥占咸庶中正其刑其罰其審克之
獄成而孚輸而孚其刑上備有并兩刑
　比罪以刑典與訟獄權衡置之於法上下相比無過

不及也無僭亂辭戒聽者逞其才能僭亂訟辭遂自
輕重失實勿用不行謂成法久爲廢棄仍用比例以
爲判决之公察謂明辨法謂常經惟察惟法其審克
之聽辭察理凡附諸法者必三刺而詳審也上刑適
輕下服殺人者抵律有明文然有出自誤殺者可以
輕減其死下刑適重上服一眚之過可以赦免然有
怙惡不悛者必須重爲之懲刑法世輕世重因應無
方大司寇職掌三典新國用輕平國承平之國用中亂國
用重故曰惟齊非齊有倫有要倫爲理由要爲簿書
周書下　兖
言輕重皆有倫次有簿書也五刑有罰本非置人於
死惟貧民因罰借貸百端不已極於病與佞口才良
善能非佞折獄惟良折獄聽訟不在口才端在善能
明允而協於中差錯也從合也察辭于差非從惟從
兩造獄辭互相差錯不合甚矣於不合中而求其合
當以情僞察之存以哀矜之心明以聖王之法與衆
同爲審度庶幾合於中正其刑其罰獄定無有不信
服也輸變也因察獄辭之差變更判决再經審核絶
無不合於理故曰獄成而孚輸而孚獄成而孚士師

所上之爰書輸而孚司寇改訂之爰書孚謂皆合於
理於是以獄上之王朝爰書具備一重一輕聽上三
剌擇一而施用也
王曰嗚呼敬之哉官伯族姓朕言多懼朕敬于刑有德
惟刑今天相民作配在下明清于單辭民之亂罔不中
聽獄之兩辭無或私家于獄之兩辭獄貨非寶句惟府
辜功報以句庶尤讀永畏惟罰句非天不中惟人在
命天罰不極庶民句罔有令政在于天下
嗚呼歎辭官六官伯州伯族宗族姓異姓朕言多罪
周書下　卆
穆王自以敬明刑罰爲戒懼也敬刑即欽恤意有德
言當以德導之相治也作爲也配合也上天相民無
言必待人君仰順天心配爲五刑以合天治故曰作
配在下明明察清清平單辭片言兩辭兩造獄辭明
清于單辭片言折獄不待兩造合劵也亂治也罔無
也或疑也反公曰私偏見曰家荀子大略云此家言邪學之所惡儒者也
家註家言爲偏見　兩造獄辭各懷其私各偏其家聽者無或
民治無不中也獄貨罰鍰寶愛也府即兵器之府周
官職金云掌受士之金罰貨罰入于司兵職金云入其金錫于

爲兵器之府入其玉石丹青于守藏之府辜罪也功事也報答也以用也
獄貨非寶聽獄非愛其貨惟兵器之府所入罰鍰是
因贖罪之事報用者必以財貨庶衆也尤與訧同過
也永長也畏懼也庶尤永畏惟罰衆因獲罪受罰莫
不咸有戒心改過自新也非天不中惟人在命承上
今天相民作配在下而言非天不能以中治民天無
言必假王者出命以治其民極中也奉行天罰如不
以中治民王者何有善政于天下也
句解孔傳蔡傳均讀惟府辜功句報以庶尤句予攷府即司兵之府惟府二字當爲一讀辜功報以

周書下　六

郎罰鍰入于司兵之府當從以字絕句報以二字如詩衛風云報之以瓊瑤報之以瓊玖上既改刑爲罰
下故以金貨報之經文從以字絕句如詩云不我以不我屑以侯彊侯以論語云視其所以雖不我以不
使大臣怨乎不以蓋指不勝屈也
王曰嗚呼嗣孫句今往句何監非德句于民之中尚明
聽之哉哲人惟刑無疆之辭屬于五極咸中有慶受王
嘉師監于茲祥刑
上言四方司政又曰伯父伯兄仲叔季弟幼子童孫
再云有邦有土終云官伯族姓由遠及近自疏及親
諄諄爲誥誡也此云嗣孫穆王太子名啟穆天子傳盛姬告病

口天子哀之是日哀次天子殯盛姬于轂上之間壬寅天子命哭啟爲主足徵啟爲穆王太子盛姬之卒
在穆王十有三年呂刑之作在穆王五十一年上言幼子童孫此言嗣孫蓋太子啟卒太孫當嗣故特鄭
重命之五十五年穆王始崩周立繄爲共王共王亦名繄扈又名伊扈係爲穆王幼子或嗣孫斯時亦卒
或周人廢嗣孫而立子也啟卒太孫當嗣故穆王特命之也今往
自今以往當監于德而協民中明聽吾教施用祥刑
也哲人明允折獄者無疆之辭民情譸張爲幻屬于
五極屬合也極中也屬辭比事上以五刑五罰正於
殳書莫不咸中有慶也嘉師嘉惠其衆受王嘉師今
衆承王大赦爾必奉法爲謹以此爲監造天下生民

周書下　七

之福也
文侯之命
平王既立東遷於洛晉侯會諸侯以師從王王因錫
晉文侯命詳見竹書紀年
王若曰父義和丕顯文武克愼明德昭升于上敷聞在
下惟時上帝集厥命于文王亦惟先正克左右昭事厥
辟越小大謀猷罔不率從肆先祖懷在位
稱父者文侯平王叔父也嚴元照娛親雅言叔虞成王之弟也成王至平王十
一世叔虞至文侯十世文侯平王之叔父也故以父稱義和文侯之字正義鄭玄讀義

為儀王鳴盛尚書後案儀義通字子攷文侯名仇詳見左傳其字義和因仇而取義也丕奉也顯光也文文謨武武烈克能也愼謹也明德聖明賢德之士昭升顯進于朝敷聞布告于野上下天人相感格也上帝昊天主宰之神集厥命于文王追言周受天命先正先朝之臣左右輔弼辟君也克左右昭事厥辟謂能左右善事其君也謀謨略猷道義越於也罔無也率從遵行肆故也懷安也先祖文武成康諸君在位爲天子也

嗚呼閔予小子嗣造天丕愆殄資澤于下民侵戎我國

周書下　亖

家句純卽我御事句罔或耆壽俊在厥服漢成帝紀鴻嘉元年詔曰書不云乎卽我御事罔克耆壽咎在厥躬江聲尚書集註音疏孫星衍尚書今古文注疏並從之予則罔克曰惟祖惟父其伊恤朕躬嗚呼有績予一人永綏在位

嗚呼閔予小子歎而自傷痛也嗣遭天丕愆自言嗣位國破君亡遭天大故殄絕也資用也澤惠澤殄資澤于下民謂絕其下民恩澤以致兵戎侵害家國也純全也卽就也御事執政治事者純卽我御事幽王之世全因虢石父爲卿國人皆怨故無有耆舊老臣俊乂之士用事於朝時予被廢無能有爲故曰予則罔克惟祖惟父宗族同姓老成其伊恤朕躬王冀其爲憐憫也嗚呼歎辭有績言有勳功一人平王自謂綏安也在位申侯魯侯許男鄭子時立平王于申也句解純孔傳蔡傳諸家均讀侵戎我國家純句卽我御事句予攷當讀侵戎我國家句純卽我御事句與前篇純乃惟以爾多方之義民讀句同說詳多方句解攷正罔或者壽俊在厥服江氏孫氏並從漢詔云罔或耆壽咎在厥躬予攷仍當從孔傳蔡傳本爲允罔或無有也無有老成俊傑在位己又無能所以冀族祖族父共恤朕躬義實上下貫串若從漢詔上下文義反不相銜接也

周書下　亖

父義和汝克昭乃顯祖汝肇刑文武用會紹乃辟追孝于前文人汝多修扞我于艱若汝予嘉

平王再呼文侯而褒其功也顯祖唐叔能繼曰克紹肇謀也爾雅釋詁刑法也文文謨武武烈用會紹乃辟謂文侯會衞侯鄭伯秦伯以師從王入于成周詳見竹書紀年克紹穆侯勤勞王室也穆侯文侯之父也宣王曾與姜戎戰于千畝敗績晉穆侯與姜戎戰千畝而勝焉文人史臣秉筆書勳者追孝于前文人王言文侯之功足與唐叔穆侯比美書昭史策多謂戰功周官司勳戰功曰多扞謂捍禦艱謂險阻若汝予嘉美其

立中之後獨能會諸侯以勤王也
王曰父義和其歸視爾師寧爾邦用賚爾秬鬯一卣彤
弓一彤矢百盧弓一盧矢百馬四匹父往哉柔遠能邇
惠康小民無荒寧簡恤爾都用成爾顯德
歸歸晉師師旅邦國都秬鬯黑黍釀酒而縮以香草
者卣中罇諸侯受命歸當告其始祖故王以秬鬯賚
之禮說九錫八曰弓矢九曰秬鬯彤赤色盧黑色四
匹乘馬往謂去周適晉柔遠能邇近悅遠來也惠順
迪康安樂小民草野黎庶無荒寧戒毋怠荒而自安

周書下　六十五

邇簡恤爾都命其揀擇才能憐愛國衆也顯德令德
用成爾顯德功業畢就以之永保也

費誓

費魯東郊邑名淮夷徐戎將欲助奄入邶以叛伯禽
命衆修治武備預謀扼險而守遂作費誓
攷正魯周公世家伯禽即位之後有管蔡等反也淮夷徐戎亦並興反於是伯禽率師伐之於肹作肹誓禮記曾子問篇子夏問曰三年之喪卒哭金革之事無辟也者禮與初有司與孔子曰吾聞諸老聃昔者魯公伯禽有爲爲之也竹書紀年成王十三年王師會齊侯魯侯伐戎後漢書東夷傳云康王之時肅慎復至後徐戎僭號乃率九夷以伐宗周西至河上穆王畏其方熾乃分東方諸侯命徐偃王征之此疑今文說則魯公征徐戎在穆王時故編於顧命後呂刑前也予攷呂刑作於穆王五十一年徐戎之叛在穆王十三年徐戎之平在十四年時爲魯魏公非爲伯禽東夷傳不足憑也竹書云在成王十三年曾子問疏云伯禽所遭是母喪兩說亦非的解當從書序云伯禽宅曲阜徐夷並興東郊不開作費誓周公世家云云是在成王元年武庚祿父以殷叛也所謂卒哭金革之事無辟也者武王十七年冬十二月崩成王元年六月葬既葬卒哭秋武庚以殷叛時成王居父喪周公伯禽皆在武王期喪四國既反則金革之事豈能辟與
公曰嗟人無譁聽命徂茲淮夷徐戎句並興善句○善繕通字
敿乃甲冑敿乃干無敢不弔鍛乃戈矛礪乃鋒刃無敢
不善

周書下　六十六

公魯君伯禽嗟歎也聲喧曰譁命命令徂阻也莊子則陽云已死不可徂釋文徂本作阻茲此也淮夷淮浦之夷徐戎徐州之
戎徂茲淮夷徐戎謂當阨隘防守也興興起善繕治易略例善邇而遠至釋文善本作繕一切經音義七引三蒼繕治也繕之言善也轉訓善即爲繕並
興善令其合力興起繕治甲兵以爲守備甲鎧衣冑
兜鍪穿徹曰敿即縫綴也干楯也繫連曰敿弔善也
無敢不弔無敢不爲密緻以盡善也弓矢所以射人
者備完具戈戟屬矛上銳而旁有鉤鍛鎚鍊極其堅
利也兵端尖銳曰鋒刀口銛利曰刃礪磨無敢不善

無不爭為精善也

句解並興善孔傳蔡傳均讀徂茲淮夷徐戎並興句善敹乃甲胄句予攷當讀徂茲淮夷徐戎句並興善句何以證之成王元年秋武庚以殷叛周公避謗居東二年奄人徐人淮夷入于邶以叛秋天大雷電以風王逆周公于郊遂伐殷費誓當在武庚叛後淮徐將欲帥師入邶伯禽預為之防修治武備故曰徂茲淮夷徐戎徂阻也若曰訓徂為在周公方且避謗伯禽何敢往征訓徂為阻扼險自守適合當年情事也說文三篇攴部曰敹擇也从攴尞聲周書曰敹乃甲胄不連善字讀史記魯周公世家淮夷徐戎亦並興反並興下有反字此云並興善者善繕通字乃伯禽命眾並興繕修武備也甲胄干楯弓矢戈矛周為武備擭穽楨榦糗糧芻茭無一非武備也當讀並興繕句且與下敹乃敿乃備乃鍛乃礪乃句法一致毫無參差矣

今惟淫舍牿牛馬杜乃擭敜乃穽無敢傷牿牿之傷汝則有句常刑

淫舍大放也今惟淫舍牿牛馬軍中牛馬大放郊野則必有繩以閑前足使不奔佚擭機檻穽坑坎杜閉也敜塞也無敢傷牿軍中牛馬大放於外民見其牿無有敢傷害者傷牿牛馬國有常刑則法也常典也汝則有言汝軍中有此當以常刑處之

馬牛其風臣妾逋逃無敢越逐祗復之我商賚汝乃越逐不復汝則有句常刑

風謂馬牛散於郊野牡牝相誘而從者民舍馬牛奔入軍中以及世祿之家臣妾逃入軍內無敢越入軍地而追逐者祗復敬反之也我商賚汝酌予以酬其復乃越逐不復人有追逐馬牛臣妾踰入軍界軍士不以馬牛臣妾反諸其人汝眾有犯此者法當以常刑處之

無敢寇攘踰垣牆竊馬牛誘臣妾汝則有句常刑

無敢莫敢為也劫取曰寇因匿曰攘宮圍曰牆牆卑曰垣踰越也竊取也誘引也此皆無敢為者汝眾有

犯及此法當以常刑處之刑有輕重罪有大小常刑合輕重小大各處以宜者此節以上師次以律悉在國境之中守禦無擾於民者也

甲戌我惟征徐戎峙乃糗糧無敢不逮汝則有句大刑

甲戌以日為期也征謂起其徒役我思征徐戎徐戎逼近於魯東郊段玉材古文尚書撰異周禮雍氏注伯禽以出師征徐戎釋文曰劉昌宗本作郲說文邑部郲邪下邑也魯東有郲城史記魯世家頃公十九年楚伐我取徐州徐廣曰徐州在魯東今薛縣不得不思征繕以為防守峙具也糗米麥熬熟搗以為粉者糗乾糧不逮盡言軍興乏食有不及備

汝法當以大刑處之

魯人三郊三遂峙乃楨幹甲戌我惟築無敢不供汝則有句無餘刑非殺

三郊三遂鄉在郊內遂在郊外孫星衍尚書今古文注疏大傳說古者百里之國三十里之遂二十里之郊七十里之國二十里之遂九里之郊五十里之國九里之遂三里之郊天子六軍六鄉六遂大國三軍三郊三遂三郊爲正三遂爲副峙具也楨幹供木及板以築營壘者楨兩端木幹兩旁木築擣也史記集解云楨在前幹在兩旁者凡築牆及城必立木兩旁以繩束板又置木於其兩首乃取土實築之是楨爲兩首之木幹則兩旁之木也無敢不供

是無有不設備者若不預備汝軍法有無餘刑無餘刑古者胥靡之刑相隨以坐役而非殺也朱芹十三經札記此節古所謂胥靡之刑考史殷本紀云武丁夜夢得聖人名曰說于是乃使百工營求之野得說於傅險中是時說爲胥靡築於傅險尚書孔傳胥靡刑名也晉灼曰胥相也靡隨也古者相隨坐輕刑之名師古曰聯繫使相隨而服役之故謂胥靡猶之役囚徒以鎖聯綴其繩耳

魯人三郊三遂峙乃芻茭無敢不多汝則有句大刑

鮮草爲芻乾草爲茭芻茭不足則馬牛無食在軍法亦當治以大刑也

攷正合讀前後經文費誓之作全爲防禦計也甲戌我征徐戎是告起役師期又曰甲戌我惟築若[illegible]防守魯境則營壘之築何以能克期也孔疏云徐戎淮夷並起爲寇於魯東郊之門不敢開闢又云甘誓牧誓皆至戰地而誓知費非戰地者東郊不開則戎去魯近矣此誓令其治兵器具糗糧則是未出魯境故知費是魯東郊地名非戰處也予攷淮夷徐戎興從奄人鄉叛事在成王元年周公尚爲避謗居東伯禽何敢出師征伐經云我惟征徐戎者徐戎既來寇魯伯禽不得不謀征繕以爲防守則征爲征繕起其徒役明甚

秦誓

穆公使三帥孟明視西乞術白乙丙伐鄭晉襄公禦於殽敗秦師穆公逆郊而哭遂誓衆以悔過焉

公曰嗟我士聽無譁予誓告汝羣言之首古人有言曰

民訖自若是句多盤句責人斯無難惟受責俾如流是惟艱哉

公秦穆公名任好嗟歎辭聲喧曰譁羣衆也予誓告汝羣言之首穆公告衆舉其第一要義也古人前人訖盡也若如也盤盤錯事之難者民訖自若是多盤言民盡自如是凡遇盤錯之事皆責人而不責己故曰責人斯無難惟受責俾如流是惟艱哉責人無難世多諉過於人受責爲艱獨恐任過於己如流則勇於任過如水就下故秦穆代三帥任過遂引大雅之詩

以自責也
我心之憂日月逾邁若弗云來惟古之謀人則曰未就
予忌惟今之謀人姑將以爲親雖則云然尙猷詢玆黃
髮則罔所愆
邁往也往不可追來猶可及穆公自言年邁身日衰
老誠恐來日無補也古之謀人指蹇叔百里奚言忌
謂兵家所忌則曰未就予忌悔不聽勞師襲遠晉人
禦師于殽之言今之謀人卽三帥等姑將爲親言再
覲其後效雖則云然尙猷詢玆黃髮則罔所愆猷謨

周書下　七一

也黃髮指由余言由余西戎人西戎之人至今皆黃髮碧瞳斯時由余歸
秦伐晉之役穆公因就謀焉愆過也罔愆言無失敗
故終能渡河焚舟報殽之役自茅津濟封殽尸而還
番番良士旅力旣愆我尙有之仡仡勇夫射御不違我
尙不欲惟截截善諞言俾君子易辭我皇多有之昧昧
我思之
番番勇武貌良士指三帥言膂力旣愆我尙有之精
力雖減神氣不衰今尙皆在也仡仡壯健貌勇夫秦
師過周北門左右免冑而下超乘者三百射御不違

秦風曰舍拔則獲我尙不欲射御者輕而無禮也截
截辭語截削省要善諞言巧佞動聽俾君子易辭秦
初謀爲戍鄭繼謀襲鄭聽信杞子逢孫楊孫等辭俾
君子失信于鄭皇往也我皇多有之言往日我多有
此昧昧不明象思悲也文選厲志詩吉士思秋注思悲也
如有一介臣斷斷猗無他伎其心休休焉其如有容人
之有技若己有之人之彥聖其心好之不啻若自其口
出是能容之以保我子孫黎民亦職有利哉
介特立也一介臣指百里奚子桑言之斷斷專一之

周書下　七二

意技才能休休天君暢適之象有容寬裕也人技己
有彥聖心好百里奚力言蹇叔之賢秦本紀上子桑知人
擧善文三年左傳云子桑之忠也其知人也能擧善也子孫黎民並食其福
職主也故曰亦職有利哉
人之有技冒疾以惡之人之彥聖而違之俾不通是不
能容以不能保我子孫黎民亦曰殆哉
殆危也此卽上文而反言之蓋自悔其違蹇叔百里
奚諫以致秦師敗于殽也
邦之杌隉曰由一人邦之榮懷亦尙一人之慶

杌隉不安也榮懷安富尊榮自得其樂之象一人謂
君在民上不可不自審慎慶嘉也